集成电路产业
专利分析及预警报告

广东省市场监督管理局（知识产权局）
国家知识产权局专利局专利审查协作广东中心
◎组织编写

知识产权出版社
全国百佳图书出版单位

图书在版编目（CIP）数据

集成电路产业专利分析及预警报告/广东省市场监督管理局（知识产权局），国家知识产权局专利局专利审查协作广东中心组织编写. —北京：知识产权出版社，2019. 9

ISBN 978 - 7 - 5130 - 6459 - 0

Ⅰ. ①集… Ⅱ. ①广… ②国… Ⅲ. ①集成电路产业—专利技术—研究报告—中国 Ⅳ. ①F426. 63 - 18

中国版本图书馆 CIP 数据核字（2019）第 202975 号

内容提要

本书通过对集成电路领域三大技术即设计、制造、封装全球、中国和广东省的专利态势进行分析，主要采用统计分析法和对比分析法剖析集成电路产业工艺技术的现状和未来趋势、国内外重要申请人及其重点技术方向，并与广东省相关研发和产业情况进行对比，以发现广东省在该领域存在的差距和市场竞争中存在的专利风险，同时为广东省实现拥有自主知识产权的集成电路制造关键技术，特别是为相关技术创新发展提供措施与建议。

责任编辑：王祝兰　王瑞璞　　**责任校对**：谷　洋
封面设计：张　冀　　**责任印制**：刘译文

集成电路产业专利分析及预警报告

广东省市场监督管理局（知识产权局）
国家知识产权局专利局专利审查协作广东中心　组织编写

出版发行：知识产权出版社有限责任公司　**网　址**：http：//www. ipph. cn
社　址：北京市海淀区气象路 50 号院　**邮　编**：100081
责编电话：010 - 82000860 转 8116　**责编邮箱**：wangruipu@ cnipr. com
发行电话：010 - 82000860 转 8101/8102　**发行传真**：010 - 82000893/82005070/82000270
印　刷：三河市国英印务有限公司　**经　销**：各大网上书店、新华书店及相关专业书店
开　本：787mm × 1092mm　1/16　**印　张**：35. 75
版　次：2019 年 9 月第 1 版　**印　次**：2019 年 9 月第 1 次印刷
字　数：810 千字　**定　价**：148. 00 元

ISBN 978-7-5130-6459-0

编 委 会

前言

随着经济社会的发展，集成电路产业已成为关系国民经济和社会发展全局的基础性、先导性和战略性产业，是信息产业发展的核心和关键，同时也是经济发展的命脉和支柱。

集成电路技术和产业是《“十三五”国家战略性新兴产业发展规划》的电子信息产业重点关注领域。凭借政策的引导，中国集成电路行业初具规模，国内芯片设计行业已经具备国际先进水平，集成电路制造行业蓬勃发展，封装测试行业也在不断地积极强化技术升级，开发具有自主知识产权的产品。《广东省战略性新兴产业发展“十三五”规划》中指出，产业发展重点为新一代信息技术产业，并强调了加快推进集成电路设计产业做大做强，逐步补齐集成电路产业制造、封装环节短板。在政策引导和市场需求的带动下，广东省集成电路产业快速发展，已初步形成包括研发设计、芯片制造和封装在内的较为完善的集成电路产业链，成为全国重要集成电路产业基地。

但是集成电路技术，尤其是制造和封装技术发展至今，核心专利大都被国外企业所掌控，中国企业所面临的风险也越来越大。国外掌握核心知识产权的大企业通常会形成专利联盟，从而制约我国集成电路企业的发展。如何建立起有效的专利侵权风险防范措施，是摆在国内集成电路企业面前的一道难题。同时，广东省集成电路企业总体上正处于由模仿、并驾齐驱向国际一流发展的阶段，其中知识产权的保驾护航必不可少。

本书通过对近年来涉及集成电路产业设计、制造、封装三大技术领域的全球、中国、广东专利进行全面分析，剖析集成电路产业专利申请现状和趋势、国内外重要申请人及其重点研发方向、重点技术分支的发展路线、产学研合作以及专利侵权诉讼情况，并与广东省的相关研发和产业情况进行对比研究，从而揭示广东省在集成电路领域存在的差距、研发及市场竞争中可能存在的专利风险，同时为广东省相关主体研发具有自主知识产权的集成电路制造工艺关键技术以促进产业发展，特别是为相关技术创新发展提供策略和建议。

集成电路产业专利分析及预警工程研究团队

一、项目指导

国家知识产权局专利局专利审查协作广东中心：曾志华　王启北　邱绛雯

二、项目管理

国家知识产权局专利局专利审查协作广东中心：曲新兴　孙孟相　杨隆鑫　李慜乐

三、课题组

承担部门：广东省市场监督管理局（知识产权局）

国家知识产权局专利局专利审查协作广东中心

课题负责人：邱绛雯

课题组组长：崔　磊　谭　雯

课题组成员（按姓氏字母排序）：

车晓璐　陈冠源　黄宝莹　黎汉杰　黎　欣　李　宝
李健壮　李艳丽　林秀瑶　刘　沛　刘石头　刘玮德
刘　鑫　刘志军　潘元真　沈　丽　孙大伟　孙　鹏
孙学锋　谭岳峰　唐跃强　王　丹　谢宜瑾　谢永坚
谢中亮　徐东星　杨　华　杨　永　叶常茂　张楚湖
张文波　章　媛　赵吉鹤　钟焱鑫　周辉辉　周文龙
周忠饶

四、研究分工

数据检索：李健壮　谭岳峰　谢宜瑾　赵吉鹤　孙　鹏　黄宝莹
孙大伟　周忠饶　周辉辉　叶常茂　谢中亮　刘玮德

数据清理：李健壮　谭岳峰　张文波　刘志军　赵吉鹤　孙　鹏
黄宝莹　孙大伟　周忠饶　周辉辉　叶常茂　谢中亮

刘玮德　黎汉杰

数据标引： 李健壮　谭岳峰　谢宜瑾　张文波　赵吉鹤　孙　鹏
黄宝莹　孙大伟　周忠饶　周辉辉　叶常茂　谢中亮
刘玮德　周文龙　林秀瑶

图表制作： 刘志军　李健壮　谭岳峰　张文波　谢宜瑾　赵吉鹤
孙　鹏　黄宝莹　孙大伟　周忠饶　谢中亮　刘玮德
叶常茂　黎汉杰　徐东星

报告执笔： 黎　欣　谢中亮　叶常茂　刘玮德　黄宝莹　潘元真
孙大伟　孙　鹏　赵吉鹤　周忠饶　章　媛　刘志军
谭岳峰　李健壮　谢宜瑾　刘　沛

报告统稿： 杨　华　杨　永　钟焱鑫　黎　欣　潘元真　叶常茂
章　媛

报告编辑： 谢中亮、刘　鑫

报告审校： 曾志华　王启北　邱绛雯　曲新兴　崔　磊　谭　雯
孙孟相　杨隆鑫　刘石头

五、报告撰稿

黎　欣　主要执笔第3章第3.2.1节，参与执笔第1章第1.1节~第1.2节、第6章

谢中亮　主要执笔第3章第3.2.2节~第3.2.4节，参与执笔第4章第4.2节

叶常茂　主要执笔第4章第4.2.1节、第5章第5.2节，参与执笔第2章第2.3.4节

刘玮德　主要执笔第2章第2.3节

黄宝莹　主要执笔第1章第1.1节、第4章第4.3.2节

潘元真　主要执笔第2章第2.5节、第4章第4.2.2节

孙大伟　主要执笔第3章第3.3.1节，参与执笔第2章第2.4.4节

孙　鹏　主要执笔第2章第2.1节、第2章第2.4节、第5章第5.3节~第5.4节

赵吉鹤　主要执笔第4章第4.3.1节、第3章第3.3.3节~第3.4节，

参与执笔第 5 章第 5.2 节～第 5.4 节

刘　沛　主要执笔第 3 章第 3.1.1 节、第 3 章第 3.1.3 节、第 4 章第 4.4 节，参与执笔第 4 章第 4.2.2 节、第 5 章第 5.1 节

周忠饶　主要执笔第 3 章第 3.3.2 节

章　媛　主要执笔第 3 章第 3.1.4 节～第 3.1.5 节、第 5 章第 5.1 节，参与执笔第 1 章第 1.1 节、第 6 章

崔　磊　主要执笔第 1 章第 1.2 节，参与执笔第 6 章

谭　雯　主要执笔第 6 章，参与执笔第 1 章第 1.2 节

刘志军　主要执笔第 2 章第 2.2 节

谭岳峰　主要执笔第 3 章第 3.1.2 节

李健壮　主要执笔第 4 章第 4.1.1 节

谢宜瑾　主要执笔第 4 章第 4.1.2 节

六、指导专家（按姓氏字母排序）

蒋一明　北京国知专利预警咨询有限公司

孙宏伟　华进半导体封装先导技术研发中心有限公司

孙学锋　国家知识产权局专利局复审和无效审理部

唐跃强　国家知识产权局专利局电学发明审查部

王　丹　国家知识产权局专利局电学发明审查部

温孟斌　华为技术有限公司

许晓民　广东省电子行业协会

杨晓丽　中国集成电路知识产权联盟

张国平　中国科学院深圳先进技术研究院

张小凤　国家知识产权局专利局审查业务管理部

目　录

第1章 概 况

1.1 集成电路产业发展概况分析

1.1.1 集成电路产业发展概况

集成电路（IC）的发展历史经历了六个阶段：1962年，制造包含12个晶体管的小规模集成电路（Small-Scale Integration，SSI）；1966年，发展到集成度为100～1000个晶体管的中规模集成电路（Medium-Scale Integration，MSI）；1967～1973年，研制出1000～10万个晶体管的大规模集成电路（Large-Scale Integration，LSI）；1977年，研制出在$30mm^2$的硅晶片上集成15万个晶体管的超大规模集成电路（Very Large-Scale Integration，VLSI），这是电子技术的第四次重大突破，从此真正迈入了微电子时代；1993年，随着集成1000万个晶体管的16M FLASH和256M DRAM的研制成功，进入了特大规模集成电路（Ultra Large-Scale Integration，ULSI）时代；1994年，随着集成1亿个元件的1G DRAM的研制成功，进入了巨大规模集成电路（Giga Scale Integration，GSI）时代。

集成电路的产业链主要包括三个环节，分别是设计、制造和封装。集成电路设计产业发展能为整个集成电路产业的增长注入新的动力和活力，有利于带动中下游的其他产业，发展集成电路设计业具有十分重要的经济和战略意义。集成电路制造是实现由设计到产品的核心技术，制造环节是整个产业链能够运转的重要支撑。封装是集成电路产业链中的重要工序，封装质量的好坏直接决定该集成电路的性能优良甚至成功与否。课题组对上述三个环节进行了全面的考察和分析。

1.1.1.1 全球发展状况

半导体产业是高新技术的核心产业，是现代通信、电子、工业控制、军事技术等产品的基本元素和重要组成部分。集成电路一直稳定占有80%左右的全球半导体市场份额，具有深刻的国际性，是国际化竞争最激烈、全球范围内资源流动和配置最为彻底的产业之一。以下从四个方面阐述全球集成电路产业的发展状况。

（1）产业规模的发展

纵观全球半导体产业发展的过程，总体而言，以集成电路为主导的半导体产业规模由快速增长并伴随大幅波动转为低速平稳增长。1991～2000年是全球半导体产业高速增长的黄金10年。这10年间，产业年均增速高达15%，产业规模由1991年的546.07亿美元快速增长至2000年的2043.94亿美元，产业规模扩大了近3倍。2001～2010年则是全球半导体产业大起大落、剧烈调整的10年。这期间既出现过2003年、2004年和2010年产业增速分别高达18.3%、28%和31.8%的好年景，也出现过因

2001 年互联网泡沫破裂、2008 年国际金融危机分别导致产业大幅下跌 32%、9% 的坏年景。整体来看，这 10 年全球半导体产业年均增速仅为 3.9%。2011 年以来，全球半导体产业发展渐趋平缓，且增速进一步放慢。2011～2014 年，产业规模微增至 3331.51 亿美元，年均增速只有 2.8%。2015 年，全球半导体产业增速才达到了 3.4%。

（2）产业结构的发展

集成电路产品从小规模集成电路逐渐发展到现在的超大规模集成电路，整个发展经历了传统的板上系统到片上系统的过程。在这一历史过程中，世界集成电路产业为适应技术的发展和市场的需求，产业结构经历了三次变革。第一次变革是以加工制造为主导的集成电路产业发展的初级阶段；第二次变革体现为以制造加工为主的代工型企业与专注芯片设计的集成电路设计企业的分离发展；第三次变革则出现“四业分离”的集成电路产业，即形成了设计业、制造业、封装业、测试业独立运营的局面。

近年来，在全球半导体产业结构的快速调整中，集成电路产业中的集成电路设计业与晶圆代工业呈现异军突起之势。自 2001 年以来，全球集成电路设计业保持了年均近 20% 的增长速度，增速几近 10 倍于整体产业，其在半导体产业中的地位也随之快速蹿升。2001 年，全球前 20 位半导体企业中尚无一家集成电路设计企业入围，而到 2014 年，集成电路设计企业已经占据全球前 20 位半导体企业中的 6 席。其中，高通自 2001 年至今仍保持年均 22.3% 的超高速增长，其销售额规模由 2001 年的 13.9 亿美元增加至 2014 年的 191 亿美元，扩大了 13 倍，高通也随之迅速成为全球第四大半导体企业。美日欧占据了整个集成电路产业链的上游，掌握着设计、生产、装备等核心技术。尤其是美国作为集成电路产品设计和创新的发源地，全球前 20 位集成电路设计公司大都在美国。

集成电路设计业的快速发展带动了晶圆代工业的同步发展。以台积电（TSMC）为例，其销售收入由 2001 年的 39.8 亿美元迅速扩大到 2014 年的 250.88 亿美元，十余年间保持了年均 15.2% 的高速增长。台积电在全球半导体企业中的排名也由第十位提升至世界第一位。此外，全球第二大晶圆代工企业——台联电的销售额由 2011 年的 19.45 亿美元快速增长到 2014 年的 43 亿美元，并已进入全球前 20 位半导体企业的行列。

（3）技术形态的发展

全球集成电路技术的发展呈现以下趋势。

一是延续摩尔定律（More Moore），芯片特征尺寸沿着不断缩小的方向继续发展，基于投资规模和技术研发成本的考虑，放弃超小型化制造技术的芯片厂商日益增多，转向轻晶圆厂（Fablite），高阶制程将掌握在少数几家企业手中，芯片制造呈现聚拢趋势；二是超越摩尔定律（More than Moore），开发新的半导体材料，运用电子电路技术和电路设计等概念，在物理结构和器件设计方面产生新的突破，如三维封装、3D 晶体管结构等；三是为满足小型化而产生系统集成技术，不断扩展应用半导体技术，带动光伏产业、半导体显示等产业的迅猛发，产生了“泛半导体技术”概念。

（4）商业格局的发展

全球半导体产业已渐渐步入成熟期。在这一大背景下，半导体企业间的整合重组正日益频繁。2003 年，三菱和日立两家公司的半导体部门合并成立瑞萨，当时排名全球第三；2006年，AMD斥资54亿美元收购ATI，刷新了当时半导体业界收购金额的记录；2009年，NEC与瑞萨合并成立新瑞萨，当时全球排名仍为第三；同年，AMD出售晶圆生产线转型为集成电路设计企业，世界第三的晶圆代工企业格罗方德（Global Foundries）也同期成立；2013年，美光收购尔必达一举成为全球第二大存储器厂商；同年安华高（Avago）斥资66亿美元收购LSI，再次刷新半导体业界收购金额记录。此外，MTK与Mstar正式实现合并，从而成为占据全球数字电视芯片80%以上市场份额的绝对垄断者。随着半导体客户端产品慢慢进入成熟期，例如手机、PC的大市场在收缩，新的市场还没有形成，竞争进入白热化，越来越多的企业通过资本并购的方式，扩大企业规模，保持企业竞争力。2014～2015年，出现了全球半导体产业史上规模最为宏大的横向整合潮，半导体行业真正迈入大并购时代，英特尔宣布了其47年来的最大并购交易，以167亿美元收购FPGA厂商Altera；戴尔宣布以约670亿美元的价格收购网络存储巨头EMC，这一价格创造了全球科技史上规模最大的并购交易。此外，高通、安华高、赛普拉斯等全球大企业也加入了并购浪潮。

企业间的大规模整合促使全球半导体产业正由自由竞争逐步走向寡头垄断。2001年，全球前20位半导体企业销售额占整体产业销售的比重为72.4%，到2014年已提升至75.3%。2001～2014年，全球第一名与第20名半导体企业销售额之间的差距也由10.7倍扩大至12.1倍。“马太效应”在全球半导体业界中已开始不断凸显。

未来几年，全球集成电路产业将进入重大调整变革期。随着投资规模的迅速攀升，市场份额加速向优势企业集中，不少领域将形成企业垄断局面。此外，国际企业通过构建合作联盟、兼并重组、专利布局等方式强化核心环节控制力，市场进入壁垒进一步提高。全球集成电路产业依然“大者恒大”，产业技术革新难度加大，速度开始变缓，技术竞争愈发激烈。在投资强度及市场竞争的压力下，商业模式亦悄然变化——众多IDM工厂纷纷转向“轻晶圆厂”模式或代工模式，进入全球晶圆代工行列；全球集成电路产业尤其是制造业呈现从发达地区向发展中国家和地区转移的趋势。

1.1.1.2 中国发展状况

中国是全球最大的集成电路消费国。图1－1－1是中国集成电路市场销售额与增

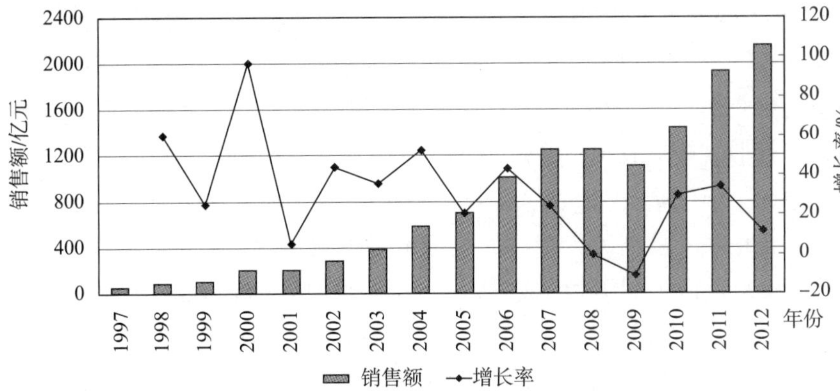

图1－1－1 中国集成电路市场销售额与增长率关系

长率关系图。每年进口芯片超过全球总出货量的50%，2013年，中国共进口集成电路产品2313亿美元，同比增长20.5%。其进口额超过原油，成为中国第一大进口商品。集成电路领域进出口逆差达1436亿美元，比上年增长3.5%。

中国虽然是全球最大集成电路消费市场，但中国集成电路业的发展相对弱小。从全球范围看，中国仍处于第三梯队，而且在细分市场多样化的领域面临激烈竞争。在中国排名前10位的芯片供应商全部来自国外，例如英特尔、三星等。截至2011年，没有一家中国企业能入围全球半导体企业营业额前20名。目前，中国半导体企业整体分布为约有20%是无晶圆生产线（Fabless）芯片设计公司，30%则从事晶圆代工服务，其余将近50%的企业参与封装和测试环节。

1.1.1.2.1　中国集成电路设计业现状

随着半导体晶圆代工厂标准工艺生产线的日益成熟，近年来Fabless集成电路设计公司纷纷建立起来，并得到迅速发展。中国Fabless IC设计业近几年来突飞猛进，其市场竞争能力和企业效益都得到了很大的提高和改善，已经跃居全球第三位，仅次于美国和中国台湾地区。截至2012年，中国大陆集成电路设计业销售额达到680.45亿元，同比增长8.98%。目前中国大陆地区聚集着大大小小500家的芯片设计企业，其产品应用范围涉及无线通信、多媒体应用、模拟器件、功率器件、导航设备、智能卡、消费电子类等十大市场。中国最大的Fabless企业当属华为（全球第一大通信设备供应商）旗下的海思半导体子公司，排名第二位的是展讯通信有限公司（以下简称“展讯”），2011年它们分别位于全球Fabless IC Suppliers排名的第16位和第17位。绝大多数本土设计公司都受益于中国和其他发展中国家手机业务的迅猛增长。其中，展讯表现尤为出色，年增速达到95%，远远超过其他竞争对手，从2009年的第67名跃居至第17名。中国虽然目前有500家芯片设计企业，但其中绝大多数依然规模较小。

1.1.1.2.2　中国集成电路制造业现状

根据IC Insights调研机构公布，2012年，全球晶圆代工市场总产值达393.1亿美元，较2011年大幅增长了约20%。在全球晶圆代工厂排名中，台积电稳坐第一位，市场占有率高达44%，且营业额规模几乎是第二名格罗方德的4倍。三星主要受益于为苹果代工应用处理器，排名跃居第三位。中国大陆晶圆代工老大中芯国际（SMIC）排名第五名，但营收规模只有台积电的1/10。上海华宏（Grace）则排名第六名，营收规模只有台积电的1/20，差距更大。短期内无人能撼动台积电在晶圆代工的领头羊地位。图1-1-2示出中国大陆晶圆代工厂的全球市场占比情况。中国大陆地区晶圆代工业的发展起源于2000年中芯国际的成立，通过学习和借鉴台湾晶圆厂的发展模式和经验，中国大陆积极投资和建设晶圆代工厂。除了中芯国际，还有先后成立宏力（Grace）、华虹NEC、和舰科技等，中国大陆地区也一跃成为仅次于中国台湾地区的全球第二大晶圆代工生产基地，同时也带动了大陆半导体产业的整体发展。

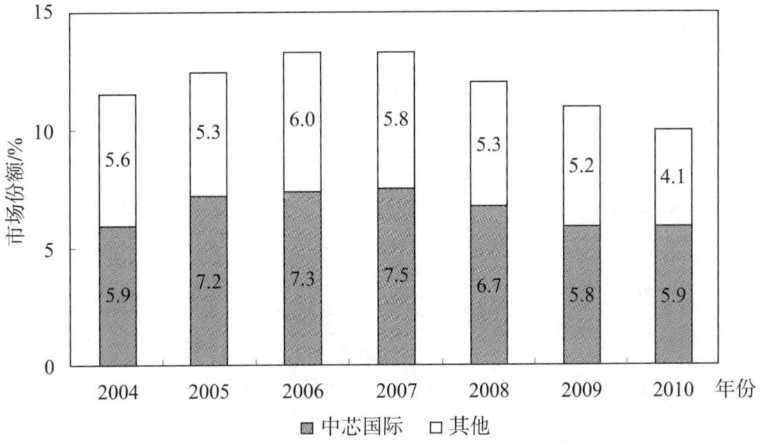

图1－1－2 中国大陆晶圆代工厂全球市场份额

数据来源：工研院 IEK（2011 年 11 月）。

1.1.1.2.3 中国集成电路封装业现状

半导体封装测试最先进的技术现在都集中在全球封测领域中领先企业，如日月光（ASE）、安科（Amkor）、矽品（SPIL）、星科金朋（STATS CHIPPAC）等。它们占据着绝大多数高端产品的市场份额，也占据着大部分市场利润，排名前四位企业的市场份额远远大于其他竞争者，中国台湾地区无疑是全球封装测试水平最发达的地区，在排名前十的封装测试厂中，台湾企业就占据了 5 个名额，尤其是行业龙头老大日月光的市场销售额的增幅明显多于其他企业。国内目前已有超过 280 家企业在封装测试及其相关领域竞争。在产业发展初期，中国封测企业主要集中在技术相对成熟的中低端产品生产上。随着产业的发展，越来越多全球领先的封装测试企业开始在中国大陆直接投资，或者以合资企业方式将先进的封测生产线转移至中国。与此同时，中国本土封测企业在国家政策的大力扶持下，积极迎合市场需求，加大技术研发力度，技术上也取得了长足的进步。中国本土封装龙头企业也有望逐步掌握如 2.5D 和 3D 封装技术、硅片穿孔等目前最为先进的封装技术，与全球半导体封测最先进的技术水平差距正在日益缩小。如果中国台湾能够逐步放松对中国大陆投资和技术出口的限制，中国大陆有朝一日将集中全球大部分集成电路封装测试生产能力，届时将形成以外商独资、外资控股及国内企业相互竞争的市场格局。

如表 1－1－1 所示，在 2010 年封测行业收入排名前十的企业中，大部分都是外商独资或者合资企业，长电科技（所属新潮科技集团）是国内本土半导体封装的龙头企业，位居第三。2010 年，国内集成电路封装测试行业发展迅速，行业销售收入达到约 671 亿元，同比增长 30.4%，并且一改连续 2 年下滑的颓废走势，实现正向大幅增长。图 1－1－3 展示了 2006～2010 年国内集成电路封装测试业销售收入及增长情况。同期比较下台湾的数据，台湾地区封装测试产业年产值达新台币 4297 亿元，约合人民币 972 亿元，是大陆集成电路封装测试产业的 1.5 倍。从封装测试产业整体情况来看，排在前十位的仍以外资企业为主，内资企业规模仍偏小，虽具备一定创新能力，但技术能力仍不强。最新的3D封装技术经过多年研发积累，在2013年后逐步形成商用量产，这将对我国及世界现有封测行业格局造成很大的冲击。一是相比较于集成电路制造和集成电路设计业，传统的封装测试业技术进入门槛比较低，参与企业较多且市场价格比较透明，竞争极为激烈，但随着2.5D及3D叠堆、硅片穿孔等高级封装技术的引入，这种市场格局将被打破，封测行业的技术将大幅提高。二是由于3D封装技术，封装行业与芯片制造行业可能发生融合。3D封装技术基本原理是通过硅片内部穿孔，而不是外引Bond线，这样可以大量缩小整个芯片封装的面积。而硅片穿孔的技术环节需要由晶圆代工厂来完成，所以芯片制造代工企业会利用3D封装技术介入封装领域，逐步蚕食封装环节的产业附加值。有消息报道，台积电完成全球首项3D集成电路封装技术，预计2021年量产，这意味着传统的晶圆代工行业将开始进入封装测试行业。三是封装企业必将两极分化发展，龙头企业继续扩大生产规模，占据行业多大部分利润份额，而中小企业竞争则更加激烈，技术落后或产能不足的企业将被淘汰。

表1-1-1　2010年国内集成电路封装测试业收入排名前十的企业

排名	企业名称	销售额/亿元	增幅/%	类型
1	飞思卡尔半导体（中国）有限公司	85.30	29.48	外资
2	威讯联合半导体（北京）有限公司	64.40	21.85	外资
3	江苏新潮科技集团有限公司	63.90	51.28	内资
4	南通华达微电子集团有限公司	41.80	53.68	内资
5	上海松下半导体有限公司	39.43	33.53	合资
6	深圳赛意法微电子有限公司	39.40	41.17	合资
7	日月光封装测试（上海）有限公司	29.70	49.10	台资
8	瑞萨半导体（北京）有限公司	26.20	37.17	外资
9	英飞凌科技（无锡）有限公司	22.20	19.48	外资
10	三星电子（苏州）半导体有限公司	21.86	5.10	外资

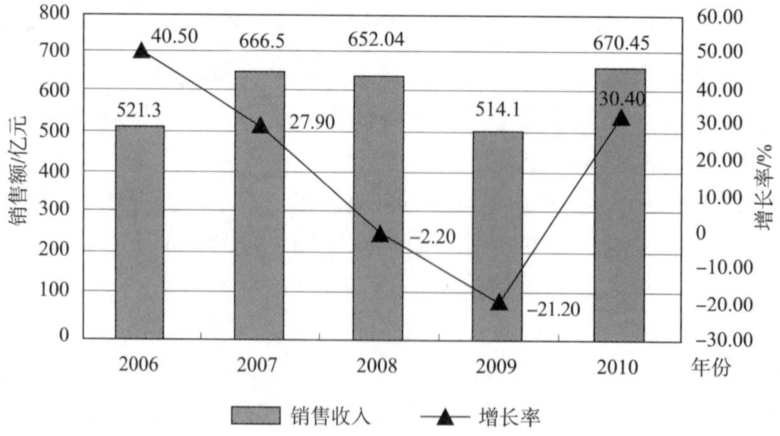

图1-1-3　国内集成电路封装测试业销售收入统计

1.1.1.3　广东省发展状况

1.1.1.3.1　集成电路的设计

广东省是集成电路设计产业大省。近几年在广东省政府的大力支持下，广东省集成电路设计产业迅猛发展，在国内集成电路产业中所占比重也逐年上升，已成为国内重要的集成电路设计产业基地。目前，广东省集成电路设计企业的数量已经超过100家。广东省已建成3个集成电路基地，分别是国家集成电路设计深圳产业化基地、珠海南方集成电路设计服务中心和广州国家现代服务业集成电路设计产业化基地。3个集成电路基地已聚集华为、中兴通讯、汇顶科技、润芯科技、珠海全志以及矩力科技企业等集成电路设计公司。广州形成了以集成电路设计为龙头的发展模式，推动了集成电路相关产业的发展，同时还拥有中山大学、华南理工大学等十余所著名高等院校，聚集了集成电路设计和应用相关专业的人才，为广东省集成电路设计产业提供重要的智力支持。依托具有庞大市场的集成电路设计与应用基地，深圳已发展成为国内最大的电子制造业基地。珠海则形成了芯片设计、制造、封装测试、系统应用的集成电路设计产业链。

在全球芯片设计产业蓬勃发展的情况下，在广东省政府对集成电路设计的大力支持下，广东省根据省内技术发展特点，逐渐形成了集成电路设计产业产学研紧密结合的局面，为省内的集成电路设计产业的进一步发展奠定坚实的基础。

在产业方面，广东省内的代表性企业包括海思半导体有限公司（以下简称“海思公司”）、深圳市中兴微电子技术有限公司、珠海全志科技股份有限公司、珠海电子矩力科技企业有限公司等。

其中，海思公司成立于2004年10月，前身是创建于1991年的华为集成电路设计中心。海思公司总部位于深圳，在北京、上海、美国硅谷和瑞典都有设计分部，多年的技术积累使海思公司掌握了国际一流的集成电路设计与验证技术，拥有先进的EDA设计平台、开发流程和规范，已经成功开发出100多款拥有自主知识产权的芯片，共申请专利500多项。海思公司还与美国、日本、欧洲及国内的业界同行建立了良好的战略伙伴关系，拥有成熟稳固的晶圆加工、封装及测试合作渠道。2006年，海思封装工程设计部团队成立，是海思公司芯片封装设计、信号完整性/电源完整性设计的部门，为公司芯片产品提供芯片IO—封装—系统完整、可靠、具有竞争力的全流程信号完整性/电源完整性和封装方案，部门在低成本封装、超大封装等领域积累扎实，部分领域已领先业界。

在科研方面，广东省高校不断加入集成电路的教学和研究中，早在2002年就成立了广州集成电路设计中心。该中心拥有完备的集成电路设计软硬件平台、高水平的设计技术培训平台、高效率的技术服务平台，是广东高级集成电路设计人才的聚集地，是目前华南地区唯一的国家级集成电路人才培养基地。此外，广东省还依托高校设立集成电路设计研发中心，如中山大学于2007年经教育部和科学技术部的批准成立了“国家集成电路人才培养基地”，整合中山大学集成电路技术领域内相关学科的科研技术力量和人才资源优势，形成支撑开展微电子领域人才培养的条件，提高华南地区集成电路人才培养水平。

2003 年后，在国家和深圳市政府相关产业促进政策的引导下，深圳集成电路设计产业一直保持快速增长，特别是自深圳集成电路基地成立以来，产业规模不断扩大，呈现出良好的发展态势。2013 年，深圳集成电路设计产业整体产值达到 221.5 亿元，相较 2012 年的 152.7 亿元，实现了 45% 的增长率，比 2012 年的增长率（21%）有较大提升，同时也优于 2013 年全国集成电路设计业 30% 的增长速度。深圳集成电路设计业呈现企业数量基本稳定、总体产值持续增加、企业规模分化加剧、亮点企业不断涌现的趋势。伴随着深圳电子产业的升级换代，顺应全球和中国电子产业变化趋势的要求，深圳集成电路设计产品线也从早期通信和消费的两大类向更加多元化的方向发展，包括 LED 照明和新能源、智能电表和智能电网、物联网、工业医疗、汽车电子等。从最小特征线宽分布来看，当前深圳市集成电路设计企业主流产品特征线宽集中在0.13～0.35μm，超过 83% 的集成电路设计公司已对可使用特征线宽≤0.18μm 的工艺进行设计。从主流产品特征线宽分布看，目前量产的芯片主要采用特征线宽 >0.13μm 工艺，但可使用特征线宽≤0.13μm 工艺的企业超过六成。深圳企业的总体的设计能力不断增强。深圳集成电路设计企业普遍比较重视科研投入。2011 年，深圳集成电路设计行业总研发投入为 27.2 亿元；2012 年，深圳集成电路设计企业投入研发资金 32.7 亿元；2013 年，深圳集成电路设计企业投入研发资金 48.4 亿元，在 2012 年同比 2011 年大幅增长 20% 的基础上又较大幅度增长 48%。企业在研发上的持续投入为深圳集成电路设计产业未来的持续爆发打下坚实的基础。其中，海思公司以 300000 万元居首位；远望谷投入 57240 万元，位列第二；中兴微电子投入 48000 万元，排名第三。随着 SoC 设计技术的发展，深圳集成电路设计企业越来越多地通过 IP 复用设计自己的 SoC 芯片，使产品的规模和设计水平大幅度提升。

2003 年，经原广东省信息产业厅批准，珠海成为广东省集成电路设计与生产基地；同年，经科学技术部批准，珠海成为国家集成电路设计产业化基地园区，立足珠海，面向周边地区集成电路设计企业服务。

可以看出，广东省对于集成电路设计的技术发展非常重视，从政策的引导，到产学研结合的发展，再到研究人才、生产基地的发展和落实，极大地促进了集成电路技术的发展，提高了广东省企业的竞争实力。同时，专利技术的保驾护航促进了广东省企业技术的飞速发展，快速增加了企业竞争的实力。

1.1.1.3.2 集成电路的制造

重要的集成电路设计产业基地、国内最大的电子制造业基地以及极具市场活力的集成电路设计产业链区域为广东省集成电路制造业的发展提供了得天独厚的条件。为了给设计业做好支撑，同时也为了进一步带动封装业的发展，广东省大力发展集成电路制造产业。

深圳宝龙高新园区是广东省首个省市共建战略性新型产业基地。目前已有不少集成电路制造企业。其中，深圳深爱半导体股份有限公司（以下简称“深爱半导体”）4 英寸、5 英寸线已具备相当规模，采用自主双极型和 MOS 器件制造工艺技术平台。

2014年，深爱半导体规划在超级结工艺技术和IGBT制造工艺上重点研发，产品主要应用方向为消费类电子和汽车电子，目前深爱半导体用于节能灯、电子镇流器、电子变压器等领域的大功率晶体管产销量在国内已名列前茅，并逐步进入国际市场。方正微电子拥有2条6英寸生产线，2011年6月2条生产线实现满产，现月产能6万片，达到设计产能的120%。其工艺平台有Metal Gate、Si-gate、CMOS、全系列高低压VDMOS、1200V Planar IGBT、Schottky、TVS功率器件及HV CMOS、BiCMOS、CDMOS、BCD功率集成电路等，主要应用方向为计算机及外围接口、通信、消费类电子、汽车电子等。

中芯国际也与深圳市政府达成了协议，在深圳市建一座8英寸厂和一座12英寸晶圆代工厂。截至2017年，广东省已有华为、中芯国际等龙头企业。此外，还有北京大学深圳研究生院、比亚迪股份有限公司、广州丰江微电子有限公司、深圳市气派科技有限公司等集成电路制造企业和研究院所。

相对长三角地区来说，广东省的集成电路制造业还非常薄弱，集成电路制造企业少，缺乏大尺寸晶圆制造能力，发展速度跟不上市场需求，产能和高端技术服务有待提升。

1.1.1.3.3 集成电路的封装

在国内集成电路封装测试领域，省市间的发展非常不平衡，优势力量主要集中在长三角、北京和珠三角。其中，长三角和珠三角由于集中国内众多优势专利权人，在研发和投入上都具备很强的实力，发展较其他省份，占据更大优势。

从国内集成电路封装业的发展情况来看，珠三角虽然在封装业中市场占额小于长三角一带，但是由于半导体封装项目相对芯片设计、制造项目具有技术门槛较低、资金投入需求较少，并能明显带动就业更贴近整机应用市场的特点，且封装在半导体产业链中是劳动力最密集的，而广东省正是一个劳动密集大省，这些都给广东省封装产业的发展提供了良好的条件。广东省还是国内消费型电子、通信产品的最大生产基地，也是国内主要的集成电路器件市场，集成电路市场需求一直占全国的40%以上。庞大的市场需求也促使广东省封装产业进一步发展。

在全球半导体产业整体成长放缓、产业结构调整和产业链产能在区域上重新分配的大趋势下，广东省有可能成为重要的集成电路封装产业核心区。目前，广东省内的集成电路封装产业产学研结合紧密，为省内集成电路封装产业的进一步发展奠定了坚实的基础。

在科研方面，广东省高等院校和科研院所加大了对集成电路封装的研究和投入，取得了一定的研究成果。代表性的高等院校和科研院所包括以电子封装关键设备、电子封装材料、无铅化封装和无铅焊料为主的华南理工大学，以微制造新工艺与可靠性、封装与组装互连材料性能为主的哈尔滨工业大学深圳研究院，以微电子封装技术、封装工艺技术为主要研究内容的广东工业大学，以SMT工艺及设备研究为重点的深圳职业技术学校。

在产业方面，原先广东省内企业由于投资规模较小，缺少先进封装技术来源，大都从事中低端产品的封装。近年来，这些企业的生产能力和技术水平提升很快，正进入快速发展阶段，涌现出一大批优秀企业，在这些企业中包含跨国性的国际大厂集成部件制造商与本土企业合资的封装厂，如深圳赛意法微电子有限公司。该公司是原国家计划委员会立项的高新技术企业，在2008年度封装总产能已达85亿片，销售额为34.50亿元，具有较强的生产能力。意法半导体是世界半导体行业排名第四、欧洲排名第一的半导体公司，总部位于瑞士日内瓦，2007年销售额达90亿美元，在深圳设有分公司，是国内最大的半导体封装和测试企业，各类元器件日产量可达1600万只。

广东省的企业中还包括内地本土大型的封装厂，如深爱半导体。该公司成立于1988年2月，2010年经股份制改造后转型为股份有限公司。该公司是由深圳市赛格集团有限公司、深圳市循杰投资股份有限公司、深圳市远致投资有限公司投资成立的专业功率半导体芯片及器件的生产企业，公司现有员工1000余人，拥有占地10万m^2的5英寸功率集成电路生产园区，是一家集自主设计、自主研制、生产、销售的高科技企业。该公司具有较强技术实力，是深圳市市级“企业技术中心”单位、国家级“高新技术企业”、300家最具成长性企业、“国家高技术产业化示范工程”单位。同时，公司也注重培养企业自主创新能力，是“2008年深圳市自主创新行业龙头企业”“2011年广东省自主创新标杆企业”，具备TO-92、TO-126、SOT-82、TO-220、TO-220FP、TO-251/252、TO-3P等封装形式的各类功率半导体器件的规模生产能力。

尤为值得关注的是，深圳（龙岗）集成电路产业基地依托宝龙高新技术产业园区成为广东省经济和信息化委员会省市共建战略性新兴产业基地。宝龙高新技术园区汇聚了一批国内外知名的集成电路企业。全球最大的半导体产品制造厂商之一的ST Microelectronics N. V. 在宝龙高新技术园区投资设立意法半导体（深圳）制造有限公司。该项目总投资5亿美元，完全达产后，宝龙高新技术园区将成为华南地区最大的集成电路封装基地。宝龙高新技术园区内还有如方正微电子、华润赛美科、深爱半导体等知名集成电路企业，具有极强的辐射带动作用。目前，深圳市的宝龙高新技术园区内已拥有芯片设计—制造—封装—终端应用的垂直产业链条，覆盖集成电路产业链的所有环节，是华南地区规模最大的全产业链集成电路产业园。

经过多年的发展，广东省内的集成电路产业已具有较大的规模。当然在产业繁荣发展的背景下，我们还应该看到，本土企业与外资企业相比，掌握的核心技术少，技术实力上还存在较大的差距。因此，技术创新成为产业升级和可持续发展的重中之重。

1.1.2 国内外相关政策

半导体产业作为电子信息技术的基础性产业，世界各国都将其视为国家战略性产业，各国根据各自的国情、产业和技术发展现状都制定了相应的产业政策。

1.1.2.1 全球相关政策

1.1.2.1.1 美国

（1）美国政府对半导体产业发展的相关支持政策

1）风险投资政策

发达的风险投资为美国半导体产业和半导体科技的飞跃发展提供了巨大助力。为推动和规范风险投资的发展，从 1958 年的《小企业投资公司法》到 1993 的《信贷担保法案》，美国共颁布了十几部与风险投资相关的法律。根据这些法律，美国政府出台了相关的创新计划，为美国半导体技术及其产业发展发挥了极其明显的作用。

2）政府采购政策

政府采购是美国扶持特定产业的重要政策工具。早在 1984 年，美国就颁布了《联邦政府采购条例》，长期以来，制定了与政府采购相关的法律法规多达 4000 余部。在这些条例、法律法规的支持下，通过合同研发、购买产品等方式，美国政府利用庞大的政府采购支出极大地激励了企业的研发创新活动，支持包括集成电路及半导体等在内的高技术产业发展。20 世纪 90 年代，克林顿上台不久即采取措施，促进政府在半导体等高科技领域投资，仅计算机及其相关产品的政府采购就高达 90 亿美元，并扶植如 IBM、惠普、德州仪器等一批国际 IT 业巨头，在一定程度上支持美国重新夺回集成电路工业的世界主导地位。

3）贸易保护政策

美国政府亦在贸易领域出台了一系列政策，以支持其半导体产业的发展。例如，1986 年，美国与日本签订了《半导体协定》，原因是美国宣称日本生产商以超低价格向美国倾销芯片，并限制美商进入日本市场。双方最初签订的协定于 1991 年到期后，美国政府又就该协定在下一个五年中的实施问题与日本政府磋商。而这次谈判的重点则是要求日本市场对美国半导体生产商敞开大门。美国政府在 1993 年还颁布了“国际出口战略”，提出包括半导体、电脑、通信等在内的六大产业为美国国家重点出口产业。该战略提出，采取包括减除政府对技术领先产业出口的管制、提供贸易融资、贸易咨询服务等的措施，扩大美国企业产品出口，强化美国企业的外部竞争能力。

4）法律保护

美国于 1984 年出台《半导体芯片保护法》，该法对保护美国的布图设计提供了有力的法律保障。1994 年，克林顿政府将《与贸易有关的知识产权协议》纳入成立世贸组织条约的附加条款之中，并利用该协议强化对集成电路布图设计法律保护的国际标准。

（2）政府其他支持政策

1）激励大学、企业从事 R&D 活动

美国政府通过一系列激励措施鼓励大学、企业从事 R&D 活动，改变政府直接参与科技活动、政府部门起主导性作用的局面，侧重通过私人部门的刺激，通过营造更有利于私人部门创新的环境来促进民间研究开发的活动。美国政府以“研究合同、研究资助和合作研究”等形式向企业、高等院校或其他部门拨款，极大地刺激了企业与高校技术创新的积极性。

早在 1978 年美国就颁布了《研究与开发法案》，其中规定企业用于 R&D 的盈利部分不予以征税；1981 年，美国政府通过了《经济复兴税收法》，其中规定企业在 R&D 方面超过 3 年平均水平的开支增加额即可享受 25% 的税收减免；1982 年，美国国会通过了《S 项修改法案》，其中规定知识密集型公司可以少交 1/3 的税款。作为依靠科技实力和创新实力发展的半导体产业，在这些法律法规的颁布和实施中收益巨大。

2）促进技术向经济转化，扶持建立战略技术联盟

美国政府鼓励技术创新，并通过建立激励机制、鼓励研究人员的创业精神来推动高新技术的产业化和商品化。例如，1980年美国出台的BayDole法案在20世纪80年代初期对美国高技术成果的转化起了很大的推动作用。1993年，美国政府发表《促进经济增长的技术——增强经济实力的新方向》和《促进经济增长的技术——总统的发展报告》等报告。为此，先后制定了《大学和小企业专利程序法》《技术创新法》《联邦技术转移法》等。

同时，美国政府还通过放宽反托拉斯法的规定，促进企业之间的合作，同时通过鼓励科技方面的国际合作、振兴科技教育等举措确保美国相关产业的顺利发展。

早在20世纪80年代美国就出台了战略技术联盟相关的扶持政策，其中，《半导体制造技术联盟发展计划》至今仍在实行中。在这些政策的激励下，美国财政资助10亿美元，14家在半导体制造业中居领先地位的企业组成了R&D战略技术联盟。该战略技术联盟提高了美国整个半导体行业的核心竞争力。

1.1.2.1.2　日本

日本在20世纪70年代以前还是半导体进口国，其国内市场被美国控制。自20世纪70年代中期开始，日本开始对半导体产业实施战略性贸易政策，使得日本在较短的时间内赶超欧美。日本对半导体产业的扶持政策如下。

（1）国内市场保护政策

在20世纪五六十年代，日本半导体的生产集中在消费品和工业领域，无论规模或是技术都落后于美国。为了扭转技术上对美国的依附，日本政府通过高关税、限制性配额、排他性定制程序、“购买日货”等措施限制外国半导体商品向本国市场渗透。采购中，一方面政府自身以较高的价格购买国产计算机设备，另一方面要求国有企业也成为日本半导体行业的大买家。此外，日本政府还对外资的进入采取严格的审批制度，拒绝所有设立外国独资公司和外国厂商拥有多数所有权的合资企业的申请。

（2）对半导体产业的优惠政策

日本政府出台了一系列鼓励性措施和促进性法规，引导资源向半导体产业倾斜配置。

1）通过立法为半导体产业投资提供支持

1957年，制定《电子工业振兴临时措施法》（以下简称《电振法》）。其颁布实施有效地促进了日本企业在学习美国先进技术的基础上，积极发展本国的半导体及集成电路产业。

1971年，制定《特定电子工业及特定机械工业振兴临时措施法》。该法进一步秉承《电振法》的宗旨，强化了发展以半导体为代表的电子产业的力度。该法的实施成功地帮助日本企业通过加强自身研发、生产能力，有效地抵御了欧美半导体厂商的冲击，进而使日本半导体制品不断走向世界。

1978年，制定《特定机械情报产业振兴临时措施法》。该法进一步加强了以半导

体为核心的信息产业的发展。

上述三部专业法规在总体上加强了日本企业的竞争力。此后，日本没有颁布针对以半导体为基础的电子、信息产业的专门法规，而是改为通过综合性法规在整体上推动包含半导体在内的高新技术的发展，其中较为重要的是于1995年出台的《科学技术基本法》。

2）企业间并购、融资和出口信贷、税收等优惠政策

在企业并购政策方面，对于合并的清算利润，予以减轻或减免法人税。对于出资所得的分红，在征收法人税时不列入征税对象；同时免收有关购买土地等的手续费。在融资方面，其主要利用国家开发银行，为有关半导体生产企业提供低息、长期优惠贷款。在出口信贷方面，为解决企业资金不足问题、扩大企业出口，日本银行向民间银行提供低息资金。其中，对需分期付款的设备出口，由日本进出口银行提供一年以上的中长期出口信贷。

3）日本政府对中小企业的金融和科技结合政策

日本政府为弥补中小企业在向民间金融机构贷款时担保的不足，建立了信用互补制度。也就是说，政府专门成立“中小企业信用保险公库”，同时在全国各都道府县设立信用保证协会。当中小企业在向民间金融机构贷款时，先由“信用保证协会”提供信用担保，并向“中小企业信用保险公库”投保。如果企业难以偿贷，信用保证协会则代为偿还。此后，政府的“中小企业信用保险公库”再向该协会支付保险金。

（3）开展“官民研一体化”集成电路项目

日本政府开展多项集成电路重大项目，早期的有《超大集成电路计划》，近期的有《超尖端电子技术开发项目》《大晶圆半导体技术计划》《HALCA计划》《未来计划》《飞鸟计划》《ASPLA计划》《新一代半导体技术五年计划》。其中，早期的《超大集成电路计划》有效地促进了日本半导体产业技术的发展，使其在超大规模集成电路方面赶超美国。该项目由日本政府发起，邀请富士通、日立、三菱、NEC、东芝五大企业，联合日本工业技术研究院、电子综合研究所和计算机综合研究所，共同开展“超大规模集成电路”（VLSI）计划，在内存芯片技术方面进行联合攻关。在1976～1979年的4年时间里，VLSI的经费高达700亿日元，其中政府出资近300亿日元。在合作过程中，各企业协作分工，共担风险，分享利益，合作进行设备和技术上的研发。

1.1.2.1.3 韩国

韩国政府对半导体产业的扶持政策如表1－1－2所示。

表1－1－2 韩国发展半导体产业扶持政策概况

时期	项目（计划）名称	实施目标
1975年	六年计划	建立韩国高级科学技术研究院（KAIST），建立韩国电子技术研究所，进行超大规模集成电路的研究；推动半导体业发展，培养半导体方面人才

续表

时期	项目（计划）名称	实施目标
20 世纪 80～90 年代（1986～1991 年）	超大规模集成电路技术共同开发计划	以政府所属国家电子研究所为主，三星、现代、LG 等大企业参加，组成半导体研发组合，集中人才、资金，进行从 1M～64M 的 DRM 核心基础技术开发，企业主要开发生产技术和工艺技术等。总投入 1.2 亿美元，政府出资 50%
1992 年	G-7 计划	涵盖 VLSI、ISDN、HDTV、智能计算机等 7 个领域
1990～1995 年	韩国半导体设备国产化 5 年计划	总费用 643 亿韩元，政府支持 474 亿韩元，占 73.7%，工业开发费 135 亿韩元，占 21%，其他为政府机构资助 34 亿韩元，占 5.3%
1993 年	21 世纪电子发展计划	优先发展半导体、计算机、通信和机电产品，加强国际合作，改进电子生产技术，推行“反向工程”，政府提供税收和财政上优惠
1994 年	电子产业技术发展战略	选定七大战略技术作为重点开发对象，1999 年之前总投资 20544 亿韩元，其中政府出资 9131 亿韩元，占 44.4%
1994 年	促进原材料产业计划	改变国内原材料落后的产业结构重大举措，在发展半导体原材料上予以补课
2001 年	半导体关税减免	对半导体设备、进口部件和原材料实行减免关税等支持
2001～2005 年	半导体人才培育项目	推进 SOC 计划人才培训和基地建设，在汉城大学、全北大学、庆北大学等三个大学强化技术研究力量
2004 年	IT839 战略计划	提出 2004 年实现“开发用户移动电话多媒体芯片集”，在 2005 年推出移动通信低能耗芯片，2007 年成为全球三强之一的目标

（1）韩国政府大力推进以集成电路大企业为主体的“官产学研合作的政策”

一是政府直接投资建立相应集成电路研发机构；二是在“官产学研合作”方面，韩国政府通过多种宏观调控政策，引导资金流向，培养和促使韩国大企业进入集成电路领域，给大企业提供绝大多数资金，优先发展大企业，从而加速整个半导体产业的技术水平和竞争力等。

（2）韩国政府相关税收优惠的法律法规等政策

《对技术开发先导物品实行特别消费税暂定税率制度》对半导体等重点发展产业实施优惠措施；《半导体芯片保护法》确保韩国半导体芯片受到合法的保护；设立半导体

关税减免工厂指定制度，对半导体设备和原材料实行减免关税等税务制度的支持；《外国人投资法》，确定吸引外资的核心是“促进、支援”；《防止产业技术外流及保护产业技术法》《尖端产业临时措施法》《信息化促进基本法》等。

1.1.2.1.4 欧洲

欧洲的半导体产业政策如下。

（1）建立领先的微电子技术公共研发机构

法国的CEA Leti、比利时的IMEC、德国的Fraunhofer IISB等均是微电子技术领域世界级的公立研究机构，在半导体工艺技术、设备、材料研发等方面处于国际领先地位。

（2）制订发展计划

1985年4月17日，在前法国总统密特朗提议下发起了“尤里卡计划”。

1988~1996年，出台联合欧洲半导体硅计划。

1997~2000年，出台欧洲微电子应用开发计划，主要目标是使欧洲半导体厂商生产的半导体芯片达到0.25~0.18μm级，并广泛应用于电脑、多媒体、通信等领域。

2001~2008年，出台“MEDEA+”计划，是微电子应用开发计划的继续发展，是前两个计划成果的继续巩固和发展。该计划的总预算为40亿欧元。继续加强接近应用的开发，瞄准芯片集成系统。

2004年3月，开始实施为期27个月的NanoCMOS计划。该计划由联合欧洲半导体大厂以及各半导体研发机构共同推动，计划初期将从45nm制程入手，逐步开发32nm及以下制程工艺，目标是把欧洲打造成为全球半导体制造方面的领先者。

2008年，实施CATRENE（Cluster for Application and Technology Research in Europe on NanoElectronICs）计划，针对等纳米微电子技术进行研发，该计划仍在执行当中，而该计划预算总额40亿欧元的4年期延伸计划目前也已经获得批准。

2013年，启动为期3年、总投资3.6亿欧元的Places2Be项目，以促进全耗尽绝缘体上硅（FDSOI）制造工艺在欧洲实现产业化。目标是支持28nm FDSOI试生产线的建立，以及成为未来促进欧洲实现先进制造工艺量产的第二动力。资金将用于欧洲FDSOI设计和与制造生态系统建立，以及支持后续14nm和10nm节点的发展。

（3）经济促进

1990年，欧盟与日本政府签署协议，规定日本生产的标准存储器片在欧洲共同市场上的最低售价。此外，欧盟委员会还向韩国集成电路商采取反倾销措施。

1.1.2.2 中国相关政策

1.1.2.2.1 国家层面

近十几年是中国半导体产业发展最快的时期。为规范和促进中国半导体产业健康发展，国家相继出台了一系列与半导体行业相关的科技发展规划，以及针对半导体特定行业的政策和发展规划，如表1-1-3所示。

自2000年以来，我国政府颁布了一系列政策法规，将集成电路产业确定为战略性产业之一，大力支持集成电路行业的发展。《鼓励软件产业和集成电路产业发展的若干政策》首次专门针对集成电路产业制定了鼓励政策，对集成电路行业的发展具有重要意义；《国家中长期科学和技术发展规划纲要（2006—2020 年）》（国发〔2005〕44 号）将高端通用芯片定为 16 个国家科技重大专项之一；《国务院关于加快培育和发展战略性新兴产业的决定》（国发〔2010〕32 号）提出着力发展集成电路、高端服务器等核心基础产业；《国民经济和社会发展第十二个五年规划纲要》提出大力发展新一代信息技术产业，其中重点发展集成电路等产业；《集成电路产业“十二五”发展规划》作为我国集成电路行业发展的指导性文件和加强行业管理的依据，对“十二五”期间集成电路产业的发展指明了方向；2014 年，《国家集成电路产业发展推进纲要》正式发布，其中重点强调“强化企业创新能力建设。……加强集成电路知识产权的运用和保护，建立国家重大项目知识产权风险管理体系，引导建立知识产权战略联盟，积极探索与知识产权相关的直接融资方式和资产管理制度”。

表 1-1-3　中国与半导体产业相关的科技发展政策和规划

时间	发布机构	名　称
2006 年 2 月	国务院	《国家中长期科学和技术发展规划纲要（2006—2020 年）》
2010 年 10 月	国务院	《国务院关于加快培育和发展战略性新兴产业的决定》
2011 年 7 月	科学技术部	《国家“十二五”科学和技术发展规划》
2011 年 12 月	国务院	《工业转型升级规划（2011—2015 年）》
2012 年 1 月	工业和信息化部	《新材料产业“十二五”发展规划》（含新材料产业“十二五”重点产品目录）
2012 年 2 月	工业和信息化部	《电子信息制造业“十二五”发展规划》（含子规划：《电子基础材料和关键元器件“十二五”规划》《电子专用设备仪器“十二五”规划》《数字电视与数字家庭产业“十二五”规划》）
2012 年 2 月	工业和信息化部	《集成电路产业“十二五”发展规划》
2012 年 2 月	工业和信息化部	《太阳能光伏产业“十二五”发展规划》
2012 年 7 月	科学技术部	《半导体照明科技发展“十二五”专项规划》
2012 年 7 月	国务院	《国务院关于促进光伏产业健康发展的若干意见》
2013 年 7 月	国务院	《“十二五”国家战略性新兴产业发展规划》

2015年胜利闭幕的中国共产党第十八届中央委员会第五次全体会议一致通过《中共中央关于制定国民经济和社会发展第十三个五年规划的建议》，并指出牢固树立并切实贯彻创新、协调、绿色、开放、共享的“五大发展”理念，是关系我国发展全局的一场深刻变革，实现发展目标、破解发展难题、厚植发展优势，必须牢固树立和深入推进“五大发展”。这份建议内涵的思想精髓对于指导我国集成电路产业乃至信息技术产业发展具有重大指导意义。

2016年以来，国家相继作出了“中国制造2025”“互联网+”行动指导意见等重大战略部署，把新一代信息技术产业确定为十大重点发展领域之首，所以加快构建以集成电路为核心的现代信息技术产业体系显得很迫切。“集成电路产业“十三五”规划”正在编制当中，将明确未来我国集成电路产业发展的重点、工作思路以及面临的发展瓶颈。2017~2022年将是我国集成电路攻坚做强的关键时期，由大变强、缩小国内外技术差距的任务艰巨。在党的十八届五中全会确定的发展理念指导下，“十三五”期间我们将更加注重创新、协同、聚焦和开放发展，通过技术、产业和资金等多种手段相结合的方式，实现我国集成电路产业跨越式发展。

1.1.2.2.2 地方层面

（1）上海

2009年发布的《关于加快推进上海高新技术产业化的实施意见》对上海的电子信息制造业提供财税、规划、土地、人才、科技方面的鼓励支持政策。

2009年发布的《上海市人民政府办公厅转发市经济信息化委关于加快推进本市技术改造工作实施意见的通知》提出，加快电子信息领域进行技术改造，并提供如下政策支持：①设立专项资金，加大项目支持力度；②搭建投融资平台，引导资金向重点项目倾斜；③落实用地与人才政策，加强技术改造项目配套保障；④制订全市技术改造项目计划，加强项目协调推进；⑤明确市、区县两个层面工作职责。

（2）浙江

2012年发布的《浙江省经济和信息化委员会关于促进光伏产业健康发展的指导意见》提出，完善政策体系，夯实产业发展基础，以促进浙江省光伏产业的健康发展。

（3）广东

《广东省软件和集成电路设计产业100强企业培育实施方案》提出，对软件和集成电路设计产业100强企业进行培养，获得该资格的企业可享受资金、优选获得项目、支持上市、派专人协调解决企业发展问题、资质认证以及税收优惠政策等支持。

（4）重庆

2012年发布的《重庆市人民政府关于印发重庆市电子信息产业三年振兴规划的通知》对电子信息产业的发展提供如下保障措施：①加强行业统筹调控；②继续加强招商引资；③强化企业自主创新；④完善产业发展基础；⑤提供产业人才支撑。

（5）深圳

2013年发布的《深圳市人民政府印发深圳市关于进一步加快软件产业和集成电路设计产业发展若干措施的通知》，为加快深圳软件产业和集成电路设计产业发展提出如下措施：①提升研发和产业化水平；②推进产业集聚发展；③支持企业拓展市场；④加强知识产权工作；⑤强化人才引进和培育；⑥优化投融资环境；⑦加大财税支持力度；⑧优化行业管理服务。

（6）北京、福建、海南、吉林等地也相继推出半导体产业扶持政策

1）高新区税收优惠政策

对高新区的发展，国家提供各种税收优惠政策：第一，外商投资企业所得税减免优惠政策；第二，外商投资企业再投资退税政策；第三，免征外商投资企业地方所得税、城市房地产税和车船使用牌照税优惠政策；第四，外商投资企业国内采购优惠政策；第五，进出口关税减免政策；第六，内资高新技术企业税收减免优惠政策；第七，技术服务收入减免税政策；第八，软件和集成电路的若干政策，其中包括增值税、企业所得税、培训费用等提供税收优惠。

2）各地高新区扶持政策

长春高新区，对LED产业提供如下政策扶持：长春市政府出台了《关于加快战略性新兴产业发展的若干意见》；长春高新区管委会制定了《关于加快LED产业发展的若干意见》，对于优质LED产业项目，实行一事一议，在土地、融资、税收奖励等方面予以重点扶持；高新区与省投资集团合作成立了EMC合同能源管理公司，长春市政府已经批准同意给予落户高新区的LED生产企业提供户外照明市场方面的支持；高新区设立了1亿元战略性新兴产业发展资金，重点支持LED产业发展；在东北率先启动“人才特区”建设，每年拿出1亿元资金，重点向LED产业领军人才倾斜。

成都高新区发布《成都高新区委员会关于印发〈成都高新技术产业开发区加快软件产业发展的优惠政策〉（试行）的通知》，对集成电路设计提供关于人才引进和培养、税收优惠、产业扶持以及关于投融资等方面的优惠政策。

合肥高新区发布《合肥高新区关于鼓励集成电路设计产业发展的若干意见》，对集成电路设计产业发展提供重点扶持产业龙头、办公用房、税收优惠、项目开发等方面的扶持政策。

广东省各高新区也对各自集成电路产业发展提供政策扶持，如东莞松山湖高新技术产业开发区为集成电路产业提供税收、产业化、租金、人才补助等各方面的优惠政策。珠海国家高新区、江门高新区、中山高新区也推出了相应的扶持集成电路产业发展的优惠政策。

（7）台湾

台湾的半导体产业发展，一直是政府主导、民间参与的形式。

1）技术引进及扩散

20世纪70年代，台湾选择将集成电路作为台湾产业转型的突破口。1973年，成立工业技术研究院，隔年成立了电子研究所，派人前往美国学习集成电路技术。将整个技术移植回台湾后，成立了台湾的第一个集成电路示范工厂，由政府提供经费让电子所进行技术研究。1979年，由“工业技术研究院”完成的《集成电路示范工厂设置计划》使得台湾半导体业开始具备完整的生产、技术与销售能力。1980年，在政府推

动与工业技术研究院作正常技术转移辅导的情况下，成立了台湾第一家 IC 制造公司——联华电子。1987 年，依循类似的模式，台积电成立。

2）成立科学园区

政府成立新竹工业园和南科工业园区，采取研究所、大学和私人高技术公司三角合作的发展模式。政府投入大量的资金用于园区公共基础设施建设，并对园区颁布一系列优惠政策，吸引民间企业来园区投资设立高科技公司。

3）优惠政策

①政府降低设置营运总部门槛，让只在大陆投资的台商也可以适用汇回海外所得的免税规定。

②租税相关优惠，主要文件为“促进产业升级条例”和“科学园区管理条例”。其中，“促进产业升级条例”还包括利用租税减免奖励措施鼓励产商进行研究发展、自动化和人才培训等。

③新竹科学工业园区奖励措施，主要提供税收优惠、投资人权益保障、政府参与投资、技术入股，低利率贷款、研究发展奖励办法以及其他优惠项目。

④南科优惠措施，主要提供一体化窗口服务，加快行政审批流程，其对税收以及研发补助等方面也作了详细的规定。

⑤研发投资抵减办法。其中规定，要为研究发展购买或使用的专利权等支付费用，才能为研究发展支出费用。

1.1.2.2.3 广东省相关政策

广东省政府相继出台了一系列支持政策，支持集成电路的发展与创新，并着重强调知识产权的重要性。《广东省战略性新兴产业发展“十二五”规划》中指出，产业发展重点集中领域包括高端新型电子信息产业，并强调加强芯片设计、制造和封装的知识产权布局及产业化。

广东省在 2010 年发布了《广东省发展高端新型电子信息产业行动计划（2010—2012 年）》，目标是：高端环节形成 3000 亿元产业规模；形成在全国具有特色和影响力的软件和集成电路设计产业集聚地，重点发展特色优势软件产业，大力推动集成电路设计、芯片制造和集成电路封装测试产业发展，重点支持计算机及网络、通信、数字音视频用关键芯片、智能卡芯片、工业控制芯片、汽车专用芯片等设计；大力推动 8 英寸以上生产线集成电路芯片制造；主要发展球栅阵列封装（BGA）、系统级封装（SIP）、芯片级封装（CSP）、方型扁平无引脚封装（QFM）、倒扣封装（flipchip）等集成电路新型封装测试；重点支持专用材料生产和集成电路公共服务平台建设，大力发展高性能专用芯片设计技术、集成电路芯片制造技术、集成电路新型封装测试技术；重点突破数字音视频、高清数字电视、下一代宽带通信、卫星导航、RFID、三网融合等集成电路设计开发技术；重点推进广州、深圳集成电路芯片制造基地、深圳国家集成电路设计产业化基地、广东集成电路设计与生产基地（珠海）、广州集成电路设计服务中心建设，形成深圳、珠海、广州三大集成电路设计产业集群。

广东省经济和信息化委员会于 2011 年 5 月 20 日发布《广东省软件和集成电路设计

产业100强企业培育实施方案》，目标是在广东省培育100家软件和集成电路设计产业龙头骨干企业。其中，培育3家业务收入超100亿元、10家业务收入超10亿元的龙头企业，打造一批国家规划布局内重点软件企业、中国软件百强企业、省战略性新兴产业骨干企业，形成一批具有较强影响力的软件产品和服务品牌，充分发挥龙头骨干企业的引领带动和示范作用，推动全省软件和信息服务业快速发展。

广东省人民政府于2015年9月12日发布《广东省人民政府关于贯彻落实〈中国制造2025〉的实施意见》，其中的重点领域包括集成电路及关键元器件，同时指出突破新型集成电路封装技术，发展高性能通用及专用芯片，提升芯片设计制造能力，珠江东岸重点建设一批集成电路、新型显示等龙头项目，打造平板显示、集成电路千亿元级产业集群。

为促进地方集成电路产业发展，各地政府也相继发布了一些鼓励性政策，例如广州市于2001发布的《广州市鼓励发展集成电路产业若干规定》、深圳市于2013年发布的《深圳市关于进一步加快软件产业和集成电路设计产业发展的若干措施》、东莞市的《关于促进东莞松山湖高新技术产业开发区集成电路产业发展试行办法》等。

1.2 课题研究内容与方法

1.2.1 研究对象

从集成电路产业的发展来看，集成电路的技术演进路线比较清晰，向低功耗、高密度、小型化和多功能的方向发展。这些趋势的发展对集成电路的制造技术也提出了越来越高的要求。随着集成电路密度和性能的不断提高，集成电路的功耗问题已经严重影响芯片的可靠性，为了进一步满足高密度的要求，降低集成电路的线宽成为制造技术的关键因素，相应地需要提高图形光刻技术的精度。另外，伴随集成电路封装的小型化、微型化和薄型化，特别是3D互连、3D封装、SIP封装等先进技术的广泛应用，使集成电路封装中芯片的数量、密度和功能都大幅提高，不可避免地需要降低芯片本身的厚度，对晶片进行减薄。

广东省知识产权局将“集成电路产业专利分析及预警工程”确定为2015年“广东省战略新兴产业专利信息资源开发利用计划”项目之一。根据集成电路产业和技术发展过程中的关键因素以及未来发展挑战和趋势，在综合考虑产业专家、广东省知识产权局、企事业单位等意见与建议的基础上，本课题将重点研究对象确定为集成电路设计、制造、封装三大技术。

1.2.2 研究内容

为了通过在全球、中国以及广东省方面分别对集成电路产业三大技术进行分析，剖析集成电路产业工艺技术的现状和未来趋势、国外重要申请人及其重点技术方向，获得国外在该领域的技术发展重要信息，并与广东省相关研发和产业情况进行对比研究，以能够发现广东省在该领域存在的差距、研发及市场竞争中可能存在的专利风险，同时为广东省实现具有自主知识产权的集成电路制造关键技术特别是为相关技术创新发展提供策略和建议，课题组最后确定在上述三大领域技术的基础上进行进一步的技术分解，如图 1－2－1 所示（详细技术分解参见附录 1）。

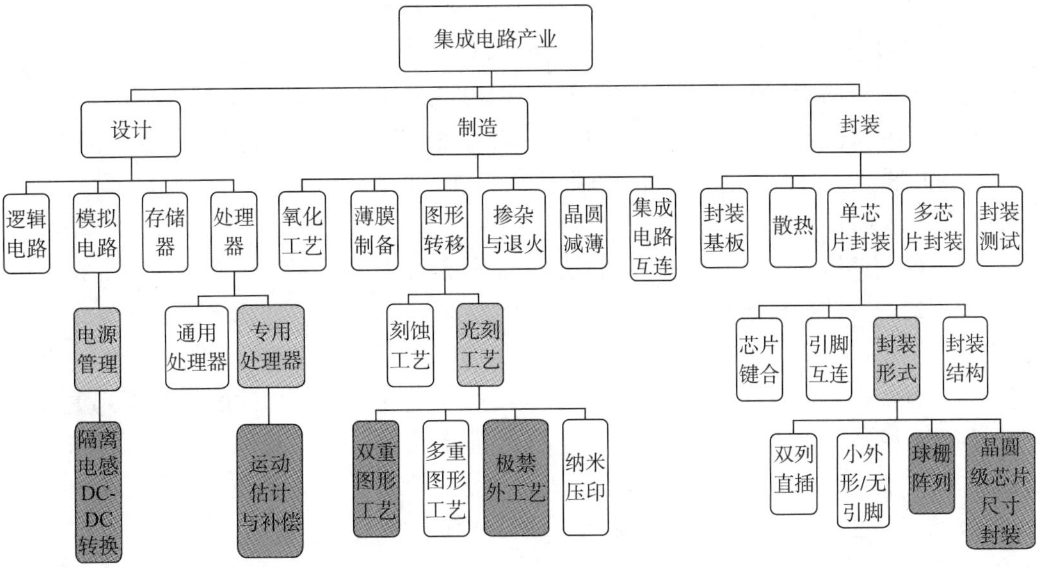

图 1－2－1　项目分解图

基于此，本课题报告包括以下主要内容：

第 1 章：概况；

第 2 章：集成电路产业专利分析；

第 3 章：重点申请人分析；

第 4 章：重要技术分支专利技术及风险分析；

第 5 章：集成电路领域诉讼情况分析；

第 6 章　措施与建议。

1.2.3　研究过程与方法

本课题主要采用统计分析和对比分析等定量分析和定性分析相结合的研究方法，从宏观角度的专利布局和态势分析到微观角度的国内外重点专利授权前景和保护范围均进行较为详细的分析。课题的研究过程主要包括以下四个阶段。

1.2.3.1　前期准备阶段

前期准备阶段包括以下几个步骤。

1.2.3.1.1　资料搜集

在前期准备阶段，课题组成员利用国家知识产权局内的各种数据库和互联网初步检索集成电路的相关信息，查找到许多重要的信息，例如集成电路制造工艺、集成电路 50 年发展史、集成电路技术的发展、集成电路设计领域、集成电路制造领域以及集成电路封装领域等，有书籍、文献、文章、文摘、研究报告等形式，并形成产业和技术发展报告。通过阅读上述技术资料，为项目分解奠定了初步的基础。

1.2.3.1.2　调查研究

为了准确分析研究对象，把握产业的最新技术动向，课题组积极开展企业调研和专家座谈活动，先后与华为、华进半导体封装先导技术研发中心有限公司、矽力杰半导体技术有限公司、炬力集成电路设计有限公司、广东省电子行业协会、华南理工大学等企业或院所的专家进行了深入的沟通与座谈。通过与企业技术专家和科研院所的专家交流，了解该领域的行业技术分类方法、相关技术现状和发展趋势、产业发展动态，明确研究的重点，为正确进行项目分解提供产业角度的支持依据。

1.2.3.1.3　项目分解

通过前期调研、技术研究和专利数据检索等多方面的反复论证与修改，综合考虑专利检索的可行性、行业的分类习惯以及学科上的分类方法，课题组最后确定集成电路产业专利技术的研究包括集成电路设计、集成电路制造以及集成电路封装等三个技术领域，且根据专家建议、工作量与效率、当前技术发展现状，课题组的研究重点是非隔离型电感式 DC-DC 转换技术、运动估计与补偿专利技术、双重（多重）图形光刻技术、EUV 光刻技术、BGA 载板技术、WLCSP 技术等 6 个技术分支，并对每个技术分支的技术主题进行细分，具体参见附录 1 项目分解表。

1.2.3.1.4　检索策略的初步制定

在现有检索资源、数据库特点以及综合考虑研究分析可行性的基础上，课题组关于中国专利文献在 CPRS 数据库中进行检索，关于外文数据库以 DWPI 数据库为基础，以各国全文数据库、专家反馈等作为补充进行检索。

由于本课题三个技术领域的关联性较差，课题组针对每一技术领域都进行检索，检索通过关键词 + 分类号的方式进行，即本课题采用的是分总式的检索方式，以获得最重要的检索结果。

1.2.3.2　数据采集阶段

数据采集阶段包括制定检索策略的完善、进行专利检索、与专家进行讨论。其中，专利检索经过不同角度反复校验，在专利数据查全、查准的基础上力求减少噪声专利，再进行数据清理和数据标引，以确保检索数据的完整性和准确性。

1.2.3.2.1　中文库检索策略

考虑到各数据库的特点、检索的可行性、数据的全面性等，针对中文数据，课题组首先在 S 系统的文摘数据库中进行检索，然后依靠全文数据库对文摘数据库进行补充，该步骤主要采用关键词 + IC 分类号的检索方式。

1.2.3.2.2　外文库检索策略

考虑到外文数据库的特点、外文检索的难点、检索结果的导出等，课题组首先在 DWPI 数据库中进行初步检索，然后依靠重要国家的全文数据库进行数据补充，主要采用英文关键词 + 分类号的检索方式，分类号主要为 IC 分类号，而根据数据库特点，又采用 EC、UC、FT、CDC 等分类号作为补充。

具体地，中文库和外文库的检索主要分类号和主要关键词如附录 2 所示。

1.2.3.2.3 数据加工

本课题在保证查全率的基础上，针对文献量较小的国内申请，主要通过初筛和精筛的步骤来进行数据的初步筛选，通过标引的方式获得最终的检索结果，即通过人工筛选的方式来提高文献的准确率。

在保证查全率的基础上，对于文献量较大的国外数据库申请，鉴于时间、效率以及工作量等，通过人工初筛与精筛，利用公开号导入数据库进行批量标引的方式来进行标引，获得最终数据。

查全率和查准率是评估检索结果优劣的指标。查全率用来评估检索结果的全面性；查准率用来衡量检索结果的准确性。本课题中，查全率评估主要采用基于申请人来构建查全样本专利文献集合，对于申请量较多的申请人，采用摘取其中一时间段的相关专利来构建查全样本专利文献集合。查全率计算公式为：查全率 = 查全样本/检索结果 × 100%。查准率的评估方法是在检索结果集合中随机选取一定数量的专利文献作为查准样本专利文献集合，对查准样本中的每件专利进行人工阅读，并筛选出相关专利文献，形成有效样本。查准率计算公式为：查准率 = 有效样本/查准样本 ×100%。

课题组根据上述方法对检索结果的查全率和查准率进行验证，查全率和查准率都为90%以上，满足研究需要。

1.2.3.2.4 检索结果

在此所使用的专利数据，中文检索结果从CPRS数据库中导出，而外文检索结果从DWPI数据库中导出，检索结果为截至2017年10月31日公开的所有实用新型和发明专利。

通过以上检索，最终确定的6个重点技术分支的检索结果如表1-2-1所示。

表1-2-1 集成电路重点技术分支检索结果（截至2017年10月31日）

关键技术		检索去噪后结果（中国）/件	检索去噪后结果（全球）/项
设计	非隔离型电感式DC-DC转换技术	1020	1503
	运动估计与补偿专利技术	6401	12087
制造	双重（多重）图形光刻技术	532	1677
	EUV光刻技术	474	2247
封装	BGA载板技术	278	1389
	WLCSP技术	865	2178
总计		9570	21081

1.2.3.3 专利分析阶段

在数据加工后，项目实施流程进入专利分析阶段。这个阶段是整个专利分析和预警工作的重点，主要内容包括选择分析工具和专利分析两个环节。课题组在此阶段，选择分析工具为国家知识产权局专利局专利审查协作广东中心中新公司的专利分析软件和“Microsoft Office Excel 2010”。利用该分析工具对采集和处理的专利数据综合运用数理统计、时间序列等专利分析方法，绘制各种相关图表，同时采用多种分析方法进行归纳、推理、抽象、概括，解读专利情报，挖掘专利信息所反映的本质问题。所分析的内容如下。

1.2.3.3.1　主要技术领域的专利态势分析

主要技术领域专利态势分析包括集成电路设计、制造以及封装技术三个部分，其中每个部分都包括全球专利态势分析和中国专利态势分析。每部分又包括申请趋势分析、国家/地区分布分析、主要申请人分析、各技术分支分析等四个方面。

1.2.3.3.2　重要申请人分析

重要申请人分析包括国内重要申请人分析和国外来华重要申请人分析，每个部分又包括专利状况分析和专利技术分析。

1.2.3.3.3　重点技术专利及风险分析

重点技术包括非隔离型电感式DC-DC转换技术、运动估计与补偿专利技术、双重（多重）图形光刻技术、EUV光刻技术、BGA载板技术、WLCSP技术，其中每个部分都包括专利技术分析和专利风险分析。

本课题选择重点专利的考量因素包括：①公认必要技术。所保护的技术是为制造某个技术领域的某种产品必须使用的技术，且是该领域中公认的重点或前沿技术。②引证指数。通常以一件专利被其他专利所引用的频次来表示，引用次数越高，则说明专利在该领域的重要性程度越高。③同族专利。同族专利是指就同一项发明在多个国家或地区进行专利申请而形成的一组内容相同或基本相同的专利族。通常一件专利同族数量的多少可以表示该专利的重要性程度，同族越多，说明该专利的重要性程度越高。④专利有效性。通常以专利或其同族的法律状态维持有效时间长短来判断，时间越长，则说明该专利的重要性程度越高。⑤保护范围大小。它是以专利权利要求为依据，判断权利要求保护范围的大小，同时结合权利要求的组数，来判断整个专利的保护范围。一般来说，基础性较强专利其保护范围越大，权利要求组数越多的专利其保护范围也越大。

所谓专利风险意指潜在的侵权可能性。我国《专利法》规定的专利侵权行为包括：制造、使用、许诺销售、销售或进口他人发明专利产品或实用新型专利产品；使用他人专利方法以及使用、许诺销售、销售或进口依照该方法直接获得的产品。具体判断是否存在侵权可能性，是按照专利侵权判定原则和方法（司法实践中采用全面覆盖原则和等同原则）进行的。鉴于课题研究的对象只是专利，而不是具体的产品或者方法，无法采取专利侵权判定原则和方法进行专利风险的分析和判断。为此，本课题经过深入研究，制定如下定性的专利风险分析方法：首先，就所研究的重点技术领域，确定国内集成电路制造工艺产业界的主要企事业单位，特别是作为我国集成电路制造工艺参与单位的国内申请人和作为竞争对手的国外申请人在该重点技术领域的“有效发明专利”（具体包括授权专利和在审的具有授权前景的专利申请，下同）申请情况；其次，分析比较两者有效发明专利的技术创新方向、保护范围大小、专利布局是否成形等方面；最后，综合评估得出潜在可能的专利风险结果。本课题将可能的风险结果分为四个等级，即重大风险、较大风险、较小风险和无风险。

在进行风险评估的技术领域中，确定上述四个等级的基本把握标准为：①国外来华专利中有较多重要或者基础性的有效发明专利，且形成一定局面的专利布局，我国集成电路制造工艺产业界的主要企事业单位专利申请空白或仅有少量外围有效发明专利，则认定为存在重大风险；②国外来华专利中有较少的重要或者基础性的有效发明专利，我国集成电路制造工艺产业界的主要企事业单位有少量外围有效发明专利但核心专利申请空白，认定为存在较大风险；③国外来华专利中仅有个别重要有效发明专利，我国集成电路制造工艺产业界的主要企事业单位拥有较多的重要有效发明专利或者少量核心专利，则认为存在较小风险；④国外来华专利中未涉及该技术领域或没有有效发明专利，国内有多项有效发明专利，则认定为无风险。

另外，在确定上述四个等级时，为了尽可能地提高结果正确性，在上述基本把握标准的基础上，我们从以下几个方面进行考虑，以作为上述把握标准的补充：①该技术领域下是否存在不同的有效的解决方案、不同的解决方案的布局情况以及重要程度；②产业上对该技术分支是否存在切实有效的需求；③核心专利的布局情况；④重要专利的专利重要程度，当然，也可以根据实际需求考虑其他影响因素来对专利风险进行评估。

1.2.3.3.4 专利技术发展路线分析

专利技术发展路线分析主要包括以下几个方面。

①对重点技术的产业状况进行研究，重点梳理该技术在全球、中国以及广东省范围内的产业发展历程和现状，并说明产业上技术发展历程。

②对于重点技术领域在全球、中国以及广东省范围内进行专利检索并筛选代表核心技术的专利，绘制相应的专利技术发展脉络图，并与产业状况进行比较分析。

③结合产业发展趋势和专利技术发展脉络图，研究热点技术的发展状况并对热点技术领域的重点专利进行分析。

④对于重要技术的专利主导性进行分析。

⑤综合以上结果，初步预测国内外技术发展趋势，并给出有针对性的建议。

1.2.3.3.5 主要结论及措施建议

根据该阶段的专利分析成果，综合得出集成电路工艺关键技术专利现状，得出专利分析的结论，并根据所得结论，为广东省企事业单位作指导，提出措施与建议，以为经济技术发展作出贡献。

1.2.3.4 完成报告阶段

在报告撰写阶段，主要完成报告撰写、初稿研讨、报告的修改与完善。报告初稿完成后，课题组组织相关领域专家对报告的主要内容、重要结论、措施建议等内容进行研讨，协助课题组完善报告内容，梳理报告结构、突出重要结论，使报告措施建议更有针对性。初稿研讨后，课题组借鉴专家意见对报告进行修改和完善，然后提交给专利分析和预警工作领导小组办公室统一出版。

1.2.4 相关说明

1.2.4.1 同族专利的处理

同一项发明创造在多个国家或地区申请专利而产生的一组内容相同或基本相同的

文件出版物，称为一个专利族。从技术研发角度来看，属于同一专利族的多件专利申请可视为同一项技术。本报告中，在进行技术分析时对同族专利进行合并统计，针对国家分布进行分析时各件专利进行单独统计。

1.2.4.2 关于专利申请量统计中的项和件

项是在进行专利申请数量统计时，对于数据库中以一族（这里的族指的是同族专利中的族）数据形式出现的一系列专利文献，计算为“1 项”。以“项”为单位进行的专利文献量的统计主要出现在外文数据的统计中。

件是在进行专利申请数量统计时，为了分析申请人在不同国家、地区或组织所提交的专利申请的分布情况，将同族专利申请分开进行统计，所得到的结果对应于申请的件数。1 项专利申请可能对应于 1 件或多件专利申请。

1.2.4.3 近期部分数据不完整说明

检索截至 2017 年 10 月 31 日，由于部分数据在检索截止日之前尚未在相关数据库中公开，课题组检索到 2015 年以后提出的专利申请数量比实际专利申请量要少。① 出现这种情况的原因主要有以下几点：通过《专利合作条约》提出的专利申请（通常称为“PCT 申请”）自申请日起 30 个月甚至更长时间之后才进入国家阶段，从而导致与之相对应的国家公布时间更晚；发明专利申请通常自申请日（有优先权的，自优先权日）起 18 个月（要求提前公布的申请除外）才能被公布；实用新型专利申请在授权后才能获得公布，其公布日的滞后程度取决于审查周期的长短等；检索数据库中数据的更新速度问题。

1.2.4.4 申请人名称约定和国家（包括地区/国际组织）代码对照说明

在本报告中对一部分重要申请人的表述进行约定：一是由于中文翻译的原因，同一申请人在不同中国专利申请中表述不一致；二是力求申请人统计数据的完整性、准确性，将一些公司的子公司专利申请合并统计；三是基于图表标注的需要，简化申请人名称。部分重要专利申请人名称约定以及机构代码和国家（包括地区/国际组织）代码对照的相关说明详见附录 3 所示。

1.2.4.5 专利被引频次

专利被引频次是专利文献被在后申请的其他专利文献引用的次数。引文数据来源于 Derwent Innovations Index 以及 Patentics 数据库。

1.2.4.6 国内申请

国内申请是中国申请人在中国国家知识产权局的专利申请。

1.2.4.7 在华申请

在华申请是申请人在中国国家知识产权局的专利申请，其中，外籍申请人通过不同方式向中国国家知识产权局提交的申请则称为国外来华专利申请。

---

① 由于到检索截止日为止，相当比例的 2013 ~ 2014 年的申请文件还未进入公开/公告程序，检索得到的 2013 ~ 2014 年申请数据并不能如实反映 2013 ~ 2014 年的申请量变化趋势。

第 2 章　集成电路产业专利分析

2.1　集成电路产业总体专利态势分析

本节将对集成电路产业总体专利申请状况进行分析，通过对集成电路领域全球专利申请状况、中国专利申请状况以及广东省专利申请状况的分析，为掌握专利技术发展路线、各重点技术领域的专利技术分布等提供帮助。

2.1.1　全球专利态势分析

集成电路领域的全球专利申请状况是衡量该领域技术发展水平的重要指标，也是该领域专利态势分析研究的切入点。截至 2018 年 10 月，检索世界范围内涉及集成电路领域的专利申请共 1051555 项，其中中国专利申请 302292 件。在此检索基础上，围绕对该领域在全球的申请趋势、区域布局、主要申请人状况以及主要技术分支状况等方面对其全球专利申请状况进行阐述。

2.1.1.1　申请趋势分析

通过对全球集成电路领域相关专利申请随年代变化趋势的分析，可以初步掌握自 1959 年以来全球集成电路技术的发展过程和趋势，从而对其未来发展方向进行判断。

图 2－1－1 反映了集成电路领域在全球范围内的专利申请态势分布情况，柱状图示出集成电路技术专利申请量的变化情况。从图中可以看出，1980～2001 年，集成电

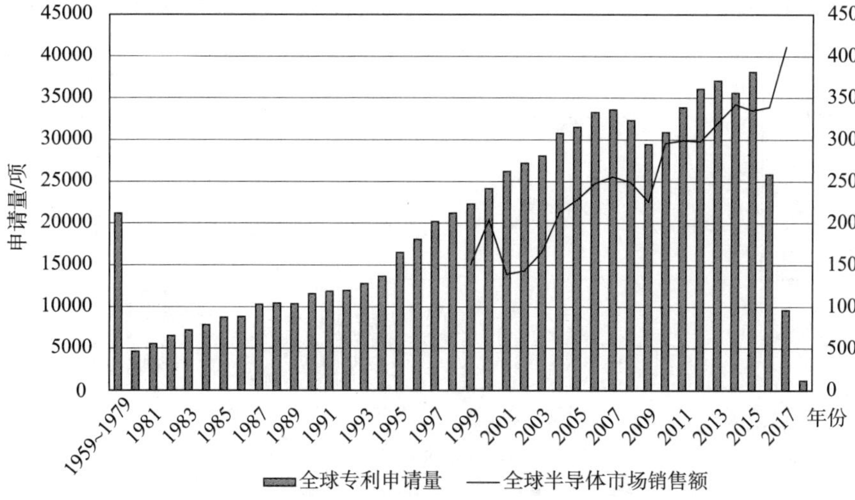

图 2－1－1　集成电路领域全球专利申请态势分布

路领域的年申请量总体呈快速上升趋势，而从1992年开始，申请量迅速增长，在2004年之后申请量趋于稳定并在2007年达到峰值，2008~2009年由于受全球经济危机的影响，申请量有所下降，之后全球申请量基本保持稳定。图中的实线表示的是1999~2015年全球半导体市场销售额的变化趋势，集成电路全球市场销售额在2001年显著下降，2002年开始回升并持续增长，于2008~2009年再次出现负增长，并于2010年开始反弹。集成电路市场的变化对专利申请量也产生了巨大的影响。

2.1.1.2　国家/地区分布分析

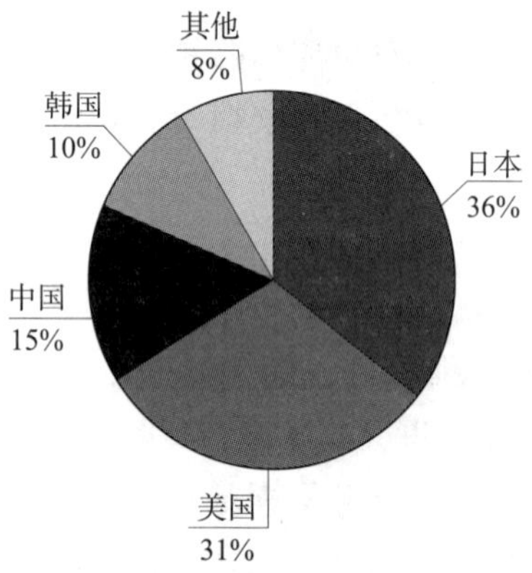

图2-1-2　集成电路领域全球专利申请首次申请国家/地区分布

图2-1-2反映的是集成电路领域全球专利申请首次申请国家/地区分布情况。可以看出，在集成电路领域的全球专利申请中，日本籍申请人申请量占比36%，美国籍申请人申请量占比31%，中国籍申请人申请量占比15%，韩国籍申请人申请量占比10%。可见，绝大多数相关全球专利申请被日本、美国、中国和韩国籍申请人占有，说明该领域技术集中度非常高。其中，日本籍申请人是该领域最主要的申请人，申请量位居全球首位，日本在该领域具有明显优势。美国作为集成电路领域的传统大国，在集成电路封装领域的全球申请量排名第二位，而中国虽然在该领域起步较晚，但发展迅速，全球申请量位居第三，韩国籍申请人在该领域的专利申请量全球排名第四位，可见韩国在该领域也具有一定技术实力。

图2-1-3给出了集成电路领域全球专利申请主要首次申请国家/地区专利申请分布情况。可以看出，日本在集成电路领域的起步较早，一直是该领域最主要的申请人，早期申请占比较大，而目前申请量出现下降，说明近期日本在该领域的影响力逐渐下降。美国在集成电路领域的发展也较早，其申请量在2007年之前基本上持续增长，之

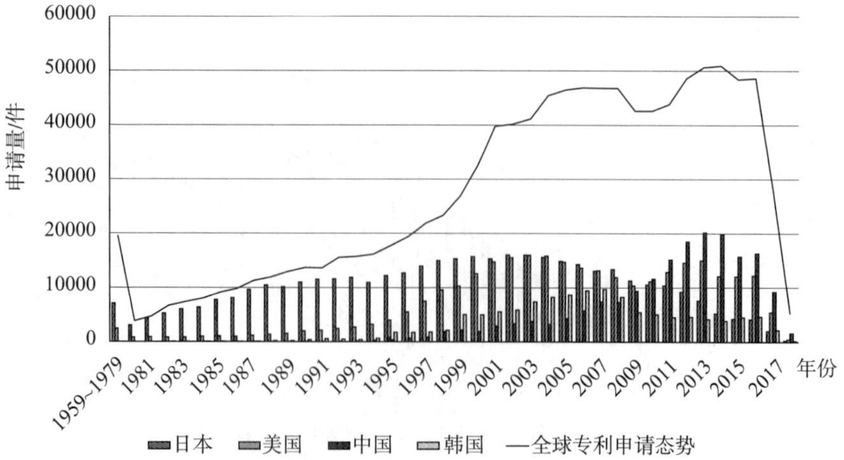

图2-1-3　集成电路领域全球专利申请主要首次申请国家/地区专利申请分布

后开始有所下降并趋于稳定，说明其对集成电路制造产业的投入逐步稳定。韩国在集成电路领域起步晚于日本和美国，但发展迅速，申请量从 1995 年开始增长并在 2008 年达到峰值，之后申请量有所下降。中国在集成电路领域发展较晚，从 20 世纪 90 年代初至今，专利申请量快速增长，说明中国虽然在该领域的研发较晚，但是近年来研发投入力度较大，增长迅速。

2.1.1.3　主要申请人分析

专利申请人是专利申请的主体，也是专利布局的谋划者。集成电路领域历年来申请人排名变化情况都是专利布局研究中应该关注的热点。因此，通过分析该领域主要申请人的状况，可进一步对该项专利技术的整体态势产生更深入的认识。

图 2 -1 -4 是集成电路领域全球重要申请人的申请量分布情况。可以看出，在排名前列的企业中，大部分是属于日本的公司，说明日本专注于集成电路领域的企业相对集中。其中，排名前列的日本企业有东芝、松下、富士通、日立、索尼、三菱、精工爱普生、瑞萨等。这些企业无论在半导体元器件领域还是在消费电子产品领域，都是全球知名的大公司，申请量较多。韩国的三星和海力士排名分别位列第一和第二，其业务范围贯穿集成电路设计、制造、封装等各个领域，涉及领域宽、技术研发实力强。美国的 IBM 公司全球申请量排名第七位，其是全球著名的计算机生产商，在集成电路制造工艺、制造设备以及集成电路封装等领域也有所涉及，范围较广。排名第 12 位和第 13 位的分别是中国的台积电（台湾地区）和中芯国际，上述公司都是集成电路制造领域的大公司，涉及半导体制造工艺、设备以及半导体封装领域。

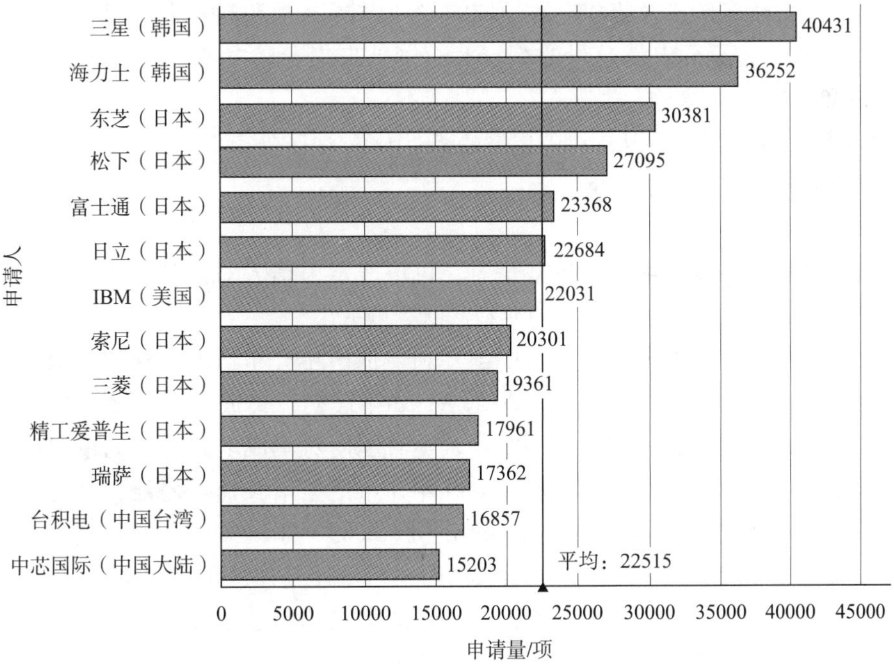

图 2 -1 -4　集成电路领域全球重要申请人的申请量分布

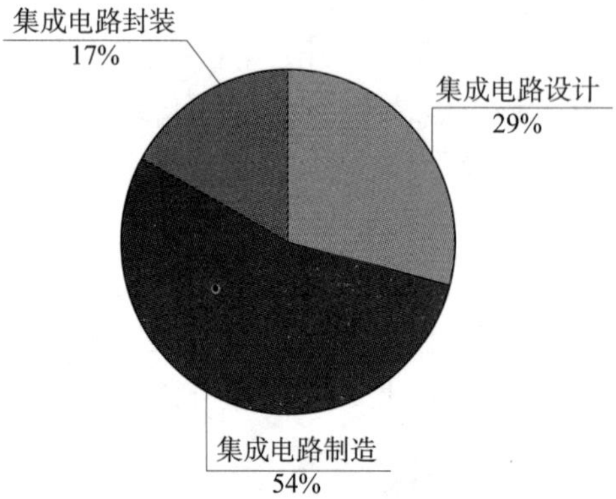

图 2-1-5　集成电路领域全球专利申请专利技术分支分布

2.1.1.4　各技术分支分析

图 2-1-5 给出了集成电路领域全球专利申请专利技术分支分布情况。可以看到，集成电路制造占比最大，达到 54%，说明集成电路制造受关注度较高，集成电路制造工艺的更新发展是集成电路尺寸按照摩尔定理等比例缩小的关键。由于集成电路设计方案会对集成电路的性能产生关键性影响，该领域也一直是产业研发的重点，其申请量占比为 29%。集成电路封装领域处于整个产业的后端，技术难度相对较低，占比 17%。

2.1.2　中国专利态势分析

以检索得到的向中国国家知识产权局专利局提交并公开的涉及集成电路领域的专利申请为研究对象，此部分数据统称为中国专利申请。下面对集成电路领域在中国的整体申请状况进行统计与分析。其中，由中国大陆及港澳台地区申请人提交的申请称为国内专利申请，外籍申请人通过不同方式向中国国家知识产权局专利局提交的申请则称为国外来华专利申请。

截至本次检索截止时间，在中国专利检索与服务系统数据库中，经检索式检索与人工筛选，最终确定的涉及集成电路领域的专利申请量为 302292 件。其中，国内专利申请 162031 件，占全部申请总量的 53.6%；国外来华专利申请 140261 件，占全部申请总量的 46.4%。

下面在这一数据基础上从中国的申请趋势、国家/地区分布、主要申请人等角度对集成电路领域的专利情况进行分析。

2.1.2.1　申请趋势分析

专利申请量表征专利申请的趋势信息，可以表示申请人对该技术的关注程度、投入的精力，间接地说明该技术领域的专利活跃程度。

图 2-1-6 反映了集成电路领域中国专利申请历年分布情况，柱状图示出集成电路领域中国专利申请量的变化情况。20 世纪 90 年代初，集成电路领域开始在中国起步，专利申请量开始增长，1999~2006 年，随着国内对集成电路行业的重视以及研发投入的增加，申请量快速增长。2006~2009 年，申请量增长速度停滞，其主要原因在于全球经济发展减缓及 2008 年的国际金融危机。2009~2014 年，随着消费电子产品的兴起，集成电路领域又迎来一次快速增长的时机，增速迅猛。虽然 2017 年专利申请数据由于部分还未公开，但总体上来看，申请量的增长趋势还是非常明显的，说明中国在该领域的关注力度、投入力度都较大。

图 2-1-6 中的实线表示的是 1997~2015 年中国半导体市场销售额的变化趋势，该变化趋势与全球市场销售额的趋势基本吻合。

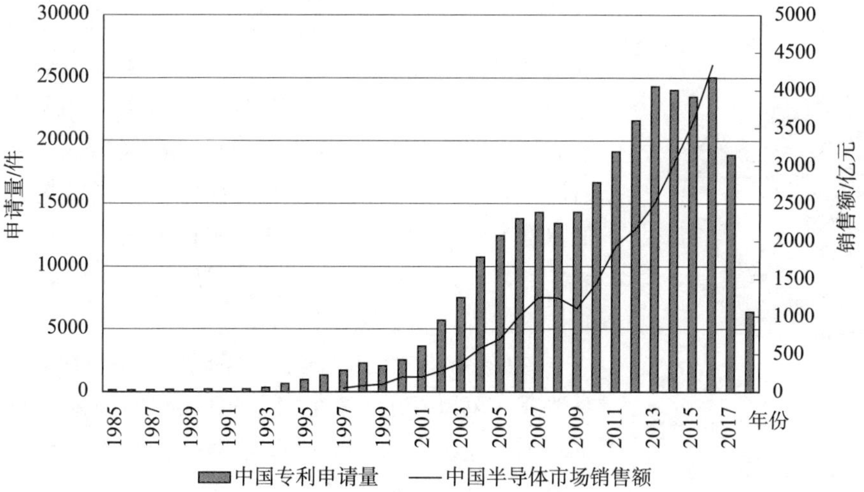

图 2-1-6　集成电路领域中国专利申请年代分布图

图 2-1-7 给出了集成电路领域中国专利申请总量、国内申请、国外来华申请历年分布情况。从图 2-1-7 可以看出，国外来华申请量在 2008 年之前相较于国内申请量具有较大的优势。国外来华申请在 2006～2014 年的申请量增速放缓并处于平稳状态，说明处于技术成熟期，申请量稳定。而中国的技术发展较晚，国内申请量从 2001 年开始明显增长，其在 2009 年首次超过了国外来华申请量，其主要原因在于，中国集成电路产业正处于大力研发阶段，申请量快速增长。

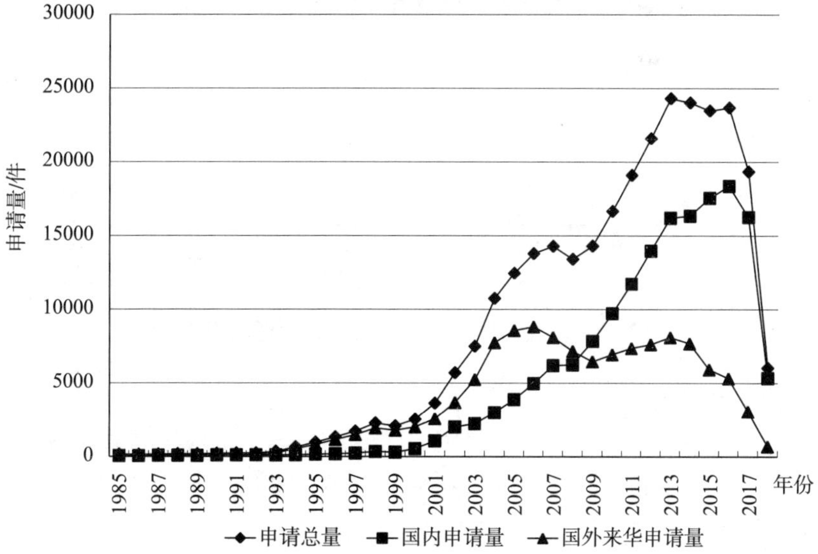

图 2-1-7　集成电路领域中国专利申请总量、国内申请量、国外来华申请量历年分布

2.1.2.2　国家/地区分布分析

分析中国专利申请中专利的来源，可以客观反映其他国家/地区对中国市场的重视程度，以及国内本土在集成电路封装领域的发展程度。

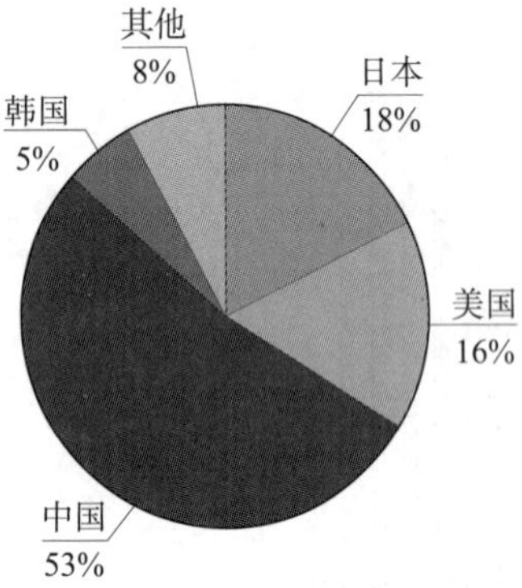

图 2-1-8　集成电路领域中国专利申请首次申请国家/地区分布

图 2-1-8 反映集成电路领域中国专利申请首次申请国家/地区分布情况。总体来看，中国本土申请人申请量达到了 53%，主要是由于从 2001 年开始中国籍申请人的申请量迅速增长，在 2009 年申请量已经超过国外来华申请量的总和。日本籍申请人一直关注中国市场，其申请量占总申请量的 18%。美国籍申请人很早就进入中国申请专利，申请量占为 16%。韩国依靠本国国际知名企业的技术优势，申请量占比为 5%。

图 2-1-9 给出了集成电路领域全国首次申请地区分布情况。可以看出，集成电路领域在国内地域分布比较集中，各地区之间申请量差距悬殊，主要申请人集中在上海、台湾、北京、广东、江苏等省份。

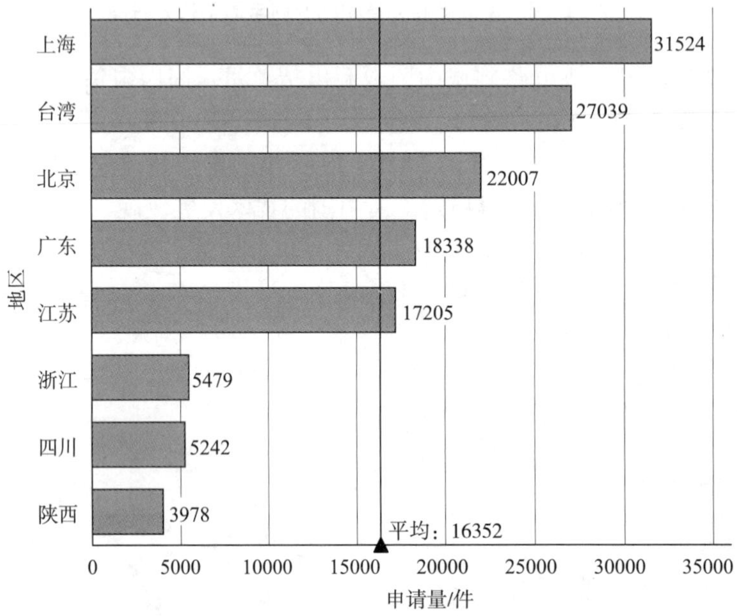

图 2-1-9　集成电路领域全国首次申请地区分布

2.1.2.3　主要申请人分析

专利申请人的申请量排名反映某一领域内专利申请人的技术掌握情况及其专利布局策略。一般来说，专利申请数量可以反映某申请人的研发投入情况、专利申请积极性和市场重视程度。

从图 2-1-10 可以看出，集成电路领域中国主要申请人排名前十位的主要分布在中国（4 个）、日本（2 个）、韩国（1 个）和美国（3 个）。可见，全球的主要申请人也非常重视在中国进行专利布局，比如，日本的松下、东芝，韩国的三星，美国的高通、IBM、英特尔公司，均具有较多的在华申请。与全球的主要申请人相比，增加了中国籍申请人中国科学院，这主要是因为部分外国籍申请人并不重视在中国的专利布局，在中国的专利申请量较少。

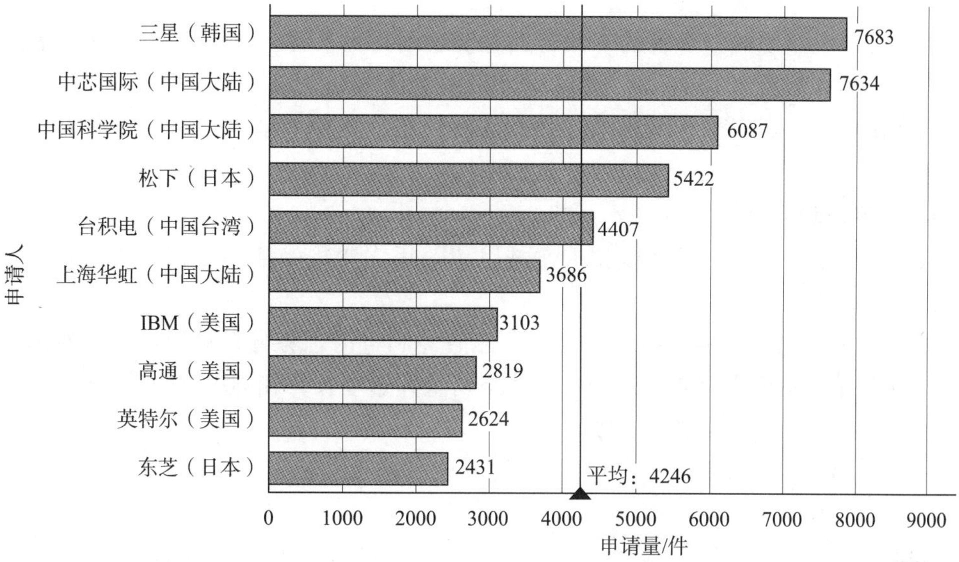

图 2-1-10　集成电路领域中国专利主要申请人的申请量分布

2.1.2.4　各技术分支分析

图 2-1-11 给出了集成电路领域中国专利申请专利技术分支分布情况。可以看出，国内集成电路设计领域专利申请占比最大，达到 44%，高于该领域全球专利占比，说明集成电路设计在国内受关注度较高，研发投入力度较大。集成电路制造领域的发展决定产品的集成度，因而该领域在国内也同样是研究的重点领域，其占比为 41%。集成电路封装领域占比为 15%，基本与全球专利占比持平。

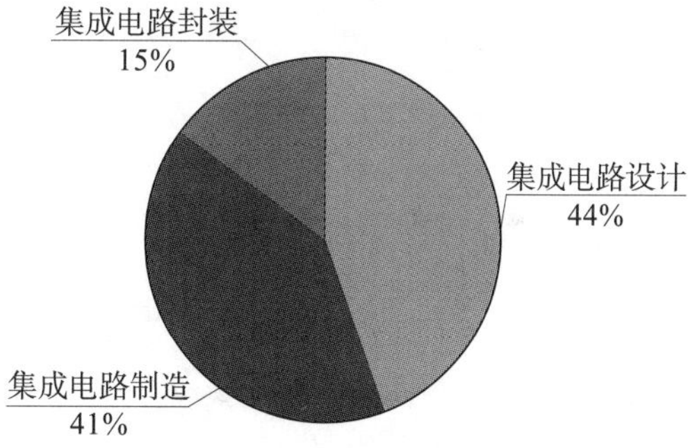

图 2-1-11　集成电路领域中国专利申请专利技术分支分布

2.1.2.5　专利申请类型分析

图 2-1-12 给出了集成电路领域中国专利申请类型分布情况。可以看出，在中国集成电路领域的专利申请当中，发明占据主要地位，占比为 91.1%。其中，国内申请人的发明专利申请量占 42.4%，反映了国内申请人在该领域的关注度较高，研发力度较大；国外来华申请人发明专利申请量占比 48.7%，高于国内申请人占比，可见国外来华申请人对该技术领域在中国的专利布局的高度重视。实用新型占比较小，为 8.9%。

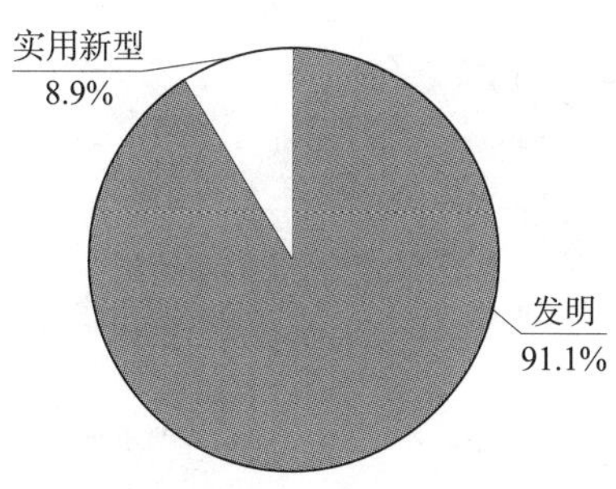

图 2-1-12　集成电路领域中国专利申请类型分布

2.1.3 广东省专利态势分析

研究集成电路领域广东省的专利分布趋势，对帮助广东省企业确定技术发展趋势具有重要意义。截至2018年10月，检索到广东省专利申请共21265件。在此检索基础上，围绕该项技术在广东省的申请趋势、地区分布、主要申请人等方面对其专利申请状况进行。

2.1.3.1 申请趋势分析

通过对广东省集成电路领域相关专利申请随年代变化趋势的分析，从而对其未来发展方向形成判断。

图2-1-13给出了集成电路领域在广东省专利申请态势分布情况。可以看出，从21世纪初开始，集成电路领域广东省专利申请量开始增长，在2012年增速放缓，2013年后专利申请量呈现快速增长态势。

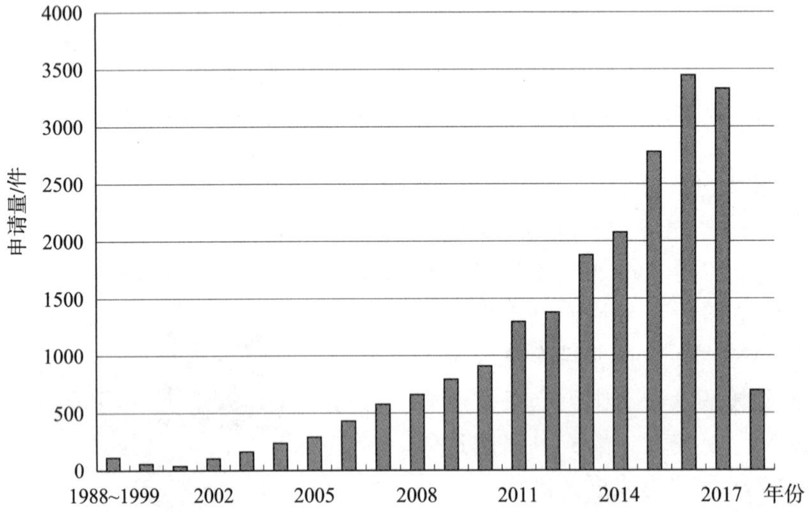

图2-1-13 集成电路领域广东省专利申请态势分布

图2-1-14给出了集成电路领域广东省专利申请占比分布情况。可以看出，相对

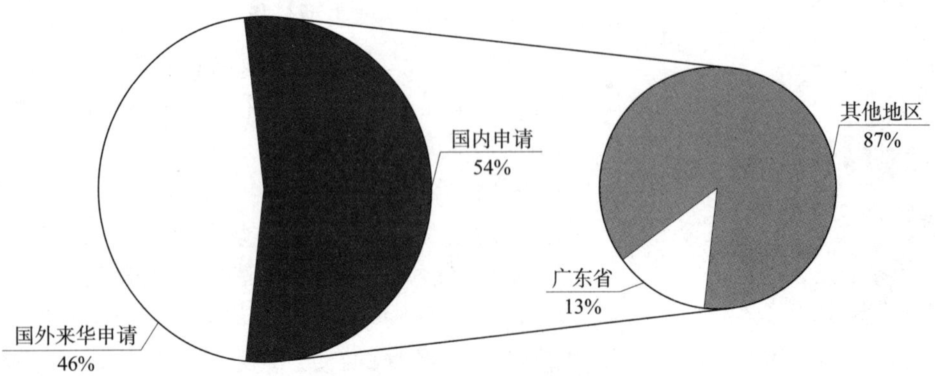

图2-1-14 集成电路领域广东省专利申请占比分布

于国内申请的总量，广东省集成电路领域的申请量总体上还处于较低水平，在国内申请人的总申请量中仅占 13%。这与广东省作为国内消费型电子、通信产品的最大生产基地这一身份是不符的，因此广东省的研发投入力度有待加强。

2.1.3.2　地区分布分析

分析广东省专利申请中专利的来源，可以客观反映各地在集成电路领域的发展程度。

图 2－1－15 反映集成电路领域广东省专利申请首次申请地区分布情况。总体来看，广东省内的集成电路产业分布比较集中，分别在深圳、广州、东莞等城市。深圳专利申请量占比最大，达到 65.6%；广州申请量占比 13.7%，位居第二；东莞在广东省专利申请量中占比 7.8%，位居第三。另外，在佛山、珠海、惠州、中山等城市也有集成电路产业的分布。

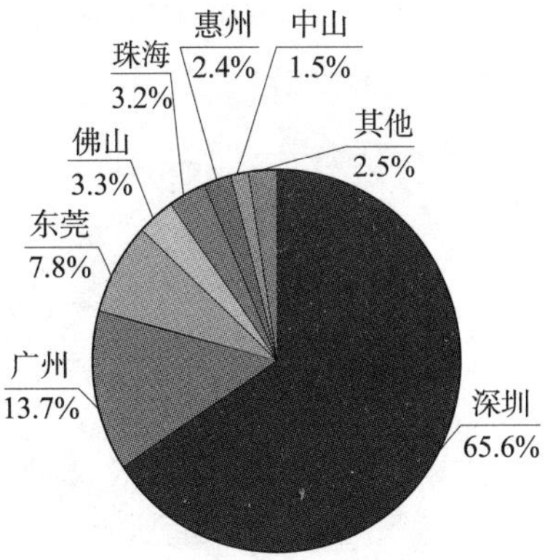

图 2－1－15　集成电路领域广东省专利申请首次申请地区分布

2.1.3.3　主要申请人分析

图 2－1－16 给出了集成电路领域广东省主要申请人的申请量分布情况。可以看到，排名靠前的申请人包括企业以及高校。其中，华南理工大学以及中山大学是广东省知名高校，专注于前沿技术的研究。排名第一位的华为是全球领先的信息与通信解决方案供应商，在集

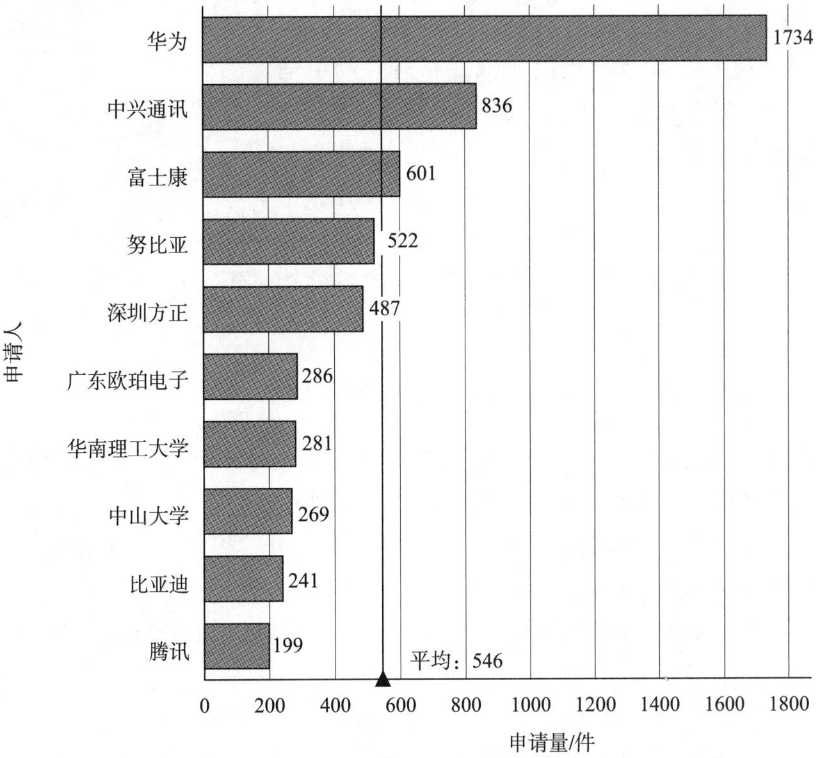

图 2－1－16　集成电路领域广东省主要申请人的申请量分布

成电路领域的专利申请主要涉及多媒体、通用处理器、射频、存储器等方面。排名第二位的中兴通讯股份有限公司专利申请主要涉及通用处理器、多媒体、放大器、射频等领域。富士康科技集团是大型的3C产品研发制造企业。努比亚是国内知名手机生产商。比亚迪是汽车电子产业的知名企业，在集成电路领域的专利申请主要涉及集成电路以及功率器件的制造与封装。深圳方正、广东欧珀电子、腾讯等公司也都是全国知名的大型企业。

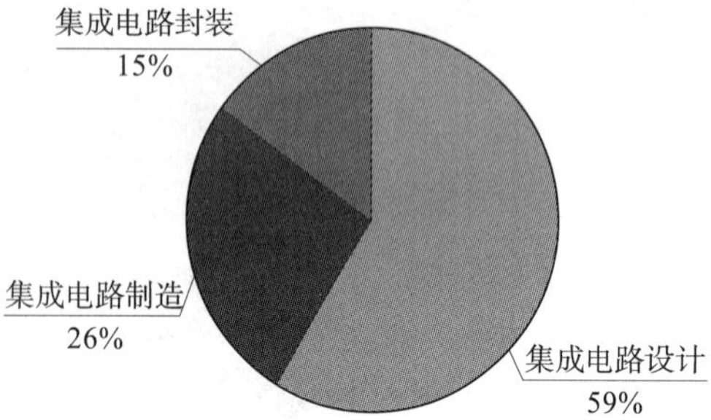

图2－1－17　集成电路领域广东省专利申请专利技术分支分布

2.1.3.4　各技术分支分析

图2－1－17给出了集成电路领域广东省专利申请专利技术分支分布情况。可以看到，广东省集成电路设计领域专利申请占比最大，达到59%，说明集成电路设计受关注度较高，以华为为代表的一批优秀企业在该领域具有优势。集成电路制造工艺的更新发展是集成电路尺寸按照摩尔定理等比例缩小的关键，广东省在该领域投入增长迅速，其申请量占比为26%。集成电路封装领域处于整个产业的后端，相对于集成电路设计与制造来说，申请量较少，占比15%。

2.1.3.5　专利申请类型分析

图2－1－18给出了集成电路领域广东省专利申请类型分布情况。可以看出，在广东省的申请中，发明以77%的比例占据优势，而实用新型占比23%，远高于我国申请实用新型8.9%的占比。从广东省发明与实用新型专利申请类型的分布与该领域的中国专利类型分布的差距可以看出，广东省的申请人在该技术领域研发难度相对较小。

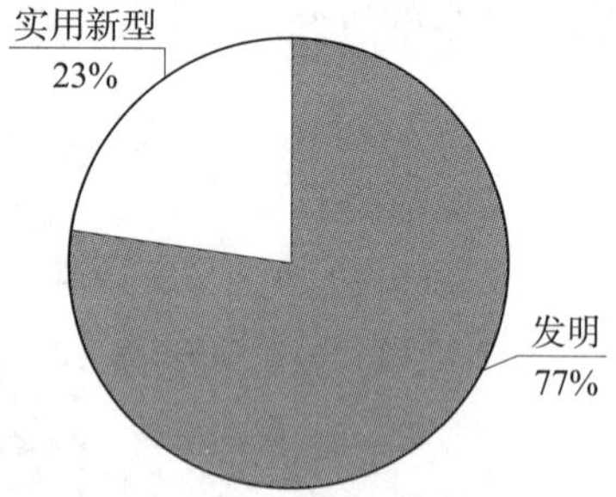

图2－1－18　集成电路领域广东省专利申请类型分布

2.1.4　小　　结

本节在对集成电路领域专利态势分析中，分别通过对涉及该领域的全球专利态势、中国专利态势和广东省专利态势的分析，得出如下结论。

①通过对集成电路领域进行全球专利态势分析，可以得出该技术领域具有以下特点：集成电路领域全球申请量逐年攀升，说明该领域一直处于不断发展之中。申请人主要分布在日本、美国、中国和韩国。近年来，中国在集成电路领域发展热度较为高涨，研发投入大幅增长。

②中国专利申请中发明专利申请占据主要地位，国内申请在近几年增长迅速。国内专利申请主要集中于上海、台湾、北京、江苏、广东等经济发达地区。尤其是2000年以后，由于政策的激励，长三角、京津环渤海以及珠江三角洲地区企业的聚集和发

展，专利申请量增长速度飞快。

③广东省产业分布比较集中，主要分布在深圳、东莞、广州等地，申请量总占比仍然不高，发明申请占比与中国专利类型分布的差距较大。广东省在集成电路设计领域全国申请量排名第一位，在技术上占据优势。

④在集成电路设计领域，广东省的专利申请量全国排名第一位，且广东省具有较多集成电路设计的优势企业，也具有较多的在集成电路设计方面具有较强实力的高校和科研机构，有望成为集成电路设计领域的技术强省。在集成电路制造和封装领域，广东省国内专利申请量分别排名第四位和第三位，但申请量总占比仍然不高，研发难度相对较小，自主创新驱动力水平仍有待提高。广东省是国内消费型电子、通信产品的最大生产基地，应在自身优势的基础上抓住机遇，加大集成电路制造与封装产业的研发投入力度，促进整个产业链的健康发展。

2.2　产业链上游——集成电路设计领域专利态势分析

本节将对集成电路设计领域进行专利申请状况方面的分析。通过对设计领域全球专利申请状况、中国专利申请状况以及广东省专利申请状况的分析，为掌握专利技术发展路线、各重点技术领域的专利技术分布等提供帮助。本课题集成电路设计的研究范围包括集成电路软硬件的设计，并不包括集成电路各部件间或与外部部件通信协议的设计。

2.2.1　全球专利态势分析

集成电路设计领域的全球专利申请状况是衡量该领域技术发展水平的重要指标，也是该领域专利态势分析研究的切入点。本课题分别对集成电路设计主要分支分别进行检索，涉及的分支包括存储器技术、射频（RF）芯片技术、放大器设计技术、多媒体芯片技术、AD-DA 转换技术、通用处理器芯片技术、电源 IC 芯片技术、导航芯片技术、智能可穿戴芯片技术，并对检索结果进行综合。

截至 2018 年 11 月，检索世界范围内涉及集成电路设计领域的专利申请共 307506 项，其中中国专利申请 122149 件。在此检索基础上，围绕对该领域在全球的申请趋势、区域布局、主要申请人以及各技术分支等方面对其全球专利申请状况进行分析。

2.2.1.1　申请趋势分析

通过对全球集成电路设计领域相关专利申请随年代变化趋势的分析，可以初步掌握自 1980 年以来全球集成电路设计技术的发展过程和趋势，从而对其未来发展方向进行判断。

图 2－2－1 反映集成电路设计领域全球专利申请（优先权日）态势分布以及半导体市场销售额趋势，曲线图给出了 1999～2017 年全球半导体市场销售额的统计情况，而柱状图则给出了 1980 年以前，以及 1980～2018 年集成电路设计领域的专利申请量（不包括同族）的变化情况。

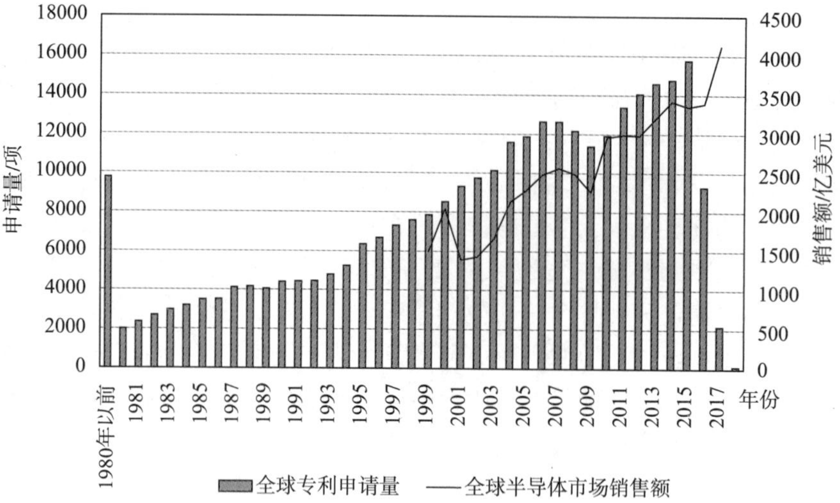

图2-2-1　集成电路设计领域全球专利申请趋势

需要说明的是，2015年以后的专利申请量数据由于专利申请到公开需要一定的时间，以及数据库收录的滞后，数据出现一定程度的偏差，未能反映真实的申请量情况。

从全球申请趋势来看，1980~1991年，集成电路设计领域申请量总体呈现快速上升的趋势；1991~1993年申请量增长趋势有所放缓，这也与当时世界的经济形势相关；从1994年开始，申请量的增长趋势更加强劲，增长率也明显高于1980~1991年的平均增长率，重新步入一个新的增长阶段；2008年、2009年出现下降趋势，而此时正值美国金融危机爆发，说明企业受经济危机的影响，在研发投入方面也有所下降；而到了2010年，申请量又开始呈现正增长，并一路攀升；到了2012年，申请量便迅速超过前期高点；2013年的申请量相比2012年，有微弱的下降趋势。可以肯定的是，2012年以后，由于智能终端设备的兴起，集成电路设计技术必定是处于蓬勃发展阶段的。

再看曲线图所反映的全球半导体市场销售额的情况，集成电路全球市场销售额在2001年显著下降，2002年开始回升并持续增长，随后于2008~2009年再次出现负增长，并于2010年开始反弹。可见，全球专利申请量的变化趋势与市场波动在一定程度上是密切相关的。

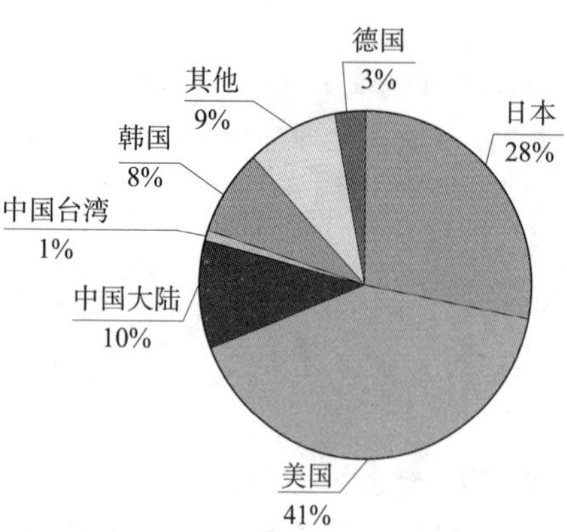

图2-2-2　集成电路设计领域全球专利申请首次申请国家/地区分布

2.2.1.2　国家/地区分布分析

图2-2-2反映的是集成电路设计领域全球专利申请首次申请国家/地区分布情况。可以看出，在集成电路设计领域的全球专利申请中，统计得到407319项首次申请（优先权项），美国占比最高，为41%（166226项）；其次是日本，为28%（114174项）；中国大陆占比10%；中

国台湾占比约为 1%；韩国占比 8%。因此，美国、日本、中国、韩国四国在该领域的专利输出量基本已经达到全球的 88%，也进一步说明集成电路设计技术的技术集中度非常高。美国以 41% 大幅超过日本和中国、韩国，说明美国在集成电路设计领域的技术占据绝对领先地位。目前，大部分从事集成电路设计的优秀企业，比如英特尔、得州仪器、美光科技，都是美国的企业。中国虽然近年来的申请量较多，但是还不能作为主要的技术输出国。中国随着国力的增强，未来必定会有所超越。

图 2－2－3 反映的是集成电路设计领域全球专利申请国家/地区专利申请趋势对比情况。从 1980～2001 年的统计数据可以看出，日本在集成电路设计领域虽然发展较美国晚，但是申请量却领先于美国，且趋于平稳的增长态势之中，美国和日本构成该领域的两大申请国家。

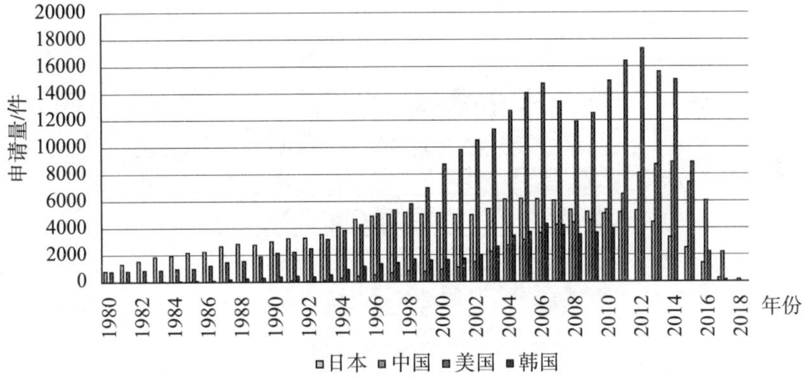

图 2－2－3　集成电路设计领域全球专利申请国家/地区专利申请趋势对比

2001 年以后，日本申请量开始不及美国，甚至被美国大幅超越，到了 2010 年，日本的申请量甚至被中国超越，说明日本在该领域技术积累较深，但是后劲不足，没有赶上发展趋势。

美国在集成电路设计领域的申请量从 2001 年超越日本后，一直遥遥领先，成为该领域的专利申请第一大国，美国的申请量增长趋势也基本与全球的申请量趋势保持一致，说明美国在该领域的主导地位；日本从 1994～2013 年的申请数据都较为平稳，没有大的增长，也没有大幅的减少，因此，也说明该领域日本发展较为成熟。

中国和韩国在集成电路设计领域可以说是后起之秀，在这一领域发展较快。中国在 1995 年以前几乎没有申请量，但是从 1995 年开始，每年的申请量稳步增加，到 2010 年，就超越了日本，成为仅次于美国的第二大申请国；韩国的申请量自 2012 年开始接近日本，到 2013 年超越日本，并成为第三大申请国，这也与韩国电子企业在全球迅速扩张有关。

总体来说，除了日本在该领域的申请量出现负增长之外，全球主要国家在集成电路设计领域都是欣欣向荣之势，美国一直是该领域的领头羊，目前中国也紧追其后，相信不久的将来，中国必定会在细分领域有所超越。

2.2.1.3 主要申请人分析

专利申请人是专利申请的主体，也是专利布局的谋划者。集成电路设计领域历年来申请人排名变化情况都是专利布局研究中应该关注的热点，因此通过分析该领域主要申请人的状况，将对该项专利技术的整体态势产生更深入的认识。

图2－2－4是集成电路设计领域全球重要申请人及申请量分布情况，在统计出来的16位申请人中，大部分是属于日本的公司，结合第2.1节的首次申请国家分布图，也从侧面说明了日本专注于集成电路设计技术的企业相对集中，即日本在该领域的技术主要集中在几个大的企业。其中，位于排名之内的日本企业有松下、NEC、东芝、三菱、索尼、富士通、日立、佳能、夏普，无论在消费电子领域还是在元器件领域，这些都是大家耳熟能详的大公司。比如，日本企业中排名较为靠前的松下在电子、电气、计算机软件、通信等诸多领域都有所涉及，并且该公司历年申请量在全球也遥遥领先。

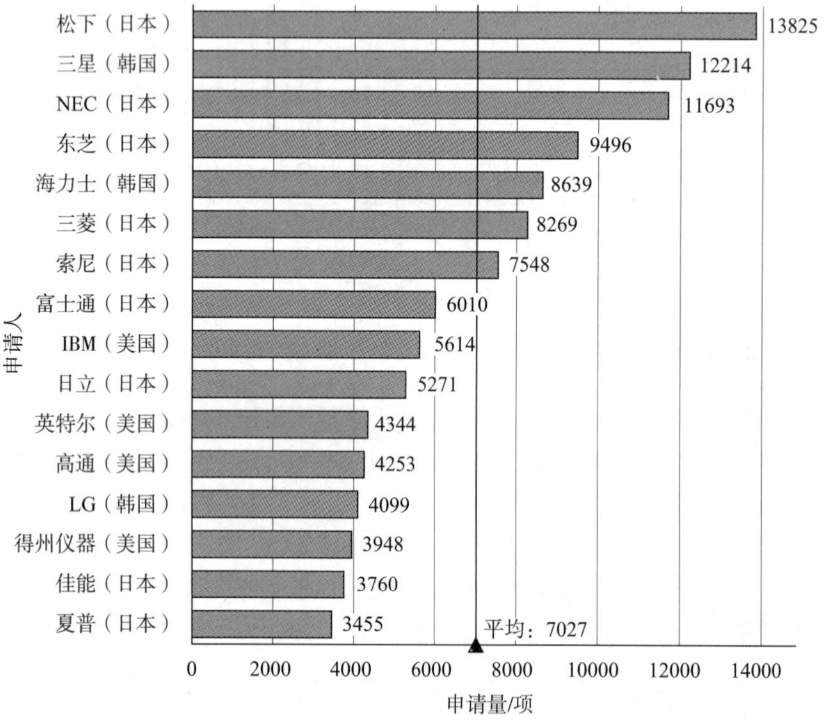

图2－2－4　集成电路设计领域全球重要申请人及申请量分布

韩国的三星在申请数量上排名也较为靠前，这与三星涉及领域宽、技术研发实力强密不可分。近年，三星的电子产品的销量完全超越了日本企业，也进一步说明了专利是企业的核心竞争力，上榜的韩国公司还有海力士和LG，这两家公司分别在半导体和电子电气领域实力较强。

另外，美国的申请量也遥遥领先，且是全球最大的集成电路设计领域的专利输出国。但是，在榜单上，美国企业的数据较日本企业少，其排名较为靠后，上榜的美国企业有 IBM、英特尔、高通、得州仪器、摩托罗拉，也进一步说明美国的集成电路设计技术的技术集中度没有日本高。在美国，涉及该领域的企业数量较多，分布较为广泛，成长性高。

在此统计的榜单中，中国企业无一上榜。因此，也说明，虽然中国的申请量大，但是技术集中度低，未能培育出集成电路设计领域的优秀企业，也进一步说明中国还处于发展阶段，未来发展潜力巨大。

2.2.1.4　各技术分支分析

集成电路设计领域的各技术分析是专利分析的定性分析内容，反映各个技术分支的专利分布状况，指明集成电路设计技领域的申请与研究热点，对中国研发与保护该项技术具有借鉴意义。

图 2－2－5 统计了存储器、射频芯片、放大器、多媒体芯片、AD-DA 转换、通用处理器芯片、电源 IC 芯片、导航芯片、智能可穿戴芯片等技术的申请量（不含同族）分布，并分析了各个技术分支的专利数量的占比。可以看到，关于存储器技术的申请数量最多，占比为 23%。首先，存储器本身涉及的种类较多，且应用十分广泛，每个电子设备中都需要存储器；其次，随着移动互联网的发展，终端设备数量暴增，也进一步导致存储器技术的发展。

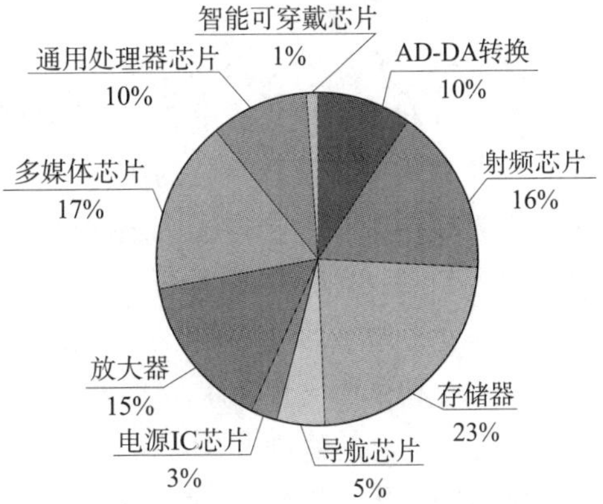

图 2－2－5　集成电路设计领域全球专利申请分支分布

多媒体芯片技术和射频芯片技术的申请量大致相同，都是 16% 左右。这两项技术也都是应用非常广泛的技术，多媒体芯片技术主要涉及视频、图像的编解码以及智能识别等技术，射频芯片技术则包括天线、通信过程中的数据传输等方面。这两项技术也是移动终端中必不可少的技术组成部分，因此，专利申请的占比较大。

另外，由于通用处理器技术集中度高，在国际上，通用处理器技术主要集中在英特尔和 AMD 手中，因此，虽然通用处理器应用非常广泛，但是由于技术集中度高，专利申请数量相对较少；放大器技术由于更多地侧重于硬件的改进，虽然应用广泛，但是可供申请专利的改进点相对较少。

其中，逻辑电路部分主要统计涉及数据采样、保持、电平转换、数据缓冲和驱动方面的技术，由于该项技术本身发展较为成熟，且多涉及硬件方面的技术，统计的专利申请量不大。电源 IC 芯片技术则主要统计涉及在低压领域中，用于功率转换的相关技术，导航芯片技术则是统计专注于实现导航功能的芯片及其相关技术。这些相关技术虽然应用广泛，但是发展均较为成熟，因此，专利申请量相对较少。

2.2.2　中国专利态势分析

以检索得到的向中国国家知识产权局专利局提交并公开的涉及集成电路设计领域

的专利申请为研究对象，此部分数据统称为中国专利申请，对集成电路设计技术在中国的整体申请状况进行统计与分析。

截至本次检索截止时间2018年11月，在中国专利检索与服务系统数据库中，经检索式检索与人工筛选，最终确定的涉及集成电路设计的专利申请量为122150件。其中，国内专利申请76283件，占全部申请总量的62.5%；国外来华专利申请45867件，占全部申请总量的37.5%。

下面在这一数据基础上从专利申请趋势、申请国家/地区分布、主要申请人、各技术分支和专利申请类型等角度对集成电路设计领域的专利状况进行分析。

2.2.2.1 申请趋势分析

专利申请量表征专利申请的趋势信息，可以表示申请人对该技术的关注程度、投入的精力，间接地说明该技术领域的专利活跃程度。

图2-2-6反映了集成电路设计领域在中国专利申请历年分布及半导体销售额统计情况，柱状图示出集成电路设计领域的中国专利申请量的变化情况。从20世纪90年代开始，集成电路设计领域的中国专利申请量开始增长，2006~2008年申请量增速缓慢，其主要原因在于全球经济发展减缓及2008年的国际金融危机。因2010年全球集成电路市场出现反弹，申请量于2010年出现攀升并在2011~2013年稳步增长，在2013年达到一个顶峰，由于2014年后的国外来华申请可能存在还没有进入中国国家阶段的情况，有些专利目前没有统计，所以才会出现下滑趋势。从2014~2016年国内集成电路申请存在稳步上升的趋势可以看出，相比于全球集成电路专利申请历年分布趋势，中国专利申请量的变化趋势在近几年呈稳步增长状态，国内集成电路行业近几年发展迅速。

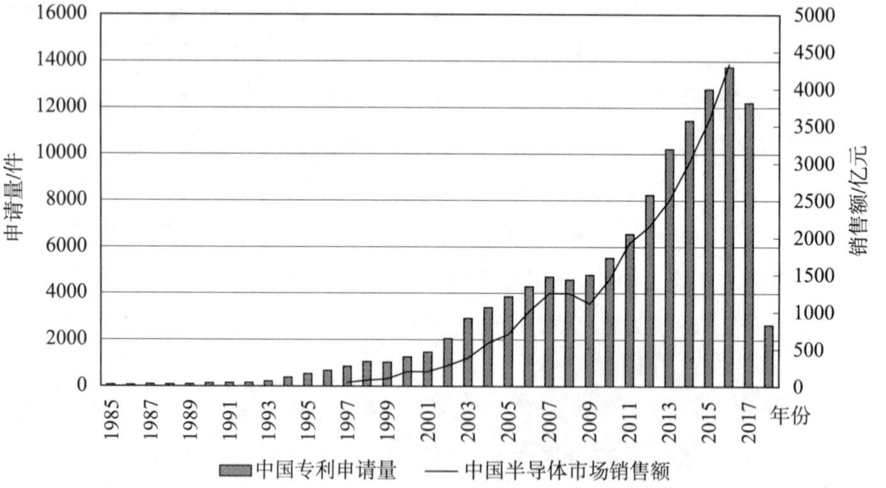

图2-2-6 集成电路设计领域中国专利申请历年分布

图2-2-6中的实线表示1997~2012年中国集成电路市场销售额的变化趋势，该变化趋势与全球市场销售额的趋势基本吻合。值得注意的是，全球集成电路市场在2010年出现反弹之后从2011年开始增速放缓，而中国集成电路市场销售额在2011~2012年依然保持较快增长的态势。

从图 2-2-7 可以看出，在集成电路设计领域相关的中国专利申请中，国外来华申请量在总申请量中占比较大，且在 2008 年之前相较于国内申请量具有较大的优势。而从 2008 年开始，由于受全球经济危机的影响，国外来华申请量有明显的下滑；而中国的技术发展较晚，国内申请量从 2001 年开始明显增长，在 2008 年首次超越国外来华申请量。其主要原因在于，全球集成电路市场在 2010 年出现反弹之后从 2011 年开始呈现持续低迷的状态，而中国集成电路市场销售额依然保持较快增长的态势。

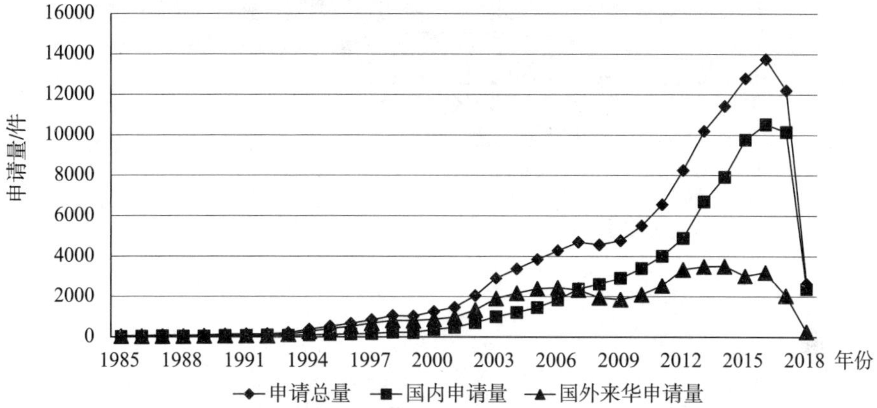

图 2-2-7　集成电路设计领域中国专利申请总量、国内申请、国外来华申请历年分布

2.2.2.2　国家/地区分布分析

分析中国专利申请中专利的来源，可以客观反映其他国家/地区对中国市场的重视程度以及国内本土在集成电路领域的发展情况。

图 2-2-8 反映了集成电路设计领域中国专利申请首次申请国家/地区的分布情况。总体来看，中国本土申请人申请量达到 56%，主要是由于从 2004 年开始中国籍申请人的申请量迅速增长，在 2008 年申请量已经超过国外来华申请量的总和。美国的申请人很早就进入中国申请专利，并一直关注中国市场，其申请量为 15838 件，占总申请量的 16%；日本籍申请人同样重视中国市场，其申请量占比达到 12%；韩国依靠本国的大公司如三星、LG、海力士等国际知名企业的技术优势，申请量占比为 6%，为 6034 件；由于德国的英飞凌和法国的汤姆逊在中国的申请量也较大，排名较为靠前，德国和法国的来华申请量占比分别为 2% 和 1%。

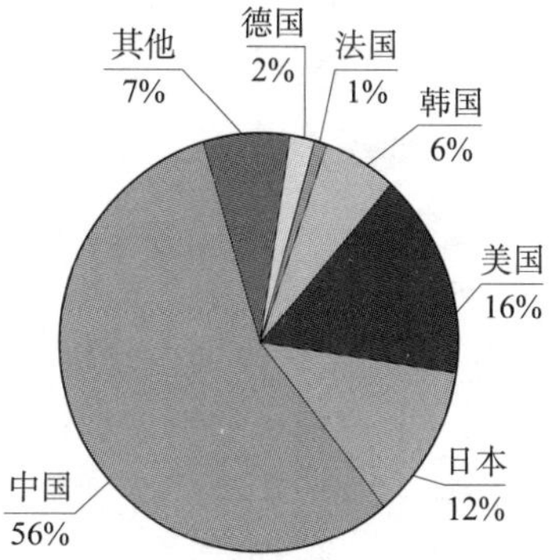

图 2-2-8　集成电路设计领域中国专利申请首次申请国家/地区分布

图 2-2-9 给出了集成电路设计领域全国首次申请地区分布情况。可以看出，集成电路设计领域在国内地域分布比较集中，各地区之间申请量差距悬殊，主要申请人集中在广东、北京、台湾、上海、江苏、四川等省份。广东在集成电路设计领域的专利申请量为 11082 件，居于首位。北京在集成电路设计领域的申请量为 9050 件，位居

第二。台湾在集成电路设计领域的申请量为6358件，这是因为台湾在该领域发展起步较早，具有日月光半导体、台积电等行业内技术领先的优秀企业。上海和江苏在集成电路设计领域的申请量分别为5216和4906件，在全国各省份申请量排名中位列第四和第五，虽然排名靠前，但申请量与排名前两位的地区相比，差距已十分明显。四川在集成电路设计领域的国内申请量中排名第六位，申请量为3270件，差距进一步拉大。其他省份的申请量与排名靠前的地区差距悬殊，申请量均未达到全国平均水平。

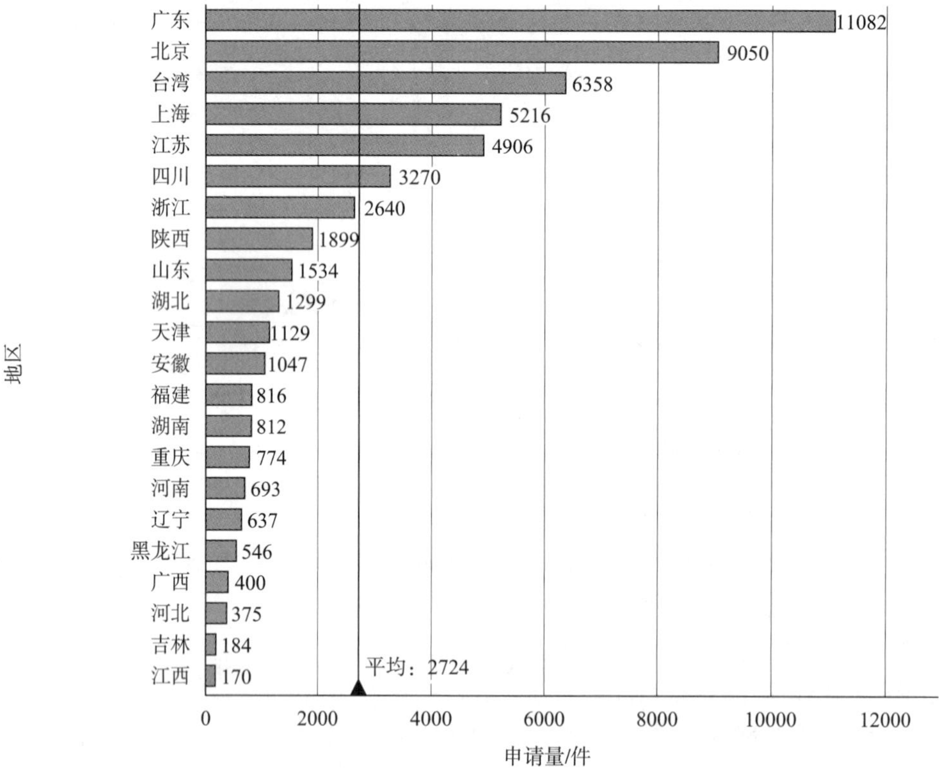

图2－2－9　集成电路设计领域全国首次申请地区分布

2.2.2.3　主要申请人分析

专利申请人的申请量排名反映某一领域内专利申请人的技术掌握情况及其专利布局策略。一般来说，专利申请数量可以反映某申请人的研发投入情况、专利申请积极性和市场重视程度。

从图2－2－10可以看出，集成电路设计领域中国专利主要申请人排名前十位的主要分布在韩国（2个）、日本（2个）、美国（2个）、中国（3个）和荷兰（1个）。全球的主要申请人也非常重视在中国进行专利布局，比如，韩国的三星、LG，日本的松下、索尼、富士通，美国的高通、英特尔，均具有较多的在华申请。与全球的主要申请人相比，增加的主要是中国籍申请人，这主要是因为中国籍申请人大多在国内进行专利布局，在外国的专利申请量较少。排在第六名的华为作为中国的知名企业，在集成电路设计领域的国内申请人申请量中排名第一。作为一家企业，其更重视对专利的布局，尤其是要发展全球业务，需要一定的专利基础；同时作为一家创新企业，其重点关注科技创新。华为还自主研发了海思芯片，在集成电路的研发上投入了大量的资金，同时在移动通信网络中进行大量研发，申请了大量专利。排名第七的中国科学院申请量仅次于华为。作为国内重点研究院所，研究领域广泛，拥有众多分院，例如微电子研究所、半导体研究所等，其在科学期刊发表论文的同时也进行专利申请，在专利创新上也有一定的实力，申请量也位居前列。排在第九名的联发科技，作为国内手机处理器的主要供应商，在微处理器方面申请了大量专利。高通是全球知名的集成电路生产企业，其高通处理器是移动通信领域的龙头老大，相关专利申请稳居第二。排在第四名的英特尔，主要研发重点在微处理器技术上，因此该公司在集成电路领域的专利申请主要集中在微处理器方面。从国内集成电路的主要申请人排布来看，集成电路的主要申请人还是集中在国外的知名企业，同时，国内的主要生产企业也位居前列，例如华为、联发科技。尤其是华为，近年来在集成电路的研究中投入了大量研发资源，在以后的发展中也会重点进行集成电路的专利布局。

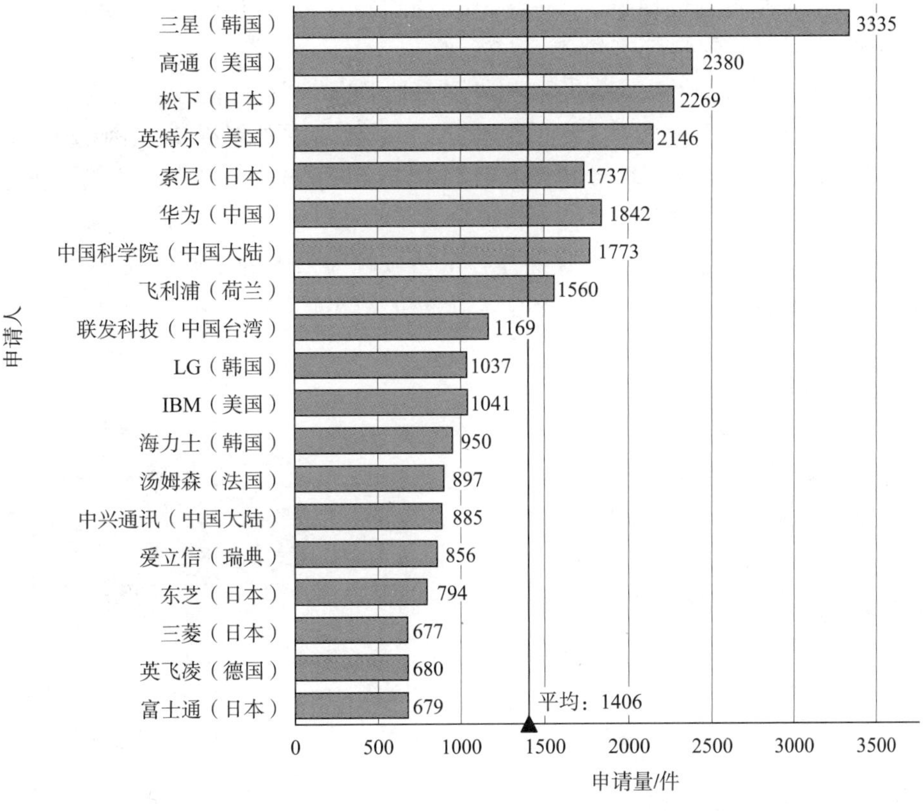

图 2-2-10　集成电路设计领域中国专利主要申请人的申请量分布

2.2.2.4　各技术分支分析

各技术分支分析是专利分析的定性分析内容，反映各个技术分支的专利分布状况，指明集成电路设计领域的申请与研究热点，对中国研发与保护该项技术具有借鉴意义。

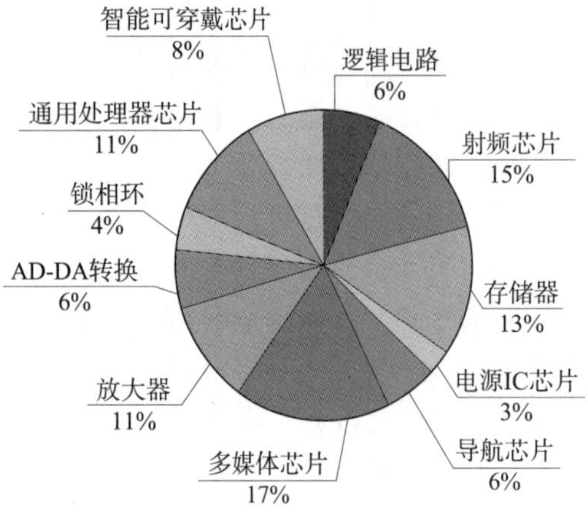

图 2-2-11　集成电路设计领域中国专利申请专利技术分支分布

图 2-2-11 给出了集成电路设计领域中国专利申请专利技术分支分布情况。可以看出，多媒体芯片技术的专利占比最大，为 17%，其次为射频芯片技术和存储器技术。对比前述章节的集成电路设计领域全球专利技术分支统计分析，申请数量较多的技术分支依然是存储器技术、射频技术、多媒体芯片技术。这些技术在电子产品中广泛使用，特别是当前移动互联网的发展，使得这些技术的使用更加普遍。值得关注的是，智能可穿戴芯片技术在全球专利申请技术分支中，仅占 1%，但是在中国，占比高达 8%。这从侧面说明，中国企业在该项技术方面的研发、布局较多，该项技术是最近才开始兴起的，因此，也说明国内企业对时下的热点技术较为追捧。

电源 IC、锁相环、AD-DA 转换以及逻辑电路等技术的专利布局相当较少，这些技术现如今发展大多较为成熟，且更多涉及硬件结构的设计，能够挖掘的创新点相当而言较少。

在全球的集成电路设计领域专利技术分支中，存储器技术占比最高，而中国则是多媒体芯片技术占比最高。存储器技术涉及的种类较多，且应用十分广泛，每个电子设备中都需要存储器，但是目前在存储器技术领域较为领先的企业如三星、海力士、美光均不是中国的本土企业，因此，该技术分支也从侧面反映了中国在存储器技术方面相对的弱势地位。

2.2.2.5　专利申请类型分析

从图 2-2-12 可以看出，在集成电路设计领域的中国专利申请当中，发明专利占据主要地位，占比为 89%，而实用新型专利仅占 11%。这与集成电路设计领域本身就适合申请发明有一定的关系，但是也从侧面体现了该领域专利具有质量较优、创造性较大的特点。虽然发明专利占比较高，但是随着技术研发的不断进步，发明专利占比一定会进一步提升，中国在该领域的核心竞争力必定会不断增强。

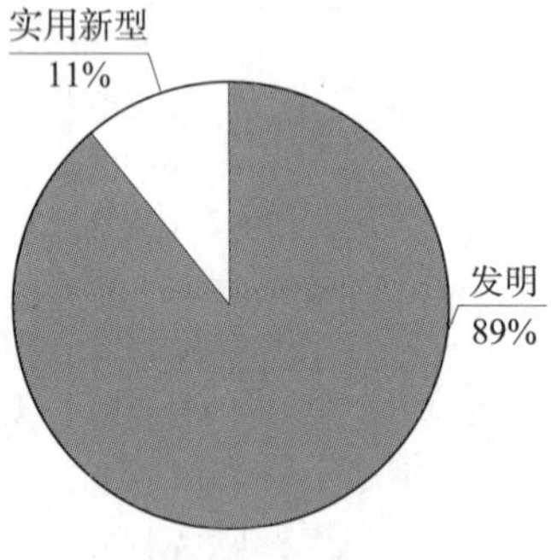

图 2-2-12　集成电路设计领域中国专利申请类型分布

2.2.3　广东省专利态势分析

研究集成电路设计领域广东省的专利分布趋势，对帮助广东省企业确定技术发展趋势具有重要意义。截至 2018 年 11 月，检索到广东省专利申请共 14109 件，在全国各省份申请量排名中位列第一。在此检索基础上，围绕该项技术在广东省的申请趋势、地区分布、主要申请人和各技术分支等方面对其专利申请状况进行分析。

2.2.3.1　申请趋势分析

通过对广东省集成电路设计领域相关专利申请历年变化趋势的分析，可以对其未来发展方向形成判断。

图 2－2－13 给出了集成电路设计领域在广东省的专利申请态势分布情况。可以看出，从 21 世纪初开始，集成电路设计领域广东省的专利申请量开始增长，2001～2015 年，专利申请量呈现快速增长态势，2015 年相比 2014 年的申请量又呈现快速递增的趋势。目前，国家正在大力推动中国半导体设计企业的发展，广东省的半导体设计企业也呈现快速增长的趋势，专利申请量的增长趋势也体现这一点。

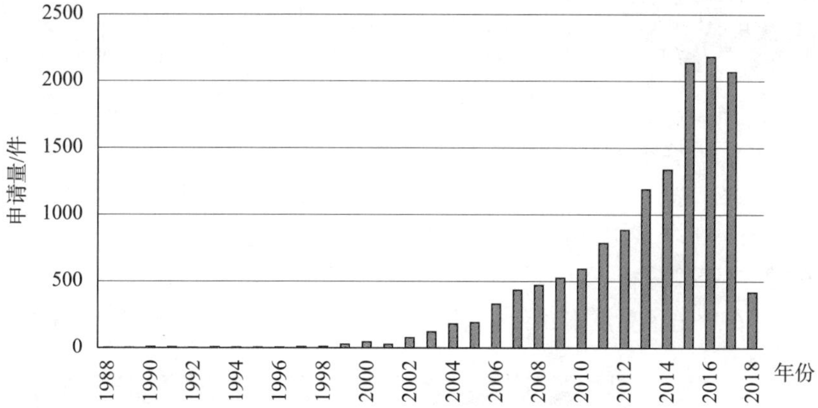

图 2－2－13　集成电路设计领域广东省专利申请态势分布

图 2－2－14 给出了集成电路设计领域广东省专利申请量占比分布情况。可见，相对于国内申请的总量，广东省集成电路设计领域的申请量总体上还处于较低水平，在国内申请人的总申请量中占比仅为 19%。这与广东省作为国内消费型电子、通信产品的最大生产基地这一身份是不符的，其原因在于广东省内的一些大型企业主要以产品代工为主，依托外资企业已有的成熟技术进行生产制造，并不注重新技术新产品的研发；而小型企业多从事中低端产品的生产制造，其技术相比于前沿新技术已相当成熟，创新比较困难。

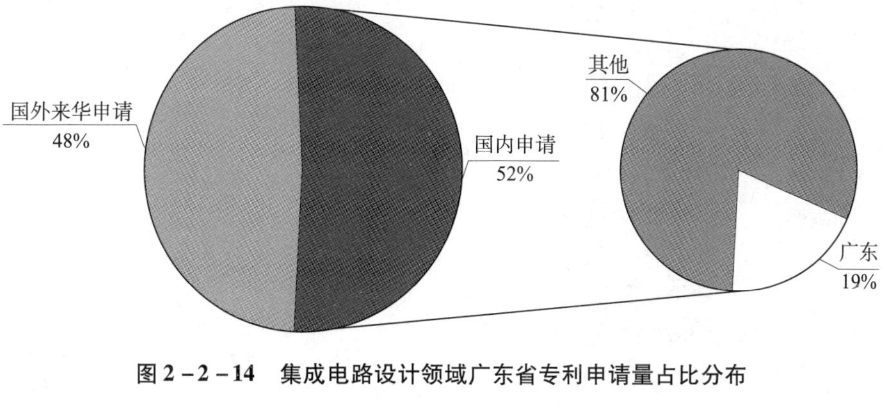

图 2－2－14　集成电路设计领域广东省专利申请量占比分布

2.2.3.2　地区分布分析

分析广东省专利申请中专利的来源，可以客观反映各地市在集成电路设计领域的发展程度。

图2－2－15反映了集成电路设计领域广东省专利申请首次申请地区分布情况。可以看到，深圳专利申请量占比最大，达到了68%，因为深圳作为改革开放的前沿城市，率先发展集成电路产业，汇聚了华为、中兴通讯、努比亚、富士康集团等一批国内外知名企业。广州作为广东省的省会城市，也具有一批实力不俗的集成电路企业，例如京信通信等企业，还有华南理工大学、中山大学等高校专注于集成电路设计的前沿研究，申请量占比为14%。东莞号称“世界工厂”，制造业实力雄厚，拥有广东欧珀电子等一批具有较强技术实力的集成电路企业，在广东省专利申请中占比为7%。另外，在佛山、珠海、惠州、中山等城市也有集成电路设计产业的分布。总体来看，广东省内的集成电路设计产业已具有一定的规模。

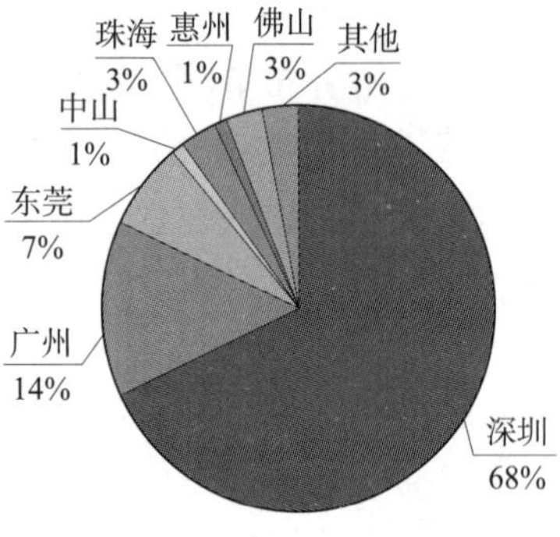

图2－2－15　集成电路设计领域广东省专利申请首次申请地区分布

2.2.3.3　主要申请人分析

图2－2－16给出了集成电路设计领域广东省主要申请人的申请量分布情况。可以

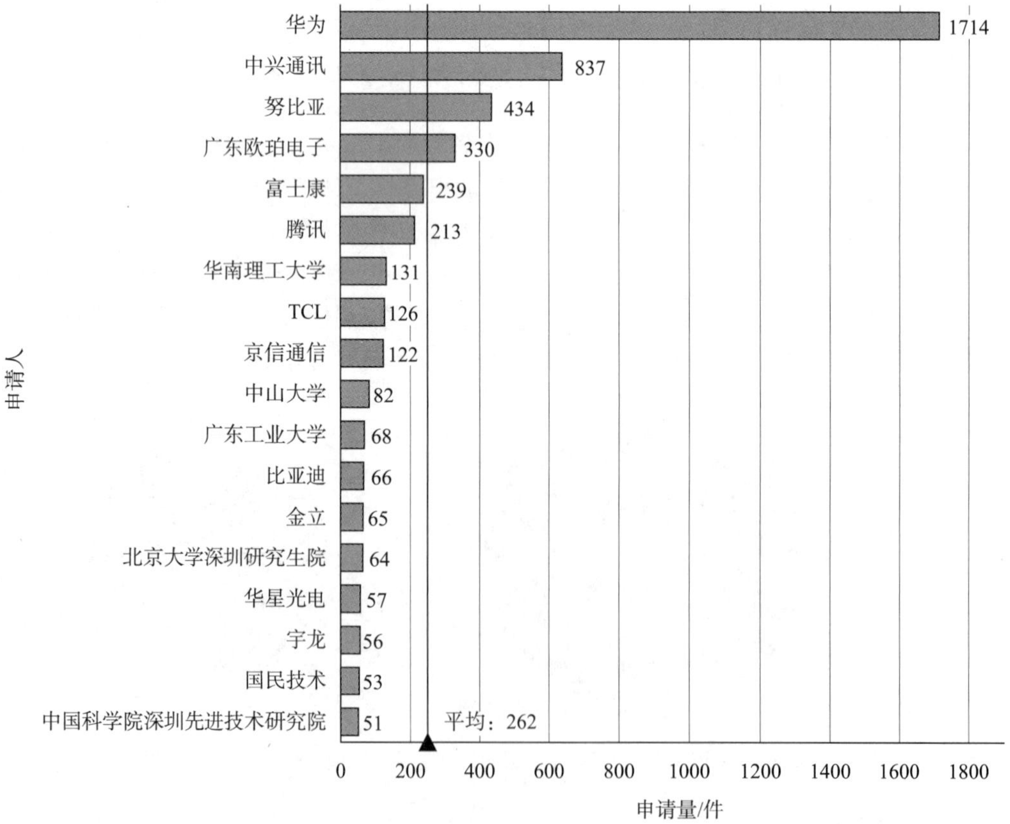

图2－2－16　集成电路设计领域广东省主要申请人的申请量分布

看到，排名靠前的申请人包括企业和高校，其中华南理工大学和中山大学等是著名的高校，专注于前沿技术的研究。排名第一位的华为是全球领先的信息与通信解决方案供应商，在集成电路设计领域的专利申请主要涉及多媒体芯片、通用处理器、射频芯片、存储器等方面。排名第二位的中兴，其专利申请主要涉及通用处理器、多媒体芯片、放大器、射频芯片等技术。

2.2.3.4　各技术分支分析

为了更好地了解广东省在集成电路设计领域的专利技术分布情况，在对广东省在该领域所申请的专利所属的技术主题进行统计分析后，得到如图 2－2－17所示的集成电路设计领域广东省技术主题分布情况。对比前述章节的集成电路全球申请专利技术主题分布图的情况，可以看出，广东省在集成电路设计领域的专利申请技术主题分布和全球的情况有很大的差别。其中，多媒体芯片技术占比最高，为 23%，数量为 1944 件；其次为智能可穿戴芯片技术，为 19%，数量为 1645 件；放大器技术，占比 13%，为 1070 件，射频芯片技术，占比 12%，数量为 993 件。而全球专利申请中，排名前三的专利技术分别是存储器技术、多媒体芯片技术、射频芯片技术。由此也可以得出初步的结论，即广东省在集成电路设计领域的专利申请集中在上游集成电路应用技术，底层的芯片设计技术较少。另外，广东省在智能可穿戴芯片技术方面占比较高，说明广东省在前沿技术较为领先，这也与广东省近几年集成电路设计技术发展迅猛有关。从优势企业角度分析，广东省在集成电路设计领域技术研发实力较强的企业有华为、中兴通讯、富士康，华为的海思集成电路设计部门在视频监控方面技术较为领先，华为、中兴通讯两大公司在射频芯片技术方面也是全球领先。因此，总体来说，广东省的存储器领域相对全球有所落后，但是，得益于华为、中兴通讯等公司在某些方面的强势地位，广东省在多媒体芯片、射频芯片领域较为领先。另外，广东省在新兴的技术领域如智能可穿戴芯片技术，也表现得较为显眼。

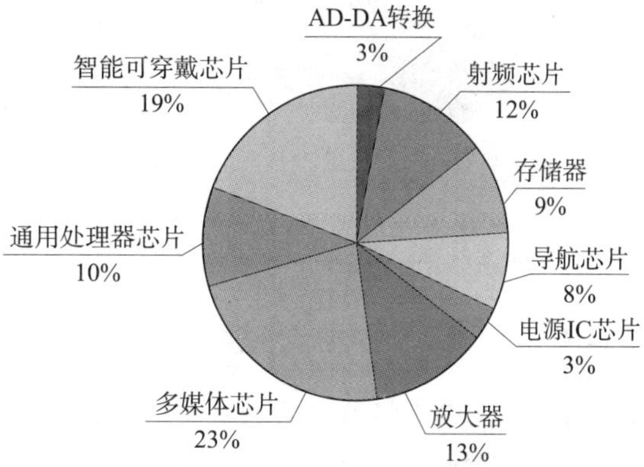

图 2－2－17　集成电路设计领域广东省技术主题分布

2.2.3.5　专利申请类型分析

图 2－2－18 给出了集成电路设计领域广东、北京、台湾的专利申请类型分布情况。从图中可以看出，在广东省的申请中，发明与实用新型的数量差别较大，发明占 78%，而实用新型则为 22%；北京市虽然在申请量上不及广东省，但是北京市的专利申请中，发明占比明显高于广东省，如果单独考虑发明申请的数量，北京市的发明申请是高于广东省的，因此，北京市在该领域的技术核心力量应该是优于广东省的；而台湾省在集成电路设计领域数量上虽然比较靠后，但是从其发明和实用新型的占比可以看出，台湾省申请基本以发明为主，其技术核心力量是优于广东省和北京市的，显

示出其在集成电路设计领域突出的技术实力。

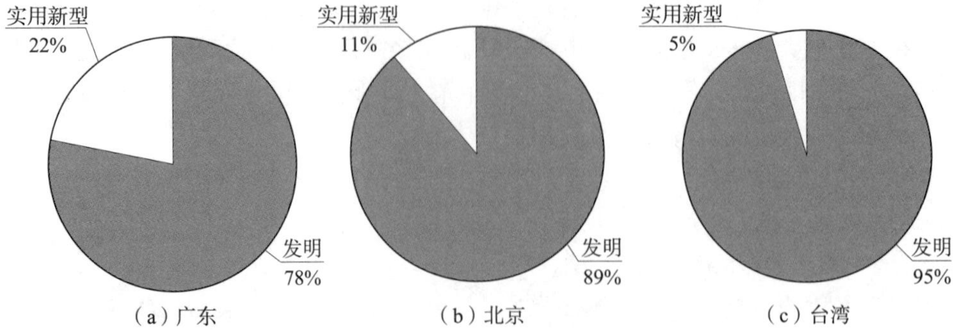

图 2-2-18　集成电路设计领域广东、北京、台湾专利申请类型对比分布

2.2.4　产学研专利信息分析

2.2.4.1　国内排名前十名的高校申请文献申请量和有效量分布

对集成电路设计领域高校与科研院所申请专利进行分析，发现高校专利申请有12785件，涉及1360个科研院所。

从表2-2-1可以看出，在集成电路设计领域专利申请量排名前十的科研院所分别是清华大学、东南大学、浙江大学、北京航空航天大学、西安电子科技大学、复旦大学、中国科学院微电子研究所、电子科技大学、北京大学和上海交通大学。这些机构都是国内在电子领域方面具有顶尖实力的科研机构。

表 2-2-1　集成电路设计领域排名前十高校院所申请文献保有量和有效量

名称	申请量/件	有效量/件	有效量占比/%
清华大学	632	270	42.72
东南大学	461	166	36.01
浙江大学	455	192	42.20
北京航空航天大学	417	165	39.57
西安电子科技大学	351	133	37.89
复旦大学	349	88	25.21
中科院微电子所	326	161	49.39
电子科技大学	326	115	35.28
北京大学	250	113	45.20
上海交通大学	240	86	35.83

从申请人类型来看，除了中科院微电子所，其他都是高校。这也进一步说明国内高校在集成电路设计领域的专利布局明显多于科研机构，这与目前高校的研发团队数量较多、综合实力强有一定的关系。目前国内科研机构无论在人员编制还是研究经费上，大部分都不如这些知名高校充足，因此，在申请量上面，科研机构肯定要稍逊于高校。

从专利有效量及有效量的占比来看，排名较为靠前的这些科研机构的专利有效量占比都比较高，除了复旦大学的有效占比低于 30%，其他都高于 30% 的。另外，清华大学作为国内顶尖的高校，在申请量和有效量上都同时排名第一位，且有效专利的占比也名列前茅，进一步说明在集成电路设计领域，科研院所的申请质量都较好，专利价值都较高。

从地区来看，在集成电路设计领域，申请专利数量较多的高校基本分布在北京、环上海区域。另外，西安和成都的电子科技大学都榜上有名，与这两所高校在电子信息产业方面突出的实力有关。总的来说，集成电路设计产业地区分布还是较为集中的。另外，从榜单中可以看出，没有一所广东省的科研院所上榜，说明广东省的科研院所在这方面还有很大的提升空间。

2.2.4.2　高校主要研究团队列举

本小节将对申请量排名较为靠前的高校、科研院所的研究团队以及研究方向进行分析。表 2－2－2 是根据国内重点高校、研究所专利申请主要发明人列出的主要研究小组。可以看出，清华大学的申请量最多，通过对集成电路设计领域中清华大学的专利申请进行分析，对发明人进行统计分析，其中涉及发明人戴琼海的专利申请最多，为 99 件，图 2－2－19 示出清华大学主要发明人专利申请量情况。

表 2－2－2　集成电路设计领域目前国内主要研究小组

名称	发明人
清华大学	戴琼海、刘雷波、潘立阳、何芸、季向阳、伍冬
东南大学	吴建辉、廖小平、陈熙源、潘树国、孙伟锋、徐建
浙江大学	虞露、陈耀武、陈天洲、唐慧明、卜佳俊、
北京航空航天大学	祝世平、房建成、张晓林、王新龙、毛峡、刘荣科
西安电子科技大学	朱樟明、宋彬、宋锐、吴炜、李甫、刘帘曦

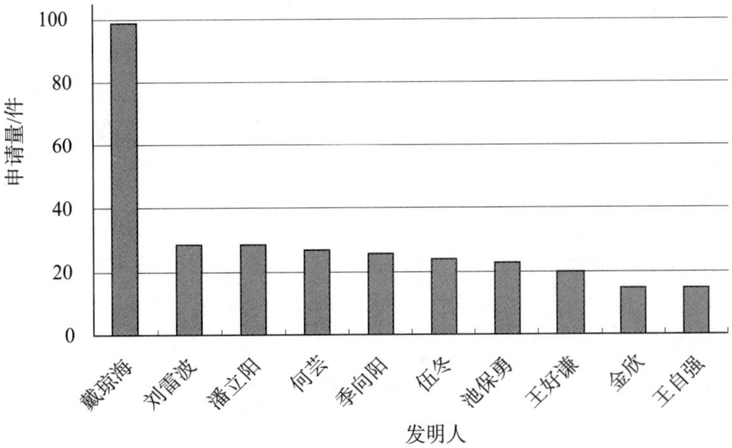

图 2－2－19　集成电路设计领域清华大学主要发明人专利申请量分布

从图2-2-19可以看出，清华大学的戴琼海在集成电路设计领域所占据的专利申请数量遥遥领先，可见戴琼海团队在该领域突出的技术实力。由于申请量较大，通过对其所申请专利的技术分支进行分析，有利于更好地了解该发明团队的专注技术领域。

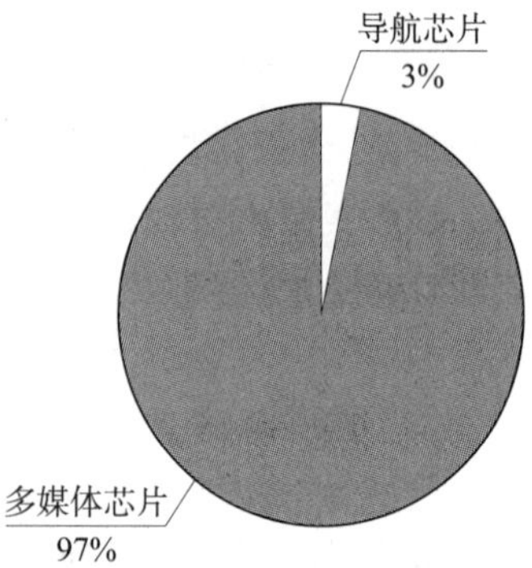

图2-2-20 集成电路设计领域戴琼海申请专利技术分支分布

图2-2-20中给出了集成电路设计领域戴琼海申请专利技术分支分布情况。可以看出，该发明人所专注的领域较为单一，其中，涉及导航技术的占比为3%，涉及多媒体芯片技术的占比为97%，也从侧面显示了该发明人在多媒体芯片技术方面的实力。另外，由于多媒体芯片技术大多涉及软件技术，或者说更多的是涉及算法技术，也说明该团队更加倾向于基础研究，这与目前高校院所的主流研究倾向较为一致。

通过在专利库中进行浏览，清华大学刘雷波团队的专利布局大部分在处理器技术领域，且该团队近年来的研究热点在处理器的可重构技术方面，在可重构方向申请了较多专利。

而潘立阳团队所申请的大部分专利都涉及存储器技术，而且集中在存储器技术的快速闪存领域，包括快速闪存的设计、制造，以及闪存运行的控制，并且该团队早期申请的关于闪存的专利中，较多都被其他专利引证。

何芸团队的研究方向侧重在多媒体芯片技术领域，其重点研究方向是在多媒体技术的视频编码和解码，且该团队的诸多专利引证次数都在10次以上，申请号为CN03148160的专利引证次数竟然达49次，不断被引用可以充分肯定该团队在音视频编解码方面的成就。

2.2.4.3 高校和企业的合作申请

高校与企业的合作申请通常由企业根据市场情况提出相关研发需求，借助高校及科研院所的科研力量，研发出新技术并由两者共同实施专利申请以及获得专利权；或者高校及科研院所将已有的科研成果，主动寻求与企业的合作，获取相应的资金支持，共同享有研发成果的专利申请权和专利权。

对集成电路设计技术在中国范围内的专利申请进行分析，可以发现高校与企业合作的专利申请有472件，占所有高校申请量总量的3.69%。说明在集成电路设计领域中，企业和高校之间的合作关系较少，或是科研院所从事的研究与企业的实际需要还有一定的差距。

表2-2-3统计了集成电路设计领域企业-高校合作申请申请量排名前十的申请人信息。可以看出，从申请人方面看，清华大学和北京大学作为国内顶尖高校，在整个集成电路设计领域的合作申请中，这两所高校的合作申请也分别排名第一和第二，这也从侧面说明清华大学和北京大学在企业中的影响力；在企业中，华为、北大方正以及三星为这些合作申请中申请量排名比较靠前的企业。众所周知，华为的技术研发力度大，且从事较多基础研究，因此，该公司与高校合作关系密切，也在情理之中；

北大方正作为北京大学的校办企业，和高校有较好的合作关系，也是可以预见的。

表 2-2-3　集成电路设计领域企业-高校合作申请申请量排名前十的申请人信息

名称	申请量/件	有效量/件	有效量占比/%
清华大学	48	21	43.75
北京大学	33	21	63.64
华为	27	16	59.26
浙江大学	25	8	32.00
北大方正集团有限公司	24	16	66.67
三星	22	13	59.09
北京时代民芯科技有限公司	19	12	63.16
东南大学	18	7	38.89
北京遥测技术研究所	17	9	52.94
航天长征火箭技术有限公司	17	9	52.94

总体而言，虽然合作申请的总量不多，但是有效量占比都比较高，诸多科研院所或企业的有效量占比都达到 50% 甚至更多，说明这些合作申请质量都较好，拥有较好的稳定性。

图 2-2-21 中给出了集成电路设计领域申请量排名前十的企业-高校合作申请专利技术分支分布情况。可以看出，涉及多媒体芯片技术的合作申请量占据半壁江山，其次是涉及存储器技术和放大器技术的申请，但是和涉及多媒体芯片技术相比，差距很大。通常而言，高校更加倾向于理论研究，而多媒体芯片技术包括音视频编码、智能图像、音频数据处理以及提高音视频传输效率等方向，往往涉及很深的数学理论。因此，高校和企业的合作申请更多倾向于这一块，也不足为奇。

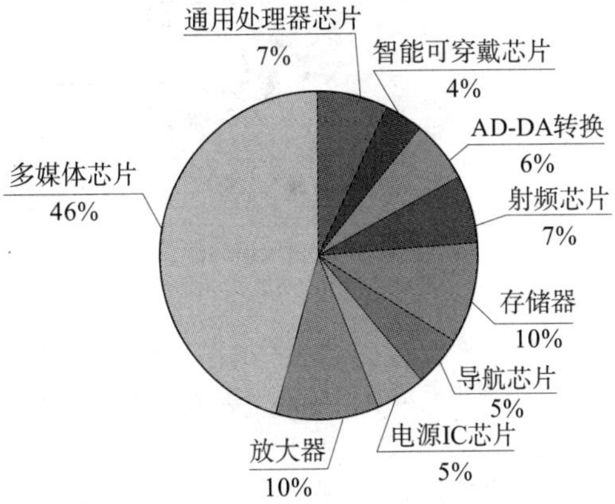

图 2-2-21　集成电路设计领域企业-高校合作申请申请量排名前十专利技术分支分布

2.2.4.4　高校院所专利转让、许可情况

专利权转让或进行过专利许可情况，能够反映该领域中处于活跃状态的专利权、专利权人、技术类型和发生相关专利活动的背景。

对集成电路设计领域中国范围内的专利申请进行分析，可以发现涉及专利转让的数量较少，占比也较少。从表 2-2-4 可以看出，转让占比最高的是中国科学院计算技术研究所，达 22.86%，其他很多科研院所都是个位数；而专利转让数据最高的是浙江大学，为 51 件。上述两个院所也是国内颇具实力的两个院所。因此，从一定程度上说，专利转让在国内科研院所还有很大的进步空间。

表 2-2-4 集成电路设计领域排名前十的科研院所专利转让量

名称	专利转让量/件	专利申请量/件	占比/%
浙江大学	51	453	11.26
中国科学院计算技术研究所	40	175	22.86
清华大学	34	619	5.49
中科院微电子所	21	326	6.44
东南大学	18	460	3.91
宁波大学	12	109	11.01
上海交通大学	12	214	5.61
西安电子科技大学	8	348	2.30
北京航空航天大学	8	417	1.92
南京信息工程大学	6	94	6.38

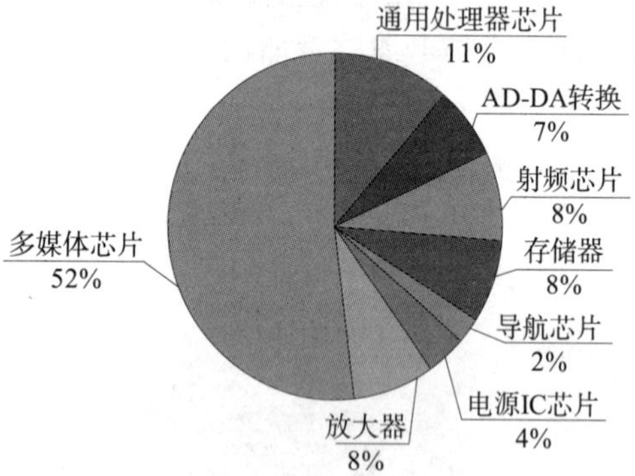

图 2-2-22 集成电路领域专利转让排名前十的高校转让专利技术分支分布

图 2-2-22 给出了集成电路设计领域专利转让排名前十的高校转让专利技术分支分布情况。在转让的专利中，依然是多媒体芯片技术占比最大，达 52%，其次是涉及通用处理器技术、存储器技术、放大器技术和射频芯片技术的专利，这也体现了科研院所在多媒体芯片技术方面实力更强，与近年多媒体技术迅猛发展，在互联网中广泛使用有关。

对集成电路设计领域在中国范围内的专利申请进行分析，可以发现科研院所中涉及专利许可的申请量依旧较少。表 2-2-5 给出了集成电路设计领域排名靠前高校专利许可量统计情况，从该表中可以看出，除了中国科学院计算技术研究所的专利许可量较多之外，其他科研院所的专利许可量几乎没有，因此，也从侧面说明，在集成电路设计领域中，无论是专利转让，还是专利许可，发展都有很大的提升空间。

表 2-2-5 集成电路设计领域排名靠前高校专利许可量统计

名称	专利许可/件	专利申请量/件	占比/%
中国科学院计算技术研究所	19	175	10.86
南京邮电大学	14	73	19.18
北京大学	6	337	1.78

续表

名称	专利许可/件	专利申请量/件	占比/%
天津大学	4	212	1.89
中国电子科技集团公司第五十四研究所	3	89	3.37
南京航空航天大学	2	114	1.75
上海交通大学	2	241	0.83
华中科技大学	2	174	1.15
南京理工大学	2	112	1.79
东南大学	1	954	0.1

图 2-2-23 给出了集成电路设计领域专利许可排名前十科研院所转让专利技术分支分布情况。可以看出，许可专利的技术分支和转让专利的技术分支还是存在一定的差异，许可专利中，多媒体芯片技术和通用处理器技术涉及的专利数量相差不大，分别为 36% 和 38%，其次是涉及射频技术和导航技术的专利。由于专利许可的总量太少，对其进行技术分支统计，数据可能难以反映真实情况，但是通过结合前述的数据分析，总的来说，科研院所在多媒体芯片技术和通用处理器技术方面，相比而言实力更加雄厚。目前中科院已经开发出以龙芯为主的具有自主知识产权的芯片，相信未来在通用处理器方面的许可必定会继续增加。

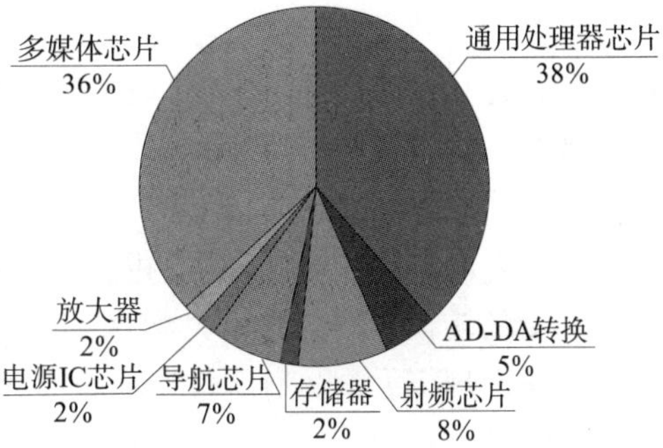

图 2-2-23　专利许可排名前十科研院所转让专利技术分支分布

2.2.4.5　广东省高校院所产学研情况分析

通过上述分析可知，广东省高校院所在申请量、合作申请量以及专利转让和专利许可方面的实力都相对较弱，为了更好地了解广东省本身的情况，下面针对广东省的高校作进一步分析。

从表 2-2-6 可以看出，在集成电路设计领域中，广东省专利申请量排名靠前的科研院所分别是华南理工大学、中山大学、北京大学深圳研究生院、清华大学深圳研究生院等机构。这些机构都是省内在电子领域方面具有顶尖实力的科研机构。

表 2-2-6　集成电路设计领域广东省排名靠前高校院所申请文献保有量和有效量分布

名称	申请量/件	有效量/件	有效量占比/%
华南理工大学	118	49	41.53
中山大学	93	24	25.81

续表

名称	申请量/件	有效量/件	有效量占比/%
北京大学深圳研究生院	84	27	32.14
清华大学深圳研究生院	56	30	53.57
广东工业大学	52	14	26.92
深圳先进技术研究院	69	42	60.87

从申请人类型来看，在电子领域表现较为突出的省内高校院所基本都上榜了，其中，华南理工大学的申请量最多，其次是中山大学。这两所院校都是广东省实力比较强的院校，但是在广东省综合实力较强的其他院校均未上榜，说明专注于集成电路设计领域的高校院所相对较少。

从专利有效量及有效量占比来看，在广东省排名较为靠前的这些科研机构的专利有效量占比相对表2-2-1中国内排名较为靠前的高校院所而言，占比均低很多，其中有效量占比较高的有清华大学深圳研究生院和深圳先进技术研究院。

另外，在专利转让方面和专利许可方面，广东省的这些高校院所较少涉及，下面仅针对有专利转让和专利许可的院所做初步分析。

在专利转让方面，北京大学深圳研究生院在该领域有4件专利转让的登记记录，其次是华南理工大学，有3件登记的专利转让记录，深圳大学和清华大学深圳研究生院均有2件。

在专利许可方面，位于广东省的清华大学深圳研究生院在集成电路设计领域有1件专利许可，其他科研院所在该领域没有发现专利许可记录。

总体来说，同北京、江浙上海地区的高校院所相比，广东省的高校院所在集成电路设计领域的专利布局、专利运营还有很大的提升空间。

2.2.5 小　结

通过对集成电路设计领域专利的整体分析，课题组得出以下主要结论。

（1）全球整体申请态势

①从逐年申请量趋势看，集成电路设计领域的专利申请量逐年增加，说明该领域一直处于不断发展之中。日本和美国在该领域起步较早。日本的申请量比较平稳，从20世纪90年代开始，申请量就已经达到顶峰，说明该产业在日本已经较为成熟；美国在该领域的申请量趋势和全球总的申请量趋势是正相关的，说明美国在该领域的领导地位；中国和韩国的申请总量从21世纪初开始超越欧洲，并呈现快速增长的趋势，但是相比美国而言，申请量上依旧处于弱势地位。

②通过统计407319项专利的首次申请国家/地区分布，发现美国在该领域的技术输出量最大，美国优先权占总量的41%；其次为日本，占总量的28%；中国与韩国较为接近，分别为10%和8%。这说明美国和日本在该领域占绝对优势地位，鉴于该领域技术发展较快，而日本在该领域已经处于产业成熟期，日本优先权中早年申请的比例

必定较多。

③通过分析全球主要申请人，发现该领域的主要申请人大多为日本公司，且前几名几乎被日本企业包揽，进一步说明日本在该领域的技术集中度较高；而美国专利申请占比大，但是上榜的公司较日本少，也说明美国在该领域技术集中度没有日本高。

④按技术主题来看，存储器领域申请量是最大的，占比23%，其次为射频芯片技术、多媒体芯片技术以及放大器领域，这四项技术也是使用最为广泛的。

（2）中国申请态势

①从申请总量上看，中国的申请总量一直处于增长态势，从1996年1000件左右，到2013年超过10000件，增长速度非常惊人。分析这些申请的来源可以看出，本国优先权（国内申请）的数量从2000年开始呈现爆发式增长，并一直处于增长态势，2008年国内申请数量开始超越国外来华申请数量，此后甚至2倍于国外来华申请数量，发展趋势喜人。

②分析该领域专利申请的来源情况，从国别来看，国内优先权数量占比48%，其次为美国（22%），日本（12%），说明近年来该领域中国申请的主要来源还是国内的申请人。再分析国内优先权的省别，广东省数量最多，为9254件，其次为北京市，8163件，台湾省6196件。另外，比较靠前的省市还有上海市、江苏省、四川省和浙江省，这些均是经济较为发达的省市，进一步说明该领域的技术主要分布在沿海发达省市。

③从申请人来看，该领域中，申请人排名前十的申请人主要分布在韩国（2个）、日本（2个）、美国（2个）、中国（3个）和荷兰（1个）。排名前十的中国申请人分别是华为、中国科学院、联发科技。综合来看，在该领域，实力较强的中国公司数量还是较少，竞争力不够。

（3）广东省申请态势

①从总体申请量趋势看，广东省的申请量从2000年前后开始呈现爆发式增长，从2000年的一年不到50件跳跃到2012年的700件，并在2012年达到顶峰，2012年随后几年基本趋于平稳。另外，该领域中，广东省的申请总量也占全国的10%，确立了广东省在该领域处于领先优势地位。

②在广东省的所有申请中，其中深圳地区占比70%，广州占比13%，东莞占比6%，这3个地区加起来已经占比89%，说明广东省内集成电路设计技术主要集中在这3个市级地区。

③广东省专利申请数量较多的申请人有华为、中兴通讯、努比亚和富士康。另外，排名较为靠前的申请人中出现较多的高校和科研机构。

④将广东省、北京市、台湾的专利申请类型进行对比，发现广东省的数量虽然多，但是实用新型占比较大，为22%，而台湾实用新型占比仅为5%，也从一定程度上说明台湾省的申请质量较广东省更优。

⑤通过分析广东省的专利技术主题，发现广东省在集成电路设计领域更多集中于上层的应用领域，较少设计底层的芯片设计，在新兴领域比如智能可穿戴芯片设计技

术表现较为突出。

（4）对广东省的启示

在集成电路设计领域，广东省的专利申请量全国第一，且广东省也具有较多集成电路设计的优势企业，如华为、中兴通讯、富士康，还有较多在集成电路设计领域面具有较强实力的高校和科研机构，比如华南理工大学、中山大学，北京大学和清华大学在广东省也设立了分支机构。因此，总体来说，广东省在集成电路设计领域发展态势良好，不仅具有较好的发展基础，而且在诸多领域的表现已经较为突出，有望成为集成电路设计领域的技术强省。

但是，通过对该领域的专利进行统计分析，也发现了广东省集成电路设计产业在不断壮大和发展中出现的一些问题。深入挖掘分析这些问题，有助于广东省集成电路设计产业更好地发展。

广东省的专利申请量虽然较大，优势企业也较多，但是在全球排名较为靠前的申请人中，未见中国申请人上榜。广东省作为集成电路设计产业的龙头省份，应当承担培育集成电路设计领域优势企业的责任。因此，打造技术实力更强、全球影响力更强的集成电路设计企业，对广东省的产业发展意义重大。

广东省在集成电路设计领域的专利申请总量虽然在全国遥遥领先，但是其中包含较多的实用新型专利申请，占比高达22%，远低于台湾省实用新型5%的占比。因此，对广东省而言，技术力量还有很大的提升空间，鼓励企业多申请含金量较高的发明专利，更有助于集成电路设计产业的发展。

从技术主题的分布来看，广东省集成电路设计领域的专利申请集中在上游集成电路应用技术，而底层的芯片设计技术较少，从申请人的排序情况来看，排名较为靠前的申请人中很多都是手机终端生产企业，因此，也印证了这一点。另外，目前使用较为广泛的存储器技术，广东省涉及较少，体现了广东省专利布局在某些方面的弱势地位，因此，在集成电路设计领域的专利布局方面，广东省还有进一步优化的空间，通过合理的专利布局，减少对国外企业的依赖，有助于产业的发展。

2.3 产业链中游——集成电路制造领域专利态势分析

本节将对集成电路制造领域进行专利申请状况方面的分析，通过对制造领域全球专利申请状况、中国专利申请状况以及广东省专利申请状况的分析，可以为掌握专利技术发展路线、各重点技术领域的专利技术分布等提供帮助。

2.3.1 全球专利态势分析

集成电路制造领域的全球专利申请状况是衡量该领域技术发展水平的重要指标，也是该领域专利态势分析研究的切入点。截至2018年11月，检索到世界范围内涉及集成电路制造领域的专利申请共588186项，其中中国专利申请111995件。在此检索基础上，围绕对该领域在全球的申请趋势、区域布局、主要申请人状况以及各技术分支等方面对其全球专利申请状况进行分析。

2.3.1.1　申请趋势分析

通过对全球集成电路制造领域相关专利申请历年变化趋势的分析，可以初步掌握自 1960 年以来全球集成电路制造技术的发展过程和趋势，从而对其未来发展方向进行判断。

图 2－3－1 反映了集成电路制造领域全球专利申请历年分布情况，柱状图示出集成电路制造领域专利申请量的变化情况。从图 2－3－1 可以看出，全球集成电路制造领域专利申请可以分为萌芽期、成长期、稳定发展期三个阶段。在萌芽期（1980 年以前），从 1959 年第一块小规模硅基集成电路发明以来，集成电路制造技术开始萌芽。随后集成电路制造领域专利申请也开始出现，进入该领域的申请人缓慢增加，申请量有一定幅度增长。在成长期（1981～2000 年），在一块集成电路上集成许多不同元件其工作效能远比使用离散部件要高得多，激励了工程师设计更复杂的电子电路，使得这一时期的专利申请量有了巨大的增长，年申请量总体呈快速上升的趋势。在稳定发展期（2001 年至今），2001 年之后，集成电路制造特征尺寸已经缩小为纳米级别，其工艺较之前更为复杂，制造成本也更高，因此，专利申请增长有所放缓，但整体仍然呈现上升趋势。2007 年爆发了全球性经济危机，对集成电路制造领域也产生了不小的影响。由于集成电路的制造生产具有一定的滞后性，2009 年制造领域的专利申请量有所下降。经济危机过后，专利申请量从 2012 年之后呈现缓速增长并在 2014 年达到峰值，说明集成电路制造领域又进入蓬勃发展的时期，2016～2018 年，由于相当一部分专利尚未公开，数据不全。

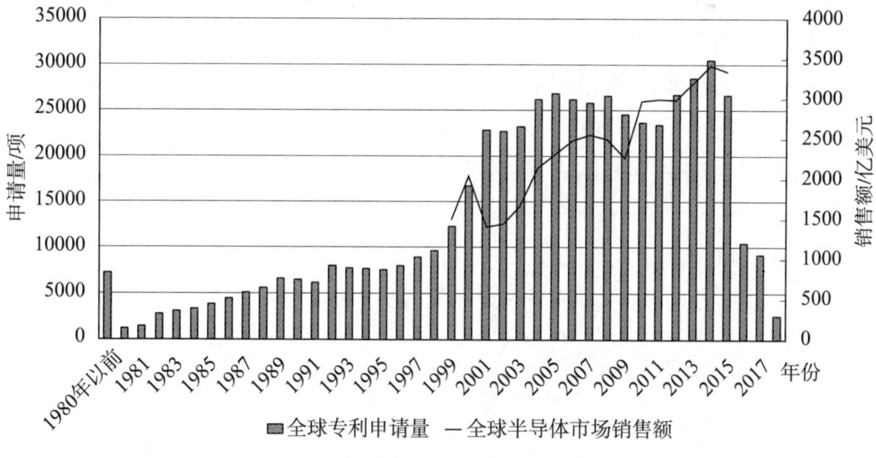

图 2－3－1　集成电路制造领域全球专利申请历年分布

图中实线表示的是 1999～2013 年全球半导体市场销售额的变化趋势，集成电路全球市场销售额在 2001 年显著下降，2002 年开始回升并持续增长，于 2006～2008 年达到小高峰，随后由于受经济危机的影响开始下降。但在经济危机过后，销售额又开始快速增长。可见，全球专利申请量的变化趋势与市场波动密切相关。

2.3.1.2 国家/地区分布分析

图2-3-2反映的是集成电路制造领域全球专利申请首次申请国家/地区分布情况。可以看出，在集成电路制造领域的全球专利申请中，日本占比最高，日本籍申请人申请量占比40%（229715项），美国申请人申请量占比24%（136639项），中国大陆申请人申请量占比15%（101714项），韩国籍申请人申请量占比13%（72725项）。可以看出，95%的相关全球专利申请被日本、美国、中国和韩国籍申请人占有，说明该领域技术集中度非常高。其中，日本有东芝、NEC、富士通、日立、松下等众多优秀的集成电路制造企业，所以日本籍申请人是该领域最主要的申请人，处于绝对领先地位。美国排名第二位。中国排名第三位，其中，中国台湾申请人（申请量为16609项）在中国申请人的总申请量中的占比达16.32%，台湾省在中国集成电路制造专利申请中占较大的比重，从侧面反映出台湾省具有较为发达的集成电路制造产业。而韩国籍申请人的专利申请占比13%，排名第四位，主要以海力士、三星等公司为主，在该领域具有优势。

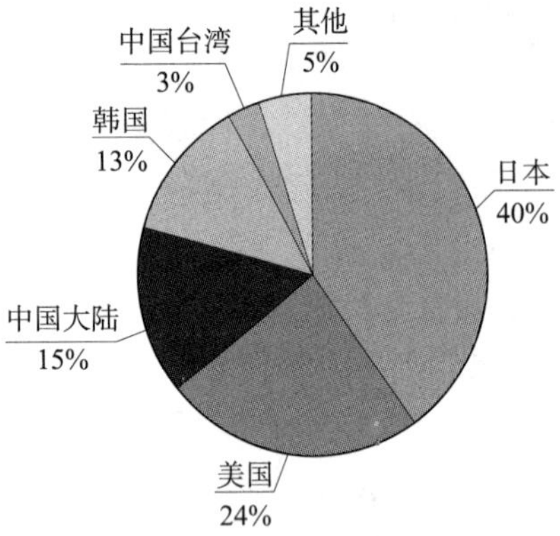

图2-3-2 集成电路制造领域全球专利申请首次申请国家/地区分布

图2-3-3给出了集成电路制造领域全球近20年专利申请主要首次国家/地区专利申请变化情况。可以看出，日本在集成电路制造领域起步较早，一直是该领域最主要的申请人，说明日本在该领域的技术发展走在各国的前面。但也可以发现，日本的早期申请占比较大，而2008年之后申请量开始下降，说明日本近10年在制造领域的关注力度逐渐下降。美国在集成电路制造领域的发展也较早，其申请量在2003年之前基本上持续增长并在2005年达到峰值，之后开始有所下降并趋于稳定，说明其对集成电路制造产业的投入逐步稳定。韩国在集成电路制造领域起步晚于日本和美国，但发展迅

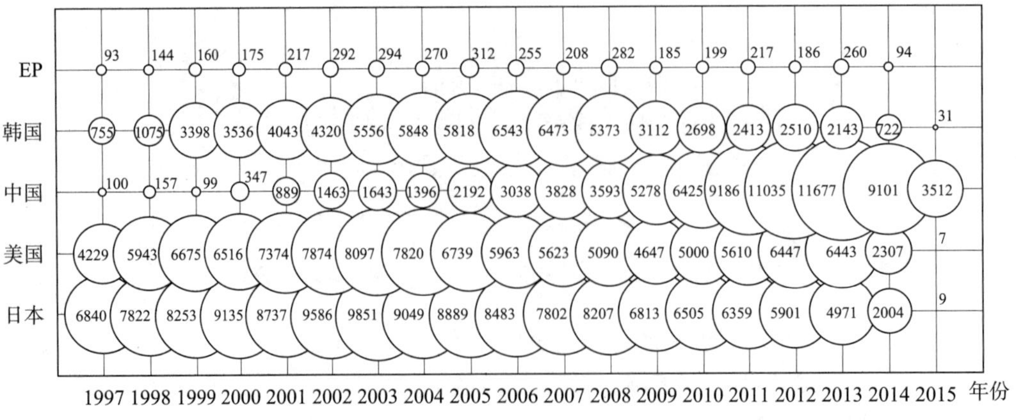

图2-3-3 集成电路制造领域全球近20年主要首次申请国家/地区专利申请趋势对比

注：图中数字表示申请量，单位为项。

速，申请量从 1995 年开始增长并在 2008 年达到峰值，之后申请量有所下降。中国在集成电路制造领域发展较晚，从 20 世纪 90 年代初至今，专利申请量快速增长。值得注意的是，自 2010 年开始，中国籍申请人的专利申请量迅速增长，已超越韩国申请人的申请量，位居第一，说明中国虽然在该领域的研发较晚，但是申请量增速很快，符合当今中国在全球集成电路领域的大国定位。

2.3.1.3　主要申请人分析

专利申请人是专利申请的主体，也是专利布局的谋划者。集成电路制造领域历年来申请人排名变化情况都是专利布局研究中应该关注的热点，因此通过分析该领域主要申请人的状况，可以进一步对该项专利技术的整体态势产生更深入的认识。

从图 2－3－4 可以看出，集成电路制造领域全球主要申请人排名前十位的申请人主要分布在韩国（2 个）、日本（5 个）、美国（1 个）。日本不仅具有较多的半导体制造企业，同时也具有东芝、日立、松下等代表先进水平的知名半导体企业，可见日本在半导体制造业占据龙头地位，具有强大的制造能力，日本申请人在该领域具有明显的优势。排名第二的三星为韩国申请人，是全球知名的芯片生产和制造商，专利申请所涉及的制造技术领域较宽。排名第七位的台积电是全球最大的半导体制造企业之一，其专利申请所涉及的技术领域基本覆盖从半导体制造到封装的各个领域。位于第九的 IBM 为美国公司，为全球知名的半导体公司，基本覆盖从集成电路设计、制造到封装的各个领域。排名第八位的中芯国际是中国大陆最大的本土半导体生产制造企业，其专利申请所涉及的技术领域较宽，覆盖测试设备、互连结构以及制造体等领域。

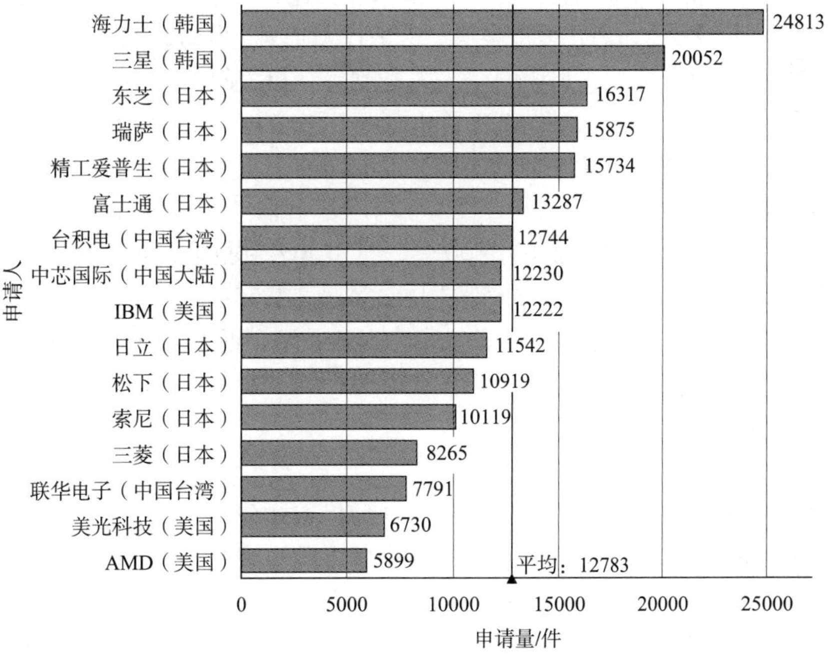

图 2－3－4　集成电路制造技术全球主要申请人的申请量分布

2.3.1.4 各技术分支分析

集成电路制造领域的各技术分析是专利分析的定性分析内容，反映各个技术分支的专利分布状况，指明集成电路制造技术领域的申请与研究热点，对中国研发与保护该项技术具有借鉴意义。

图2－3－5给出了集成电路制造领域全球专利申请专利技术分支分布情况。可以看到，图形转移技术占比最大，达到44%。图形转移技术具体包括光刻和刻蚀两部分。光刻占比为21%，刻蚀占比23%。

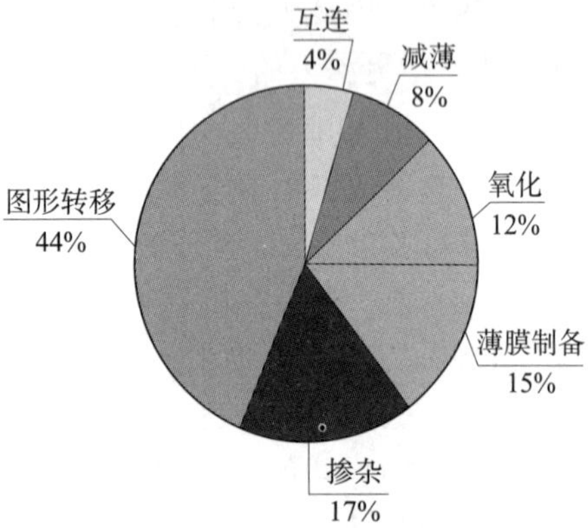

图2－3－5 集成电路制造领域全球专利申请专利技术分支分布

图形转移技术不仅起步较早，而且是半导体制造技术中最为常用的技术。在主流半导体制造过程中，光刻是最复杂、最昂贵和关键的制造工艺。主要分为光学光刻和非光学光刻两大类。1961年，光刻技术已经被用于在硅片上制造晶体管，当时的精度是5μm。随后发展光学投影式光刻，主要包括涂胶/前烘、曝光、显影、后烘等技术。随着技术的发展、精度的缩小，极深紫外光刻（EUV）、电子束光刻（E-beam Lithography）、X射线（X-ray）光刻也开始出现。虽然传统的光刻技术已经处于发展缓慢的阶段，但对其进行改进的方法仍然有多种，因此，关于传统的光刻技术专利申请也占一定数量。同时，下一代光刻技术比如EUV、E-beam、X-ray、纳米压印等也发展很快。由于各大光刻企业纷纷致力于研制新型光刻技术，如三星的极紫外光刻、尼康的浸入式光刻等，相关的专利申请也较多。在半导体制造工艺中，掺杂、薄膜制备、氧化等也都是比较常用的技术，随着特征尺寸的进一步缩小，人们致力于对上述工艺的改进，以期望实现更小的特征尺寸和得到更高密度和性能的器件。

图2－3－6给出了集成电路制造领域全球近10年专利技术分支分布专利申请情况。可以看到，2007年之后图形转移技术分支申请量最多，其次是掺杂技术，第三至第六依次是薄膜制备技术、氧化技术、减薄技术和互连技术，近10年专利技术分支专利申请趋势与专利技术分支分布基本吻合。

2.3.2 中国专利态势分析

以检索得到的向中国国家知识产权局专利局提交并公开的涉及集成电路制造领域的专利申请为研究对象，此部分数据统称为中国专利申请，对集成电路制造领域在中国的整体申请状况进行统计与分析。

截至本次检索截止时间，在中国专利检索与服务系统数据库中，经检索式检索与人工筛选，最终确定的涉及集成电路制造的专利申请量为111995件。其中，国内申请58484件，占全部申请总量的52.2%；国外来华申请53511件，占全部申请总量的47.8%。

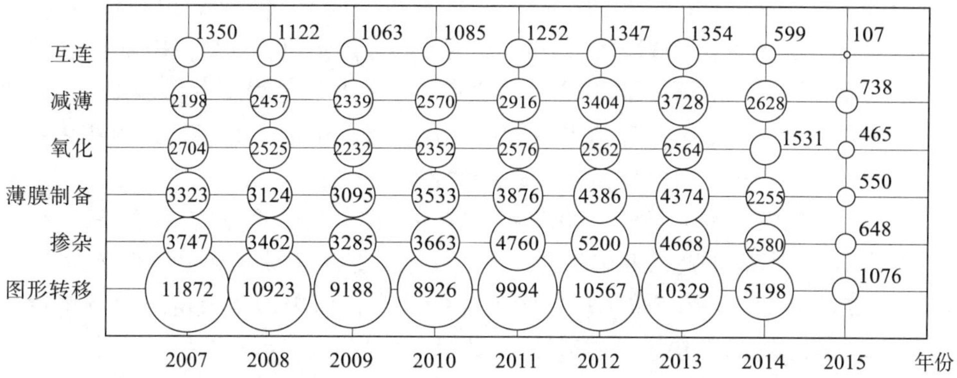

图 2-3-6　集成电路制造领域全球近 10 年专利技术分支专利申请趋势对比

注：图中数字表示申请量，单位为件。

下面在这一数据基础上从专利申请趋势、国家/地区分布、主要申请人以及各技术分支等角度对集成电路制造领域的专利状况进行分析。

2.3.2.1　申请趋势分析

专利申请量表征专利申请的趋势信息，可以表示申请人对该技术的关注程度、投入的精力，间接地说明该技术领域的专利活跃程度。

图 2-3-7 反映了集成电路制造领域中国专利申请分布情况，柱状图示出集成电路制造领域中国专利申请量的变化情况。从 20 世纪 90 年代开始，集成电路制造领域的中国专利申请量开始增长，908 工程（无锡华晶项目）和 909 工程（上海华虹 NEC 项目）的建成分别使我国拥有第一条 6 英寸和第一条 8 英寸芯片生产线。2000 年后，随着《鼓励软件产业和集成电路产业发展的若干政策》《鼓励软件产业和集成电路产业发展有关税收政策》等鼓励集集成电路制造产业的政策颁布、中芯国际的成立、909 工程的发展，专利申请量呈现快速发展。2004 年，中芯国际北京芯片生产线的建成投产使中国拥有首条 12 英寸芯片生产线。截至 2007 年年底，国内已经有集成电路芯片制造企

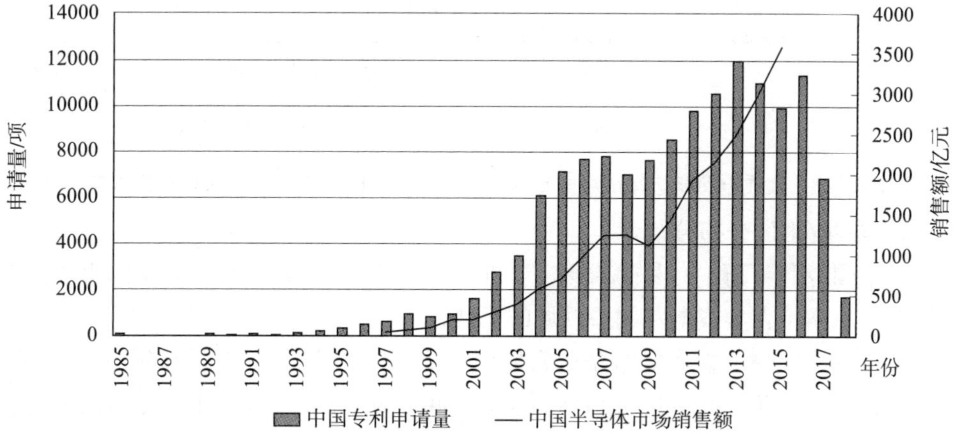

图 2-3-7　集成电路制造领域中国专利申请历年分布

业近50家，拥有各类集成电路芯片生产线50条。2008～2009年，申请量增速缓慢，其主要原因在于全球经济发展减缓及2008年的国际金融危机。随后，因2010年全球集成电路市场出现反弹，申请量于2010年出现攀升并在2011～2013年稳步增长。可以看出，相比于全球集成电路制造专利申请历年分布趋势，中国专利申请量的变化趋势在近几年呈稳步增长状态，国内集成电路制造行业发展迅速。

图2-3-7的实线表示1997～2012年中国半导体市场销售额的变化趋势。该变化趋势与全球市场销售额的趋势基本吻合。值得注意的是，全球集成电路市场在2010年出现反弹，之后从2011年开始呈现持续低迷的状态，而中国集成电路市场销售额在2011～2012年依然保持较快增长的态势。

从图2-3-8可以看出，在集成电路制造领域相关的中国专利申请中，国外来华申请量在总申请量中占比较大，且在2008年之前相较于国内申请量具有较大的优势。而从2008年开始，由于受到全球经济危机的影响，国外来华申请量有明显的下滑。中国的技术发展较晚，受政策激励和中芯国际、华虹等企业发展影响，国内申请量从2001年开始明显增长。在2009年首次超过国外来华申请量，其主要原因在于，全球集成电路市场在2010年出现反弹之后，从2011年开始呈现持续低迷的状态，而中国集成电路市场销售额依然保持较快增长的态势。

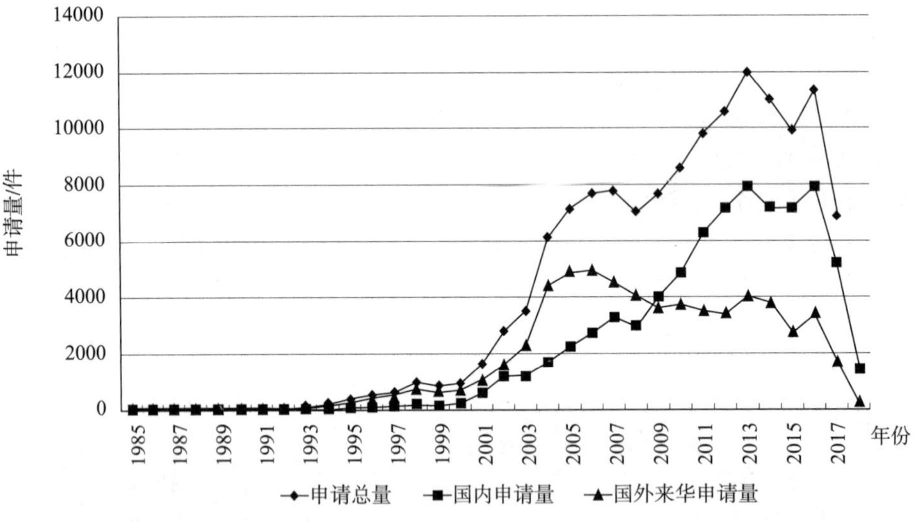

图2-3-8 集成电路制造领域中国专利申请总量、国内申请、国外来华申请历年分布

2.3.2.2 国家/地区分布分析

分析中国专利申请中专利的来源，可以客观反映其他国家/地区对中国市场的重视程度以及国内本土在集成电路制造领域的发展程度。

图2-3-9反映了集成电路制造领域中国专利申请首次申请国家/地区分布情况。总体来看，中国申请人申请量达51%，主要是由于从2000年开始中国籍申请人的申请量迅速增长，在2009年申请量已经超过国外来华申请量的总和。日本籍申请人一直关注中国市场，其申请量为26932件，占总申请量的21%；美国的申请人很早就进入中

国申请专利，申请量为 16245 件，占比为 13%。韩国依靠本国的大公司如三星等国际知名企业的技术优势，申请量占比为 7%，申请量为 8928 件。

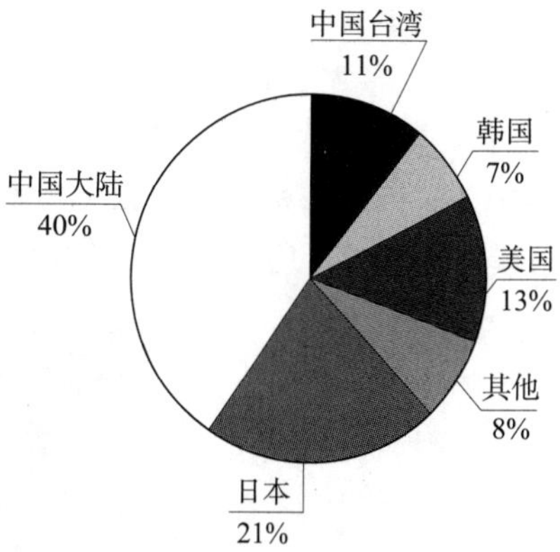

图 2－3－9　集成电路制造领域中国专利申请首次申请国家/地区分布

图 2－3－10 给出了集成电路制造领域全国首次申请地区分布情况。可以看出，集成电路制造领域在国内地域分布比较集中，各地区之间申请量差距悬殊，主要申请人集中在台湾、江苏、广东、上海、北京、浙江等省份。上海市在集成电路制造领域的专利申请量为 19362 件，居于首位，因为上海市在集成电路制造业发展较早，拥有一大批优秀的大企业，如中芯国际、华虹等；台湾省在集成电路制造领域的专利申请量为 13234 件，居于次位，这是因为台湾省在该领域发展起步较早，具有日月光、台积电等行业内技术领先的优秀企业。北京市在集成电路制造领域的专利申请量为 9851 件，排名第三位，属于国内集成电路制造行业起步较早的，拥有京东方、北大方正、中国科学院等一批院校企业。江苏省和广东省在集成电路制造领域的申请量分别为 6386 件和 4290 件，在全国各省市申请量排名中位列第四和第五，虽然排名靠前，但总申请量相比于排名前两位的地区，差距已十分明显排名靠后的省份差距进一步拉大，申请量均未达到全国平均水平。

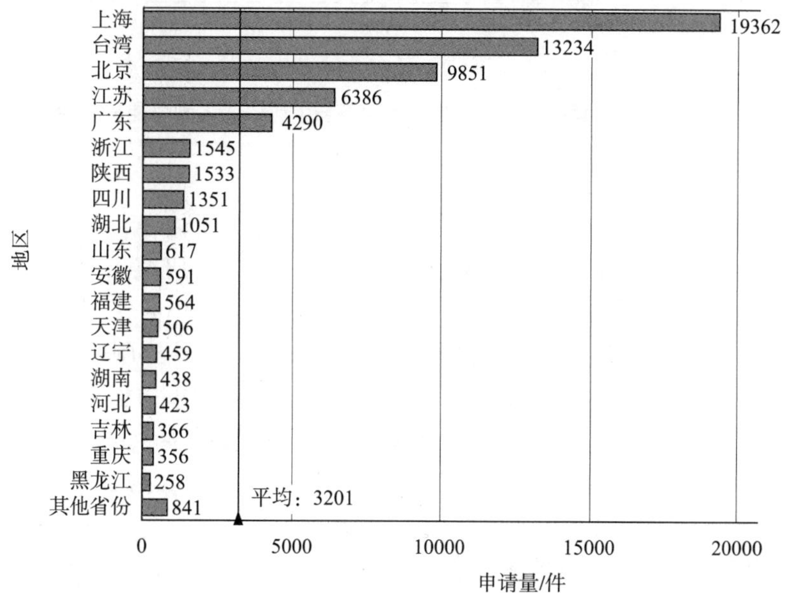

图 2－3－10　集成电路制造领域全国首次申请地区分布

2.3.2.3　主要申请人分析

专利申请人的申请量排名反映某一领域内专利申请人的技术掌握情况及其专利布局策略。一般来说，专利申请数量可以反映某申请人的研发投入情况、专利申请积极性和市场重视程度。

从图2－3－11可以看出，集成电路制造领域中国前十位主要申请人主要分布在中国（5个）、日本（2个）、美国（2个）和韩国（1个）。全球的其他主要申请人也非常重视在中国进行专利布局，比如，日本的松下、富士通、日立，韩国的三星，德国的英飞凌和美国的IBM，均具有较多的在华申请。

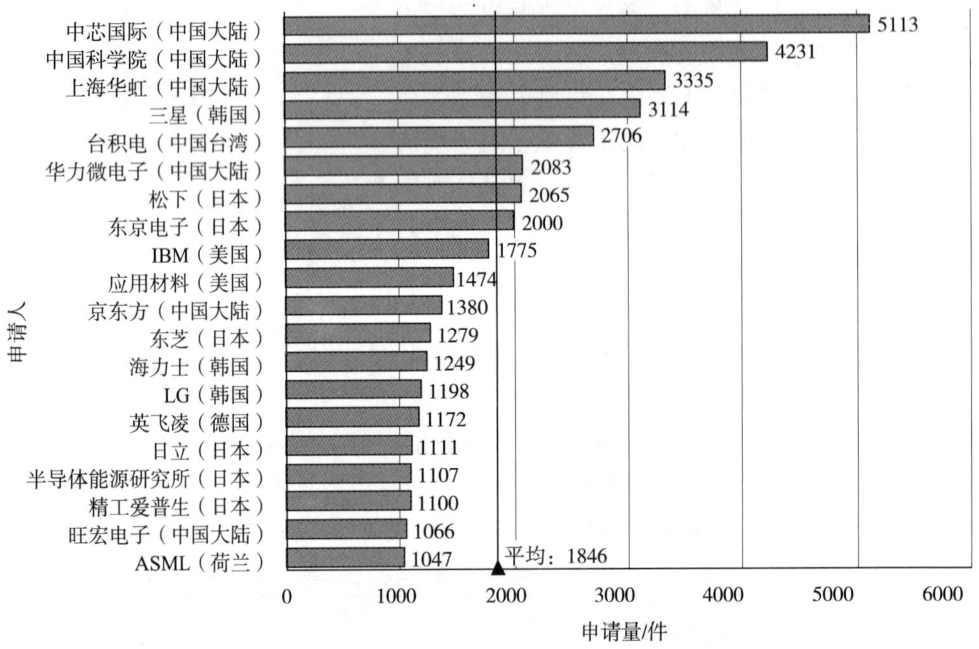

图2－3－11　集成电路制造领域中国专利主要申请人的申请量分布

2.3.2.4　各技术分支分析

集成电路制造领域的各技术分析是专利分析的定性分析内容，可以反映各个技术分支的专利分布状况，指明集成电路制造技术领域的申请与研究热点，对中国研发与保护该项技术具有借鉴意义。

从图2－3－12可以看出，氧化技术是近些年来中国半导体制造技术中最为重视的。随着集成电路特别是超大规模集成电路的发展，横向和纵向加工尺寸的等比例缩小，要求降低加工温度和进一步提高热氧化的二氧化硅层质量。硅热氧化工艺的改进和发展主要在于：①含氯氧化，即在氧化气氛中加入一定量的含氯气氛（如HCl、C_2HCl_3等），使二氧化硅质量和Si-SiO_2系统性能有很大提高；②高压氧化，使氧化在几个大气压到几十个大气压的氧化气氛中进行，从而可降低氧化温度（常用温度为650～950℃，仍可保持高的氧化速率），减少氧化过程的诱生缺陷、应力和杂质再分布效应；③利用惰性气体稀释，降低O_2、H_2O的分压和氧化速率，借以精确控制SiO_2的厚度，制备超薄（几十埃）的二氧化硅膜。此外，还有等离子氧化法，可使氧化温度降低到500℃以下。集成电路对热生长二氧化硅质量的要求很高，最重要的是要控制二氧化硅的针孔、二氧化硅中的可动电荷、Si-SiO_2界面上以及二氧化硅中的固定电荷和陷阱，以及 Si-SiO_2 界面态密度等。

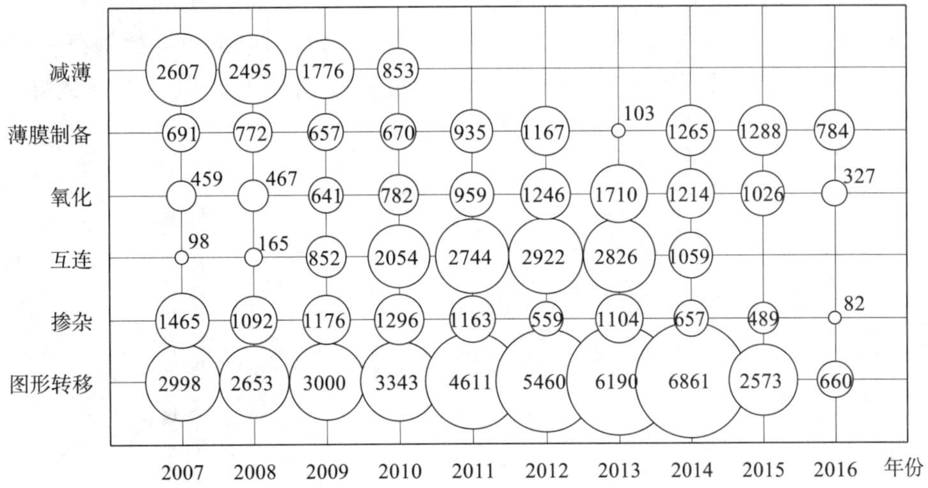

图 2－3－12　集成电路制造领域中国专利主要申请人的申请量分布

注：图中数字表示申请量，单位为件。

热生长二氧化硅的特点是，一些Ⅲ族、Ⅴ族元素如硼、磷、砷、锑等在二氧化硅中的扩散系数很小（1200 时，只有 10～15cm^2/s 的量级）。因而，二氧化硅薄层在集成电路制备中常被用作杂质选择扩散的掩蔽模和离子注入的掩模。二氧化硅又易于被氢氟酸腐蚀，而氢氟酸不腐蚀硅本身。利用这一特性，扩散掺杂、离子注入技术、光刻技术和各种薄膜淀积技术相结合，能制造出各种不同性能的半导体器件和不同功能的集成电路。

2.3.2.5　专利申请类型分析

从图 2－3－13 可以看出，在中国集成电路制造领域的专利申请当中，发明占据主要地位，达到 96%，反映了国内申请人在该领域的关注度较高，研发力度较大；实用新型占比相对较小；仅占 4%。

2.3.3　广东省专利态势分析

研究集成电路制造领域广东省的专利分布趋势，对帮助广东省企业确定技术发展趋势具有重要意义。截至 2018 年 11 月，检索到广东省专利申请共 4700 件，次于上海市、江苏省、北京市，在中国大陆各省市申请量排名中位列第四。在此检索基础上，围绕该项技术在广东省的申请趋势、地区布局、主要申请人、各技术分布和专利申请类型等方面对其专利申请状况进行分析。

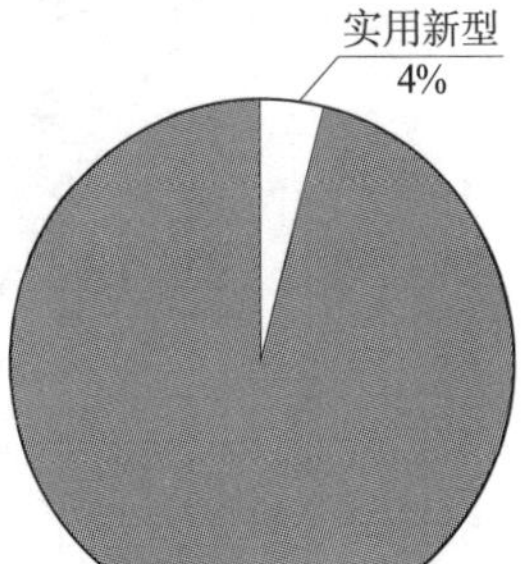

图 2－3－13　集成电路制造领域中国专利申请类型分布

2.3.3.1　申请趋势分析

通过对广东省集成电路制造领域相关专利申请历年变

化趋势的分析，可以对其未来发展方向形成判断。

图 2－3－14 给出了集成电路制造领域广东省专利申请态势分布情况。从图中可以看出，从 21 世纪初开始，集成电路制造领域广东省的专利申请量开始增长，2001～2011 年专利申请量呈现快速增长态势，在 2012 年小幅回落，后于 2017 年达到峰值。

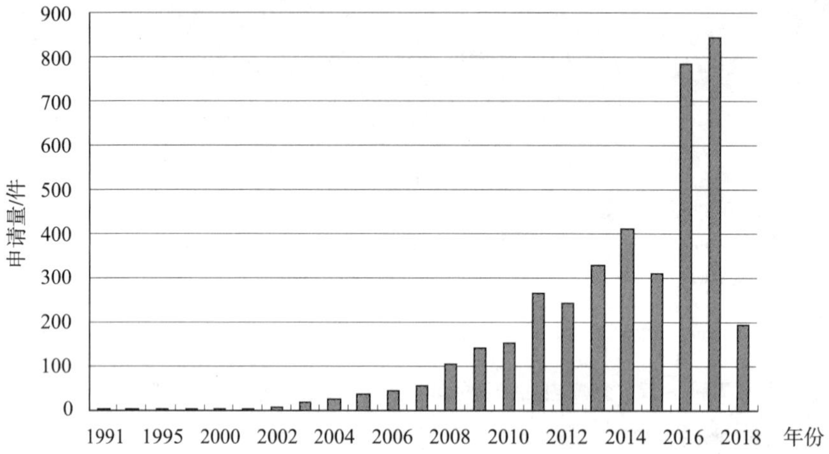

图 2－3－14 集成电路制造领域广东省专利申请态势分布

图 2－3－15 给出了集成电路制造领域广东省专利申请的占比情况。可见，相对于国内申请的数量，广东省集成电路制造领域的申请量总体上占比较少，这与广东省作为国内消费型电子、通信产品的最大生产基地这一身份是不符的，其原因在于广东省内的一些大型企业主要以产品代工为主，依托外资企业已有的成熟技术进行生产制造，并不注重新技术新产品的研发；而小型企业多从事中低端产品的生产制造，其技术相比于前沿新技术已相当成熟，创新比较困难。因此，广东省集成电路制造领域申请量相对于国内申请量偏少。

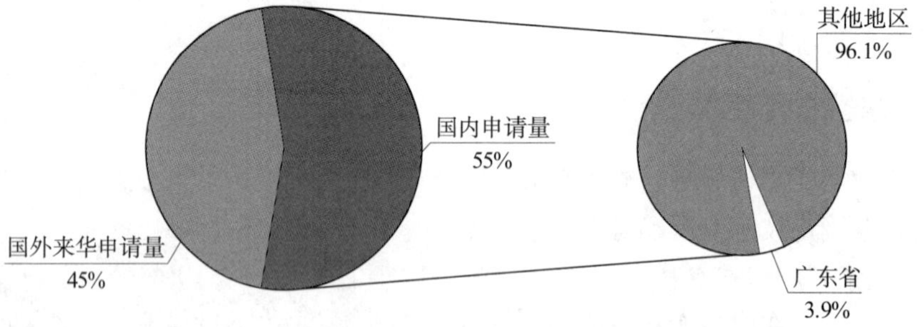

图 2－3－15 集成电路制造领域广东省专利申请占比分布

2.3.3.2 地区分布分析

分析广东省专利申请中专利的来源，可以客观反映各地市在集成电路制造领域的发展程度。

图 2－3－16 反映了集成电路制造领域广东省专利申请首次申请地区分布情况。可以看到，深圳专利申请量占比最大，达 55%，因为深圳作为改革开放的前沿城市，率先发展集成电路产业，汇聚了意法半导体（深圳）制造有限公司、富士康集团、深圳方正、深爱半导体等一批国内外知名企业。东莞号称“世界工厂”，制造业实力雄厚，拥有杰群电子、中控电子等一批具有较强技术实力的制造企业，在广东省专利申请中占比为 11%。广州作为广东省的省会城市，也具有一批实力不俗的集成电路制造企业，同时具有大量高校在进行集成电路制造方面的研究，例如中山大学、华南理工大学等，申请量占比为 18%。另外，在佛山、珠海、惠州、中山等城市也有集成电路制造产业的分布。总体来看，广东省内的集成电路产业已具有一定的规模。

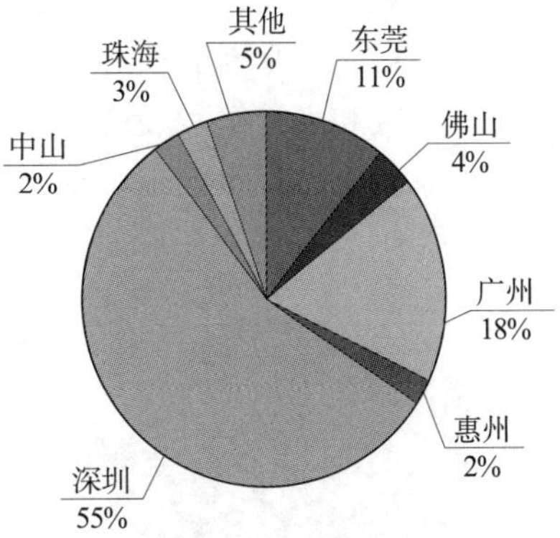

图 2－3－16　集成电路制造领域广东省专利申请首次申请地区分布

2.3.3.3　主要申请人分析

图 2－3－17 给出了集成电路制造领域广东省主要申请人的申请量分布情况。可以看到，排名靠前的申请人包括企业、高校以及科研院所，其中中山大学以及华南理工、北京大学深圳研究生院是著名的高校/科研院所，专注于前沿技术的研究。排名第一位的深圳方正微电子的专利申请主要包括功率分立器件、功率集成电路等领域的晶圆制造技术。排名第七位的华为是全球领先的信息与通信解决方案供应商，在集成电路制造领域的专利申请主要涉及芯片测试方面。排名第三位的比亚迪是汽车电子产业的知名企业，在集成电路制造领域的专利申请主要涉及功率器件的制造。深爱半导体主要致力于晶体管、MOS 器件、二极管等研究，因此在省内专利申请量排名也较为靠前。

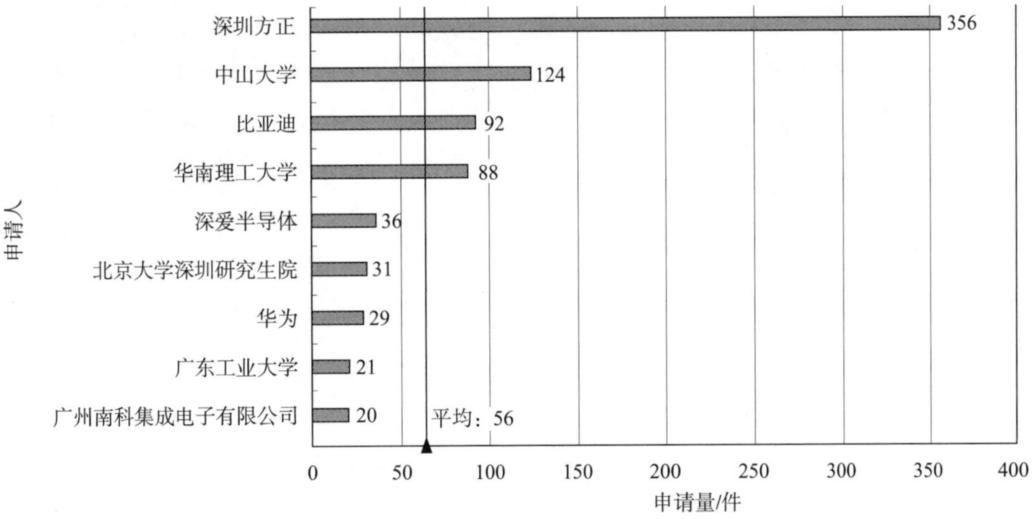

图 2－3－17　集成电路制造领域广东省主要申请人的申请量分布

需要注意的是，虽然广东省内的集成电路产业已具有一定的规模，但本土企业与外资企业相比，掌握的核心技术少，技术实力上还存在较大的差距。因此技术创新成为产业升级和可持续发展的重中之重，需要加大技术研发投入力度，在自身制造产品优势的基础上，重点向高端制造产品发展。

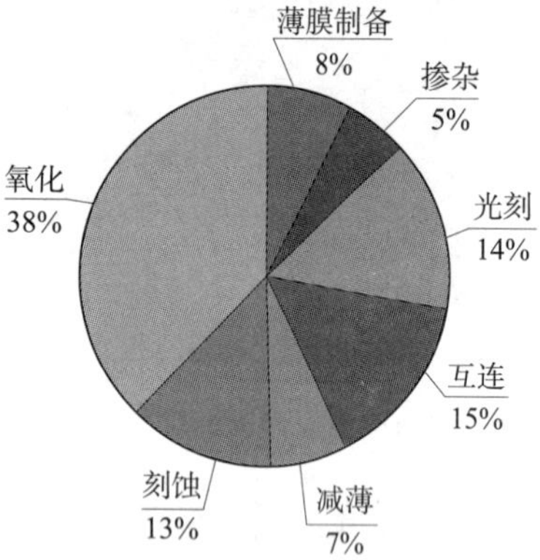

图 2-3-18 集成电路制造领域广东专利申请专利技术分支分布

2.3.3.4 各技术分支分析

图 2-3-18 给出了集成电路制造领域广东专利申请专利技术分支分布情况。可以看出，氧化技术在广东集成电路制造领域中占比为 38%，互连技术占比为 15%，高于国内专利占比。而图形转移（光刻）技术广东专利占比为 14%，低于国内该领域专利占比，反映出广东省在该工艺领域上与国内先进水平还存在一定差距。

2.3.3.5 专利申请类型分析

图 2-3-19 给出了集成电路制造领域广东、台湾以及上海的专利申请类型分布情况。可以看出，在广东省的申请中，发明以 78% 的比例略占优势，发明与实用新型专利申请类型的分布与该领域的中国专利类型分布差别较大。而上海市和台湾省的专利申请不仅数量上领先，质量上也优于其他地区，发明比例分别达到了 97% 和 96%。这是由于与上海中芯国际、华虹，台湾台积电等企业相比，广东省缺乏集成电路制造大企业，制造技术也较为薄弱。从上述地区的专利申请类型分布比较中可以看出，广东省的申请人在该技术领域研发难度相对较小，研发投入力度有待加强，自主创新驱动力水平仍需提高。

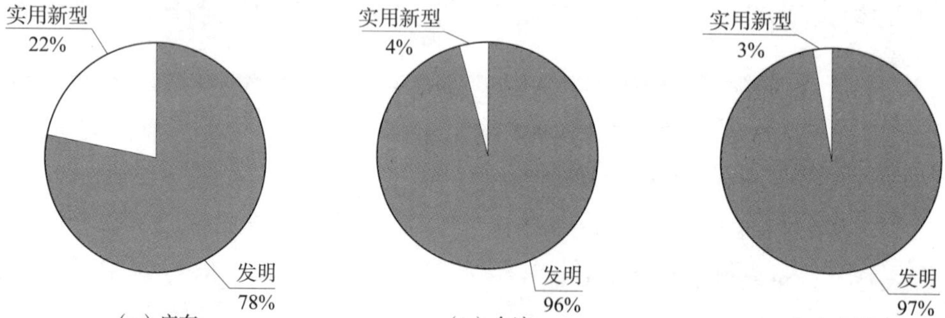

（a）广东　（b）台湾　（c）上海

图 2-3-19 集成电路制造领域广东/台湾/上海专利申请类型分布

2.3.4 产学研专利信息分析

2.3.4.1 国内排名前十名的高校、科研院所申请文献申请量和有效量分布

对集成电路制造领域在中国范围内的专利申请进行分析，可以发现高校、科研院所专利申请有 15352 件，共涉及 1238 所高校、科研院所。表 2-3-1 列出了集成电路

制造领域排名前十高校、科研院所专利申请文献保有量和有效量分布。对排名前十高校申请文献保有量和有效量进一步分析，可以发现排名第一位的中科院微电子所以1721 件申请量遥遥领先于国内其他高校、科研院所，其申请量接近排名第二位的清华大学604 件的3 倍。中国科学院上海微系统与信息技术研究所、北京大学、中国科学院半导体研究所分别以545 件、542 件、512 件占据第三至第五名。排名第六至第十分别是电子科技大学、西安电子科技大学、复旦大学、东南大学和上海交通大学。

从专利有效量来看，排名第一位的仍是中科院微电子所，目前有效专利数量为724 件。其次是清华大学、中国科学院上海微系统与信息技术研究所、北京大学，有效量分别是303 件、274 件、229 件。通过对比专利有效量和申请量发现，截至统计日期，除清华大学、中国科学院上海微系统与信息技术研究所外，排名前十的其他高校、科研院专利申请有效量占申请量均不足50%。申请量排名第一的中国科学院微电子研究所有效量占比为42. 1%，排名第五的中国科学院半导体研究所其有效量占比最低，仅有14. 5%。有效量占比最高是中国科学院上海微系统与信息技术研究所，为50. 3%。这也从侧面反映出国内高校、科研院所专利质量存在较大的提升空间。

表 2 -3 -1　集成电路制造领域排名前十高校、科研院所专利申请文献保有量和有效量分布

排名	名称	申请量/件	有效量/件	有效量占比/%
1	中科院微电子所	1721	724	42. 1
2	清华大学	604	303	50. 2
3	中国科学院上海微系统与信息技术研究所	545	274	50. 3
4	北京大学	542	229	42. 3
5	中国科学院半导体研究所	512	74	14. 5
6	电子科技大学	497	103	20. 7
7	西安电子科技大学	443	157	35. 4
8	复旦大学	410	108	26. 3
9	东南大学	309	103	33. 3
11	上海交通大学	232	75	32. 3

2. 3. 4. 2　高校科研主要研究团队列举

上一节对中国重点高校、科研院所专利申请进行了整体上的分析，本节进一步对重点高校、科研院所的研究团队以及研究方向进行分析。表 2 -3 -2 列出了集成电路制造领域目前中国主要研究小组。图 2 -3 -20 给出了集成电路制造领域中国重点高校、研究所专利申请情况。中科院微电子所专利申请量最多，专利申请量多达386 件，其次是中国科学院上海微系统与信息技术研究所、北京大学，分别是120 件和113 件。

清华大学、电子科技大学、中国科学院半导体研究所分别以89件、86件、24件排名第四位至第六位。

表2-3-2 集成电路制造领域目前中国主要研究小组

名称	发明人
中科院微电子所	朱慧珑、骆志炯、钟汇才、梁擎擎、殷华湘、秦长亮
中国科学院上海微系统与信息技术研究所	宋志棠、张苗、程新红、狄增峰、陈静、王浩敏
清华大学	王敬、魏洋、朱煜、朱振东、梁仁荣
北京大学	黄如、康晋锋、张盛东、韩德栋、蔡一茂、黎明
电子科技大学	于军胜、李泽宏、乔明、罗小蓉、蒋亚东、张金平
中国科学院半导体研究所	王晓亮、张加勇、周旭亮、付英春、杨少延、韩伟华

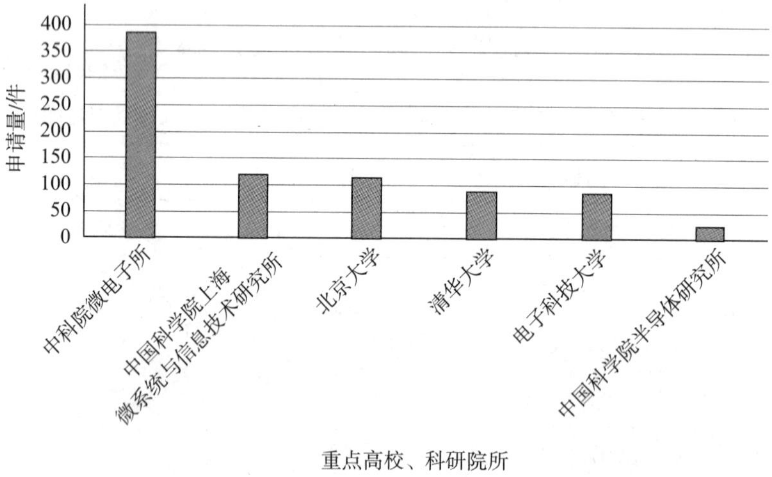

图2-3-20 集成电路制造领域中国重点高校、科研院所专利申请情况

图2-3-21给出了中科院微电子所朱慧珑研究小组申请专利技术分支分布情况。图形转移技术具体包括光刻和刻蚀两个下级分支，可以看到，图形转移技术占比最大，达70%。其中刻蚀技术占比为46%，光刻占比为24%。其次是互连，占比为19%，而掺杂技术、氧化技术涉及较少，分别为6%、3%，减薄和薄膜制备技术几乎没有涉及，反映该小组研究方向集中在图形转移的刻蚀技术分支。进一步分析该研究小组刻蚀相关的175件专利，可以发现该小组刻蚀工艺主要集中在场效应晶体管方面的研究。

图2-3-22给出了中国科学院上海微系统与信息技术研究所宋志棠研究小组申请专利技术分支分布情况。可以看出，其氧化技术占比最大，高达39%，其次是图形转移技术、薄膜制备技术和互连技术，分别为19%、16%和15%，而掺杂技术、减薄技术涉及较少，分别为8%、3%，反映该小组研究方向集中在氧化这一技术分支。进一步分析该研究小组氧化相关的40件专利，可以发现该小组主要集中在相变存储器方面的研究。

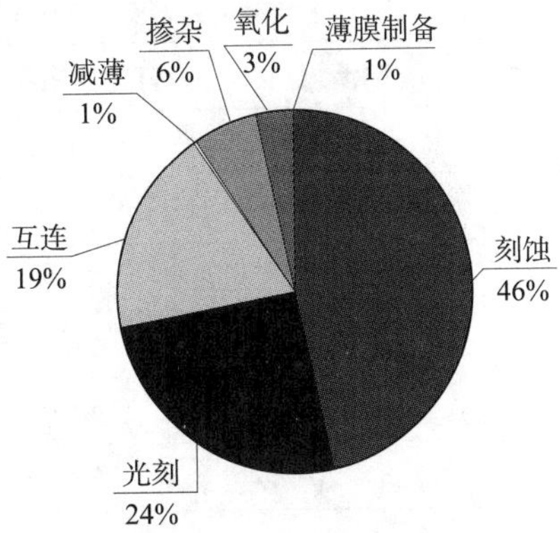

图2-3-21 朱慧珑研究小组申请专利技术分支分布

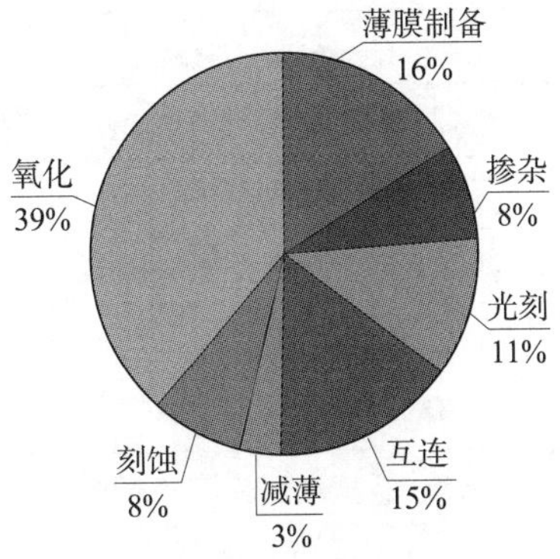

图2-3-22 宋志棠研究小组申请专利技术分支分布

图2-3-23给出了清华大学王敬研究小组申请专利技术分支分布情况。可以看出，其也是图形转移技术占比最大，其中刻蚀技术26%，光刻技术13%。其次是氧化技术，占比为32%，而减薄技术、掺杂技术、互连技术涉及较少，分别为13%、10%、5%，薄膜制备技术几乎没有涉及，反映该小组研究方向集中在图形转移的刻蚀以及氧化两个技术分支。进一步分析该研究小组图形转移、氧化相关的87件专利，发现该小组主要集中在相变存储器方面的研究。

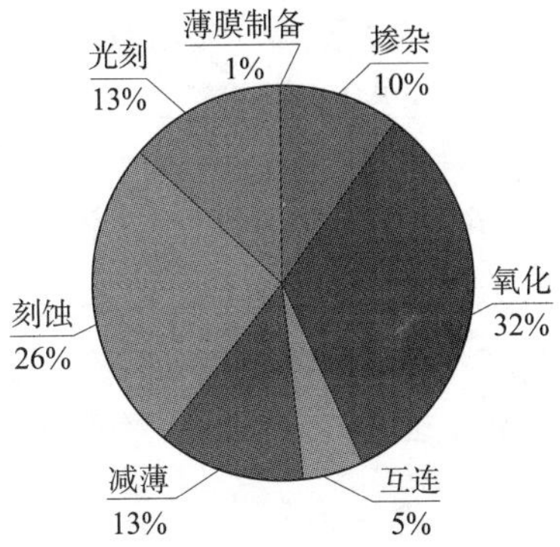

图2-3-23 王敬研究小组申请专利技术分支分布

2.3.4.3 高校或科研院所和企业的合作申请

高校或科研院所与企业的合作申请，通常由企业根据市场情况提出相关研发需求，借助高校及科研院所的科研力量，研发出新技术并由两者共同实施专利申请以及获得专利权；高校及科研院所根据已有的科研成果，主动寻求与企业的合作，获取相应的资金支持，共同享有研发成果的专利申请权和专利权。

对集成电路制造领域在中国范围内的专利申请进行分析，可以发现高校、科研院所与企业合作的专利申请有1054件，占所有高校、科研院所申请量总量的6.9%。筛选国内由企业与高校、科研院所合作申请，得到表2-3-3，列出集成电路制造领域排名前10企业-高校或科研院所合作申请情况。

表2-3-3 集成电路制造领域排名前10企业-高校或科研院所合作申请情况

名称	有效量/件	申请量/件	有效量占比/%
清华大学	80	154	51.95
中国科学院微电子研究所	33	92	35.87

续表

名称	有效量/件	申请量/件	有效量占比/%
中国科学院上海微系统与信息技术研究所	23	38	60.53
北京有色金属研究总院	13	22	59.09
深圳光启高等理工研究院	21	22	95.45
国家电网公司	7	20	35.00
国网智能电网研究院	8	20	40.00
上海新傲科技股份有限公司	11	20	55.00
华南理工大学	3	13	23.08

从表2-3-3可以看出，在企业-高校或科研院所合作申请中，申请量排名第一位的是清华大学，共有154件。中科院微电子所、中国科学院上海微系统与信息技术研究所分别以92件、38件占据第二和第三名。通过对比专利有效量和申请量可以发现，有效量占比50%以上的高校有5所，反映出企业-高校或科研院所合作申请的专利稳定性较高。值得注意的是，申请量排名第六的深圳光启高等理工研究院的有效量占比高达95.45%，反映出其与企业合作申请质量较高。进一步研究其申请可以发现，其专利申请时间较晚，均在2011年之后，由于专利审查具有滞后性，也有可能因为专利获得授权时间较晚，还没有引起较为广泛的注意，减少了涉诉机会，其仍持有较多的有效专利。

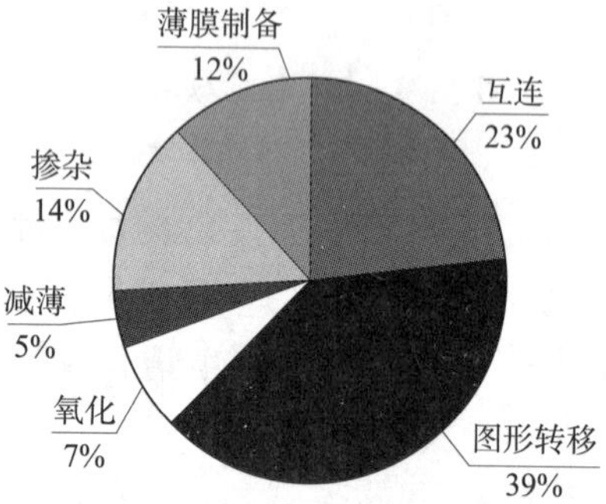

图2-3-24 集成电路制造领域排名前十企业-高校或科研院所合作申请专利技术分支分布

图2-3-24给出了集成电路制造领域排名前十企业-高校或科研院所合作申请专利技术分支分布情况。可以看到，合作申请中，依然是图形转移技术占比最大，达39%，其次是互连技术。说明在半导体制造技术中，图形转移技术和互连技术两个分支企业市场需求较其他分支大，企业-高校或科研院所合作申请中技术分支分布较少的是减薄技术和氧化技术，仅5%和7%。

2.3.4.4 高校科研院所专利转让、许可情况

专利转让或进行过专利许可情况，能够反映该领域中处于活跃状态的专利权、专利权人、技术类型和发生相关专利活动的背景。

对集成电路制造领域在中国范围内的专利申请进行分析，可以发现，涉及专利转让申请的有753件，占所有高校、科研院所申请量总量的4.9%。表2-3-4给出集成电路制造领域排名前十高校、科研院所专利转让量。可以看出，涉及专利转让最多的院校是中国科学院微电子所，有123件；其次是北京大学，有100件；电子科技大学和清华大学分别排名第三和第四，涉及专利转让分别为56件和38件。

表 2-3-4　集成电路制造领域排名前十高校、科研院所专利转让量

名称	专利转让	申请量/件
中科院微电子所	123	1721
北京大学	100	542
电子科技大学	56	497
清华大学	38	604
上海中科高等研究院	27	29
北京有色金属研究总院	18	24
杭州电子科技大学	15	70
中国科学院上海微系统与信息技术研究所	14	545
苏州纳米技术与纳米仿生研究所	13	15
西安电子科技大学	10	443

图 2-3-25 给出了集成电路制造领域专利转让排名前十的高校转让专利技术分支分布情况。可以看到，合作申请中，依然是图形转移技术占比最大，达 46%，其次是薄膜制备技术和掺杂技术，均占 13%，减薄技术占 12%，转让专利最少的技术分支是氧化，仅有 6%。

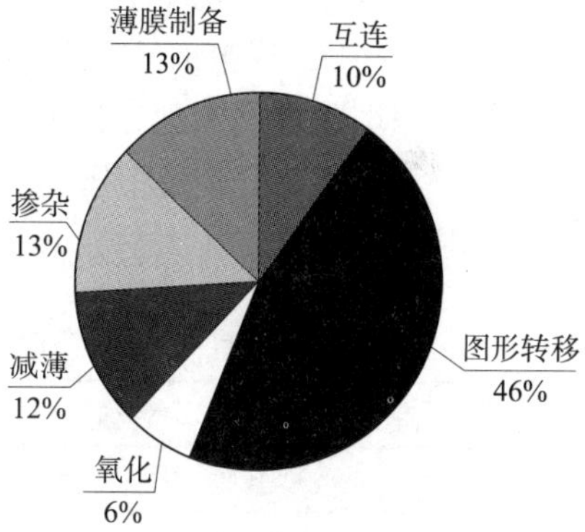

图 2-3-25　集成电路制造领域专利转让排名前十的高校、科研院所转让专利技术分支分布

对集成电路制造领域在中国范围内的专利申请进行分析可以发现，涉及专利许可申请有 106 件，占所有高校申请量总量的 0.7%。表 2-3-5 给出集成电路领域排名前十高校、科研院所专利许可量。可以看出，高校、科研院所专利申请中涉及专利许可的整体较少，最多的高校或科研院所是中国电子科技集团公司第五十五研究所、南京邮电大学，均有 8 件；其次是中国电子科技集团公司第十三研究所，有 7 件；西安电子科技大学和电子科技大学分别排名第四和第五，涉及专利转让分别为 5 件和 4 件。

表 2-3-5　集成电路领域排名前十高校或科研院所专利许可量

名称	专利许可/件	申请量/件
中国电子科技集团公司第五十五研究所	8	139
南京邮电大学	8	53
中国电子科技集团公司第十三研究所	7	102
西安电子科技大学	5	443
电子科技大学	4	497
中科院微电子所	3	1721
中国科学院半导体研究所	3	509
中国科学院上海技术物理研究所	3	126
西安交通大学	3	95
北京科技大学	3	33

2.3.4.5 广东省高校、科研院所产学研情况分析

（1）省内排名前十的高校申请文献申请量和有效量分布

对集成电路制造领域在广东范围内的专利申请进行分析可以发现，高校、科研院所专利申请有 494 件，共涉及 50 所高校、科研院所，目前待审案件有 93 件。表 2-3-6列出集成电路制造领域广东排名前十高校、科研院所申请文献保有量和有效量分布情况。可以看出，广东本土高校有 7 所，其他合作院所有 3 所，申请量排名第三位的北京大学深圳研究生院、排名第七位的中国科学院深圳先进技术研究院、排名第十位的哈尔滨工业大学深圳研究生院均位于深圳市。进一步分析可以发现，排名前十的高校主要分布在广州和深圳，且过半位于深圳。相比于省内其他市，深圳市不仅注重本市高校、科研院所的专利申请，也十分重视与其他省份知名院校之间的合作，这与深圳市政府相关专利鼓励政策密不可分。对排名前十高校、科研院所申请文献保有量和有效量进一步分析可以发现，排名第一位的中山大学和排名第二位的华南理工大学分别以 134 件、117 件申请量遥遥领先国内其他高校科研、院所。华南师范大学、广东工业大学、深圳光启高等理工研究院分别以 31 件、23 件、22 件占据第四至第六位。排名第七位至第十位分别是中国科学院深圳先进技术研究院、深圳大学、深圳信息职业技术学院、哈尔滨工业大学深圳研究生院。

表 2-3-6 广东排名前十高校、科研院所申请文献保有量和有效量分布

排名	名称	申请量/件	有效量/件	有效量占比/%
1	中山大学	134	43	32.1
2	华南理工大学	117	33	28.2
3	北京大学深圳研究生院	43	14	32.6
4	华南师范大学	31	9	29.0
5	广东工业大学	23	6	26.1
6	深圳光启高等理工研究院	22	21	95.5
7	中国科学院深圳先进技术研究院	19	8	42.1
8	深圳大学	16	8	50.0
9	深圳信息职业技术学院	8	3	37.5
10	哈尔滨工业大学深圳研究生院	6	2	33.3

从专利有效量来看，排名第一位的仍是中山大学，目前有效专利数量为 43 件。其次是华南理工大学、深圳光启高等理工研究院、北京大学深圳研究生院、华南师范大学、中国科学院深圳先进技术研究院、深圳大学，有效量分别是 33 件、21 件、14 件、9 件、8 件、8 件。通过对比专利有效量和申请量发现，截至统计日期，除深圳光启高等理工研究院、深圳大学外，其他 8 所高校专利申请有效量占比均不足 50%。申请量排名第一位的中山大学有效量占比为 32.1%，排名第五位的广东工业大学其有效量占比最低，为 26.1%。这也从侧面反映出省内高校科研、院所专利质量存在较大的提升空间。

（2）广东省主要高校、科研院所分析

上一节对省内重点高校、科研院所专利申请进行了整体上的分析，本节进一步对排名第一位的中山大学和排名第二位的华南理工大学研究团队以及研究方向进行分析。

中山大学涉及集成电路制造领域相关专利申请共有 134 件，截至统计日前，待审有 24 件。对中山大学研究团队进行分析发现，主要有以刘扬、张佰君、沈辉、许宁生为首研究团队，几个研究团队专利申请量相当，没有特别突出的研究小组。图 2－3－26给出了中山大学专利技术分支分布情况，图形转移具体包括光刻和刻蚀两个下级分支技术。可以看出，图形转移技术、氧化技术以及互连技术占比较大，分别为 25%、23%、21%。其次是薄膜制备技术，占 14%，减薄技术 12%，而掺杂技术涉及较少，仅有 5%，反映出中山大学在集成电路制造领域主要研究方向集中在图形转移、氧化和互连 3 个技术分支。

华南理工大学涉及集成电路制造领域相关专利申请共有 117 件，截至统计日前，待审有 16 件。对华南理工大学研究团队进行分析发现，主要有以彭俊彪、李国强、刘玉荣为首研究团队。其中，彭俊彪研究团队专利申请量最多，有 32 件；李国强研究团队有专利申请 16 件。图 2－3－27 给出了华南理工大学专利技术分支分布情况，图形转移具体包括光刻和刻蚀两个下级分支技术。可以看出，氧化技术占比最大，高达 39%，其次是图形转移技术、薄膜制备技术和互连技术，分别为 19%、16% 和 15%，而掺杂技术和减薄技术涉及较少，仅 8% 和 3%；反映出中山大学在集成电路制造领域主要研究方向集中在氧化这一技术分支。

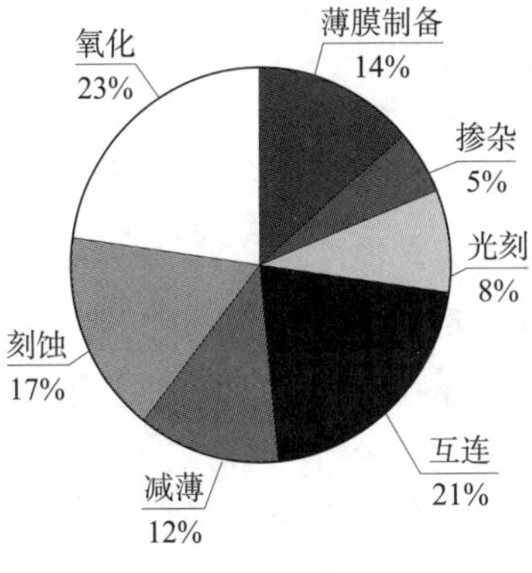

图 2－3－26　中山大学集成电路制造领域专利技术分支分布

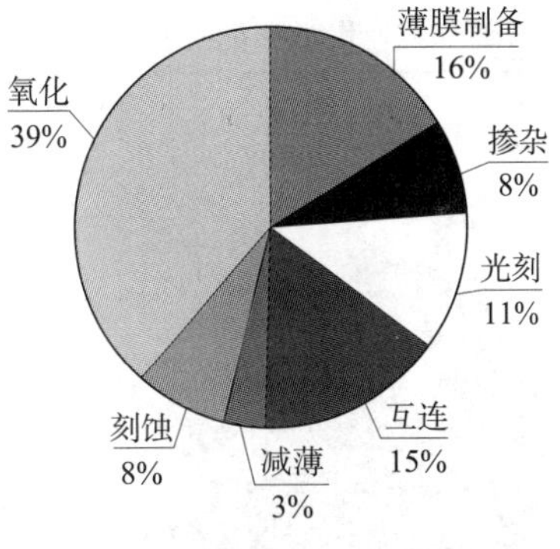

图 2－3－27　华南理工大学集成电路制造领域专利技术分支分布

（3）企业－高校或含科研院所申请专利文献信息

对集成电路制造技术在广东范围内的专利申请进行分析发现，高校、科研院所与企业合作的专利申请有 87 件，占所有高校申请量总量的 17.7%，高于全国的 4.9%，涉及 19 所高校、科研院所。筛选国内由企业与高校、科研院所合作申请，得到表 2－3－7，其中列出集成电路制造领域广东排名前十企业－高校或科研院所合作申请情况。

可以看出，在企业－高校或科研院所合作申请中，申请量并列第一位的是华南理工大学和深圳光启高等理工研究院，均有 22 件。北京大学深圳研究生院、清华大学深圳研究生院、中国科学院深圳先进技术研究院均有6件，并列第三位。通过对比专利有效量和申请量发现，有效量占比50%以上的高校有4所，分别是深圳光启高等理工研究院、中山大学、华南师范大学、哈尔滨工业大学深圳研究生院。但中山大学、华南师范大学、哈尔滨工业大学深圳研究生院合作申请申请量较少，其有效量占比不具有代表性。而有效量占比高达95.45%的深圳光启高等理工研究院则是由于专利获得授权时间较晚，还没有引起较为广泛的注意，减少了涉诉机会，仍持有较多的有效专利。

表2-3-7　集成电路制造领域广东排名前十企业-高校或科研院所合作申请情况

名称	申请量/件	有效量/件	有效量占比/%
华南理工大学	22	3	13.64
深圳光启高等理工研究院	22	21	95.45
北京大学深圳研究生院	6	0	0
清华大学深圳研究生院	6	1	16.67
中国科学院深圳先进技术研究院	6	1	16.67
中山大学	4	2	50.00
东莞有机发光显示产业技术研究院	4	0	0
东莞电子科技大学电子信息工程研究院	3	0	0
华南师范大学	3	2	66.67
哈尔滨工业大学深圳研究生院	2	2	100.00

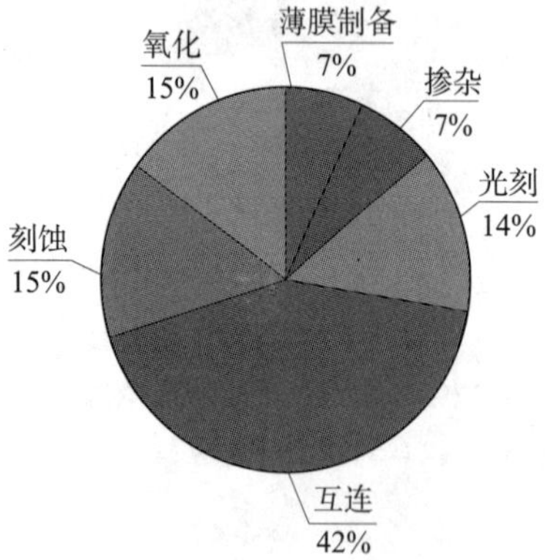

图2-3-28　集成电路制造领域广东排名前十企业-高校或科研院所合作申请专利技术分支分布

图2-3-28给出了集成电路制造领域广东排名前十企业-高校或科研院所合作申请专利技术分支分布情况。可以看到，合作申请中，占据比例最大的是互连技术，高达42%，其次是图形转移技术，占比为29%。说明在半导体制造技术中，互连和图形转移两个技术分支企业市场需求较其他分支大，这与全国合作申请技术分布相同。进一步对技术分支进行分析可以发现，互连技术分支的专利申请中，有很大一部分来自于深圳光启高等理工研究院，有18件。

(4) 广东高校、科研院所专利转让、许可情况

专利转让或进行过专利许可情况，能够反映该领域中处于活跃状态的专利权、专利权人、技术类型和发生相关专利活动的背景。表2-3-8列出集成电路制造领域广东高校、科研院所专利转让许可情况。

表 2-3-8　集成电路制造领域广东高校、科研院所专利转让许可情况

名称	专利转让/件	专利许可/件
华南理工大学	12	0
北京大学深圳研究生院	7	0
广东工业大学	3	0
深圳光启高等理工研究院	2	0
深圳先进技术研究院	2	0
中山大学	0	2

对集成电路制造技术在广东范围内的专利申请进行分析可以发现，涉及专利转让申请有 26 件，专利许可仅有 2 件，从侧面反映广东高校、科研院所专利在转让和许可方面较为薄弱。由于专利数据量较小，在此不作进一步分析。

2.3.5 小　结

本节在对集成电路制造领域专利态势分析中，分别通过对涉及该领域的全球专利态势、中国专利态势和广东省专利态势的分析，得出如下结论。

①集成电路制造行业整体呈现蓬勃发展趋势，近 10 年来每年的全球专利申请量都在 20000 项以上，市场销售额也保持在 2000 亿美元以上。专利申请主体主要集中在日本、美国、中国、韩国。日本申请总量达到 226007 项，美国申请量居次席。中国制造领域虽然进入较晚，但发展快速，是该领域近几年最活跃的国家，近 5 年申请量占总申请量的比例高达 68%，发展迅速。近年来，中国在集成电路制造领域发展热度较为高涨，研发投入大幅增长。

②在集成电路制造领域，全球专利申请的主要申请人前 15 排名列表中，日本公司占据了 8 个席位，优势非常明显，主要包括东芝、瑞萨、爱普生、富士通、日立、松下、三菱。另外，韩国企业如海力士、三星也在半导体领域提出大量专利申请。

③中国在集成电路制造领域的专利申请量逐年上升，尤其是 2000 年以后，由于政策的激励，长三角、京津环渤海以及珠江三角洲等制造企业的聚集和发展，专利申请量增长速度飞快。近 10 年来每年的申请量都在 6000 件以上，近 5 年增加到 10000 件以上，市场销售额也在 1500 亿美元以上。国内专利申请主要集中于上海、台湾、北京、江苏、广东等经济发达地区。其中上海和台湾申请量占国内总申请的比例高达 70% 以上。

④广东省专利申请共 3553 件，排名全国第四位。1990 年开始，广东省的专利申请量开始增长，产业分布比较集中，主要分布在深圳、广州等城市，但申请量总占比仍然不高，研发难度相对较小，自主创新驱动力水平仍有待提高。

2.4　产业链下游——集成电路封装领域专利态势分析

本节将对集成电路封装领域进行专利申请状况方面的分析，通过对该领域全球专

利申请状况、中国专利申请状况以及广东省专利申请状况的分析，为掌握专利技术发展路线、各重点技术领域的专利技术分布等提供帮助。

2.4.1 全球专利态势分析

集成电路封装领域的全球专利申请状况是衡量该领域技术发展水平的重要指标，也是该领域专利态势分析研究的切入点。截至2018年10月，检索到全球范围内涉及集成电路封装领域的专利申请共191203项，其中中国专利申请42150件。在此检索基础上，围绕对该领域在全球的申请趋势、区域布局、主要申请人以及各技术分支等方面对其全球专利申请状况进行分析。

2.4.1.1 申请趋势分析

通过对全球集成电路封装领域相关专利申请历年变化趋势的分析，可以初步掌握自1959年以来全球集成电路封装技术的发展过程和趋势，从而对其未来发展方向进行判断。

图2-4-1反映了集成电路封装领域全球专利申请历年分布情况，柱状图示出集成电路封装领域专利申请量的变化情况。从图中可以看出，1980~2001年，集成电路封装领域的年申请量总体呈快速上升的趋势，而从2002年开始，申请量增速放缓，在2004年之后申请量趋于稳定并在2007年达到峰值，2008~2009年由于受全球经济危机的影响，申请量有所下降，之后全球申请量基本保持稳定。图中实线表示的是1999~2015年全球半导体市场销售额的变化趋势，集成电路全球市场销售额在2001年显著下降，2002年开始回升并持续增长，随后于2008~2009年再次出现负增长，并于2010年开始反弹。可见，全球专利申请量的变化趋势与市场波动密切相关。

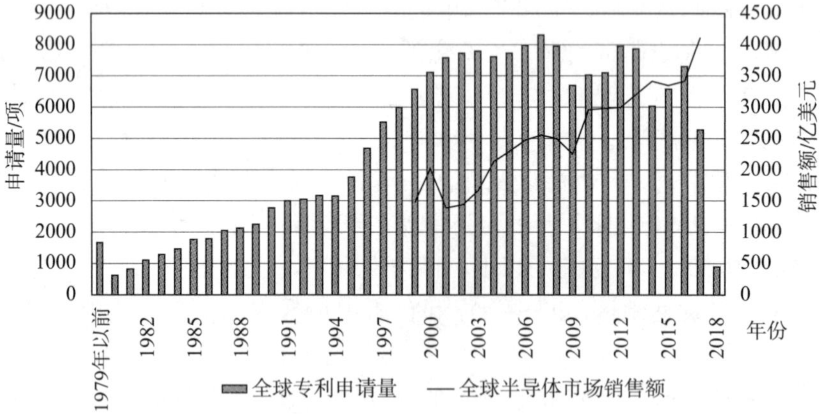

图2-4-1 集成电路封装领域全球专利申请历年分布

2000年，由于网络的兴起和集成电路制造商过于乐观的投资，集成电路产业发展达到历史高峰，集成电路制造商的资金充足，将大量资金投入研发中，从而使得专利申请量在2000~2002年的大幅快速增长。但从2001年开始，伴随全世界经济发展减缓，半导体产业也受到巨大影响，各大集成电路制造商纷纷缩减研发投入，从而导致专利申请量在 2003 年增速放缓并在 2004 年出现负增长。2002 年上半年，世界集成电路市场已经在亚太地区的带动下开始恢复增长，而全球的申请量也于 2005 年出现回升并于 2007 ~ 2008 年达到峰值。

随着 2008 年国际金融危机的到来，集成电路产业没有迎来预期的加速增长，全球市场销售额在 2008 ~ 2009 年再次出现负增长。2010 年全球集成电路市场开始反弹，2011 年之后，集成电路全球市场销售额表现出稳中有升的状态。集成电路市场的变化对专利申请量也产生了巨大的影响，全球专利申请量在 2008 ~ 2009 年出现下降，并在 2010 年后基本保持稳定。2009 年之后，集成电路封装领域全球申请量增速相对于集成电路全球市场销售额增速放缓，是由于该领域技术日趋成熟和完善，而新技术的研发还处于起步阶段，因而申请量基本保持稳定，未出现大幅增长。

2. 4. 1. 2　国家/地区分布分析

图 2 - 4 - 2 反映的是集成电路封装领域全球专利申请首次申请国家/地区分布情况。可以看出，在集成电路封装领域的全球专利申请中，日本籍申请人申请量占 35% （67073 项），美国籍申请人申请量占 29%（54013 项），中国籍申请人申请量占 18% （34857 项），韩国籍申请人申请量占 7% （13858 项）。可见，89% 的相关全球专利申请被日本、美国、中国和韩国籍申请人占有，说明该领域技术集中度非常高。其中，日本籍申请人是该领域最主要的申请人，申请量位居全球首位，其占有率高达 35%，可见在该领域日本具有明显优势。美国作为集成电路领域的传统大国，在集成电路封装领域的全球申请量占比 29%，排名第二位，而中国虽然在该领域起步较晚，但发展迅速，全球申请量占比 18% 位居第三位，其中，中国台湾申请人（申请量为 6482 项）在中国籍申请人总申请量中的占比接近 20%。而韩国籍申请人在该领域的专利申请全球占比为 7%，排名第四位，可见韩国在该领域也具有一定的优势。

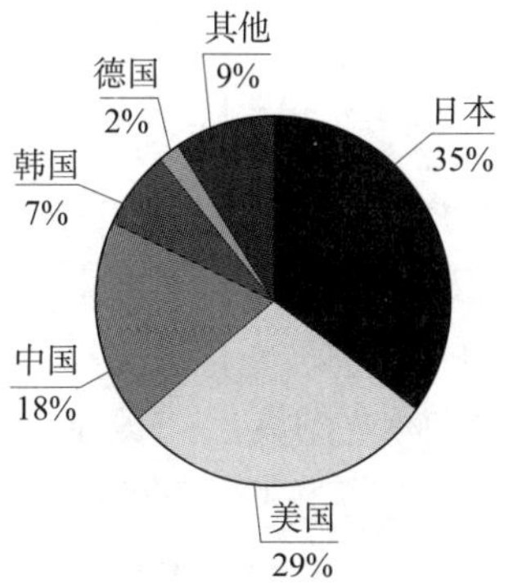

图 2 - 4 - 2　集成电路封装领域全球专利申请首次申请国家/地区分布图

图 2 - 4 - 3 给出了集成电路封装领域全球专利申请主要首次申请国家/地区专利申请量变化情况。可以看出，日本在集成电路封装领域起步较早，一直是该领域最主要的申请人，说明日本在该领域的技术发展走在各国的前面，专利申请趋势与全球专利申请趋势基本吻合。日本早期申请虽然占比较大，但目前申请量出现下降，说明日本近期封装领域的关注力度逐渐下降。美国在集成电路封装领域的发展也较早，其申请量在 2003 年之前基本上持续增长并在 2003 年达到峰值，2004 年之后开始有所下降并趋于稳定，说明其对集成电路封装产业的投入逐步稳定。韩国在集成电路封装领域虽然起步晚于日本和美国，但发展迅速。该国申请量从 1995 年开始增长并在 2007 年达到峰值，2008 ~ 2011 年，因受全球经济形势的影响，申请量有所下降。中国在集成电路封装领域发展较晚，从 20 世纪 90 年代初至今，专利申请量快速增长。值得注意的是，

自2010年开始，中国籍申请人的专利申请量迅速增长，已超越日本籍和美国籍申请人的申请量，位居第一。说明中国虽然在该领域的研发较晚，但是申请量增速很快，符合当今中国在全球集成电路领域的大国定位。

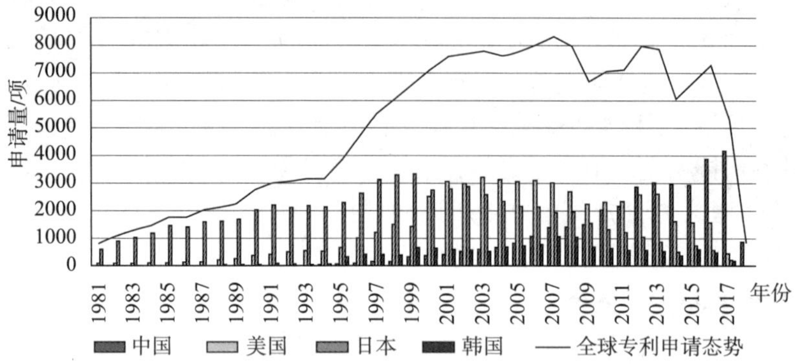

图2-4-3 集成电路封装领域全球专利申请主要首次申请国家/地区专利申请趋势

2.4.1.3 主要申请人分析

专利申请人是专利申请的主体，也是专利布局的谋划者。集成电路封装领域历年来申请人排名变化情况都是专利布局研究中应该关注的热点，因此通过分析该领域主要申请人的状况，可以对该项专利技术的整体态势产生更深入的认识。

为了了解申请人的相关情况，课题组对申请量排名前20位的申请人进行排序。通过图2-4-4可以看到，排名前20位的申请人主要分布在日本、中国、美国、韩国和德国，其中日本占10个，达到半数，NEC、东芝、日立、松下、三菱、富士通、索尼、瑞萨等企业也都是国际知名的大型企业，均具有强大的研发实力；京瓷株式会社是一家从事半导体零部件以及精密陶瓷零部件相关业务的企业，其专利申请主要涉及封装材料以及封装基板；精工爱普生是数码影像领域的全球领先企业。总体上看，日本申请人在该领域具有明显的优势。排名第一位的三星和第十位的海力士均为韩国申请人，都是全球知名的芯片生产商，专利申请所涉及的技术领域较宽，主要涉及3D封装以及BGA封装等方面。排名第九位的日月光和排名第11位的台积电均是中国台湾企业，两者都是全球著名的半导体制造企业，专利申请所涉及的技术领域基本覆盖从半导体制造到封装的各个领域。位于第八位的IBM、第16位的得州仪器和第19位的美光科技均为美国公司，均为全球知名的半导体公司，基本覆盖从集成电路设计、制造到封装的各个领域。位于第17位的英飞凌是德国公司，前身是西门子集团的半导体部门，在功率半导体器件的制造与封装领域具有优势。值得关注的是，位于第12位的长电科技是专业致力于半导体封装测试的企业，是中国大陆半导体封测行业首家上市公司，其专利申请主要集中在BGA、CSP、3D TSV、晶圆级封装（WLP）等领域，2015年，长电科技成功并购同行业的新加坡星科金朋，一跃进入国际半导体封测行业的第一梯队。

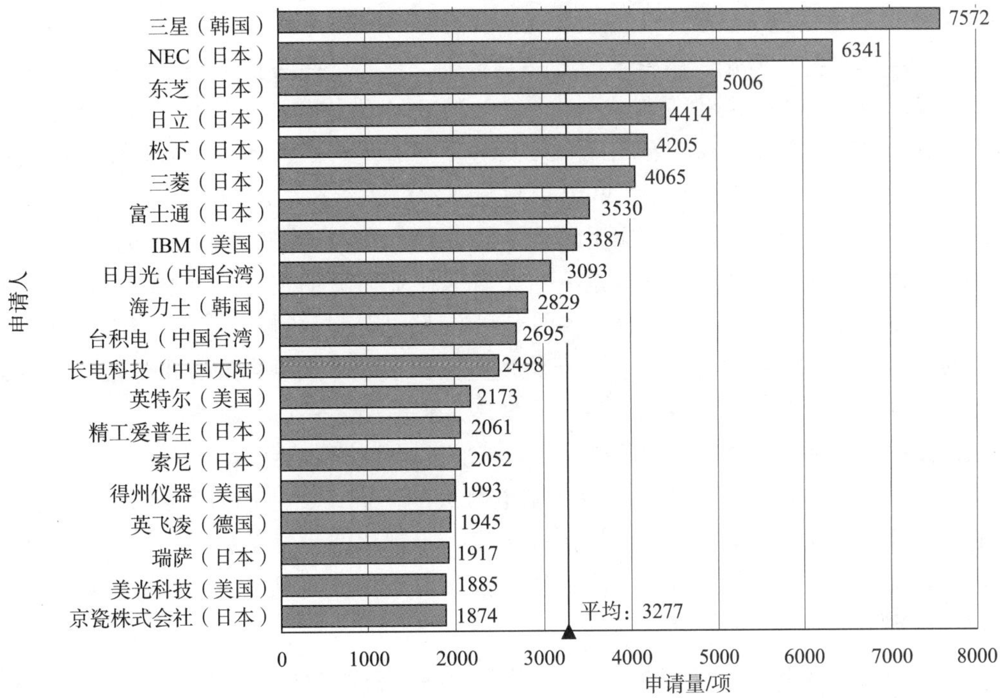

图 2-4-4　集成电路封装技术全球重要申请人的申请量分布

2.4.1.4　各技术分支分析

集成电路封装领域的各技术分析是专利分析的定性分析内容，反映各个技术分支的专利分布状况，指明集成电路封装领域的申请与研究热点，对中国研发与保护该项技术具有借鉴意义。

图 2-4-5 给出了集成电路封装领域全球专利申请专利技术分支分布情况。可以看出，单芯片封装技术占比最大，达 39%。单芯片封装技术起步最早，已经历三个发展阶段：第一阶段主要是通孔插装型封装，典型的封装形式有金属圆形封装（TO 型）、双列直插封装（DIP）等；第二阶段主要是表面贴装型封装，典型的封装形式有塑料有引线片式载体封装（PLCC）、四边线扁平封装（QFP）、小外形封装（SOP）、无引线四边扁平封装（QFN）等，通过缩小引脚间距，封装密度得以提高；随着集成技术的进步、设备的改进和深亚微米技术的使用，芯片集成度不断提高，I/O 引脚数急剧增加，为满足发展的需要，在原有封装方式的基础上，产生了第三代的封装形式——BGA。BGA 封装的引脚以圆形或柱状焊点按阵列形式分布在封装下面，可增加 I/O 引脚数和间距，

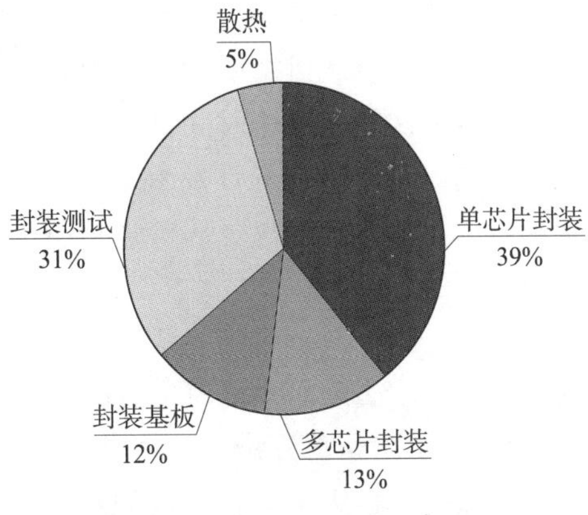

图 2-4-5　集成电路封装技术领域全球专利申请专利技术分支分布

消除了 QFP 技术的高引脚数带来的生产成本和可靠性问题，因而得以迅速发展。

在封装体日益小型化、高密度的发展趋势下，单芯片封装技术进一步发展，基于 BGA 技术产生了 WLP、CSP 等封装形式。CSP 与 BGA 结构基本一致，只是锡球直径和球间距缩小了、更薄了，这样在相同封装尺寸下可有更多的 I/O 引脚数，使得封装密度进一步提高。目前 BGA、CSP、WLP 等封装技术仍然是各大企业研发的重点和热点。

封装芯片的可靠性对产品的应用起至关重要的作用，因而对封装芯片的电学性能、机械强度以及耐久性的测试方法改进一直是各大企业研究的重点，而围绕着封装芯片的测试，也产生了大量的关于测试设备的专利申请，因而封装测试领域占比达到 31%。

多芯片封装领域占比为 13%。由于集成电路封装技术日益向短、小、轻、薄、高密度、高性能、低高度、系统化、集成化发展，将多个芯片集成封装在一个基板上是目前研发的重点和热点之一，因此该领域未来的发展潜力依然巨大。

集成电路封装基板在芯片与常规印刷电路板的不同线路之间可以提供电气连接，同时为芯片提供保护与支撑，为了满足高密度、小型化的封装需求，封装基板也朝着三维立体布线、微细图形、微小间距孔径和多层薄型化方向发展，因而封装基板领域的占比达到 12%。

封装体散热技术的占比也达到 5%，其原因在于封装芯片在工作过程中会产生热量，尤其是汽车电子等大功率应用环境，过多的热量积聚会严重影响芯片的可靠性，甚至烧毁芯片。散热领域涉及将封装体所产生的热量传导或散发出去而采用的各种方法和结构。

2.4.2 中国专利态势分析

以检索得到的向中国国家知识产权局专利局提交并公开的涉及集成电路封装领域的专利申请为研究对象，此部分数据统称为中国专利申请，对集成电路封装技术在中国的整体申请状况进行统计与分析。

截至本次检索截止时间，在中国专利检索与服务系统数据库中，经检索式检索与人工筛选，最终确定的涉及集成电路封装的中国专利申请量为 42150 件。其中，国内专利申请 26821 件，占全部申请总量的 63.6%；国外来华专利申请 15329 件，占全部申请总量的 36.4%。

下面在这一数据基础上从专利申请趋势、国家/地区分布、主要申请人、各技术分支、专利申请类型等角度对集成电路封装领域的专利状况进行分析。

2.4.2.1 申请趋势分析

专利申请量表征专利申请的趋势信息，可以表示申请人对该技术的关注程度、投入的精力，间接地说明该技术领域的专利活跃程度。

图 2-4-6 反映了集成电路封装领域中国专利申请历年分布情况，柱状图示出集成电路封装领域中国专利申请量的变化情况。20 世纪 90 年代初，集成电路封装领域开始在国内起步，中国专利申请量开始增长；1999~2006 年，随着国内对集成电路封装行业的重视以及研发投入的增加，申请量快速增长。2006~2009 年，申请量增长速度

停滞，其主要原因在于全球经济发展减缓及 2008 年的国际金融危机。2009 ~ 2014 年，随着消费电子产品的兴起，集成电路封装领域又迎来一次快速增长的时机，而中国专利的申请量和销售额趋势完全吻合，增速迅猛；虽然 2017 年的专利申请数据由于部分还未公开而不全，但总体上来看，申请量的增长趋势还是非常明显的，说明中国在该领域的关注力度、投入力度都较大。相比于全球集成电路封装领域专利申请年代分布趋势，中国专利申请量的变化趋势在近几年增长速度较快，国内集成电路封装行业发展迅速。

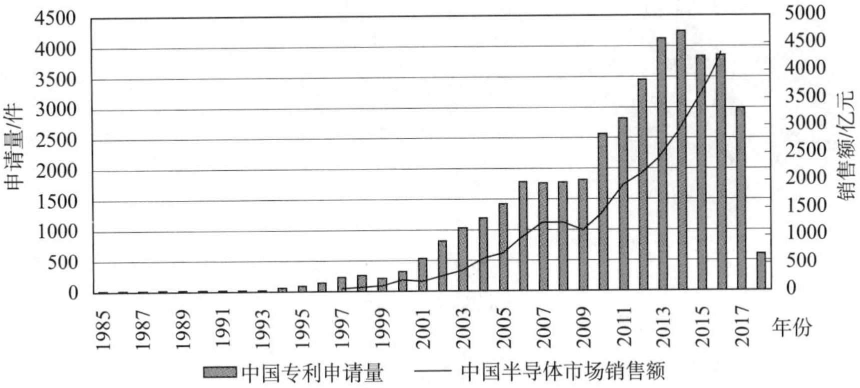

图 2 - 4 - 6　集成电路封装领域中国专利申请历年分布

图 2 - 4 - 6 中实线表示的为 1997 ~ 2015 年中国半导体市场销售额的变化趋势，该变化趋势与全球市场销售额的趋势基本吻合。值得注意的是，全球集成电路市场在 2010 年出现反弹之后从 2011 年开始增速放缓，而中国半导体市场销售额在 2011 ~ 2016 年依然保持较快增长的态势。

从图 2 - 4 - 7 可以看出，集成电路封装领域相关的中国专利申请中，国内专利申请占全部申请总量的 63.6%，国外来华专利申请占全部申请总量的 36.4%。国外来华申请量在总申请量中占比较大，且在 2008 年之前相较于国内申请量具有较大的优势。国外来华申请在 2006 ~ 2014 年申请量增速放缓并处于平稳状态，说明处于技术成熟期，申请量稳定。而中国的技术发展较晚，国内申请量从 2001 年开始明显增长，其在

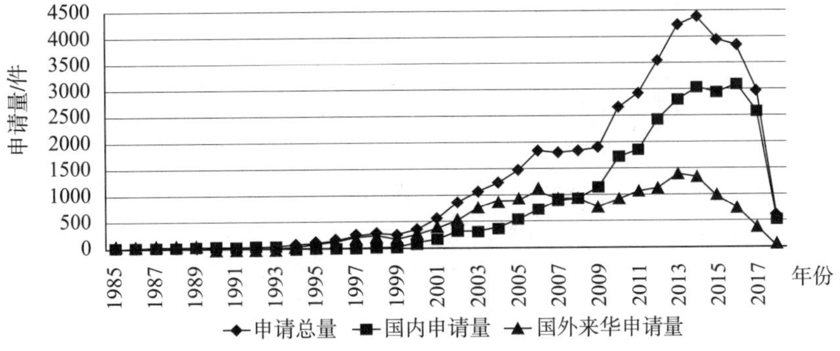

图 2 - 4 - 7　集成电路封装领域中国专利申请总量、国内申请、国外来华申请年份分布趋势

2009年首次超过国外来华申请量，主要原因在于，国内集成电路封装产业正处于研发阶段，申请量快速增长。

2.4.2.2 国家/地区分布分析

分析中国专利申请中专利的来源，可以客观反映其他国家/地区申请人对中国市场的重视程度以及本土申请人在集成电路封装领域的发展程度。

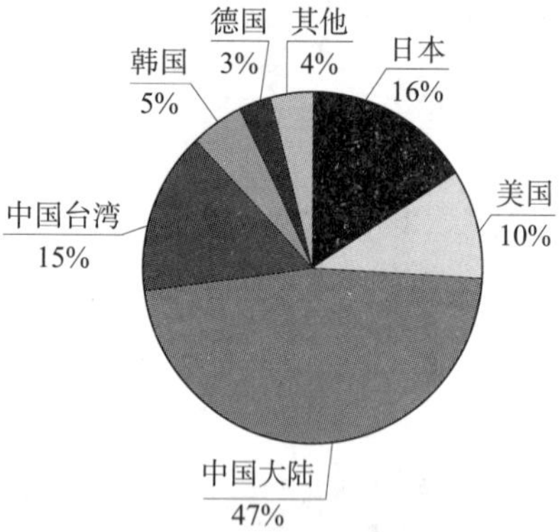

图2-4-8 集成电路封装领域中国专利申请首次申请国家/地区分布

图2-4-8反映了集成电路封装领域中国专利申请首次申请国家/地区分布情况。总体来看，中国申请人申请量达62%，其中大陆申请量占比为47%，台湾申请量占比为15%，主要是由于从2004年开始中国籍申请人的申请量迅速增长，在2009年申请量已经超过国外来华申请量的总和。日本籍申请人一直关注中国市场，其申请量为6970件，占总申请量的16%。美国的申请人很早就进入中国申请专利，申请量占比为10%。韩国依靠本国的三星、德国依靠本国的英飞凌等国际知名企业的技术优势，申请量占比分别为5%和3%。

图2-4-9给出了集成电路封装领域中国首次申请地区分布情况。可以看出，该领域在国内地域分布比较集中，各地区之间申请量差距悬殊，主要申请人集中在台湾、江苏、广东、上海、北京、浙江等省份。台湾在集成电路封装领域的专利申请量为6434件，居于首位，这是因为台湾省在该领域发展

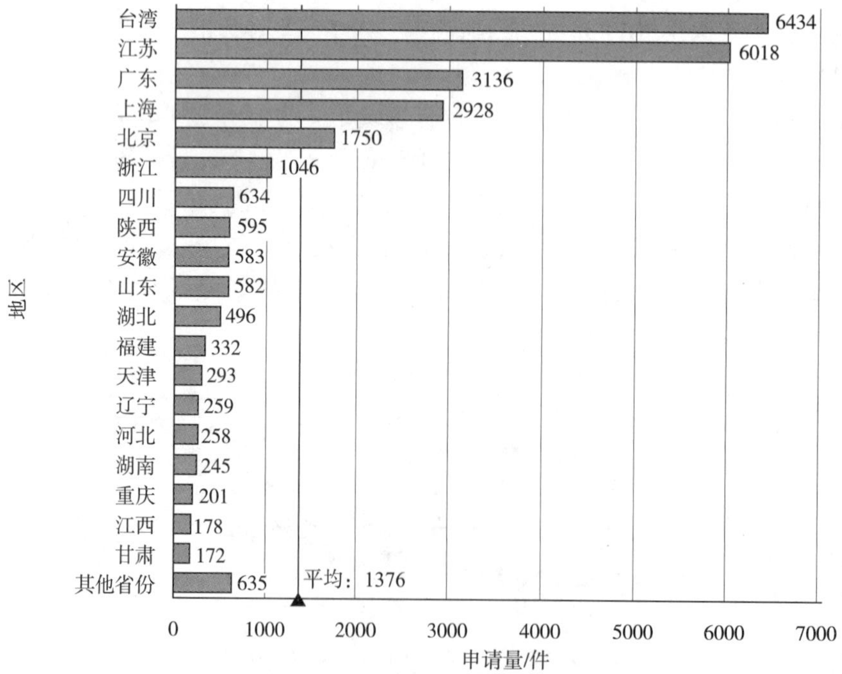

图2-4-9 集成电路封装领域中国首次申请地区分布图

起步较早，具有日月光半导体、台积电等行业内技术领先的优秀企业。江苏省申请量为 6018 件，排名第二位，该省属于国内集成电路封装行业起步较早的省份，具有长电科技、华进半导体等该领域国内知名的大企业。广东省和上海市在集成电路封装领域的申请量分别为 3136 件和 2928 件，在全国各省份申请量排名中位列第三和第四，虽然排名靠前，但总申请量相比于排名前两位的地区，差距已十分明显。北京市在集成电路封装领域的国内申请量中排名第五位，申请量为 1750 件，差距进一步拉大。其他省份的申请量与排名靠前的地区差距悬殊，申请量均未达到全国平均水平。

2.4.2.3　主要申请人分析

专利申请人的申请量排名反映某一领域内专利申请人的技术掌握情况及其专利布局策略。一般来说，专利申请数量可以反映某申请人的研发投入情况、专利申请积极性和市场重视程度。

从图 2－4－10 可以看出，集成电路封装领域中国专利主要申请人排名前十位的申请人主要分布在中国（5 个）、日本（3 个）、韩国（1 个）和德国（1 个）。全球的主要申请人也非常重视在中国进行专利布局，比如，日本的松下、富士通、日立，韩国的三星，德国的英飞凌和美国的英特尔，均具有较多的在华申请。

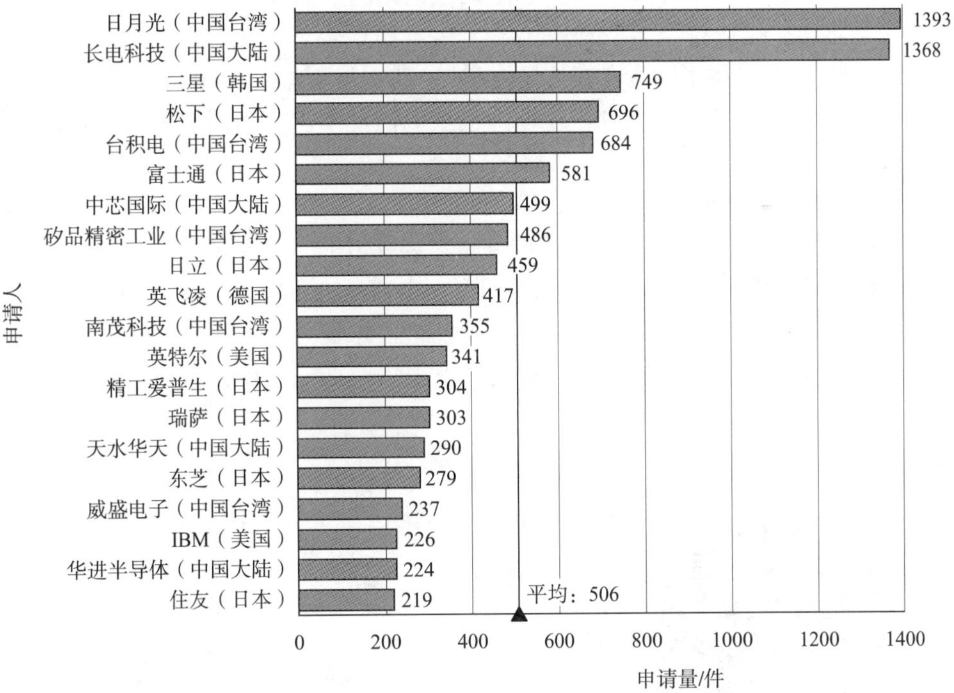

图 2－4－10　集成电路封装领域中国专利主要申请人的申请量分布

与全球的主要申请人相比，中国主要申请人增加的主要是中国籍申请人，这主要是因为部分外国籍申请人并不重视在中国的专利布局，在中国的专利申请量较少。长电科技在集成电路封装领域中国主要申请人排名中位列第二，申请量具有明显的优势。排名第七位的中芯国际是中国大陆最大的本土半导体生产制造企业，其专利申请所涉及的技术领域较宽，覆盖测试设备、互连结构以及封装体等领域。矽品、南茂科技以及威盛电子是中国台湾的半导体制造企业，技术较为先进，其专利申请主要集中在3D封装、BGA以及CSP封装类型上。排名第12位的英特尔主要研发重点在微处理器技术上，因此该公司在集成电路封装领域的专利申请主要集中在微处理器的封装方面。排名第15位的天水华天是中国大陆成立较早的专业集成电路封装企业，不断研究开发新产品与新工艺，技术较为领先，其专利申请主要包括BGA、MCM、SiP、TSV等方面。排名第19位的华进半导体成立于2012年，是由中科院微电子所和国内集成电路封装领域龙头企业长电科技、天水华天、深南电路等公司共同投资建立的，成立时间虽然短，但技术先进，其专利申请主要集中在TSV、凸点制造、芯片堆叠等方面。

2.4.2.4　各技术分支分析

各技术分支分析是专利分析的定性分析内容，反映各个技术分支的专利分布状况，指明集成电路封装领域的申请与研究热点，对中国研发与保护该项技术具有借鉴意义。

图2-4-11给出了集成电路封装领域中国专利申请专利的技术分支分布。可以看出，单芯片封装技术在国内封装领域中占据主要地位，达42%，略高于该技术分支全球专利占比。目前该技术分支中的BGA、CSP、WLP等先进封装技术应用广泛，仍然是各大企业研发的重点。多芯片封装技术是集成电路封装领域的研发重点和热点，具有巨大的发展潜力，国内该领域专利占比为17%，高于全球占比。封装基板领域国内专利占比为12%，散热技术国内专利占比为6%，基本与全球水平持平；而封装测试领域国内占比为23%，低于全球专利占比，这也从侧面反映出国内封装测试设备制造等领域的研发力度还需要进一步加强。

2.4.2.5　专利申请类型分析

从图2-4-12可以看出，在中国集成电路封装领域的专利申请当中，发明占据主要地位（80.4%）。其中，国内申请人的发明专利申请量占比较大，达40.9%，反映国内申请人在该领域的关注度较高，研发力度较大。国外来华申请人发明专利申请量占比为39.5%，与国内申请人基本持平，可见国外来华申请人对该技术领域在中国的专利布局的高度重视。实用新型占比相对较小，占19.6%。

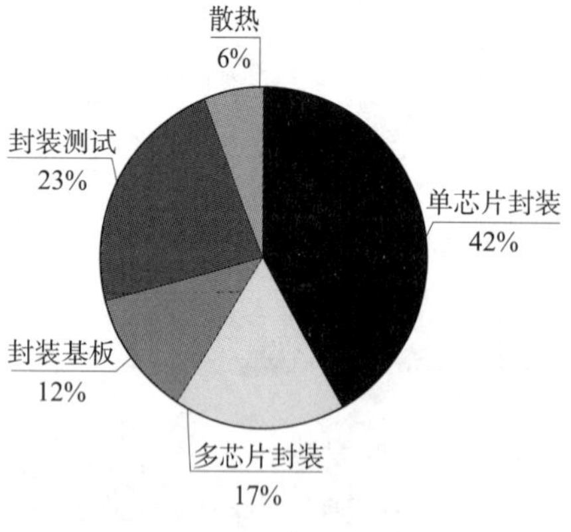

图2-4-11　集成电路封装领域中国专利申请专利技术分支分布

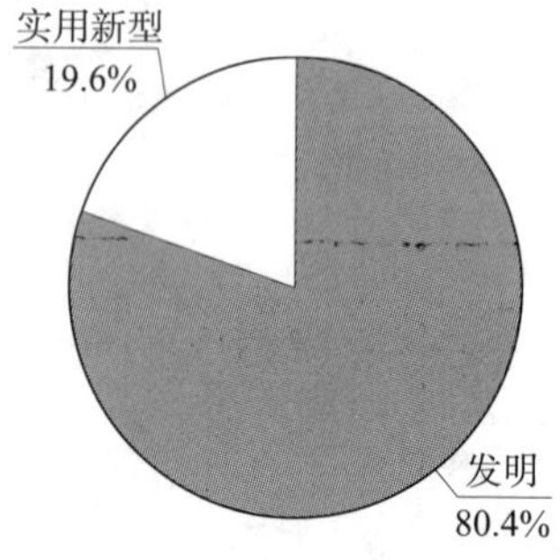

图2-4-12　集成电路封装领域中国专利申请类型分布

2.4.3　广东省专利态势分析

研究集成电路封装领域广东省的专利分布趋势，对帮助广东省企业确定技术发展趋势具有重要意义。截至 2018 年 10 月，检索到广东省专利申请共 3136 件。在此检索基础上，围绕该项技术在广东省的申请趋势、地区分布、主要申请人、各技术分支、专利申请类型等方面对其专利申请状况进行分析。

2.4.3.1　申请趋势分析

通过对广东省集成电路封装领域相关专利申请历年变化趋势的分析，可以对其未来发展方向形成判断。

图 2-4-13 给出了集成电路封装领域广东省专利申请分布情况。可以看出，从 21 世纪初开始，集成电路封装领域广东省的专利申请量开始增长，2001～2011 年，专利申请量呈现快速增长态势，在 2012 年小幅回落后于 2013 年达到峰值。而在 2013 年之后，申请量呈平稳的态势，并在 2016 年再次出现大幅增长。

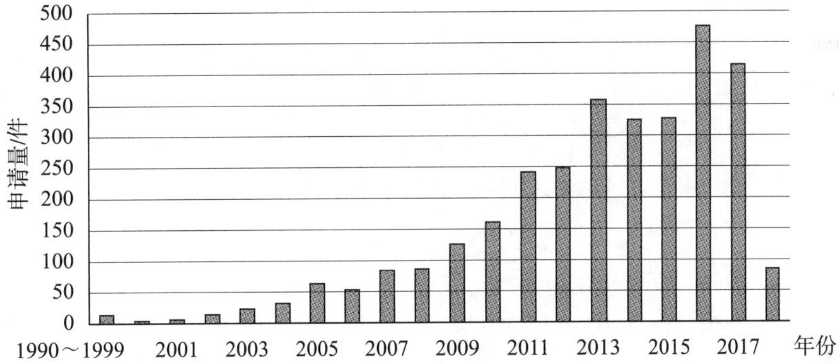

图 2-4-13　集成电路封装领域广东省专利申请分布

图 2-4-14 给出了集成电路封装领域广东省申请占比分布情况。可以看出，相对于国内申请的总量，广东省集成电路封装领域的申请量总体上还处于较低水平，在国内申请的总申请量中仅占 11.3%。这与广东省作为国内消费型电子、通信产品的最大生产基地这一身份是不符的。其原因在于广东省内的一些大型企业以产品代工为主，依托外资企业已有的成熟技术进行生产制造，并不注重新技术新产品的研发；而小型

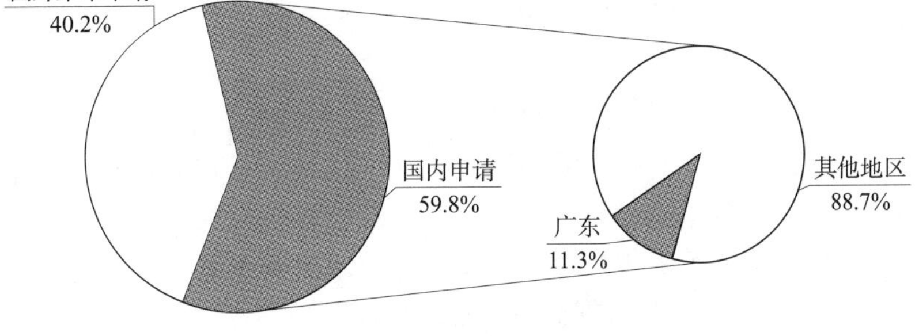

图 2-4-14　集成电路封装领域广东省专利申请占比分布

企业多从事中低端产品的生产制造，其技术相比于前沿新技术已相当成熟，创新比较困难。因此，广东省集成电路封装领域申请量相对于国内申请量偏少。

2.4.3.2 地区分布分析

分析广东省专利申请的来源，可以客观反映各地市在集成电路封装领域的发展程度。

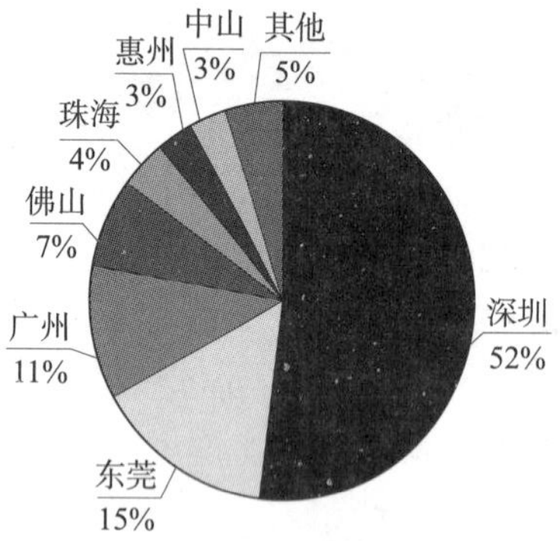

图2-4-15 集成电路封装领域广东省专利申请首次申请地区分布

图2-4-15反映了集成电路封装领域广东省专利申请首次申请地区分布情况。总体来看，广东省内的集成电路产业分布比较集中，主要在深圳、东莞、广州等城市。深圳专利申请量占比最大，达52%，因为深圳作为改革开放的前沿城市，率先发展集成电路产业，汇聚了意法半导体（深圳）制造有限公司、富士康集团、深圳方正、深爱半导体等一批国内外知名的企业。东莞号称“世界工厂”，制造业实力雄厚，拥有杰群电子、中控电子等一批具有较强技术实力的封装企业，在广东省专利申请中占比为15%。广州作为广东省的省会城市，也具有一批实力不俗的集成电路封装企业，例如广东风华芯电、兴森快捷电路等，申请量占比为11%。另外，在佛山、珠海、惠州、中山等城市也有集成电路封装产业的分布。

2.4.3.3 主要申请人分析

图2-4-16给出了集成电路封装领域广东省主要申请人的申请量分布情况。可以看出，排名靠前的申请人包括企业、高校以及科研院所。其中，华南理工大学是著名的高校，专注于前沿技术的研究。排名第一位的富士康是大型3C产品研发制造企业，在集成电路封装领域的专利申请主要涉及引线、互连、基板等技术。排名第二位的华为是全球领先的信息与通信解决方案供应商，在集成电路封装领域的专利申请主要涉及芯片测试方面。排名第三位的杰群电子以及排名第四位的气派科技均为专业从事集成电路封装的企业，其专利申请主要涉及扁平封装、引线框架等领域。排名第五位的比亚迪是汽车电子产业的知名企业，在集成电路封装领域的专利申请主要涉及功率器件的封装。排名第六位的华星光电和排名第九位的国星光电是显示/发光器件生产商，其专利申请主要包括阵列基板、发光器件的封装。排名第八位的深南电路是PCB电路板供应商，在封装基板领域有一定的技术优势。排名第十位的珠海欧比特是嵌入式芯片及系统集成供应商，其专利申请主要涉及芯片引脚互连等技术。

需要注意的是，虽然广东省内的集成电路产业已具有一定的规模，但本土企业与外资企业相比，掌握的核心技术少，技术实力上还存在较大的差距。因此技术创新成为产业升级和可持续发展的重中之重，需要加大技术研发投入力度，在自身封装产品优势的基础上，重点向高端封装产品发展。

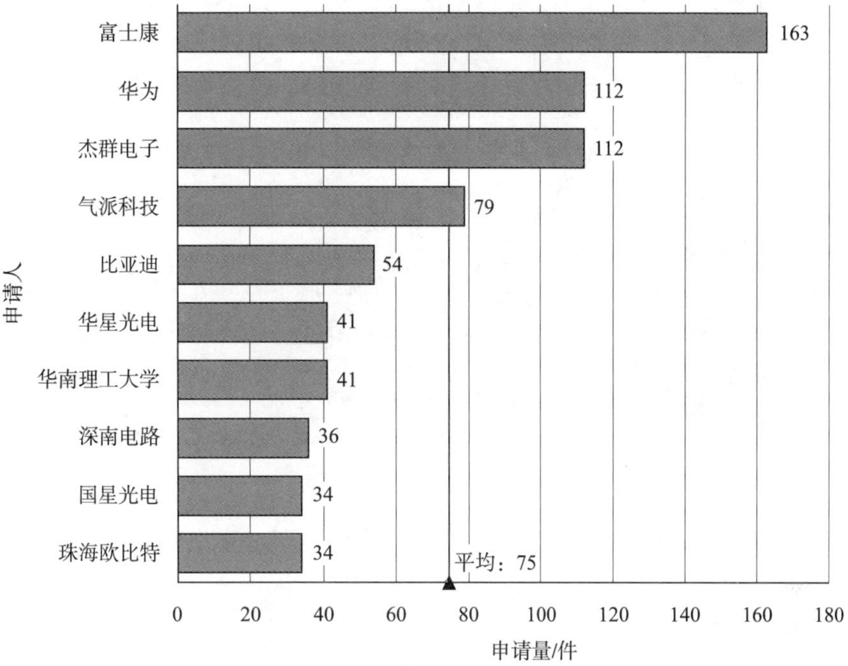

图 2-4-16　集成电路封装领域广东省主要申请人的申请量分布

2.4.3.4　各技术分支分析

图 2-4-17 给出了集成电路封装领域广东省专利申请专利技术分支分布情况。可以看出，单芯片封装技术在广东省封装领域中占比为 42%，封装基板技术占比为 13%，散热技术占比为 6%，基本与国内专利占比持平。封装测试领域广东省专利占比为 27%，高于国内专利占比，这主要是由于广东省存在工业和信息化部电子第五研究所等专注于集成电路封装测试领域的申请人。而多芯片封装技术广东省专利占比仅为 12%，低于国内该领域专利占比，从侧面反映出广东省在高密度、系统化的高端集成电路封装领域与国内先进水平还存在一定差距。

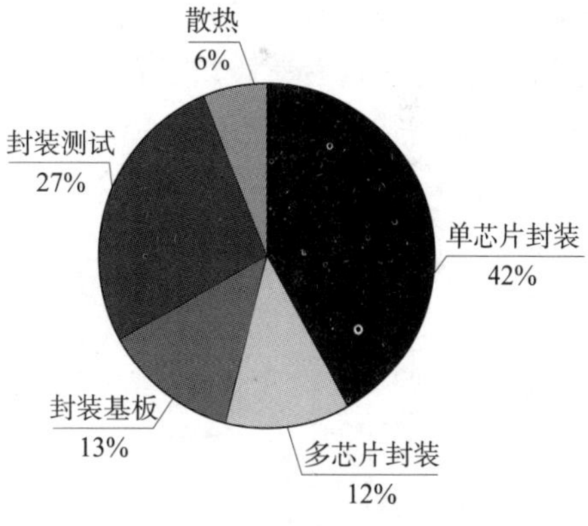

图 2-4-17　集成电路封装领域广东省专利申请专利技术分支分布

2.4.3.5　专利申请类型分析

图 2-4-18 给出了集成电路封装领域广东、台湾和江苏专利申请类型分布情况。可以看出，在广东的专利申请中，发明与实用新型的数量差别不大，发明以 54% 的比例略占优势，发明与实用新型专利申请类型的分布与该领域的中国专利类型分布差别较大。台湾的专利申请不仅数量上领先，质量上也优于其他地区，发明比例则达 87%，显示出其在集成电路封装领域突出的技术实力。江苏专利申请的类型分布与广东接近，

其发明申请的比例为58%，略高于广东，但其在数量上占据较大优势，申请量是广东的2倍。从上述地区的专利申请类型分布比较中可以看出，广东申请人在该技术领域研发难度相对较小，技术壁垒和攻克难度低，研发投入力度有待加强，自主创新驱动力水平仍需提高。

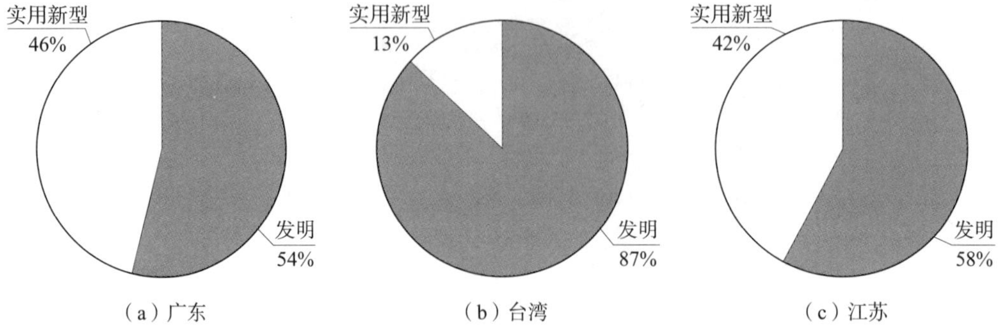

图2-4-18 集成电路封装领域广东、台湾、江苏专利申请类型分布

2.4.4 产学研专利信息分析

2.4.4.1 国内排名前十的高校、科研院所申请文献申请量和有效量分布

在国内高校、科研院所集成电路封装技术仍为一门新兴的交叉学科，图2-4-19为集成电路封装领域国内高校、科研院所专利申请量趋势。可以看出，2002年以前国内高校、科研院所关于集成电路封装领域的专利申请仅零星出现，而较早进行专利申请的高校为复旦大学，发明人为李善君团队，而自2002年后国内高校的专利申请数量开始明显上升。截至目前，集成电路封装领域国内高校专利申请量为1456件。

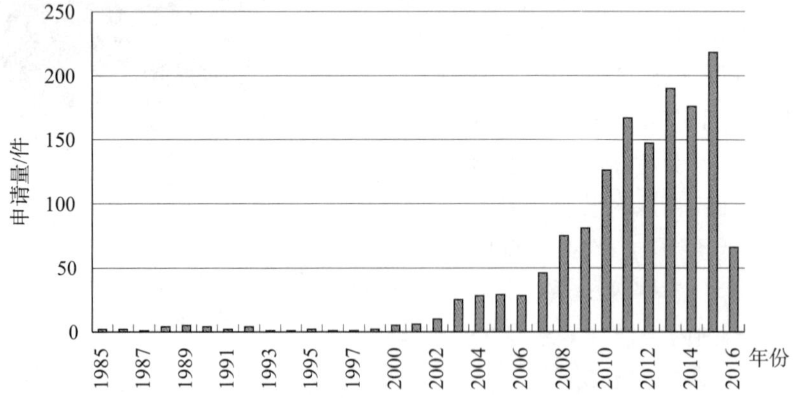

图2-4-19 集成电路封装领域国内高校、科研院所专利申请量趋势

表2-4-1为集成电路封装领域国内排名前十位高校、科研院所申请量和有效量分布情况。可以看出，在集成电路封装领域国内专利申请中，排名前十位的全部是国内的高校。可见，相较于企业而言，高校注重国内的专利申请，由于国内高校集成电

路封装领域专业技术发展较晚，目前的专利量较少，其排名前十位高校的专利申请量和有效量相差很少。其中，申请量排名第一位的高校为北京工业大学，其申请量为 78 件，但其有效量仅 22 件；而清华大学申请量仅次于北京工业大学，为 74 件，但其专利的有效量为 39 件，远大于北京工业大学，可见清华大学作为国内高校的代表，其专利申请具有较高的质量；而华中科技大学、北京大学、东南大学、上海交通大学、天津大学、哈尔滨工业大学、电子科技大学、复旦大学申请量排名第三位至第十位。

表 2－4－1　集成电路封装领域排名前十高校、科研院所申请量和有效量分布

名称	申请量/件	有效量/件
北京工业大学	78	22
清华大学	74	39
华中科技大学	69	29
北京大学	50	22
东南大学	48	23
上海交通大学	47	15
天津大学	44	15
哈尔滨工业大学	44	13
电子科技大学	38	7
复旦大学	36	11

2.4.4.2　高校主要研究团队列举

通过对高校的专利申请量进行分析，可以获得其目前较为活跃的团队成员，如表 2－4－2所示。

表 2－4－2　集成电路封装领域高校研究团队

名称	团队名称
清华大学	蔡坚、王谦、王水弟、陈瑜、浦园园
北京工业大学	安彤、秦飞、武伟、刘程艳、夏国峰、朱文辉
华中科技大学	刘胜、汪学方、张鸿海、尹周平
北京大学	程玉华、李婷、缪旻、金玉丰、王玮、张大成
东南大学	黄庆安、尚金堂、秦明、陈波寅、徐超、张迪
上海交通大学	丁桂甫、丁汉、胡安民、李明、汪红、王艳

通过对以上团队人员研究的跟踪学习和专利分析，可以充分挖掘技术人才以及专利人才。图 2－4－20 给出了清华大学主要研究小组专利申请量。可以看出，蔡坚是清华大学专利申请量最多的研究小组成员，其专利申请量为 34 件，其次是王谦，其专利申请量为 29 件，而王水弟、陈瑜和浦园园分别以 12 件、10 件、9 件专利申请量位列第三位至第五位，而清华大学以上申请人多次出现联合申请，可见，以上申请人为清华大学集成电路封装领域的主要研究团队成员。

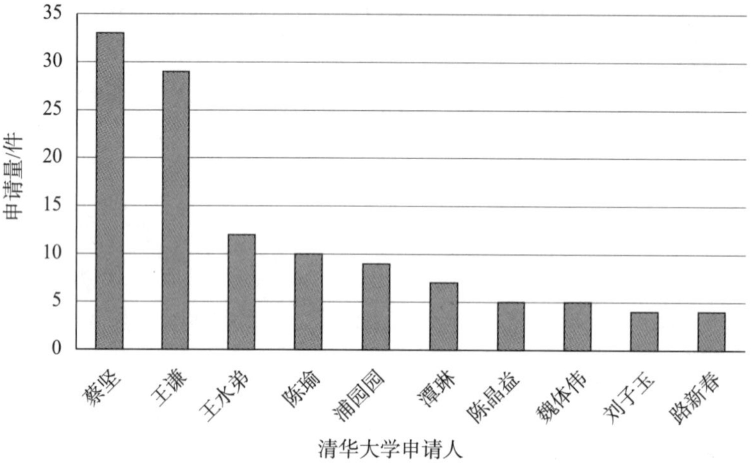

图 2－4－20　集成电路封装领域清华大学主要研究小组专利申请量分布

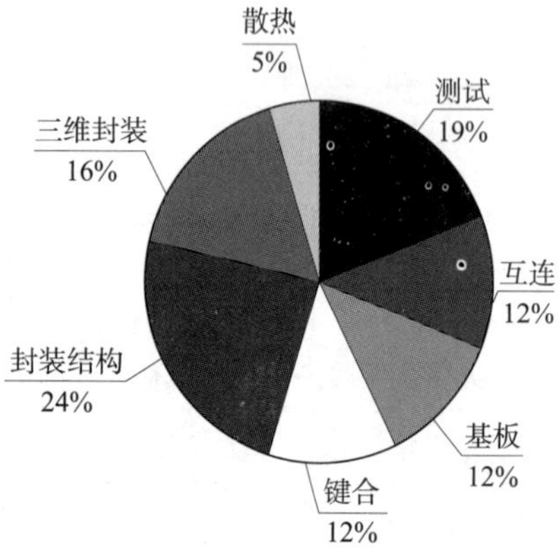

图 2－4－21　集成电路封装领域清华大学申请专利技术分支分布

图 2－4－21 给出了集成电路封装领域清华大学申请专利技术分支分布情况。可以看出，其专利申请方向较为分散，结合图 2－4－20 的分析可知，清华大学研究团队的研究领域较为广泛，基本上涉及集成电路封装领域的各个技术分支。而其封装结构占比最多为 24%；其次是测试和三维封装，分别占 19% 和 16%；而互连技术、基板技术以及键合技术各占总量的 12%；而散热技术的申请量占比最少，为 5%。

2.4.4.3　高校或科研院所和企业的合作申请

高校或科研院所与企业的合作申请，通常由企业根据市场情况提出相关研发需求，借助高校及科研院所的科研力量，研发出新技术，并由两者共同实施专利申请以及获得专利权；高校及科研院所根据已有的科研成果，主动寻求与企业的合作，获取相应的资金支持，共同享有研发成果的专利申请权和专利权。

对集成电路封装领域在中国范围的专利进行分析可知，高校或科研院所与企业合作的专利申请量为 105 件，占所有高校或科研院所集成电路封装技术申请总量的

7.21%。筛选企业与高校或科研院所的合作申请，得到图 2-4-22。

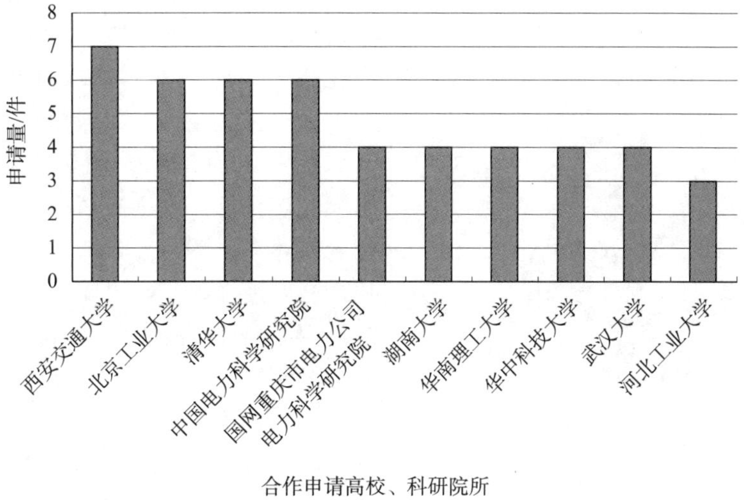

图 2-4-22　集成电路封装领域排名前十合作申请高校、科研院所申请量趋势

由图 2-4-22 可知，在集成电路封装领域，企业和高校的合作量较少，和企业合作申请最多的高校为西安交通大学，其专利数量为 7 件；其次是北京工业大学、清华大学以及中国电力科学研究院，分别以 6 件的数量并列排名第二；再次国家电网重庆市电力公司电力科学研究院、湖南大学、华南理工大学、华中科技大学、武汉大学分别以 4 件的数量并列排名第五；而河北工业大学等以 3 件的数量排名第十位。图 2-4-23 为集成电路封装领域高校或科研院所-企业合作申请专利趋势。可以看出，高校或科研院所与企业的合作专利申请的起步较晚，最早出现在 1990 年，随后的 10 多年时间直至 2002 年都没有涉及集成电路封装领域的高校企业合作专利申请，而在 2002 年以后开始逐年渐渐增加，其与高校、科研院所申请的总体趋势相吻合。可见，随着高校对集成电路封装技术的研究深入，企业与高校、科研院所的合作交流逐渐增加。

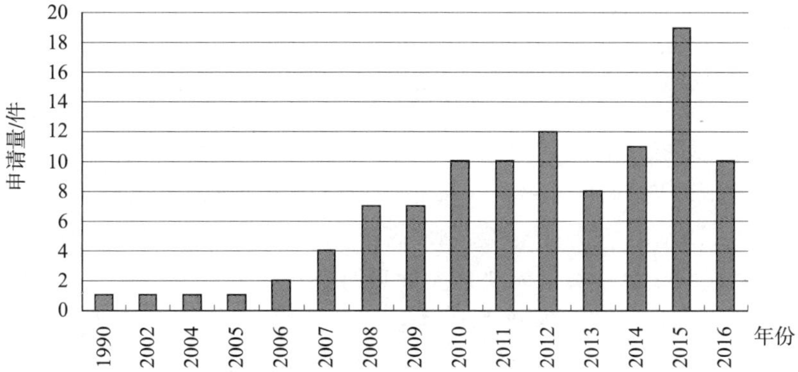

图 2-4-23　集成电路封装领域高校或科研院所-企业合作申请专利趋势

图2－4－24为集成电路封装领域高校或科研院所－企业合作专利技术分支分布情况。可以看出，高校或科研院所－企业的合作涉及集成电路封装领域的各个技术分支以及产业发展的各个技术领域。而封装结构占比最大，为21%；其次是测试技术，占比为16%；基板技术和封装形式技术紧随其后，占比为12%；最后三维封装技术、引脚互连技术、散热技术、二维封装技术和键合技术各占9%、9%、7%、7%和7%，这样有助于推动产业的技术发展。

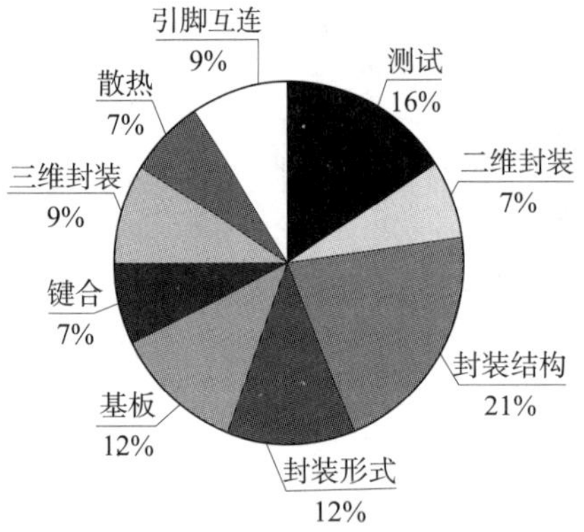

图2－4－24　集成电路封装领域高校或含科研院所－企业合作专利技术分支分布

2.4.4.4　高校、科研院所专利转让、许可情况

专利转让或专利许可是对高校或科研院所专利的有效性以及科技转化能力的一种反映，并能够反映该领域中处于活跃状态的专利权、专利权人、技术类型和发生相关专利活动的背景。

对集成电路封装领域在中国范围内的专利申请进行分析可知，涉及专利转让的专利申请有31件，仅占所有高校和科研研究所申请量总量的2.1%。可见，高校和科研院所专利技术的成果转化率仍有待提高。从表2－4－3排名前五的高校专利转让量可以看出，清华大学专利转让量虽然有3件（与上海航天测控通信研究所相同），但其专利申请总量为74件，远高于上海航天测控通信研究所。可见，科研院所的科技转化率相对较高，研究方向更贴近产业；而高校作为综合性培养地，更注重研究的广泛性和前沿性。而上海大学、杭州电子科技大学、西北工业大学都分别有2件专利转让。

表2－4－3　集成电路封装领域排名前五高校、科研院所专利转让量

名称	专利转让/件	申请量/件
清华大学	3	74
上海航天测控通信研究所	3	6
上海大学	2	29
杭州电子科技大学	2	14
西北工业大学	2	7

对集成电路封装技术在中国范围内的高校、科研院所专利申请进行分析可知，涉及专利许可的申请件有21件，占所有高校、科研院所集成电路封装专利申请总量的1.4%。图2－4－25示出集成电路封装领域高校、科研院所专利转让数据。其中，中南大学以3件的数量排名第一位；而北京大学和西安交通大学分别具有2件的专利申请进行专利许可，并列第二位；而北京科技大学、电子科技大学、东南大学、哈尔滨工程大学、华南理工大学、江苏自动化研究所、南京航空航天大学、南京邮电大学、南通大学、清华大学、山东大学、沈阳工业大学、西安电子科技大学、中国飞机强度研

究所、中国人民解放军国防科学技术大学都具有 1 件专利许可。

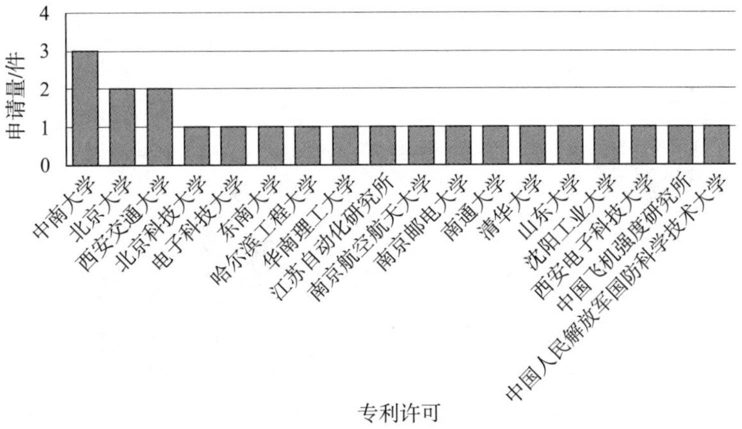

图 2－4－25　集成电路封装领域高校、科研院所专利转让数据

2.4.4.5　广东省高校、科研院所产学研情况分析

广东省高校（含科研院所）涉及集成电路封装领域的专利总量为 83 件。由图 2－4－26 可知，华南理工大学的申请量最多，为 32 件；其次是工业和信息化部电子第五研究所，以 18 件的申请量居第二位；中山大学、广东工业大学分别以 9 件、8 件的数量位列第三、第四位；居于第五位的深圳大学，申请量为 6 件。

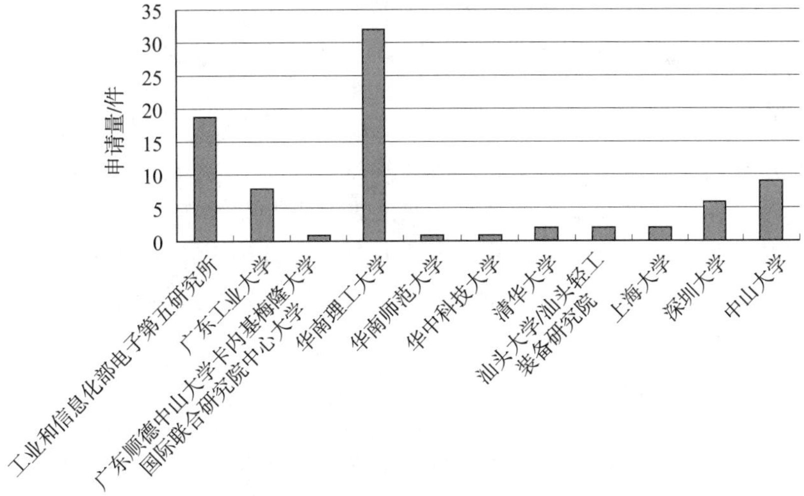

图 2－4－26　集成电路封装领域广东省高校、含科研院所专利申请量

在国内高校和科研院所集成电路封装技术仍为一门新兴的交叉学科，图 2－4－27 为集成电路封装领域广东高校和科研院所专利申请量趋势图。可以看出，广东高校和科研院所涉及集成电路封装领域的最早专利申请日较晚，为 2004 年，其为中山大学的一种涉及小型太阳能集成光伏电源的封装，发明人为沈辉的研究团队，目前专利状态为无效状态；其后两年申请量并没有较大增幅。2007 年至今，其申请量趋势并没有呈

现递增状态，而呈现起伏状态。2008 年的金融危机导致 2009 年的申请量急剧下降，随后随着经济复苏又稳步上升。

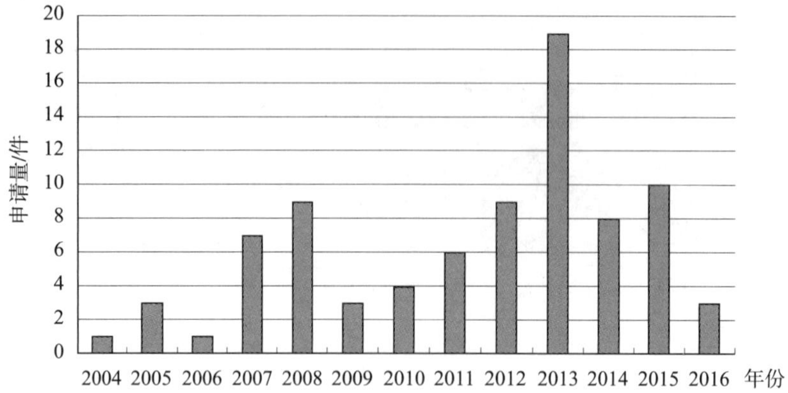

图 2-4-27　集成电路封装领域广东高校、科研院所专利申请量趋势

2.5　小　　结

本节在对集成电路封装领域专利态势分析中，分别通过对涉及该领域的全球专利态势、中国专利态势和广东省专利态势的分析，得出如下结论。

①通过对集成电路封装领域进行全球专利态势分析可以得出该技术领域的以下特点：集成电路封装领域全球申请量稳中有升，申请人主要分布在日本、美国和中国。日本在该领域起步较早，申请量最大，但近年来申请量下降，关注度降低；美国同样在该领域起步早，申请量较大，但近年来申请量基本保持稳定，增长缓慢；而近年来，中国在集成电路封装领域发展热度较为高涨，研发投入大幅增长，申请量增长迅速。

②国内申请在中国专利申请总量中占据优势，从 2000 年开始呈现爆发式增长，并一直处于增长态势，中国申请人申请量占比为 58%，其中大陆申请量占比为 43%，台湾申请量占比为 15%。发明专利申请占据主要地位。国内专利申请主要集中于台湾、江苏、上海、广东等经济发达地区。

③广东省申请量位居全国第三，产业分布比较集中，主要分布在深圳、东莞、广州等城市。但申请量总占比仍然不高，省内的一些大型企业主要以产品代工为主，依托外资企业已有的成熟技术进行生产制造，并不注重新技术新产品的研发；而小型企业多从事中低端产品的生产制造，研发难度相对较小，自主创新驱动力水平仍有待提高。

④广东省的专利申请量虽然全国排名靠前，企业也较多，但实用新型占比较高，技术研发还有相当大的提升空间。集成电路封装领域相对于集成电路设计与制造领域来说，研发难度相对较小。广东省是国内消费型电子、通信产品的生产大省，应以自身优势为依托，加大研发投入力度，通过合理的专利布局，提高企业的竞争力，打造一批影响力强、技术实力领先的优秀企业。

第3章　重要申请人分析

本章对业内关注的国内外重要申请人的基本概况以及国内外专利布局情况进行分析。本章的国内重要申请人是我国集成电路领域的龙头企业，而国外的重要申请人是全球范围集成电路领域的知名企业，而且这些企业在我国集成电路领域占有很大的份额。通过对重要作申请人的分析，能初步构建国外重要申请人的全球专利布局情况、重点专利技术以及在华的专利布局，找出国内外重要申请人布局差异，为调整行业分布和专利技术预警作准备。

3.1　集成电路设计领域重要申请人分析

ARM 专注于微处理器，遍及工业控制、消费类电子产品、通信系统、网络系统、无线系统等市场；华为的国内专利申请量和产品销售额最大，在移动通信设备占比也最大；中兴通讯是全球领先的综合通信解决方案提供商，在 LTE 基本专利占有一定比例。因此，本节选取上述三家公司作为集成电路设计领域的重点申请人进行分析。

3.1.1　ARM

3.1.1.1　公司概况

ARM 公司于 1991 年成立于英国剑桥，主要研究芯片设计技术。采用 ARM 技术知识产权（IP 核）的微处理器，即我们通常所说的 ARM 微处理器，已遍及集成电路设计领域市场，基于 ARM 技术的微处理器应用占 32 位 RISC 微处理器 75% 以上的市场份额，ARM 技术正在逐步渗入我们生活的各个方面。

1998 年，ARM 在伦敦和纽约证交所同时上市，现市值已超过 150 亿英镑。

2015 年，ARM 的授权费和版税收入一共达 12 亿美元。

2016 年 7 月，ARM 被日本软银以 234 亿英镑的价格收购。

3.1.1.2　专利申请分析

3.1.1.2.1　申请态势分析

截至 2018 年 11 月 30 日，ARM 全球公开的专利申请量为 2236 项，中国公开的专利申请量为 869 件。

图 3－1－1 为 ARM 指令集相关的专利全球申请量趋势。可以看出，该趋势总体分为三个阶段。

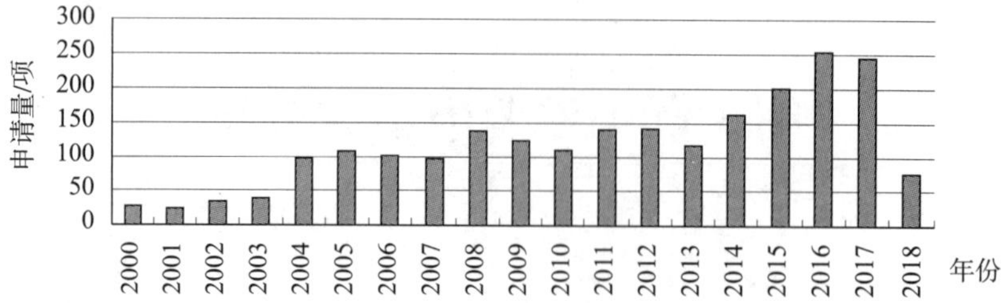

图 3-1-1　ARM 指令集相关专利全球申请量趋势

第一阶段为 2000～2003 年。在此期间 ARM 指令集相关的全球专利申请量一直呈现年申请量低于 50 项的小范围起伏，可以看到在 21 世纪初期 ARM 指令集相关的全球专利文献申请量很低，而这一时期正是 ARM 成立的初期。随后申请量呈现波动增长态势，2004～2008 年达到第一阶段的峰值 130 多项，但是总体来说申请量没有出现爆发式增长，这与计算机技术的发展趋势有密不可分的关系。

第二阶段为 2009～2013 年。ARM 指令集相关的全球专利文献呈现较为平稳。

第三阶段为 2014 年至今。2014 年，ARM 指令集相关的全球专利文献申请量达到 161 项，较以前呈现出急剧增长的态势，随后几年的申请量一直保持较高值，并呈现波动发展的态势，并在 2016 年达到峰值 253 项。这一变化趋势不仅与计算机技术的发展趋势密切相关，也反映 ARM 对指令集市场的重视程度逐步提升。

图 3-1-2 为 ARM 指令集相关的中国专利文献申请趋势，与 ARM 全球申请趋势类似，ARM 在中国的专利文献申请趋势总体分为两个阶段。

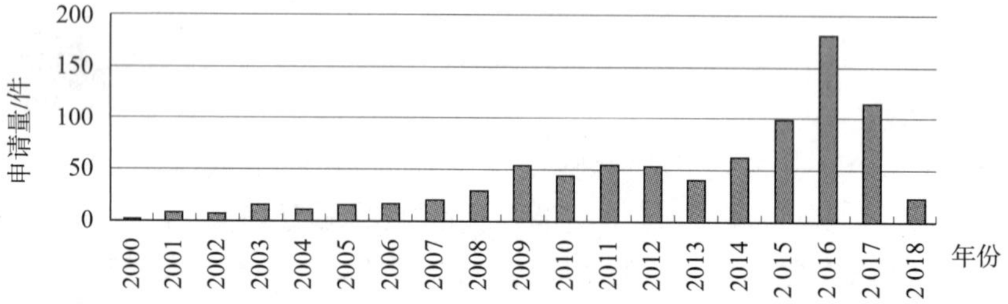

图 3-1-2　ARM 指令集相关专利在华申请量趋势

第一阶段为 2000～2007 年。在此期间，ARM 在中国的专利文献申请量一直呈现小范围起伏，每年的申请量都不超过 20 件，其波动态势相较于 ARM 的全球申请趋势呈现出滞后性。这与对于同一项专利 ARM 在华进行申请的时间滞后于其在国外申请的时间不无关系。

第二阶段为 2008 年至今。在此期间，ARM 在中国的专利文献申请量出现了大幅增长，2009 年申请量达到 55 件；随后申请量稍有回落，申请量的高峰出现在 2016 年，达到 182 件；2016 年之后申请量有所回落。但是仅从现有的稍有回落的趋势并不能判定其进入下降通道，应该说随着中国市场的不断发展，ARM 并未放松在华进行专利布局的脚步。

3.1.1.2.2　技术分支分析

对计算机指令系统的技术分解，程序指令集可分为程序流控制、数据运算、系统指令、数据传送、多道程序执行、附加/扩展 6 个一级分支，具体如图 3-1-3 所示。

对于 6 个一级技术分支，ARM 的技术力量分布并不均匀，其研发的重点在于程序流控制、数据传送、多道程序执行等技术分支，计算机技术的飞速发展对指令集的运算能力和运算速度都提出了更高的要求。由此可见，ARM 的专利申请技术分布情况完全符合市场的需求。

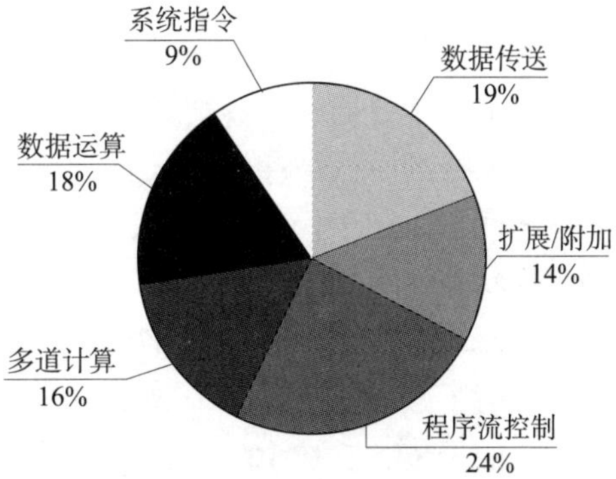

图 3-1-3　ARM 程序指令集相关专利申请量技术分解

3.1.1.3　技术发展路线分析

根据产品性能的不同，将 ARM 处理器划分为以下三个产品系列。

（1）经典系列产品

经典系列主要产品的研发时间在 1985~2003 年，该经典系列产品具有体积小、低功耗、低成本、高性能等特点，适用于那些希望在新应用中使用经过市场验证的技术的组织。这些处理器可以提供许多特性、卓越功效和范围广泛的操作能力，适用于成本敏感型解决方案。ARM 经典系统产品如图 3-1-4 所示。

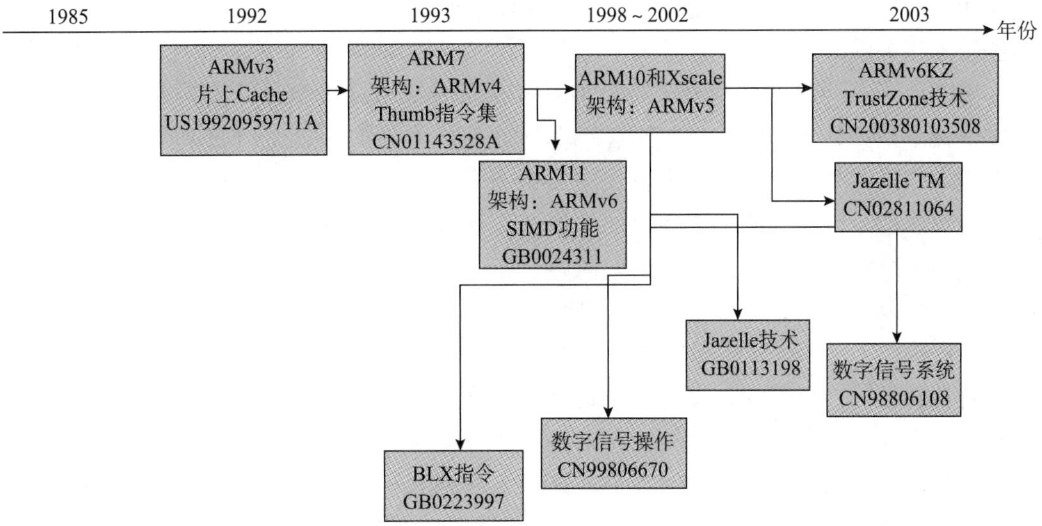

图 3-1-4　ARM 经典系列产品

ARMv3 芯片是第一个采用片上 Cache 的 ARM 处理器。ARMv3 架构的寻址空间为 32 位，当前程序状态信息从原来的 R15 寄存器移至当前程序状态寄存器时，增加了程序状态保存即蹿起 SPSR。

关于 ARMv3 架构的专利申请为 US19920959711A（1992 年）。其在主处理模式下，具有多个主数据寄存器和程序状态寄存器，异常数据寄存器一旦进入异常处理模式，至少一个异常数据寄存器被置换，以用于分别代替相应的主数据寄存器；处理状态寄存器所保持的数据被存储在状态保存寄存器中，当离开异常处理模式时，主数据寄存器被返回，以用于代替异常数据处理器，并且存储在状态保存寄存器中的数据被恢复到程序状态寄存器中。

1993 年，ARM 推出 ARM7 核心。该核心以 ARMv4 架构为基础，针对代码密度的问题，为了减少代码量，ARMv4 架构引入 Thumb 指令，Thumb 可以看作 ARM 指令压缩形式的子集，它在 16 位系统成本的基础上提供 32 位公司 RISC 性能，并且提供业界领先的代码密度。

在 ARM 处理器中，内核同时支持 32 位 ARM 指令和 16 位 Thumb 指令。因为 ARM 指令和 Thumb 指令具有不同的特点，所以在实际系统中，内核状态需要经常切换来满足系统性能需求。

专利申请 CN01143528A（1995 年）描述了一个利用两个指令集的数据处理系统，两个指令集控制使用处理器核的全 N 位数据通路，一个指令集是 32 位指令集，而另一个是 16 位指令集，两个指令集都是永久配备的，而且具有相关的指令译码硬件。

之后，在 ARMv4 的基础上增加了一些新指令，发布了 ARMv5 架构，ARM10 和 Xscale 都采用该版架构，ARMv5 架构增加了带有链接的状态切换跳转指令如 BLX 指令、增强型数字信号处理指令 DSP 指令集、在处理器指令层次对 JAVA 加速的 Jazelle 技术以及为协处理器增加更多可选择的指令，伴随着这些技术的研发，ARM 提交了多件与这些技术相关的专利。

专利申请 GB0223997（2002 年）涉及 BLX 指令，提出的数据处理装置包括用于执行多个指令集的处理器内核，在发送指令到处理器内核执行之前预取单元从存储器中预取指令，进一步，使用预测逻辑预测哪个指令将要被预取单元预取，设置预测逻辑来检查预取指令以预测该预取指令的执行是否引起指令流的改变，如果要改变，则生成指令集识别信号以发送到处理器内核，以指示下一个指令所属的指令集。这使得处理器内核可以在不同指令集之间进行切换。

专利申请 CN99806670（1999 年）涉及数字信号处理指令的操作，公开了一个具有一个寄存器组的浮点单元，支持向量运算。该寄存器组包含多个寄存器，所述向量运算对来自不同寄存器的一个数据值序列多次执行一个指定的操作。该寄存器组被分成多个子集，并且用于一个向量运算中的寄存器序列在一个子集内回绕，所述子集包括不相交的、连续编号的寄存器范围，在这些范围中的回绕允许紧凑的编码，以及有效地执行 DSP 操作，诸如 FIR 滤波器和矩阵变换。

ARM 的专利申请 GB0113198（2001 年）涉及 Jazelle 技术。该 Jazelle 技术的含义概括来讲是指在处理器指令层次对 Java 加速，提出 Java 字节码形式的程序指令可以被固定地映射到处理操作或可编程地映射到处理操作，系统提供一个固定映射硬件解释器、可编程映射硬件解释器以及软件解释器。该固定映射硬件解释器能够提供普通和简单字节的高速解释。该可编程映射硬件解释器可以提供高速的简单和性能关键的可编程字节码的解释，以及剩余的和更复杂的字节码由软件解释器处理。

专利申请CN98806108（1998年）提出为协处理器增加更多可选择的指令，提出一个数字信号处理系统，包括一个中央处理单元核、一个存储器和一个协处理器。该协处理器使用协处理器存储器访问指令（例如LDC、STC）进行操作，在这些协处理器存储器访问指令（P、U、W、偏移值）中的该寻址方式信息不仅控制该中央处理单元核所使用的寻址方式，还由该协处理器使用，以确定在所指示的传送中数据字的数量，使得协处理器可以在适当的时候终止该传送。在一些总线系统中事先知道在一次传送中的数据字的数量也是有利的，诸如那些可以具有同步DRAM的总线系统，在该指令中的偏移字段可用于指示在由该中央处理单元核在执行一个特定的指令时所提供的值中所进行的改变，并且也指示在该传送中字的数量。这种装置可很好地适用于对诸如数字信号处理操作中规则的数据组。如果不使用该偏移字段，则要传送的数据字的数量可缺省定为1。

消费类电子、无线设备、网络应用和汽车电子产品等的不断出现和发展，对多媒体处理功能提出了更高的要求，为该类产品的需求而制定的ARMv6架构应运而生，以该架构为基础的ARM11追加有效进行多媒体处理的单指令多数据SIMD功能，具有增强的媒体处理能力和低功耗的特点。

专利申请GB0024311（2000年）提出了一种单指令多数据处理（SIMD）系统。该系统配备有指令ADD8T016，该指令用符号或零扩展对数据字的非邻接部分解包，并将其与响应同一指令而执行的诸如加法之类的单指令多数据的运算操作相结合，所述指令能很好地在具有数据路径的系统内使用，所述数据路径包括位于运算电路上游的位移电路。利用这种技术，可根据单指令来处理的数据字事实上表示这些数据字中的多数据值，其中特定的处理可根据相应的数据值独立进行。这种类型的指令可提高数据处理系统运行的效率，并减少代码数量和提高处理操作速度。

TrustZone（TM）技术出现在ARMv6KZ以及较晚期的应用核心架构中，它提供了一种低成本的方案，针对系统单芯片（SoC）在其内加入专属的安全核心，由硬件建构的存取控制方式支援两颗虚拟的处理器。

专利申请CN200380103508（2003年）涉及一种安全处理系统，其提供一种数据处理系统，包括可在多种模式和安全域或非安全域中操作的处理器，包括为所述安全域中的模式的至少一个安全模式，为所述非安全域中模式的至少一个非安全模式，以及监视模式。其中，当所述处理器正在执行安全模式中的程序时，所述程序访问当所述处理器正在非安全模式中操作时不能访问的安全数据，以及经所述监视模式，发生所述安全模式和所述非安全模式间的切换，所述处理器至少部分在所述监视模式中操作来执行监视程序，以便管理所述安全模式和所述非安全模式间的切换。

ARMv6还提出JazelleTM技术，即增强的Jazelle技术，对Java性能进行了优化，涉及Java性能优化的专利申请为CN02811064（2002年），其提供了一种数据处理系统，使用用于存在Java字节码的硬件执行器和用于得不到所述硬件支持的Java字节码的软件指令解释器来支持执行本机指令和 Java 字节码，在软件指令解释器中的、执行处理处于解释中的 Java 字节码的本机指令序列以序列终止指令 BXJ 终止。所述序列终止指令 BXJ 根据检测启用的硬件执行器是否存在而采取不同的动作。如果检测到启用的硬件执行器是存在的，则使用它尝试执行下一个 Java 字节码；如果活动的硬件执行器不存在，则直接将一个 Java 字节码传递到软件指令解释器。该软件指令解释器的使用使得数据处理系统可以有效地执行本地和 Java 字节指令。ARMv6 版架构还进行了 Media 扩充，对音/视频性能进行优化，涉及这方面的专利申请为 US20010799878（2001 年），其适合在数字计算机上软件实现的维特比解码器的 ACS 操作的位片实施，第一位片被形成单一字，它包含用于所有状态的路径量度的 LSB，具有其次最高有效位的第二位片被形成等，直至 MSB 位片，以位片单位执行 ACS 操作的相加，以包含路径量度的 LSB 的相加开始，而且，利用以位片单位的相减来执行 ACS 操作的比较部分。这样，该申请允许所有状态的路径量度同时被更新。

（2）Cortex 系列

Cortex 系列产品主要研发时间在 2004～2010 年。Cortex 系列产品的策略是提供发展核心，高度满足个别应用市场的需求，为各种不同的市场提供服务，协助合作伙伴设计具有竞争优势的产品装置。Cortex 系列产品如图 3－1－5 所示。

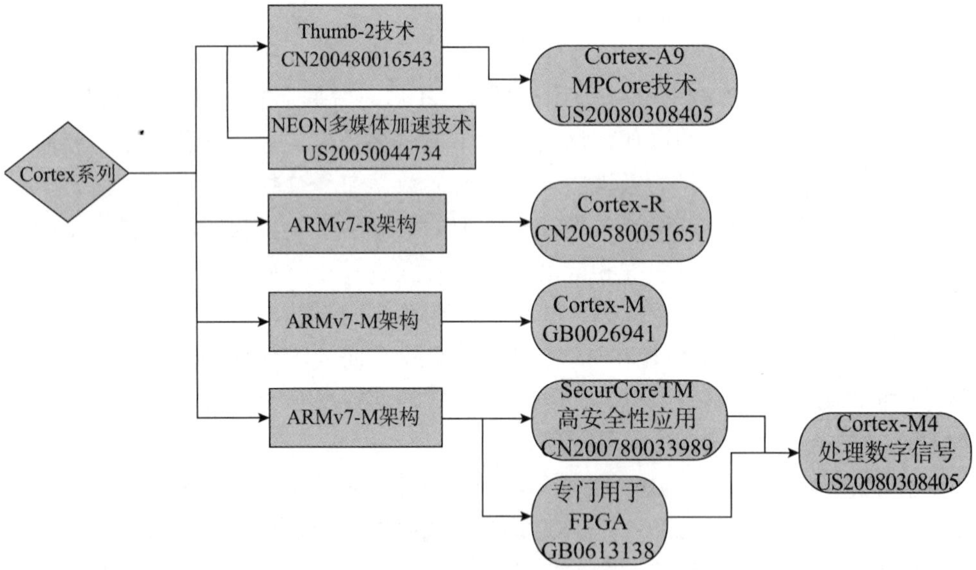

图 3－1－5　ARM 的 Cortex 系列产品

Cortex 系列采用的最重要的一项技术为 Thumb-2 技术，设计该技术的专利申请为 CN200480016543（2004 年），提供支持两个指令集的数据处理设备。这两个指令集共享一个公共指令子集，包括至少一类指令，诸如所有的协处理器指令。一旦在存储器内的贮存次序上犹豫而导致的任何差别被如字节序进行补偿，该公共指令子集就有相同的指令编码。通过安排指令集编码以使得公共子集共享相同的编码，则这样的系统在实现上可被有利地简化，以及改进其操作的其他方面。用于实施所规定的处理操作的公共译码逻辑和/公共处理逻辑可以更容易被利用，同时，支持多指令集所需要的硬件附加成本降低。

随着多媒体应用的不断增加，ARM 处理器引进了 NEON 技术。NEON 为一种多媒体加速技术，可有效处理当前和将来的多媒体格式，可加速多媒体和信号处理算法，从而改善用户体验。

该多媒体加速技术涉及的专利申请为 US20050044734（2005 年），提出了一种处理器。该处理器具有可操作处理逻辑以分别执行一组独立的程序指令，操作数存储器可以存储操作数值，并且加速器具有包括一组功能单元的阵列，对应计算的子图的程序指令，通过配置功能单元中的每一个，加速器执行合并操作。

Cortex-R 是针对实时系统的嵌入式处理器，采用 ARMv7-R 架构其具有嵌入式配置文件（Embedded Profile），在内存保护单元（MPU）的基础上实现受保护内存系统架构。涉及嵌入式处理器实时响应的专利申请有 CN200580051651（2005 年），涉及一种在集成电路内选择应当放置差错检测电路位置的方法，所述方法使用参考和测试设计的仿真，并且差错被注入测试设计，然后根据注入的差错执行扇区分析以确定差错传播特性。

Cortex-M 是针对成本敏感应用优化的深度嵌入式处理器，采用 ARMv7-M 架构，其包含微控制器配置文件，可用于快速中断处理。专利申请 GB0026941（2000 年）提出一种方法，当处理中断信号由输出逻辑发出时，处理器在特定的点上发出清除请求信号，基于控制信号输出逻辑停止输出中断信号；当接收到清除请求信号时，清除生成逻辑发出该控制信号。中断源发出中断信号输出到输出逻辑。

2007 年，ARM 发布了 ARMCortex-M1 处理器，它是第一款专为 FPGA 实现设计的 ARM 处理器。专利申请 GB0613138，提出了一种目标编程器，响应图像的目标编程器将图像应用到目标设备如域可编程门阵列 FPGA 设备，以及利用图像编程目标设备，这样图像可被目标设备执行，其中图像是一个可配置文件。

Cortex 发展中的另一项重要技术就是多核技术 MPCore，Cortex-A9 产品支持多核技术。该技术允许设计时可配置的处理器支持一个、两个、三个或四个 CPU 一起运行，同时保持集成的高速缓存一致性。多核技术的一个专利申请是 US20080308405（2008 年），提出了一种数据处理装置，包括多个处理器，基于数据元素的 N 维阵列，这些处理器可并行操作，以解码视频数据流。

为了提高数字信号处理能力，ARM 推出了 Cortex-M4 处理器，涉及该技术的专利申请是 CN201210526027（2012 年），其提供用于处理数字信号的电路系统和方法，高电压域中操作的所述电路系统包括用于接收高电压电平的高电压输入和用于接收低电压电平的低电压输入并包括多个装置，该多个装置被设计为在电压低于该高电压域的本地电压域中供电并最佳地操作。

SecurCore™是面向高安全性应用的处理器：SecurCore 处理器在安全市场中用于手机 SIM 卡和识别应用，集成多种既可为用户提供卓越性能，又能检测和避免安全攻击的技术，用于SIM、智能卡、高级支付系统、电子护照、电子票务和运输系统。

SC300TM基于现代CortexTM-M3处理器，适用于中断驱动和功耗敏感型应用。

申请CN200780033989（2007年）中涉及用于智能卡的安全处理器，提供一种用于产生访问请求的数据处理设备及方法。所提供的总线主控器可依据自其外部接收的信号而在数据处理设备的安全域或非安全域中操作。在总线主控器的正常操作期间把该信号生成为固定。当总线主控器装置在安全域中操作时，所提供的控制逻辑依据默认存储器映射或安全定义的存储器区域描述符，可操作以产生与由总线主控器核心产生的访问请求相关联的域指定信号，该域指定信号指示是安全访问还是非安全访问。因此，在安全域中操作的总线主控器可产生安全访问及非安全访问，而无须其在安全及非安全操作间切换。

2011年，ARM发布了新一代处理器架构ARMv8架构系列。ARMv8架构是ARM的首款支持64位指令集的处理器架构，将被首先用于对扩展虚拟地址和64位数据处理技术有更高要求的产品领域，如企业应用、高档消费类电子产品。

（3）ARMv8架构技术为最新的ARM架构系列

其是一种64位数据处理技术，支持64位指令集，ARMv8架构包括两个执行状态——AArch64和AArch32，如图3-1-6所示。AArch64执行状态针对64位处理技术，引入一个全新的指令集A64；而AArch32执行状态将支持现有的ARM指令集。

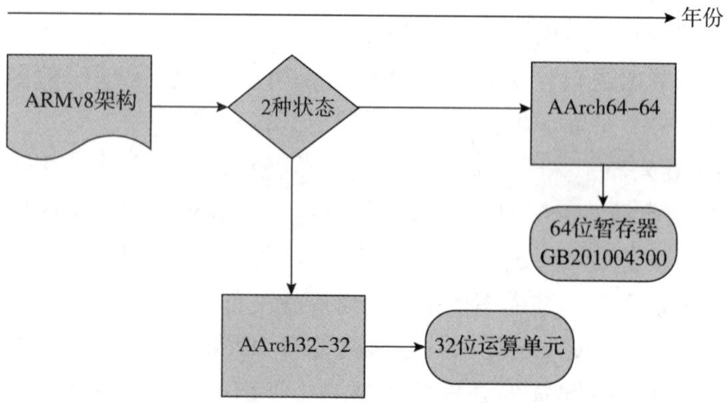

图3-1-6　ARMv8系列架构

专利申请GB201004300（2010年）提出一种运算单元大小控制的系统，其中数据处理系统具有处理电路以及一排64位的暂存器，指令解码器将指定待在储存于64位暂存器内的运算单元上，实行算术运算及逻辑运算的算术指令以及逻辑指令解码，指令解码器回应于算术指令及逻辑指令内一运算元大小栏位SF，其指定该运算元是64位运算元还是32位运算元。

3.1.1.4　重点专利分析

ARM处理器发展历程中重要的几次技术更新主要为Thumb技术、SIMD技术以及Thumb-2技术。

（1）Thumb 技术

Thumb 架构扩展，在 16 位系统成本的基础上提供 32 位的 RISC 性能，提供业界领先的代码密度，在执行时，这些 16 位指令实时、透明地解压缩为完整 32 位 ARM 指令，且无性能损失，卓越的代码密度用以尽量减小系统内存大小和降低成本，涉及 Thumb 技术的重要专利如下。

申请号：CN01143528。

申请日：1995 年 2 月 15 日。

公开号：CN1395168A。

发明名称：多指令集的数据处理。

申请人：ARM 有限公司。

主要技术方案：描述一个利用两个指令集的数据处理系统，两个指令集控制使用处理器核的全 N 位数据通路，一个指令集是 32 位指令集，而另一个是 16 位指令集，两个指令集都是永久地配备的，而且具有相关的指令译码硬件。两个指令集都是永久地配备的，而且具有相关的指令译码硬件。

该专利申请日较早，共有 27 件同族专利申请，被引用 71 次，其公开了如何进行 32 位和 16 位两个指令系统的切换，保护范围适当。

（2）SIMD 技术

当前的智能手机和 Internet 设备必须提供高级媒体和图形性能，才具有竞争力。ARMv6 和 ARMv7 体系结构中的 SIMD 扩展改进了此类性能，SIMD 扩展已经过优化，可适用于众多软件应用领域，包括视频和音频编解码器，这些扩展将性能提高了将近 75%或更多。

涉及 SIMD 技术的重要专利如下。

申请号：GB0024311。

申请日：2000 年 10 月 4 日。

公开号：GB2367650A。

发明名称：SIMD 架构操作。

申请人：ARM 有限公司。

主要技术方案：提出一种单指令多数据处理（SIMD）系统，该系统配备有指令 ADD8T016，该指令用符号或零扩展对数据字的非邻接部分解包，并将其与响应同一指令而执行的诸如加法之类的单指令多数据的运算操作相结合，所述指令能很好地在具有数据路径的系统内使用，所述数据路径包括位于运算电路上游的位移电路，利用这种技术，可根据单指令来处理的数据字事实上表示这些数据字中的多数据值，其中特定的处理可根据相应的数据值独立进行。这种类型的指令可提高数据处理系统运行的效率，并减少代码数量和提高处理操作速度。

该专利申请共有 10 件同族专利申请，被引用 4 次，其阐述如何利用单指令多数据处理系统进行数据处理、保护内容基础，是启发其他专利申请的申请。

(3) Thumb-2 技术

Thumb-2 提供最佳代码大小和性能，以 ARMCortex 体系结构为基础的指令集，它可以提升众多嵌入式应用的性能、能效和代码密度，以获得成功的 Thumb（ARM 微处理器内核的创新型高代码密度指令集）为基础进行构建，以增强 ARM 微处理器内核的功能，从而使开发人员能够开发出低成本且高性能的系统。

涉及 Thumb-2 技术的重要专利如下。

申请号：CN200480016543。

申请日：2004 年 1 月 20 日。

公开号：CN1806225A。

发明名称：在具有多指令集的数据处理设备内的指令编码。

申请人：ARM 有限公司。

主要技术方案：提供支持两个指令集的数据处理设备，这两个指令集共享一个公共指令子集，包括至少一类指令，诸如所有的协处理器指令。一旦在存储器内的贮存次序上犹豫而导致的任何差别被如字节序进行补偿，该公共指令子集就有相同的指令编码。

该专利申请共有 12 件同族专利申请，被引用 5 次。该申请提出 Thumb-2 指令集最基本的技术，其支持 32 位和 16 位两种指令集，在同时支持 16 位和 32 位指令之后，就无须在 Thumb 和 ARM 之间进行切换。

3.1.1.5 小　结

通过对 ARM 全球专利数据分析可以看出，电源/功耗管理、多线程、协处理器等技术越来越受到 ARM 的重视，而这些技术也会成为未来研发的热点所在。从 ARM 对上述技术点的大力投入可以看出，ARM 正着力于扩大其现有的指令集系统功能，以应对市场对于未来移动终端强大功能的需求。

3.1.2 华　为

3.1.2.1 公司概况

华为技术有限公司是一家生产销售通信设备的民营通信科技公司，于 1987 年在中国深圳正式注册成立，总部位于中国广东省深圳市龙岗区坂田华为基地。华为是全球领先的信息与通信技术（ICT）解决方案供应商，其产品主要涉及通信网络中的交换网络、传输网络、无线及有线固定接入网络和数据通信网络及无线终端等，为世界各地通信运营商及专业网络拥有者提供硬件设备、软件、服务和解决方案。目前，华为有 17 万多名员工，其产品和解决方案已经应用于全球 170 多个国家（或地区），服务全球运营商 50 强中的 45 家及全球 1/3 的人口。

3.1.2.1.1　发展历史

1987 年，创立于深圳，成为一家生产用户交换机（PBX）的香港公司的销售代理。

1990 年，开始自主研发面向酒店与小企业的 PBX 技术并进行商用。

1992 年，开始研发并推出农村数字交换解决方案。

1995 年，销售额达 15 亿元人民币，主要来自中国农村市场。

1999 年，在印度班加罗尔设立研发中心。该研发中心分别于 2001 年和 2003 年获得 CMM4 级认证和 CMM5 级认证。

2000 年，在瑞典首都斯德哥尔摩设立研发中心。

2001 年，以 7.5 亿美元的价格将非核心子公司 Avansys 转让给爱默生；在美国设立 4 个研发中心；加入国际电信联盟（ITU）。

2003 年，与 3Com 合作成立合资公司，专注于企业数据网络解决方案的研究。

2004 年，与西门子合作成立合资公司，开发 TD-SCDMA 解决方案。

2005 年，与沃达丰签署全球框架协议，正式成为沃达丰优选通信设备供应商；成为英国电信（简称 BT）首选的 21 世纪网络供应商，为 BT21 世纪网络提供多业务网络接入（MSAN）部件和传输设备。

2006 年，以 8.8 亿美元的价格出售 H3C 公司 49% 的股份；与摩托罗拉合作在上海成立联合研发中心，开发 UMTS 技术。

2007 年，与赛门铁克合作成立合资公司，开发存储和安全产品与解决方案；与 Global Marine 合作成立合资公司，提供海缆端到端网络解决方案；推出基于全 IP 网络的移动固定融合（FMC）解决方案战略，帮助电信运营商节省运作总成本，减少能源消耗。

2008 年，被商业周刊评为全球十大最有影响力的公司；首次在北美大规模商用 UMTS/HSPA 网络，为加拿大运营商 Telus 和 Bell 建设下一代无线网络；全年共递交 1737 件 PCT 专利申请，据世界知识产权组织统计，在 2008 年专利申请公司（人）排名榜上排名第一；LTE 专利数占全球 10% 以上。

2009 年，成功交付全球首个 LTE/EPC 商用网络，获得的 LTE 商用合同数居全球首位；获得 IEEE 标准组织 2009 年度杰出公司贡献奖；获英国《金融时报》颁发的“业务新锐奖”。

2010 年，在英国成立安全认证中心；获英国《经济学人》杂志“2010 年度公司创新大奖”。

2011 年，发布 GigaSite 解决方案和泛在超宽带网络架构 U2Net；建设 20 个云计算数据中心；以 5.3 亿美元收购华赛；整合成立“2012 实验室”；发布 HUAWEI SmartCare 解决方案；在全球范围内囊括六大 LTE 顶级奖项。

2013 年，作为欧盟 5G 项目主要推动者、英国 5G 创新中心（5GIC）的发起者，发布 5G 白皮书，积极构建 5G 全球生态圈，并与全球 20 多所大学开展紧密的联合研究；对构建无线未来技术发展、行业标准和产业链积极贡献力量。

2014 年，在全球 9 个国家建立 5G 创新研究中心；为全球客户建设 480 多个数据中心，其中 160 多个云数据中心。

2015 年，华为 LTE 已进入 140 多个首都城市，成功部署 400 多张 LTE 商用网络和 180 多张 EPC 商用网络；发布全球首个基于 SDN 架构的敏捷物联解决方案和全球首款 32 路 x86 开放架构小型机昆仑服务器。

2016 年 5 月，新设立迪拜研究中心；6 月 14 日，宣布法国数学研究所成立。

2017 年 6 月 6 日，“2017 年 BrandZ 最具价值全球品牌 100 强”公布，名列第 49 位；6 月 30 日，荣获中国商标金奖的马德里商标国际注册特别奖。

2018 年 10 月 12 日，公布在量子计算领域的新进展：量子计算模拟器 HiQ 云服务平台问世。

3.1.2.1.2　营业收入

如图 3－1－7 所示，2007 年，华为的营业收入为 1100 亿元人民币，营业收入首次突破 1000 亿元人民币，同比增长 67.7%。2008 年华为的营业收入为 1252 亿元人民币，同比增长 13.8%。2009 年华为的营业收入为 1491 亿元人民币，同比增长 19%。2010 年华为以 1825 亿元人民币营业收入，首次杀入《财富》世界 500 强榜单，排名为第 397 位。2011 年以 2039 亿元人民币年营业收入位居第 352。2012 年，华为连续 3 年入选《财富》500 强，以 2202 亿元人民币名列 351 位。2013 年，华为以 2390 亿元人民币年营业收入首超全球第一大电信设备商爱立信，排名第 315 位。2014 年，华为以 2881 亿元人民币年营业收入，排名由 2013 年的第 315 位上升至 285 位。2015 年，华为以 3950 亿元人民币年营业收入排名相较 2014 年又有大幅提升，上升 57 位至 228 位。2016 年，在研究机构 Millward Brown 编制的 BrandZ 全球 100 个最具价值品牌排行榜中，华为从 2015 年的排名第 70 位上升到第 50 位。2016 年 8 月，全国工商联发布“2016 中国民营企业 500 强”榜单，华为以 3950.09 亿元的年营业收入成为 500 强榜首，华为在“2016 中国企业 500 强”中排名第 27 位。2016 年，华为的营业收入达到 5215.74 亿元人民币。2017 年 6 月 6 日，“2017 年 BrandZ 最具价值全球品牌 100 强”公布，华为名列第 49 位。2017 年 6 月 30 日，华为荣获中国商标金奖的马德里商标国际注册特别奖。2017 年，华为营业额达到 6036 亿元人民币。

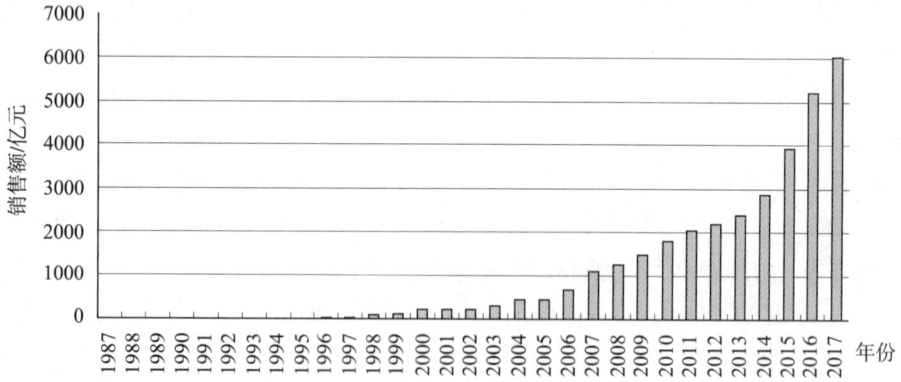

图 3－1－7　华为营收趋势分析

3.1.2.2　专利申请分析

3.1.2.2.1　申请态势分析

通过分析专利申请年代与数量，可以了解企业的专利申请情况以及企业的发展情况。

图 3－1－8 为集成电路设计领域华为专利申请量变化趋势。可以看出，华为关于集成电路设计领域的专利申请量 1999～2007 年集成电路设计专利申请量一直处于逐年上升态势，其中 1999～2006 年集成电路设计专利每年申请量比较小；2007～2009 年，专利申请量有较明显的增长；2009～2010 年，申请量有所下滑，其主要原因在于 2008 年开始出现全球经济危机；2010 年初，在我国进一步鼓励集成电路产业发展政策促进下以及华为对知识产权保护力度的加大，2010～2013 年集成电路设计专利申请量呈现加大的迹象；2013～2015 年，申请量有所降低，但 2015～2018 年申请量缓慢增加，这与近些年国家对集成电路的支持分不开。

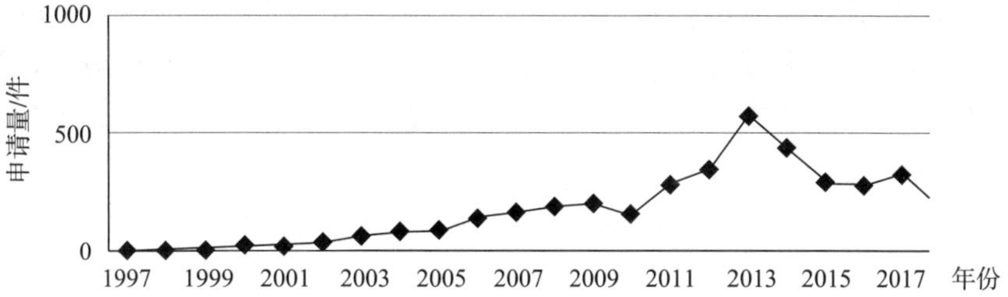

图 3－1－8　集成电路设计领域华为专利申请量趋势分布

3. 1. 2. 2. 2　技术分支分析

本书对华为在集成电路设计领域申请的专利作出如下技术分支划分：导航芯片、存储器、智能可穿戴芯片、锁相环、电源 IC 芯片、通用处理器芯片、AD－DC 转换、逻辑电路、放大器、多媒体、射频芯片。集成电路设计华为在国内各技术分支分布情况如图 3－1－9所示。

由图 3－1－9 可知，华为公司在存储器、多媒体、通用处理器、射频芯片相关的技术分支布局的专利较多。其中，存储器的专利申请占国内总申请量的 33%，可见华为在数据存储方面的重视程度。比如，华为于 2007 年与赛门铁克合作成立合资公司，开发存储和安全产品与解决方案，并在 2011 年对华赛进行收购，足以见得华为对数据存储方面的关注度，这与当前所属的大数据时代不无关系。与此同时，华为在多媒体方面的申请量占国内总申请量的 18%，通用处理器芯片技术的申请量占国内总申请量的 19%，这与当前用户对优良的视听效果极其相关。

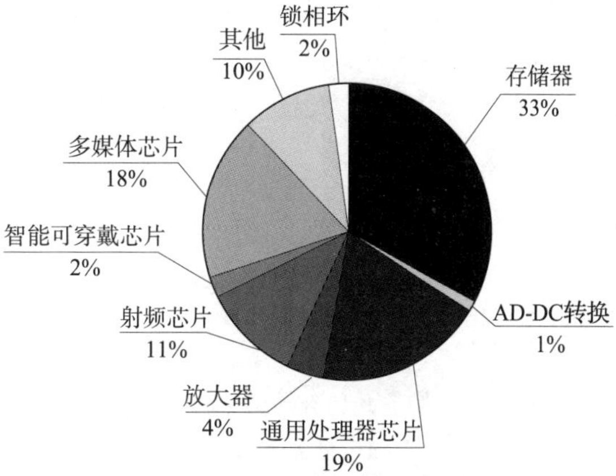

图 3－1－9　集成电路设计领域华为在国内各分支分布

3. 1. 2. 3　技术发展路线分析

存储器是现代信息技术中用于保存信息的记忆设备，对当今社会的重要性不言而喻。华为作为一家科技创新公司，在数据存储上秉承“Data on Demand”（数据按需服务）的理念和愿景，存储产品线聚焦 IT 基础设施，构建面向云数据中心的存储融合资源池，整合存储基础架构，让数据在不同业务间共享，为客户提供自动化、按需供给的数据服务，实现企业敏捷云转型。本节按信息的可保存性将存储器分为易失性存储器和非易失性存储器。

由图 3－1－10 可知，华为在存储器领域的专利申请量 1999～2009 年呈逐年上升趋势，但 2008～2010 年申请量有所下滑，其主要原因在于 2008 年开始出现全球经济危机，从 2011 年开始申请量大幅上升。这与经济复苏有一定关系，同时，移动互联网技术的发展、用户数据存储量的大幅攀升也推动企业对数据存储技术的研发以及专利的申请。2014～2015 年，申请量开始出现下降，而 2015～2017 年专利申请量又开始缓慢增加。华为在存储器的申请量与华为在集成电路设计领域的申请量趋势相类似，这与该公司战略布局以及主营业务不无关系。

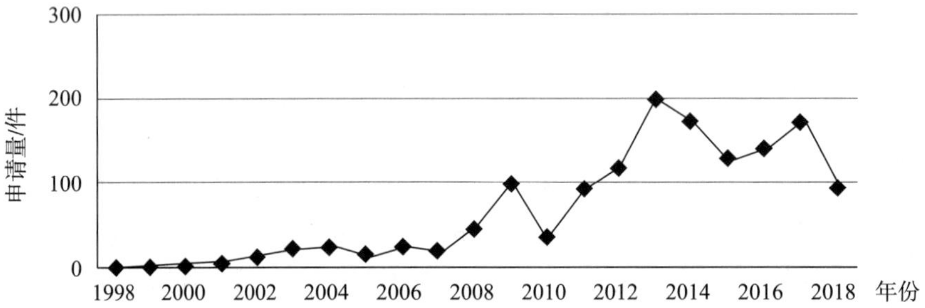

图 3－1－10　华为存储器专利申请量趋势分析

图 3－1－11 示出了华为在存储器专利申请分布，其中非易失性存储器占 62%，易失性存储器占 38%。

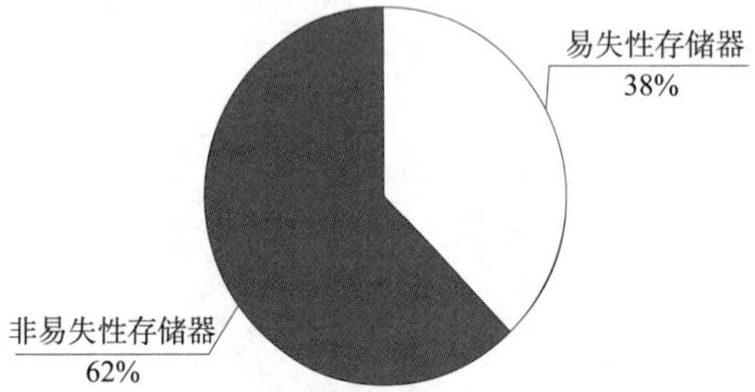

图 3－1－11　华为存储器专利申请领域在国内分支分布

非易失性存储器是指当电源供应中断后，存储器所存储的数据不会消失，只要重新供电，就能够读取数据。以下将以华为非易失性存储器的专利申请数据作为分析对象，从多个角度对相关专利进行梳理。

华为在非易失性存储器领域的专利申请覆盖比较广，包括的技术点多而繁杂，比如在存储器数据安全方面、存储器 I/O 性能方面、存储器功耗/节能方面和存储器寿命方面等。近年来，随着移动互联网的发展，越来越多的用户信息泄露，促使人们对信息安全或数据安全高度重视。以下从数据加密、校验/纠错和备份/冗余三个角度来对华为在非易失性存储器的安全领域的相关专利进行梳理。华为非易失性存储器安全方面技术发展路线如图 3－1－12 所示。

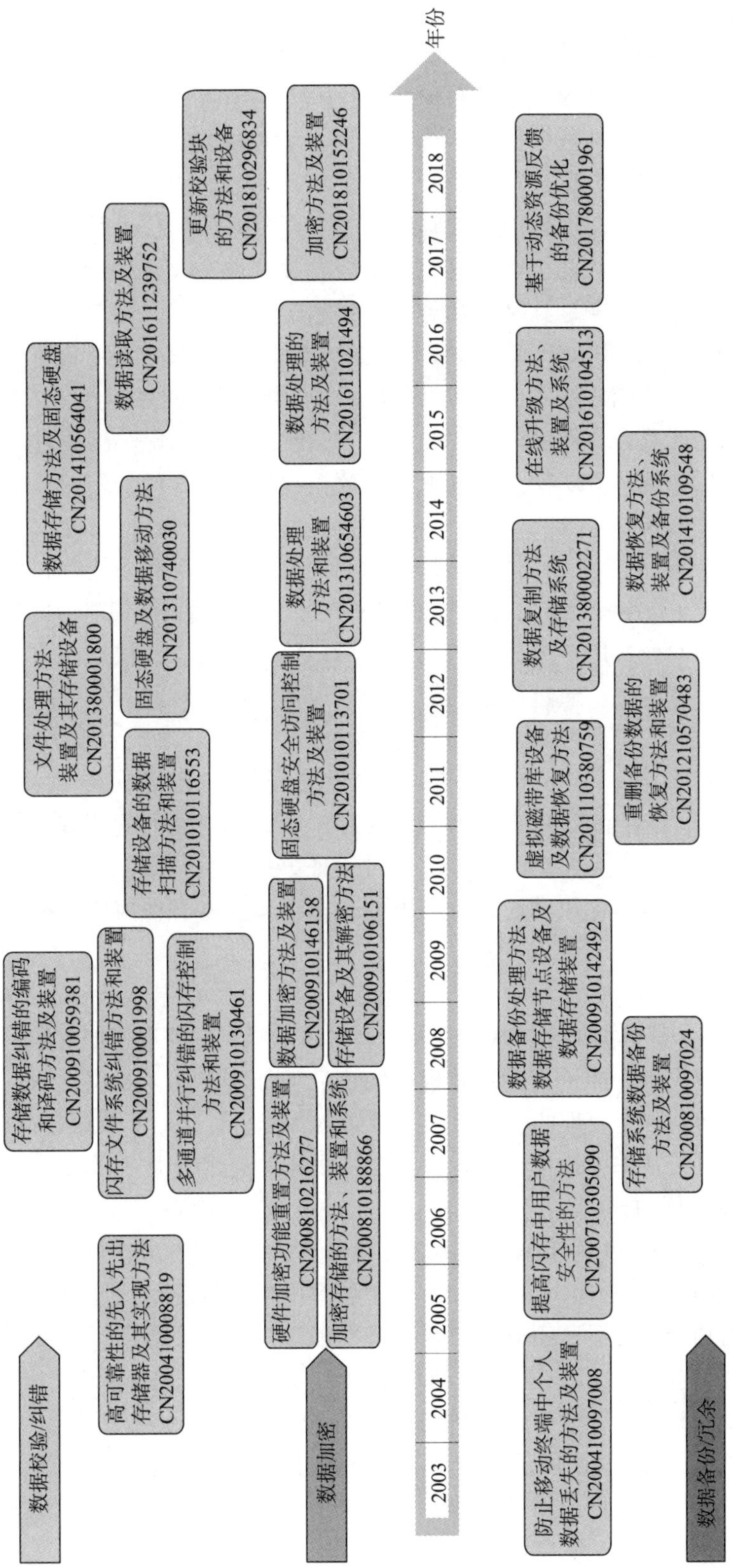

图3-1-12　华为非易失性存储器安全方面技术发展路线

（1）在数据加密方面的改进

2007 年 12 月 27 日，华为提出关于如何提高闪存中用户数据安全性方法的专利申请（申请号为 CN200710305090）。该专利具体技术方案为：获取闪存中用户数据的原始校验数据，并对原始校验数据进行加密，将加密后的校验数据写入闪存；当需要读取数据时，先对加密校验数据进行解密，比较解密后的校验数据与原始校验数据，若两者一致，则允许读取闪存中的用户数据。该专利通过对原始校验数据进行加密可以有效提高闪存中用户数据的安全性，避免原始校验数据被篡改而导致的用户数据被非法复制的问题，可以极大满足对闪存数据安全性的需求。

2008 年 9 月 18 日，华为申请一种硬件加密功能重置方法及装置专利（申请号为 CN200810216277）。该方法为：将选择进行硬件加密功能重置的目标分区；对所选的目标分区硬件加密功能重置，将目标分区的原有数据转换为与目标分区硬件加密功能重置后所对应类型的数据，实现存储装置中原有数据在存储装置的加密分区和普通分区转换过程中的同步转换。

2008 年 12 月 30 日，华为申请一种加密存储的方法、装置和系统专利（申请号为 CN200810188866）。该加密存储方法为：获取用户标识和与用户标识对应的密钥；根据密钥访问用户标识对应的用户分区；获取当前用户输入的信息；根据用户密钥对用户输入的信息进行加密存储。通过不同的密钥，实现多个用户对同一介质不同的加密分区的安全共享。

2009 年 3 月 18 日，华为申请一种存储设备及其解密方法专利（申请号为 CN200910106151）。该存储装置利用无线传输接口将第一加密的信息无线传输至解密装置，并接收解密装置解密生成第二信息，通过验证第一信息与第二信息是否匹配，来开启存储控制单元的数据存取功能，可以方便地对存储设备进行解密，提高存储设备使用的便利性。

2009 年 6 月 10 日，华为申请一种数据加密方法及装置专利（申请号为 CN200910146138）。该数据加密方法为：接收待加密数据，并获取待加密数据的位置信息；接收控制器解密后的加密密钥，并根据解密后的加密密钥以及位置信息，获取用于对待加密数据进行加密处理的会话密钥；根据会话密钥对待加密数据进行加密处理。该方法可以解决现有技术中使用唯一的数据加密密钥对进出 SSD 中的数据进行加密造成 SSD 中数据安全低的缺陷。

2010 年 2 月 22 日，华为申请一种固态硬盘安全访问控制方法、装置专利（申请号为 CN201010113701）。该方法为：在对固态硬盘的用户身份进行认证时，通过存储利用用户密码进行加密的会话密钥对用户身份进行验证，固态硬盘内不需要直接存储用户的密码，且原始会话密钥以不可逆的密文信息的形式存储在固态硬盘。

2011 年 6 月 23 日，华为申请一种芯片的安全保护方法及芯片专利（申请号为 CN201180000935）。该专利采用芯片加原理对芯片上存储的软件安全验证信息进行加密，以保证软件安全验证信息不被修改，当单板上电时，可以利用软件安全验证信息对芯片上存储的软件包进行安全性验证。

2013年12月5日，华为申请数据处理方法和装置专利（申请号为CN201310654603）。该专利通过从存储阵列的多个逻辑存储单元中确定至少一个目标逻辑存储单元；读取目标逻辑存储单元中存储的元数据；对元数据进行加密，得到加密的元数据；将目标逻辑存储单元中存储的元数据更新为加密的元数据。

2016年11月15日，华为申请一种数据处理方法和装置专利（申请号为CN201611021494）。该专利通过MED装置接收数据写入命令，对待写入数据进行加密，并对待写入地址进行加扰，然后根据加扰后的待写入地址，将待写入数据的CRC码以及加密后的待写入数据存储至存储器中。

2018年2月14日，华为申请一种加密方法及装置专利（申请号为CN201810152246）。该专利采用安全处理器获取对称密钥；安全处理器将对称密钥配置给加解密引擎；加解密引擎利用对称密钥为vCPU访问第一RAM时对目标虚拟机的软件系统密文进行加解密处理，软件系统密文为用户终端利用对称密钥加密目标虚拟机的软件系统生成，且软件系统密文被加载至第一RAM。

（2）在数据校验/纠错方面的改进

2004年3月12日，华为申请一种高可靠性的先入先出存储器及其实现方法专利（申请号为CN200410008819）。该方法为：在写地址计数器和读地址计数器的输出和空满标志产生逻辑的输入之间建立联系，利用FIFO写地址计数器计数值、读地址计数器计数值与存储器的空满状态之间的内在逻辑联系，通过比较写地址计数器和读地址计数器的计数值来产生空满标志，使FIFO的计数器计数值即使出错，也能够迅速自动纠错或自动恢复正常。

2009年1月21日，华为申请一种闪存文件系统纠错方法和装置专利（申请号为CN200910001998）。该方法为：对逻辑映射表中的逻辑单元号进行唯一性检测；当检测到与在前逻辑单元号重复的在后逻辑单元号时，根据重复的逻辑单元号对应物理块的物理扇区完整性检测结果，将物理扇区不完整的物理块所对应的逻辑单元号确定为错误逻辑单元号。该专利提高FFS的查错性能，并改善闪存文件系统的容错性。

2009年4月17日，华为申请一种多通道并行纠错的闪存控制方法和装置专利（申请号为CN200910130461）。该方法为：对多个通道并行纠错，如果任意一个通道内的闪存芯片的读出数据发生错误，则在对发生错误的读出数据进行恢复后传输，可以避免在用户端主通道上设计ECC难以达到较高的时钟频率而影响主通道读带宽，进而影响整个系统性能的问题。

2009年5月21日，华为申请一种存储数据纠错的编码和译码方法及装置专利（申请号为CN200910059381）。该方法为：根据纠错控制信号从至少两种纠错码模式中确定数据进行编码采用的纠错码模式，对数据采用确定的纠错码模式的编码电路进行编码并生成编码校验位，将数据和编码校验位写入存储数据区，可以提升纠错码配置和纠错码间的切换的灵活性，实现不同纠错模式的兼容。

2010年2月10日，华为申请一种存储设备的数据扫描方法和装置专利（申请号为CN201010116553）。该方法为：按照扫描周期的设置的基准值对存储单元阵列中的数据进行扫描，主动针对错误数据进行纠错，可以避免错误位数累积超过错误检查和修正（ECC）的纠错能力，提高存储设备中存储数据的可靠性。

2013 年 8 月 9 日，华为申请一种文件处理方法、装置及存储设备专利（申请号为 CN201380001800）。该方法为，属于同一个文件的数据块位于第一矩阵的同一行中；将第一矩阵中每一列数据块和根据列数据块计算获得的校验块组成分条存储在 RAID 中。

2013 年 12 月 27 日，华为申请一种固态硬盘及数据移动方法专利（申请号为 CN201310740030）。该方法为：控制芯片包括业务处理模块和移动模块，控制芯片的业务处理模块向移动模块发送移动命令，控制芯片的移动模块通过接收移动命令从源块读出有效数据，对有效数据进行错误检查纠正 ECC 校验，将校验后的数据写入所述目的块的空白页中。

2014 年 10 月 21 日，华为申请一种数据存储方法及固态硬盘专利（申请号为 CN201410564041）。该方法为：根据地址确定目标闪存页的类型，根据确定的目标闪存页的类型及待写入数据，计算目标闪存页的比特错误率（BER）；根据目标闪存页的 BER 和预设目标闪存页的 BER 与步幅电压的对应关系确定写入待写入数据的步幅电压；步幅电压是根据固态硬盘的错误纠正码 ECC 纠错能力确定的；根据步幅电压将待写入数据写入目标闪存页。

2016 年 12 月 28 日，华为申请一种数据读取方法及装置专利（申请号为 CN201611239752），以解决现有的 LDPC 纠错机制需要较长的读取时延和解码时延，影响闪存的读性能的问题。该方法为：闪存控制器接收到读取指令时，在待读取数据所在页加载预设参考电压，获取待读取数据所在页中存储元的第一电压状态信息；根据第一电压状态信息对待读取数据进行解码，确定解码失败时，判断待读取数据所在页所属块的编程擦除次数是否小于预设阈值，以判断继续加载电压的位置位于预设参考电压左侧还是右侧，以此减少错误率较低的一边冗余的参考电压，提高 LDPC 解码性能。

2018 年 4 月 3 日，华为申请一种更新校验块的方法和设备专利（申请号为 CN201810296834），其中方法的实现包括：纠删码（Erasure Code，EC）存储系统接收涉及 EC 条带的写请求；所述 EC 存储系统根据所述写请求在所述 EC 条带上所涉及的数据范围，选择重构写方式或读改写方式更新所述 EC 条带上的校验块。使用该发明实施例公开的技术方案，系统可以选择更优的更新校验块的方式。

（3）在数据备份/冗余方面的改进

2003 年 9 月 23 日，华为申请一种磁盘数据备份系统及其方法专利（申请号为 CN03159567）。该系统的数据备份电路模块，用于将一个高级技术附件接口扩展为至少两个完全相同的高级技术附件接口，每个扩展出来的高级技术附件接口和一个硬盘连接，使数据备份独立于主机的操作系统，只用一个 ATA 接口就可以实现基于多个镜像硬盘的数据备份功能，提高保存数据的安全程度。

2004 年 12 月 8 日，华为申请一种防止移动终端中个人数据丢失的方法及装置专利（申请号为 CN200410097008）。该系统在防止移动终端中个人数据丢失的方法中，将移动终端的个人数据转化成特定格式消息并发送给网络侧进行备份，能够使用户简单便捷地备份移动终端中的个人数据，还能使用户非常方便地查询。

2008 年 5 月 8 日，华为申请一种存储系统数据备份方法及装置专利（申请号为 CN200810097024）。该存储系统数据备份方法，在第一和第二主板间设置多个镜像通道，并在多个镜像通道中均衡传输备份数据，当出现故障镜像通道时，利用其余正常镜像通道传输备份数据。

2009 年 6 月 18 日，华为申请一种数据备份处理方法、数据存储节点设备及数据存储装置专利（申请号为 CN200910142492）。该处理方法为：对数据存储节点中的 N 个磁盘进行编号，使得所述 N 个磁盘根据各自对应的编号组成依次逻辑相连的环形结构；将原始数据以及所述原始数据的 M 个备份数据或将原始数据的 M 个分片数据以及所述 M 个分片数据的校验片数据，分别存储在所述环形结构中的彼此逻辑相连的 M + 1 个磁盘中，其中所述 M + 1 个磁盘构成一个磁盘组。

2011 年 11 月 25 日，华为申请一种虚拟磁带库设备及数据恢复方法专利（申请号为 CN201110380759）。该虚拟磁带库设备设有虚拟磁带库 VTL 接口模块、网络附加存储 NAS 接口模块、VTL 配置模块、文件驱动模块、输入/输出管理模块；VTL 配置模块用于将存储介质虚拟成磁带，并在收到备份指令后，生成与备份数据对应的虚拟磁带配置信息。

2012 年 12 月 25 日，华为申请一种重删备份数据的恢复方法和装置专利（申请号为 CN201210570483）。该方法为：在从备份服务器接收到重删备份数据恢复任务的第一读请求时，确定恢复任务所涉及的数据范围；重组第一读请求所针对的第一数据，并重组数据范围内的第二数据；向备份服务器发送所述第一数据，并将第二数据写入缓存中；在从备份服务器接收到恢复任务的后续读请求时，从缓存所存储的第二数据中获取后续读请求所针对的数据。

2013 年 9 月 18 日，华为申请一种存储系统掉电数据备份方法及存储系统控制器专利（申请号为 CN201310428560）。该方法在存储系统发生掉电，需要将缓存中的数据备份到非易失性存储器中时，在对要备份的数据进行再次刷新之前能将数据备份完的情况下，停止刷新操作。

2013 年 12 月 12 日，华为申请一种数据复制方法及存储系统（申请号为 CN201380002271）。该方法：第一存储系统根据复制信息确定第一及第二复制子信息；第一存储设备将需要由第一存储设备复制到第二存储系统的数据复制到第二存储系统；第二存储设备将需要由第二存储设备复制到第二存储系统的数据复制到第二存储系统。实现将存储系统的同一个复制任务由两个存储设备进行分担，提升复制效率。

2014 年 3 月 21 日，华为申请一种数据恢复方法、装置及备份系统专利（申请号为 CN201410109548）。该方法为：如果当前的第二版本中某一第二数据块，与数据版本信息对应第一版本中对应位置的第一数据块不一致，则将第一数据块和第一数据块的位置信息发送给主机或存储设备，主机或存储设备用第一数据块替换第二版本中位置信息所指示位置的第二数据块以进行数据恢复，可以减少备份服务器与主机（或存储设备）之间传输的数据量。

2015 年 9 月 29 日，华为申请一种数据处理方法、装置及闪存设备专利（申请号为 CN201510629175）。该方法为：确定操作后的闪存设备中用户存储的数据量，且根据该数据量和每个冗余等级对应的用户存储空间容量的区间，确定目标冗余等级；根据目标冗余等级及每个冗余等级与调整参数之间的对应关系，确定目标调整参数；按照该参数调整闪存设备的冗余空间容量的大小。

2016 年 2 月 25 日，华为申请一种在线升级方法、装置及系统专利（申请号为 CN201610104513）。该系统为：获取 N 个待升级节点的标识；根据该 N 个待升级节点的标识设置该 N 个待升级节点的升级顺序；根据该 N 个待升级节点的升级顺序确定每一个待升级节点的备份节点，得到节点备份信息，将该节点备份信息发送至该 N 个待升级节点，可以大大缩短分布式存储系统内各个待升级节点进行在线升级的时间，提高在线升级效率。

2017 年 5 月 2 日，华为申请一种基于动态资源反馈的备份优化专利（申请号 CN201780001961）。该方法涉及动态监控诸如中央处理器（Central Processing Unit，CPU）、存储器以及网络带宽等资源的使用情况，以便基于当前资源使用情况在备份过程中以优化方式利用这些资源。资源监控子系统用于监控服务器上网络、CPU 和存储器的使用情况，其中在服务器上正在运行数据库，并正在进行数据备份/恢复过程。

3.1.2.4 小　结

华为在集成电路相关的专利申请主要是以存储器、处理器、多媒体、RF 射频、放大器、锁相环、ADC&DAC、智能可穿戴芯片等方面为基础进行的专利布局。其中，华为在存储器领域的主要专利申请方向为非易失性存储器，且占比达到 62%；而在非易失性存储器中主要集中在存储器数据安全、存储器 I/O 性能、存储器功耗/节能和存储器寿命等方面的改进。与此同时，华为在处理器、多媒体方面也呈现较快的发展势头。随着互联网技术、5G 通信以及传感器技术的发展，大数据时代的到来，用户对数据的依赖程度越来越高，数据的价值会越来越突出，将促使存储器、处理器等技术的发展进入新的局面。

3.1.3 中兴通讯

3.1.3.1 公司概况

中兴通讯是全球领先的综合通信解决方案提供商，能够研发、制造 2G、3G、4G 全系列终端产品。该公司成立于 1985 年，是在香港和深圳两地上市的大型通信设备公众公司。该公司为全球 160 多个国家和地区的电信运营商和企业网客户提供创新技术与产品解决方案，让全世界用户享有语音、数据、多媒体、无线宽带等全方位沟通。

中兴通讯主要产品包括 2G/3G/4G/5G 无线基站与核心网、IMS、固网接入与承载、光网络、芯片、高端路由器、智能交换机、政企网、大数据、云计算、数据中心、手机及家庭终端、智慧城市、ICT 业务，以及航空、铁路与城市轨道交通信号传输设备。

2014 年，中兴通讯启动 M-ICT 万物移动互联战略，聚焦“运营商市场深度经营，政企价值市场，消费者市场融合创新”三大领域，并布局“新兴蓝海业务”。2015 年，中兴通讯在以芯片、政企、物联网、车联网、云计算、大数据、大视频等为代表的新兴业务呈现强劲增长趋势。目前，中兴通讯已全面服务于全球主流运营商及企业网客户。

（1）中兴通讯发展历程中的主要事件

1985 ~ 1990 年，中兴通讯前身——深圳市中兴半导体有限公司成立；自主研发第一台数据数字用户交换机 ZX500。

1995 ~ 1997 年，深交所 A 股上市。

1998 ~ 2000 年，中兴通讯自主研发的全套 GSM900/1800 双频移动通信系统获得（原）信息产业部颁发的六张电信设备进网许可证；推出 ZTE189 全中文双频手机。

2001 ~ 2004 年，加入 3GPP2（The Third Generation Partnership Project 2），并与英特尔（中国）、微软（中国）、IBM 等公司签署合作备忘。

2005 ~ 2007 年，公司确定 MTO 战略，开始重点开拓跨国运营商市场；在国际化战略方面获得突破，国际营收额占公司总收入额的六成左右，国际收入首次超过国内；MTO 战略获得重要进展，成为 Vodafone、Telefonica、Telstra 等一流运营商终端供应商，与美国 Sprint Nextel 在 Wimax 方面进行合作。

2008 ~ 2010 年，首家推出“xPON + EoC 方案”，可快速实现三网融合；终端出货量突破 2 亿部，居中国企业第一；2010 年全球国际专利申请量跃居全球第二，2011 第一季度 PCT 专利申请量居全球企业首位；中国云计算大会上，展示“CoCloud 云操作系统”，并在南京建成全球云计算中心；推出全球首个 LTE 商用一体化小型微站；完成业界首次 TD-LTE 与 2G/3G 网络互操作；率先实现多信道 Tbit 超长距离传输；业界首家完成 TD-LTE/TD-SCDMA/GSM 互操作测试；GoTa 被 ITU 国际标准采纳。

2013 年，获 2013 年度中国品牌 500 强。

2014 年 10 月 28 日，中标东南亚电信集团有限公司（下称“东南亚电信集团”）4G LTE 项目。

2017 年 11 月，在“2017 年中国大陆创新企业百强榜单”中位列梯级 I。

2018 年 11 月 7 日，宣布将加大针对交通及汽车市场的战略投入，开发基于 3GPP Release 14 的 LTE-V2X 路侧单元（RSU）和车载模组单元，搭载来自 Qualcomm Incorporated 子公司 Qualcomm Technologies，Inc. 的 C-V2X 芯片组解决方案。

（2）中兴通讯营业收入情况

中兴通讯从成立开始就进入通信行业，一开始发布第一台数字数据交换机，进入移动通信系统的研究与开发，并持续开发 GSM、CDMA 等移动通信技术。得益于全球移动特别是中国电信设备的建设，中兴通讯从 2000 年开始，营收一直处于增长之中。2005 年，中兴通讯启动全球化战略，并得益于其成功，营收呈爆发式的增长。2013 年，由于中兴通讯的终端产品营业收入下降（主要是中国的功能机和 3G 手机的营收出现下滑），其总营收呈下降趋势。2014 年，得益于国内外 4G 系统产品、国内外路由器及交换机、国内光通信系统、国内外 4G 手机（坚持消费品经营以及互联网思维转变的经营理念，并优化产品布局，注重精品以及旗舰系类的发展）等产品营业收入上升，其营业收入出现增长。中兴通讯历年营收如图3－1－13所示。

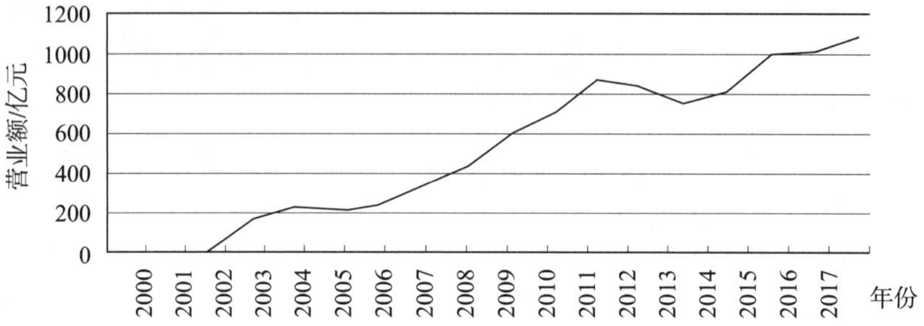

图3－1－13　中兴通讯历年营收情况

3.1.3.2　专利申请分析

3.1.3.2.1　申请态势分析

通过分析中兴通讯的专利申请年代与数量，可以了解其专利申请情况，并且推测其后续的专利申请趋势。

图3－1－14为中兴通讯的集成电路的中国专利申请量，其在中国申请的专利趋势总体分为两个阶段。

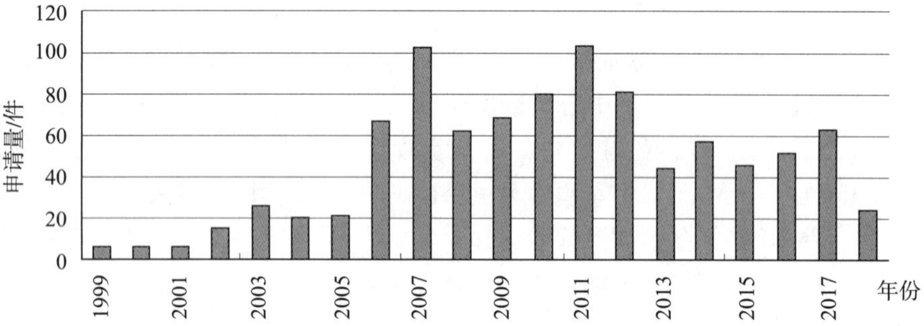

图3－1－14　中兴通讯集成电路的中国专利申请量

第一阶段为1999～2002年。在此期间，中兴通讯集成电路的中国专利申请量一直在小范围起伏。20世纪90年代初期，中兴通讯集成电路的中国专利申请量很低，而这一时期正是中兴通讯成立的初期，主要处于模仿创新阶段。随后申请量呈现波动增长态势，总体来说，申请量没有出现爆发式增长，与中兴通讯主要在中国开展业务有关。

第二阶段为2003年至今。随着中兴通讯进入自主创新阶段，中兴通讯在3G（WCDMA、TD-SCDMA、CDMA2000）产品以及终端等领域的持续研发，此阶段的专利申请较之前呈现出急剧增长的态势，随后几年的申请量一直保持较高值。这一变化趋势与通信技术的发展趋势密切相关，此时3G（包括TD-SCDMA）大规模商用，4G也开始进入商用阶段，并且中兴通讯也拓展了业务范围，例如手机终端等。

3.1.3.2.2　技术分支分析

技术分支能够反映一个申请人在不同时期对不同技术分支采取的申请策略，明确其技术侧重点以及将来可能的侧重方向。

由图3－1－15可知，中兴通讯在射频芯片、放大器、通用处理器、存储器以及多媒体芯片相关的技术分支布局的专利较多，这与中兴通讯以通信产品作为公司的主营业务有关。通信产品一方面需要对多媒体等数据进行压缩、编码等，另一方面需要完成数据的传输，例如使用射频收发机，而射频收发机需要放大器、通用处理单元、存储器等相关部件的配合才能完成相应的数据传输工作。此外，中兴通讯还在滤波器（包括模拟滤波器、数字滤波器）、分频器、混频器、时钟、脉冲、波形产生电路上进行一定的专利申请。

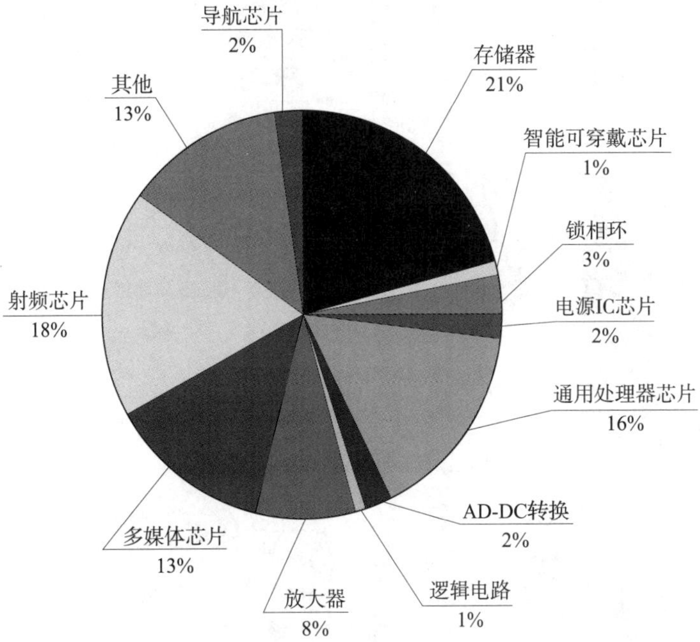

图3－1－15　中兴通讯关于集成电路的技术分支分布图

3.1.3.3　技术发展路线分析

消费者业务是建立公司品牌认知的一个主要手段，中兴通讯自1999年推出ZTE189全中文双频手机，就进入消费者产品领域。随着通信技术以及手机的发展，其投入大量资源进入消费者业务，相继推出支持WCDMA、CDMA、TD-SCDMA、TD-LTE等制式的无线通信终端。中兴通讯的手机终端产品在前期主要通过运营商渠道进行推广，但是在智能手机时代，由于坚持之前的运营思路，其手机终端的营收出现下滑（特别是2013年的营收首次出现大幅下滑）。当前主流的通信技术有2G、3G、4G三种制式，因此手机终端需要支持不同的网络制式。但不同的通信制式之间会存在干扰的问题，本节将从多模终端及其之间的干扰处理方法，对中兴通讯的相关专利申请进行梳理，如图3－1－16所示。

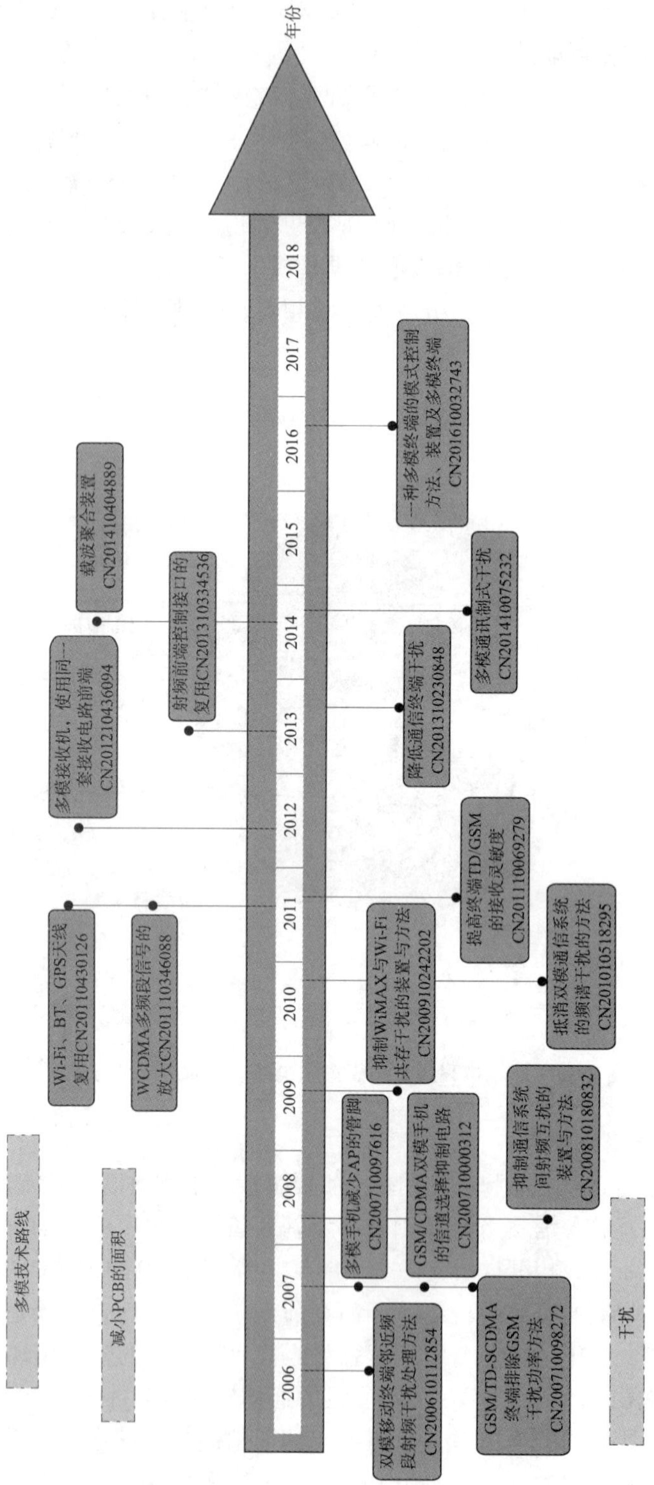

图3-1-16　多模终端技术路线

多模终端中主要存在以下两方面的问题：①射频的干扰。不同的通信制式会使用相邻的频段或者重合的频段，这样就会存在射频的干扰。如果不采取任何处理措施，那么在此情况下，整机性能将随双模工作频率的间隔发生明显的变化。因此，多模终端需要对临近频率的干扰进行处理。②PCB 版的面积过大。多模终端中需要使用多个天线，例如 Wi-Fi、蓝牙（BT）等，均需要不同的天线进行支持，从而增加多模终端 PCB 版的体积。

（1）消除干扰

中兴通讯从不同的方面，来消除多模终端的干扰。中兴通讯在 2006 年申请一种双模移动终端在临近频段射频干扰的处理方法专利（申请号为 CN200610112854）。在 CDMA 的射频通路上串接射频控制器，通过判断 GSM 移动终端、CDMA 移动终端是否同时工作在临近频段以及同时工作在临近频段时的干扰类型，然后对不同的类型使用 GSM 发射或接受时隙控制信号关闭射频控制器，从而可以优化 GSM/CDMA 双模终端的临近频率情况下的射频性能。

2007 年，中兴通讯申请在 GSM/TD-SCDMA 双模移动终端中排除 GSM 干扰功率的方法（申请号为 CN200710098272）专利。GSM 模块在 TD-SCDMA 进行接入试探发射的过程中，实时向 TD-SCDMA 模块上报 GSM 模块发射功率及其状态，使 TD-SCDMA 模块实时获知 GSM 模块的发射功率。

同年，中兴通讯申请一种 GSM/CDMA 双模手机的信道选择的抑制电路专利（申请号为 CN200710000312）。该抑制电路使用带阻滤波器抑制混入接收端基带频谱的干扰分量，抑制频率以采样频率为中心，输入为接收机前端混频产生的基带 I/Q 信号，输出滤波后信号到接收端基带解调电路。

2008 年，中兴通讯申请一种抑制通信系统间射频互扰的装置和方法（申请号为 CN200810180832）的专利。该方法将一个抑制装置加在通信系统的射频模块之前。该装置包括滤波模块和选择模块。滤波模块在选择模块的控制下，将第一通信系统之外的第二通信系统的频谱滤除，滤波模块的中心频带为第一通信系统一波段的中心频带，滤波模块的带宽与该波段相同。

2009 年，中兴通讯申请一种抑制 WiMAX 与 Wi-Fi 共存干扰的装置及方法专利（申请号为 CN200910242202），使用一个 WiMAX 滤波模块，滤除 WiMAX 天线接收到的 Wi-Fi 射频信号，还滤除来自 WiMAX 射频模块的 WiMAX 射频信号的带外干扰信号；以及Wi-Fi滤波模块，滤除来自 Wi-Fi 射频模块的 Wi-Fi 射频信号的带外干扰信号，还滤除 Wi-Fi 天线接收到的来自用户的 WiMAX 射频信号。

2010 年，中兴通讯申请一种抵消双模通信系统的频谱干扰方法的专利（申请号为 CN201010518295），使用干扰信号基带解调模块处理频谱交叠信号得到干扰基带信号，干扰信号重构模块对干扰基带信号进行干扰信号重构处理，得到干扰滤除信号，延时处理模块对频谱交叠信号进行第一延时处理，干扰抵消模块利用干扰滤除信号对延时处理后的频谱交叠信号进行干扰抵消处理。

2011 年，中兴通讯申请提高终端接收灵敏度的方法及终端专利（申请号为

CN201110069279），当第一和第二模块同时工作在两个模式的干扰频段，且在两个模式分别处于发射状态和接收状态时，将处于接收状态的第一模块或第二模块中可调阶数的滤波器设置为高阶状态。从而在终端 GSM 模块工作在 DCS 频段，同时 TD 模块工作在 F 频段时，改善 TD F 频段和 GSM DCS 频段的接收灵敏度。

2013 年，中兴通讯申请通信终端及降低通信终端干扰方法（申请号为 CN201310230848）的专利，通过在通信终端的第一天线开关和第一天线之间设置第一滤波模块，该第一滤波模块可对来自第一天线开关的发送信号进滤波处理，因此可以将第一天线开关输出的杂散信号滤除，降低通信终端的第二工作单元在通信过程中产生的杂散信号对通信终端的第一工作单元的接收造成的干扰。

2014 年，中兴通讯申请一种多模双通终端专利（申请号为 CN201410075232），在多模终端前段架构中，将每个制式的各频段通路按高低频段进行归类，每个制式低频段通道共享一个射频开关，高频段通道共享一个射频开关，从而降低不同通信制式的通信模块之间的干扰。

2016 年，中兴通讯申请一种多模终端的模式控制方法、装置及多模终端专利（申请号为 CN201610032743）。该方法能帮助多模终端快速进行各通信模组工作方式的优化组合，尽量减少两个以上通信模组同时工作时产生的互相干扰，提高多模终端的性能。

（2）减少 PCB 面积

中兴通讯在 2011 年的专利申请（申请号为 CN201110346088）中提出一种功率放大器，接收第一模式信号的相位信号，将放大后的相位信号传送到信号叠加器；信号叠加器，接收第一模式信号的幅度信号和放大后的相位信号，将幅度信号和放大后的相位信号进行叠加后输出。从而对 WCDMA 信号只需要使用一个功率放大装置即可实现 WCDMA 多频段信号的放大，可以较好地解决占用 PCB 面积大的问题，实现多模终端的小型化。

2011 年的专利申请（申请号为 CN201110430126）中提出一种天线复用方法，在天线单元中设置第一和第二辐射单元，通过第一辐射单元接收和发射 Wi-Fi 和 BT 信号，通过第二辐射单元接收 GPS 空口信号，通过带通滤波器分离 Wi-Fi、BT 信号和 GPS 信号进入各自的信号通道。实现无线局域网（Wi-Fi）、蓝牙（BT）和 GPS 天线的复用，减少天线数量。

2012 年的专利申请（申请号为 CN201210436094）中提出一种多模接收机及其接收方法，根据信号的频段选择接收电路前端。同频段不同模式的信号能利用一套接收电路前端，可以减少射频芯片的数量，降低成本。

2013 年的专利申请（申请号为 CN201310334536）中提出一种射频前端控制接口的复用方法，通过在相同的射频前端器件中的每个射频前端器件上均添加相同数量的管脚，实现多个相同的射频前端器件共用一组射频前端控制接口，由此可以解决在射频前端器件相同的情况下每个射频前端器件需要分别使用一组射频前端控制接口的问题，进而可以节省在多模多频段移动终端的射频前端电路设计过程中所使用的 RFFE 接口，提高移动终端印制电路板（PCB）的设计空间和尺寸利用率，降低电路设计的复杂度。

2014年的专利申请（申请号为CN201410404889）中提出一种载波聚合装置。该装置包括第一收发天线、第二收发天线、第一射频前端、第二射频前端和射频收发芯片；其中，第一收发天线接收到的信号通过第一射频前端分成一路高频信号、一路中频信号、一路低频信号后，分别进入射频收发芯片；第二收发天线接收到的信号通过第二射频前端分成一路高频信号、一路中频信号、一路低频信号后，分别进入射频收发芯片。如此，能够实现一种双天线的载波聚合装置，相较于现有技术，可以节省两个天线，在减少干扰的同时可以减少印刷电路板（Printed Circuit Board，PCB）布局面积，而且产品的制造成本也大大降低。

3.1.3.4　小　结

中兴通讯在集成电路相关的专利申请主要是以通信技术为基础进行的专利布局，主要涉及通信技术中多媒体的处理以及射频收发机中相关装置的专利布局。随着中兴通讯的业务拓展，其在专利方面的布局也越来越广，但其核心的专利还是布局在通信协议上，例如LTE（2011年中兴通讯声明235项LTE基本专利占比超7%），其在集成电路方面的布局主要还是用于实现通信。此外，随着中兴通讯在手机终端上的投入以及现有通信制式的多样化，多模手机成为现在的主流，为了减少多模手机的干扰和减少PCB板面积，中兴通讯也进行了相关的专利申请，但其主要关注点依然是减少多模手机的干扰且一直持续地进行改进。

3.1.4　设计领域重要申请人小结

在申请趋势方面，ARM在集成电路设计技术领域起步较早，于20世纪90年初期就进行专利申请，而华为和中兴通讯相对来说起步较晚，于20世纪90年代末期才开始进行专利申请。虽然华为和中兴通讯的专利申请起步晚于ARM，但在专利的申请数量上华为和中兴通讯近年来保持着较高的增长趋势，且华为和中兴通讯的专利申请总量均大于ARM，足见国内企业对专利的重视度日益增强。

在专利布局上，ARM在集成电路设计技术领域采取的是全球布局，从1994年开始在中国大陆进行专利布局，其原因是近年来中国集成电路行业持续快速增长，中国市场已成为全球集成电路市场的重要市场之一。华为和中兴通讯在集成电路设计领域的专利采用先中国大陆再全球布局的战略，这与华为和中兴通讯为中国本土企业的性质有关，同时华为和中兴通讯也具有全球战略的眼光，近些年在全球的专利布局也一直保持较高的增长。

在技术分布方面，ARM的专利布局主要集中在芯片设计上，其重点是计算机指令系统的技术，包括程序流控制、数据运算、系统指令、数据传送、多道程序执行、其他扩展等，可见处理器IP设计为其技术核心；而华为和中兴通讯在存储器、多媒体、通用处理器等方面具有较多的专利申请，可见华为和中兴通讯对上述方面比较重视以及具有较深的技术。总的来说，ARM、华为和中兴通讯在核心技术上既有相同的地方，也各自具有自己的特色部分。

3.1.5 启　示

目前国内企业与国外企业在集成电路设计领域还存在一定差距，尤其涉及核心技术领域比如处理器、存储器等差距更加明显，这促使国内企业加大对核心技术的研发力度。从华为与赛门铁克合作成立合资公司，开发存储和安全产品与解决方案，到华为收购该合资公司的过程，我们可以得到启示，国内企业在发展的过程中可寻求“强强联合”互利共赢的发展道路。当前国内的大部分企业专利意识比较薄弱，专利布局较为落后，需要加大对知识产权的保护力度，降低因知识产权问题带来的风险。

3.2 集成电路制造领域重要申请人分析

台积电作为全球集成电路代工行业的龙头企业排在第一位，其市场占有率约为60%，其全球专利实力在半导体领域首屈一指。中芯国际是世界领先的集成电路芯片代工企业之一，其市场占有率为全球第四，也是国内规模最大、技术设备最先进的芯片代工企业。因此，本节选取上述两家公司作为集成电路制造领域的重要申请人进行分析。

3.2.1 台积电

3.2.1.1 公司概况

台湾积体电路制造公司简称台积电、TSMC，是台湾一家半导体制造公司。台积电成立于1987年，总部与主要工厂设立于台湾新竹科学工业园区。台积电是全球第一家以及最大的专业集成电路制造服务（晶圆代工）企业。2013年，营收19.85亿美元，晶圆代工市场占有率46%，为全球第一。2011年，资本额约新台币2591.5亿元，市值约1000亿美元，为台湾市值最大的上市公司。台积电总产能已达全年430万片晶圆，其营收约占全球晶圆代工市场的60%。

台积电专注生产由客户设计的芯片，本身并不设计、生产或销售自有品牌产品，确保不与客户直接竞争。时至今日，台积电已经是全世界最大的专业集成电路制造服务公司，仅在2015年，台积电就以228种制程技术，为470个客户生产8941种不同产品。台积电的客户遍布全球，为客户生产的芯片被广泛运用在计算机、通信、消费性、工业应用与其他电子等多样应用领域。如此多样化的芯片生产有助于缓和市场需求的波动性，使台积电维持较高的产能利用率及获利率。2015年，台积电所拥有及管理的产能超过900万片12英寸晶圆。台积电在台湾设有3座先进的12英寸超大晶圆厂、4座8英寸晶圆厂和1座6英寸晶圆厂，并拥有2家海外子公司——WaferTech美国子公司、台积电（中国）有限公司。台积电日前宣布与南京市政府签订投资协议书，将斥资30亿美元在南京市成立100%控股的台积电（南京）有限公司，下设1座12英寸晶圆厂以及1个设计服务中心。台积电在南京建立的12英寸晶圆厂位于浦口经济开发区，规划月产能为2万片，2018年下半年开始生产16nm制程。台积电已于去年开始量产16nm制程，目前占有全球14/16nm晶圆一半以上的市场。目前台积电在中国大陆拥有

100个以上的客户。台积电董事长张忠谋表示，近年来大陆半导体市场成长迅速，台积电在南京市设立12英寸晶圆厂与设计服务中心就是为了就近协助客户并进一步增加商机。台积电在北美、欧洲、日本、中国大陆、南韩、印度等地均设有子公司或办事处，提供全球客户实时的业务与技术服务。至2015年年底，台积电全球员工总数超过45000人。

台积电子公司台积固态照明股份有限公司及台积太阳能股份有限公司，原从事固态照明装置及其相关应用产品与系统，以及太阳能相关技术与产品之研究开发、设计、制造与销售。2015年1月，台积电董事会核准出售台积固态照明（股）公司股份予晶元光电（股）公司。此交易完成后，台积电已全面退出LED产业。2015年8月，台积电宣布台积太阳能（股）公司因业务发展已不具长期经济效益，于该月底前停止其工厂生产业务。

2015年，即使面对既有竞争者及新进竞争者的挑战，台积电在全球半导体业之集成电路制造服务领域，仍以55%的市场占有率持续保持领先地位。拥有最先进的制程技术是台积电在专业集成电路制造领域保持领先地位的关键。2015年，有48%的营收来自28nm及以下更先进制程。在2015年9月于美国加州圣塔克拉拉举办的“开放创新平台生态论坛”，台积电揭露了10nm的FinFET参考流程。台积电提供客户专业集成电路制造领域中最全面的制程技术，并且持续投资先进及特殊制程技术，这是台积电有别于竞争对手并为客户创造更多附加价值的主要原因之一。

图3－2－1显示了台积电的总体营收情况。2015年，台积电的营收达到了265亿美元，在半导体制造行业排名前三。然而考虑到排名第一、第二的英特尔和三星处理半导体制造领域，还大量涉足其他如消费电子、基础电路设计等领域，而台积电专注于集成电路的制造领域，265亿美元的营收在行业内还是十分惊人的，这也反映了台积电的整体实力。

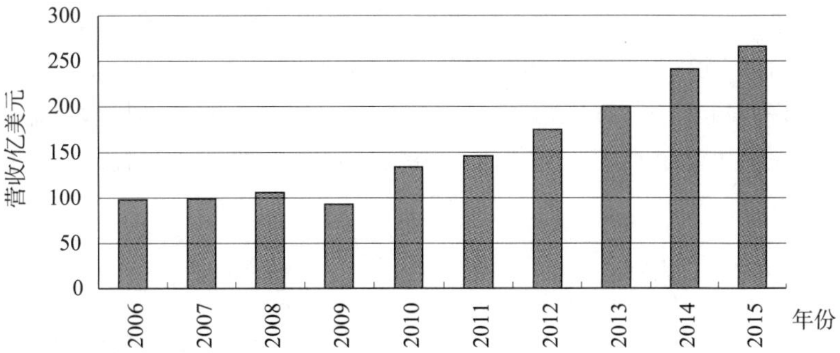

图3－2－1　台积电营收情况

3.2.1.2　专利申请分析

3.2.1.2.1　申请态势分析

台积电不但在集成电路制造领域领先于其他竞争企业，同样地，台积电的专利经验、实力在业内也首屈一指。2015年，台积电获得了国际电机电子工程协会（IEEE）

Spectrum 杂志全球专利实力评鉴半导体制造类组的第一名。台积电的代表人表示，公司每年拨 10 亿美元用于技术研究发展，而专利实力也是公司研发实力的体现。

图 3－2－2 显示了台积电的专利总体情况（专利包括发明专利、实用新型专利、外观设计专利等）。其目前申请过的专利总数为 50041 件。其中，有效专利（包括申请中专利和有效专利权）的总量为 29311 件。专利权维持的数量为 23052 件，审查过程中的有 6259 件。由此可见，台积电的专利实力不容小觑，不仅仅专利数量非常多，从专利权维持的数量来看其专利质量也比较高。通常，考虑到专利权维持费较高等因素，大部分专利在授权后几年内，专利申请公司的授权专利会因未缴年费而失效，但是台积电专利权维持的数量达到 23052 件，仅仅是年费一项开支也是很多中小型企业难以企及的，这也反映了台积电的整体实力。

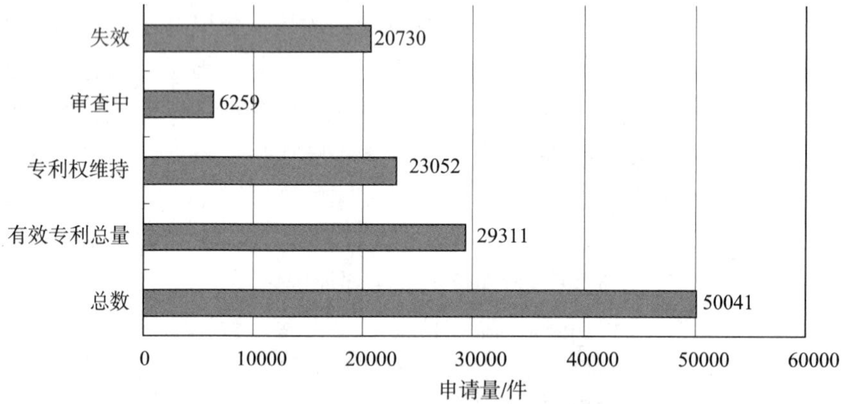

图 3－2－2　台积电总体专利情况

台积电不但拥有的专利总量多，而且在专利诉讼领域也十分活跃。图 3－2－3 显示了目前台积电专利诉讼情况。台积电共有 69 件诉讼案件。其作为原告的有 50 件专利，作为被告的有 15 件专利。例如在 2002 年，台积电及其拥有的台积电北美子公司、WaferTech 公司在美起诉中芯国际集成电路制造（上海）有限公司以及中芯国际北美子公司涉及侵犯专利权以及不正当竞争等。虽然经过漫长的诉讼过程，中芯国际和台积

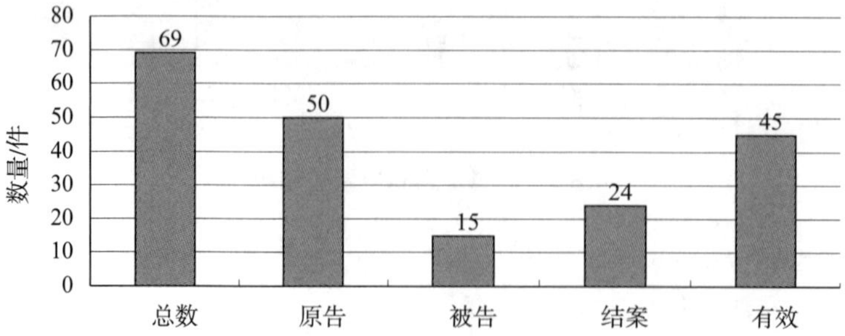

图 3－2－3　台积电专利诉讼情况

电达成和解协议，但是根据和解协议中芯国际向台积电支付了1.75亿美元的专利费。这一结果，也让当年中芯国际的盈利能力下降了60%左右。从这一诉讼案例也可以看出台积电首屈一指的专利实力。

从图3-2-4可以清晰地看到台积电在不同国家、地区的专利布局趋势变化。图3-2-4横轴是专利权的申请年份，纵轴显示了台湾积体电路制造公司在不同国家、地区的专利权数量。

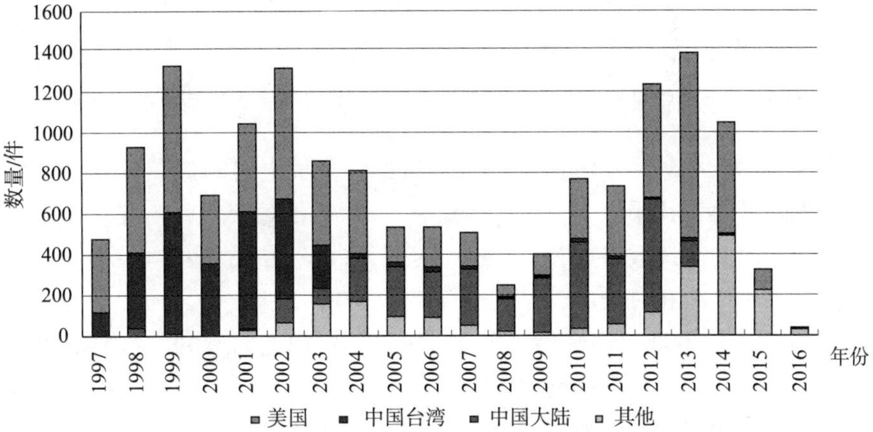

图3-2-4 台积电专利权按地区分布

首先，中国台湾地区是台积电最初的专利布局核心地区之一，主要是因为台积电本身就是中国台湾的本土企业。在企业成长初期，除了中国台湾之外，台积电还专注于美国的专利布局。这一方面是因为美国是全国最大的集成电路出货地区，市场规模大；另一方面，美国的研发实力出众，台积电不仅仅在美国设置制造工厂，还有相应的研发基地。另外，美国虽然存量市场已经首屈一指，但市场潜力仍然巨大，因为美国的研发实力强，尤其在消费电子等对集成电路芯片需求大的行业更是如此。因而，在企业成长初期，台积电更加专注于自身所在的中国台湾市场和美国市场。随着中国的发展，可以看出从2002年开始，台积电在中国大陆的专利布局也开始慢慢增加。直到最近，台积电在中国大陆的专利布局数量已经占很大的比例。这也是因为中国大陆市场潜力吸引了台积电。中国大陆不但市场潜力大，其劳动力相对便宜、研发人员众多也是台积电大量布局中国大陆市场的原因。从图3-2-4还可以看出，其他包括欧洲（德国、法国、英国、意大利、荷兰等国）和一些东亚国家（日本、韩国等）。从这一趋势也可以看出，台积电越来越国际化，而非专注于单一市场。2008年，台积电的专利申请到一个低谷，这是因为集成电路芯片行业是一个受经济周期影响较大的行业。2008年，由美国引发的全球性的次贷经济危机导致台湾积体电路制造公司也受很大影响。

图3-2-5显示了1997~2017年台积电集成电路制造领域中国大陆申请量分布情况。从专利的年申请量趋势上来看，台积电在中国大陆的发展大致可以分为三个阶段。

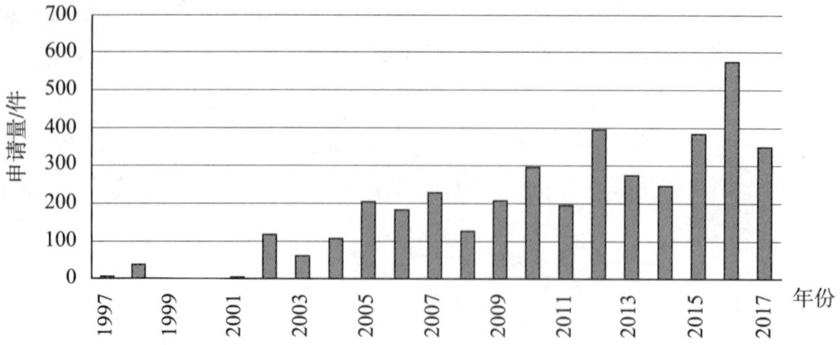

图3-2-5　1997~2017年台积电集成电路制造领域中国大陆申请量分布

（1）第一阶段：1997~2001年。这一阶段，在集成电路制造领域台积电在中国大陆的申请量相对较小，几乎以个位数计。只有1998年相对较多，约有40件专利申请。这可能是与台积电的全球战略有关。在这一时期，台积电的战略中心并不在中国大陆，在中国大陆的专利申请相对较少，只是进行初步布局。

（2）第二阶段：2002~2008年。在这一阶段，台积电的专利申请数量相对于上一阶段有一定的突破，集成电路制造领域的年申请量上升为三位数左右。这主要是因为，台积电（中国）有限公司于2003年8月4日在上海市松江区成立，这也标志着台积电的制造开始重视中国大陆市场。这一阶段，台积电在上海市建立了一座8英寸晶圆厂，该厂的产能每年都在扩充，产能已经扩充到年产约50万片8英寸晶片。

（3）第三阶段：2009至今。在这一阶段，台积电在集成电路制造领域的专利年申请量开始稳步上升。2012年，台积电在基础电路领域的专利年申请量达到400件，这一显示了台积电对于中国大陆市场越来越重视，不仅将制造厂商设在中国大陆，而且还更加重视中国大陆的高科技研发能力。

3.2.1.2.2　技术分支分析

根据前述集成电路制造领域技术分解表的分类，集成电路的制造工艺可以分为氧化工艺、图形转移、晶圆减薄、互连、掺杂与退火、薄膜制备。我们根据技术分解表，对台积电的专利进行标引。以下针对台积电的专利技术分支分布进行简要介绍。

图3-2-6是二级分支的分类，可以看出，无论是全球还是中国，互连的专利申请数量都是最多的。互连是通过导电金属将位于不同膜层中的器件电连接。互连的典型制造工艺为当晶体管的特征尺寸进入130nm技术节点之后，由于铝的高电阻特性，铜互连逐渐替代铝互连成为金属互连的主流，现在广泛采用的铜导线的制作方法是大马士革工艺的镶嵌技术。互连是集成电路制造领域必不可少也是非常重要的技术之一。对于全球分布和中国分布，排在第二、第三位的都分别是图形转移和薄膜制备。图形转移的全球专利数量为3210件，中国专利数量为957件。薄膜制备全球专利数量为2322件，中国专利数量为782件。而相对来说，氧化工艺以及晶圆减薄工艺专利数量分布较少。氧化工艺专利分布数量为中国96件，全球761件。晶圆减薄工艺中国专利数量为132件，全球专利数量为625件。根据技术分解表的定义，在硅片表面来热生长

一层氧化层的工艺。然而，在基础电路制造领域，并非所有的器件都需要氧化层，而且氧化工艺相对来说比较简单，技术壁垒较低，这也是其专利数量相对较少的原因。同样地，晶圆减薄技术发展至今已经比较成熟，所以其专利数量也相对较少。互连的制备以及图形转移工艺（包括光刻与刻蚀）是集成电路制造的核心工艺。事实上，集成电路的发展趋势是根据摩尔定律尽可能地减少线宽以及相应的光刻技术，这都和互连以及图形转移工艺息息相关。另外，从图 3－2－7 台积电在中国专利的布局情况也可以看出这一趋势。在中国，台积电在互连方面的申请量占 30%，在图形转移方面的申请量占 24%，为 957 件；薄膜制备、掺杂与退火、晶圆减薄、氧化工艺分别占 20%、21%、3%、2%。下面就针对分别量最多的两个分支互连和图形转移，以及氧化工艺的分支进行简要分析。

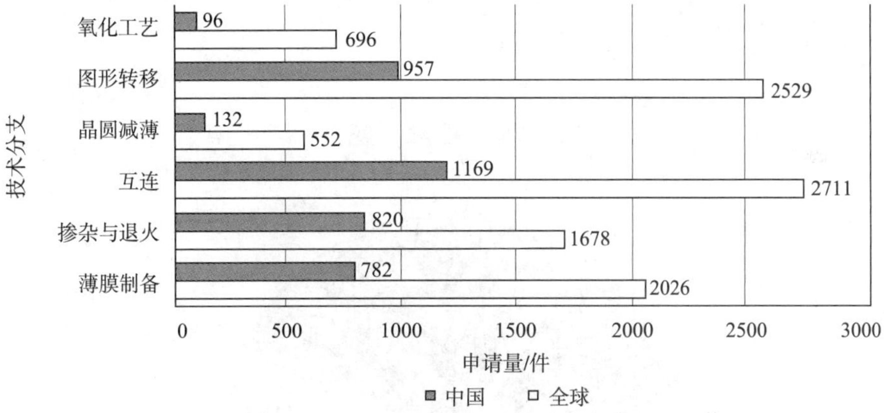

图 3－2－6　台积电集成电路制造领域全球/中国专利二级分支分布

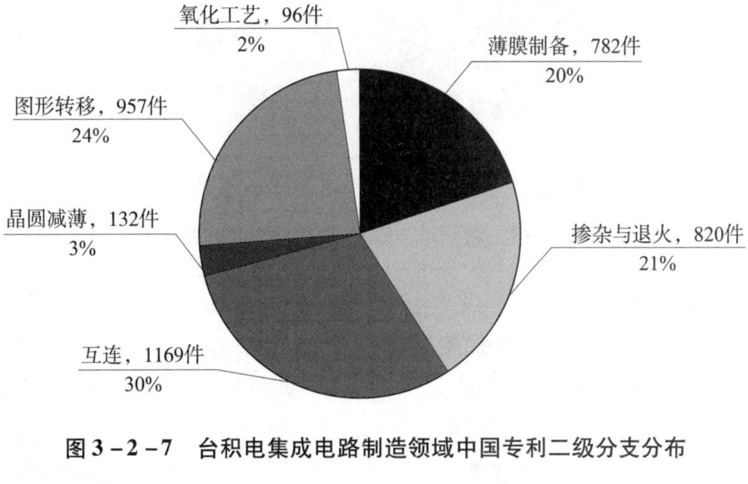

图 3－2－7　台积电集成电路制造领域中国专利二级分支分布

图 3－2－8 为台积电互连技术在全球的专利分布情况。从技术分支来看，铜互连线本身的改进专利数量最多，占 26%，达 648 件；占据第二的是层间介质层，为 18%，

453 件；占据第三位的是孔或沟槽的专利申请，数量为 445 件，占比为 18%。铜互连线、孔或沟槽、层间介质层是制造互连结构三个必不可少的要素。这也是这三个技术分支专利申请量占据前三位的原因。而对于其他方面的要素，例如扩散阻挡层、硬掩模层、空气间隙、刻蚀停止层、盖帽层等，都是为了进一步提升铜互连线的质量和性能，而非必不可少的要素。相应地，也可以从目前一些技术来讲并非必不可少的技术来探视台积电具体对于哪一个方面更加重视。从图 3－2－8 可以看出，占据第四、第五位的分别是扩散阻挡层和刻蚀停止层，占比分别达到 15% 和 9%，专利数量分别为 371 件和 232 件。扩散阻挡层是制备在互连的侧壁处，防止互连线的导电金属扩散进入层间介质层进而影响器件的性能。台积电专注于这一方面的研发也体现出其更注重互连线对器件整体性能的影响。而刻蚀停止层存在的目的是在增加刻蚀效率的同时防止刻蚀时穿透相应的功能膜层，对下层的器件有所影响。台积电根据关注之一方面主要是基于增加刻蚀效率，提升器件性能的考虑。

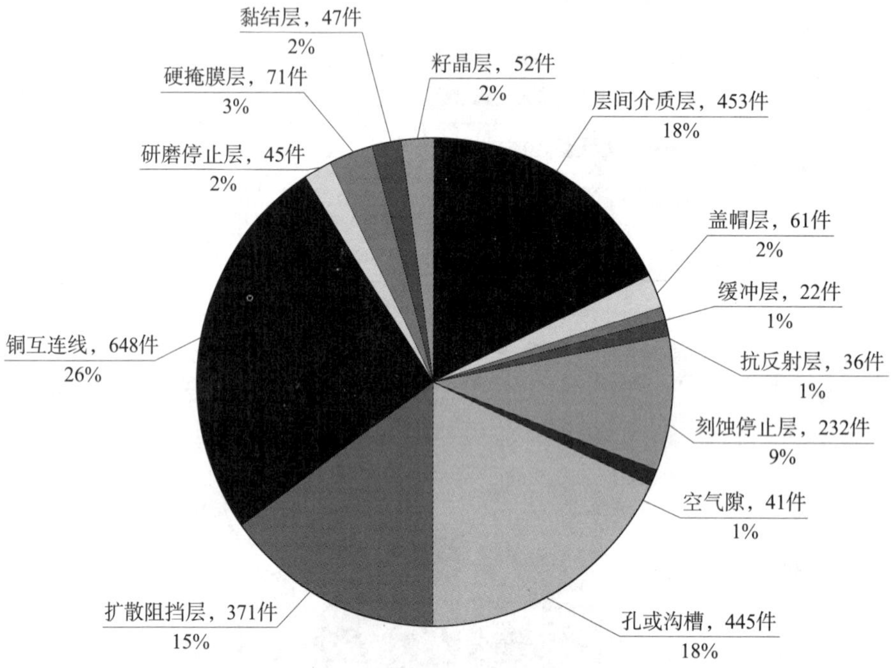

图 3－2－8　台积电全球专利互连技术分支分布

图 3－2－9 是台积电中国专利互连技术分支分布情况。涉及互连工艺的台积电专利申请数量为 1169 件。现在广泛采用的铜导线的制作方法是大马士革工艺的镶嵌技术，其中沟槽优先双大马士革工艺是实现铜导线和通孔铜一次成形的方法之一。当晶体管的特征尺寸进入 130nm 技术节点之后，由于铝的高电阻特性，铜互连逐渐替代铝互连成为金属互连的主流。因而课题组在对互连进行分类时至针有铜互连线的下级分支。从图 3－2－9也可以看出，涉及铜互连线的改进的台积电中国专利申请为 312 件，占总体互连工艺的 27%，为第一大分支。排名第二的分支为孔或沟槽的改进，占台积

电中国专利申请量的18%，为213件。排名第三的分支为层间介质层，占台积电中国专利申请量的15%，专利数量为169件。和全球分布分析的理由相同，这些专利申请数量的占比与图2-2-9互连的典型步骤是相符的。铜互连线、孔或沟槽、层间介质层是制造互连结构三个必不可少的要素。这也是这三个技术分支专利申请量占据前三位的原因。而对于其他方面的要素，例如扩散阻挡层、硬掩模层、空气间隙、刻蚀停止层、盖帽层等，都是为了进一步提升铜互连线的质量和性能，而非必不可少的要素。但是从这些要素可以看出台积电对于铜互连线制备工艺的改进方向。扩散阻挡层专利申请数量为68件，占比6%，这主要是为了解决铜互连线中的铜扩散进入层间介质层而影响器件的性能。硬掩模层的专利数量为48件，占比4%，这一技术分支主要是为了进一步提高互连线的形状精准度。空气间隙的专利申请数量为35件，占3%。这一技术不但可以解决铜互连线的扩散问题，还能够进一步降低层间介质层的介电常数，从而进一步提升器件的性能。

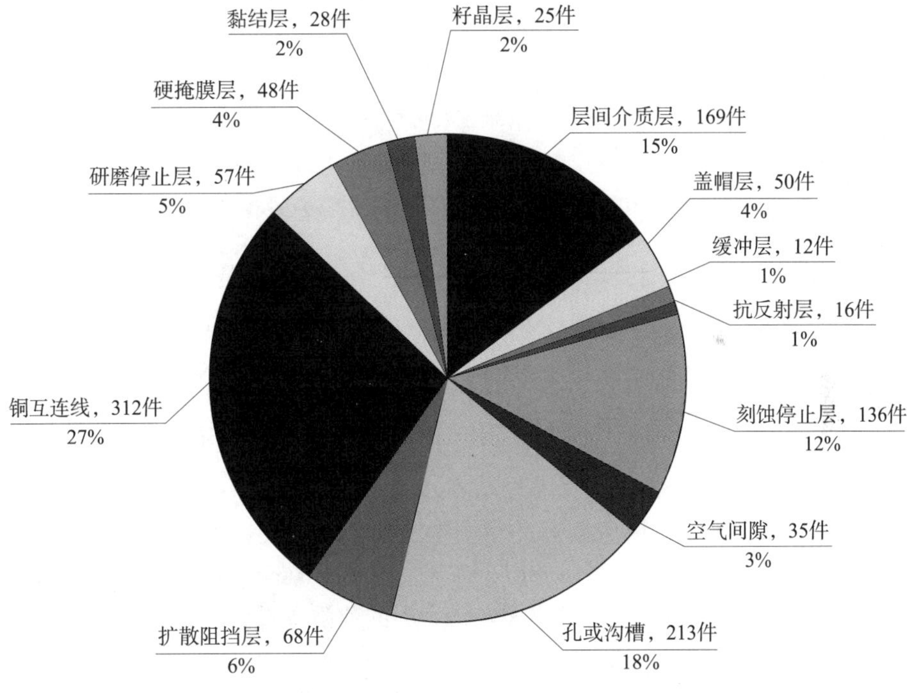

图3-2-9　台积电中国专利互连技术分支分布

图形转移分为光刻工艺和刻蚀工艺两个大的分支。光刻工艺是指集成电路制造中利用光学-化学反应原理和化学、物理刻蚀方法，将电路图形传递到单晶表面或介质层上，形成有效图形窗口或功能图形的工艺技术。而刻蚀工艺是指用化学的方法、物理的方法或同时使用化学和物理的方法，有选择地把没有被抗蚀剂掩蔽的那一部分薄膜层除去，从而在薄膜上得到和抗蚀剂膜上完全一致的图形。

图3-2-10是台积电全球/中国专利图形转移技术分布情况。可以看出，在这一大的技术分支下，各个领域的专利数量分部相对差别较大。分布最多的是刻蚀中的干

法刻蚀，中国专利申请的数量为293件，全球专利申请的数量为729件。相对来说，图形转移下光刻工艺的数据量就相对较少，这是因为光刻技术是集成电路制造的前沿领域之一，所以细分领域较多，因而粗看每一个细分领域数量较少。从总量上来讲，光刻工艺和刻蚀工艺专利申请数量相差不多。

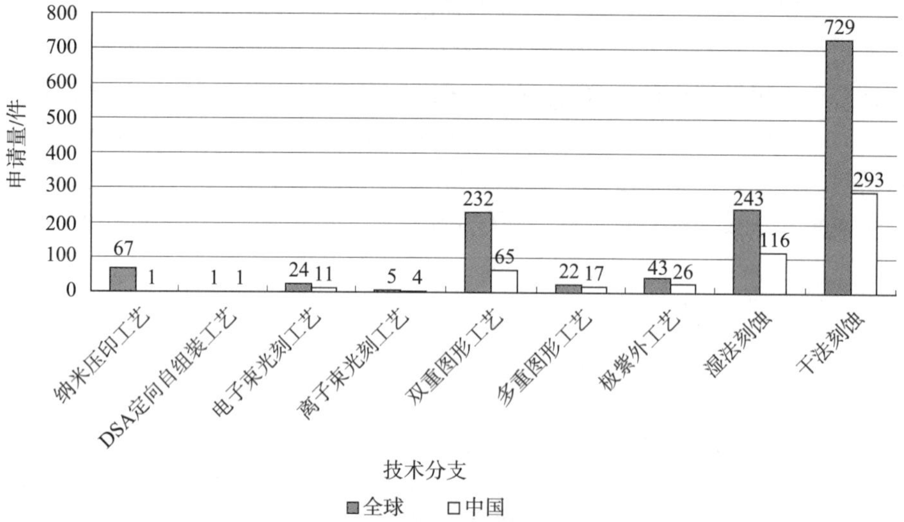

图3-2-10　台积电全球/中国专利图形转移技术分布

光刻工艺中，最主要的技术分支是双重图形工艺。随着光刻技术的进步，在157nm之后人们称之为下一代光刻技术（NGL），半导体器件尺寸越来越小要求图形光刻技术能达到的特征尺寸不断变小，目前主流的缩小图形光刻特征尺寸的方法主要为双重图形光刻技术、多重图形光刻技术和EUV。双重图形曝光的原理是将一套高密度的电路图形分解成两套分立的、密度低的图形，然后将它们印制到目标晶圆上。双重图形曝光有多种不同的实现方法，不过基本步骤都是先印制一半图形、显影、刻蚀，然后重新旋涂一层光刻胶，再印制另一半图形，最后利用硬掩模或选择性刻蚀来完成整个光刻过程。从图3-2-10可以看出，双重图形工艺在全球的总量为232件，在中国的总量为65件。这一领域目前是集成电路发展的前沿领域之一，这一技术分支也在本报告重点技术分支部分有详细描述。

图形转移是集成电路制造工艺中的重要技术分支之一，尤其是其下属分支的光刻技术，是集成电路制造中的核心技术之一。从图3-2-11可以看出，光刻工艺的专利申请数量为265件，刻蚀工艺的专利申请数量为409件。现在主流的集成电路制造的发展方向是尽量提高芯片的集成度，而这就对光刻工艺提出了更高的要求。例如，台积电最核心的技术之一即是7nm FinFET的制备工艺。FinFET有大于95%的机台设备均兼容，因此预期7nm FinFET制程的良率改善会相当快速。相较于10nm FinFET，7nm FinFET速度增快15%~20%，或者功耗降低35%~40%。此外，7nm FinFET针对行动应用和高速操作器件，可以提供给客户不同的优化制程选项。虽然光刻工艺是集成电路制造工艺的核心技术之一，但是从图3-2-11可以看出，其专利申请数量相对来说并没有占比很大。这和光刻工艺本身的特性有关。光刻工艺的核心技术是光刻相关的机器设备、光刻胶的化学组成以及光刻工艺的曝光方法等。这些核心技术研发成本贵，技术壁垒高，需要研发企业、科研院所的大量投入。而且，中国在光刻技术方面的发展和国际一流水准有一定的差距。因而，很多核心的关键技术和设备都是通过技术秘密的形式进行保护，而非通过在中国申请专利的形式进行保护。这也可能是光刻虽然是集成电路制造工艺的核心技术，但专利申请数量却不位居前列的原因之一。

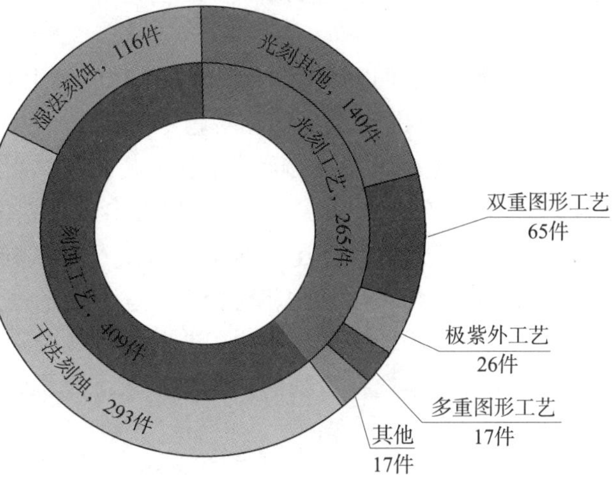

图 3－2－11　台积电中国专利图形转移技术分布

刻蚀工艺的下级分支分为干法刻蚀和湿法刻蚀。顾名思义，干法刻蚀就是不利用溶液进行刻蚀，比较常见的有激光刻蚀、等离子刻蚀等。与其相反，湿法刻蚀是通过特定的溶液对基片进行刻蚀，常见的有酸性溶液、碱性溶液等。一般来讲，干法刻蚀大多数是各方向异性刻蚀，而湿法刻蚀大多数是各项同性刻蚀。而对于半导体制造工艺来见，各向同性刻蚀的需求量比各向异性刻蚀的需求量少。这也从上述专利情况中有所体现，可以看出，台积电在中国的申请中干法刻蚀的专利申请数量为 293 件，湿法刻蚀的专利申请数量为 116 件。

光刻工艺中，申请量最多的三个工艺分别是双重图形工艺、极紫外工艺和多重图形工艺，台积电在中国申请的专利数量分别是 65 件、26 件、17 件。多重工艺和双重工艺的技术步骤大同小异。而 EUV 技术最明显的特点是曝光波长降到 13.5nm，可以帮助人们追求更小线宽、更高集成度的器件。业界认为，半导体工艺继续发展，使用 EUV 技术可能是必需的。而且 EUV 技术也能通过液相折射来降低波长，因为所有折射都可以降低波长。也就是说，EUV 技术可以有效拓展工艺深度。此外，EUV 技术还有其他优点，例如通用 KrF 曝光中的光刻胶以及由于短波长，不需要使用 OPC（光邻近效应的图形补偿）技术等，可大大降低掩模成本等。EUV 技术原本被寄希望于在 65nm 技术节点被采用，但是随着浸入式光刻、双重图形等技术的不断涌现，以及自身存在的光源不足、光刻胶和掩模版等相关技术不到位等原因，它崭露头角的日子不断地被推迟。EUV 光刻也称极紫外光刻，主要是指采用类似于波长为 13.5nm 的极紫外光源进行的图形光刻技术，由于 EUV 光刻的光源能量太强，传统光刻工艺的掩模结构以及光刻胶已经无法满足 EUV 光刻工艺的需要，对掩模、光刻胶的工艺改进将直接影响 EUV 图形光刻技术的发展。在 EUV 光刻中，对掩模和光刻胶的改进是目前研究的重点，也是全球大型企业和研究机构进行 EUV 技术专利布局的两个方面。从图 3－2－11 也可以看出，双重图形工艺、极紫外工艺、多重图形工艺这三个方向代表未来发展的方向。

虽然相对来说，氧化技术的专利申请数量较少，但是氧化工艺也是集成电路制造领域必不可少的技术之一。

从图 3－2－12 和图 3－2－13 可以看出，台积电在全球的氧化工艺布局情况中，热氧化为 600 件，占据绝大多数，低温氧化工艺相对较少，有 31 件。同样地，中国申请中，热氧化工艺的专利申请数量为 50 件，占所有氧化工艺的 79%。而低温氧化的专利申请数量为 13 件，占所有氧化工艺的 21%。由此可以看出，热氧化作为比较主流的、成熟的氧化方式，在集成电路的制造领域还是最主要的技术。而相对比较先进的低温氧化工艺，专利申请量的数据量相对热氧化还比较少。这主要是因为低温氧化工艺相对于传统的热氧化来说，氧化时间比较长，氧化工艺的成本比较高，因而主流的集成电路制造企业对氧化工艺通常还是选择传统的热氧化工艺，而非更加先进的低温氧化工艺。

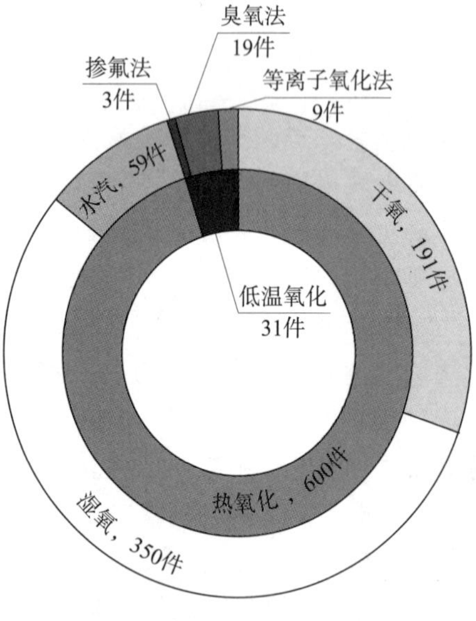

图 3－2－12　台积电全球专利氧化技术分布图

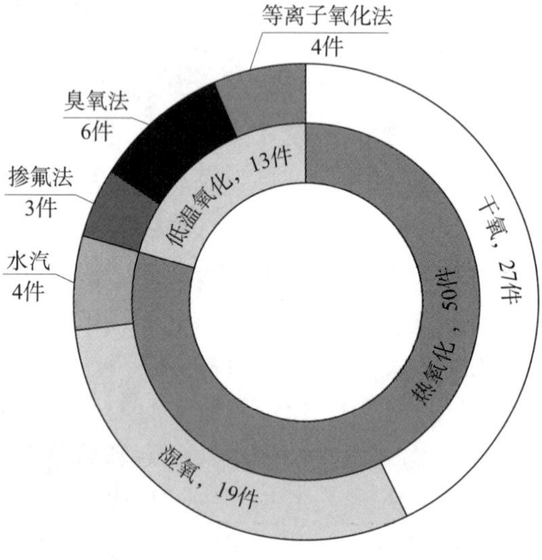

图 3－2－13　台积电中国专利氧化技术分布图

热氧可以分为干氧、湿氧、水汽氧化。从图 3－2－12 可以看出，全球分布中，干氧有 191 件、湿氧有 350 件，水汽氧化有 59 件。中国申请中，干氧工艺是热氧化中的主流技术，专利申请数量为 27 件，占热氧工艺总申请量的 54%。湿氧工艺专利数量为 19 件，占热氧工艺的 38%。而占比最少的水汽热氧化法，专利数量仅有 4 件，占据热氧化工艺的8%。这还是和氧化工艺的成本息息相关，热氧化工艺中的干氧工艺是所有氧化工艺中最简单的。通常，直接在氧气中直接加热需要氧化的芯片即可。在一些氧化膜层要求不高的器件上，甚至可以在空气中直接加热。由此可见，这种氧化工艺简单高效。而在一些对氧化膜层相对要求比较高的领域，湿氧氧化工艺是非常常用的。与热氧化相比，湿氧氧化工艺至少具有以下优点：氧化工艺中，与硅反应的氧是由水蒸气分解而成的，通过水蒸气分解的氧具有较高的活性，能够快速与硅反应生成氧化硅层，且氧能够穿透表面氧化硅层与内部的硅反应，从而可形成厚度一致性较好的氧化硅，可提高形成的衬垫与氧化硅层的厚度一致性，从而可提高后续步骤中填充的介质层与沟槽底部和侧壁衬底之间的黏附特性。此外，湿氧氧化工艺形成的衬垫氧化硅层可有效保护沟槽顶部边缘的衬底，避免在后续的填充介质层的工艺中损伤该沟槽的顶部边缘，避免形成弱点缺陷。可提高半导体器件的稳定性。总体来看，氧化的专利无论全球还是中国都集中在热氧化这一技术分支。而热氧化中，干氧和湿氧又占很大的比例。

3.2.1.3　重点专利分析

表3-2-1显示了台积电重点专利，为了方便显示，只写同族的一个授权号，筛选时排除了暂未授权的专利。筛选基于专利被引用次数、诉讼情况、权利要求字数、专利同族数量等相关信息。从表3-2-1可以看出，台积电的重要专利覆盖集成电路制造的较多领域，这也反映出台积电的技术研发实力和专利综合实力。另外，上述专利不但和集成电路的制造方法有关，部分还和器件相关。例如，涉及互连的专利有US6194128和US6235653。而且，这两件专利都和互连结构中典型的双大马士革结构以及双大马士革结构中的刻蚀相关。一个涉及刻蚀的具体方法，另一个涉及刻蚀停止层。专利US6350662和US6171896都涉及集成电路制造的浅沟槽隔离结构的制作。US6366105涉及薄膜制备。而有的专利同族数量众多，例如专利号为US8748292的专利，其在美国经过多次分案的过程。专利US7071014在欧洲（EP）、澳大利亚（AU）、日本均有相关的专利布局。表3-2-1列出的部分专利也都经过专利诉讼（包括专利无效）的检验，其专利稳定度、专利质量也都在台积电的专利中首屈一指。

表3-2-1　台积电重要专利列表

申请号	发明名称	技术重点
US6593641	Relaxed Silicon Germanium Platform for High Speed Cmos Electronics and High Speed Analog Circuits	制备基于SIGe的高速CMOS器件
US6194128	Method of Dual Damascene Etching	互连，双大马士革结构的刻蚀

续表

申请号	发明名称	技术重点
US6235653	Ar-based Si-richoxynitride Film for Dual Damascene and/or Contact Etch Stop Layer	双大马士革结构中的刻蚀停止层
US6274514	Hdp-cvd Method for Forming Passivation Layers with Enhanced Adhesion	通过 HDP-CVD 的方法制备黏附性好的钝化层
US6174797	Silicon Oxide Dielectric Material with Excess Silicon as Diffusion Barrier Layer	氧化硅介电层作为扩散层
US6107206	Method for Etching Shallow Trenches in a Semiconductor Body	制备 STI 结构时刻蚀方法
US6366105	Electrical Test Apparatus with Gas Purge	薄膜制备装置
US6171896	Method of Forming Shallow Trench Isolation Byhdpcvd Oxide	通过 HDP-CVD 的方法制备 STI 结构
US6287172	Method for Improvement of Tungsten Chemical-mechanical Polishing Process	化学机械抛光方法
US6350662	Method to Reduce Defects in Shallow Trench Isolations by Post liner Anneal	通过退火减少 STI 隔离结构中的缺陷
US7071014	Methods for Preserving Strained Semiconductor Substrate Layers During Cmos Processing	制备 CMOS 器件时保留损伤衬底
US8748292	Methods of Forming Strained-semiconductor-on-insulator Device Structures	形成 SOI 技术器件结构的方法

3.2.1.4 重要发明人分析

表 3-2-2 是根据台积电在集成电路制造领域全球专利进行统计得到的重要发明人表格。其中，发明人 Chen-hua Yu 所涉及的专利申请数量达到 260 件之多，Syun-Ming Jagn 涉及的专利申请数量为 246 件，Chia-Shiung Tsai 涉及的专利申请数量为 162 件。通过对排名前三位发明人的发明进行分析可以得出每个发明人所擅长的领域。Chen-Hua Yu 的专利申请涉及光刻技术、低 K 介质层制备、绝缘层制备、隔离结构等领域。Syun-Ming Jagn 的专利申请涉及 CMP 化学机械研磨、刻蚀停止层制备、掩模技术、STI 技术等。Chia-Shiung Tsai 的专利申请涉及光刻技术，绝缘层的制备、硬掩模层的制备、势垒层、图形传感器等。其他重要发明人如表 3-2-3 所示。

表 3-2-2　重要发明人列表 1

发明人	涉及专利数目/件	涉及技术领域
Chen-Hua Yu	260	光刻技术、低 K 介质层制备、绝缘层制备、隔离结构等
Syun-Ming Jang	246	CMP 化学机械研磨、刻蚀停止层制备、掩模技术、STI 技术等
Chia-Shiung Tsai	162	光刻技术、绝缘层的制备、硬掩模层的制备、势垒层、图形传感器等

表 3-2-3　重要发明人列表 2

发明人	涉及专利数量/件
Shau-Lin Shue	132
Mong-Song Song Liang	129
Hun-Jan Jan Tao	120
Ying-Lang Wang	103
Chung-Shi Liu	99

3.2.1.5　小　　结

总体而言，台积电是在集成电路制造领域非常有实力的公司。台积电在营收方面排名半导体公司前三，在专利实力尤其是集成电路制造领域的专利实力方面更是首屈一指。其专利布局在全球范围都比较广泛，尤其重视在美国和中国大陆的专利布局。在具体的技术分支方面，图形转移技术和互连技术是台积电重点发展的两个技术。另外，本节还筛选出部分重要专利以及重要发明人等信息，供广东省企业参考，以便进行预警以及技术引进。

3.2.2　中芯国际

3.2.2.1　公司概况

中芯国际集成电路制造有限公司（简称“中芯国际”），是世界领先的集成电路芯片代工企业之一，也是中国规模最大、技术设备最先进的芯片代工企业，其主要业务是根据客户的设计进行集成电路芯片的加工制作。中芯国际自 2000 年成立以来，已在国内多地设立大型晶圆加工厂，其中，在上海建有 1 座 300mm 晶圆厂和 1 座 200mm 晶圆厂，在北京建有 2 座 300mm 晶圆厂，在天津和深圳各建有 1 座 200mm 芯片厂，在江阴有 1 座控股的 300mm 凸块加工合资厂。近年来，中芯国际不断进行产能扩充，在上海、北京均已建成 12 英寸晶圆生产线，而在 2016 年中芯国际宣布在深圳晶圆厂的原有生产线的基础上启动了 12 英寸晶圆生产线改造计划，其在深圳晶圆厂设立的 12 英寸晶圆生产线将成为中国华南地区第一条 12 英寸晶圆生产线。中芯国际 12 英寸晶圆生产线产能如表 3 -2 -4 所示。

表 3 -2 -4 中芯国际 12 英寸晶圆生产线产能概况

地点	尺寸/英寸	生产项目	当前月产能/万片	2016 年底计划月产能/万片
北京（合资）	12	Foundry	1.5	1.8
北京（全资）	12	Foundry	3.7	4.5
上海（已有）	12	Foundry	2	2
上海（新建）	12	Foundry	满产后 7 万片/月	
深圳（新建）	12	Foundry	目标产能 4 万片/月	

目前，中芯国际已经构建相对完整的代工制造平台。从工艺技术角度看，中芯国际引入了八代工艺技术，分别是 28nm、40nm、65/55nm 先进逻辑技术，90nm、0.13/0.11μm、0.18μm、0.25μm、0.35μm 成熟逻辑技术以及非挥发性存储器、模拟/电源管理、LCD 驱动 IC、CMOS 微电子机械系统等产品线。尤其是在 28nm 工艺上，中芯国际是现在中国唯一一家能够为客户提供 28nm 制程服务的纯晶圆代工厂。而在 Gartner 发布的 2015 年全球晶圆代工排名中，中芯国际位列第四，仅次于台积电、格罗方德和联电。

中芯国际从 2000 年创立之初一直发展到今天成为全球第四大半导体制造企业，是经过几代人不懈努力奋斗的结果，其发展历程如下。

2000 年 4 月，中芯国际成立。

2001 年 6 月，光罩厂（一厂和三厂）竣工。

2001 年 8 月，一厂设备安装完毕。

2002 年 1 月，一厂量产。

2002 年 6 月，二厂及三厂设备安装。

2002 年 9 月，二厂及三厂量产，中芯设立日本子公司。

2002 年 12 月，二厂及三厂获 ISO4001 认证及中芯北京厂开始建设。

2003 年 1 月，0.13μm 后段铜制程晶圆试产。

2004 年 1 月，中芯成功收购在天津的七厂。

2004 年 7 月，四厂试产。

2005 年 3 月，四厂量产。

2005 年 12 月，成都封装测试厂和九厂试产。

2006 年 3 月，中芯获绿色产品管理体系认证，成都封装测试厂量产。

2006 年 6 月，武汉新芯（由 SMIC 管理经营）破土动工。

2007 年 3 月，成芯（由 SMIC 管理经营）开始投产。

2007 年 12 月，中芯与 IBM 签订 45nm 技术许可协议，上海 300mm 厂开始投产。

2008 年 4 月，武汉新芯（由中芯国际管理经营）开始投产。

2010 年 8 月，65nm 制程成功量产。

3.2.2.2　专利申请分析

3.2.2.2.1　申请态势分析

中芯国际作为中国国内最大的集成电路制造企业，其在中国拥有大量的专利申请，截至 2018 年 10 月，已公开的中芯国际涉及集成电路制造领域的发明专利有 6755 件，其中已授权 3771 件。

中芯国际的专利申请主要为中国申请，从图 3－2－14 可以看出，中芯国际在 2006 年以前的年申请量较少，每年仅有几十件专利申请，而在 2006 年，中芯国际的申请量迎来爆发式增长，在 2006 年就突破 200 件，并在随后的几年中一直保持持续稳定的增长速度，在 2013 年更是达到年申请量 813 件。这是由于 2006 年作为“十一五”计划的开局之年，国家加大了对高科技产业的投入，在国内外市场加速增长的带动下，自 2006 年以来，中芯国际依托其强大的研发团队和 12 英寸先进生产线并联合高校研究所，进行大量的工艺试验，开发了数千步自主创新的工艺步骤，成功研发出 65～40nm 产品大生产成套工艺，这一成套工艺使国内集成电路产业链得到整体提升。同时，开发了相应的设计 65～40nm 的模型和 IP 库，建立了拥有自主知识产权的低功耗、通用和射频混合信号产品工艺平台，实现了世界集成电路代工先进主流技术 65～40nm 的大规模生产。这一成套工艺使国内集成电路产业链得到整体提升，中芯国际也依托这一成套工艺申请了大量发明专利。2014 年，中芯国际的申请量略微下滑，这与其在 2014 年的盈利收入下降（参见中芯国际 2014 年年报）、在研发中的投入降低有关。从图 3－2－14 中还可以看到，中芯国际的申请量大多集中在中芯国际集成电路制造（上海）有限公司，中芯国际每年的专利申请有 95% 以上是由上海公司或上海公司和北京公司合作申请的，不难看出，其主要的研发团队和技术力量均位于上海总部。

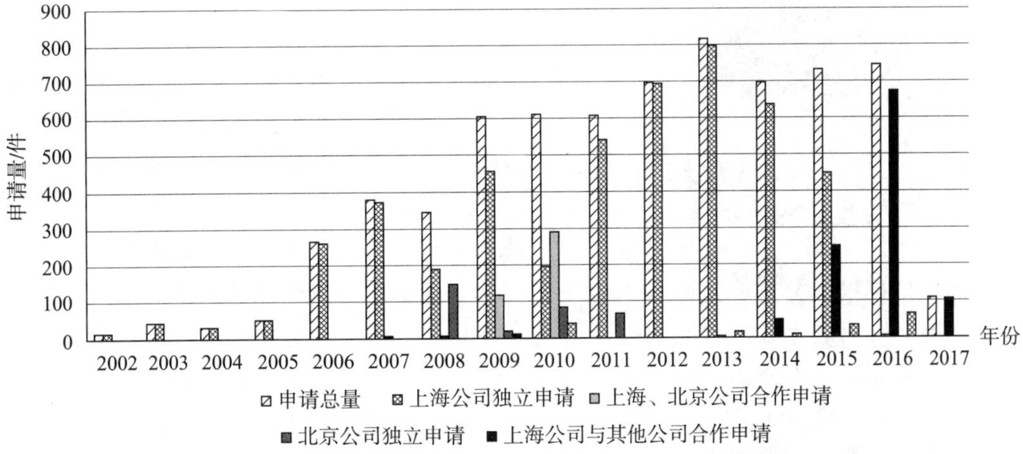

图 3－2－14　中芯国际的中国发明专利申请量历年分布图

中芯国际在保持较高年申请量的同时，还能保证较高的专利质量，从图 3－2－15 中可以看出，中芯国际的发明专利年授权率均在 50% 以上，尤其是自 2006 年以来，其专利年申请量出现爆发式增长以后，其年授权率均保持在 65% 以上。由此可见，中芯国际在集成电路制造领域拥有很强的自主创新能力。

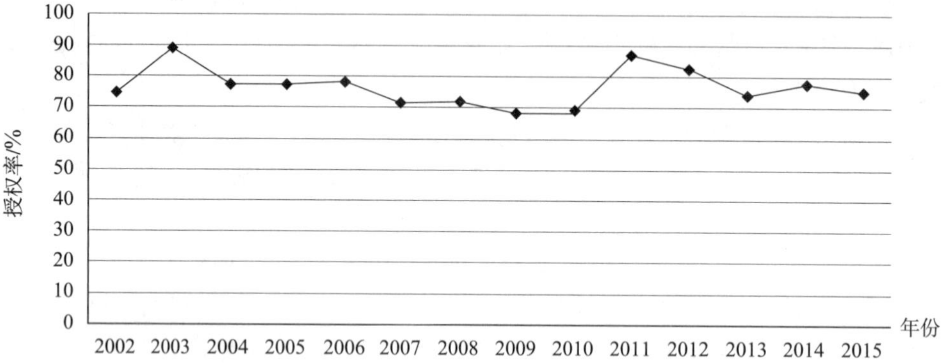

图 3－2－15　中芯国际涉及 SADP 技术的专利分布

3.2.2.2.2　技术分支分析

通过对集成电路前段制造工艺进行技术分解，其前段工艺可以分为图形转移、氧化工艺、薄膜制备、掺杂 & 退火、互连以及晶圆减薄三个二级技术分支。通过对中芯国际申请的专利进行上述技术划分可以得到如图 3－2－16 所示的中芯国际专利一级技术分支分布情况。

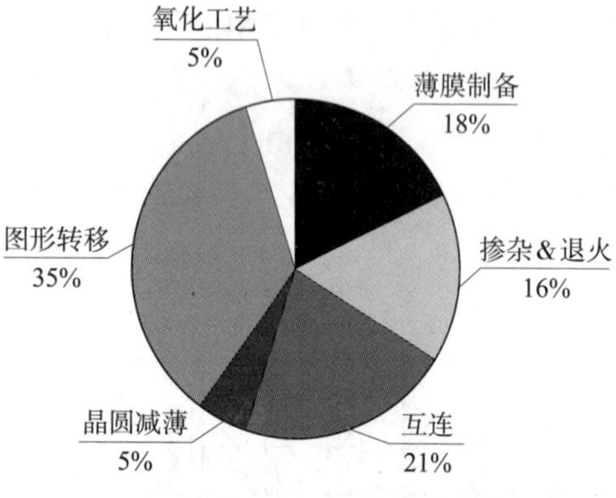

图 3－2－16　中芯国际专利一级技术分支分布

可以看出，中芯国际集成电路制造领域的研发重点主要集中在图形转移方面，有 35% 的专利申请涉及图形转移方面，在互连、薄膜制备以及掺杂 & 退火方面，中芯国际也有一定的专利布局，而在晶圆减薄以及氧化工艺方面的研究较少。这是由于集成电路制造领域一个最重要的发展方向就是减小器件尺寸、提高集成度，图形转移往往是集成电路制造领域中最重要的技术。

图形转移通常可以分为光刻和刻蚀两个技术分支。集成电路制造工艺中器件尺寸的大小与光刻技术的分辨率息息相关。中芯国际一直致力于缩小器件尺寸且卓有成效。因此，有必要对其光刻技术领域的专利申请情况进行进一步分析。通过对光刻技术分支进行进一步的技术分解，可以在光刻技术分支下进一步分解四级技术分支，如双重图形工艺、多重图形工艺、极紫外工艺、纳米压印工艺以及 DSA 定向自组装工艺等。通过对中芯国际涉及光刻技术的专利申请进行分类，得到如图 3－2－17 所示的中芯国际光刻技术分支分布情况。

可以看出，中芯国际在光刻技术方面的研究重点主要是双重图形工艺，其光刻技术中有79%的发明专利涉及双重图形，而在其他光刻技术方面，如极紫外、电子束光刻等，则涉及较少。因此，中芯国际在光刻技术方面的核心技术是双重图形工艺，有必要对其双重图形工艺的发明专利进行进一步分析。

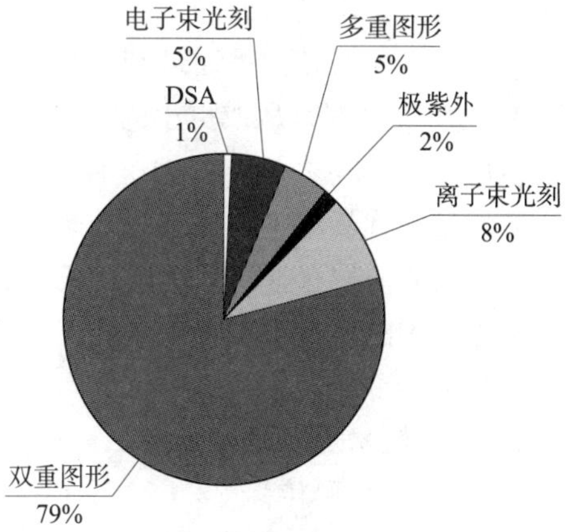

图 3－2－17　中芯国际光刻技术分支分布

互连技术是中芯国际在集成电路制作方面的第二个研发重点，其申请量仅次于图形转移技术。互连技术可以继续分为铜互连线、籽晶层、扩散阻挡层、盖帽层、黏结层、层间介质层、刻蚀停止层、孔或沟槽、空气隙、缓冲层、研磨停止层、硬掩模层、抗反射层以及其他等四级分支。通过对中芯国际涉及互连技术的专利申请进行分类，得到如图 3－2－18所示的中芯国际互连技术分支分布情况。

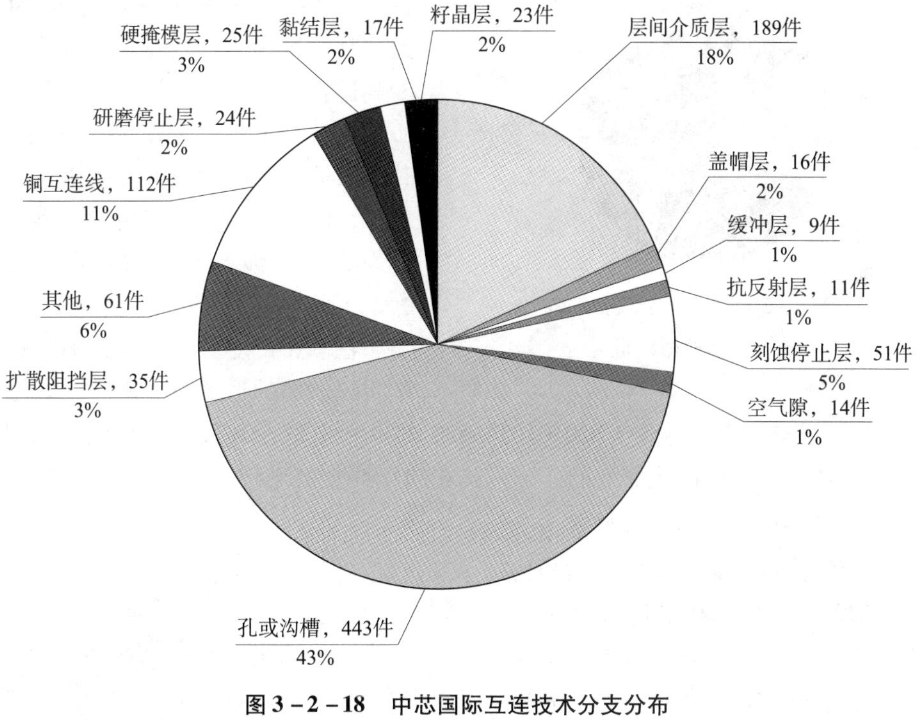

图 3－2－18　中芯国际互连技术分支分布

可以看出，中芯国际在互连技术中的专利申请有很大一部分涉及孔或沟槽，这是由于孔或沟槽是集成电路中必不可少的一部分，很多涉及互连的申请都会涉及孔或沟槽，所以在分类时可能会导致孔或沟槽的申请量居多。而随着器件尺寸的减小，互连导线中的电阻和互连层间的电容会引起集成电路中传输信号的延迟，对器件的速度影响越来越大。由铜形成的导线和接触可减小对信号传输延迟的电阻贡献，而对信号传输延迟的电容贡献则可通过利用层间介质层中的低介电常数（低 K）电介质来减小，低 K 电介质具有 3.9 或更小的介电常数 K，当特征尺寸和临界尺寸被缩小为 90nm 时，铜金属和低 K 电介质材料的组合被证明了很好地最小化了信号传输延迟。因此，层间介质层是现代集成电路互连中比较关键的技术，有必要对其进行深入分析。因此，如何为层间介质层选择低介电常数的材料和有关形成层间介质层工艺在中芯国际公司有关互连技术的申请中占可观的比例。因此，有必要对中芯国际涉及层间介质层的专利进行进一步分析。

3.2.2.3　技术发展路线分析

3.2.2.3.1　图形转移工艺

通过对双重图形技术技术分支进行细分，可以将其进一步分为 SADP、LELE、LPLE、line - cut 等五级分支。通过对中芯国际涉及双重图形技术的专利进行上述划分，可以得到如图 3 - 2 - 19 所示的中芯国际双重图形技术专利分布情况。

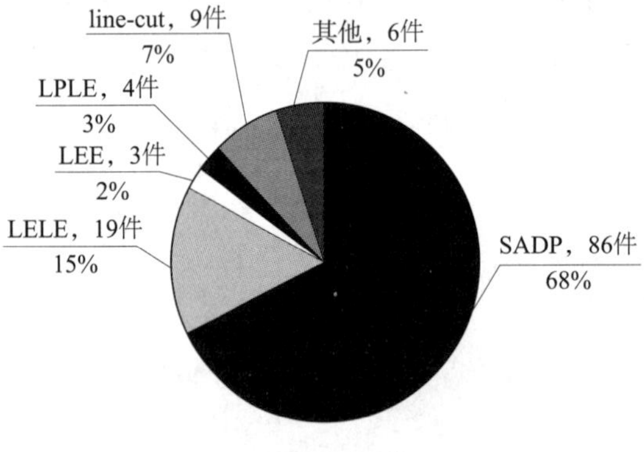

图 3 - 2 - 19　中芯国际双重图形技术专利分布

可以看出，中芯国际在双重图形技术上的研究重点主要是 SADP 技术，其在 SADP 技术上的申请量有 86 件。因此，我们继续对其在 SADP 技术方面的专利进行细分，可以得到如图 3 - 2 - 20 所示的中芯国际 SADP 技术分布情况。其中，涉及间隔侧墙的专利申请占比为 53%，涉及具体器件应用的专利申请占比为 25%，涉及芯轴的专利申请占比为 19%。

在 SADP 技术中，中芯国际比较关注间隔侧墙的形成及处理方法。中芯国际在 2010 年提交的申请号为 CN201010245580 的专利申请，其采用对有机芯轴层的两侧进行离子注入，形成硬化侧墙的方法。其在同年提交的申请号为 CN201010217808 的专利申请公开一种利用对多晶硅进行氧化形成侧墙的方法。其提交的申请号为 CN201110131583 的专利申请公开一种采用自对准方法改变材料顶部和侧部的性质，从而形成间隔侧墙的方法。其提交的申请号为 CN201310157910 的专利申请公开一种在侧墙之间填充 DUO 层或 Si- ARC 层的方法，从而避免侧墙在后续工艺发生歪斜。中芯国际在对间隔的形成及处理方法进行研究之余，还在

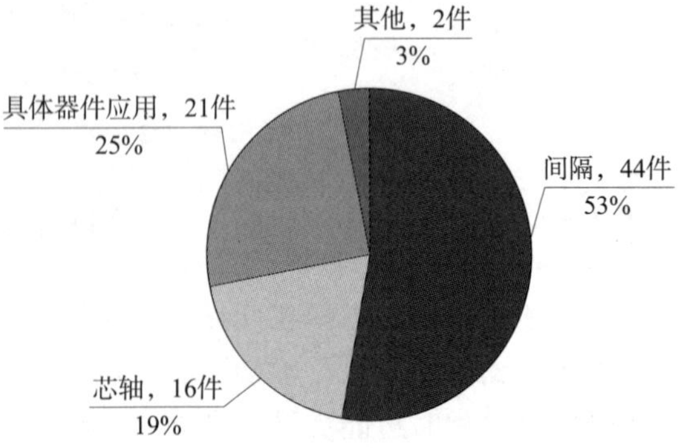

图 3 - 2 - 20　SADP 技术分布

芯轴的改进方面有一定的专利布局。其提交的申请号为CN2012104772191的专利申请公开一种在芯轴顶部和侧壁形成聚合物层，从而改善侧壁形貌的方法；其提交的申请号为CN201210254222的专利申请公开一种通过回刻蚀形成T型芯轴的方法。近年来，中芯国际也逐渐关注SADP技术在具体器件中的应用。其提交的申请号为CN201110354571的专利申请公开一种利用SADP技术在半导体不同区域形成不同材料的鳍片，从而提高迁移率的方法；其提交的申请号为CN201310123423的专利申请公开一种利用SADP技术形成沟槽或通孔的方法。

通过对中芯国际涉及SADP技术发展路线的梳理，可以得到图3-2-21。

可以看出，中芯国际在SADP技术研究方面，最早对间隔侧墙展开研究，其在2010年6月提交的申请号为CN201010217808的专利申请，公开了一种利用对多晶硅进行氧化形成侧墙的方法，是中芯国际在间隔改进方面最早的一件专利申请，且其在间隔侧墙方面的专利申请很多涉及间隔侧墙的形成及处理方法，而在间隔侧墙的材料选择方面的专利申请较少。

2011年，中芯国际开始关注SADP技术在具体器件中的应用，其在2011年10月申请的申请号为CN103050382的发明专利是中芯国际涉及SADP技术在具体器件中应用最早的一件专利，其公开了利用SADP技术形成通孔或沟槽；中芯国际于2011年11月还申请了申请号为CN103107192的发明专利，公开了一种利用SADP技术在半导体不同区域形成不同材料的鳍片，从而提高迁移率的方法，中芯国际在该专利中将SADP技术应用于制造存储器器件中；中芯国际还于2012年8月提交了申请号为201210287337的专利申请，中芯国际在该专利申请中首次将SADP技术应用于互连线的制作过程。通过对中芯国际在具体器件应用方面的专利进行浏览，可以发现中芯国际主要将SADP技术应用于制作存储器件以及互连结构中。

中芯国际在SADP技术中关于芯轴的研究起步较晚，其最早的一件关于芯轴改进的专利申请出现于2012年6月，由吴汉明和洪中山申请的申请号为CN201210214129的专利公开了一种形成倒锥形芯轴从而改进侧壁形貌的方法。自2012年6月始，中芯国际在芯轴改进方面的研究也不断取得新的进展，并申请了多项发明专利，如其在2012年8月申请的申请号为CN201210312950的专利，其中公开了一种在芯轴底部形成底部抗反射层从而改进侧壁形貌的方法；其在2013年3月申请的申请号为CN201310106738的专利，其中公开了一种利用含氢氧化烷基铵的溶液去除芯轴的方法，从而避免了在去除芯轴时去除不干净的问题。

通过以上分析可以看出，中芯国际在SADP技术方面的研究中，为了获得较好的侧墙形貌，最早针对间隔侧墙的形成以及处理方法展开，而在其研究取得一定成果并逐渐达到成熟时，中芯国际开始将SADP技术应用于具体器件上，如应用在存储器以及互连结构的制作中。同时，在具体应用过程中也在不断探索新的途径来进一步改进间隔侧墙的形貌，并在2012年提出对芯轴形貌进行改进从而获得较好的间隔形貌。

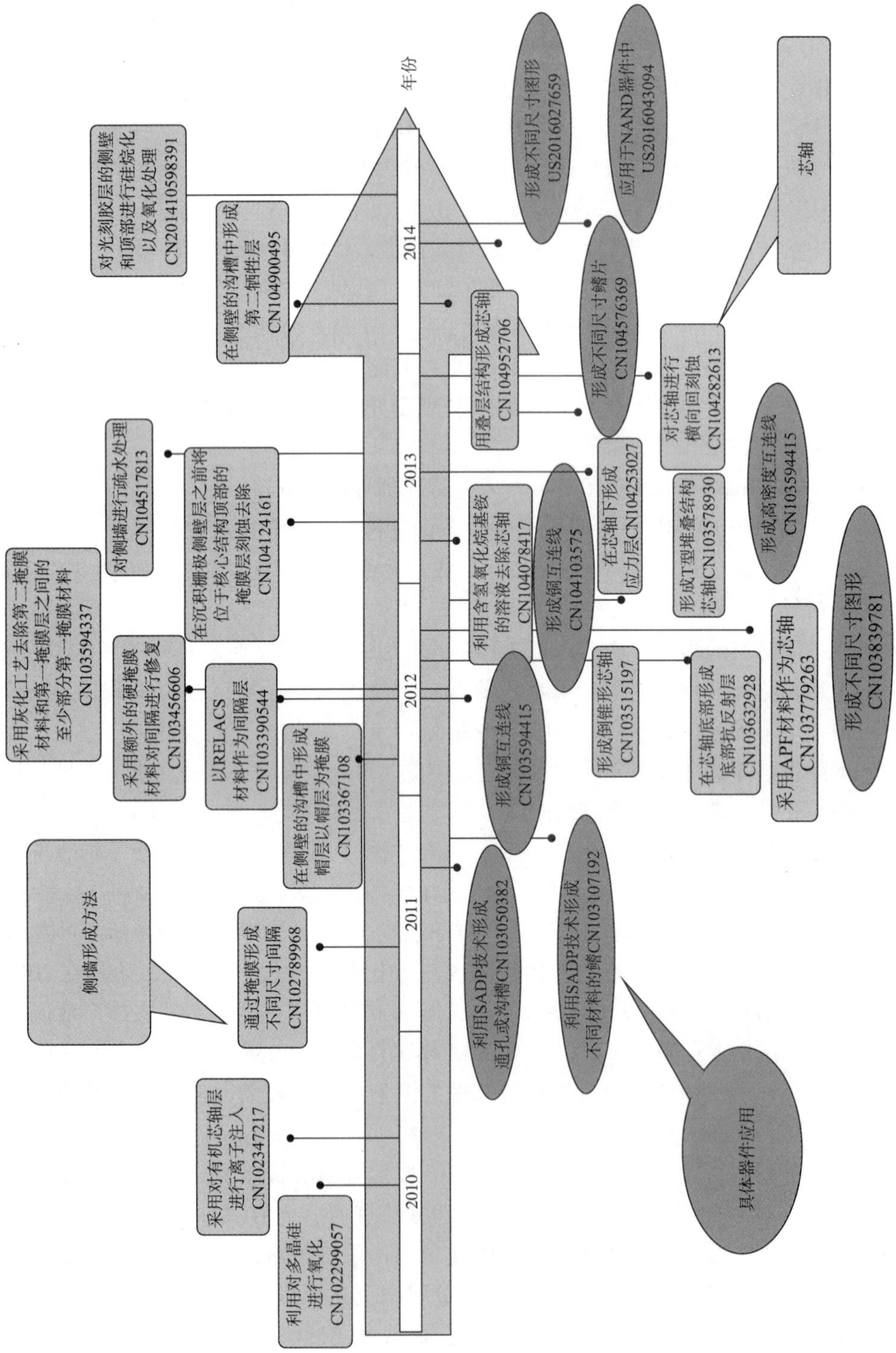

图3-2-21 中芯国际SADP技术发展路线

3.2.2.3.2 层间介质层

通过对层间介质层的技术分支进行细分，可以将其进一步分为材料、形成工艺、平坦化、后处理修复介电常数、后处理去残留物，表面处理以及掺杂等五级分支。通过对中芯国际涉及层间介质层技术的专利进行上述划分，可以得到如图3-2-22所示的技术分布图。

可以看出，中芯国际在层间介质层技术的改进方面，主要是针对层间介质材料的改进，其中有36件专利申请涉及材料改进。例如，其在2009年提交的申请号为CN200910197456的专利，其中公开了一种采用二氧化硅气凝胶作为低K介质层的技术方案；其在2011年提交的申请号为CN201010110556的专利申请，其中公开了一种将超低K值介电层穿插在低K介电层中间作为中间停止层的技术方案，该方案可降低金属连线之间的相互作用或串扰，降低RC延迟；其在2012年提交的申请号为CN200910200945的专利，其中公开了一种复合介电层结构，该复合介电层包括氮掺杂的碳化硅层和碳掺杂的氧化硅层以及位于其间的连接层，该结构可以提高氮掺杂的碳化硅层和碳掺杂的氧化硅层之间黏附力。从图3-2-22还可以看到，中芯国际在层间介质层的形成工艺以及表面处理方面也有一定的专利布局，分别是18件和14件，如其在2006年提交的申请号为CN200610028920的专利申请，其中公开了一种对低介电常数区域的硅材料进行惰性气体离子注入并进行退火以产生小空腔的方法，该方法可防止低介电常数材料的薄膜硬度低、导热性低而导致的结构制造上的问题；其在2011年提交的申请号为CN201110340496的专利申请，其中公开了一种在当层金属互连层的层间介质层表面打孔的方法，该方法可以降低集成电路的RC（电阻电容）延迟；其在2012年提交的申请号为CN201210191209的专利申请，其中公开了一种对实施碳化处理以在通过第一图形暴露的低K介电层的表面、低K介电层和TEOS硬掩模层之间靠近第一图形的界面处形成富含碳的材料层的方法，该方法可抑制双大马士革工艺中在低K介电层和TEOS硬掩模层的界面处出现底切现象；其在2010年提交的申请号为CN201010154726的专利申请，其中公开了一种对介质层进行修复刻蚀的方法，该方法能够填充的导电材料与通孔间介质层之间的密致程度。

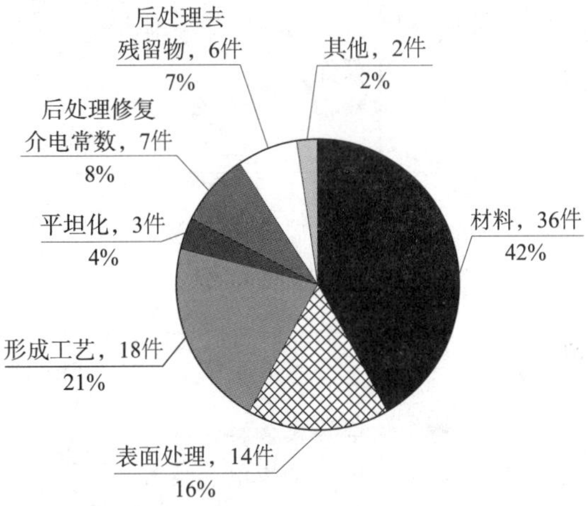

图3-2-22 中芯国际层间介质层技术的专利分布

3.2.2.4 重点专利分析

由于中芯国际涉及集成电路制造的专利申请基本上都是中国申请，只要少部分向美国申请了同族，重点专利的筛选主要针对引用频次、专利法律状态以及专利质量来确定。经过筛选，可以得到如表3-2-5所示的重点专利列表。

表3-2-5 中芯国际集成电路制造领域重点专利

申请号	发明名称	技术领域/技术要点	技术分支	器件
CN200710042461	原子层沉积方法以及形成的半导体器件	原子层沉积时，在半导体衬底上形成离散分布的第一单层后形成离散的第一化合物单层，在第一化合物单层上形成介电层后，在介电层上形成离散分布的第二化合物单层	互连/层间介质层	存储器
CN200810105905	氮化硅薄膜及MIM电容的形成方法	氮化硅薄膜的形成方法中，利用含氧气体对氮化硅薄膜进行处理	互连/层间介质层	电容
CN200310109110	堆叠式金属-绝缘体-金属电容器及其制造方法	堆叠式MIM电容器的制造方法，在形成具有嵌刻结构的多层铜导线层中，同时形成堆叠式MIM电容器，电容器的制造会与金属导线的制造共用图型化及平坦化等步骤	图形转移/干法刻蚀	电容
CN200510027616	具有氧化物间隔层的应变源漏CMOS的集成方法	具有氧化物间隔层的应变源漏CMOS集成方法，利用两次光刻胶和氮化物覆盖层将应变源漏PMOS和NMOS集成	图形转移/干法刻蚀	MOS
CN200810113991	金属栅极形成方法	层间介质层围绕非晶碳层，采用氧气灰化工艺去除非晶碳层而在层间介质层内形成沟槽，之后在沟槽中形成金属层	图形转移/干法刻蚀	MOS
CN200910057968	具有环绕堆叠栅鳍式场效应晶体管存储器件及形成方法	在鳍式有源区上形成隧道氧化物层，然后再在隧道氧化物层上形成浮栅、栅电介质层以及控制栅	互连/层间介质层	存储器
CN200510026694	制备互补金属氧化物图像传感器-混合硅化物的方法	利用热处理形成用于栅极结构和外围源/漏极区的选择性硅化物，从而避免在感光区的某些区域中形成多余的硅化物	互连/层间介质层	图像传感器

续表

申请号	发明名称	技术领域/技术要点	技术分支	器件
CN200610119024	用于自对准蚀刻的系统和方法	形成覆盖基片材料的可蚀刻氧化物材料层，该材料层设有第一、第二、第三部分，形成覆盖该材料层的多个结构，形成覆盖多个结构的光致抗蚀剂层，进行第一和第二干法蚀刻工艺	图形转移/双重图形/SADP	存储器
CN200610030809	接触孔的填充方法	接触孔的填充中，在沉积形成黏附层和阻挡层（TiN）后，对接触孔开口底部的阻挡层进行了减薄处理，使得接触孔底部高阻的 TiN 层变薄	互连/孔或沟槽	
CN200810226384	半导体器件的制造方法	半导体器件的制造方法，去除双镶嵌开口外的阻挡层之前，将半导体衬底置于形成刻蚀停止层的设备中进行加热处理，加热处理的温度大于或等于后续任一工艺的温度，从而避免在铜互连中形成腐蚀缺陷	互连/铜互连线	
CN200810204555	金属互连结构的制造方法	在金属互连层上形成第一刻蚀停止层；通过平坦化工艺去除第一刻蚀停止层，从而避免在铜互连中形成腐蚀缺陷	互连/铜互连线	
CN200910057965	半导体器件、含包围圆柱形沟道的栅的晶体管及制造方法	半导体器件，第二绝缘层包围设在半导体线中部内的圆柱形沟道区，栅电极覆盖沟道区周围的第二绝缘层并沿着第二方向覆盖第一绝缘层	图形转移/干法刻蚀	MOS

可以看到，中芯国际有多项重要专利涉及层间介质层结构，其中有涉及层间介质层的形成方法，如 CN200710042461、CN200510026694；有涉及层间介质层的表面处理，如 CN200810105905；有涉及层间介质层的具体应用，如 CN200510026694。同时也应注意，中芯国际也有多项重要专利涉及干法刻蚀技术，而其涉及干法刻蚀技术的重点专利主要针对将干法刻蚀技术应用于具体器件中，从而形成特殊的器件

结构。从其应用的具体器件来看，中芯国际在存储器和 MOS 器件方面都拥有多项重要专利。

3.2.2.5 小　结

中芯国际作为中国大陆规模最大的集成电路制造企业，其在中国拥有大量的集成电路制造领域的发明专利申请，申请总量达6755 件，其中已授权3771 件。其中图形转移技术是中芯国际申请量最多的技术领域，而在图形转移技术领域中，SADP 技术是中芯国际光刻技术中的核心技术，也是其研发中的一个重点。中芯国际针对 SADP 技术的研发主要包括间隔侧墙的形成及处理方法、芯轴的形成及处理以及 SADP 技术在具体器件中的应用三个方面。互连技术是中芯国际申请量排名第二的技术，而在互连技术中，中芯国际比较关注对层间介质层的改进，为了避免集成电路尺寸变小而带来的寄生电容效应，中芯国际采用低 K 介电材料作为层间介质层，而其针对层间介质层的改进也主要集中在材料、形成工艺以及表面处理方面。

3.2.3 制造领域重要申请人小结

在申请趋势方面，台积电在集成电路制造技术领域起步较早，于 1997 年就开始进行专利申请，而中芯国际相对来说起步较晚，于 2002 年才开始进行专利申请，但是自 2006 年以来，中芯国际在专利的申请数量上出现爆发式的增长，并一直保持较高年申请量，而台积电的专利申请量受世界经济形势的影响较大，2005 ~ 2009 年申请量出现低谷。

在专利布局上，台积电在集成电路制造技术领域采取的是全球布局，从 2002 年开始在中国大陆进行专利布局，其原因是近年来中国集成电路行业持续快速增长，中国大陆市场已成为全球集成电路市场的重要市场之一。而且中国劳动力相对便宜、研发人员众多也是吸引台积电来中国大陆的一个重要因素。中芯国际在集成电路制造技术领域的专利布局则主要集中在中国大陆，这与其为中国本土企业的性质有关。近年来，中芯国际也开始出现少量向美国专利商标局申请的专利，说明中芯国际有向全球发展的趋势。

在技术分布方面，台积电和中芯国际的专利布局都主要集中在图形转移和互连方面。而在图形转移方面，台积电和中芯国际都在双重图形方面有大量专利申请，这也是由于双重图形工艺是目前比较主流的先进光刻工艺。而在互连方面，台积电在铜互连方面拥有较多的专利申请，而中芯国际则在孔或沟槽方面拥有较多的专利申请。由此可见，台积电和中芯国际在各自的核心技术上既有相同的地方，也具有各自的特色部分。

3.2.4 启　示

目前广东省的集成电路制造领域与国内长三角地区以及与国外相比均存在一定的差距，尤其是在小尺寸器件制造方面。而中芯国际一直致力于缩小器件的尺寸，并已经具有一套完整的65 ~ 40nm 生产线，而且其自 2010 年以来就一直致力于目前主流的双重图形技术研发，且在该技术中拥有一定数量的专利布局。因此，对于广东省在集成电路制造领域的发展可以寻求技术引进的方式，与国内外大型集成电路制造企业进行合作。目前，中芯国际也已经启动其深圳分厂的 12 英寸生产线改造计划，由此可见，中芯国际也有将其集成电路制造业务向广东省发展的趋势。

3.3　集成电路封装领域重要申请人分析

日月光集团是全球最大的封测厂，封装技术先进，包括 2.5D&3D 堆叠式封装、晶圆级封装、MCM、SiP 以及 TSV 等高级封装技术。江苏长电是中国规模最庞大、技术最先进、品种最齐全、服务最完整的封测企业，2015 年收购全球排名第四的星科金朋，从而跻身全球前三。因此，本节选取上述两家公司作为集成电路封装领域的重要申请人进行分析。

3.3.1　日月光集团

3.3.1.1　公司概况

日月光集团为全球第一大半导体制造服务公司之一，长期为全球客户提供最佳的服务与最先进的技术。1984 年成立至今，日月光集团一直专注于提供半导体客户完整之封装及测试服务，包括晶片前段测试及晶圆针测至后段之封装、材料及成品测试的一元化服务。客户也可以通过日月光集团中的子公司环隆电气，得到完善的电子制造服务整体解决方案。

日月光集团成立于 1984 年，创办人是张虔生与张洪本兄弟。1989 年在中国台湾证券交易所上市，2000 年在美国上市。而其子公司——福雷电子（ASE Test Limited）于 1996 年在美国 NASDAQ 上市，1998 年在中国台湾上市。2004 年 2 月，福布斯公布的台湾地区富豪榜中，张虔生位居第十；2010 年 3 月，福布斯公布的台湾地区富豪榜中，张虔生财富净值 17 亿美元，位居第 12；2011 年 5 月，福布斯公布的台湾地区富豪榜中，张虔生财富净值 23 亿美元，位居第 11。目前，日月光集团在中国大陆的上海市（ASESH）、苏州市（ASEN）、昆山市（ASEKS）和威海市（ASEWH）设有半导体封装、测试、材料、电子厂。

日月光集团在 2003 年正式超越最大竞争对手——AmKOR，成为全球最大的专业封测企业。从图 3－3－1 所示的 2007～2011 年日月光集团全球主要封测厂营收比例可以看出，近年来其更是大幅拉大与竞争者的差距，日月光集团营收大幅成长占 35.7%，其在 2001～2016 年营收趋势如图 3－3－2 所示。在 2008 年金融危机之前，其营收额稳步增加，2008 年金融危机情况下，对全球半导体市场增长乏力、产业发展缓慢，其营收额略微下降，但之后两年其营收额显著增长。而其当前封装技术发展趋势主要配合电子元件超高密度、高 I/O 数、低操作功率、表面元件模组化、符合结构化等方向发展，使封装技术朝高集积化、多脚/细微化、薄型化、多晶模组封装化及低成本方向进行，包括因引脚数增加的细间距焊线技术、覆晶封装、2.5D&3D 堆叠式封装、晶圆级封装、多晶模组（Multi-chip Module，MCM）、系统整合型封装（Sip）技术、铜制程以及晶圆穿导孔（TSV）技术等。由于产业对高阶封测产能的需求不断成长，日月光集团过去已对这些核心技术与产能进行了投资，为该增长做好了准备。

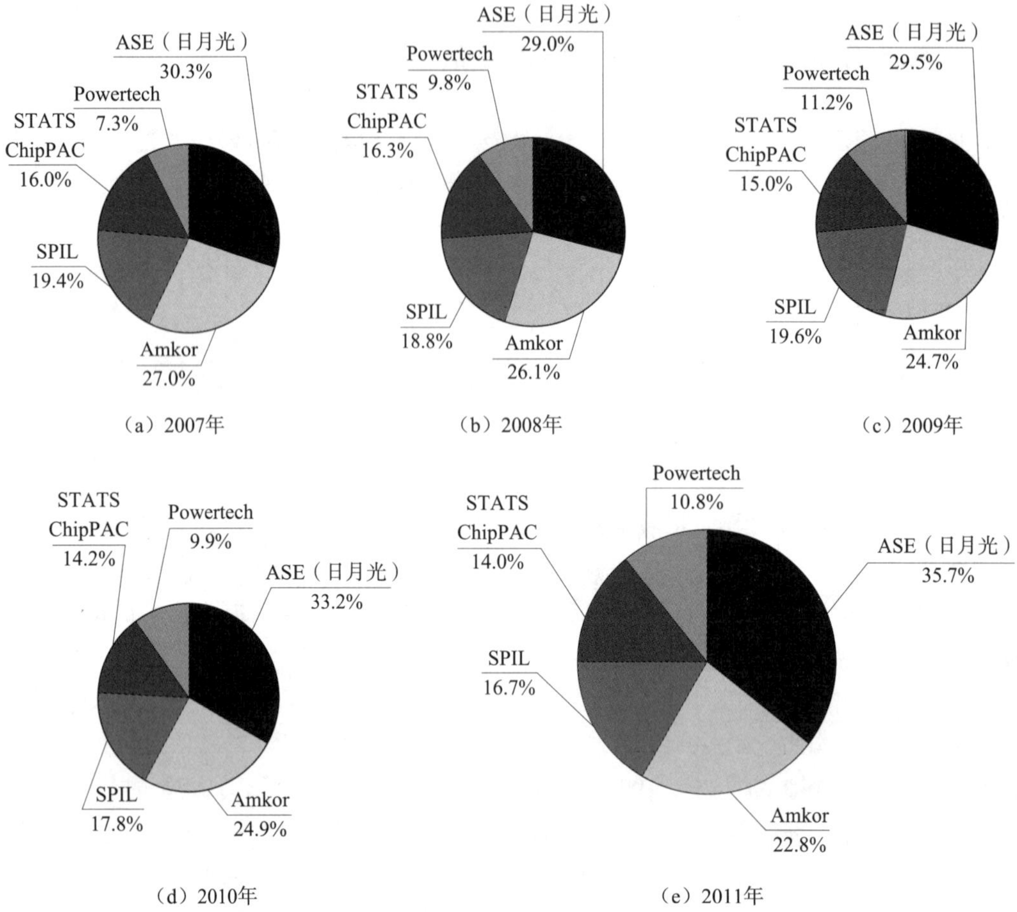

图3-3-1　2007~2011年日月光集团全球主要封测厂营收比例统计

注：分图中可能存在扇形部分百分比之和≠100%的情况，系因数值经过舍入修改所致。

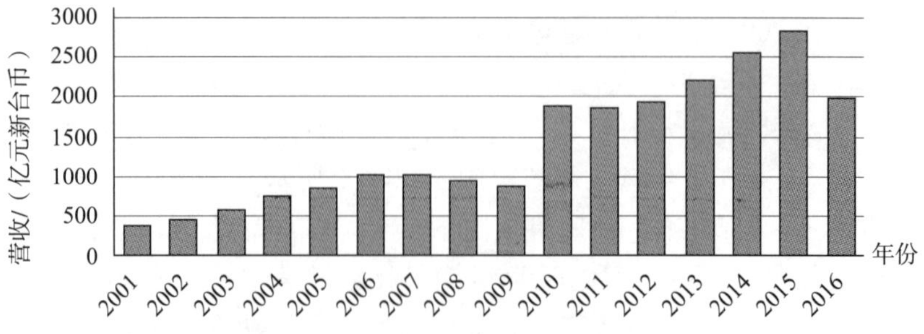

图3-3-2　日月光集团营收趋势分析

日月光集团企业合资、并购、扩展情况如下。

1984年，张虔生与张洪本兄弟创立日月光半导体；同年7月，日月光半导体工厂正式投入运营。

1989年，日月光半导体于台湾证券交易所公开上市。

1990年，收购福雷电子，建立IC测试事业版图。

1991年，设立日月光马来西亚半导体封装、测试厂。

1996年，成立日月宏科技股份有限公司。

1997年，通过SAC（Semiconductor Assembly Council）认证。

1998年，成立覆晶封装及测试生产。

1999年，通过福雷电收购全美最大的独立测试厂ISE Labs过半数股权，扩展日月光全球测试实力；并购摩托罗拉台湾中坜厂级PAJU厂，创下与IDM大厂的合作先例，扩大产品范围；购得环隆电气控股权，进一步拓展系统封装事业版图。

2000年，覆晶封装进入量产。

2001年，成立中坜智慧型工业园区，提供最完整的一元化服务场区；完成12英寸晶圆凸块技术并开始提供生产服务。

2003年，完成合并子公司日月欣半导体股份有限公司与日月宏科科技股份有限公司，整合企业资源；与台湾最大基板厂华通电脑股份有限公司合资成立IC基板厂；日月光华通科技股份有限公司，强化日月光的基板制造能力；全年营收超越最大竞争对手Amkor，成为全球第一大IC封装测试公司。

2004年，并购NEC日本山形县的封装测试厂，日月光成功在日本半导体市场建立营运平台；于大陆上海地区设立基板材料即IC模组生产据点。

2006年将材料事业部分割并转移至子公司日月光电子；日月光与力晶成立日月鸿科技进军记忆体封装测试业务。

2007年，日月光与恩智浦半导体（NXP，前身为飞利浦半导体）于苏州合资成立封测厂。

3.3.1.2 专利申请分析

3.3.1.2.1 申请态势分析

通过分析企业的专利申请年代与数量，可以了解其专利申请情况，并推测其后续的专利申请趋势。

图3－3－3是日月光集团集成电路封装领域的专利申请历年分布情况。可以看出，日月光集团关于集成电路封装的专利申请量自1994～2004年在全球申请量急剧上升，至2004年后开始下滑，其中该转折点2004年为成功超越其最大竞争对手AmKOR成为全球最大的专业封测大厂，并且在2003～2004年进行了一系列合资、并购以及建立子工厂，可见，随着其主要资金在并购以及成立分厂的加大投入，其在全球专利战略出现了改变。2011年，专利申请数量出现上升势头，由其营收情况可以看出，2011年开始日月光集团的营收相较前几年有显著提高，其在专利申请方向的投入相应增加可能是其专利申请量回暖的主要原因。由此可见，作为资金密集型产业，工艺的提升、产能的扩充及技术研发都需要长期连续、大规模的资金投入；而对于日月光集团在中国大陆的申请量来说，至2013年其在中国大陆的申请量稳步上升，从2009年起，其在国

内外的申请数量基本吻合。可见，其专利战略在向中国大陆转移。2012 年以后，由其专利数目量可以看出，其专利布局将中国大陆与全球放在大致相同的位置上。2016 年开始，其专利申请量又有增加的趋势。其原因是近年来中国集成电路行业持续、快速增长，中国市场已成为全球集成电路市场增长的主要动力之一。

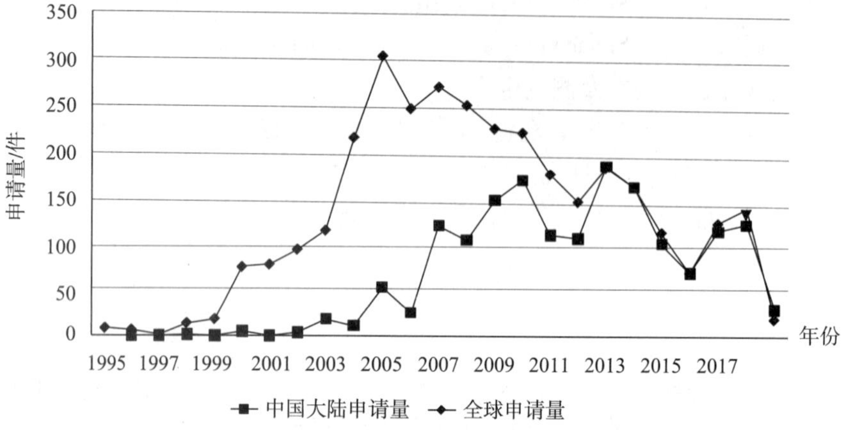

图 3 -3 -3　日月光集团专利申请历年分布

3.3.1.2.2　技术分支分析

通过技术主题分析，能够得出一个申请人在不同时期对不同技术分支采取的申请策略，明确其技术侧重点以及将来可能的侧重方向。

由图 3 -3 -4、图 3 -3 -5 日月光集团中国大陆、全球一级、二级技术分支申请量分布情况可知，其在全球和中国大陆技术分支的申请量分布基本一致，在全球专利申请的一级分支的申请数量中，其中单芯片封装数量最多，数量为 854 件，其次是多芯片封装和封装基板、散热和测试。其全球专利申请二级分支主要的专利申请方向为基板结构，数量为 573 件之多，其次为三维封装和引脚互连，而基板作为载体用于承载 IC，用于 IC 基板内部线路连接晶片与电路板之间的信号，并可以起到保护电路、固定线路与散热的作用，是日月光集团的研究重点之一；引脚互连作为日月光集团的核心技术领域，也是其专利申请数量较多的技术分支。

图 3 -3 -6 是日月光集团主要二级技术分支申请量趋势分析气泡图，根据各技术分支申请量趋势可以看出，其各个技术分支申请量的总体趋势基本一致，并且与日月光集团专利申请历年分布趋势图趋势大致相同，可见，日月光集团在各个领域的专利战略与其集团专利战略保持一致，由于其专利技术体系基本完成，其在 2004 年后的申请量呈下降趋势，在 2012 年申请量回暖主要是其在封装基板以及三维封装技术方面的专利投入增加导致的。日月光集团在 2004 年开始在封装形式、散热结构以及引脚互连等技术领域的专利申请量逐年减少，到 2005 年其年申请量已经降低到个位数。可以预见，在不远的将来，其在以上技术领域的研发投入将不会增加。2014 ~2015 年，日月光集团在集成电路封装的基板结构领域依然有 35 件专利申请。可见，基板结构仍是日月光集团近期在封装领域的研究热点之一。

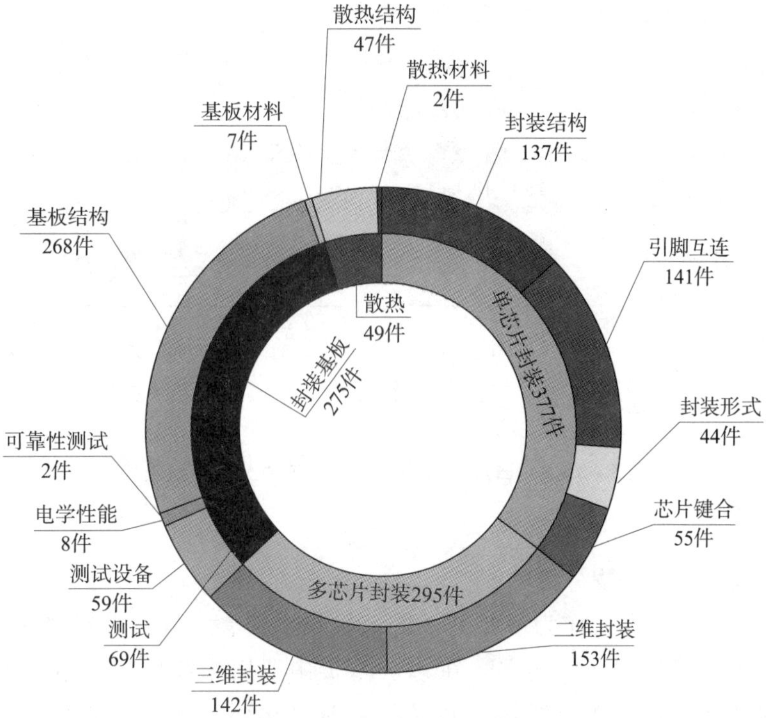

图3-3-4　日月光集团中国大陆一级、二级技术分支申请量分布

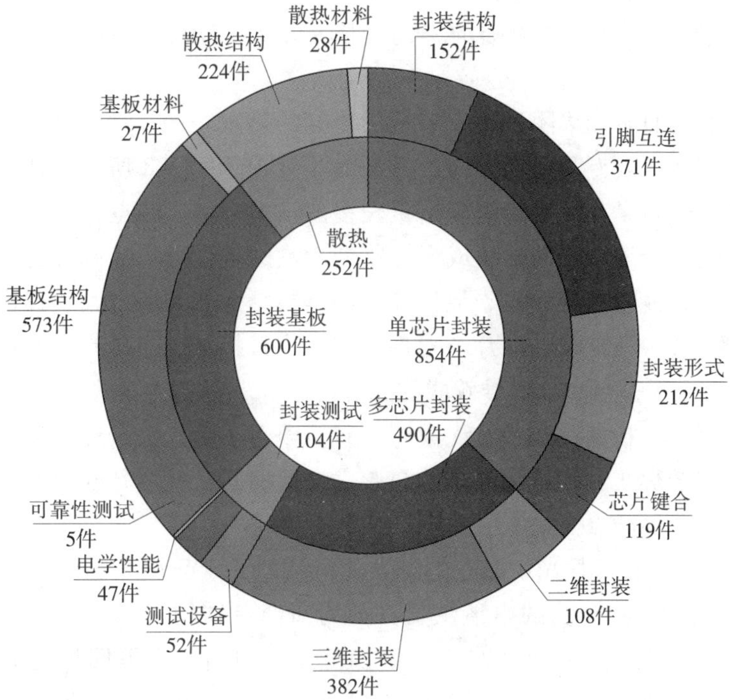

图3-3-5　日月光集团全球一级、二级技术分支申请量分布

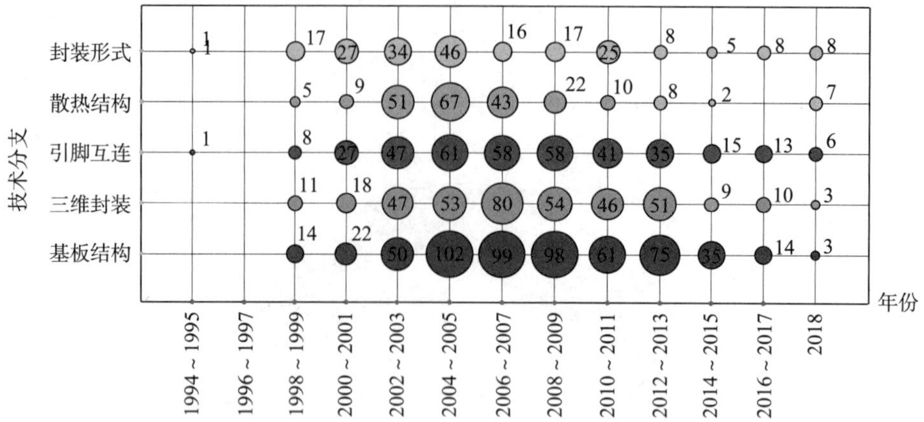

图 3-3-6 日月光集团主要二级技术分支申请趋势

注：图中数字表示申请量，单位为件。

3.3.1.2.3 关键技术分支分析

由图 3-3-7 可知，作为封装基板的三级技术分支，日月光集团单层基板的申请量占总基板申请量的 2/3 之多，在单层基板中双面布线单层基板以及引线框架用基板的申请量居多，而引线框架封装为日月光集团企业的核心技术领域，结合其具体的领域考虑，根据单层基板技术领域的年申请量趋势可知，其在中国大陆专利申请量趋势与其全球专利申请趋势基本吻合，从 2004 年起全球申请量也出现大幅的下滑，但是其在中国大陆的申请量随后稳步增加，可见其专利战略在向中国大陆转移。

引脚互连作为日月光集团过去十年持续研究的热点之一，对引脚互连进行分析可见，其凸点技术为主要专利申请方向，占 53%，如图 3-3-8 所示。其次引线键合和埋置芯片互连技术也是日月光集团申请量较多的技术领域。凸点技术是倒装封装的关键技术，其是将锡铅等构成的凸块或锡球排列于晶圆表面后植入晶片的焊垫上方，一遍封装时可利用热能将凸块熔融，促使元件与基板结合，并透过凸块提供电性、机械等方面的内部连接，让封装的晶片与元件之间能直接接触，达成有效的信号传导，以符合高 I/O、多引脚书与高电信号效能的元件需求。从 2000 年开始推动量产的晶圆凸点技术以及覆晶封装技术，让日月光集团超越竞争对手，成为全球市场的领先者，并将封测技术由传统焊线封装进化到高阶封装。在此期间，日月光亦积极地在专利上进行布局。日月光集团凸点技术申请趋势如图 3-3-9 所示。

图 3-3-10 是对日月光集团在中国大陆申请的关于凸块专利的统计分析。可以看出，日月光集团关于凸块的申请主要方向为对凸点结构和形状为特征的改进。其次，对凸点置球工艺的申请量也较多，对植球工艺申请中多以回焊之前的凸块结构以及植球方法、位置的改进。由图 3-3-11 可知，对于凸点的形状来说，其主要形状为现有技术中常用的球形的凸块形状，而叠层和柱状也是其改进的方向之一。其

中，对于叠层凸点来说，其大部分应用在特殊结构的倒装封装结构或者芯片的堆叠结构中。

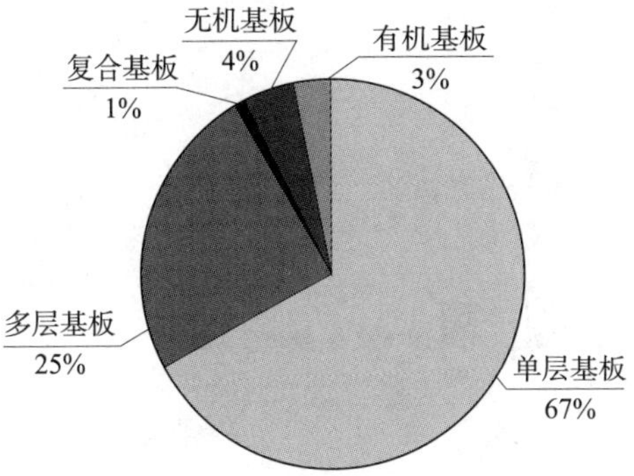

图 3-3-7　日月光集团封装基板技术分支申请分布

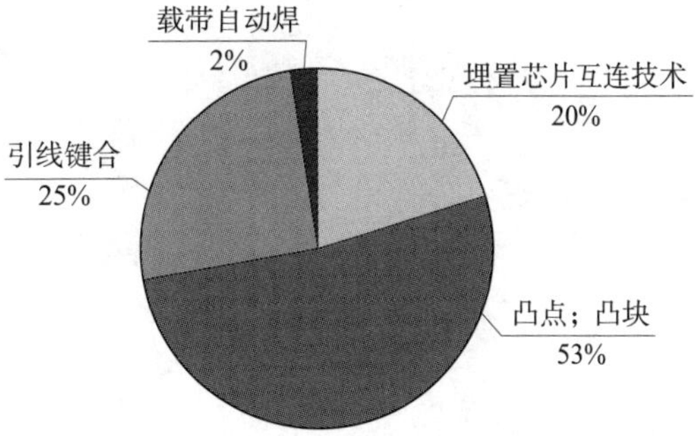

图 3-3-8　日月光集团引脚互连技术分支申请分布

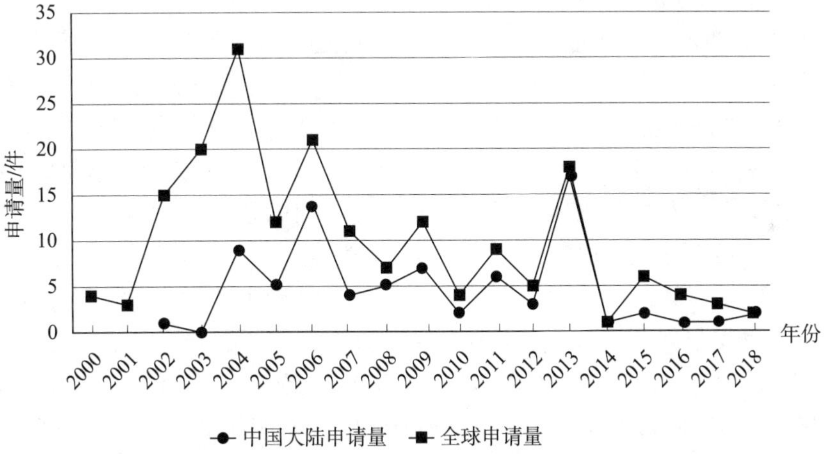

图 3-3-9　日月光集团凸点技术申请趋势分析

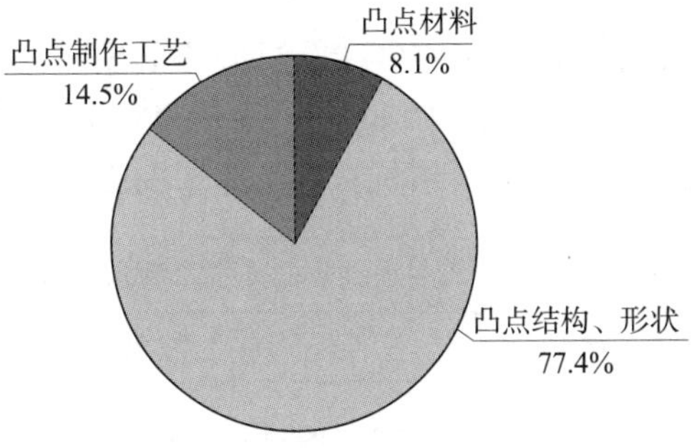

图 3-3-10　日月光集团凸点技术分支申请分布

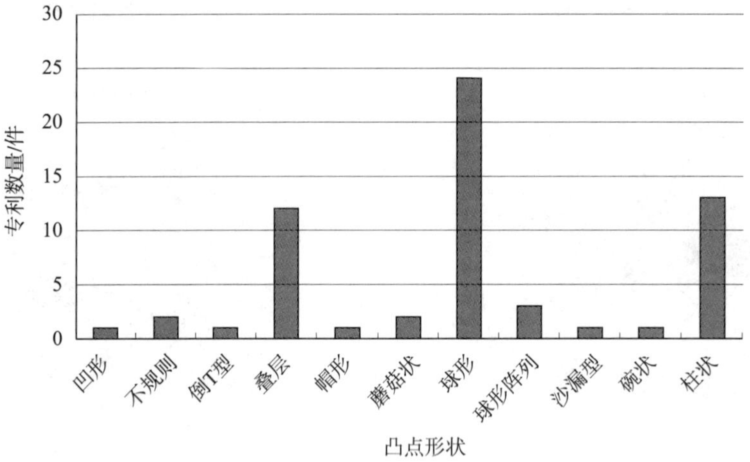

图 3-3-11 凸点技术申请趋势分析

3.3.1.3 重点专利分析

对一个企业的重点专利进行分析可以发现其重点研究方向以及申请的发展方向。由于日月光对专利进行布局上主要在中国大陆、中国台湾以及美国等国家或地区申请，其重要专利都会在上述区域申请专利，因此仅分析其在中国大陆申请的专利情况即可窥探其重点专利的申请情况。中文重点专利筛选主要通过专利引用次数、同族数量、专利法律状态以及专利质量来确定。作为日月光集团的核心技术领域，我们首先分析日月光集团凸点技术在大陆申请专利的重点技术情况。

由表 3-3-1 可知，虽然在凸点技术分支上日月光集团的主要申请专利为凸点结构、形状相关的发明创造，但其重点专利主要分布在凸点的制作工艺上。例如，专利 CN200610055028 通过在光阻剂凸块以外的区域设置开口来解决应力问题；专利 CN200610090296、CN200610099256、CN200610099256、CN200610126107、CN200610126237 通过改善制备工艺来达到降低成本、提高可靠性等。其次，作为日月光集团凸点技术专利申请的主要方面，凸点结构、形状也占日月光集团重要专利一定数量。例如，专利 CN200610090295、CN201210117927、CN201310282291、CN201310064575 都是通过改变凸点的结构或形状来达到提高电学可靠性的目的。最后，日月光集团在凸点材料技术分支也掌握着一定量的重要专利。例如，专利 CN200710167276、CN200410011861、CN200910126850 通过凸点或其下金属层材料的选择来提高凸点的电学可靠性。

表 3-3-1 日月光集团凸点技术重点专利

申请号	发明名称	技术领域/技术要点
CN200610055028	晶圆级封装的凸块制造方法	焊料凸块的制造方法中在光阻层上焊垫以外的区域形成若干个未露出导电层的开口，可防止在电镀焊料填充开口时，焊料的应力对两侧干膜光阻层挤压导致晶圆翘曲

续表

申请号	发明名称	技术领域/技术要点
CN200610090296	形成导电凸块的方法及其结构	在晶圆上利用导电性光阻层电镀形成导电凸块，解决现有技术在形成导电凸块（Bump）时工艺复杂、成本高、电阻高和稳定度不佳的问题
CN200610090295	芯片结构及其形成方法	保护层开口的底部宽度大于顶部宽度，使保护层钳住导电凸块，以增加产品的可靠度
CN200610099256	形成焊接凸块的方法及其刻蚀剂	形成焊接凸块的方法，利用包含硫酸、磷酸、氯化铁、过硫酸铵或过硫酸氢钾的刻蚀剂刻蚀部分湿润层与阻障层，从而改善刻蚀剂造成的底切及侵蚀焊料等现象
CN200610126107	形成金属凸块的方法	金属凸块的制造方法中，用金属层填满光阻层中的开口，再进行平坦化，移除光阻层后进行回焊，形成金属凸块
CN200610126237	形成金属凸块的方法	金属凸块的制造方法中，在导电层上电镀金属层，再移除未被图案化的第二光阻层所覆盖的金属层，可解决金属凸块大小均匀性不佳的问题
CN200710167276	凸块下金属层结构、晶圆结构与该晶圆结构的形成方法	凸块下金属层结构，黏附层的材料为含硼的镍（Ni-B），阻障层材料为钴（Co），湿润层的材料为金（Au），可提高接点强度
CN201210117927	半导体封装构造	导电凸块的助焊结构包括至少两个高低不同的表面，可避免过多填充粒子集中在导电凸块接合处，可减少导电凸块和接垫之间的接合不良，提升接合强度、电性连接可靠度及产品良率
CN200410011861	整合打线及倒装封装的芯片结构及制程	芯片结构的制程，移除部分球底金属层（UBM）上的阻障层及润湿层而形成黏着层，并在其余球底金属层上设置凸块
CN200910126850	芯片结构、衬底结构、芯片封装结构及其工艺	芯片结构中，结线凸块的材质为金银合金，其中银含量为15%以下能抑制介金属化合物的成长，减缓金流失的速度，具有较佳的打线结合强度、截线性能以及均一性高的凸块高度，能减少工艺上的重工率
CN201310282291	用于半导体封装结构的基板及其制造方法	封装基板中，位于电路层上的柱体的顶面彼此大致上共平面且共平面性为 $\pm 3\mu m$，当柱体间的间距很小时可以在封装后形成较佳的焊料结合可靠度
CN201310064575	半导体接合结构及方法，以及半导体芯片	半导体接合结构中，位于柱体及中间区域之间的界面均包含第一金属及第二金属氧化物，且第一金属在界面中的含量小于第一金属在中间区域中的含量，不须使用焊料；实现微间距；接合结构可在低温下完成，不易发生翘曲；接合效果好

通过对日月光集团的重要专利进行研究可以发现，单芯片和多芯片封装的电磁屏蔽是日月光集团的重点专利数量突出的技术分支，其是日月光集团重点专利数量最多的技术分支。电磁屏蔽就是对两个空间区域之间进行金属隔离，以控制电场、磁场和电磁波由一个区域对另一个区域感应和辐射。具体来讲，就是用屏蔽体将元部件、电路、组合件、电缆或整个系统的干扰源包围起来，防止干扰电磁场向外扩散；用屏蔽体将接收电路、设备或系统包围起来，防止它们受外界电磁场的影响。随着电子元件越来越向轻型、小型化趋势发展，电磁屏蔽对集成电路的作用日益显著。由表3－3－2可知，其对电磁屏蔽的改进主要从三个方面入手，首先是采用金属外壳来达到增强电磁屏蔽作用，例如专利CN200910211562、CN200910139425、CN201010564617、CN201010161959；其次是采用金属层或金属块来作为电磁屏蔽结构，例如专利CN200910168157、CN200910148952、CN201210104521、CN201010194779；最后是采用导电膜或屏蔽层配置于封装体上方，例如专利CN200710165331、CN200910171342、CN201310180814。塑封无引脚芯片载体PLCC、QFN也是日月光集团重点专利数量较多的技术分支。

表3－3－2　日月光集团电磁屏蔽重点专利

申请号	发明名称	技术领域/技术要点
CN200910168157	晶片封装结构及其制作方法	于封装胶体上设置遮蔽层，其包括多个配置于半导体基板上且环绕晶片的导电连接结构，多个导电连接结构以环状方式围绕晶片配置，且晶片与多个导电连接结构相互分离，遮蔽层通过多个导电连接结构电性连接至半导体基板
CN200910211562	具有电磁干扰防护罩的半导体封装件	电磁干扰防护罩邻近于封胶体的外部表面而配置且电性连接于接地组件的连接表面，接地组件提供一电性信道，以将电磁干扰防护罩上的电磁放射放电至接地端
CN200710165331	芯片封装结构及其制程	导电膜配置于封装胶体上方，提高电磁屏蔽能力
CN200910148952	具有电磁干扰防护体的半导体封装件及其形成方法	电磁干扰防护体邻近封装体的外表面设置并电性连接接地组件的连接面，接地组件提供电性路径以将电磁干扰防护体上的电磁放射放电至接地端
CN200910139425	具有电磁干扰防护体的半导体封装件及其形成方法	电磁干扰防护体（壳体结构）
CN200910171342	芯片封装体及其制作方法	芯片封装体，积层基板上设有暴露接点及芯片的第一遮蔽层，封装胶体上设有覆盖封装胶体的第二遮蔽层

续表

申请号	发明名称	技术领域/技术要点
CN201210104521	具有屏蔽导通柱的半导体元件及其制造方法	半导体元件中，导通柱的内金属层环绕贯穿孔中心轴，屏蔽层环绕内金属层，借以调整信号阻抗而优化电性特性，在传递信号时，当信号通过导通柱时有较低的能量耗损，提高传递品质
CN201010564617	具有遮蔽电磁干扰的半导体装置封装件	电磁干扰遮蔽件，设置邻接于封装体的外部表面以及基板单元的侧向表面，电磁干扰遮蔽件电性连接至接地组件，并且向内凹进地邻接于接地组件的凹陷部分
CN201310180814	具电磁干扰屏蔽的半导体封装体及其制造方法	半导体封装体中，微结构件形成在导电件的凹穴中，屏蔽物配置在导电件、凹穴、微结构件上，能降低邻近元件的射频干扰且加强电磁干扰屏蔽
CN201010194779	半导体元件封装及其制作方法	封装胶体周边的厚度小于中心的厚度，形成在周边的开口暴露出线路基板的接垫；作为电磁干扰屏蔽层的导电层共形地覆盖封装胶体，并穿过开口以连接线路基板的接垫
CN201010161959	半导体装置封装件及其制造方法	电磁干扰遮蔽邻近于封装体的上表面及侧表面配置，电磁干扰遮蔽电性连接于接地组件的连接表面

3.3.1.4 重要发明人分析

对发明人进行分析可以了解一个企业的重点研发领域和研发团队的构成，以及进一步推测其各个领域的专利申请量。

首先，对日月光集团在中国大陆和全球的台湾申请人的申请量进行分析。

日月光集团申请量位于前十的发明人的专利发明的技术分支基本上属于分散的技术分支，不同发明人的研究领域不单一，同时不同发明人的研究领域出现了大量重合，可以充分体现各个研究团队并不是专一性较强的研究团队，各个团队之间是相互竞争的关系。从一定角度出发，通过持续对不同领域的技术进行研究可以发现技术的局限性限制了研究团队研究的深度和广度。

其中，申请量较大的几个发明人申请都涉及封装基板的结构，封装基板是高阶封装的重要元素，尤其当封装形态由目标主流的 BGA 逐渐迈入倒装封装时，对基板的来源掌握及内部供给能力可以提供不容忽视的竞争优势。可见，日月光集团在基板专利上进行了积极布局。而涉及封装材料的单芯片的封装结构也是申请量排名前十的发明人通常涉及的技术领域。

根据图3-3-3可以看出，2012年以后，日月光集团在中国大陆的申请量与其在中国大陆以外的申请量基本持平，即其专利申请的布局将中国大陆和全球放在同等重要的战略位置。由于申请趋势相似，对其2012年至今中国大陆专利申请的申请人进行统计分析可知，与中国大陆和全球申请量的前十相比，2012年以后申请的发明人出现专一性较强的研究团队，主要集中在引线框架、测试设备以及多芯片封装的电磁屏蔽等领域。可以看出，封装基板依旧是日月光集团的研究热点，随着技术的日益更新，越来越多的专业化研究团队将在世界各地企业及科研机构中涌现，改变过去很多年某些人负责该领域所有技术研发的状况，而逐渐向专一化研究方向发展，能够解决研发可持续性的问题。

下面我们针对日月光集团申请数量最多的申请人王盟仁和陶恕及其合作申请人进行分析。王盟仁是日月光集团申请专利数目最多的申请人，对其申请专利进行分析可知，与其合作最多的专利申请人有刘千、杨国宾、王维中。王盟仁及其合作申请人的申请领域相对来说较分散，并不是专一性较高的申请人。而陶恕作为日月光集团申请量第二位的发明人，其研究领域相对来说更具专一性，其主要研究方向为芯片键合以及三维封装技术，可见其在该两个领域的研究对日月光集团具有相当重要的作用，了解其研究方向即可大致把握日月光集团在芯片键合以及三维封装领域的研究趋势。

3.3.1.5 专利诉讼情况分析

3.3.1.5.1 日月光集团与Tessera Technologies公司之间的专利诉讼

2016年5月4日，Tessera Technologies公司宣布，其旗下全资子公司Invensas Corporation与日月光集团签署一份全新技术授权与开发协议，双方将合作开发Invensas Bond Via Array™（BVA®）技术并推出商用。

2014年2月21日，日月光集团与Tessera Technologies公司的专利侵权诉讼达成和解，日月光集团需支付和解金3000万美元，涉及侵犯Tessera Technologies公司的BGA专利。而根据对日月光集团专利的统计分析，其涉及BGA专利的申请量在中国大陆以及国外总数为4项、8项，数目和质量上都明显不足，可见其在BGA方向缺少关键性的技术专利。日月光集团专利布局上的缺陷导致其陷入竞争对手的陷阱中。

2005年10月7日至2008年8月4日，日月光集团与Tessera Technologies公司分别就美国专利US、US6433419、567、977、US5852326、6133627和US6465893等专利双方进行了诉讼与反诉讼。其主要涉及封胶方法结构及引线终端排布。

图3-3-12为日月光集团与Tessera Technologies公司专利诉讼涉及布线技术分支的日月光集团专利布局情况，其专利布局起步晚于其侵权诉讼专利的申请日，而且其专利布局年限较短。可见，日月光集团在良好的专利布局中依然存在短板。而日月光集团通过购买专利许可来规避生产风险，也是一种迫不得已的做法。

3.3.1.5.2 日月光集团与Collabo Innovations公司之间的专利诉讼

Collabo Innovations公司于2015年9月4日向美国德拉瓦州联邦地方法院控告日月光

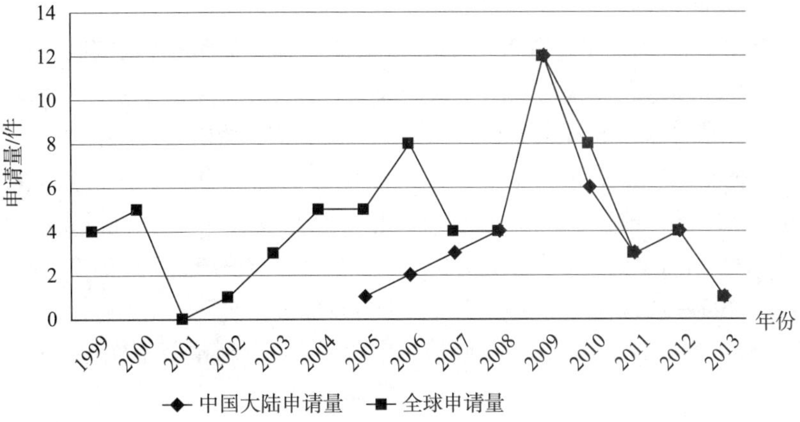

图 3－3－12　日月光集团涉及诉讼领域专利申请分布（布线）

集团及其美国分公司侵权。据查，Collabo Innovations 公司是由非专利实施体 Wi-Lan Inc.（简称 Wi-Lan）完全持股子公司，其在美国德拉瓦州设立，而营业处所设于加州。原告的母公司 Wi-Lan 初期专注于高速无线通信的技术创新与专利研发，2006 年转为以专利收购及授权为主，并帮助其他企业通过管理和授权其专利组合扩张知识产权的价值。本案原专利权人松下电机先后组合并更名后，其有关半导体技术之专利组合给原告而交由原告管理。

该案涉及美国专利 US5977613，发明名称为 Electronic Component, Method for Making the Same, and Lead Frame and Mold Assembly for Use Therein（中国同族 CN1163478，电子组件与其制造方法及所用的引线架与金属模）。其共有 29 项权利要求（第 1 项、第 20 项及第 26 项为独立权利要求），发明人为 Hirofumi Takata 和 Tadashi Tanida（参见图 3－3－13）。

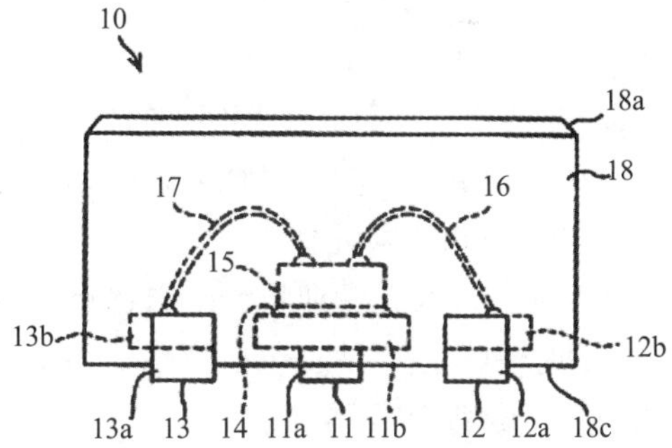

图 3－3－13　专利 US5977613

该专利领域涉及数值密封封装技术，更具体地涉及表面黏着技术，特点为引线框架具有厚的部分和薄的部分来防止其从数值上滑动，半导体晶片被固定在使用导电黏合剂薄的部分上。厚的部分和树脂的横向表面由单个切割被同时形成，使得厚的部分之横向表面是在该树脂的横向表面之下端，这些表面被露出而形成平面，其他引线厚的部分与晶片电极相连，这些部分被类似地暴露于树脂横向表面，而从数值表面伸出。优点为具有较高的安装密度和安装过程中一直导致变形的情况。

3.3.1.6　专利预警

专利侵权诉讼的诱因有很多，关键因素包括市场状况、被诉企业专利保护能力等。从日月光集团第一个专利侵权案例来看，涉及的 BGA 技术在 2000 年前后成为主流的组装技术，而日月光在 2003 年超越 Amkor 后成为全球最大的封测企业，其产品也大量运用 BGA 技术，因此，日月光集团与 Tessera Technologies 客观上存在市场利益之争。在 2005 年专利诉讼之前，日月光集团在 BGA 方面的专利布局很少，专利保护意识和能力都较为薄弱，在面临专利侵权诉讼时，缺乏反诉的手段，容易在与对手的谈判/诉讼中处于下风，最终缴纳高额的专利授权费用，甚者还会失去相应的市场。

对于国内企业来说，通过市场状况、产品侵权状况的分析，能够发现那些拥有授权专利且本企业产品可能已侵犯对方专利权的主要竞争对手，同时也是潜在的侵权诉讼的起诉者。针对竞争对手做好专利预警分析工作，是企业知识产品工作的重要部分，不仅能够帮助企业极早发现侵权风险，从容应对突发的侵权危机，而且还能够有针对性地进行专利布局，增强自身的专利保护能力。企业针对竞争对手的专利预警工作可以从以下几方面展开。

3.3.1.6.1　建立竞争对手的动态专利库

建立竞争对手的动态专利库是针对竞争对手进行专利预警分析的基础。企业通过动态监控竞争对手不仅能够实时了解其专利布局的特点，掌握其研究的最新动向，而且能够接合竞争对手的商业信息，还可洞察其战略意图。由此，可针对性地制定并调整企业自身的发展策略。比如，当发现竞争对手已掌握核心专利时，可在核心专利的基础上进行改进并申请外围专利，争取以改进型外围专利与竞争对手的核心专利取得交叉许可；当发现竞争对手在发展方向上有所侧重时，可在其暂未发展的区域提前布局，以在竞争中获得更加主动的地位。

3.3.1.6.2　制定风险应对预案

当企业通过竞争对手的动态专利库监测到企业的产品或研发技术存在侵犯对方专利权的风险时，应及时制定应对预案，将风险降到最低限度。

针对竞争对手的应对预案包括如下内容。

（1）侵权风险评估

企业可以委托专业机构对自己的产品或技术对竞争对手的相关专利是否构成侵权进行调查和专业评估，包括评估竞争对手的专利申请是否符合授权条件、是否在有效期限内、专利所属国/地区是否与侵权行为地一致以及专利权是否稳定等，并且客观判断侵权是否成立。

（2）制定应对策略

经过侵权风险评估清楚认识自己与竞争对手的优势与劣势，判断竞争对手可能的诉讼策略，并制定合适的应对策略。

3.3.1.6.3　阻挠竞争对手获得专利权或者无效对方专利

这是最常用的积极应对策略，是“釜底抽薪”直接打掉风险的源头。但前提是能够获得影响授权或专利稳定性的相关证据和/或发现专利的实质性缺陷。

在具体操作时，如果竞争对手的相关专利处于申请阶段，企业可以采用公众意见的形式向专利审查部门说明相关专利不应获得授权的事实和理由，达到阻挠竞争对手相关专利获得授权或缩小保护范围的目的。

如果竞争对手的相关专利在中国已获得授权，企业可以在恰当的时候向专利复审委员会提起对该专利的无效宣告申请求，争取达到使相关专利丧失权利的目的；如果竞争对手的相关专利是处于异议期的欧洲专利，则可以通过异议排除专利“地雷”。

（1）规避设计

规避设计作为一种常用的防御之策，是通过对侵权产品进行改型设计，使之不落入对方的权利要求保护范围之中，达到消除侵权风险的目的。

（2）专利许可、交叉许可或反诉

通过专利许可，企业可避免专利纠纷且可以继续使用专利技术。若企业也拥有专利，可考虑利用自身的专利与对方协商进行专利交叉许可。另外，企业若发现对方也存在侵犯自己专利的情况，可以考虑采用反诉策略。

（3）组织专业团队

与国内外的律师事务所保持积极联系，以在诉讼发生时快速介入；熟悉诉讼可能发起地区的专利制度和法律制度，并尽量熟悉国际贸易的相关法律，以在诉讼发生时充分利用各种法律制度来捍卫自己的合法权益。

（4）全面收集资料，积累有利证据，为后续可能的诉讼做好准备

收集的证据包括专利和非专利文献，在先使用公开、销售的证据，企业的研发档案，产品设计图纸、原型图等。这些都将在专利侵权诉讼中成为有力证据。

3.3.1.7 小　结

日月光集团作为全球最大半导体制造服务公司之一，其成长历程以及专利战略对大陆企业都具有的一定的借鉴意义。日月光集团一路走来，其战略目标相当明确，把并购作为主要成长手段，精确掌握景气起伏，进退攻防灵活，最终成就龙头霸业。

在专利战略方面，其始终保持相当的专利投入，其专利战略随集团战略会有稍许改变，但始终作为保障其企业巨轮航行的帆，注重其不可忽视的作用。在成功成为全球最大的专业封测企业之前，日月光集团在专利申请方面的投入逐年增加，通过其专利申请量的全球趋势即可看出，随着营收额的增长，其在技术创新和专利申请方面的投入也在增加。封装基板、引脚互连以及三维封装是日月光集团专利申请量最多的技术，考虑到封装基板的作用以及引脚互连作为倒装封装技术和三位封装技术的重要性，日月光集团对其的投入也显而易见。而作为倒装封装的关键技术，凸点技术是日月光集团能超越竞争对手、成为全球市场的领先者，并将封测技术由传统焊线封装进化到高阶封装的关键技术。而根据日月光集团发展战略的转变，其研发团队和专利战略也随之发生改变，研究团队朝着更专一化的方向发展，能够以更高的效率和更好的效果提高专利申请质量，在较短的时间内超越对手，这也是日月光集团在专利诉讼和为之付出巨额和解费用的情况下做出的较好的有针对性的政策改变。借鉴日月光集团专利战略的改变，可以总结出一系列针对专利诉讼的预警/应对方案。

3.3.2 长电科技

3.3.2.1 公司概况

江苏长电科技股份有限公司（以下简称“长电科技”）是中国著名的封装测试企

业，成立于1972年，经过几十年的奋力拼搏，长电科技已经成为中国规模最庞大、技术最先进、品种最齐全、服务最完整的封测企业。作为集成电路封测产业链技术创新战略联盟理事长单位，长电科技率先开发出一系列国际领先的拥有自主知识产权的新型封装测试技术。长电科技为客户提供芯片测试、封装设计、测试等全套封装解决方案，曾荣获中国电子百强企业、中国半导体十大领军企业、国家重点高新技术企业等称号，拥有我国第一家高密度集成电路国家工程实验室以及国家级企业技术中心和博士后科研流动站。其产品涵盖通信、计算机、汽车电子、消费电子等应用领域。近年来，长电科技在整体收入和利润保持上升态势的同时，其业务结构随技术创新不断升级，该公司10年营业收入的年复合增长率达到19%，只有2009年受全球金融危机的影响营收稍微有所下降。其封测收入连年上升，在收入规模上远高于国内其他企业，是封测收入第二名华天科技的2倍。2013年，长电科技成为中国大陆最大、全球第六的封测企业。2015年，长电科技与国家集成电路产业基金的联手成功收购全球排名第四的星科金朋，收购星科金朋后，长电科技能够跻身全球前三，且业务互补，在高端封装产能方面实现全面自主可控。

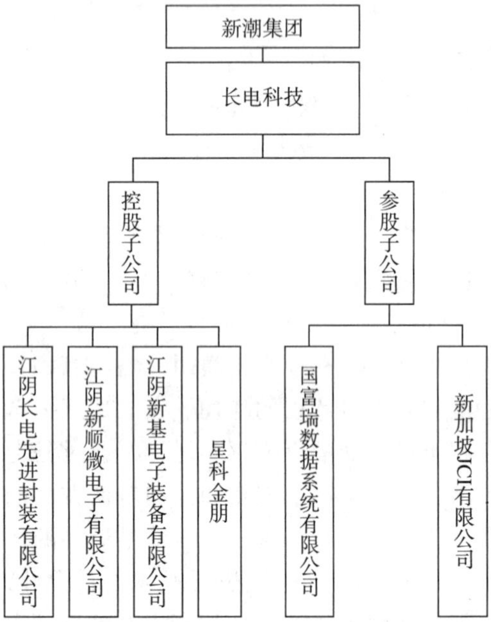

图3-3-14　长电科技公司架构

长电科技目前的公司构架如图3-3-14所示，长电科技隶属新潮集团，旗下拥有的4家控股子公司分别是江阴长电先进封装有限公司、江阴新顺微电子有限公司、江阴新基电子装备有限公司以及星科金朋（STATS ChipPAC Ltd），2家参股子公司分别是国富瑞数据系统有限公司和新加坡JCI有限公司。

长电科技发展历程中的主要事件如下。

1972年，江阴晶体管厂成立。

1986年，建立分离器件自动化生产线。

1989年，建立集成电路自动化生产线。

1994年，与飞利浦合作，创办IC加工工厂。

2000年，整理改制为江苏长电科技股份有限公司（C1厂）。

2002年，新顺微电子公司成立。

2003年，长电科技在上海证券交易所成功上市。

2003年，长电科技霞客厂区（C2厂）建成投产。

2003年，与新加坡APS合资成立“江阴长电先进封装有限公司（JCAP）”。

2005年，JCAP提供晶圆级芯片尺寸封装技术服务。

2006年，博士后科研工作站、国家企业技术中心成立。

2007年，长电科技新城东厂区（C3厂）正式投入使用。

2007年，长电科技SiP厂正式成立。

2008年，以长电科技为主体的“高密度集成电路封装技术国家工程实验室”正式成立。

2009年，“芯潮”品牌的高密度高容量存储类产品上市。

2009年，国务院总理温家宝视察长电科技。

2009年，收购新加坡ASP公司。

2009年，集成电路封测产业链技术创新战略联盟成立，长电科技担任首届理事长单位。

2010年，MIS封装材料厂建成投产。

2011年，与东芝公司合资的江阴新晟电子有限公司成立。

2011年，长电科技（宿迁）有限公司成立。

2012年，长电科技（滁州）有限公司成立。

2014年，与中芯国际合资成立公司。

2015年，与国家集成电路产业基金的协作收购星科金朋。

2015年，长电科技成功收购星科金朋后，星科金朋也成为长电科技的一部分。

星科金朋的发展历程如下。

1994年，建立封装测试服务。

2000年，在新加坡和美国证券交易所上市。

2004年，与ChipPAC合并。

2007年，新加坡研发中心成立。

2009年，中国工厂扩产。

2010年，300～330mmeWLB技术在新加坡应用。

2013年，新加坡工厂扩产。

2014年，韩国工厂投产。

3.3.2.2 专利申请分析

3.3.2.2.1 申请态势分析

通过分析企业的专利申请年代与数量，可以了解其专利申请情况，并且推测其后续的专利申请趋势。

长电科技关于集成电路封装的所有申请都在中国区域，总共为1494件，主要在中国大陆进行专利布局（这里的数据不包括星科金朋），因此后续的分析都以长电科技在中国申请的专利数据为源数据。由图3-3-15可知，在2004年以前，长电科技在其成立的32年间几乎没有与集成电路封装领域有关的中国发明/实用新型专利申请，这与当时国内企业对专利保护的意识淡薄有关。自2004年后，长电科技开始出现有关集成电路封装领域的专利申请，并在2004～2009年有相对比较稳定的数量，但从数量上来看还是处于相对较少的水准，这与长电科技当时的自身条件有关，长电科技在2009年之前关于集成电路封装领域的研发投入相对较少，即便同一时期长电科技着手于集成电路封装领域的研发，但相对于同行业的其他国外企业来说，起步较晚，且同时期也主要是处于技术储备攻关阶段。2010年，关于集成电路封装领域的申请量大幅增加，这可能与长电科技加大对于集成电路封装领域的研发投入有关。从2011年至今，申请量开始急剧下滑，一方面可能与公司内部意识到虽然2010年申请了大量关于集成电路封装领域的专利，但申请的专利在质量上并不是很好，而在半导体集成电路封装领域要有自己的布局，靠的不是专利的数量，而是专利的质量；另一方面，长电科技可能意识到自己研发技术的周期太长，因此将重心转移到收购同行业在技术研发走在前面的企业，或与同行业研发能力较强的公司成立合资公司。与长电科技情况类似的广东省集成电路产业界的企事业单位，这些企业由于在封装领域某些方向不具有专利申请或仅有少量外围有效发明专利，因此这些方向被认定为存在重大风险的方向，一般短期内难以获得较大的技术突破。在此情况下，这些企业可以将重心转移到同行业在技术研发走在前面的企业收购上，或与同行业研发能力较强的公司成立合资公司。

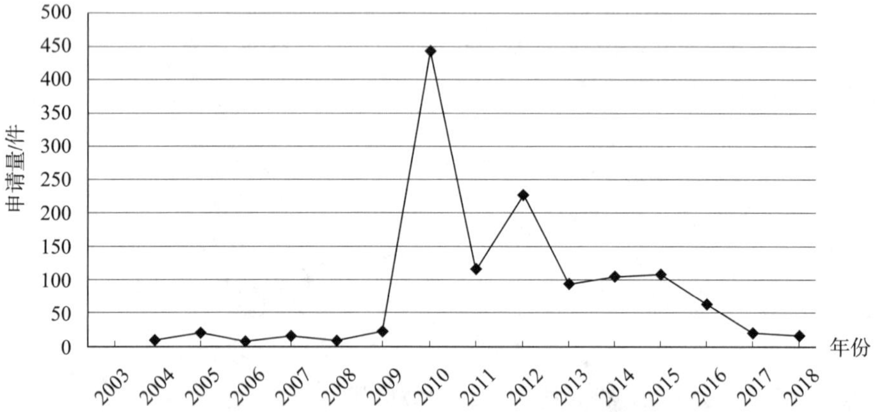

图3-3-15　集成电路封装领域长电科技中国申请历年趋势分布

星科金朋虽然现在已经属于长电科技的子公司，但其关于集成电路封装领域的相关专利申请主要以海外为主，其中在美国的专利申请量最多。同样，其专利布局也以海外为主。由图3-3-16可知，星科金朋从1994年成立至1998年都没有申请专利，这可能与公司刚刚成立不久有关。1999~2004年，其关于集成电路封装领域的相关专利申请维持相对比较稳定的数量，但还是相对较少，处于技术储备攻关阶段。2004~2008年，其关于集成电路封装领域的相关专利申请量急剧上升。2004~2008年，星科金朋的营收相对于刚成立的头几年有显著提高。2007年，淡马锡控股集团通过全资子公司新加坡技术半导体公司以16亿美元的高价收购星科金朋64.4%的股权，截至2008年底，淡马锡控股集团持有星科金朋的股权高达83.8%。随着星科金朋的财力愈加雄厚，其在专利申请方向的投入相应增加是其专利申请量急剧上升的主要原因。2009~2010年，其关于集成电路封装领域的相关专利申请量有所回落，这与当时的经济危机有关。从2011年开始，其关于集成电路封装领域的相关专利申请量急剧下滑，这与自2011年以来星科金朋的运营状况不大理想、营收规模呈下降趋势息息相关。

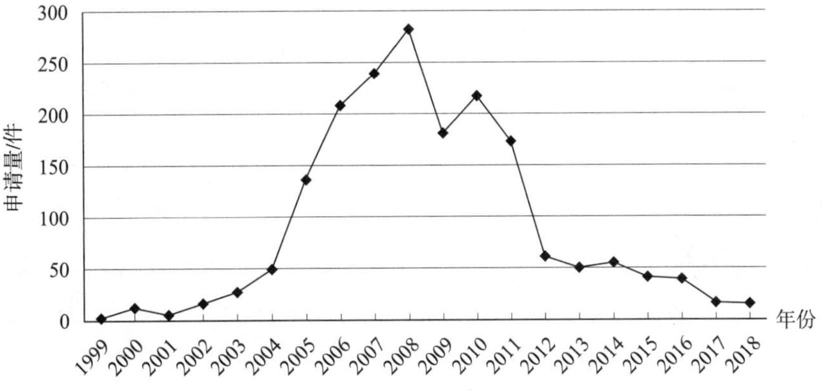

图 3-3-16　集成电路封装领域星科金朋全球申请历年趋势分布

3.3.2.2.2　技术分支分析

技术主题分析能够得出一个申请人在不同时期对不同技术分支采取的申请策略，明确其技术侧重点以及将来的侧重方向。

如图 3-3-17 所示，长电科技的主要专利申请方向为封装基板，其占长电科技集成电路封装领域专利的 54%。在封装基板的技术分支里，基板结构占据绝大部分，其次是基板材料，这与日月光集团相类似。

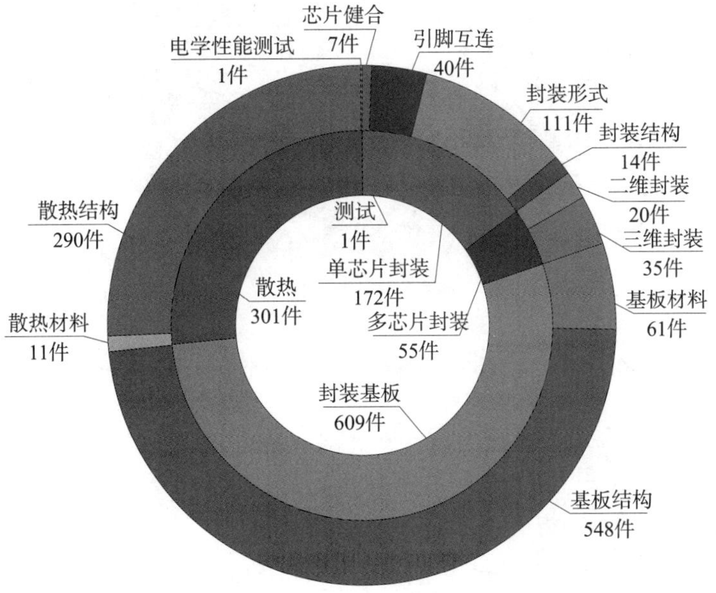

图 3-3-17　集成电路封装领域长电科技国内一级二级技术分支分布

由图 3-3-18 可以看出，长电科技在封装基板的三级技术分支中，单层基板的申请量占总的封装基板申请量的 87%。在单层基板中，双面布线单层基板和引线框架用基板的申请量居多，不难看出，长电科技将引线框架封装确定为自己的核心技

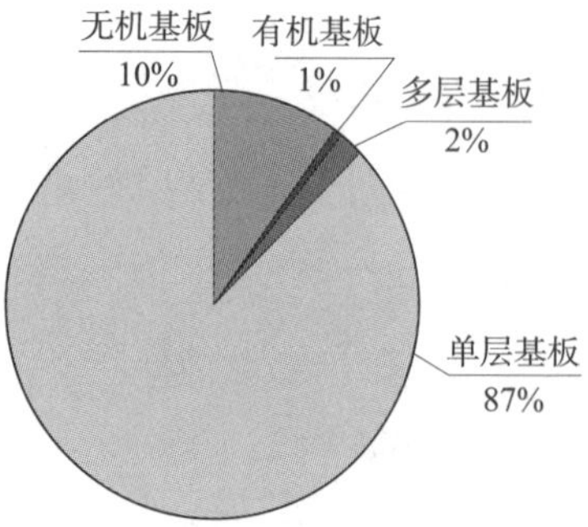

图 3-3-18 长电科技关于封装基板三级技术分支分布

术领域。而对日月光集团进行分析可以发现，其在封装基板领域的申请同样以单层基板为主，并且在单层基板中也是双面布线单层基板和引线框架用基板的申请量居多。这可以解释为同一时期，同一领域的几家大公司可能会就同一技术领域展开竞争，以抢占市场的制高点。

如图 3-3-19 所示，星科金朋的主要专利申请方向为多芯片封装和单芯片封装，分别占到 39% 和 37%，而在单芯片封装和多芯片封装的二级技术分支中又分别以封装形式和三维封装为主。

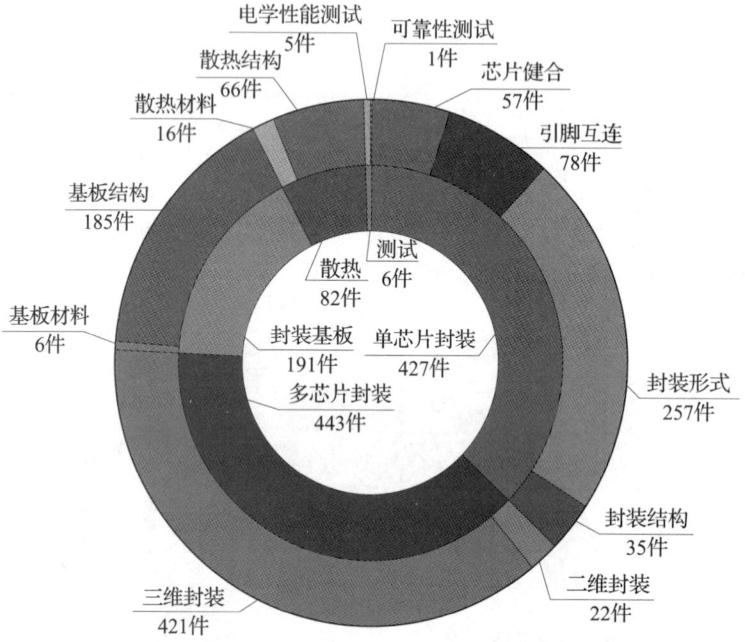

图 3-3-19 集成电路封装领域星科金朋技术分支分布

对星科金朋的封装形式进行分析可以发现，其 257 件关于封装形式的专利申请全是以表面安装型封装为主。

3.3.2.3 技术发展路线分析

虽然星科金朋现在属于长电科技的子公司，但业内人士都知道，星科金朋在被长电科技收购前在全球封测领域排名第四，而长电科技排名第六。在被收购前，2013 年星科金朋的营收为 15.99 亿美元，而长电科技为 8.5 亿美元，且同时期星科金朋的专利申请量为 1358 件，而长电科技为 966 件。综上所述，无论是在专利申请量还是在专利质量上，星科金朋都要优于长电科技。因此，在研究当前长电科技的核心技术发展路线时，重点研究星科金朋的核心技术发展路线更有意义。

通过对星科金朋的技术主题分析可以发现，星科金朋的主要专利申请方向为单芯片封装和多芯片封装，分别占到37%和39%。而在单芯片封装和多芯片封装二级技术分支中又分别以封装形式和三维封装为主。其中，封装形式占单芯片封装的60%，而三维封装占多芯片封装的95%。三维封装技术作为当前封测领域的热点技术，势必引起业界的几家大企业投入大量人力和财力对其进行研究，星科金朋也不例外。通过上述分析可知，三维封装是星科金朋集成电路封装领域的第一大技术分支，并可以确定三维封装就是星科金朋集成电路封装领域的核心技术。

实现三维封装主要有三种方法。一是埋置型，例如CN100530636C，将元器件埋置在基板多层布线内或埋置、制作在基板内部，电阻和电容一般可随多层布线用厚、薄膜法埋置于多层基板中，而IC芯片一般紧贴基板，还可以在基板上先开槽，将IC芯片嵌入，用环氧树脂固定后与基板平面平齐，然后实施多层布线，最后再安装IC芯片，从而实现三维封装。二是有源基板型，例如CN100561709C，用硅圆片IC（WSI）做基板时，先将WSI用一般半导体IC制作方法制作一次元器件集成化，这就成了有源基板。然后再实施多层布线，顶层仍安装其他IC芯片或其他元器件，实现三维封装。这是人们最终追求并力求实现三维封装的方法。三是叠层法，例如CN100517690C，将两个或多个芯片或封装芯片在垂直芯片方向上互连成为简单的三维封装。

由图3-3-20可以看出，在三维封装技术的专利申请中，星科金朋主要以层叠型的封装为主，其占整个三维封装专利申请量的98%。可见，星科金朋对层叠型的三维封装技术非常重视，因此有必要研究其专利技术特点。

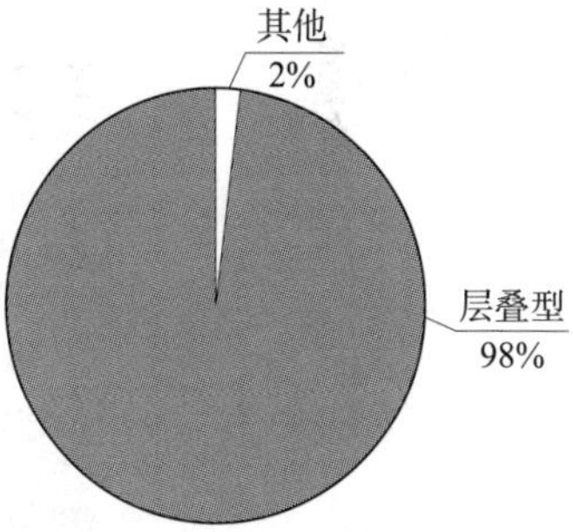

图3-3-20　星科金朋三维封装三级技术分布

通过阅读星科金朋在层叠型三维封装方面的专利可以发现，此技术主要以在芯片堆叠方式上的技术改进和在裸片叠层芯片之间互连技术上的改进为主，接下来就星科金朋在芯片堆叠方式上的技术改进和在裸片叠层芯片之间互连技术上的改进做更一步分析。

3.3.2.3.1　芯片堆叠方式上的技术改进

芯片堆叠主要根据封装的不同要求采用不同的堆叠方式，具体的芯片堆叠方式有两种。一是金字塔型叠层封装（见图3-3-21），使用大小不同的芯片，上层芯片面积比下层芯片面积小，这样下层芯片面积就有足够的面积和空间用来进行引线键合。二是错位式叠层封装，使用大小相同的芯片，上层芯片和下层芯片之间进行错位贴装（见图3-3-22），这样每层芯片表面都有足够的面积和空间用来进行引线键合。三是交替式叠层封装，使用大小相同的芯片，上层芯片和下层芯片进行不同方向的错位贴装，交替进行（见图3-3-23），这样每层芯片表面都有足够的面积和空间用来进行引线键合。四是同尺寸叠层封装（见图3-3-24），使用大小相同的芯片，通过在上下层芯片之间加入一层垫片，便于下层芯片的引线键合，垫片是一块面积比上下层芯片小的普通硅片。

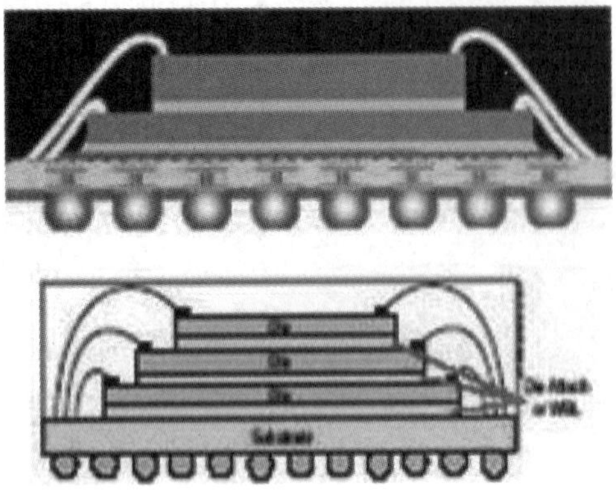

图 3-3-21　金字塔形贴片键合示意图

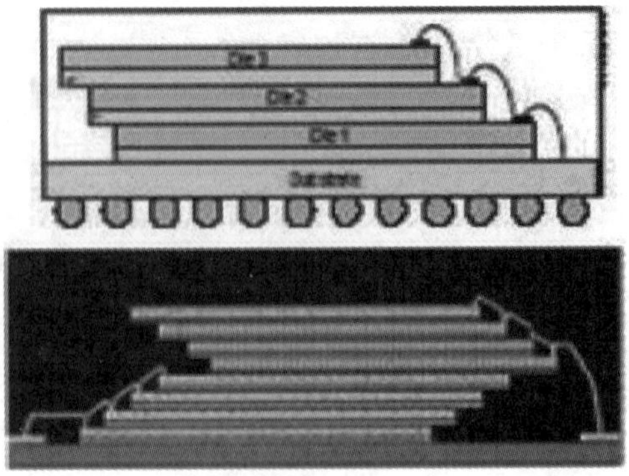

图 3-3-22　错位式叠层贴片键合示意图

图 3-3-23　交替式叠层贴片键合示意图

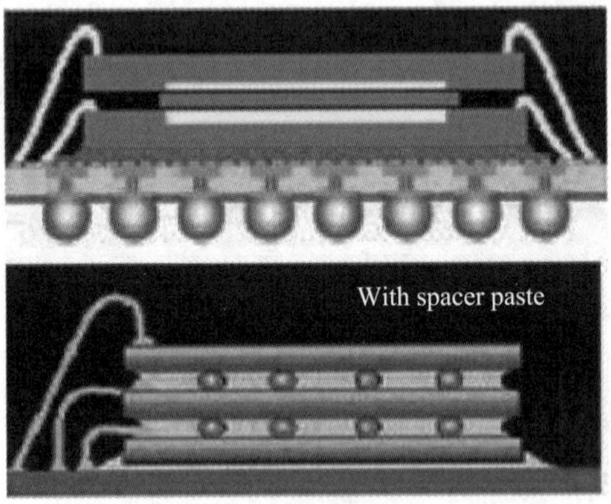

图 3-3-24　同尺寸叠层贴片键合示意图

星科金朋叠型三维封装技术中的芯片堆叠方式以金字塔形叠层封装、错位式叠层封装以及同尺寸叠层封装为主。

接下来对星科金朋在芯片叠层技术中芯片堆叠方式方面技术的演进路线进行分析。由图 3-3-25 可知，星科金朋在三维封装技术中芯片叠层技术方面的研究主要以同尺寸叠层芯片键合技术为核心，其次是错位叠层键合和金字塔形叠层键合。

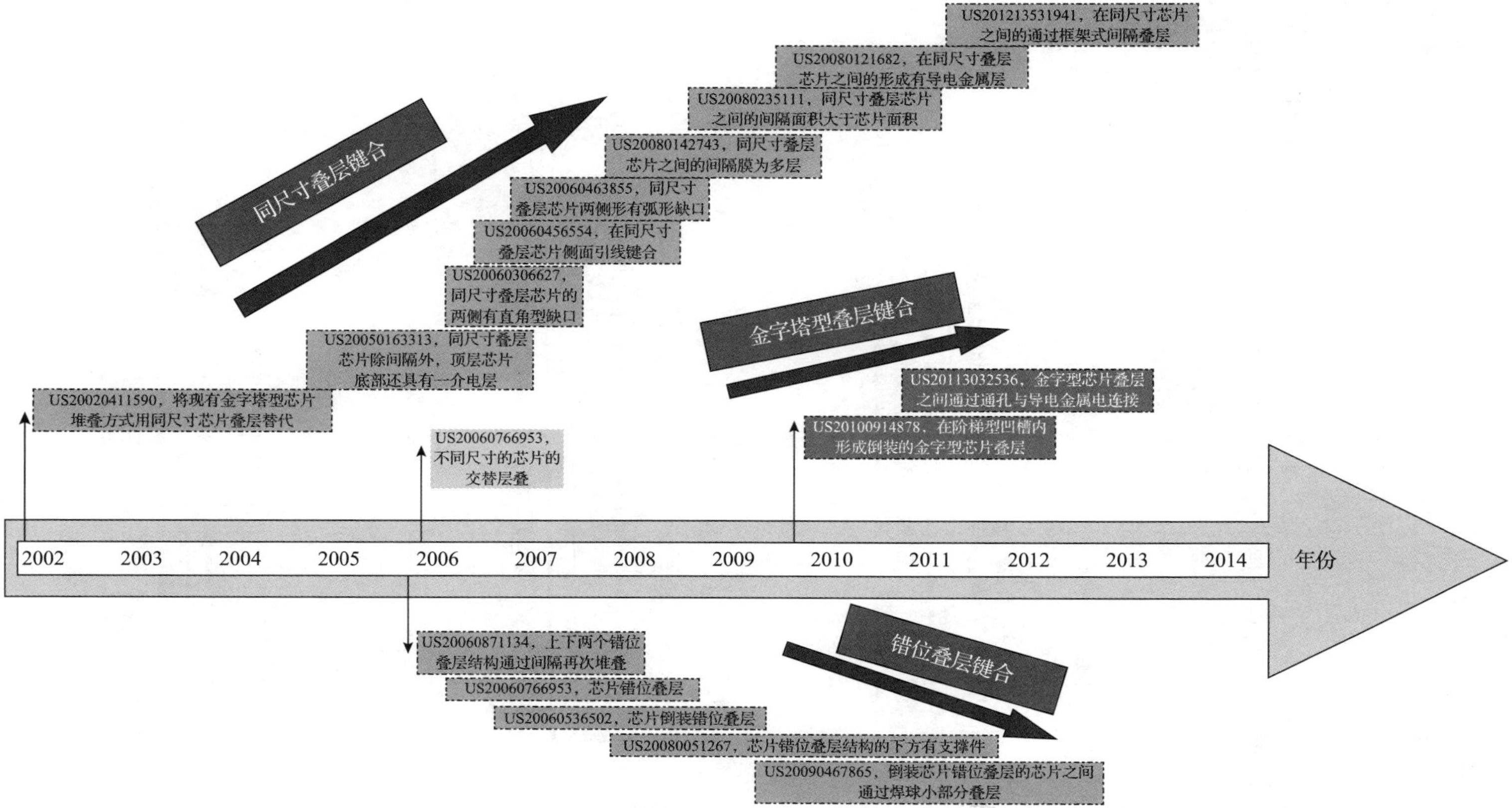

图3-3-25　星科金朋在三维封装技术中的芯片叠层方式全球专利发展路线图

（1）在同尺寸叠层芯片键合技术方面的改进

2002年9月17日，星科金朋提出关于如何最大化地利用有限的封装空间方法的专利申请（申请号为US20020411590），技术方案如图3－3－26所示。该专利为星科金朋首次提出关于同尺寸叠层芯片键合技术。具体技术方案为，首先在封装基板上设置第一芯片，然后在第一芯片表面形成面积比第一芯片小的间隔层，再在间隔层上形成一与第一芯片面积相同的第二芯片，最后对芯片与基板之间进行引线键合，而第一芯片未被间隔层覆盖的部分正好可以用于引线键合，与已有的金字塔形叠层封装技术相比，同尺寸叠层芯片键合更能有效地利用封装空间。该专利申请非常重要，首次提出关于同尺寸叠层芯片键合，其被引证频率也非常高，达65次。

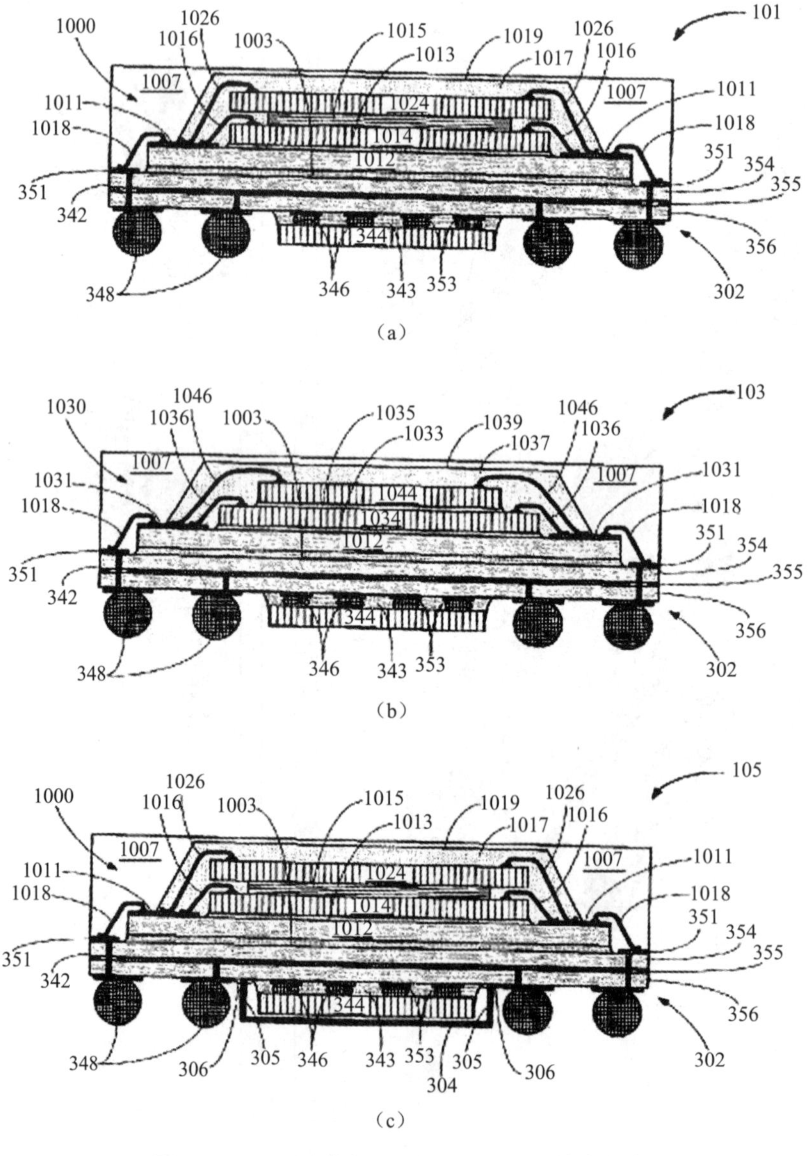

图3－3－26　星科金朋US20020411590技术方案

2005年10月13日，星科金朋申请一种集成电路芯片堆叠封装系统专利（申请号为US20050163313），技术方案如图3－3－27所示。该封装系统在基板上形成黏接胶，在该黏接胶上设置第一芯片，在第一芯片上表面形成面积比第一芯片小的间隔层，在与第一芯片同尺寸的第二芯片的背面上形成有介电层，然后将第二芯片的背面贴覆在间隔层上，由于在第一芯片与第二芯片之间形成有介电层，从而使第一芯片与第二芯片之间的电绝缘性得到更好的改善。然而，该专利申请区域仅仅为美国，并没有在除美国以外的其他区域进行布局，因此并没有受到产业的太多关注。

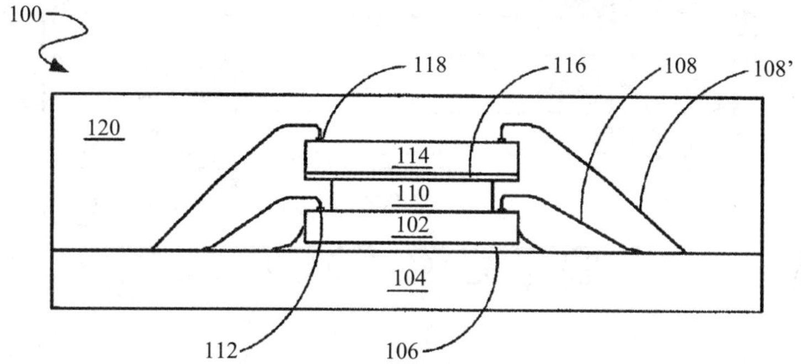

图3－3－27 星科金朋US20050163313技术方案

2006年1月4日，星科金朋申请一种模塑叠层芯片封装结构专利（申请号为US20060306627），技术方案如图3－3－28所示。该叠层芯片封装结构包括两尺寸相同的芯片，在芯片的上表面形成有模塑层，且该模塑层上表面的两侧形成直角形缺口，在该缺口位置处焊有键合引线，两芯片中的一个芯片层叠于另一个芯片模塑层的上表面，而通过在两叠层芯片之间形成直角形缺口的模塑层，不仅能够为芯片的引线键合预留空间，而且由于模塑层将芯片完全覆盖，还可以使叠层芯片之间具有更好的绝缘性。

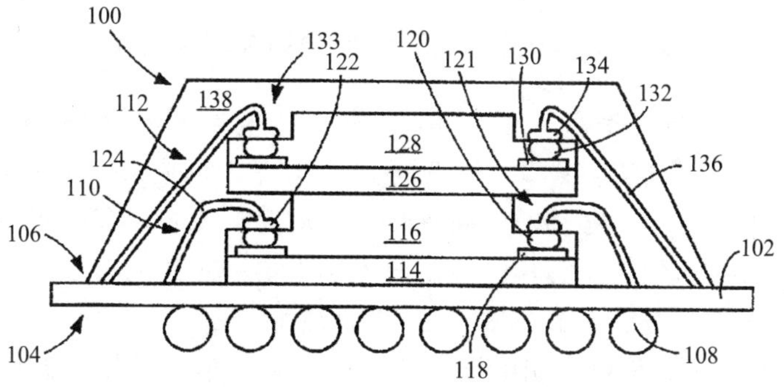

图3－3－28 星科金朋US20060306627技术方案

2006年7月1日，技术方案星科金朋申请一种对叠层芯片侧面进行引线键合封装系统专利（申请号为US20060456554），如图3－3－29所示。在第一芯片有源面上的两侧形成第一焊垫，在第一焊垫上覆盖椭圆形的第二焊垫，在第一芯片的有源面上还覆盖有模塑层，该模塑层覆盖整个有源面并在模塑层的侧面暴露出第二焊垫，第二芯片与第一芯片尺寸相同，且在其有源面上形成第一焊垫和第二焊垫，第二芯片叠层于第一芯片之上，第一芯片和第二芯片模塑层侧面暴露的第二焊垫部分可以用作芯片与基板之间引线键合的焊接垫。

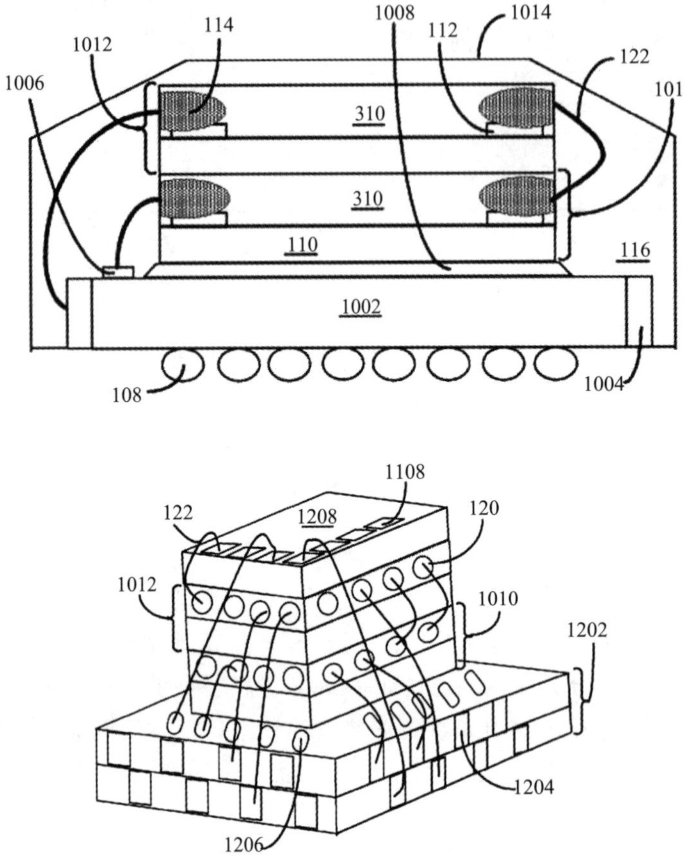

图 3-3-29 星科金朋 US20060456554 技术方案

2006 年 8 月 10 日，星科金朋申请一种集成电路封装系统专利（申请号为 US20060463855），技术方案如图 3-3-30 所示。在基上形成第一黏接层，在第一黏接层上设置第一芯片，在第二芯片的侧面有弧形缺口，第二芯片有源面的面积与第一芯片有源面的面积相同，但第二芯片的背面面积小于第一芯片的有源面面积，且第二芯片背面通过第二黏接层叠层于第一芯片的有源面之上。

2006 年 8 月 18 日，星科金朋申请一种同尺寸叠层芯片封装系统专利（申请号为 US20060465706），技术方案如图 3-3-31 所示。该封装系统中，在尺寸相同的两芯片之间形成一间隔层，该间隔层的面积要小于芯片的面积，且该间隔为圆片级间隔，而由于该间隔为圆片级，能减低集成电路封装体的高度。

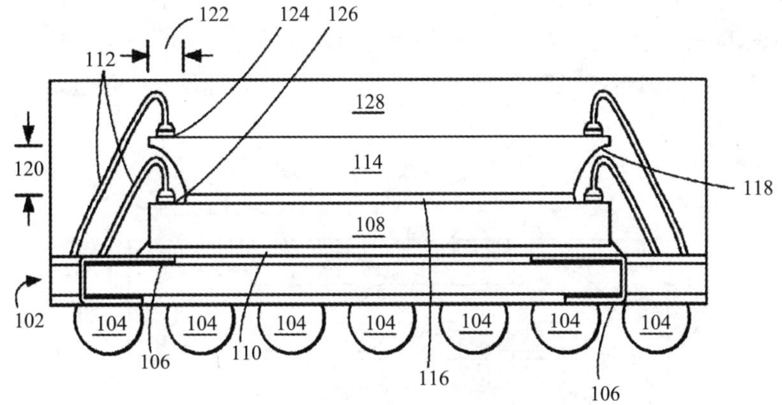

图3-3-30 星科金朋 US20060463855 技术方案

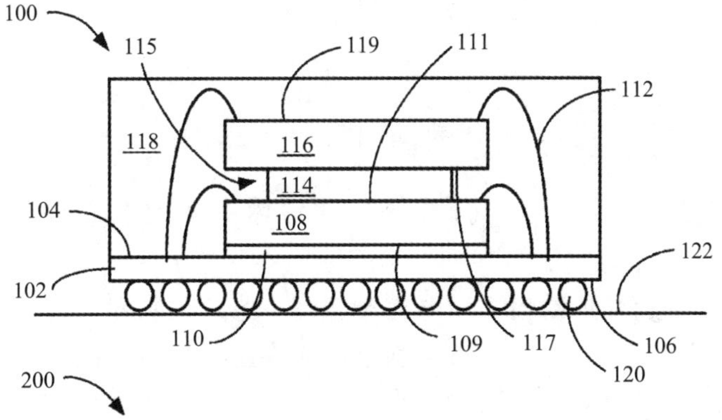

图3-3-31 星科金朋 US20060465706 技术方案

2008年5月15日，星科金朋申请一种同尺寸叠层芯片封装系统专利（申请号为US20080121682），技术方案如图3-3-32所示。两尺寸相同的芯片上下叠层，上下两芯片的有源面上都形成焊接垫，两芯片之间还形成导电金属层，该导电金属层电连接直焊垫和位于芯片两侧的导通孔，以实现芯片与基板之间的电连接。

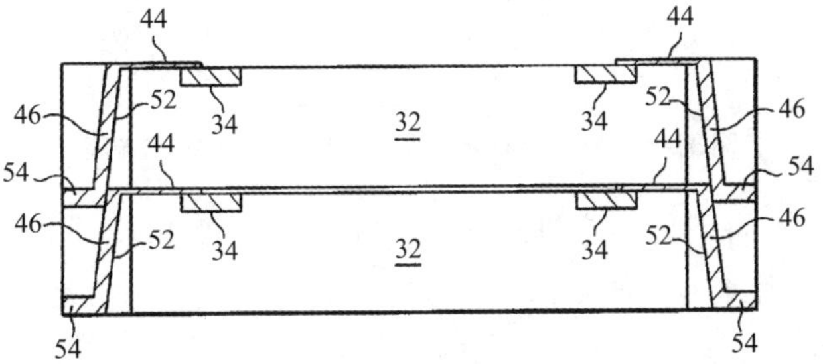

图3-3-32 星科金朋 US20080121682 技术方案

2008年6月19日，星科金朋申请一种集成电路封装系统专利（申请号为US20080142743），技术方案如图3-3-33，在尺寸相同的两叠层芯片之间形成三膜间隔层，在三层间隔层的最底层和最上层中嵌入填充料，该填充料可以改变三层间隔层最底层和最上层的物理特性，该填充料可以为玻璃或气泡聚合材料。同时该专利除了在美国提出申请外，还在韩国、日本、中国台湾也有布局。可以看出，该专利是星科金朋比较重要的专利。

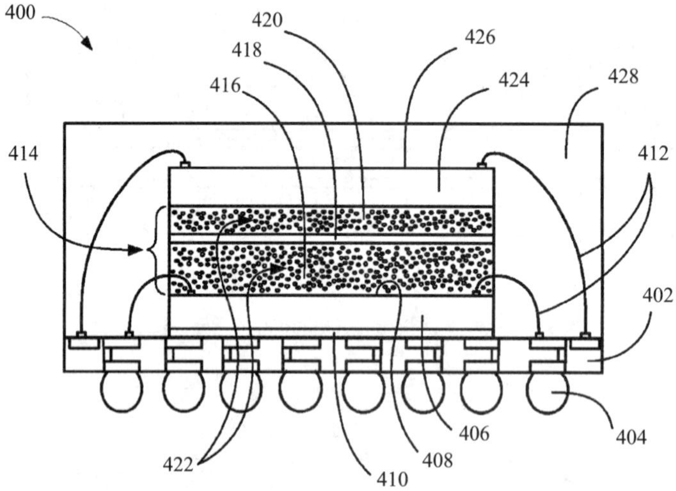

图 3-3-33　星科金朋 US20080142743 技术方案

2008 年 9 月 22 日，星科金朋申请一种集成电路封装系统专利（申请号为 US20080235111），技术方案如图 3-3-34 所示。在基板上先设置第一芯片，该第一芯片有源面的两侧形成直角形缺口，而电连接于第一芯片有源面上焊垫和基础之间的引线向该缺口内凹陷，在第一芯片的有源面上形成叠层黏接层，该叠层黏接层覆盖整个第一芯片的有源面并填满有源面两侧的直角形缺口，然后在该叠层黏接层上方叠层第二芯片。该专利除了在美国提出申请外，在中国大陆、新加坡、中国台湾、韩国也有布局。由此可见，该专利是星科金朋非常重要的专利。

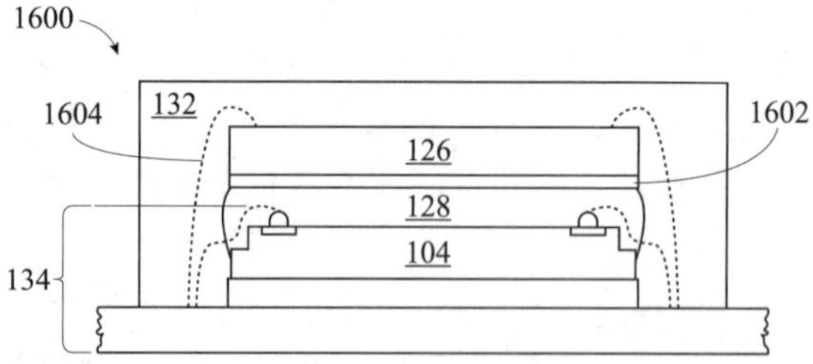

图 3-3-34　星科金朋 US20080235111 技术方案

2012 年 6 月 25 日，星科金朋申请一种集成电路封装系统专利（申请号为 US201213531941），技术方案如图 3-3-35 所示。在基板上先设置第一芯片，然后在第一芯片上方设置第一框架式间隔，在第一框架式间隔上设置第二芯片，同样在第二芯片上方设置第二框架式间隔，在第二框架式间隔上设置第三芯片，然后在第三芯片上设置第三框架式间隔，所述第一、第二、第三芯片的尺寸相同，所述第一、第二、第三框架式间隔的尺寸也相同，并且所述框架的端部连为一体。

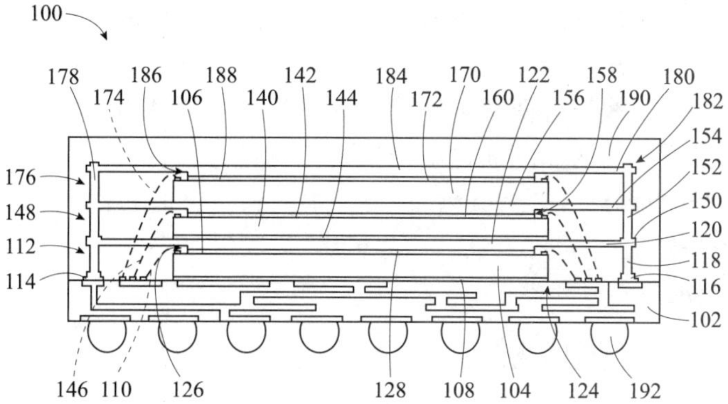

图 3 -3 -35　星科金朋 US201213531941 技术方案

（2）在错位式叠层芯片键合技术方面的改进

2006 年 2 月 21 日，星科金朋申请一种芯片错位叠层的封装系统专利（申请号为 US20060766953），技术方案如图 3 -3 -36 所示。在基板上先形成第一黏接层，在第一黏接层上设置第一芯片，在第二芯片的背面形成第二黏接层，第二芯片错位叠层于第一芯片的有源面上，且第一芯片与第二芯片同尺寸，而未被第二芯片叠层的第一芯片有源面的部分可以用于引线键合，由于在芯片之间减少间隔层，可以降低叠层封装体的高度。

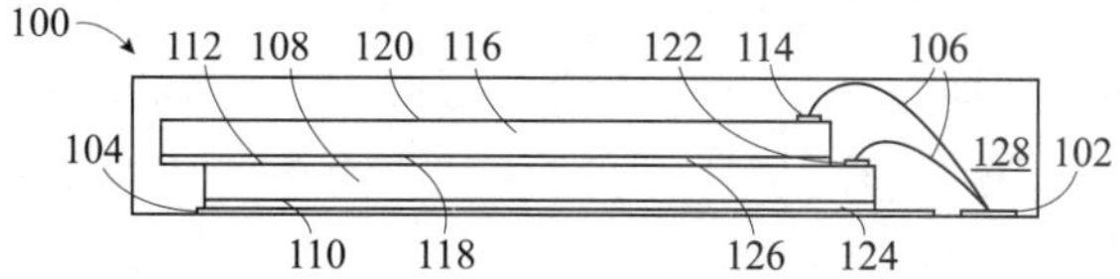

图 3 -3 -36　星科金朋 US20060766953 技术方案

2006 年 9 月 28 日，星科金朋申请一芯片错位叠层的集成电路封装系统专利（申请号为 US20060536502），技术方案如图 3 -3 -37 所示。上下芯片的有源面通过黏接层错位叠层，下层芯片未被黏接层和上层芯片覆盖的有源面部分通过引线键合电连接到基板的引脚，而上层芯片未覆盖黏接层的有源层部分通过焊球倒装焊接于基板的引脚上。该专利除了在美国提出申请外，在韩国、日本、中国台湾也有布局。可见，该专利是星科金朋比较重要的专利。

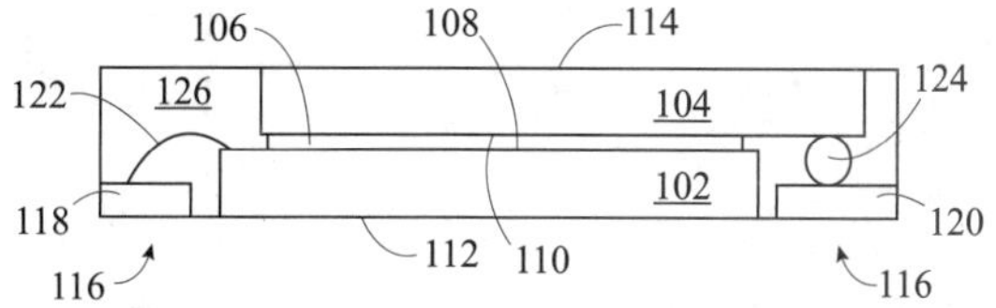

图 3 -3 -37　星科金朋 US20060536502 技术方案

2006 年 12 月 20 日，星科金朋申请一芯片错位叠层的集成电路封装系统专利（申请号为 US20060871134），技术方案如图 3 -3 -38 所示。在基板上依次水平向左错位的叠层有四芯片，在最上层芯片的有源面上形成一间隔层，在该间隔层上再依次水平向右错位的叠层四芯片，从而形成芯片叠层结构，间隔层下方的叠层芯片通过在叠层芯片有源面的左端通过引线键合两两电连接，最终电连接直基板，间隔层上方的叠层芯片通过在叠层芯片有源面的右端通过引线键合两两电连接，最终电连接直基板。该专利除了在美国提出申请外，还在韩国、日本、中国台湾都有布局。可见该专利是星科金朋比较重要的专利。

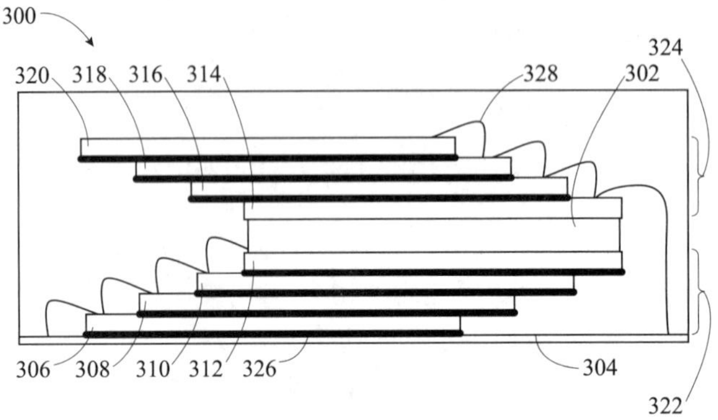

图 3-3-38　星科金朋 US20060871134 技术方案

2008 年 3 月 19 日，星科金朋申请一种集成电路封装系统专利（申请号为 US20080051267），技术方案如图 3-3-39 所示。在基板上依次水平向右错位的叠层有四芯片，而在芯片叠层结构左侧下方的基板上形成一键合装置，该键合装置通过黏接胶与芯片叠层结构的最上层芯片接触，而通过在芯片叠层结构左侧下方基板上形成的键合装置不仅能够实现封装体内空间利用最大化，同时还能起支撑芯片叠层结构的作用。

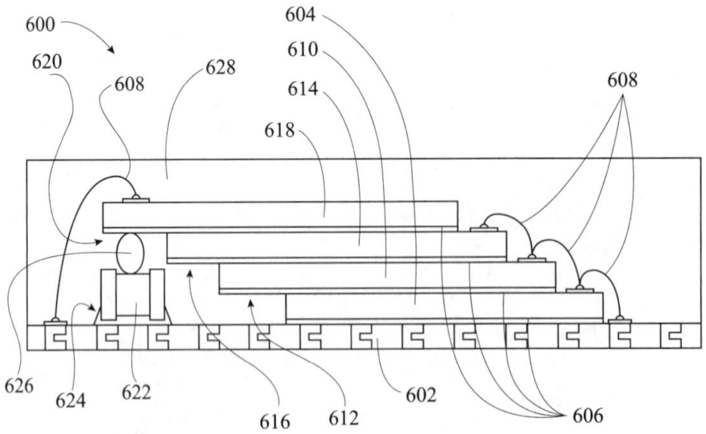

图 3-3-39　星科金朋 US20080051267 技术方案

2009 年 5 月 18 日，星科金朋申请一芯片错位叠层的集成电路封装系统专利（申请号为 US20090467865），技术方案如图 3-3-40 所示。在基板上形成黏接层，在黏接层上设置第一芯片，在第一芯片的有源面上形成焊垫，第二芯片以倒装的形式错位与第一芯片叠层，且第一芯片与第二芯片交叠的部分通过焊球电连接，而第二芯片未与第一芯片交叠的部位的焊垫通过大尺寸的焊球与基板电连接。

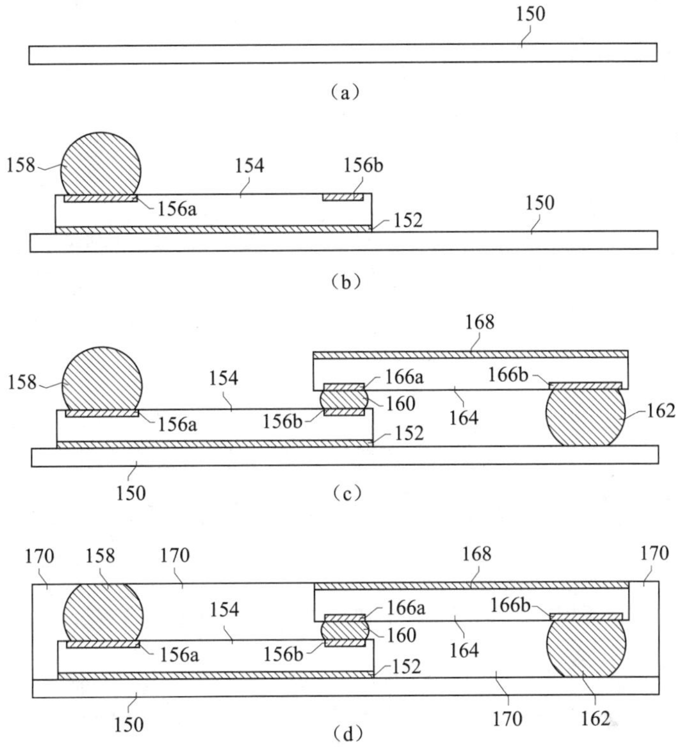

图3-3-40　星科金朋US20090467865技术方案

（3）在金字塔形叠层芯片键合技术方面的改进

2010年10月29日，星科金朋申请一种集成电路的封装系统专利（申请号为US20100914878），技术方案如图3-3-41所示。在基板上形成具有台阶型的沟槽，该沟槽下端小上端大，在该沟槽的侧壁及部分底部形成金属导电层，在沟槽的底层设置第一芯片，该芯片焊垫通过焊球与金属导电层电连接，在第一芯片的上方设置第二芯片，且第二芯片同样通过焊球与金属导电层电连接，第二芯片的尺寸大于第一芯片。

2011年2月22日，星科金朋申请一种金字塔形芯片叠层封装系统专利（申请号为US201113032536），技术方案如图3-3-42所示。两芯片以金字塔形叠层，在树直方向上形成有电连接直芯片的焊垫和基板通孔，在通孔的顶部有连通通孔的金属导电层，通过金属导电层和通孔最终实现叠层芯片与芯片以及芯片与基板之间的电连接。

（4）其他

2006年1月31日，星科金朋申请一种在集成电路封装中形成圆片级间隔专利（申请号为US20060307317），技术方案如图3-3-43所示。在集成电路封装体中从上自下依次叠层有四芯片，且该芯片具有不同的尺寸，并按尺寸的不同交替叠层，而在叠层的芯片两两之间形成柱状的圆片级间隔。由于该间隔为圆片级，该间隔不仅能够起两芯片之间的间隔作用，同时还能降低集成电路封装体的高度。

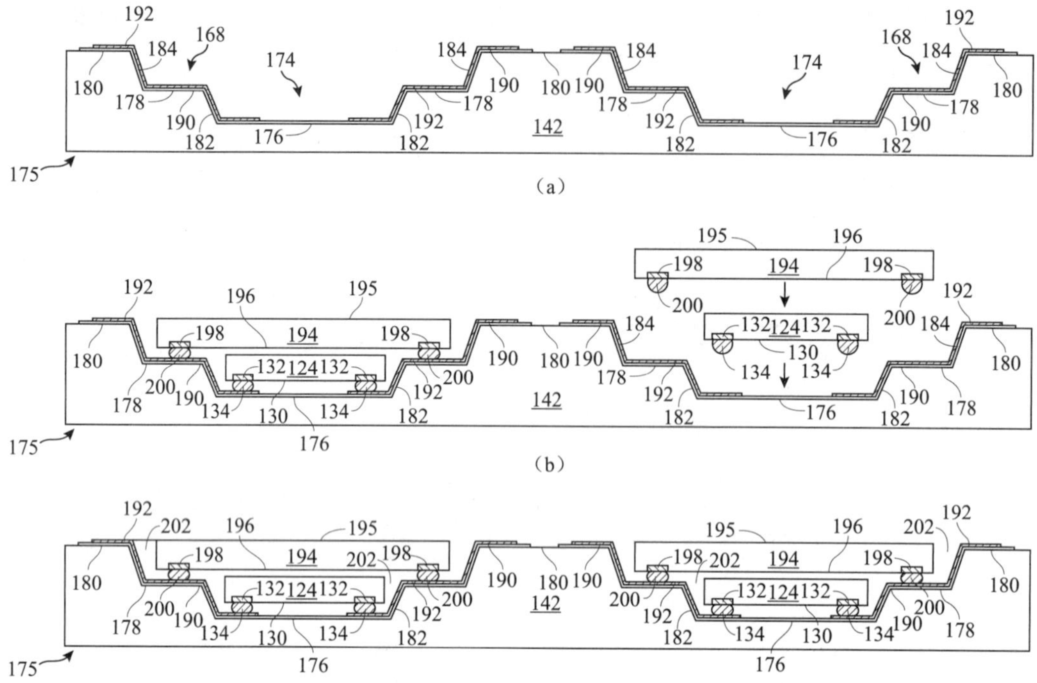

图 3 -3 -41　星科金朋 US20100914878 技术方案

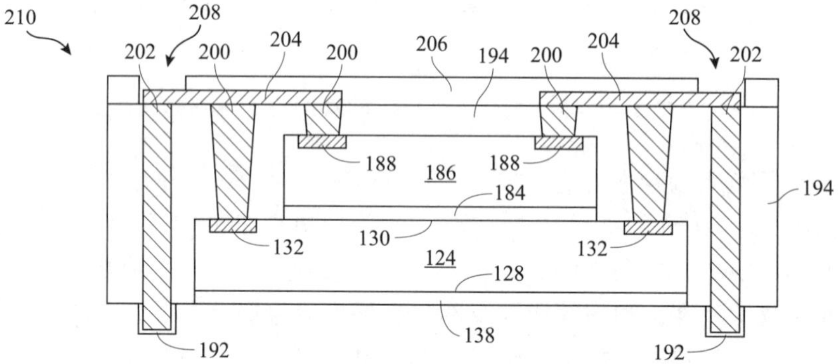

图 3 -3 -42　星科金朋 US201113032536 技术方案

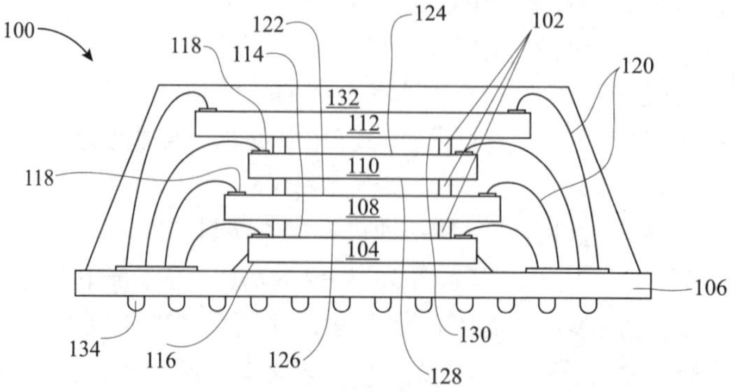

图 3 -3 -43　星科金朋 US20060307317 技术方案

因此，在广东省的申请人近年来申请关于三维封装特别是三维封装裸技术中芯片叠层技术方的专利时，有必要分析星科金朋在该领域的专利申请动向，一方面可以借鉴其技术方案和改进，另一方面可以规避风险。

3.3.2.3.2　芯片之间互连技术方面的改进

星科金朋的三维封装裸技术中除了芯片叠层技术方面的申请较多外，在裸片叠层芯片之间的互连技术也具有一定的申请量，而在芯片互连技术方面以改进引线键合、焊球互连以及通孔互连为主。依据技术高度、被引证次数、同族专利的数量，选取星科金朋在芯片互连技术方面关于改进引线键合、焊球互连以及通孔互连的如下重点专利进行分析。

表3-3-3在星科金朋在裸片层叠结构芯片之间互连技术领域的8件重点专利，其中大部分是授权保护，只有1件还处于在审。在改进引线键合技术上，申请号为US20060463855和US20060306627的专利申请提出通过在芯片上形成缺口便于引线键合；在改进焊球互连技术上，申请号为US20090467865和US201313801675的申请提出用焊球层叠芯片之间的互连通以及焊球既作为互连又作为芯片与基板之间的支撑，申请号为US20100914878的申请提出通过焊球和阶梯形中间导电层来实现层叠芯片之间的互连；在改进通孔互连技术上，申请号为US20080121682的申请提出在芯片之间形成特定形状的导通孔互连，US20080127417提出芯片层叠结构中的芯片通过导通孔结构互连，且该导通孔由导电内衬以及填充与导电内衬中的导电材料组成，申请号为US201113034133的申请提出芯片层叠结构中的芯片通过由导通孔和重布线层构成的电连接结构电连接。通过以上分析可知，星科金朋在近些年裸片层叠结构芯片之间的互连技术专利申请中，主要集中在通过导通孔以及焊球来实现芯片之间键合方面的改进以及对现有芯片之间的引线互连作出相应的改进。因此，在广东省的申请人近年来申请关于裸片层叠结构芯片之间的互连特别是在通过导通孔、焊球以及引线来实现芯片之间键合工艺的专利时，有必要分析星科金朋在该领域的专利申请动向，一方面可以借鉴其技术方案和改进，另一方面可以规避风险。

表3-3-3　星科金朋在裸片层叠结构芯片之间互连技术领域的重点专利技术

申请号	发明名称	技术重点	法律状态
US20060463855	一种具有弧形基底的集成电路封装系统	顶部层叠芯片侧面为弧形侧面，且顶部芯片有源面的面积大于背面面积，从而在底层芯片的有源面上方形成用于引线键合的弧形缺口	专利权维持
US20060306627	包括芯片层叠的集成电路封装系统	在层叠芯片有源面与侧面交界处形成用于引线键合的直角形缺口	专利权维持
US20090467865	芯片之间具有共面垂直内连结构的半导体设备及形成方法	芯片层叠结构中，顶层芯片倒装并通过焊球与底层芯片部分层叠	专利权维护

续表

申请号	发明名称	技术重点	法律状态
US20080121682	在绝缘层中形成有导通孔的半导体装置及制造方法	芯片层叠结构中的芯片通过特定形状的导通孔结构互连	专利权维护
US20080127417	形成由导电材料形成的通孔的半导体装置及制造方法	芯片层叠结构中的芯片通过导通孔结构互连，且该导通孔由导电内衬以及填充与导电内衬中的导电材料组成	专利权维持
US20100914878	形成具有阶梯形并用于芯片之间电连接的中间层的半导体装置及制造方法	倒金字塔形芯片层叠结构中的芯片通过焊球焊接到阶梯形的导电中间层上，从而实现层叠结构中芯片之间的电连接	专利权维持
US201113034133	形成具有导通孔和重布线层的芯片的半导体装置及制造方法	芯片层叠结构中的芯片通过由导通孔和重布线层构成电连接结构电连接	专利权维持
US201313801675	形成一种半导体芯片层叠之间的中间层内不结构	芯片层叠结构的顶层芯片倒装并通过焊球与底层芯片键合，且顶层芯片还通过尺寸更大的焊球与封装基板键合，该大尺寸焊球还可作为顶层芯片与基板之间的支撑	在审

3.3.2.4 并购星科金朋

从图3－3－15关于长电科技关于集成电路封装领域中国申请量历年趋势分布可以看出，从2011年后申请量急剧下滑，这与长电科技将其重心转移到收购同行业在技术研发走在前面的企业相关。从2011年开始，星科金朋关于集成电路封装领域的相关专利申请量也急剧下滑，主要由于该公司项目投资较多，资产负债率大幅攀升，债务负担日益沉重，财务风险逐步扩大。在债务负担加重的同时，星科金朋又遇到行业技术进步带来的不利影响。为适应技术发展需要，星科金朋开展了工厂搬迁、新厂建设等大量资本性支出项目，并关停部分厂房，由此导致营业收入逐年下降、产能利用率下降、折旧摊销等固定成本较高情况的发生，其经营状况也逐步陷入困境，毛利率直线下降，净利润也从2012年盈利2000余万美元到2013年亏损近4000万美元。虽然星科金朋在此时遭遇财务的危机，但星科金朋作为在集成电路封装领域全球排名第四的公司，其在集成电路封装领域的技术以及专利布局都处于全球前列，而这正是长电科技所需要的。长电科技作为集成电路封装领域国内排名第一、全球排名第六的公司，在技术研发方面已经到瓶颈阶段，而自主研发技术周期过长，长电科技为了在全球集成电路封装领域有更好的立足之地，想通过收购同行业在技术研发走在前面的企业，而此时的星科金朋也正好可以满足长电科技收购的需求。

2015年新年伊始，长电科技宣布对全球排名第四的星科金朋进行要约收购。虽然之前各种消息甚嚣尘上，但一经正式公布，还是引起巨大反响，因为这场并购着实有太多亮点。此次收购并非由长电科技直接出手，而是与国家集成电路产业投资基金股份有限公司（以下简称“产业基金”）、芯电半导体（上海）有限公司（以下简称“芯电半导体”）联合成立三层投资主体的架构进行收购。

这是一个“蛇吞象”式跨境要约收购。并购对象星科金朋是新加坡上市公司，2013年年末资产总额143.94亿元，全年实现营收98.27亿元，而长电科技同期资产仅为75.83亿元，营收51.02亿元。星科金朋的规模大致2倍于长电科技，后者花费47.8亿元（折合7.8亿美元或10亿新元）收购前者无异于“蛇吞象”式并购。但由于双方在资产规模、营业收入等方面存在显著差异，而且星科金朋业务覆盖范围非常广，长电科技单凭一己之力难以完成此次收购。

截至2014年年末，星科金朋的股价一直在每股0.435新元左右徘徊，市值约为9.58亿新元，折合约45亿元人民币。这意味着如果长电科技对星科金朋发起全面要约收购，即使不考虑收购溢价，也要支付现金45亿元人民币。但长电科技并无这样的实力，体现在以下两方面。

一是长电科技股权结构分散，实际控制人持股比例小，通过非公开发行融资的空间有限。截至目前，长电科技总股本9.85亿股，其实际控制人为江苏新潮科技集团有限公司（以下简称“新潮集团”），自2003年上市以来，新潮集团持有的股比整体呈下降趋势，从上市之初的23.94%下降到目前的14.11%。发布公告之时，长电科技股价在每股13.5元徘徊，市值约133亿元。如果采取非公开发行募集45亿元现金用于收购星科金朋，新潮集团恐无力参与认购，其所持长电科技的持股比例无疑还会进一步下降，进而影响其控制权。这当然非新潮集团所乐见。

二是长电科技自身的状况无法支撑这笔巨额收购。截至2014年6月，长电科技资产83.6亿元，负债56.6亿元，资产负债率高达68%，实现净利润不过7300万元，经营活动产生的现金净流量仅有2亿元左右，投资活动现金净流出近5亿元，企业主要依靠外部融资开展投资行为。此时如果进行债务融资，以支撑45亿元以上的收购行为，所产生的巨额财务费用无疑将侵蚀现有的7300万元利润。对于长电科技而言，开展债务融资实在是勉为其难。

为实现收购目的，在投资主体设计上，长电科技想到借助外力，引入两家颇具实力的战略投资者——产业基金和芯电半导体。在确定引入两家投资者后，长电科技便开始搭建收购主体，搭建的核心指导思想是确保对收购标的的控制权。

首先三家分别出资设立第一层合作公司——苏州长电新科投资有限公司（以下简称“长电新科”）。在出资额上，长电科技出资2.6亿美元（来源于2014年9月募集的12.5亿元资金）、产业基金出资1.5亿美元、芯电半导体出资1亿美元，合计5.1亿美元。三家持股比例分别是50.98%、29.41%、19.61%。长电科技的持股比例恰恰超过 50%。

紧接着，长电新科又与产业基金成立第二层合作公司苏州长电新朋投资有限公司（以下简称“长电新朋”）。长电新科以5.1 亿美元出资，而产业基金仅出资 0.1 亿美元，合计 5.2 亿美元。在持股比例上，长电新科持有长电新朋 98.08% 的股权，产业基金则持有剩下的 1.92%。在这一层，还有一个重要环节是，产业基金还向长电新朋提供总额高达 1.4 亿美元的贷款，并约定可以在合适时机实施债转股。

最后一步是长电新朋将所有 5.2 亿美元股东出资及 1.4 亿美元股东借款（合计 6.6 亿美元）用于在新加坡设立的收购主体公司 JCET-SC（Singapore）Pte. Ltd.（以下简称“JCET-SC”）。同时，在股东各方协调下，中国银行出具 1.2 亿美元的贷款承诺函，为 JCET-SC 的收购行为提供融资安排。这样，JCET-SC 可用于收购的资金合计达 7.8 亿美元。

在 7.8 亿美元收购资金中，三家股东出资 6.6 亿美元，但长电科技仅出资2.6 亿美元，主要是产业基金出资 3 亿美元。按常理，应该是产业基金在收购中占据控制地位，但从实际效果来看，是长电科技拥有控制权。长电科技不仅控制长电新科，而且通过长电新科控制长电新朋，进而控制 JCET-SC。在此基础上，长电科技也控制长电新科、长电新朋、JCET-SC 三家公司的董事会。这三家公司董事会均由 7 名董事组成，长电科技均委派 4 名，产业基金均委派 2 名，芯电半导体则委派 1 名。

分析其投资架构，长电科技实现这一效果的关键之处在于两点。一是拆分股东资金来源，将产业基金提供的 3 亿美元资金支持拆分成 1.6 亿美元和 1.4 亿美元借款两部分，以降低产业基金的话语权。二是进一步拆分产业基金的出资分布，将产业基金 1.6 亿美元分在长电新科和长电新朋两个层面出资，避免形成股权均衡的尴尬局面。产业基金 1.6 亿美元出资加上芯电半导体 1 亿美元出资，合计出资额与长电科技 2.6 亿美元相当。考虑到这两家战略投资者共同的国资背景，如果将出资额集中在一个公司，长电科技将会面临很尴尬的局面，也无法在董事会占据简单多数。

长电科技正是通过收购星科金朋后让自己的排名跃居至全球第三，无论是公司规模还是核心技术方面都得到显著的提升。然而，广东省目前也存在不少与收购星科金朋之前的长电科技相类似的企业，它们也面临着在本领域内专利申请空白或仅有少量外围有效发明专利被认定为存在重大风险的方向，而依靠自主研发技术周期又太长，这类方向一般短期内难以获得较大的技术突破，在这种情况，通过自主研发进行外围布局以突破国外技术垄断并不是最好的选择。但是，它们可以通过技术转让或企业并购进行技术引进来突破国外专利壁垒。对于广东省倾向于通过企业并购进行技术引进来突破国外专利壁垒的企业，需要对在本领域的专利技术含量较高、但近年来专利申请量减少明显的企业给予重点关注，这种申请活跃度下降的现象在一定程度上说明该企业对该领域或市场的重视程度降低，因而存在让渡其专利的可能性，或者是企业效益降低，存在被收购的可能性。

3.3.2.5 小　　结

虽然长电科技在集成电路封装领域在国内排名首位，但从全球范围来看，长电科技在集成电路封装领域起步较晚，专利布局相对来说较为落后，即便在近年来加大在技术研发的投入，但在短期内技术的更新与进步并不明显。因此，长电科技开始将重心转移到收购同行业在技术研发走在前面的企业，或与同行业研发能力较强的企业成立合资公司的发展路线。

在收购星科金朋之前，长电科技在集成电路封装领域的主要专利申请方向为封装基板，其占长电科技集成电路封装专利的54%，在封装基板的技术分支里，基板结构占据绝大部分，其次是基板材料，这与日月光集团类似。

在收购星科金朋后，长电科技在集成电路封装领域排名跃居全球第三，无论是公司的规模还是核心技术方面都得到加强。长电科技通过收购拥有星科金朋的核心技术——三维封装，而这一技术也是当今集成电路封装领域的热点技术。

总体来说，长电科技由原先的全球排名第六，在全球集成电路封装领域并不算突出的企业，通过适时的并购使自己处于该领域的全球前三，无论是其公司发展策略上的调整还是其收购过程中采取的一系列相关动作，都值得广东省内的集成电路产业界的企事业单位学习。

3.3.3　封装领域重要申请人小结

在申请趋势方面，日月光集团在集成电路封装领域起步较早，于20世纪90年开始就进行专利申请，而长电科技相对来说起步较晚，于21世纪初才开始进行专利申请，且日月光集团在专利申请数量上也要多于长电科技。

在专利布局上，日月光集团采取的是全球布局，近年主要在中国大陆进行专利布局，其原因是近年来中国大陆集成电路行业持续快速增长，中国大陆市场已成为全球集成电路市场增长的主要动力之一。在收购星科金朋之前，长电科技在集成电路封装领域的所有专利申请均为只在中国区域进行的申请，无外国同族，主要在国内进行专利布局，收购星科金朋后着手于全球专利布局。

在技术分布方面，日月光集团的专利布局主要集中在封装基板、引脚互连以及三维封装上，考虑到封装基板的作用以及引脚互连作为倒装封装技术和三位封装技术的重要要，日月光集团对其的投入也显而易见。而作为倒装封装的关键技术，凸点技术是日月光集团能超越竞争对手，成为全球市场的领先者，并将封测技术由传统焊线封装进化到高阶封装的关键技术。长电科技在收购星科金朋之前的专利布局主要集中在封装基板技术领域，这点与日月光集团类似，在收购星科金朋之后，凭借星科金朋在三维封装技术上的专利优势，三维封装成为长电科技在与同行业竞争对手相抗衡的核心技术。总的来说，日月光与长电科技在各自的核心技术上既有相同的地方，也具有各自的特色。

3.3.4　启　示

国内的大部分企业专利布局普遍较为落后，专利保护意识和能力都较为薄弱，在面临专利侵权诉讼时，缺乏反诉的手段，容易在与对手的谈判/诉讼中处于下风，最终需缴纳高额的专利授权费用，甚者还会失去相应的市场。因此，在关于专利诉讼这点上需要引起广东省企业的重视。

从日月光集团与泰塞拉、Collabo Innovations公司之间的专利诉讼案例中，可以得到如下启示：

对于广东省还未涉及专利侵权诉讼的企业来说，可以通过对市场状况、产品侵权状况的分析，发现那些拥有授权专利且本企业产品可能已侵犯对方专利权的主要竞争对手，同时也是潜在的侵权诉讼的起诉者。针对竞争对手做好专利预警分析工作，是企业知识产品工作的重要部分，不仅能够帮助企业极早发现侵权风险，并且能够进行规避设计，通过对侵权产品进行改型设计，使之不落入对方的权利要求保护范围之中，达到消除侵权风险的目的，而且还能够有针对性地进行专利布局，增强自身的专利保护能力。企业针对竞争对手的专利预警工作可以从以下几方面展开：建立竞争对手的动态专利库；制定风险应对预案。经过侵权风险评估清楚认识自己与对手的优势与劣势，判断对手可能的诉讼策略，并制定合适的应对策略。阻挠竞争对手获得专利权或者无效对方专利，这是最常用的积极应对之策略，也是“釜底抽薪”直接打掉风险的源头。但前提是能够获得影响授权或专利稳定性的相关证据和/或发现专利的实质性缺陷。

在具体操作时，如果竞争对手的相关专利处于申请阶段，企业可以采用公众意见的形式向专利审查部门说明相关专利不应获得授权的事实和理由，达到阻挠竞争对手相关专利获得得授权或缩小保护范围的目的。

如果竞争对手的相关专利在中国已获得授权，企业可以在恰当的时候向专利复审委员会提起对该专利的无效宣告申请求，争取达到使相关专利丧失权利的目的；如果竞争对手的相关专利是处于异议期的欧洲专利，则可以通过异议排除专利“地雷”。

即便面对专利侵权诉讼，广东省的企业也可以通过与国内外的律师事务所保持积极联系，以在诉讼发生时快速介入。熟悉诉讼可能发起地区的专利制度和法律制度，并尽量熟悉国际贸易的相关法律，以在诉讼发生时充分利用各种法律制度来捍卫自己的合法权益。同时，还应该全面收集资料，例如专利和非专利文献，在先使用公开、销售的证据，企业的研发档案，产品设计图纸、原型图等。这些都将在专利侵权诉讼中成为有力证据，可以为后续可能的诉讼做准备。

长电科技收购星科金朋的过程给广东省集成电路产业界的主要企事业单位的启发是：对于在集成电路封装技术领域起步较晚专利布局较为落后，而通过自主研发技术周期过长且在短时间内无法取得很好成果的企业，想通过自主研发进行外围布局以突破国外技术垄断并不是最好的选择。这些企业可以改变一下发展策略，可以通过技术转让或企业并购进行技术引进来突破国外专利壁垒。对于广东省需要通过企业并购进行技术引进来突破国外专利壁垒的企业来说，在并购公司的时候，不要盲目地追求公司的规模以及全球排名，应该提前对倾向的并购公司进行专利核实，以确保该公司的专利是自己所需要的，并对企业在专利的布局上是有益的。此外，广东省内倾向于通过企业并购进行技术引进来突破国外专利壁垒的企业，需要对于一些在本领域的专利技术含量较高、但近年来专利申请量明显减少的企业可以给予重点关注，这种申请活跃度下降的现象在一定程度上说明该企业对该领域或市场的重视程度降低，因而存在让渡其专利的可能性，或者是企业效益降低，存在被收购的可能性。

3.4　集成电路领域重要申请人小结与启示

以上各节从集成电路领域的重要申请人出发，分别对集成电路产业链上游——集成电路设计领域、中游——集成电路制造领域、下游——集成电路封装领域的全球重要申请人的专利申请趋势、专利布局以及技术分布方面进行分析，通过对专利数据的统计分析得出以下结论和启示。

3.4.1　小　　结

（1）集成电路设计领域

ARM公司是集成电路设计领域的领导企业，1991年成立于英国剑桥，1998年在伦敦和纽约证交所同时上市，主要出售芯片设计技术的授权。该公司不仅技术起步早，且在20世纪90年代就开始专利申请。1991～2002年，ARM公司年专利申请量在20项以下，2002年之后，由于计算机技术的发展，大大推动了设计领域的发展，ARM公司年专利申请量从20项以下增长到50项以上。ARM公司的专利布局主要集中在芯片设计，其重点是计算机指令系统技术，包括程序流控制、数据运算、系统指令、数据传送、多道程序执行、其他扩展等。处理器IP设计是ARM公司的技术核心。这与目前市场对指令集的运算能力和运算速度有迫切需求相符合。ARM公司不仅具有合理的专利布局，而且也占据集成电路设计领域的大部分市场。华为和中兴通讯是集成电路设计领域的后起之秀，虽然华为和中兴通讯的专利申请起步晚于ARM公司，但在专利的申请数量上华为和中兴通讯近年来保持着较高的增长趋势。华为和中兴通讯在集成电路设计领域的专利采用先中国大陆再全球布局的战略，同时也具有全球战略的眼光，在全球的专利布局近些年也一直保持较高的增长率。

（2）集成电路制造领域

台积电和中芯国际均是集成电路制造领域的重要申请人。台积电在技术和专利申请起步都较早，而中芯国际起步相对较晚。但是近10年来，中芯国际在专利申请数量上一直保持较高年申请量。一方面是受国家政策的重视和鼓励，刺激了国内集成电路行业的发展；另一方面是由于中国劳动力相对便宜、研发人员众多等优势，吸引外商的投资，从而也直接加速了国内集成电路企业的发展。在专利布局上，台积电在集成电路制造领域采取的是全球布局，从2002年开始在中国大陆进行专利布局，其原因是近年来中国大陆集成电路行业持续快速增长，中国大陆市场已成为全球集成电路市场的重要市场之一。而中芯国际在集成电路制造领域的专利布局主要集中在中国大陆，这与其为中国本土企业的性质有关，同时近年来中芯国际也开始出现少量向美国专利商标局申请的专利，说明中芯国际有向全球发展的趋势。在技术分支方面，两者在各自的核心技术上既有相同的地方，也具有各自的特色，台积电和中芯国际的专利布局都集中在图形转移和互连方面。在图形转移方面，台积电和中芯国际都在双重图形方面有大量专利申请，这也是由于双重图形工艺是目前比较主流的先进光刻工艺。在互连方面，台积电在铜互连方面拥有较多的专利申请，而中芯国际在孔或沟槽方面拥有较多的专利申请。

（3）集成电路封装领域

日月光集团是全球第一大半导体制造服务公司之一，成立于1984年，1989年在中国台湾证券交易所上市，2000年美国上市。2003年，日月光集团超越最大竞争对手——AmKOR，成为全球最大的专业封测企业，随后进行一系列合资、并购以及建立子工厂，目前日月光集团在中国大陆的上海市、苏州市、昆山市和威海市均设有半导体封测电子厂。在专利布局上，日月光集团采取的是全球布局。近年主要在中国大陆进行专利布局，因为中国大陆集成电路行业持续快速增长，中国大陆市场已成为全球集成电路市场增长的主要动力之一。在技术分布方面，日月光集团的专利布局主要集中在封装基板、引脚互连以及三维封装上，同时对封装基板也给予一定的重视；凸点技术是倒装封装的关键技术，日月光集团在该方向专利申请超过总申请量的一半，其次引线键合和埋置芯片互连技术也是日月光集团申请量较多的技术领域。长电科技也是著名的封装测试企业，虽然其专利布局较晚，但在收购星科金朋之后，凭借星科金朋在三维封装技术上的专利优势，三维封装成为长电科技与同行业内的竞争对手相抗衡的核心技术。

3.4.2 启　示

近年来，虽然中国在集成电路行业飞速发展，中国市场也成为全球集成电路重要的市场之一，并出现如华为、中芯国际、长电科技等一批优秀的企业，但通过重要申请人的分析比较可以看出，相较于国外的优势企业，国内企业在技术和专利上都存在一定差距。国外的优势企业不仅掌握相关的核心专利，而且通过围绕核心专利进行了大量外围专利布局，形成缜密的外围专利布局，可以有效地抵御其他公司的进攻，并成为专利纠纷谈判的筹码。为此，除了大力发展技术之外，国内企业还应该加大对专利的重视力度。一方面，应当重点关注行业优势企业的重点技术，了解其在中、美、欧等主要市场的专利布局；另一方面，要把握技术的发展方向，学习国外优势企业的研发模式，开发新的技术方向，回避专利风险。同时，还要多关注大专院校和研究所是否有较好的专利技术待转化，或者加强产学研合作，与相关领域的院校、研究院联合开发、合作生产，以便自己的产品具有核心知识产权并保持持续的研发能力，以专利为先导，谋求企业自身的发展和壮大。

第4章　重点技术分支专利技术及风险分析

4.1　集成电路设计领域

4.1.1　非隔离型电感式 DC－DC 转换技术

4.1.1.1　专利态势分析

本部分共分为两个方面，对非隔离型电感式 DC－DC 转换技术的全球专利申请状况和中国专利申请状况分别进行分析，分析的角度包括全球专利态势分析和中国专利态势分析等。

4.1.1.1.1　全球专利态势分析

非隔离型电感式 DC－DC 转换技术的全球状况是衡量该项技术发展高度的重要指标，也是该项技术专利态势分析研究的切入点。截至 2017 年 10 月 31 日，检索到世界范围内涉及非隔离型电感式 DC－DC 转换技术的专利申请共 6109 项。在此检索基础上，围绕对该项技术在申请趋势、国家/地区分布、重点技术分支以及主要申请人等方面对其全球专利申请状况进行分析。

（1）申请趋势分析

通过对全球非隔离型电感式 DC－DC 转换技术领域相关专利申请历年变化趋势的分析，可以初步掌握 1980～2018 年全球非隔离型电感式 DC－DC 转换技术的发展过程和趋势（参见图 4－1－1），从而对其未来发展方向形成简单判断。

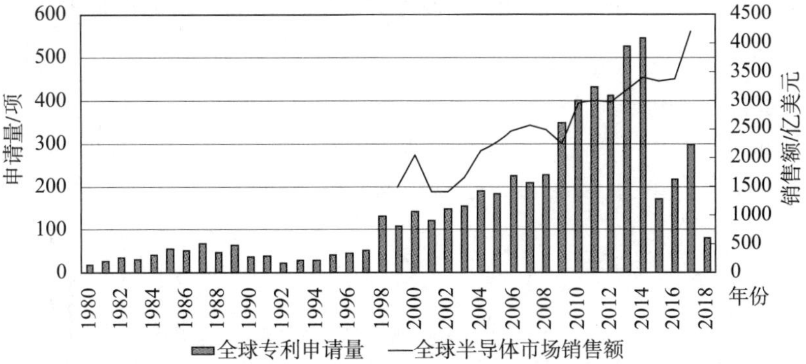

图 4－1－1　非隔离型电感式 DC－DC 转换技术领域全球专利申请历年分布趋势

图 4－1－1 中，柱状图示出了非隔离型电感式 DC－DC 转换技术领域的全球专利申请量随时间逐年变化情况。可以看出，1980～1997 年，非隔离型电感式 DC－DC 转换技术的专利年申请量总体较为稳定；1998 年申请量突破 100 项，2006 年申请量突破 200 项，

1998～2006年年申请量总体呈稳步增长的趋势；2009年申请量突破300项，2011年申请量突破400项，2013年申请量突破500项，2009～2014年申请量总体呈快速增长趋势，在此期间，全球专利申请量的增长趋势与全球半导体市场销售额的增长趋势基本一致，呈稳步增长的趋势。2015年以后申请量下降比较明显，说明该领域的发展进入平稳期。

（2）国家/地区分布分析

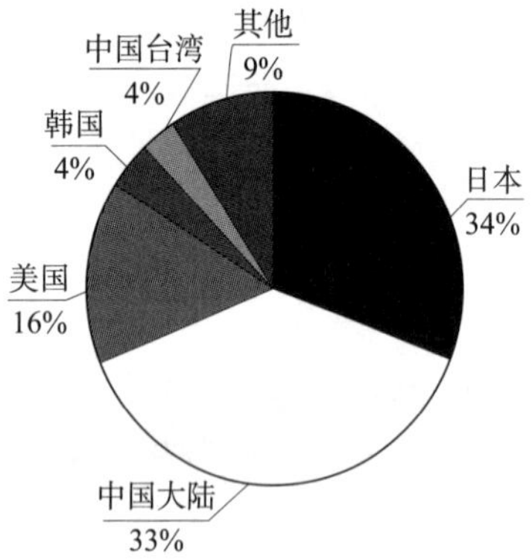

图4-1-2 非隔离型电感式DC-DC转换技术领域全球专利申请首次申请国家/地区分布

图4-1-2反映的是非隔离型电感式DC-DC转换技术领域全球专利申请首次申请国家/地区分布情况。可以看出，在全球专利申请中，日本籍申请人申请量占34%（1908项），中国大陆籍申请人申请量占33%（1859项），美国籍申请人申请量占16%（884项），韩国籍申请人申请量占4%（222项），中国台湾籍申请人申请量占4%（199项）。超过90%的相关全球专利申请被日本、美国、中国和韩国籍申请人占有，说明在国家/地区方面，该领域技术集中度非常高。其中，日本和中国大陆籍申请人是该领域最主要的申请人，占有率均超过30%，在申请量方面具有明显优势。日本籍申请人申请量最大的原因是日本在该领域发展较早，且每年申请量比较稳定。

如图4-1-3所示，从日本、中国和美国籍申请人在非隔离型电感式DC-DC转换技术领域的专利申请量变化情况可以看出，不同时期的主要申请人不同。日本籍申请人申请较早，2009年之前日本申请人申请量排名第一；2009年开始中国籍申请人申请量排名第一，虽然中国在非隔离型电感式DC-DC转换技术领域发展较晚，但专利申请量快速增长；美国申请量总体呈稳步增长的趋势。中国籍申请人申请量在2002年后呈爆发式增长的原因可能是中国半导体产业市场在2002年后的增长速度非常快。

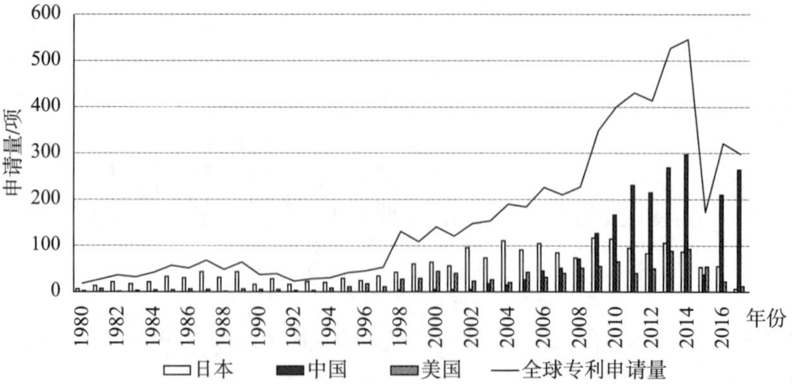

图4-1-3 非隔离型电感式DC-DC转换技术领域全球主要首次申请国家/地区专利申请趋势

（3）重点技术分支分析

非隔离型电感式DC－DC转换技术的重点技术分析是专利定性分析的内容，反映了该技术各个重点技术分支的专利分布状况，指明了申请与研究热点、各个研究热点随时间的发展变化脉络，以及在该领域各个国家的技术优势所在，对中国研发与保护该项技术具有借鉴意义。

图4－1－4示出了非隔离型电感式DC－DC转换技术领域全球专利申请技术分支分布情况。其中，提高效率方面的申请量最多，为2166件，占比达到33.1%；加快响应方面的申请量为1093件，占比16.8%；控制纹波方面的申请量为976件，占比15.0%；减小尺寸方面的申请量为884件，占比13.6%；保护方面的申请量为773件，占比11.9%；拓宽输入和输出范围方面的申请量为623件，占比9.6%。可以看出，提高效率方面的技术是非隔离型电感式DC－DC转换技术领域的申请热点，原因是提高效率、降低能耗一直是集成电路设计人员需要考虑的重要因素。

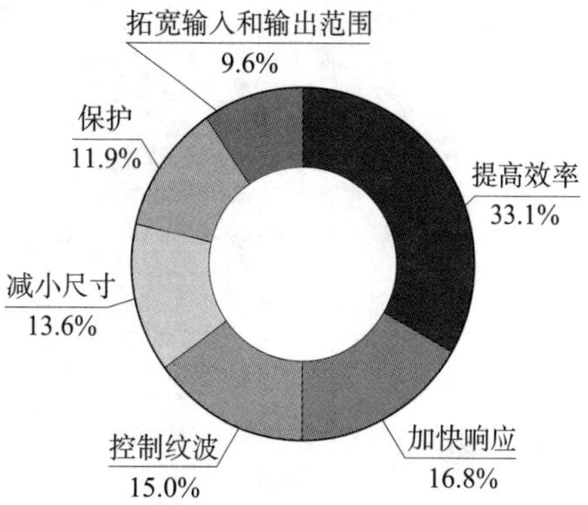

图4－1－4　非隔离型电感式DC－DC转换技术领域全球专利申请技术分支分布

（4）主要申请人分析

如图4－1－5所示，在单个申请人方面，非隔离型电感式DC－DC转换技术领域技术集中度并不高，申请量排名前十的申请人共11位，拥有专利申请量占全球总申请量的19.6%，排名前20位的申请人拥有专利申请量占全球总申请量的28.5%。从图4－1－5可以看出，排名前十位的申请人中，日本占8个，美国和中国台湾各占1个，日本申请人在非隔离型电感式DC－DC转换技术领域具有明显的优势。由于前十位中日本占据大多数，为了了解更多的申请人相关情况，我们进一步关注排名为第11～20位的申请人，分别为日本的精工（70项）、中国大陆的成都芯源（66件）、美国的英特赛尔（66件）、日本的夏普（59件）、中国大陆的矽力杰（56件）、日本的瑞萨（54件）、中国台湾的鸿海（53件）、韩国的三星（50件）、日本的三洋（49件）和日本的三美（44件）。可以看出，排名前20位的申请人分布在日本、美国、中国和韩国。其中，日本13个，美国2个，中国大陆2个，中国台湾2个，韩国1个。

排名靠前的日本籍申请人数量较多，原因是日本在非隔离型电感式DC－DC转换技术领域积累深厚，但申请量最多的申请人的申请量只有138件，仅占总申请量6109件的2.26%。可见在该领域不存在单个申请人申请量特别大的情形，因此，从单个申请人的申请量方面看，中国籍申请人与他国籍申请人的差距并非不可逾越。同时，中国籍申请人在隔离型电感式DC－DC转换技术领域进行专利布局时，不应只关注一两家规模较大的企业，而应全面研究各家企业的技术，以降低专利风险。

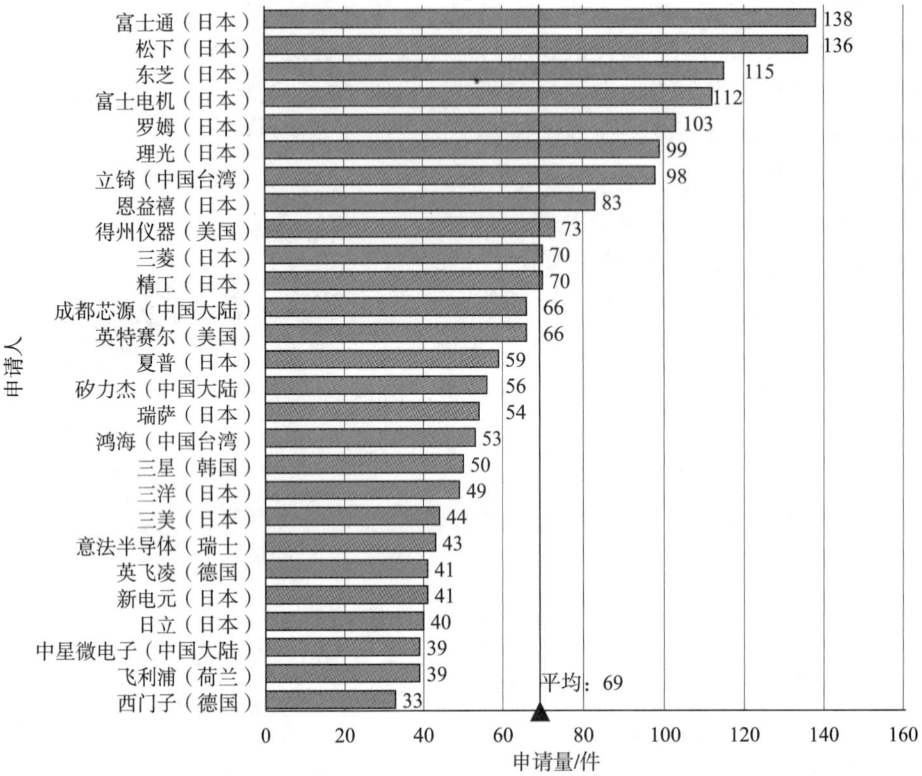

图4-1-5 非隔离型电感式DC-DC转换技术全球重要申请人的申请量分布

4.1.1.1.2 中国专利态势分析

以检索得到的向中国国家知识产权局专利局提交并公开的全部涉及非隔离型电感式DC-DC转换技术的专利申请（称为“中国专利申请”）为研究对象，对该技术在中国的整体申请状况进行统计与分析。

截至本次检索截止时间，在中国专利检索与服务系统数据库中，经检索式检索与人工筛选，最终确定的涉及非隔离型电感式DC-DC转换的专利申请量为2177件。其中，国内专利申请1615件，占全部申请总量的74.2%；国外来华专利申请562件，占全部申请总量的25.8%。

下面在这一数据基础上从专利申请趋势、国家/地区分布、重点技术分支、主要申请人等角度对非隔离型电感式DC-DC转换技术领域的专利状况进行分析。

（1）申请趋势分析

专利发展趋势分析从涉及非隔离型电感式DC-DC转换技术的中国专利申请趋势以及专利授权趋势两个方面进行，其中，又分别针对国内申请与国外来华申请两种情况加以详细区分，以便充分掌握该领域国内申请以及国外来华申请的专利申请趋势和布局态势。

专利申请量表征专利申请的趋势信息，可以表示申请人对该技术的关注程度、投入的精力，间接地说明该技术领域的专利活跃程度。

图4－1－6反映了非隔离型电感式DC－DC转换技术在中国专利申请历年分布情况。从20世纪90年代末开始至2002年，非隔离型电感式DC－DC转换技术领域的中国专利申请量开始增长，2003～2014年，中国专利申请量呈现快速增长态势。可以看出，非隔离型电感式DC－DC转换技术领域申请量的发展趋势与中国半导体市场销售额的发展趋势基本一致，在2000年后呈快速增长的趋势。

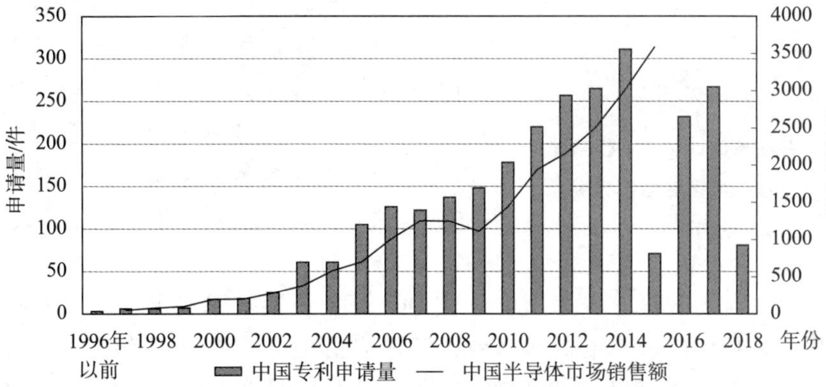

图4－1－6　非隔离型电感式DC－DC转换技术领域中国专利申请历年分布

从图4－1－7可以看出，20世纪90年代以来至2006年非隔离型电感式DC－DC转换技术领域相关的中国专利申请中，国外来华申请量在总申请量中占比很大，且在2006年之前相较于国内申请量具有较大的优势。2007年开始，由于受全球经济危机的影响，国外来华申请量呈下滑的趋势。而中国的技术发展较晚，国内申请量从2003年开始明显增长，在2007年首次超越了国外来华申请量，2006～2012年呈快速增长的趋势，2012～2014年总体较为稳定。国内申请量在2009年后没有与国外来华申请量一同下滑，是因为2009中国半导体市场销售额与2008年相比，下滑幅度不大，且2010年以后，增长速度很快，国内申请量也随之快速增长。

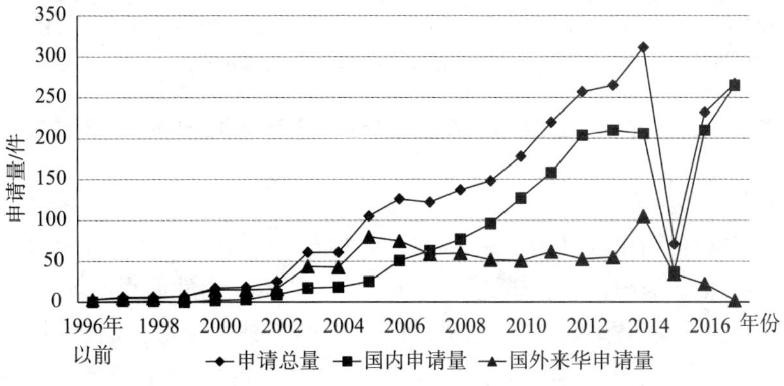

图4－1－7　非隔离型电感式DC－DC转换技术领域中国专利申请国内申请与国外来华申请年代分布趋势

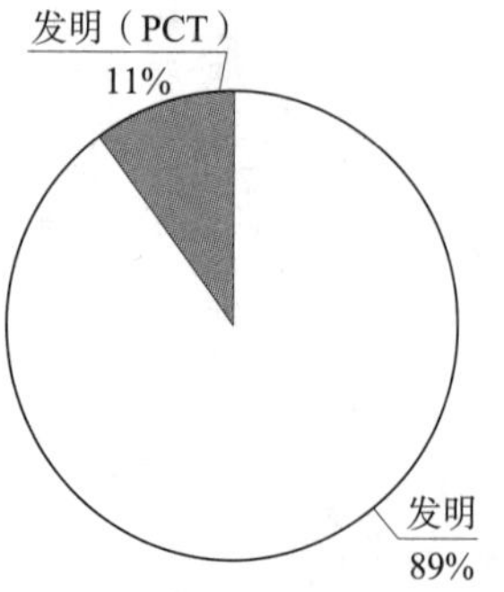

图4-1-8 非隔离型电感式DC-DC转换技术领域中国专利申请类型分布

专利授权量表征获得专利权的趋势信息。其中，发明专利因经过实质审查，获得授权则代表发明相对于现有技术具有一定的新颖性、创造性和实用性，其价值含量要高于未经过实质审查的实用新型专利。

图4-1-8显示的是非隔离型电感式DC-DC转换技术领域中国专利申请类型分布情况。其中，发明有1937件，占比89%；发明（PCT）有240件，占比11%。非隔离型电感式DC-DC转换技术相关专利申请主要涉及具体电路，技术方案较为复杂，这可能是该领域没有实用新型申请的原因。

图4-1-9显示的是非隔离型电感式DC-DC转换技术领域中国专利授权历年分布情况。就授权历年分布的趋势来看，2011年以前，国内申请和国外来华申请授权的趋势总体上与全球授权的趋势基本吻合；国内申请的授权量呈快速增长的态势，国外来华申请的授权量总体上较为稳定。2012年以后授权量下滑严重，显示该项技术可能进入平稳发展期。

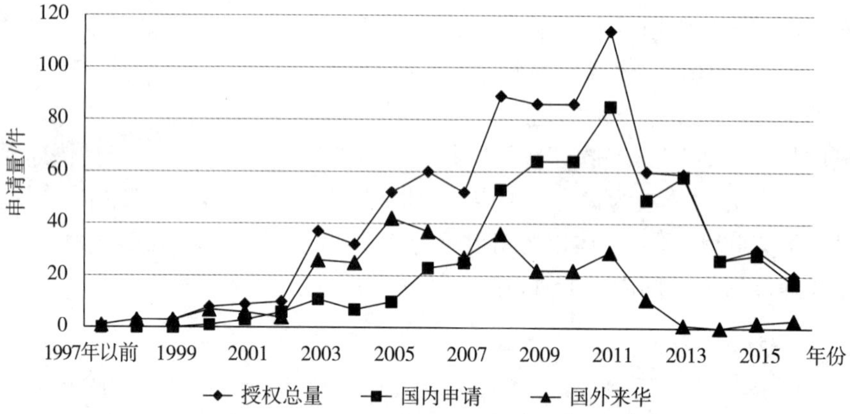

图4-1-9 非隔离型电感式DC-DC转换技术领域中国专利授权历年分布

（2）国家/地区分布分析

分析中国专利申请中专利的来源，可以客观反映其他国家/地区对中国市场的重视程度以及国内本土在非隔离型电感式DC-DC转换技术上的发展程度。

图4-1-10反映了非隔离型电感式DC-DC转换技术领域中国专利专利申请地区分布情况。总体来看，2005年之前，日本籍申请人一直关注中国市场，其申请量处于优势地位，而由于中国籍申请人的申请量于近年来特别是从2006年开始迅速增长，其申请量在2006年超越日本籍申请人，位列第一。中国籍申请人申请量在2002年后呈爆发式增长的原因可能是中国半导体产业市场在2002年后的增长速度非常快。

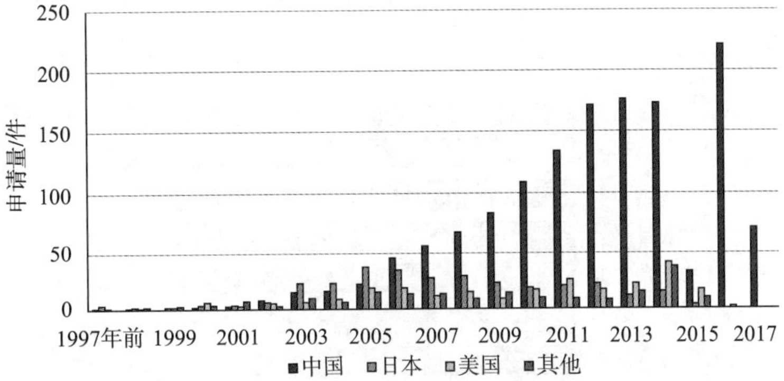

图 4-1-10　非隔离型电感式 DC-DC 转换技术领域中国专利申请地区分布

日本籍申请人很早就进入中国申请专利，在较长一段时间内，专利申请量均较少。自 2003 年起，日本籍申请人在华专利申请力度大幅增强，并与 2005 年到达顶峰，之后申请量缓慢下降。

（3）重点技术分支分析

本部分将以不同技术分支的中国专利申请数据作为分析对象，从申请量分布对非隔离型电感式 DC-DC 转换技术领域中国专利申请的特点进行分析。

如图 4-1-11 所示，与全球申请的情况类似，提高效率方面的申请量最多，为 653 项，占比达到 30.0%；加快响应方面的申请量为463 项，占比为 21.3%；控制纹波方面的申请量为 309 项，占比为 14.2%；减小尺寸方面的申请量为 340 项，占比为 15.6%；保护方面的申请量为 210 项，占比为 9.6%；拓宽输入和输出范围方面的申请量为 202 项，占比为 9.3%。可以看出，提高效率方面的技术是非隔离型电感式 DC-DC 转换技术领域的申请热点，原因是提高效率、降低能耗一直是集成电路设计人员需要考虑的重要因素。

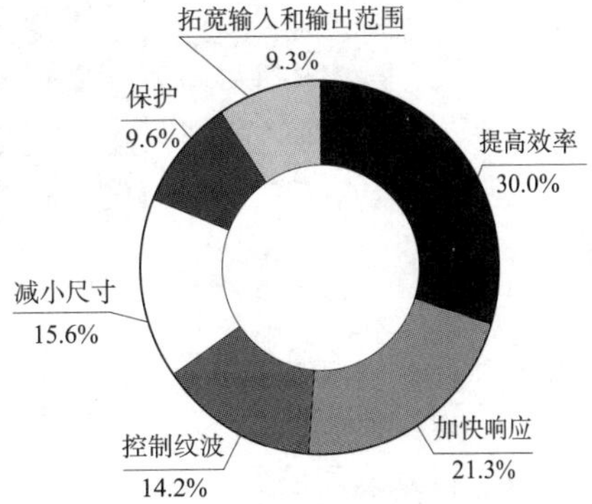

图 4-1-11　非隔离型电感式 DC-DC 转换技术领域中国专利申请专利技术分支分布

（4）主要申请人分析

专利申请人的申请量排名可以反映某一领域内专利申请人的技术掌握情况及其专利布局策略。一般来说，专利申请数量可以反映某申请人的研发投入情况、专利申请积极性和市场重视程度。下面从申请人的角度对非隔离型电感式 DC-DC 转换技术领域的中国专利申请进行分析。

从图 4-1-12 可以看出，非隔离型电感式 DC-DC 转换技术领域中国主要申请人排名前十位的申请人主要分布在中国大陆、日本、中国台湾和美国。其中，中国大陆 4 个，日本 3 个，中国台湾 2 个，美国 1 个。中国籍申请人的申请总量虽然位居第一，但具体到单个申请人时，却不占优势，这说明非隔离型电感式 DC - DC 转换技术领域的申请较为分散。

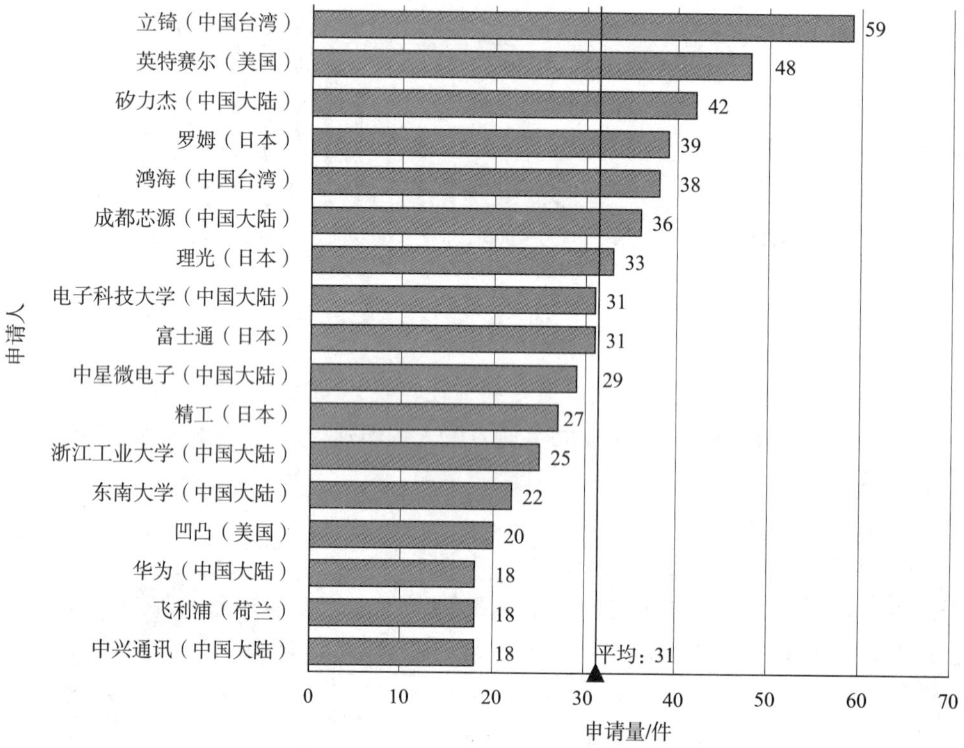

图 4-1-12 非隔离型电感式 DC-DC 转换技术领域中国专利申请主要申请人的申请量分布

4.1.1.2 技术发展路线分析

以下将非隔离型电感式 DC - DC 转换技术中关于提高效率方面的技术划分为降低开关损耗的技术和降低传导损耗的技术，对相关重要专利的技术演进路线进行分析。

非隔离型电感式 DC - DC 转换器有两类功率损耗：静态损耗和动态损耗。无论负载电流大小还是静态损耗都是恒定的；而动态损耗则会随着负载电流的增加而增加。动态损耗也分为两类：开关损耗和传导损耗。转换器有随着频率变化的开关损耗，包括开关管的开启和关闭损耗、驱动损耗，以及在每个开关周期产生的主体二管损耗。这些损耗都与开关频率成正比，大多数损耗也随着负载的变化而变化。传导损耗依负载大小而变化，并且包括由于电源的功率开关管和电感器的压降而产生的损耗。负载电流越大，传导损耗越高。

4.1.1.2.1 降低开关损耗的技术

Insinooritoimisto Pentti Tamminen 公司在 1989 年 4 月申请的专利申请（申请号为 US19890336752）公开了一种 DC - DC 升压转换器，技术方案如图 4 - 1 - 13 所示。该转换器能提供高输出功率和高操作效率，同时需要低操作电压和低启动电压，使用高效率切换组件 MOSFET，组合使用同一个电流源的两个电压转换器。第一个转换器基于晶体管，非常低功率的转换器用于产生操作电压至第二电压转换器。第二转换器使用如 MOSFET 等低电阻元件作为切换元件，第一转换器用于获得低操作电压，第二转换器用于获得高功率和高效率。

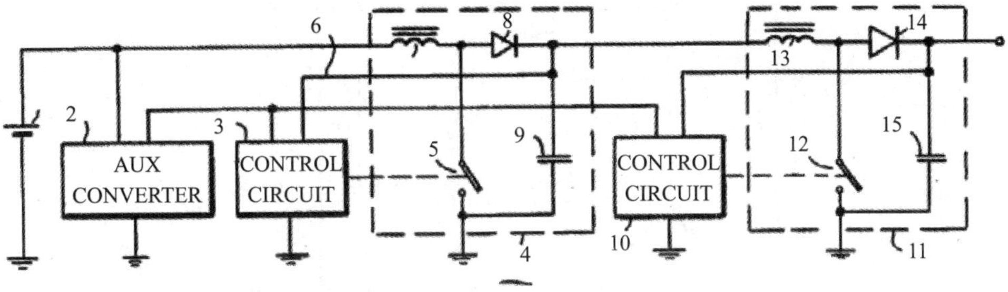

图 4－1－13　US19890336752 技术方案①

国际整流器公司在 1989 年 6 月申请了关于降低开关损耗方法的专利申请（申请号为 US19890366689），公开了一种两级级联的 BUCK 转换器，技术方案如图 4－1－14 所示。第一级的第一开关晶体管具有可变占空比，将输入电压降低至低于最小输入电压但大于预期电压；第一级的输出为第二级的输入，第二级的第二开关晶体管具有固定占空比，将其输入电压降低至预期电压。与必须同时处理高输入电压和全电流输出的开关晶体管相比，第一级的第一开关晶体管只需要处理高输入电压，从而使第一开关晶体管的开关损耗降低。由于第二开关晶体管的输入电压低于最初的高输入电压，又因为开关晶体管的损耗与其输入电压成正比，提供全电流输出的第二开关晶体管的开关损耗降低。

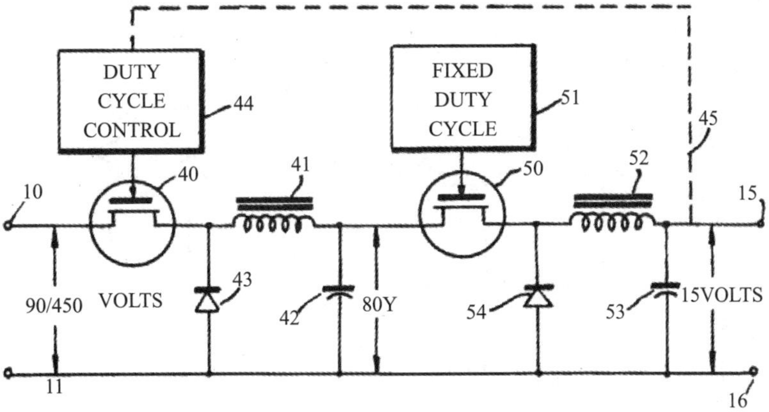

图 4－1－14　US19890366689 技术方案

VLT 公司在 1991 年 6 月提出一种零电流切换升压转换器的专利申请（申请号为 US19910722537），技术方案如图 4－1－15 所示。在开关导通或截止时，控制从源至输出的电流传递，以降低开关损耗，克服操作频率障碍。

① 本书中专利技术方案图来自不同国家或地区的专利文献，其中电子元器件符号及字母表示因不同国家或地区的标准不同而略有差异，特此说明。

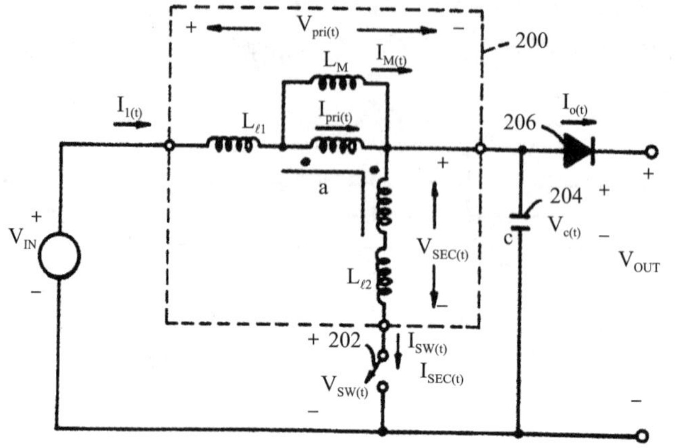

图 4 – 1 – 15　US19910722537 技术方案

Gerald D. Ewing 在 1991 年 7 月申请一种零电压切换 FM – PWM 转换器专利（申请号为 US19910734066），技术方案如图 4 – 1 – 16 所示。可变频率脉冲宽度调制 DC – DC 转换器允许在最小功率晶体管开关瞬时导通损耗下操作于非常高的频率，转换器的控制器在功率开关的电压接近于 0V 时开始切换，用于降低工瞬时导通损耗。

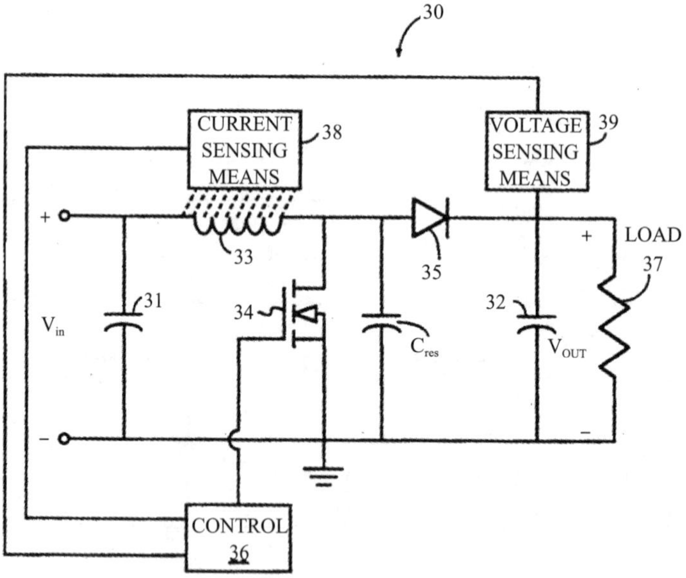

图 4 – 1 – 16　US19910734066 技术方案

凌力尔特有限公司在 1993 年申请一种在宽电流范围内维持高频率的开关调节电路专利（申请号为 US19930036047），技术方案如图 4 – 1 – 17 所示。该方案提供低输出电流，控制电路还包括恒流源和迟滞比较器，允许推挽式开关在输出电压通过输出电容维持时可以进入两个 MOSFET 同时为 OFF 的状态，称为“睡眠模式”。与其中一个开关总是处于 ON 状态相比，可以降低功率损耗。

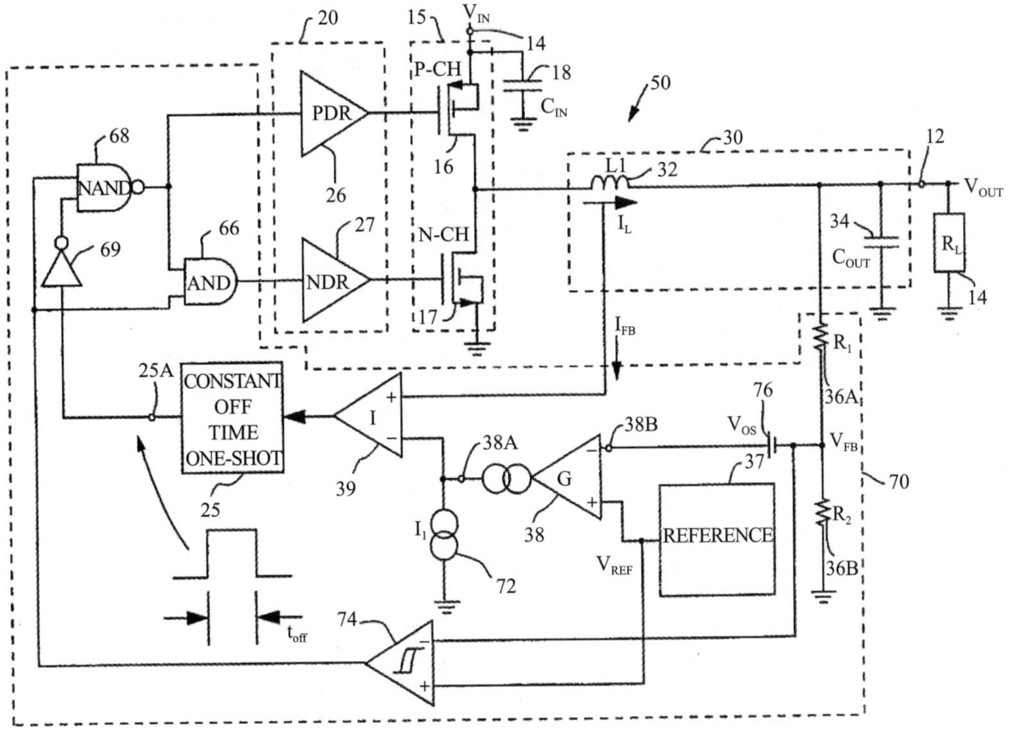

图 4 -1 -17　US19930036047 技术方案

精工爱普生在 1998 年 6 月提出了一种能够在轻负载下提高调整器效率的开关稳压器的专利申请（申请号为 JP18279498），技术方案如图 4 -1 -18 所示。该方案将测量的输出电压和参考电压之间的差分电压放大得到误差信号，比较误差信号和参考电压。当误差信号大于参考电压即变成重负载时，以高频率控制开关元件的开关；当误差信号小于参考电压即轻负载时，以低频率控制开关元件。在轻负载下，开关元件开关操作的总次数减少，从而降低开关损耗。

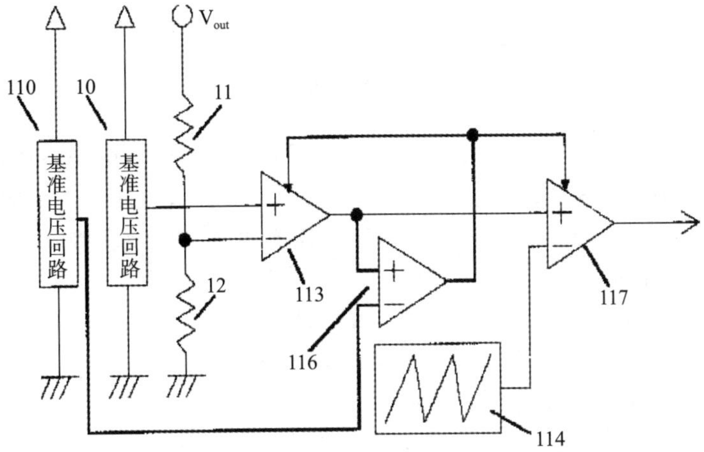

图 4 -1 -18　JP18279498 技术方案

1999 年 12 月，英特尔公司申请了一种动态迟滞电压调节方法的专利（申请号为 US19990457488），技术方案如图 4－1－19 所示根据不同输出负载情况产生负载信号，控制器接收负载信号以第一切换频率驱动功率开关，响应于负载信号将切换频率改变为第二频率，降低开关损耗。

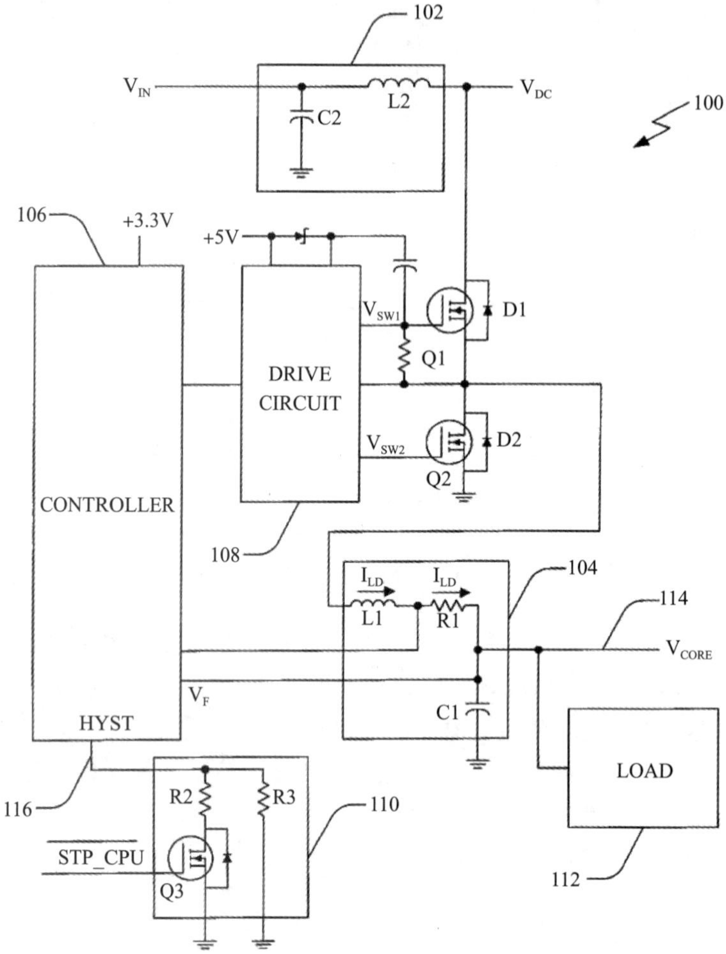

图 4－1－19　US19990457488 技术方案

Tech Witts 公司在 2000 年 6 月提出了一种高频率开关模式电源转换器的专利申请（申请号为 US20000587598），技术方案如图 4－1－20 所示。具有一个包括两个开关、一个电容和一个电感值较小的电感的主动复位切换单元以代替转换器中的主开关，形成零电压切换式转换器。

日立公司在 2000 年 12 月申请了 DC－DC 转换器的专利（申请号为 JP2000390693），技术方案如图 4－1－21 所示。解决轻载 PWM 控制效率降低的问题，根据负载情况选择 PWM 控制、PAM 切换控制或线性调节器控制。

精工爱普生在 2001 年 3 月提出了开关调节器的控制电路的专利（申请号为 JP2001100755），技术方案如图 4－1－22 所示。提高重负和轻载的效率，使用不同路径控制不同开关，通过 PWM 信号或 PFM 信号，使用具有不同特性的 MOS 晶体管。

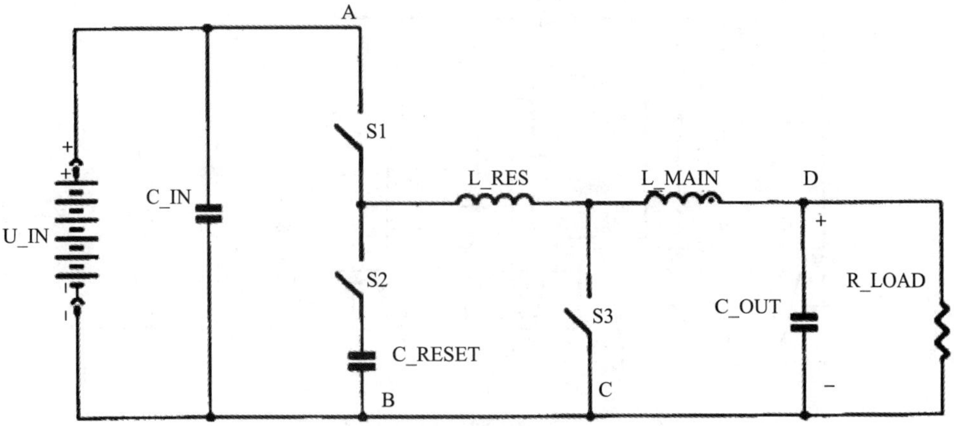

图 4－1－20　US20000587598 技术方案

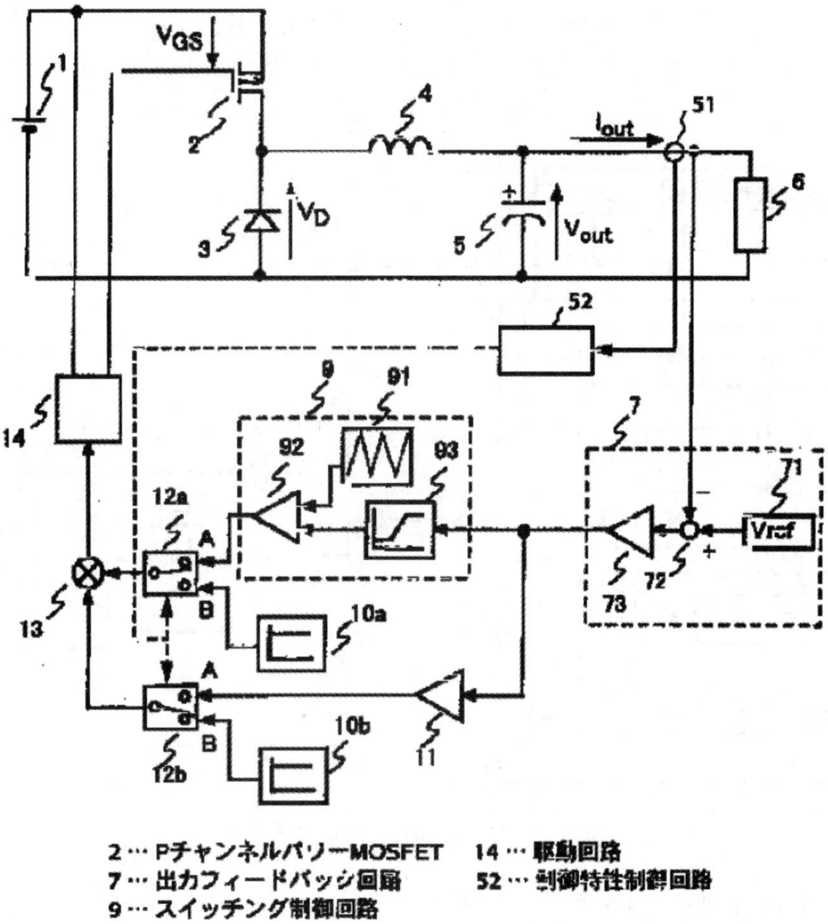

图 4－1－21　JP2000390693 技术方案

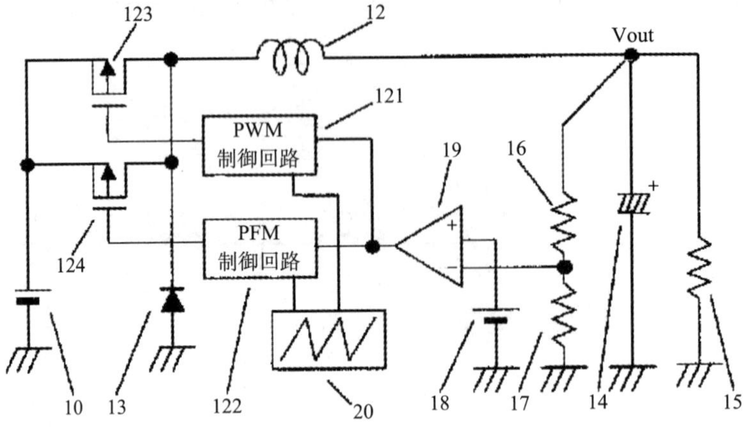

图 4 -1 -22　JP2001100755 技术方案

日本先锋公司在 2002 年 1 月申请了一种 DC - DC 转换器的专利（申请号为 JP2002012804），技术方案如图 4 -1 -23 所示。输出电压的分压与参考电压输入至差分放大器，控制单元基于差分放大器的误差信号切换以 PWM 或 PFM 驱动。

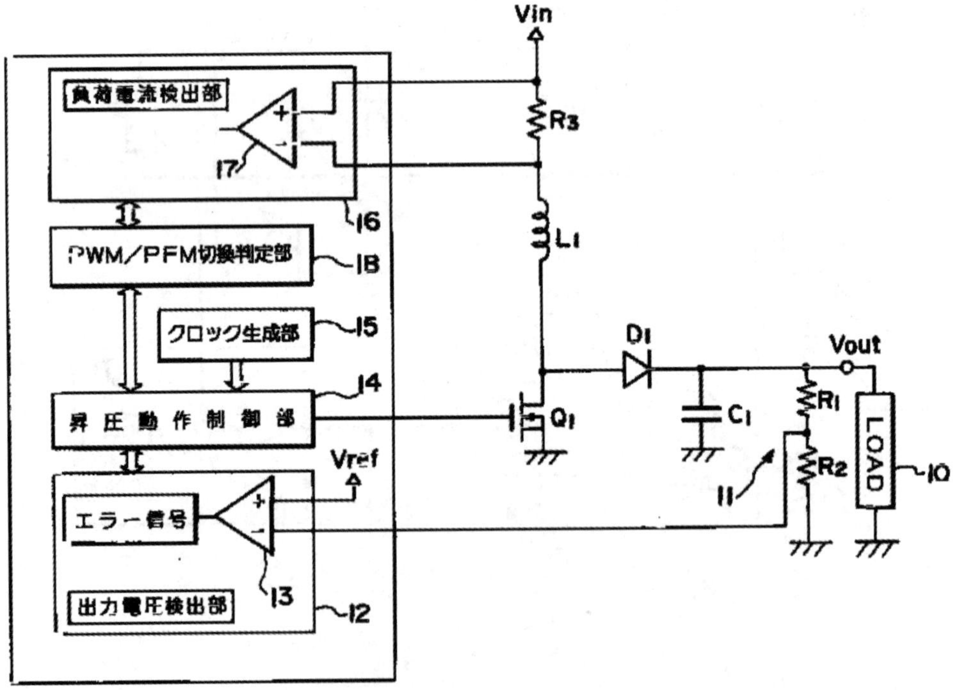

图 4 -1 -23　JP2002012804 技术方案

富士电机公司在 2004 年 11 月提出了一种 DC - DC 转换器专利（申请号为 JP2004334907），技术方案如图 4 -1 -24 所示，当反馈信号与参考信号之差大于预设值时，切换反馈控制模式为 PWM 或 PFM。

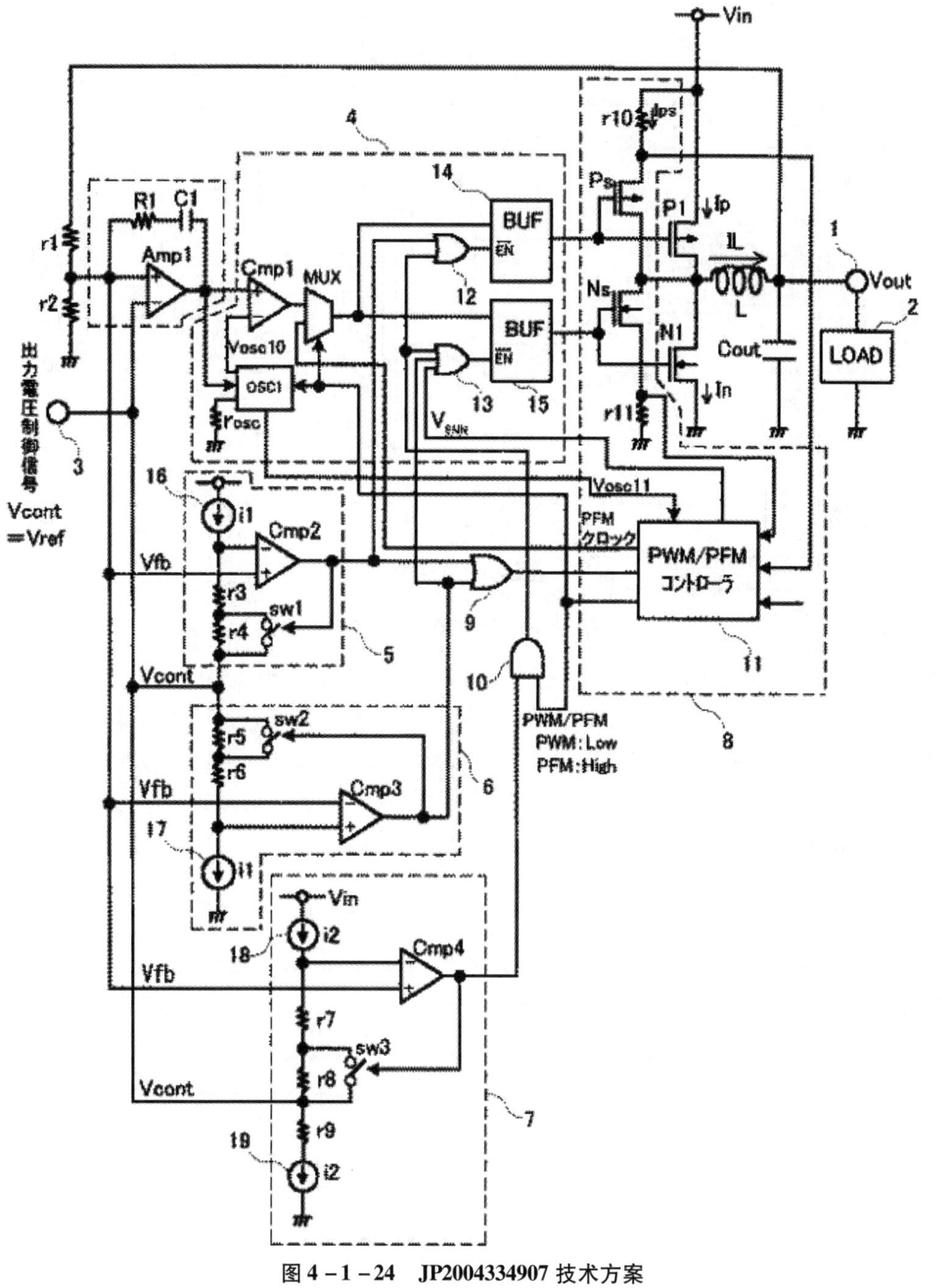

图4－1－24　JP2004334907技术方案

理光公司在2005年4月申请了一种开关调整器专利（申请号为JP2005121299），技术方案如图4－1－25所示，该开关调整器设有伪负载，作为流过所设定电流的模拟负载，输出电压开始上升后经过所设定时间*T*1后，即输出电压达到第二电压后，从PFM控制切换为PWM控制。这样，能防止输出电压发生突峰。上述所设定时间*T*1经过后，即从上述PFM控制切换为PWM控制后所设定时间*T*2期间，使得伪负载与输出端连接。因此，

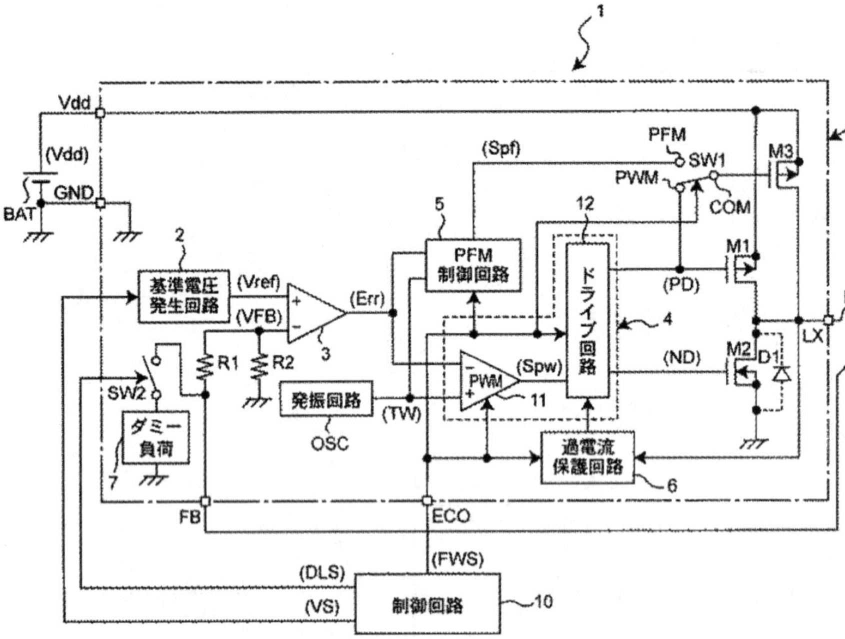

图 4－1－25　JP2005121299 技术方案

切换为 PWM 控制后，即使流过负载的电流不马上增加场合，也能稳定地实行 PWM 控制。

爱立信公司在 2008 年 7 月提出一种多模式电压调节器电路的专利申请（申请号为 US20080181739），技术方案如图 4－1－26 所示，多模式电压转换器包括线性调节器，在小电流模式下向负载供电，开关调节器在大电流模式下向负载供电，基于参考电压和反馈信号的差异产生误差信号选择模式。

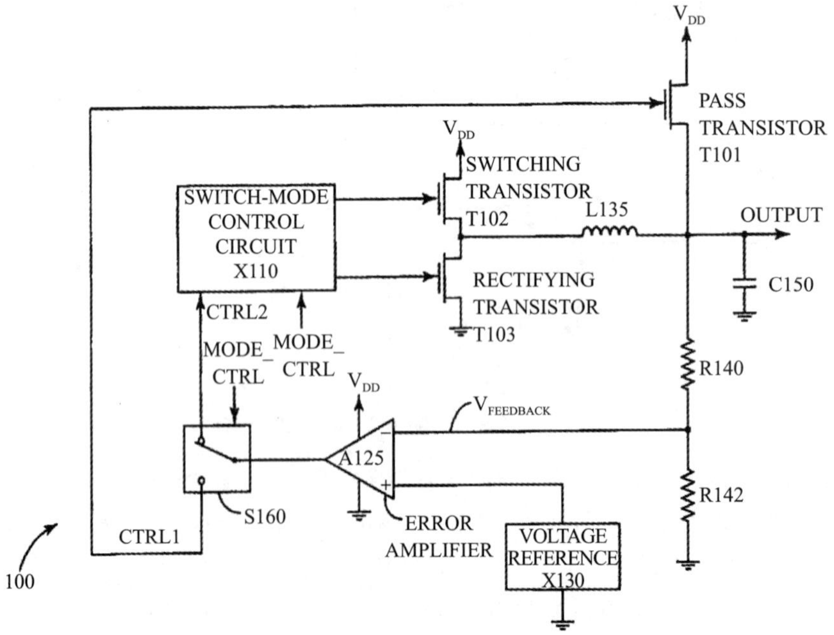

图 4－1－26　US20080181739 技术方案

英飞凌公司在 2010 年 12 月申请了一种控制开关转换器方法的专利（申请号为 US20100971378），技术方案如图 4－1－27 所示。当开关转换器输出电流下降到预定义的电流阈值以下时，平滑地进行从 PWM 控制到 PFM 控制的转变；当在 PFM 控制模式中的（可变）开关频率超过预定义的频率阈值时，进行从 PFM 控制到 PWM 控制的转变。为了避免不期望的轮转，选择预定义的频率阈值使得对应的输出电流高于的电流阈值。因此，实现小的滞后并且避免轮转，可以降低驱动损耗和开关损耗。

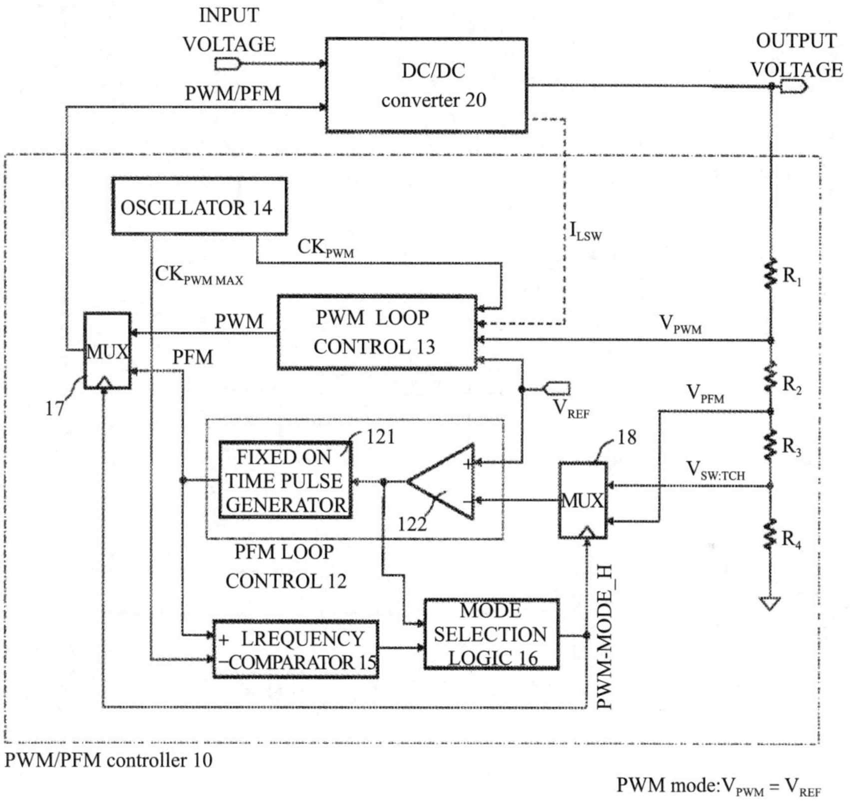

图 4－1－27　US20100971378 技术方案

4.1.1.2.2　降低传导损耗的技术

摩托罗拉公司在 1989 年 5 月申请了一种带选通的 DC－DC 转换器（申请号为 US19890356089），技术方案如图 4－1－28 所示。包括用于提高流经电感的电流的开关装置、用于感测开关装置电流的电流感测装置和调节装置，调节装置由电流感测装置控制以响应于流经电感的电流超过预定值时关闭开关装置，由此降低流经电感的电流。

阿格斯技术公司在 1992 年 6 月提出了一种软开关升压/降压转换器的专利申请（申请号为 CA2072813A），技术方案如图 4－1－29 所示。限制二极管电流的改变率，将开关电压降至零以为导通开关作准备，由此降低由 PN 结产生的损耗，确保辅助二极管在主开关断开周期里断开和保持断开。

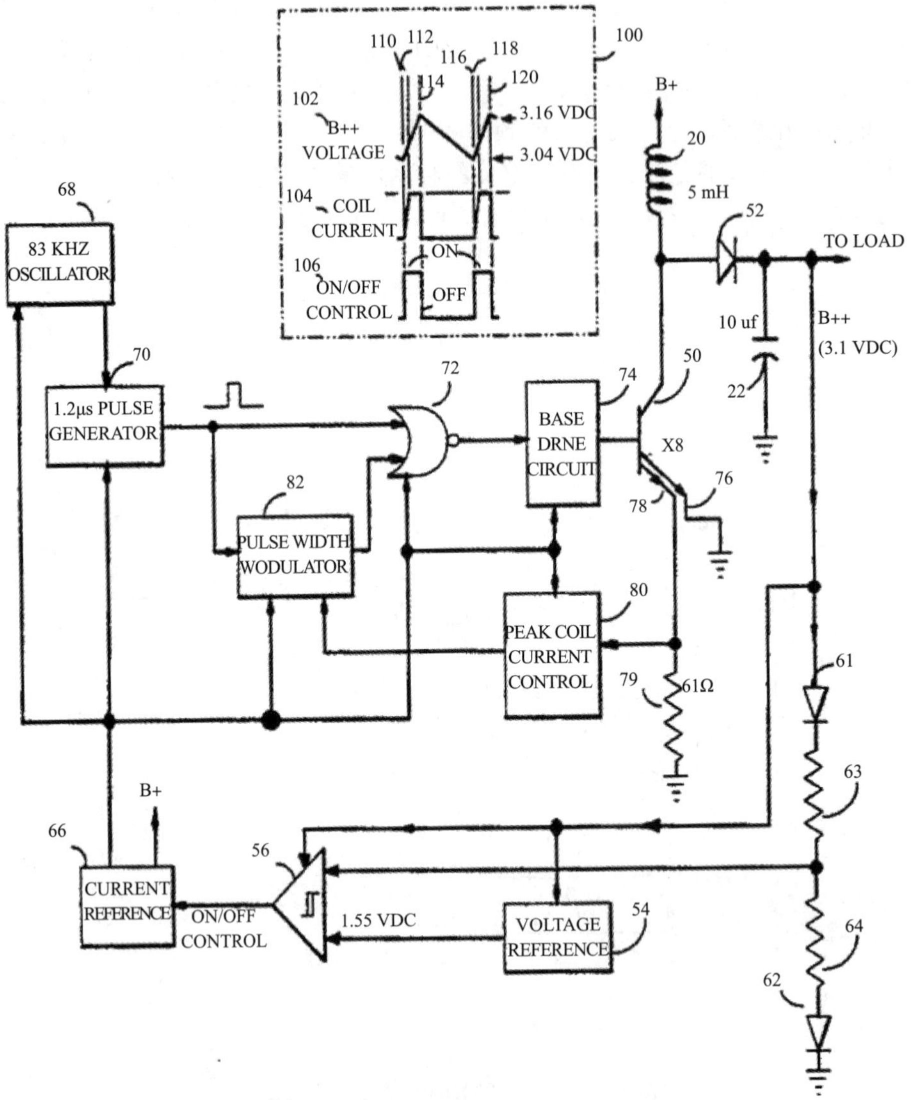

图 4-1-28 US19890356089 技术方案

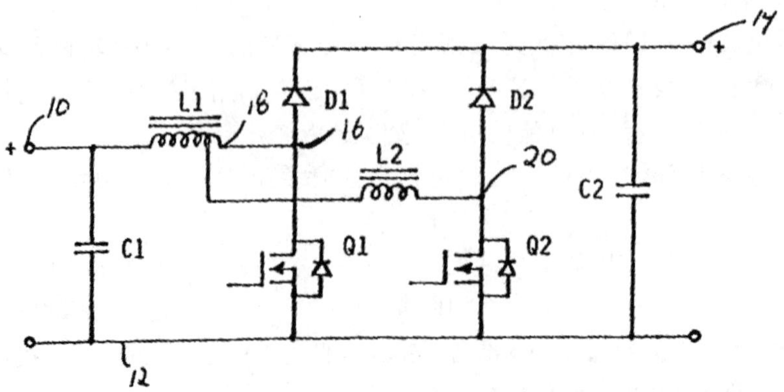

图 4-1-29 CA2072813A 技术方案

得州仪器公司在 1994 年 6 月申请了一种开关模式电源转换器专利（申请号为 US19940259404），技术方案如图 4－1－30 所示。具有同步整流器的开关模式功率转换器在宽负载范围内维持效率，当功率水平低于预定阈值时，禁用同步整流器以阻止电感电流回流及相应的效率损耗。与现有技术相比，其最大的优点是全自动和不需要外部控制信号，不需要额外的电流感测组。为了实现在不连续模式下禁用同步整流器以避免效率降低，设置阈值功率刚好低于维持连续导通需要的功率，通过不频繁地禁用同步整流器和监测电感电压，可以确定转换器是否操作于阈值之上或之下的功率水平。

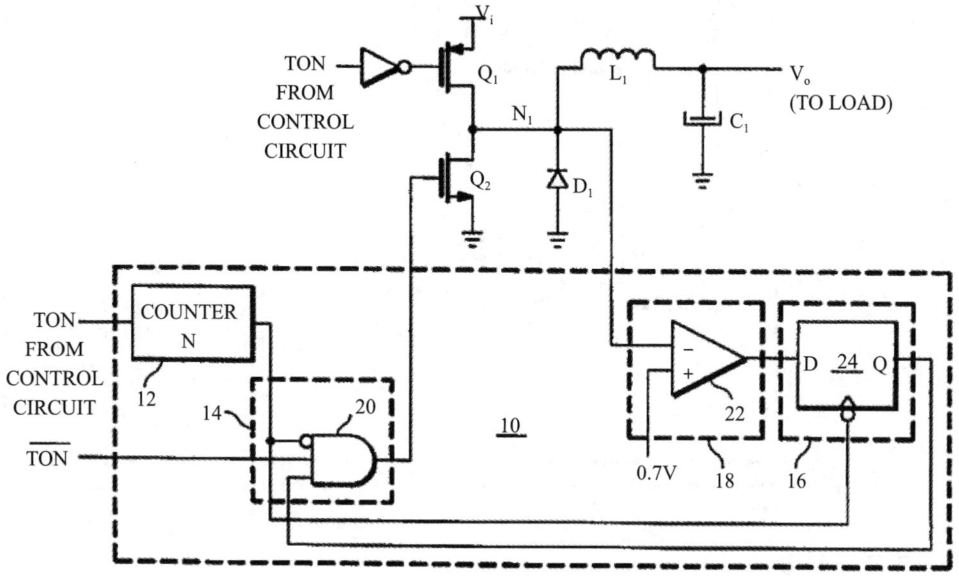

图 4－1－30　US19940259404 技术方案

摩托罗拉公司在 1995 年 3 月提出了一种整合于 IC 中的电流限制电路的专利申请（申请号为 US19950399003），技术方案如图 4－1－31 所示。没有电流感测电阻和电流感测变压器，当开关晶体管的电压超过参考晶体管的电压时，开关晶体管的栅极驱动在余下的电流导通阶段被禁用，利用片上组件实现电流限制电路，降低功耗。

Micro Linear 公司在 1996 年 11 月申请了一种具有迟滞电流限制的 DC－DC 转换器专利（申请号为 US19960748678），技术方案如图 4－1－32 所示。不需要通过与电感串联的电阻来感测电感电流。当第一晶体管截止第二晶体管导通，且与第二晶体管串联电阻的电压形成表示电感电流的信号。当电感电流在放电周期高于第一阈值时，放电周期延长至电感电流降到第二阈值以下，低于第一阈值，如此，电感电流被迟滞地限制，以免过大电流损坏电路元件。

松下电器公司在 1998 年 9 月申请了一种开关调节器专利（申请号为 JP25710298），技术方案如图 4－1－33 所示。实现宽范围负载电流的高转换效率，两开关之间的节点为 V_1，当节点 V_1 的电位超过电位 V_{SS}，在 SW_2 处于导通状态时强制关闭开关 SW_2，通过检测节点 V_1 的电位以检测电路 4 的电流 I_L 的方向，以阻止电流 I_L 反向流动至 V_{SS} 降低转换效率。这种结构在不需要电路 4 内部提供电阻的情况下允许断续模式操作，提高轻载电流转换效率，不提高重载时直流功率损耗。

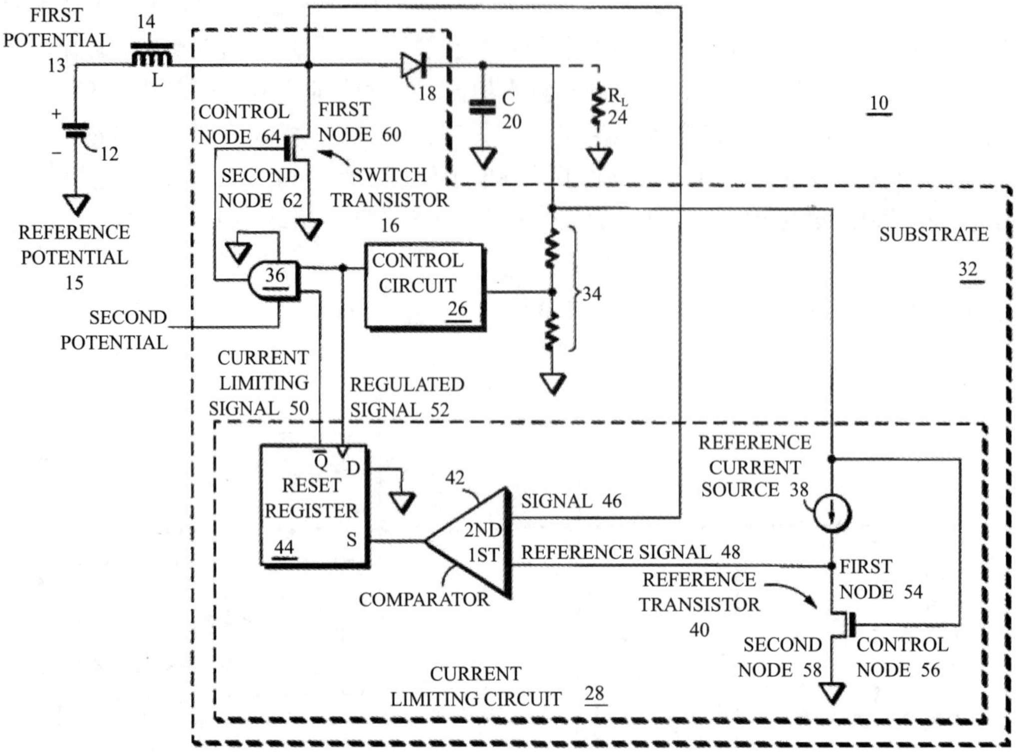

图4-1-31　US19950399003 技术方案

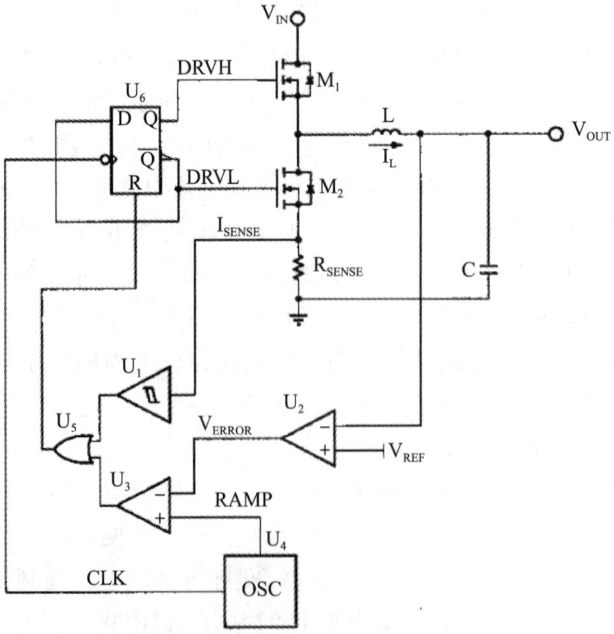

图4-1-32　US19960748678 技术方案

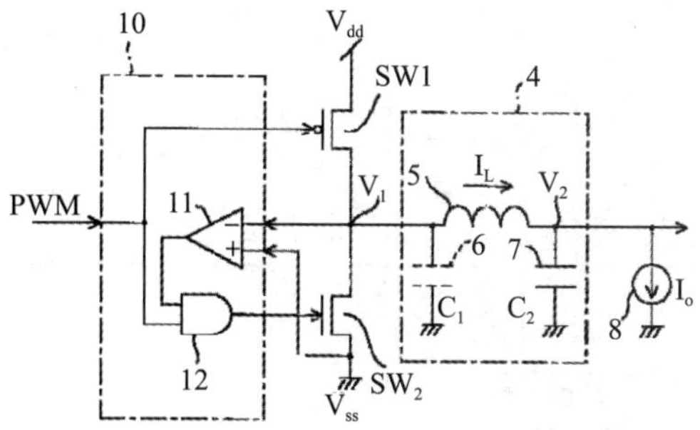

图 4-1-33　JP25710298 技术方案

英特尔公司在 1998 年 12 月提出了一种开关调节器的专利申请（申请号为 US19980219291），技术方案如图 4-1-34 所示。开关调节器具有多个切换电路，第一时间期间操作第一开关电路以对电感供电和不供电，独立的第二时间期间操作第二开关电路以对电感供电和不供电，两者组合以高于其中任一电路的频率对电感供电或不供电。

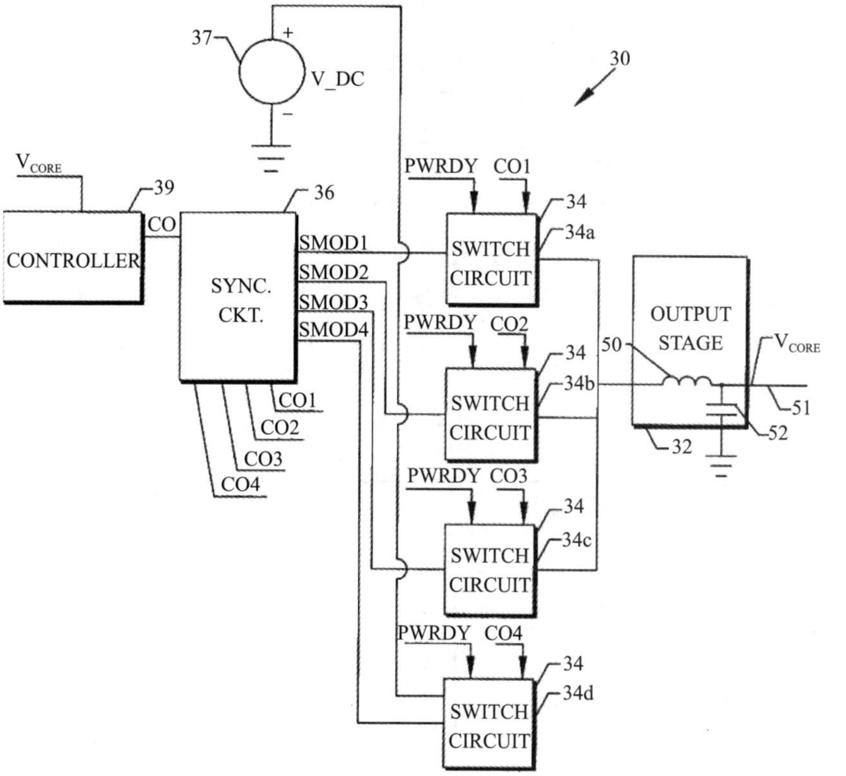

图 4-1-34　US19980219291 技术方案

天田控股公司在 1999 年 4 月申请了一种两相 DC-DC 转换器的专利（申请号为 JP11111399），技术方案如图 4-1-35 所示。两相 DC-DC 转换器双切换频率，抑制回流二极管的反向恢复电流，在开关元件即将导通时将反向恢复电流流向反馈二极管。

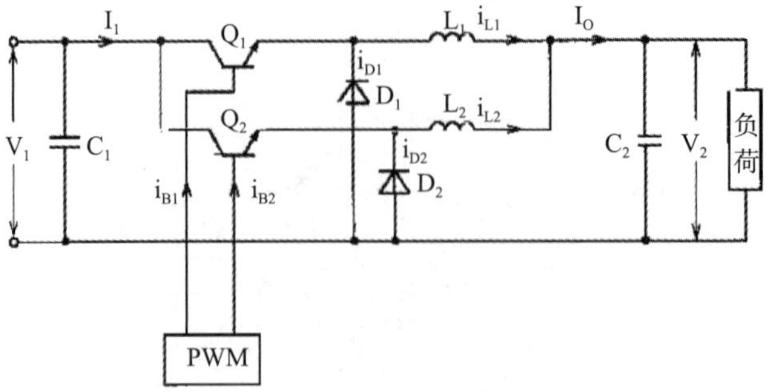

图 4－1－35　JP11111399 技术方案

商升特公司在 1999 年 6 月申请了一种降压式转换器专利（申请号为 US19990340575A），技术方案如图 4－1－36 所示。使用具有多绕组电感的降压式电路将较高输入电压转换为较低输出电压，电感的可选绕组用于对切换装置中一个漏极出现的电压尖峰进行箝位。

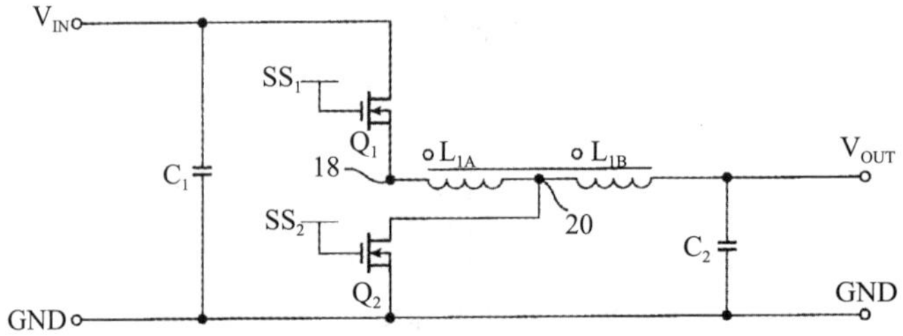

图 4－1－36　US19990340575A 技术方案

泰科电子公司在 1999 年 8 月提出了一种主动钳位器的专利申请（申请号为 US19990383322），技术方案如图 4－1－37 所示。用于具有受制于反向恢复电流的续流二极管的开关电源，主动钳位器能降低续流二极管的反向恢复损耗和功率开关的开关损耗。

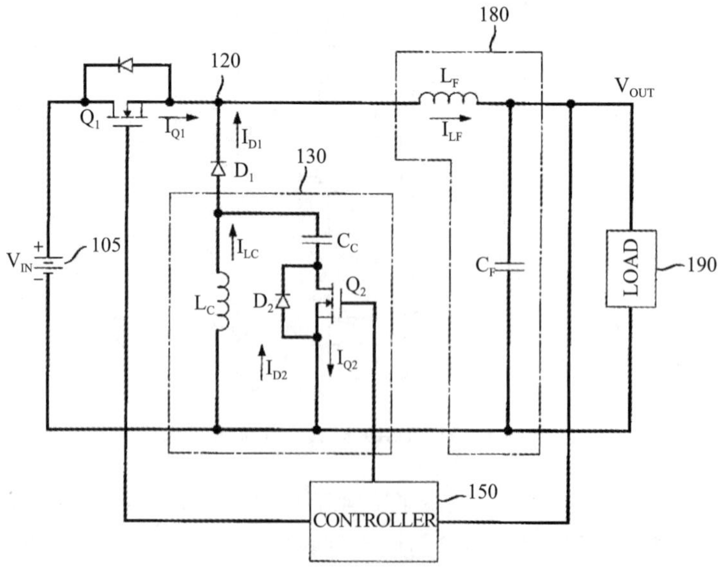

图 4－1－37　US19990383322 技术方案

1999 年 9 月，村田制作所提出了一种开关电源的专利申请（申请号为 JP25221099），技术方案如图 4－1－38 所示。切换式电源不需要电流检测电阻，基于主开关元件两端的电压检测主开关元件的电流，控制主开关元件使该电流不超过预设值。主开关元件在导通周期时的电流与负载电流相关，如近似正比关系，检测主开关元件两端的电流间接检测输出电流。

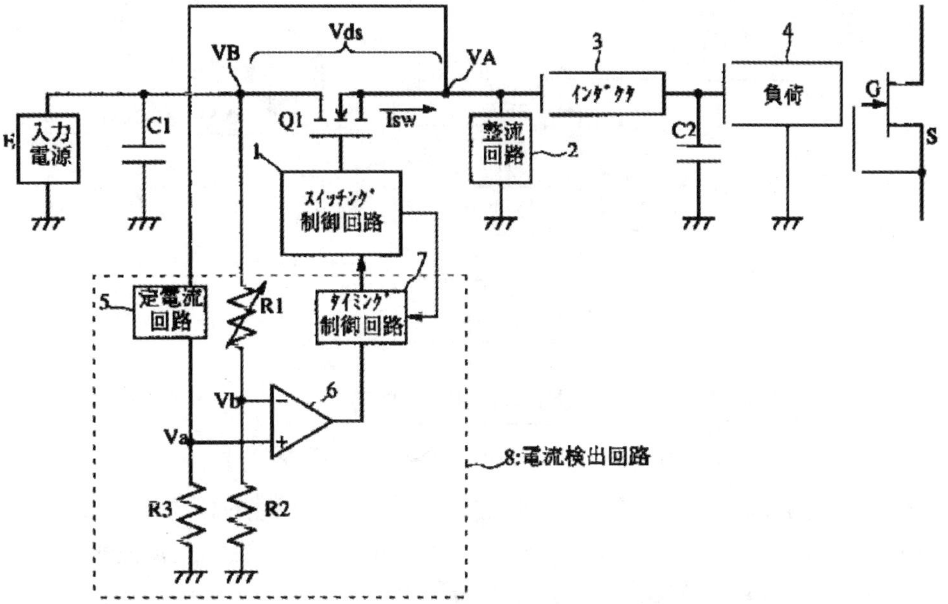

图 4－1－38　JP25221099 技术方案

英特赛尔公司在 2000 年 8 月申请了一种具有改善的电流传感的同步整流型直流－直流变换器专利（申请号为 US20000633316），技术方案如图 4－1－39 所示。通过传感开关 FET 的漏－源电阻上的压降，可传感 DC－DC 变换器中的负载电流。

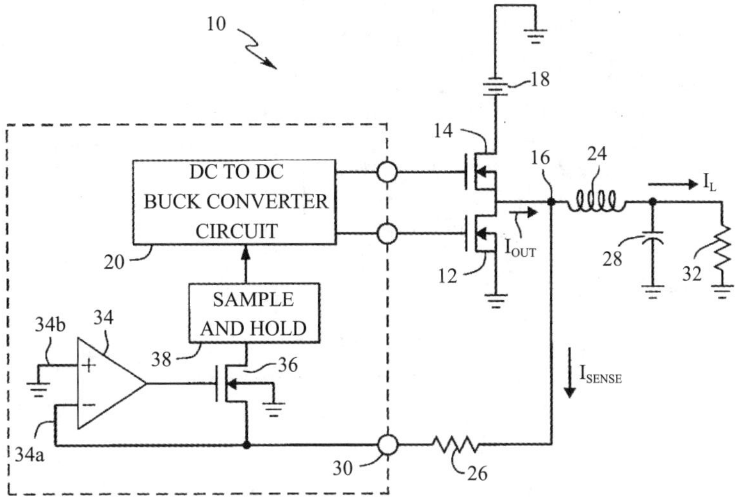

图 4－1－39　US20000633316 技术方案

得州仪器公司在 2000 年 8 月提出了一种 DC－DC 转换器控制方法的专利申请（申请号为 US20000652456），技术方案如图 4－1－40 所示。用于降低体二极管导通和反向恢复损耗，感测高端开关和低端开关之间的电压作为指示以控制激活高端开关或低端开关的脉冲的延迟时间，将延迟时间设置为最小值以避免击穿电流，最小化非重叠时间，同步整流器的二极管导通的时间，最小化功率损耗。

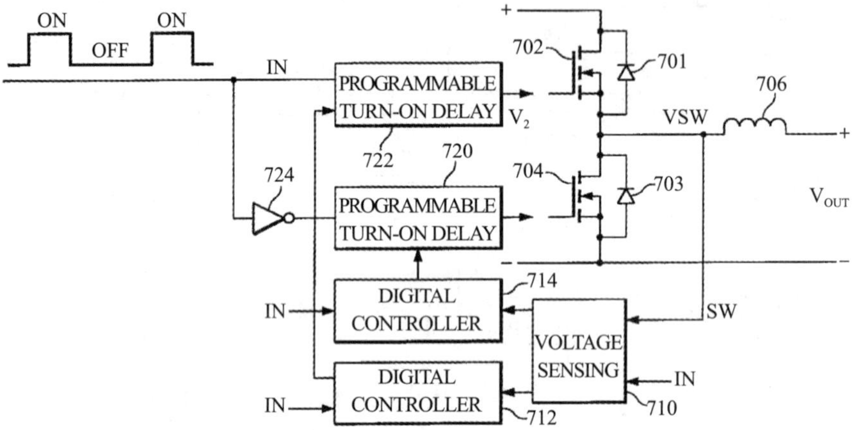

图 4－1－40　US20000652456 技术方案

麦可丽公司在 2003 年 8 月提出了一种切换电源、具有选择性的高端和低端的电流感测专利申请（申请号为 US20030639066），技术方案如图 4－1－41 所示。电流模式切换调节器实现双感测方案，分别感测两个开关的电流以提供第一电流感测信号和第二电流感测信号，根据两个电流信号中的一个来驱动两个开关。还包括占空比检测电路以检测占空比，当占空比超过第一阈值时选择第一电流感测信号，低于第二阈值时选择第二电流感测信号。

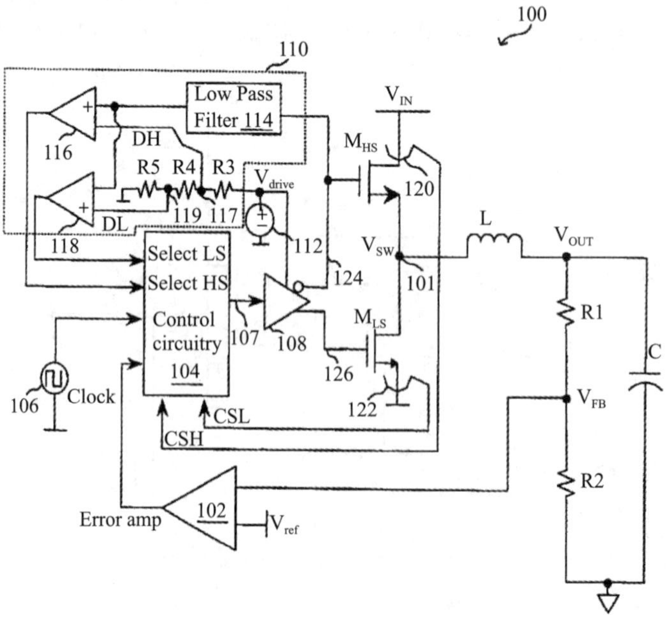

图 4－1－41　US20030639066 技术方案

理光公司在 2006 年 7 月申请了一种同步整流开关调节器专利（申请号为 JP2006196772），技术方案如图 4－1－42 所示。减少检测到反向电流的产生，中断所述反向电流之间的延迟并提高效率，当检测到产生反向电流的指示时，反向电流检测器电路 6 关断第三开关器件 M3，以便中断第二开关器件 M2 和地之间的连接，从而防止产生反向电流。

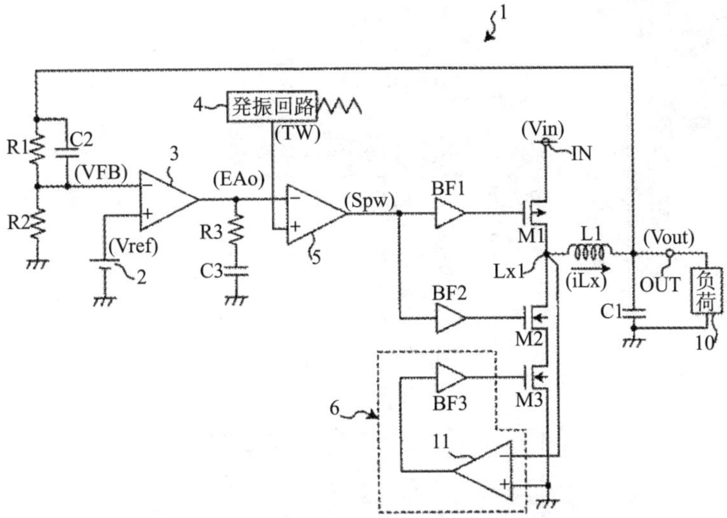

图 4－1－42　JP2006196772 技术方案

英特尔公司在 2007 年 2 月提出了一种功率级控制器的专利申请（申请号为 US20070710101），技术方案如图 4－1－43 所示。可自适应地控制电源开关，改进所述功率级的功耗的效率，并检测功率级的连续导通模式（CCM）和断续导通模式（DCM）操作，而无须对输出电感电流即时或逐个周期地感测和取样。另外，该控制器可有助于估计输出电感值、峰值电感电流值以及关于转换器操作的其他信息。

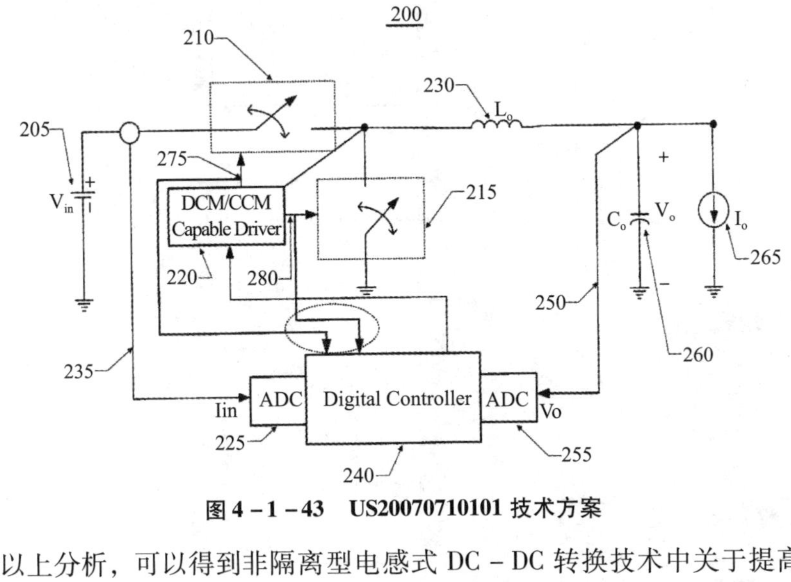

图 4－1－43　US20070710101 技术方案

通过以上分析，可以得到非隔离型电感式 DC－DC 转换技术中关于提高效率方面的技术全球专利技术发展路线，如图 4－1－44 所示。

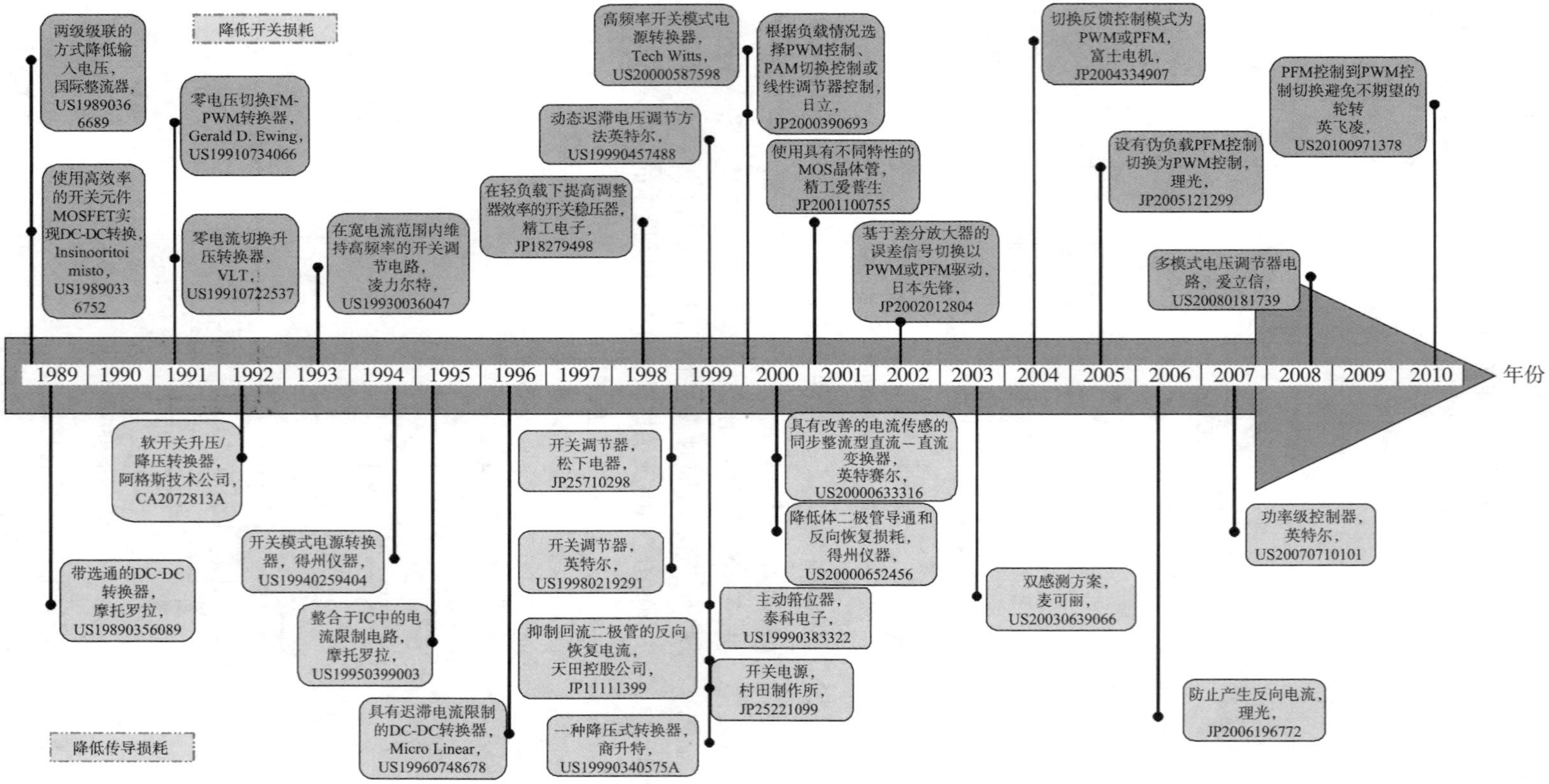

图4-1-44　非隔离型电感式DC-DC转换技术中关于提高效率方面的技术全球专利技术发展路线

可以看出，关于降低开关损耗的技术，早在1989年Insinooritoimisto Pentti Tamminen公司已经提出使用高效率的开关元件MOSFET实现DC－DC转换。同年，国际整流器公司提出通过两级级联的方式降低输入电压以降低晶体管的开关损耗。1991年，VLT公司和Gerald D. Ewing分别提出零电流切换和零电压切换的DC－DC转换器，以降低开关损耗。1993年，凌力尔特公司提出使两个MOSFET同时为OFF状态的“睡眠模式”，与其中一个开关总是处于ON状态相比，可以降低损耗。在轻负载时，将反馈控制模式从PWM切换为PFM，可以减少开关元件开关操作的次数，从而降低开关损耗。这是降低开关损耗的重要方法，这方面的申请人包括精工爱普生、英特尔公司、日立公司、富士电机公司、理光公司、英飞凌公司等。其中，理光公司在2005年提出使用伪负载来防止PFM控制切换至PWM控制导致输出电压发生突峰的问题；英飞凌公司在2010提出通过选择预定义的频率阈值使对应的输出电流高于电流阈值以避免不期望的轮转。

Tech Witts公司在2000年提出使用具有一个包括两个开关、一个电容和一个电感值较小电感的主动复位切换单元代替转换器中的主开关，形成零电压切换式转换器，降低开关损耗。精工爱普生在2001年提出使用具有不同特性的MOS晶体管来提高轻载效率。爱立信公司在2008年提出小电流使用线性调节器，大电流使用开关调节器，以解决开关调节器轻载效率不高的问题。

关于降低传导损耗的技术，1989年，摩托罗拉公司提出通过感测开关装置的电流来降低流经电感的电流。阿格斯技术公司在1992提出限制二极管电流的改变率以降低损耗。得州仪器公司在1994年提出通过禁用同步整流器以阻止电感电流回流及相应的效率损耗。通过不设置感测电阻以降低损耗是降低传导损耗的重要方法，这方面的申请人包括摩托罗拉公司、Micro Linear公司、松下电路公司、村田制作所等。英特尔公司在1998年提出通过多个切换电路控制对电感的供电。抑制二极管的反向恢复电流以降低反向恢复损耗也是降低传导损耗的重要方法，这方面的申请人包括天田控股公司、泰科电子公司、得州仪器、理光。商升特公司在1999年提出使用具有可选绕组的电感对开关元件中一个电压尖峰进行箝位。英特赛尔公司在2000年提出通过传感开关FET的漏－源电阻上的压降可传感DC－DC变换器中的负载电流。麦可丽公司在2003年提出分别感测两个开关的电流来驱动开关。英特尔公司在2007年提出无须对输出电感电流即时或逐个周期地感测和取样以改进效率。

4.1.1.3　专利风险分析

电源模块可分为开关电源和线性电源。与传统的线性电源相比，开关电源的优势在于效率高，加之开关晶体管工作于开关状态，损耗较小，发热较低，不需要体积/重量非常大的散热器，因此体积较小，重量较轻。开关电源分为隔离型及非隔离型转换器。隔离型开关电源没有使用隔离变压器等隔离措施，电路较简单，成本较低。按照储能元件的不同，非隔离型转换器分为以使用电感器作为储能元件的电感式和以使用电容器作为储能元件的电容式，在大多数情况下，电感式转换器的效率较高且可以输出较大电流。

高效和低功耗是非隔离型电感式 DC－DC 转换技术不可或缺的性能指标。在中国申请中，提高效率方面的申请量最多，为 472 件，占比达到 34.2%。

在中国专利数据库中检索涉及提高效率方面的非隔离型电感式 DC－DC 转换技术的 472 件专利申请中，226 件授权维持，34 件失效，116 件处于待审阶段，其余为驳回的专利申请。在 226 件授权维持专利申请中，国外来华申请量为 70 件，占有效申请的 30.97%。其中，日本来华申请 30 件，占有效申请的 13.27%；美国来华申请 30 件，占有效申请的 13.27%。中国专利申请量为 156 件，占有效申请的 69.03%。从这个角度来说，国内申请在非隔离型电感式 DC－DC 转换技术领域的优势明显，占据大部分的有效专利。

下面，就关于提高效率方面的非隔离型电感式 DC－DC 转换技术的一些重要专利技术进行专利风险分析。具体参见表 4－1－1。

表 4－1－1　非隔离型电感式 DC－DC 转换技术提高效率重点专利申请

申请人	申请号	发明名称	技术要点	专利权法律状态
美国芯源系统股份有限公司	CN200610142569	控制开关调整器的方法和装置	当负载电流低于预定值时，自动转换到脉冲频率调制（PFM）模式。这种模式转换可以在负载电流较小时提高调整器的效率	专利权维持
英特赛尔公司	CN99127797	具有电感电流检测的直流－直流变换器和有关方法	提供并联连接输出电感 Lout 的一个电流检测器，用于检测通过该电感的电流	专利权维持
精工电子有限公司	CN98120748	能够在轻负载下提高调整器效率的开关稳压器	对被负载探测装置探测到的负载状态作出响应，改变振荡器电路的振荡频率，也有可能改变输送到这电源电路的电流	专利权维持
富士通株式会社	CN200610067426	一种转换效率不因输入电压改变而降低的 DC－DC 转换器	基于监视结果根据输出电流选择开关式稳压器和线性稳压器中具有较高效率的一个稳压器	专利权维持
精工电子有限公司	CN03104376	脉宽调制开关调节器和电子装置	当开关调节器工作在轻负载时，PWM 开关调节器控制电路的内部振荡频率减半，输出电压中包含的噪声容易消除	专利权维持

续表

申请人	申请号	发明名称	技术要点	专利权法律状态
英特尔	CN200810081137	数字电源转换器用的模式跟踪与参数估计式自适应控制器	检测功率级的连续导通模式（CCM）和断续导通模式（DCM）操作，而无须对输出电感电流即时或逐个周期地感测和取样	专利权维持
西安交通大学	CN201010246249	一种提高集成开关 DC－DC 变换器轻载效率非均匀变化栅宽的方法	通过对高频开关变换器的功耗分析，得出不同负载条件下，开关管栅宽调制的规律和方法，从根本上消除了变频控制带来的不良后果	专利权维持
原景科技股份有限公司	CN200810107931	发光二极管驱动电路及用以控制功率开关的电路	当发光二极管的驱动电流截止，关闭功率开关借以防止不必要的开关动作	专利权维持
复旦大学	CN201010246352	一种双模的具有高轻负载效率的全集成高频降压电源	负载电流较大时选择开关电源模式，较小时选择低压差线性稳压器，设置模式转换的裕量，以防止两种模式反复切换而造成电路振荡	专利权维持
株式会社理光	CN200410097412	开关稳压器	按照该发明的开关稳压器，轻负载动作模式时，从第一开关元件切换为寄生电容小的第二开关元件，因此，能大幅度改善开关元件开关时发生的寄生电容的充放电所引起的损失	专利权维持
半导体元件工业有限责任公司	CN200410079164	优化 DC－DC 转换器中电源效率的方法和电路	检测低侧开关电流差以确定所需的脉冲延迟长度，以降低由低侧电源 MOSFET 中的体二极管导通和反向恢复引起的功率损耗	专利权维持

续表

申请人	申请号	发明名称	技术要点	专利权法律状态
福州华映视讯有限公司	CN200910111445	可快速切换输出电压的电源装置	回收多余的电荷，在输出电压由低准位调整至高准位时，释放所储存的电荷，从而加快输出电压的准位调整速度，并减少能量消耗	专利权维持
浙江大学	CN200910097233	一种双模式的直流开关电源变换器	在 PWM 控制环路上增加一个最小占空比模块，可以实现直流开关电源变换器的 PWM 和 PFM 两种模式控制，并可根据负载电流、输入输出电压的大小自动选择控制模式	专利权维持
浙江大学	CN200910096764	一种单电感开关直流电压变换器及四模式控制方法	可以实现单电感开关直流电压变换器的 PWM 模式控制、PFM 模式控制、休眠模式控制和低压差线性稳压模式控制的自动切换，在负载大范围变化时，也能有较高的电源转换效率	专利权维持
杭州矽力杰半导体技术有限公司	CN200910195476	功率调节器及其输入电流平均值限制方法	无损耗电流采样电路用以无损耗采样流过开关器件的瞬时电流，得到输入采样电流，以控制开关器件的动作，从而限制输入电流的平均值	专利权维持

上述 15 件重点专利涉及 13 个申请人，其中美国芯源系统股份有限公司设计并制造高性能的模拟集成电路和混合信号集成电路产品，尤以大功率电源管理芯片见长；英特赛尔公司提供全系列电源集成电路解决方案，在电源管理市场占有领导地位；精工电子有限公司提供小型、低消耗电流、高精度的模拟半导体产品；西安交通大学和浙江大学是国内的知名高校；杭州矽力杰半导体技术有限公司是国内知名的电源管理 IC 设计公司；英特尔、富士通、理光、原景科技股份有限公司是知名的集成电路设计公司。经过对比分析，在这 15 件授权重点专利中挑选出 3 件最具代表性的专利作进一步的详细分析（参见表 4－1－2）。

表 4－1－2　非隔离型电感式 DC－DC 转换技术提高效率方面 3 件重点专利申请

重点专利 1：US200610142569		
申请人	发明名称	技术分支
美国芯源系统股份有限公司	控制开关调整器的方法和装置	提高效率
一种用于控制开关调整器输出电压的方法，其中，当负载电流高于预定值时，通过 PWM 来调整输出电压；当负载电流低于预定值时，通过 PFM 来调整该输出电压，该方法包括：提供输入电压 V_{IN}；利用开关 SW，通过控制开关频率的占空比来调整输出电压 V_{OUT}；通过输出电压 V_{OUT} 的反馈电压 V_{FB} 来至少部分地控制开关 SW；将电感 L 或等效电路元件连接在输入与开关之间；利用电流采样电阻从电感 L 的电感电流 I_L 获得采样电流；如果在 PWM 模式下：在每个时钟周期的开始处导通开关 SW 来使电感电流 I_L 上升；将电感电流 I_L 转换成采样电流的电压信号 V_{IPK}；通过将反馈电压 V_{FB} 与内部基准电压 V_{REF} 相比较来产生控制电压 $V_{CONTROL}$；将采样电流的电压信号 V_{IPK} 和控制电压 $V_{CONTROL}$ 相比较；以及在 $V_{IPK}=V_{CONTROL}$ 时就关断该开关 SW；如果在 PFM 模式下：将反馈电压 V_{FB} 和内部基准电压 V_{REF} 相比较；当反馈电压 V_{FB} 小于内部基准电压 V_{REF} 时导通开关来迫使电感电流 I_L 上升；将电感电流 I_L 转换成采样电流的电压信号 V_{IPK}；将采样电流的电压信号 V_{IPK} 与第一预定参考电压 V_{IMIN} 相比较，在 $V_{IPK}=V_{IMIN}$ 时就关断开关 SW，以迫使电感电流 I_L 对负载进行充电使输出电压 V_{OUT} 升高，并且该开关调整器保持空闲状态直到反馈电压 V_{FB} 降低到 V_{REF}；其中，在 PWM 模式下，当至少连续两个周期采样电流的电压信号 V_{IPK} 小于第一预定参考电压 V_{IMIN} 并且输出电压 V_{OUT} 高于目标电压，则从 PWM 模式转换到 PFM 模式。		

重点专利 2：US99127797		
申请人	发明名称	技术分支
英特赛尔公司	具有电感电流检测的直流－直流变换器和有关方法	提高效率
一种直流－直流变换器，包括：至少一个电源开关，用于产生对所述至少一个电源开关的控制脉冲的一个脉冲宽度调制电路，连接到所述至少一个电源开关的一个输出电感，与所述电感并联用于检测通过所述电感的电流的一个电流检测器，其特征在于所述电流检测器包括：串联在一起的一个电阻和一个电容，一个峰值电流控制环路电路，该峰值电流控制环路电路配合所述脉冲宽度调制电路用于响应所述电流检测器控制所述至少一个电源开关，所述电阻和电容具有相应值，以便所述电流检测器是一个瞬时电流检测器。		

重点专利 3：JP98120748		
申请人	发明名称	技术分支
精工电子有限公司	能够在轻负载下提高调整器效率的开关稳压器	提高效率
一种开关稳压器，其特征包括：用于产生参考电压的参考电压电路；误差信号放大器，用于把所述参考电压和通过把从所述开关稳压器输出的输出电压细分而产生的测量电压送入其中，并用于放大所述参考电压与所述测量电压之间的差分电压；用于输出振荡信号的振荡器电路；用于比较所述误差信号放大器的输出电压与所述振荡器电路输出电压的 PWM 比较器；电源电流控制电路，用于根据所述开关稳压器的负载状态来改变流入误差信号放大器和所述 PWM 比较器的至少一个中的电流。		

通过上述分析可知，提高效率的技术手段包括：控制 PWM 模式与 PFM 模式之间的切换以降低损耗，例如美国芯源系统股份有限公司的专利 US200610142569、精工电子有限公司的专利 JP98120748 和 JP03104376 等；降低检测输出电感电流的损耗，例如

英特赛尔公司的专利 US99127797、英特尔公司的专利 US200810081137 等；降低反向恢复损耗，例如半导体元件工业有限责任公司的专利 200410079164。上述三种提高效率的技术手段已经非常成熟，国外企业对此在中国的专利布局较早也较为完善，国内企业若想从中突破比较困难，专利风险较大。

提高效率的技术手段还包括根据负载情况选择线性电源和开关电源中效率较高的一种，例如富士通株式会社的专利 JP200610067426、复旦大学的专利 CN201010246352、浙江大学的专利 CN200910096764 等。这方面技术国内外申请人都有布局，国内高校研究较多，国内企业若与复旦大学、浙江大学等国内高校合作，专利风险较小。

提高效率的技术手段还包括利用开关元件的特性降低损耗，例如西安交通大学的专利 CN201010246249，通过改变开关管的栅宽，并不采取额外开关管工作频率的控制环节，在降低损耗的同时消除变频控制带来的不良后果；循环利用能量以降低损耗，例如福州华映视讯有限公司的专利 CN200910111445，通过设置电荷回收电路回收多余的电荷并适时释放以降低损耗。这方面技术的研究还比较少，专利风险较小，国内企业可予以适当的重视。

由以上内容可知，如表 4－1－3 所示涉及提高效率方面的非隔离型电感式 DC－DC 转换技术中，在控制 PWM 模式与 PFM 模式之间的切换、降低检测输出电感电流的损耗、降低反向恢复损耗等技术上，国外企业在中国的专利布局较早也较为完善，国内企业从中突破的专利风险较大；在根据负载情况选择线性电源和开关电源中效率较高的一种等技术上，国内高校研究较多，国内企业若与国内高校合作，专利风险较小；在利用开关元件的特性降低损耗、循环利用能量以降低损耗等技术上，目前研究还比较少，专利风险较小，国内企业可予以适当的重视。

表 4－1－3　非隔离型电感式 DC－DC 转换技术提高效率方面重点专利技术手段和国家分布

<table>
<tr><th rowspan="2">提高效率的技术手段</th><th colspan="2">涉及专利</th></tr>
<tr><th>专利号</th><th>国家</th></tr>
<tr><td rowspan="3">控制 PWM 模式与 PFM 模式之间的切换</td><td>JP98120748</td><td rowspan="2">日本</td></tr>
<tr><td>JP03104376</td></tr>
<tr><td>US200610142569</td><td rowspan="4">美国</td></tr>
<tr><td rowspan="2">降低检测输出电感电流的损耗</td><td>US99127797</td></tr>
<tr><td>US200810081137</td></tr>
<tr><td>降低反向恢复损耗</td><td>US200410079164</td></tr>
<tr><td rowspan="3">根据负载情况选择线性电源和开关电源中效率较高的一种</td><td>CN201010246352</td><td rowspan="2">中国</td></tr>
<tr><td>CN200910096764</td></tr>
<tr><td>JP200610067426</td><td>日本</td></tr>
<tr><td>利用开关元件的特性</td><td>CN201010246249</td><td rowspan="2">中国</td></tr>
<tr><td>循环利用能量</td><td>CN200910111445</td></tr>
</table>

4.1.1.4　小结与启示

4.1.1.4.1　小　　结

对非隔离型电感式 DC－DC 转换技术领域全球专利态势分析可以得出：该领域全球专利申请量的增长趋势与全球半导体市场销售额的增长趋势基本一致，呈稳步增长的趋势。在国家/地区方面，该领域技术集中度非常高。其中，日本和中国籍申请人是该领域最主要的申请人，占有率均超过 30%，在申请量方面具有明显优势，日本籍申请人申请量最多的原因是日本在非隔离型电感式 DC－DC 转换技术领域发展较早，且每年申请量比较稳定。2009 年以后中国籍申请人申请量排名第一，中国在非隔离型电感式 DC－DC 转换技术领域发展较晚，但专利申请量快速增长，美国申请量总体呈稳步增长的趋势，中国籍申请人申请量在 2002 年后呈爆发式增长的原因可能是中国半导体产业市场在 2002 年后的增长速度非常快。在单个申请人方面，该领域技术集中度并不高，排名前 20 位的日本籍申请人数量最多，原因是日本在该领域积累深厚，但申请量最多的申请人的申请量占比很低，说明在非隔离型电感式 DC－DC 转换技术领域不存在单个申请人申请量特别大的情形，因此，从单个申请人的申请量方面看，中国籍申请人与其他国籍申请人的差距并非不可逾越。同时，中国籍申请人在隔离型电感式 DC－DC 转换技术领域进行专利布局时，不应只关注一两家规模较大的企业，而应全面研究各家企业的技术，以降低专利风险。提高效率方面的技术是非隔离型电感式 DC－DC 转换技术领域的申请热点，占比最高，原因是提高效率、降低能耗一直是集成电路设计人员需要考虑的重要因素。

对非隔离型电感式 DC－DC 转换技术领域中国专利态势分析可以得出：2003～2014 年，中国专利申请量呈现快速增长态势，与中国半导体市场销售额的发展趋势基本一致；2009 年开始，由于受到全球经济危机的影响，国外来华申请量呈下滑的趋势。而中国的技术发展较晚，国内申请量从 2003 年开始明显增长，在 2007 年首次超过了国外来华申请量，2006～2012 年呈快速增长的趋势，2012～2014 年总体较为稳定。国内申请量在 2009 年后没有与国外来华申请量一同下滑，是因为 2009 中国半导体市场销售额与 2008 年相比，下滑幅度不大，且 2010 年以后，增长速度很快，国内申请量也随之快速增长。非隔离型电感式 DC－DC 转换技术相关专利申请主要涉及具体电路，技术方案较为复杂，这可能是该领域的没有实用新型申请的原因。从 2006 年开始迅速增长，中国籍申请人申请量在 2006 年超越日本籍申请人，位列第一，中国籍申请人申请量在 2002 年后呈爆发式增长的原因可能是中国半导体产业市场在 2002 年后的增长速度非常快；中国籍申请人的申请总量虽然位居第一，但具体到单个申请人时，却不占优势，这说明非隔离型电感式 DC－DC 转换技术领域的申请较为分散。提高效率方面的技术是非隔离型电感式 DC－DC 转换技术领域的申请热点，原因是提高效率、降低能耗一直是集成电路设计人员需要考虑的重要因素。

对非隔离型电感式 DC－DC 转换技术领域专利风险分析可以得出：涉及提高效率方面的非隔离型电感式 DC－DC 转换技术中，在控制 PWM 模式与 PFM 模式之间的切换、降低检测输出电感电流的损耗、降低反向恢复损耗等技术上，国外企业在中国的专利布局较早也较为完善，国内企业从中突破的专利风险较大；在根据负载情况选择线性电源和开关电源中效率较高的一种等技术上，国内高校研究较多，国内企业若与国内高校合作，专利风险较小；在利用开关元件的特性降低损耗、循环利用能量以降低损耗等技术上，目前研究还比较少，专利风险较小，国内企业可予以适当的重视。

对非隔离型电感式 DC – DC 转换技术领域专利技术发展路线分析可以得出：关于降低开关损耗的技术，早在 1989 年，Insinooritoimisto Pentti Tamminen 公司已经提出使用高效率的开关元件 MOSFET 实现 DC – DC 转换；同年，国际整流器公司提出通过两级级联的方式降低输入电压以降低晶体管的开关损耗；1991 年，VLT 公司和 Gerald D. Ewing 分别提出零电流切换和零电压切换的 DC – DC 转换器，以降低开关损耗；1993 年，凌力尔特公司提出使两个 MOSFET 同时为 OFF 状态的“睡眠模式”，与其中一个开关总是处于 ON 状态相比，可以降低损耗；在轻负载时，将反馈控制模式从 PWM 切换为 PFM，减少开关元件开关操作的次数，从而降低开关损耗。这是降低开关损耗的重要方法，这方面的申请人包括精工电子、英特尔公司、日立公司、富士电机公司、理光公司、英飞凌公司等。Tech Witts 公司在 2000 年提出使用具有一个包括两个开关、一个电容和一个电感值较小的电感的主动复位切换单元代替转换器中的主开关，形成零电压切换式转换器，降低开关损耗；精工电子在 2001 年提出使用具有不同特性的 MOS 晶体管来提高轻载效率；爱立信公司在 2008 年提出小电流使用线性调节器，大电流使用开关调节器，以解决开关调节器轻载效率不高的问题。

关于降低传导损耗的技术，1989 年，摩托罗拉公司提出通过感测开关装置的电流来降低流经电感的电流；阿格斯技术公司在 1992 提出了限制二极管电流的改变率以降低损耗；得州仪器公司在 1994 年提出通过禁用同步整流器以阻止电感电流回流及相应的效率损耗。通过不设置感测电阻以降低损耗是降低传导损耗的重要方法。这方面的申请人包括摩托罗拉公司、Micro Linear 公司、松下电路公司、村田制作所等。英特尔公司在 1998 年提出通过多个切换电路控制对电感的供电。抑制二极管的反向恢复电流以降低反向恢复损耗也是降低传导损耗的重要方法。这方面的申请人包括天田控股公司、泰科电子公司、德州仪器公司、理光公司。商升特公司在 1999 年提出使用具有可选绕组的电感对开关元件中一个电压尖峰进行箝位；英特赛尔公司在 2000 年提出通过传感开关 FET 的漏 – 源电阻上的压降可传感 DC – DC 变换器中的负载电流；麦可丽公司在 2003 年提出分别感测两个开关的电流来驱动开关；英特尔公司在 2007 年提出无须对输出电感电流即时或逐个周期地感测和取样以提高效率。

4.1.1.4.2　启示

由上述分析可以得出，非隔离型电感式 DC – DC 转换技术领域专利分布较为分散，且与半导体市场发展密切相关。广东省集成电路产业界的主要企事业单位如果要发展该领域，不应只关注一两家规模较大的企业，而应全面研究各家企业的技术，以降低专利风险，同时，还应密切关注市场变化，随时调整策略。

由上述分析还可以得出，非隔离型电感式 DC－DC 转换技术领域中提高效率的技术手段有很多。其中有些技术手段中，例如在控制 PWM 模式与 PFM 模式之间的切换、降低检测输出电感电流的损耗、降低反向恢复损耗等技术，国外来华专利中有较多重要或者基础性的有效发明专利，在短期内难以获得较大技术突破的情况下，广东省集成电路产业界的主要企事业单位需要在权衡后选择自主研发进行外围布局以突破国外技术垄断或引进国外技术和设备。另有些技术手段中，例如根据负载情况选择线性电源和开关电源中效率较高的一种等技术，国外来华专利中重要或者基础性的有效发明专利较少，而国内高校研究较多，广东省集成电路产业界的主要企事业单位可以选择与国内高校合作，继续进行适当的专利布局。还有一些技术手段，例如利用开关元件的特性降低损耗、循环利用能量以降低损耗等技术，国外来华专利中重要或者基础性的有效发明专利基本没有，专利风险较小，广东省集成电路产业界的主要企事业单位可以考虑在该方向上加强研发形成规模效应，以提高突破专利壁垒的可能性。

4.1.2　运动估计与补偿

从视频编码器的构成来看，视频编码包括如下关键技术——DCT 变换、量化、熵编码和运动估计与补偿技术。而运动估计与补偿技术作为编码过程中运算量最大的部分，在整个视频压缩系统中具有极其重要的作用，其执行速度决定编码的效率，并在一定程度上决定整个视频压缩编码系统的性能和效率，是视频编码技术领域的核心内容。经过统计发现，涉及运动估计与补偿的专利申请量远高于其他编码技术的专利申请量。因此，本节选取视频编解码芯片中专利申请量居前的运动估计与补偿技术进行重点分析。

本节共分为三个部分，对运动估计与补偿技术领域的专利态势和专利风险进行分析，最后给出小结与启示。

4.1.2.1　专利态势分析

4.1.2.1.1　全球专利态势分析

（1）申请趋势分析

通过对运动估计与补偿技术领域的相关专利申请历年变化趋势的分析，可以初步掌握 1989～2018 年全球运动估计与补偿技术的发展过程和趋势，从而对其未来发展方向形成判断。

图 4－1－45 给出了运动估计与补偿技术领域全球专利申请量历年分布情况。1990～2018 年的申请总量为 14548 项，从历年专利申请情况来看，1990～1995 年，运动估计与补偿技术的专利申请量处于缓慢上升的趋势，而 1995～1999 年申请量开始缓慢下滑。而 2000～2009 年，运动估计与补偿技术的专利申请量再次处于缓慢上升的趋势，尤其在 2010～2011 年，其增长速度明显加快。可以看出，2009 年的申请数量为 715 项，而 2010 年的申请量则增加至 925 项，是上一年的 1.3 倍，2011 年则

持续增加至1087项，达到历年来的峰值。可见2009～2011年，在全球范围内，运动估计与补偿技术在全球处于蓬勃发展期，视频编解码领域的多家企业及研究机构致力于对新的视频编解码标准进行研究，而运动估计与补偿技术作为视频编解码的核心技术，必然成为其研究及申请专利的热点。2012～2017年，由于新的视频编码标准已经发布，视频编解码技术已进入技术成熟期，各企业及高校在视频编解码领域的格局已基本形成，整个市场已趋于饱和，运动估计与补偿技术进入瓶颈期。

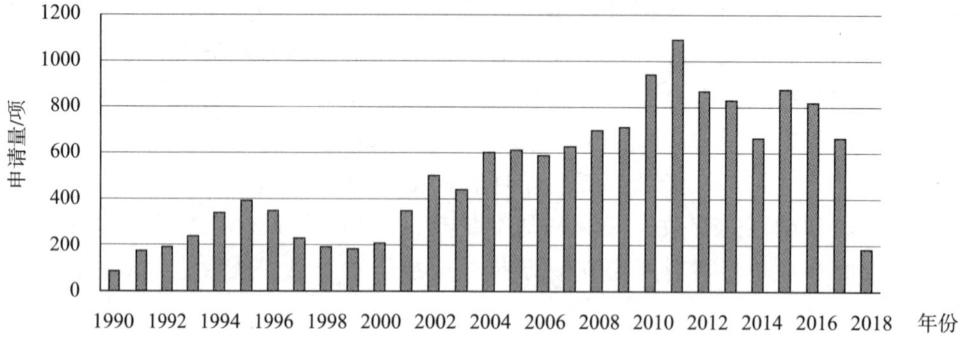

图4－1－45　运动估计与补偿技术全球专利申请量历年分布

（2）国家/地区分布分析

由图4－1－46可见，在运动估计与补偿领域，全球专利申请申请量中排名第一的是日本，申请量为4510项，占比达31%；其次是美国，申请量为4073项，占比达28%；中国排名第三，申请量为2182件，占比为15%；排名第四的是韩国，申请量为2036项，占比为14%。因此，美国、日本、中国和韩国是运动估计与补偿技术的主要来源国。

（3）重点技术分支分析

在视频编码领域，运动估计与补偿是编码过程中运算量最大的部分，其技术覆盖面广，包含的技术点多而繁杂，如多视点图像和立体视频编码、可变块尺寸、运动矢量处理、预测模式选择、亚像素插值、多参考帧等，具体如图4－1－47所示。在全球

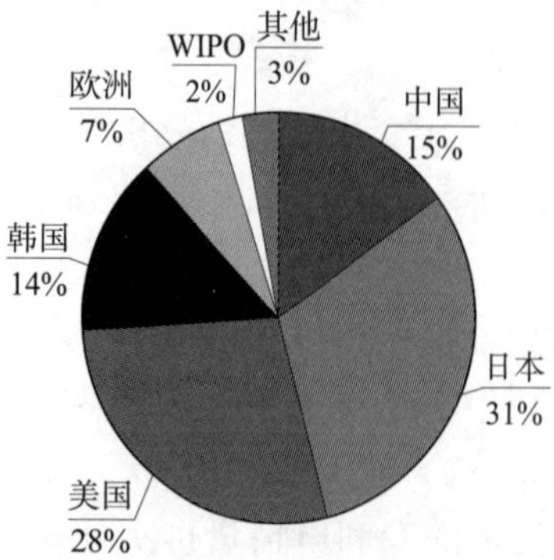

图4－1－46　运动估计与补偿领域全球专利申请申请国家/地区分布

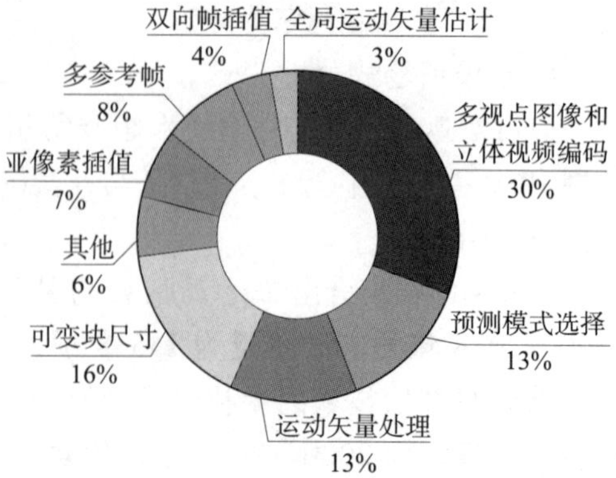

图4－1－47　运动估计与补偿技术领域全球专利申请专利技术分支分布

专利申请中，涉及多视点图像和立体视频编码技术的申请量 3772 项，居首位，占运动估计与补偿申请总量的 30%；可变块尺寸相关申请次之，其申请量为 1977 项，占申请总量的 16%；预测模式选择与运动矢量处理相关申请紧追其后。

（4）主要申请人分析

专利申请人的申请量排名反映某一领域内专利申请人的技术掌握情况及其专利布局策略。下面对运动估计与补偿技术领域的全球主要申请人进行分析。

如图 4－1－48 所示，在全球范围内，运动估计与补偿申请排名前 20 位的申请人日韩公司稍多，占据 14 席，中国大陆申请人仅占 1 席。排在前三位的依次是三星、索尼、松下，其中排名前两位的三星及索尼的专利申请数量远远多于其他申请人，凸显其在运动估计与补偿领域的领先优势。排名第一位的三星的申请量为 848 项，占全球总申请量 14548 项的 5.8%；紧追其后的索尼的申请量为 837 项，占全球总申请量的 5.7%。三星与索尼的申请量占全球申请总量的 11.5%。松下、高通及 LG 申请量虽不及三星与索尼，却也远高于其他申请人。在全球排名前 20 位的申请人中，日本申请人的申请量占全球申请量的 23.6%，为 3438 项。而排名前 20 位申请人中的韩国申请人的申请量占全球申请量的 11.1%，为 1626 项。可见，这两个国家在该领域技术的布局力度较大。在排名前 20 位的申请人中，国内申请人仅包含华为，其申请量为 201 项，占全球申请总量的 1.3%，居第 16 位。

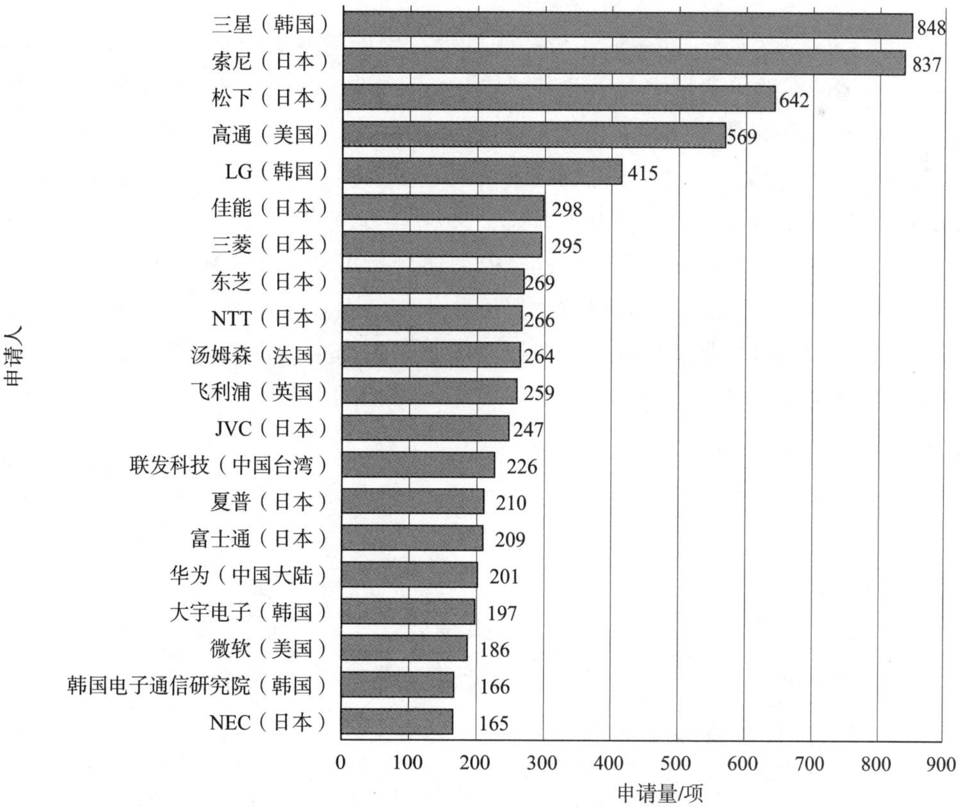

图 4－1－48 运动估计与补偿领域全球主要申请人的申请量分布

4.1.2.1.2　中国专利态势分析

（1）申请趋势分析

由图4－1－49可以看出，1989～2018年，运动估计与补偿技术在中国的专利申请总量为7602件，其申请量趋势与全球申请趋势大致相同。2003～2006年，专利申请量总体上呈平稳趋势，从2007年出现小幅度的增加，由上一年的285件增加至377件，2008～2009年大体维持在380件。而从2010年开始，国内申请量则出现大幅提升，由2009年的381件增加至641件，为上一年的1.68倍。而在2011年持续增加至795件，达到历年来的峰值。可见2009～2011年，运动估计与补偿技术在全国发展迅速。2012～2017年，国内的专利申请量逐步下滑，但其下滑幅度较全球申请量而言，则更为平缓。

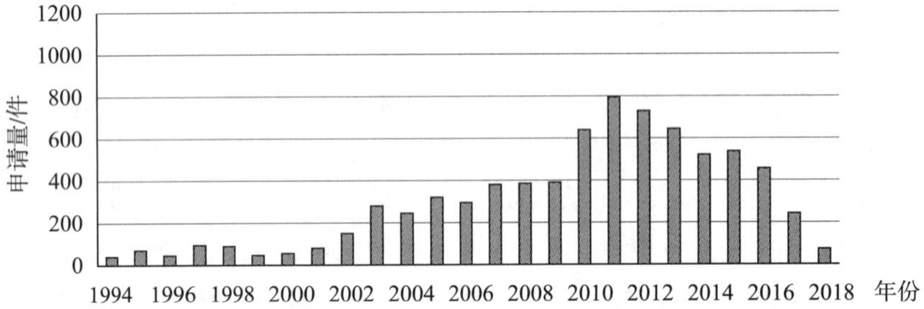

图4－1－49　运动估计与补偿技术中国专利申请量历年分布

如图4－1－50所示，运动估计与补偿技术在中国的专利申请量总体呈上升趋势，国外来华申请量在总申请量中占比很大。其中，国外来华的申请量在1997～2002年缓慢上升，2003～2008年基本维持不变，2009～2011年专利申请量出现大幅提升，从2012年开始呈现下滑趋势。而中国的技术发展起步较晚，1997～2002年的申请量非常少，2003～2013年，维持缓慢上升的状态，2014年专利申请量开始递减。2007～2008年，国内申请量与国外来华申请量接近。由上述分析可知，由于中国技术起步晚，国内申请量总体上滞后于国外来华申请。但近些年来，随着中国在视频图像编码领域投入力度的加大，国内企业专利保护意识逐渐增强，国内申请量与国外来华申请量的差距也在逐步缩小。

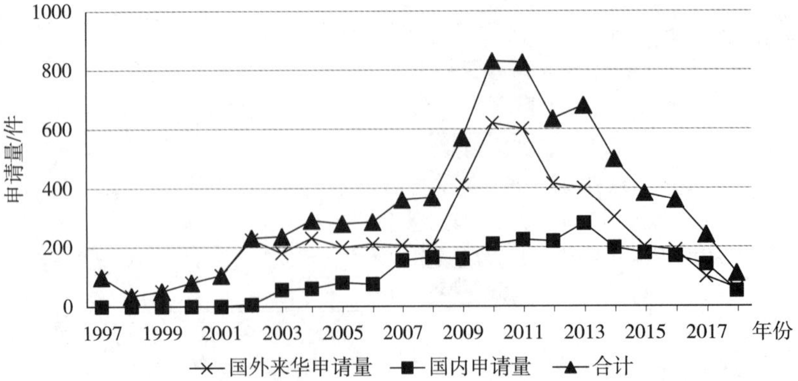

图4－1－50　运动估计与补偿技术中国专利申请历年分布趋势

(2) 重点技术分支分析

如图 4－1－51 所示，在全国专利申请中，涉及多视点图像和立体视频编码技术的申请量（2178 件）居首位，占运动估计与补偿申请总量的 36%，预测模式选择、可变块尺寸、运动矢量处理及亚像素插值等技术分支的申请量都远低于多视点图像和立体视频编码。

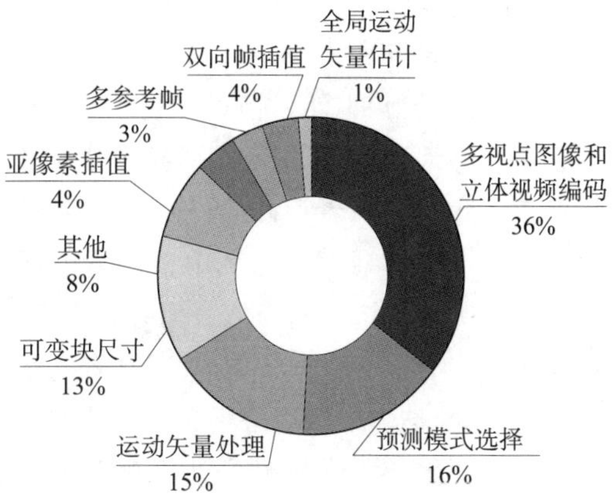

图 4－1－51　运动估计与补偿技术领域全国专利申请专利技术分支分布

结合图 4－1－51 及前述分析可知，在全球及全国范围内，运动估计与补偿技术分支的专利申请量的占有比例大致相同，其专利申请量与其他关键技术分支相比占绝对优势。由此可知，随着 3D 立体显示技术的不断发展，多视点图像和立体视频编码既是国内外各大企业、科研机构及高校的研究热点，也是目前专利申请的热点，同时也是全球及全国大型企业及研究机构的专利布局的重要方面。以下将对涉及多视点图像和立体视频编码技术进行进一步的分析。

图 4－1－52 示出了多视点图像和立体视频编码技术全球范围/中国专利申请量历年分布情况。从 1998 年开始，随着时间的推移，全球专利申请量整体上呈现逐步增加的趋势。2009 年之前，该类专利申请并不活跃，其间申请量略有波动，但整体上仍保持缓慢增长的态势。2009～2013 年，专利申请量快速稳定增加，于 2013 年全球专利申请量为 513 件，达到历年峰值。可见 2009～2013 年，多视点图像和立体视频编码技术在全球处于蓬勃发展期，其间开发者大量介入，市场需求剧增。2014 年，由于视频编解码技术已进入技术成熟期，相应地，涉及多视点图像和立体视频编码技术的专利申请量也开始减少，整个市场已趋于饱和。

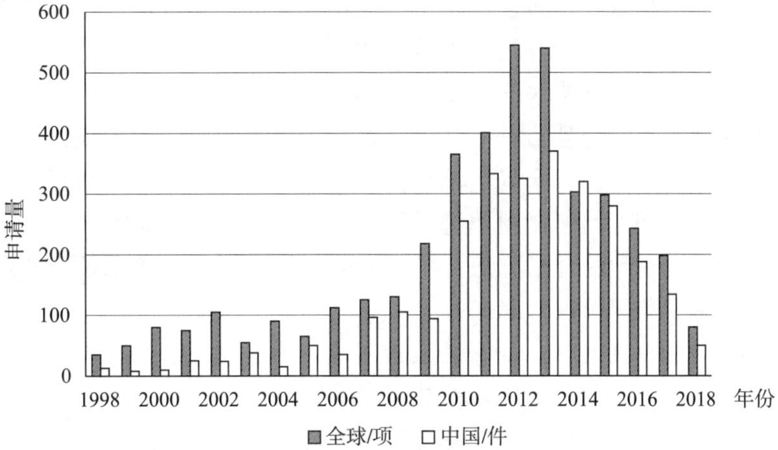

图 4－1－52　多视点图像和立体视频编码技术全球/中国专利申请量历年分布

在中国范围内，1998～2006 年，该类专利申请并不活跃，该技术领域的研发投入少。2007～2009 年，专利申请量有所增加，如 2006 年的专利申请量为 31 件，而 2007 年的专利申请量为 94 件，相对增长了 2.03 倍。2006 年前后专利申请量变化大，从技术层面看，是因为 2006 年前编码技术集中于双视点编码，多视点编码的研究从 2006 年开始兴起，此时参与者逐步介入，从而有大量的研究成果开始流入专利市场。因此，2007～2013 年，该领域的专利申请总体呈现稳定快速增长的态势，2013 年专利申请量为 370 件，达到历年来的峰值。另外，在 2007～2013 年专利申请量整体上升的趋势中，2009 年的专利申请量却相对较少，由前一年的 109 件下滑至 84 件。从经济角度看，是因为 2009 年的整体市场经济不景气，当年的专利申请量也相应减少。

多视点图像和立体视频编码技术主要的研究内容包括预测结构方面的优化、提高 MVC 编码效率的技术术及 MVC 高层语法。

在 H.264/AVC 编码框架下，通过视点间预测去除视点间冗余、预测结构方面的优化涉及时间预测及视点间预测，可通过对预测结构进行改进来提高编码效率。涉及预测结构优化方面的申请包括三星申请的申请号为 CN201080036789 的专利申请，其涉及一种从比特流提取关于应用于将被解码当前块帧内预测模式的信息，根据帧内预测模式对当前块执行帧内预测的方法，从比特流提取关于应用于将被解码当前块帧内预测模式的信息，根据帧内预测模式对当前块执行帧内预测。三星提出的申请号为 CN201180014025 的专利申请是其涉及一种编码方法，根据选择的模式来确定当前块的运动矢量预测因子，第二模式中，基于至少一个运动矢量预测因子来设置搜索范围。

预测结构一经确定，如何有效进行视点间预测来提高编码效率就是 MVC 研究的一个主要内容。根据所使用方法的不同，视点间预测技术大致可分为两类——利用现有视点间相关性提高 MVC 编码效率的技术和补偿视点间差异性提高 MVC 编码效率的技术。涉及提高 MVC 编码效率方面的申请包括宁波大学提出的申请号为 CN200510061144 的专利申请，其提出一种多视点视频图像视差估计的方法，通过 Hadamard 相似度系数判断当前块与其已编码相邻块的相似性，以利用相邻块视差矢量和参考视点预测当前块的视差矢量和参考视点，并通过最佳视差矢量判定准则和快速搜索终止准则，使目标视点图像中多数块的视差估计过程提前终止，从而降低视差估计计算复杂度，提高编码速度。中国科学院计算技术研究所提出的申请号为 CN03148031 的专利申请涉及一种多视角视频编解码预测补偿方法。在两个视间，使用其一为参考视，另一视作目标视，经过变形后对参考视进行全局运动预测，获得全局运动预测参数，然后对每个宏块全局运动预测补偿和运动向量预测进行补偿，通过在两个相关视序列间采用全局运动预测补偿和运动向量预测补偿方法，可更充分利用多视角视频中各个视点之间的相关性，可有效对多视角视频进行编解码。

经视频编码后的码流由一个个语法元素组成，语法表征语法元素的组织结构，语义阐述语法元素的具体含义。语法元素被组织成有层次的结构，这些层次自上到下分别为视频序列层、图像层、片层、宏块层和子块层。高层语法指存在于层次结构中位于宏块层之上的比特流的语法。其可以指但不限于图像片头层、辅助增强信息层

(CSEI 层)、图像参数集层以及序列参数集层的语法。多视点编码的高层语法的研究主要集中在 MVC 语法和语义的设计，以扩展已有的 H.264 AVC/MVC，从而更好地支持多视点视频编码。涉及高层语法的专利申请包括汤姆逊公司提出的申请号为 CN200780002091 的发明专利申请。其提出一种用于多视角视频编码的编码器（100），该编码器用于通过在时间预测和交叉视角预测之间进行选择以实现对图片块的预测来对该块进行编码，该图片是与多视角视频内容相对应并且具有关于相同或相似场景的不同视角点的一组图片之一，该图片代表不同视角点之一，高级别语法被用于指示对该块使用交叉视角预测。

（3）主要申请人分析

运动估计与补偿领域中国专利主要申请人的申请量分布情况如图 4-1-53 所示，在全国范围内，国外来华申请人占有优势。排名前 20 位的申请人中，有 15 个是国外申请人，且排名前三位的均为国外申请人，分别是三星、高通和索尼，其申请总量占全国申请量总量的 22.6%。排名第一位的三星在国内的申请量为 622 件，占全国总申请量 7602 件的 8.2%；排名第二位的高通在国内的申请量为 470 件，占全国总申请量的 6.2%；紧追其后的索尼申请量为 450 件，排名第三位，其申请量占全国总申请量的 5.9%。排名前 20 位的申请人中，中国申请人共有 5 个，中国申请人的申请量为 551 件，占全国申请总量的 7.2%，其中，居首位的中国申请人华为申请总量为 168 件，排名第八位，占全国申请总量的 2.2%；其次是浙江大学，申请量为 84 件，排名第 12 位，占全国申请总量的 1.1%。

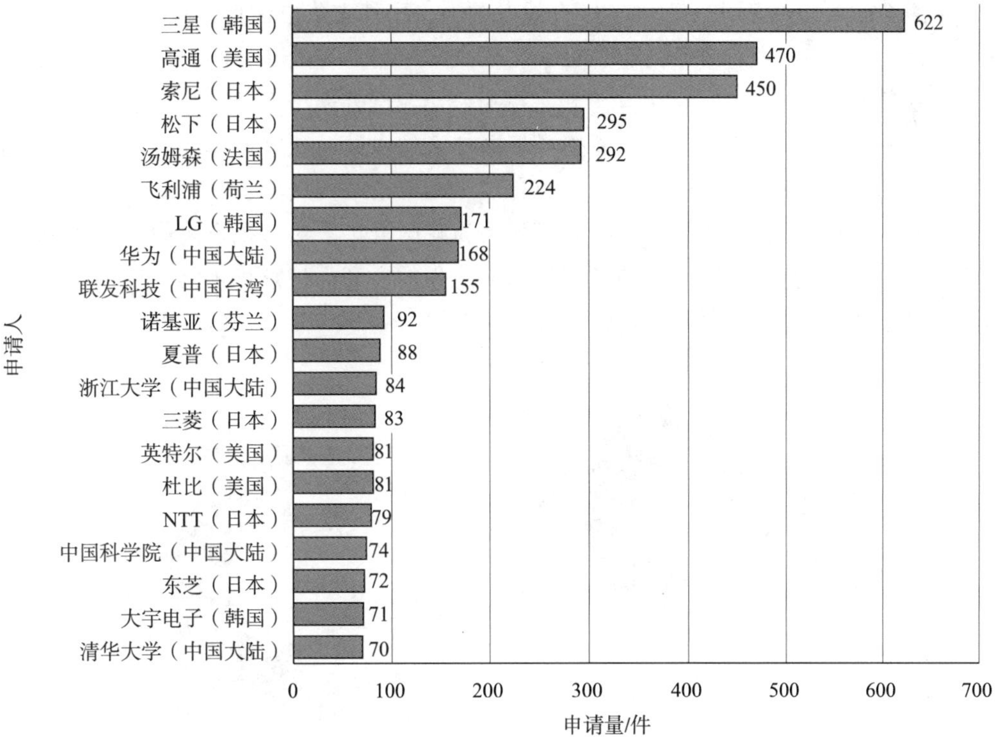

图 4-1-53　运动估计与补偿领域中国专利主要申请人的申请量分布

4.1.2.2 专利风险分析

4.1.2.2.1 整体风险状态

在运动估计与补偿技术中，多视点图像和立体视频编码技术是最重要的技术之一，其专利申请量占上述四类技术专利申请总量的一半以上，是当前各企业以及研究机构的研究热点及专利申请的重点。

由图4－1－54可看出，在中国专利库中检索涉及多视点图像和立体视频编码技术的专利申请共2177件，其中驳回申请约占2%，授权专利占总申请量的35%，而在所有的授权案件中，有效专利约占所有授权专利的86%。

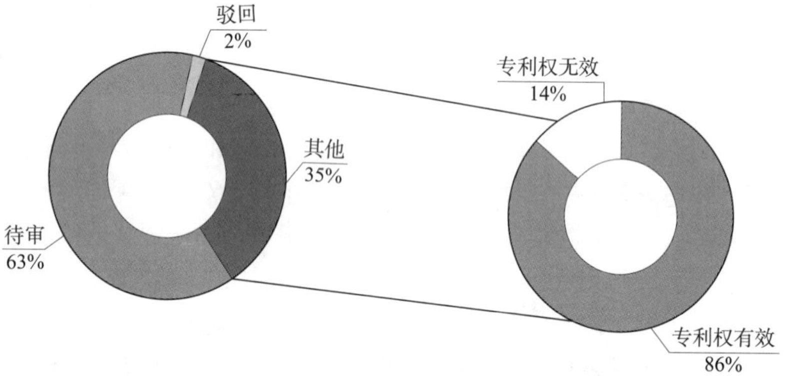

图4－1－54 多视点图像和立体视频编码技术中国专利申请法律状态分布

由图4－1－55可看出，在611件有效专利中，国外来华申请量占有效专利的72%。其中，韩国来华专利占有效专利的21%，美国来华专利占有效专利的15%。中国国内有效专利占有效专利的28%。从上述分析数据可看出，国外来华申请总量在多视点图像和立体视频编码技术占领先地位，中国相对于国外来华申请总量并不具备优势，然而，相对于其他各个来华地区申请而言，中国的有效专利申请量则居前位。由此可知，国内申请中我国专利申请占据主体地位，一方面是因为我国近年来对多视点图像和立体视频编码技术的研发投入加大，国内申请人对其研究成果的专利保护意识加强；另一方面是因为部分国外申请人未就其研究成果在中国申请专利。

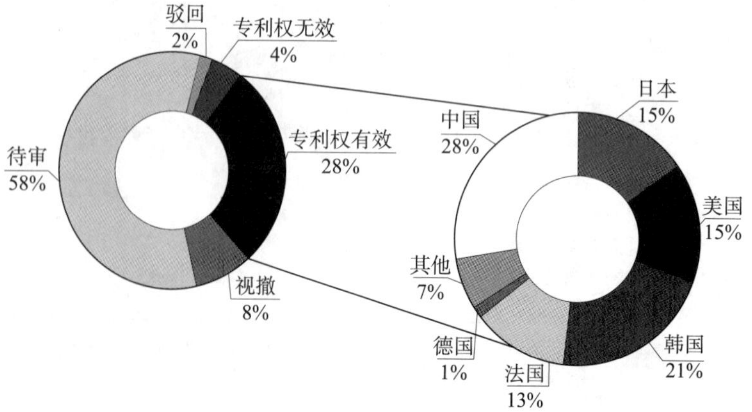

图4－1－55 多视点图像和立体视频编码技术中国有效专利来源国家/地区分布

由图4－1－56可看出，待审案件数量占所有申请的58%，居所有案件类型首位。在所有的待审案件中，国外来华申请量占所有待审申请的86%。其中，美国来华申请占30%，韩国来华申请与美国来华申请量相当，日本来华申请量占待审总量的17%。而国内申请量仅占待审申请量的14%。由上述分析数据可知，国外来华申请在多视点图像和立体视频编码技术占据明显优势，国内申请量无论是相对国外来华申请人总量，还是相对美国、韩国及日本，其待审申请量均处于落后地位。

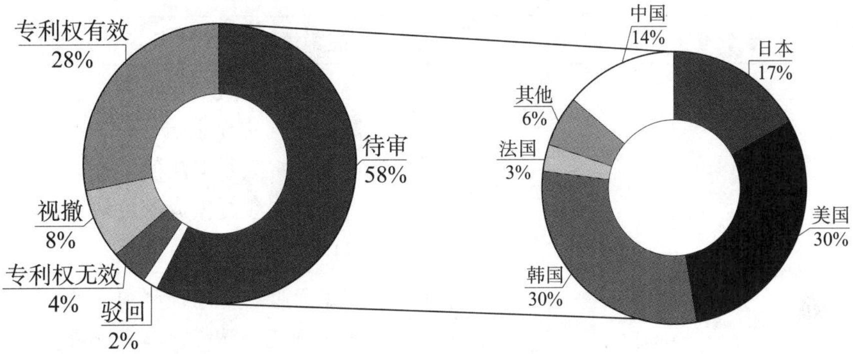

图4－1－56　多视点图像和立体视频编码技术中国在审专利申请来源国家/地区分布

由上述分析可知，中国有效专利数量稍领先于其他国家，但后期专利的增长速度落后于其他国家。由于待审专利申请可反映出该技术在国内的潜在专利布局策略，包括美国、韩国及日本在内的国外申请人非常重视占据全球市场，且紧密关注中国市场，并持续进行专利技术输入及专利布局。而多视点图像和立体视频编码技术在国内的技术还滞后于国外企业及科研机构，专利申请总量并未占据明显优势，且对于专利技术研究的专利布局的重视程度及活跃度不高。

4.1.2.2.2　国外来华专利风险状况

以下对多视点图像和立体视频编码技术国外来华的重要专利技术进行专利风险分析。

国外大型企业和研究机构在该领域都有专利申请，但每家公司基于技术优势、经营策略和在华的商业经营情况，对在华专利布局的情况不尽相同，因此并不是所有的公司都来华申请该技术领域的专利。已经获得专利权的专利申请将是本部分研究的主要内容，从中可以看出国外申请人对多视点图像和立体视频编码技术领域的哪些技术进行专利布局。

通常，根据专利的引证信息可以识别孤立的专利（这些专利很少被其他专利引用）和活跃的专利，因为这些活跃的专利被大量在后申请的专利引证，表明它们是影响力较大的专利，或是具有更高的价值。换言之，在相同的技术领域中，专利被引用次数越多，表明对其后发明者所依据的思想越重要，也反映出该专利技术的重要程度。另外，专利申请人或权利人会将具有重要价值专利在多个国家申请专利，可以说一件专利的同族专利数量越多，其专利的重要性就越大。本部分将重点研究多视点图像和立体视频编码技术领域专利引证、同族规模以及全球分布。借助专利引证频次与同族数的排名、“六局”申请情况以及重点申请人信息，筛选出多视点图像和立体视频编码技术领域的重点节点技术专利，并对重点节点技术作深入分析，以此确定该领域的核心构成技术，为建立具有自主知识产权的技术体系提供支持。以下将对授权的国外来华专利进行分析研究，以为我国相关企业提前规避相应风险提供帮助。

表4－1－4列出了涉及多视点图像和立体视频编码技术已授权的国外来华重点专利申请示例。

表4－1－4　多视点图像和立体视频编码技术已授权的国外来华重点专利申请

申请人	申请号	发明名称	技术领域/技术要点	法律状态
松下	CN97181612	用于高分辨率和三维视频记录的光盘及其再现和记录设备	第一视频数据流代表右眼信号；第二视频数据流代表左眼信号；译码部分利用第一视频数据流的运动补偿信号和第二视频数据流的运动补偿信号执行译码	专利权维持
汤姆逊	CN200780002091	用于多视角视频编码的方法和装置	编码器用于通过在时间预测和交叉视角预测之间进行选择，以实现对图片块的预测，来对该块进行编码。图片代表不同视角点之一。高级别语法被用于指示对该块使用交叉视角预测	专利权维持
松下	CN02140575	图像信号编码方法、图像信号编码设备和存储媒体	从输入图像中的相同观察点捕获深度图像，并使用深度信息，把输入图像分离成作为分层图像的前景图像和背景图像	专利权维持
三星	CN200810009544	控制立体视图或多视图序列图像的动态深度的方法和装置	通过估算相应于接收的两个图像的偏差并测量所估算偏差的频率，生成偏差直方图，确定立体视图或者多视图图像的偏差控制量，重排立体视图或者多视图输入图像	专利权维持
LG	CN200780019790	用于解码/编码视频信号的方法和装置	根据视图间图片组识别信息，将视图间图片组和非视图间图片组区分，来执行编码或解码，识别被解码的全部视图，以指定的格式添加视图间图片组识别信息	专利权维持
三星	CN201080036192	用于对视频进行编码的方法和设备以及用于对视频进行解码的方法和设备	通过根据深度对最大编码单元进行划分来产生划分区域，输出根据划分区域最终编码结果的图像数据，以及关于编码深度和预测模式的编码信息	专利权维持

续表

申请人	申请号	发明名称	技术领域/技术要点	法律状态
三星	CN201080036026	用于对运动矢量进行编码/解码的方法和设备	根据选择的模式确定当前块的运动矢量预测因子，并根据当前块的运动矢量预测因子的信息，对当前块的运动矢量与当前块的运动矢量预测因子之间的差矢量进行编码	专利权维持
三星	CN201180014025	用于对运动矢量进行编码和解码的方法和设备	根据选择的模式来确定当前块的运动矢量预测因子，并根据当前块的运动矢量预测因子的信息，对当前块的运动矢量与运动矢量预测因子之间的差矢量进行编码	专利权维持

上述重点专利申请中涉及 4 个申请人，这些申请人在多视点图像和立体视频编码领域处于技术领先地位。这些专利申请涉及预测结构方面的优化、提高 MVC 编码效率的技术及 MVC 高层语法等。经分析对比，在这些专利中挑选 3 件最具代表性的专利进行进一步分析（参见表 4－1－5）。

表 4－1－5　多视点图像和立体视频编码技术最具代表性的授权国外来华重点专利申请

<table>
<tr><td colspan="3">重点专利 1：CN200780002091</td></tr>
<tr><td colspan="2">申请人</td><td>发明名称</td></tr>
<tr><td colspan="2">汤姆逊公司</td><td>用于多视角视频编码的方法和装置</td></tr>
<tr><td>权利要求</td><td colspan="2">1. 一种视频编码器，包括：
编码器（100），用于通过在时间预测和交叉视角预测之间进行选择，以实现对图片块的预测来对该块进行编码，所述图片是与多视角视频内容相对应并且具有关于相同或相似场景不同视角点的一组图片之一，所述图片代表所述不同视角点之一，其中高级别语法被用于指示对所述块使用交叉视角预测。
9. 一种视频解码器，包括：
解码器（200），用于通过在时间预测和交叉视角预测之间进行选择，以实现对图片块的预测来对该块进行解码，所述图片是与多视角视频内容相对应并且具有关于相同或相似场景不同视角点的一组图片之一，所述图片代表所述不同视角点之一，其中高级别语法被读取以确定对所述块使用交叉视角预测。
13. 一种视频解码方法，包括以下步骤：
通过在时间预测和交叉视角预测之间进行选择，以实现对图片块的预测来对该块进行解码，所述图片是与多视角视频内容相对应并且具有关于相同或相似场景的不同视角点的一组图片之一，所述图片代表所述不同视角点之一，其中高级别语法被读取以确定对所述块使用交叉视角预测（455）。</td></tr>
</table>

续表

重点专利 2：CN201080036026		
申请人		发明名称
三星		用于对运动矢量进行编码/解码的方法和设备
权利要求	1. 一种用于对图像进行编码的设备，所述设备包括：预测器，从邻近块的运动矢量之中确定运动矢量预测因子候选，并从运动矢量预测因子候选之中确定当前块的运动矢量预测因子。第一编码器，对关于从运动矢量预测因子候选之中确定的当前块的运动矢量预测因子的信息进行编码；第二编码器，对当前块的运动矢量与当前块的运动矢量预测因子之间的差矢量进行编码，所述邻近块包括第一块和第二块，其中，第一块位于与当前块下侧邻近的下方块中最左侧的块左侧，并且第一块位于与当前块左侧邻近的左侧块中最下边的块下面，第二块位于与当前块上侧邻近的上方块中最右侧的块右侧，并且第二块位于与当前块右侧邻近的右侧块中最上方的块上方，其中，图像根据关于编码单元最大尺寸的信息被划分为多个最大编码单元，最大编码单元被分层划分为根据深度的一个或更多个编码单元，当前深度的编码单元是从更高深度的编码单元划分出的矩形数据单元之一，其中，当前块是从当前深度的编码单元获得的预测单元。 2. 一种对图像进行解码的方法，所述方法包括：对关于当前块的运动矢量预测因子的信息进行解码，其中，所述信息指示在从邻近块获得的运动矢量预测因子候选的当前块的运动矢量预测因子；对当前块的运动矢量与当前块的运动矢量预测因子之间的差矢量进行解码；基于解码的关于当前块的运动矢量预测因子的信息，产生当前块的运动矢量预测因子。基于产生的运动矢量预测因子和解码的差矢量，恢复当前块的运动矢量，所述邻近块包括第一块和第二块，其中，第一块位于与当前块下侧邻近的下方块中最左侧的块左侧，并且第一块位于与当前块左侧邻近的左侧块中最下边的块下面，第二块位于与当前块上侧邻近的上方块中最右侧的块右侧，并且第二块位于与当前块右侧邻近的右侧块中最上方的块上方，其中，图像根据关于编码单元最大尺寸的信息被划分为多个最大编码单元，最大编码单元被分层划分为根据深度的一个或更多个编码单元，当前深度的编码单元是从更高深度的编码单元划分出的矩形数据单元之一，并且一个或更多个预测单元从当前深度的编码单元被获得，其中，当前块是从当前深度的编码单元获得的预测单元。	
重点专利 3：CN200780019790		
申请人		发明名称
LG		用于解码/编码视频信号的方法和装置
权利要求	1. 一种用于解码多视图视频流中多视图视频数据的方法，所述方法包括：接收包含视图间图片组的多视图视频流，所述视图间图片组只参考同一时间的视图间图片组的条带；获得用于视图间预测的视图间图片组标识信息，所述视图间图片组标识信息指示当前 NAL 单元的编码图片是否为视图间图片组；基于所述视图间图片组标识信息获得用于视图间图片组的视图间参考信息，所述视图间参考信息包括参考图片的数目和用于识别所述参考图片视图的信息；使用所述视图间参考信息来排序参考图片列表中的所述参考图片；根据识别信息获得视图信息差，所述视图信息差是当前图片的参考索引和预测的参考索引之间的差，所述	

续表

<table>
<tr><th colspan="2">重点专利 3：CN200780019790</th></tr>
<tr><td>申请人</td><td>发明名称</td></tr>
<tr><td>LG</td><td>用于解码/编码视频信号的方法和装置</td></tr>
<tr><td>权利要求</td><td>识别信息指示用于参考图片列表参考索引的分配方法；使用所述视图信息差改变所述参考图片列表中参考索引的分配，根据所述识别信息向/从所述预测的参考索引增加/减去所述视图信息差；基于改变的用于视图间预测的参考图片列表来执行运动补偿。
4. 一种用于解码多视图视频流中多视图视频数据的装置，所述装置包括：NAL 解析器单元，其被配置来接收包含视图间图片组的多视图视频流，所述视图间图片组只参考同一时间的视图间图片组的条带；获得用于视图间预测的视图间图片组标识信息，所述视图间图片组标识信息指示当前 NAL 单元的编码图片是否为视图间图片组；获得用于所述视图间图片组的视图间参考信息，所述视图间图片组基于所述视图间图片组标识信息来识别，所述视图间参考信息包括参考图片的数目和用于识别所述参考图片的视图的视图信息；解码图片缓冲器单元，其被配置来使用所述视图间参考信息来排序所述参考图片列表中所述参考图片；根据识别信息获得视图信息差，所述视图信息差是当前图片参考索引和预测参考索引之间的差，所述识别信息指示用于参考图片列表参考索引的分配方法；使用所述视图信息差改变所述参考图片列表中参考索引的分配，根据所述识别信息向/从所述预测的参考索引增加/减去所述视图信息差；运动补偿单元基于改变的用于视图间预测的参考图片列表来执行运动补偿。</td></tr>
</table>

申请号为 CN200780002091 的重点专利原始申请包含 48 项权利要求。该专利要求保护用于多视角视频编码的方法和装置，用于通过在时间预测和交叉视角预测之间进行选择以实现对图片的块的预测来对该块进行编码，解决先前已知的立体视角的编码方法与单个平面视角的编码相比导致很大的开销，不能支持对多于两个相机视角的编码的问题。由于多视点编码技术于 2006 年开始兴起发展，而该专利的优先权日为 2006 年 1 月 9 日，属于多视点领域的早期申请，且其保护范围较宽，改进点属于基础性的改进算法。目前为止，该专利的维持期限已有 10 年，申请人在多个国家对该专利申请保护，且该公司后期对该专利作出许多改进，可见该专利是多视点技术领域的重点专利。

申请号为 CN201080036026 的重点专利要求保护一种用于对运动矢量进行编码/解码的方法和设备。其根据选择的模式确定当前块的运动矢量预测因子，并对关于当前块的运动矢量预测因子的信息进行编码；对当前块的运动矢量与当前块的运动矢量预测因子之间的差矢量进行编码，以期基于更精确的运动矢量预测因子来对运动矢量进行有效编码。上述改进属于基础性的改进算法。针对该申请，申请人在多个国家申请专利保护，且后期依据该申请提出多项分案申请，可见申请人对该专利的重视程序较高。

申请号为 CN200780019790 的重点专利要求保护一种用于解码多视图视频流中多视图视频数据的方法和装置。其通过获得用于视图间预测的视图间图片组标识信息，基于所述视图间图片组标识信息获得用于视图间图片组的视图间参考信息，使用所述视图信息差改变所述参考图片列表中参考索引的分配，根据所述识别信息向/从所述预测的参考索引增加/减去所述视图信息差；基于改变的用于视图间预测的参考图片列表来执行运动补偿。上述改进算法属于基础性的改进算法，其包含160件同族申请，且该申请经过复审程序，最终获得授权保护，专利权稳定，专利价值较高。

三星及LG作为韩国来华的重要申请人，其针对多视点图像和立体视频编码技术在华申请了大量专利。以三星公司为例，1998~2001年，其专利申请主要涉及3D网格编码技术，从2005年开始，有关3D编码技术的申请量逐渐增多，且大多涉及多视点编码，涉及的技术点包括预测结构方面、利用视点间进行预测、视点间差异补偿及高层语法等方面，涉及的技术点多而全面，且三星关于多视点编码技术的专利申请大部分选择进入中国。由此可见，不管是横向或纵向层面，三星公司在多视点图像和立体视频编码技术领域的专利布局都相当全面。

汤姆逊公司申请了大量多视点编码相关的专利，也涉及多方面的改进点，但主要集中于高层语法层次和宏块层处理，特别是高层语法层次方面，汤姆逊公司相对其他公司更具优势。

由上述分析结合多视点图像和立体视频编码技术相关的申请人分布可知，国外的公司在我国有比较全面的专利布局，技术覆盖面广。从技术角度来说，上述专利都是该领域的基础性专利，且申请人在后期还继续针对已有专利进行改进，以实现全面布局。国内公司在申请相关领域的专利时应当对上述专利予以关注。

以下对在审的国外来华申请进行分析，从中梳理多视点图像和立体视频编码技术领域的技术发展方向，以期为我国相关企业及科研单位提前规避相应风险提供帮助。表4-1-6列出了涉及多视点图像和立体视频编码技术在审的国外来华重点专利申请。

表4-1-6 涉及多视点图像和立体视频编码技术在审的国外来华重点专利申请表

申请人	申请号	发明名称	技术领域/技术要点	法律状态
三星	CN201310130439	用于对运动矢量进行编码/解码的方法和设备	基于所述运动矢量预测因子和从比特流获得的差分矢量来获得当前块的运动矢量，其中，所述邻近块包括当前块外面位于当前块左下侧的第一块	在审
三星	CN201510919253	对视频进行解码的方法和设备	根据截断二值化方案获得逆二值化的前缀，根据固定长度二值化方案获得逆二值化的后缀，通过使用逆二值化的前缀和逆二值化的后缀来重建指示变换块的最终系数位置的符号	在审

续表

申请人	申请号	发明名称	技术领域/技术要点	法律状态
高通股份有限公司	CN201380069176	在多视图译码文件格式中当前视图对参考视图的相依性的指示	剖析视频数据的轨迹，及剖析信息以确定需要参考视图的纹理视图还是深度视图以用于解码所述轨迹中所述一个或多个视图中的至少一者	在审
杜比实验室特许公司	CN201510890688	视频编码方法、视频信号解码方法及视频装置	对 n 个图像进行子采样；将每个采样图像分离为子图像；将子图像一起封装在图像帧中；通过视频编码器对单个图像帧进行编码，子采样步骤包括例如梅花形五点采样	在审

CN201310130439 涉及一种用于对运动矢量进行编码/解码的方法和设备。其基于更精确的运动矢量预测因子来对运动矢量进行有效编码，能够提高压缩率并准确地反映图像特征。该申请是 CN2010800360261 的分案申请，其母案的权利要求已经获得授权。三星公司如此重视该方案的保护，值得国内企业关注。

CN201510890688 采用梅花形五点采样对 n 个图像进行子采样，将每个采样图像分离为子图像，将子图像一起封装在图像帧中，对单个图像帧进行编码，可提高编码效率和性能，还可以用于 3D 和/或者多视图系统以提高或者增强到全分辨率的可升级解决方案。该申请是申请号为 CN2010800062652 的分案申请，其母案已经授权，且该申请包含多个系列申请。

CN201380069176 涉及一种剖析视频文件的方法：剖析视频数据的轨迹，其中轨迹包含一个或多个视图；剖析信息以确定需要参考视图的纹理视图还是深度视图以用于解码轨迹中的一个或多个视图中的至少一者，其能有效地及灵活地存储含有具有深度的多个经译码视图的视频流。该申请包含 50 项权利要求，并具有多个独立权利要求。可见，高通希望针对多视点编码技术领域在中国进行专利布局的意图明显。

由以上内容可知，在多视点图像和立体视频编码技术领域，国外的公司在中国有比较完整的布局，技术覆盖面广，从而使得中国在该技术领域的发展面临着非常大的阻碍和风险。

4.1.2.2.3 国内申请专利风险状况

以下对国内申请人已授权且目前仍有效的重要专利进行列表分析，和国外来华的布局情况进行比较分析，希望能得出国内申请人申请专利的风险和突破口等结论。以下借助专利引证频次与同族数的排名、“六局”申请情况以及重点申请人信息，筛选出多视点图像和立体视频编码技术领域国内申请人的重点节点技术专利，并对重点节点技术作深入分析，以此确定该领域的核心构成技术，为建立具有自主知识产权的技术体系提供支持。以下将对授权的国内专利进行分析研究，为我国相关企业提前规避相应风险提供帮助（参见表4-1-7）。

表4-1-7　多视点图像和立体视频编码技术授权的国内重点专利申请

申请人	申请号	发明名称	技术领域/技术要点	法律状态
中国科学院	CN03148031	多视角视频编码/解码预测补偿方法及装置	在两个相关视序列间采用全局运动预测补偿和运动向量预测补偿，充分利用多视角视频中各个视之间的相关性，有效对多视角视频进行编码/解码	专利权维持
浙江大学	CN200910102153	一种融合运动信息与几何信息的深度提取方法	通过运动目标检测，分离出静止背景和运动前景，对运动前景物体计算运动矢量，同时融合物体运动信息和场景几何信息产生深度图	专利权维持
宁波大学	CN200610052895	多模式多视点视频信号编码压缩方法	自适应地从候选预测编码模式中动态选择适合当前编码的多视点视频信号特点以及预测编码模式对多视点视频信号进行编码	专利权维持
宁波大学	CN200810163801	一种立体视频编码方法	通过改变量化参数来改变图像的编码质量，从而改变图像的码率，以适应网络传输带宽的变化，从而使该发明方法有良好的网络适应性	专利权维持
浙江大学	CN201010262078	一种多视点视频编码快速运动估计方法	利用搜索中心与参考运动矢量的偏离程度，选取运动估计的搜索范围；在搜索范围内进行最终的运动搜索，选取当前块的最终运动矢量	专利权维持
浙江大学	CN201110006090	三维视频编解码方法及装置	将各个视点的深度像素图映射到主视点上，重建为背景及前景图层图像，并对背景图层图像进行时域累积操作，将图像分别进行编码	专利权维持
清华大学	CN201210232212	深度图编码方法及装置	以帧内编码模式对深度宏块进行编码，得到第一率失真代价值；判断是否以帧间编码模式对深度宏块进行编码	专利权维持

续表

申请人	申请号	发明名称	技术领域/技术要点	法律状态
华为公司	CN201210379767	候选矢量列表构建的方法及装置	获取视间运动矢量预测值 IVMVP 及运动矢量预测值 MVP，对 IVMVP、所述 TMVP 以及所述 SMVP 进行排序，构建候选矢量列表 CVL	专利权维持

从上述专利中挑选 3 件最具代表性的进行进一步的详细分析，具体如表 4 －1 －8 所示。

表 4 －1 －8　多视点图像和立体视频编码技术最具代表性的授权国内重点专利申请

重点专利 1：CN03148031		
申请人		发明名称
中国科学院		多视角视频编码/解码预测补偿方法及装置
权利要求	1. 一种多视角视频编码/解码预测补偿的方法，其特征在于，所述编码步骤如下：在两个视之间，使用其中的一个视作为参考视，另一个相邻视作为目标视，经过变形后对参考视进行全局运动预测，获得全局运动预测参数；然后进行每个宏块全局运动预测补偿和运动向量预测补偿；选择计算获得的全局运动预测代价和局部运动预测代价中较小的预测补偿，作为宏块的预测补偿；根据选定的预测补偿，进行宏块的全局运动预测补偿，或者进行宏块的局部运动补偿，再与原始宏块做差运算，从而获得宏块残差图像；对残差图像进行变换、量化、熵编码，最终输出宏块编码码流。 所述解码步骤如下：首先解码获得目标视中当前帧对参考视的全局运动预测参数，然后进入每个宏块解码过程；进行熵解码、反量化及反变换，获得宏块采用的预测补偿方式、残差图像等信息；利用获得的全局运动预测参数计算获得当前解码宏块的全局运动向量，并保存；宏块采用全局运动预测补偿方式，或者采用运动预测补偿，将获得的宏块补偿图像与解码的残差图像合并，得到解码宏块图像。	
重点专利 2：CN200610052895		
申请人		发明名称
宁波大学		多模式多视点视频信号编码压缩方法
权利要求	1. 一种多模式多视点视频信号编码压缩方法，其特征在于将编码器设置成多视点视频预测编码模块、相关性统计分析模块、预测模式选择模块和模式更新触发模块四个功能模块，对输入的多视点视频信号，先根据已知信息确定初始预测编码模式，由所述的多视点视频预测编码模块进行编码，然后按以下步骤进行编码：①由所述的预测模式选择模块根据所述的相关性统计分析模块统计分析得到的多视点视频信号相关性特征以及对多视点视频编码综合性能的要求，从候选预测编码模式中动态选择确定适合当前正在编码的多视点视频信号特点的预测编码模式；②由所述的多视点视频预测编码模块以该选定的预测编码模式对输入的多视点视频信号进行编码后，输出编码压缩后的码流信号；③当所述的模式更新触发模块中的模式更新触发条件满足时，重新开启所述的相关性统计分析模块，以选择更新预测编码模式。	

续表

<table>
<tr><td colspan="3">重点专利 3：CN201210379767</td></tr>
<tr><td colspan="2">申请人</td><td>发明名称</td></tr>
<tr><td colspan="2">华为</td><td>候选矢量列表构建的方法及装置</td></tr>
<tr><td>权利要求</td><td colspan="2">1. 一种候选矢量列表构建的方法，所述方法应用于多视编解码中，其特征在于，所述方法包括：获取当前块的视间运动矢量预测值 IVMVP 及所述当前块的运动矢量预测值 MVP，所述 MVP 包括时域运动矢量预测值 TMVP 和空域运动矢量预测值 SMVP；判断所述 IVMVP 是 MVP 还是视差矢量预测值 DVP；根据判断结果对所述 IVMVP、所述 TMVP 以及所述 SMVP 进行排序，构建候选矢量列表 CVL；其中，所述根据判断结果对所述 IVMVP、所述 TMVP 以及所述 SMVP 进行排序，构建候选矢量列表 CVL，具体包括：按照第一预设规则对所述 TMVP 和所述 SMVP 进行排序，获得准 MVP 序列；根据判断结果将所述 IVMVP 插入到所述准 MVP 序列中，由此构建所述 CVL；或者，根据判断结果以及第二预设规则对所述 IVMVP、所述 TMVP 以及所述 SMVP 进行排序，由此构建所述 CVL。</td></tr>
</table>

申请号为 CN03148031 的专利是中国科学院计算技术研究所于 2003 年申请的，且于 2005 年公开，属于多视点编码领域的早期申请。该专利涉及预测补偿方法，在两个视间，使用其一为参考视，另一视作目标视，经过变形后对参考视进行全局运动预测，获得全局运动预测参数，然后进行每个宏块全局运动预测补偿和运动向量预测补偿，可克服现有的多视角视频编码效率不高的缺点。该专利 19 次被引用，可见其在产业链中处于关键位置。2008 年，该专利权转让给联合信源数字音视频技术有限公司。

申请号为 CN200610052895 的专利申请是宁波大学于 2006 年提出的，其涉及一种多模式多视点视频信号编码压缩方法。由多视点视频预测编码模块对输入多视点视频信号进行编码，根据相关性统计分析得到的信号及对编码综合性能的要求，从候选模式中选择预测编码模式；多视点视频预测编码模块以选定模式编码；当模式更新触发条件满足时重新开启相关性统计分析。该专利多次被引用，目前处于授权保护的状态，现已转让给上海斯派克斯科技有限公司。

申请号为 CN201210379767 的专利申请可以根据视间运动矢量预测值（IVMVP）为运动矢量预测值（MVP）还是视差矢量预测值（DVP）为 IVMVP 选择在候选矢量列表（CVL）中插入的位置，由此提高矢量预测精度，提升 3DV（高效视频编码 3D 扩展标准）编码压缩的性能。该申请包含 18 项权利要求，多次被引用，目前处于专利权维持的状态。华为公司已就该专利在多个地区申请保护，可见华为公司对该专利的关注度很高。

由上述涉及多视点图像和立体视频编码技术的国内重点专利分析可以看出，国内重点专利申请人包括中国科学院、浙江大学、宁波大学、清华大学及华为公司。中国的科研院所在多视点图像和立体视频编码技术方面专利申请态势活跃，其原因在于 2005 年 ITU－T 开展了 MVC 技术的提案征集工作。这些院校具有长期涉足该领域的科研团队，并且得到了多项科研基金的支持，其申请的多项专利在一定程度上反映了其课题成果及研发实力。

宁波大学以蒋刚毅和郁梅为学术带头人，在3D编码领域的申请始于2005年，其主要涉及多视点编码，专利申请涉及多个研究方向，包括利用视点间相关性进行编码、补偿视点间的差异、去除立体视频的视觉冗余及码率控制等。立体视频的视觉冗余及码率控制是宁波大学独特的研究方向。另外，在深度数据的处理方面，宁波大学申请的专利也较多。这些专利反映了宁波大学在多视点图像和立体视频编码技术领域的研究成果。

清华大学作为国内多视点图像和立体视频编码技术领域的重要申请人之一，其研究方向包括预测结构的改进、利用视点间的相关性进行编码、多视点视频网络传输等，多视点视频网络传输是其独特的研究方向。同样，清华大学的专利申请中也涉及深度数据的处理。

华为在多视点图像和立体视频编码技术领域的专利申请大多涉及多视点编码技术。具体地，其改进点包括利用视点间的相关性进行预测视差和运动矢量的估计、增强层的编码优化及高层语法层面。另外，华为也有部分专利涉及传输应用。

通过对多视点图像和立体视频编码技术领域的重要专利及国内重要申请人进行分析可知，各高校及公司都有研究长项及短板。如立体视频的视觉冗余及码率控制是宁波大学独特的研究方向，清华大学多涉及多视点视频网络传输，但宁波大学及清华大学都没有涉及高层语法技术方面的专利申请，而且已授权的重点专利权利要求技术特征多、保护范围小，且技术覆盖面不够广，全面布局的意识有待加强。而华为作为国内公司中的重要申请人，在技术层面，其涉及的改进点包括利用视点间的相关性进行预测视差和运动矢量的估计、增强层的编码优化及高层语法层面，但较少涉及预测结构的改进。另外，在立体编码领域，华为有一半左右的申请同时申请了国际PCT。由此可知，在预测结构的改进方面，华为面临较大的技术风险。此外，在国内公司申请中，除华为外，其他公司的重点专利较少。以上不足都将使得我国在多视点图像和立体视频编码技术的发展面临着非常大的阻碍和风险。

以下对在审的国内申请进行分析研究，从中梳理多视点图像和立体视频编码技术领域的技术发展方向，以期为我国相关企业及科研单位提前规避相应风险提供帮助。表4-1-9列出了涉及多视点图像和立体视频编码技术在审的国内重点专利申请。

表4-1-9　涉及多视点图像和立体视频编码技术在审的国内重点专利申请

申请人	申请号	发明名称	技术领域/技术要点	法律状态
浙江大学及中兴通讯股份有限公司	CN201210444341	编码/解码方法、视频序列码流的编码/解码方法及其对应的装置	根据条带码流中携带的用于指示摄像机参数集的参数集指示信息，从本端存储的摄像机参数集中获取相应的摄像机参数，以对条带码流进行解码	在审

续表

申请人	申请号	发明名称	技术领域/技术要点	法律状态
浙江大学及中兴通讯股份有限公司	CN201210376819	预测图像生成方法和装置	通过参考视点的深度信息将参考矩形像素块向目标视点进行前向投影，得到投影矩形像素块，从投影矩形像素块中获取预测图像	在审
联发科技股份有限公司	CN201280028942	在三维视频编码系统中的纹理图像压缩方法及装置	取得关于深度图（120）的深度信息，其中，深度图与纹理图像相对应；基于取得的深度信息编码/解码纹理图像。其中，深度信息包括深度数据和分割信息	在审
联发科技股份有限公司	CN201280029342	运动和视差矢量预测的方法及装置以及3D视频编码补偿	推导出用于3D视频编码中跳跃模式、合并模式以及外部模式的运动矢量（MV）、运动矢量预测项（MVP）、视差矢量（DV）、视差矢量预测项（DVP），从而提高编码效率	在审
华为	CN201410534603	深度图的预测方法和检测像素点的方法及相关装置	获取当前块特征值中的最大值和最小值后，利用第一阈值、第二阈值、当前块特征值中最大值和最小值等联合判决当前块中的第一类像素点，进行校正处理	在审

申请号为CN201210444341的专利申请是高等院校与公司的合作申请，其针对三维视频序列的多媒体通信，可提高编码/解码效率，减少条带码流所需携带的信息。该申请包含33项权利要求，且已在多个地区申请保护，独立权利要求的保护范围较大。申请号为CN201210376819与CN201210444341的专利申请源自同一发明人团队，其解决在生成预测图像的过程中需要同时用到目标视点的深度信息和参考视点的深度信息，而造成对数据依赖性较大的问题，旨在提高编解码效率。与CN201210444341类似，CN201210376819包含多项权利要求，且已在多个地区请求保护，可见申请人在该技术领域有明显的战略布局意图。

申请号为CN201280028942的专利申请是联发科技股份有限公司于2012年提出的。其基于取得的深度信息编码/解码纹理图像，其中深度图与纹理图像相对应。其包含36项权利要求，独立权利要求的保护范围很大，且已在美国、欧洲、日本、韩国等多个国家或地区请求保护，可知申请人对该项专利申请的关注度较高。

4.1.2.3 小结与启示

4.1.2.3.1 小　　结

在运动估计与补偿技术中，多视点图像和立体视频编码技术是最重要的技术之一，是当前各企业以及研究机构的研究热点及专利申请的重点。在该技术领域，中国有效专利数量稍领先于其他国家，但后期专利的增长速度落后于其他国家。包括美国、韩国及日本在内的国外申请人非常重视占据全球市场，且正在紧密关注中国市场，并持续进行专利技术输入及专利布局。而国内多视点图像和立体视频编码技术水平还滞后于国外企业及科研机构，专利申请总量并未占据明显优势，且对于专利技术研究专利布局的重视程度及活跃度不高。

总体来看，在多视点图像和立体视频编码技术领域，中国专利申请的主体是公司和科研院所，而科研院所在该领域的专利数量比重较大，可以反映出科研院所投入了大量的研究精力。但国内在多视点图像和立体视频编码领域技术的专利保护方面较为具体且分散，没有形成对某种类型或者技术分支的全面保护，而且权利要求技术特征多，保护范围较小。在国内企业中，华为和中兴公司已加大研发力度，努力取得技术革新，且专利申请量逐渐增加，多边布局的意识也逐步加强，但相对国外的三星、汤姆逊等公司巨头而言，仍然存在较高的技术壁垒。

4.1.2.3.2 启　　示

国外公司比较注重权利要求的范围、优先权的使用及海外市场的多边布局，而国内公司和高校缺乏这方面的意识，其请求保护的方案在技术上更注重编码的细节，技术特征较为细化及分散，权利要求的保护范围小，没有形成对某个技术分支的全面布局。另外，韩国的高校间、高校和公司之间合作紧密，例如汉阳大学与韩国电子通信研究院有紧密合作。如今我国也已存在高校与公司的合作申请模式，如浙江大学与中兴通讯、清华大学与华为以及中国科学院与宁波大学均已合作申请多项专利。国内公司可向上述高校和科研院所寻求合作。

4.2 集成电路制造领域

在半导体制造工艺中，最重要的工艺环节是光刻，其成本占据整个半导体制造的1/3以上。半导体器件尺寸的不断减少要求图形光刻技术的特征尺寸不断变小。目前主流缩小图形光刻特征尺寸的方法主要为双重或多重图形光刻技术，而能够实现波长为13.5nm的极紫外光刻（EUV）图形光刻技术也是非常有潜力的下一代光刻技术。因此，本节选择双重图形光刻和EUV图形光刻作为集成电路制造领域的重点技术分支进行分析。

4.2.1 双重图形光刻

4.2.1.1 专利态势分析

本部分将对双重图形光刻技术的全球专利申请状况和中国专利申请状况进行分析，

分析的角度主要包括全球专利态势和中国专利态势。

4.2.1.1.1　全球专利态势分析

双重图形光刻技术的全球状况是衡量该项技术发展高度的重要指标，也是该项技术专利态势分析研究的切入点。围绕对该项技术在全球专利的申请趋势、国家/地区分布重点技术分支以及主要申请人等方面进行分析。

（1）申请趋势分析

通过对双重图形光刻技术领域相关专利申请历年变化趋势的分析，可以初步掌握自 1994～2014 年以来，全球双重图形光刻技术的发展过程和趋势，从而对其未来发展方向形成判断。

图 4－2－1 反映了双重图形光刻技术全球范专利申请历年分布情况。可以看出，2002 年以前，双重图形光刻技术的申请量很少，2003 年的申请量有显著的增长，2003 年双重图形光刻技术开始受到关注，到 2008 年，双重图形光刻技术申请量稳步增长。2009～2011 年申请量有所回落，与全球金融危机有一定的关系，使得该技术的研发受到一定的影响，但随着经济的回暖，全球申请量于 2012 年出现一定的反弹。2013～2018 年申请量再次回落，可能的原因是新技术的兴起，使得企业或科研单位的关注点有所转移。从整体全球申请历年分布可以看出，双重图形光刻技术全球申请量保持高位，说明全球企业和科研单位对该技术一直保持较稳定的关注，并且持续对该技术进行钻研。图 4－2－1 中实线表示的是 1999～2015 年全球半导体市场销售额的变化趋势。半导体全球市场销售额在 2001 年显著下降，2002 年开始回升并持续增长，2008～2009 年再次出现负增长，并于 2010 年开始反弹。可见，双重图形光刻技术全球专利申请量的变化趋势与市场波动密切相关，但由于研发资金的投入技术的产出需要一定的时间周期，专利申请量的变化滞后于市场的变化。

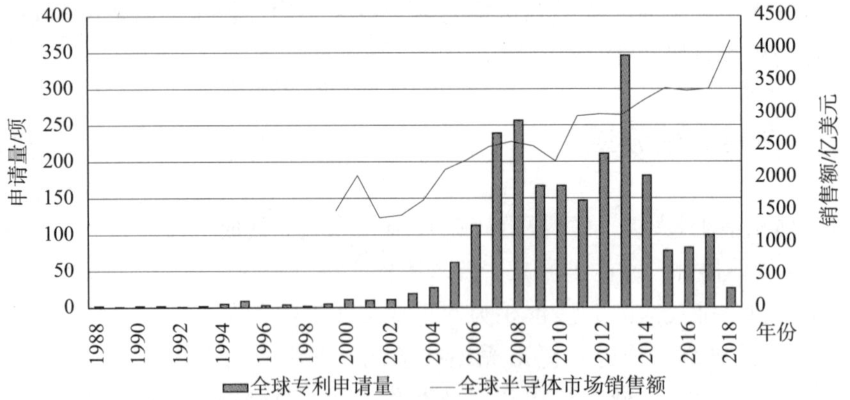

图 4－2－1　双重图形光刻技术领域全球专利申请历年分布

（2）国家/地区分布分析

图 4－2－2 反映的是双重图形光刻技术领域全球专利申请首次申请国家/地区分布情况。可以看出，在全球专利申请中，美国籍申请人申请量占比为 39%，韩国籍申请

人申请量占比为27%，日本籍申请人申请量占比为17%，中国籍申请人申请量占比为16%，其他申请人申请量占比为1%。99%的相关全球专利申请被美国、韩国、日本和中国籍申请人占有，说明该领域技术集中度非常高。其中，美国籍申请人是该领域最主要的申请人，其占有率高达39%，而韩国占据双重图形光刻领域申请量的第二位。而中国籍申请人的申请量也占有16%，可以看出，中国在双重图形光刻技术领域具有一定的实力。

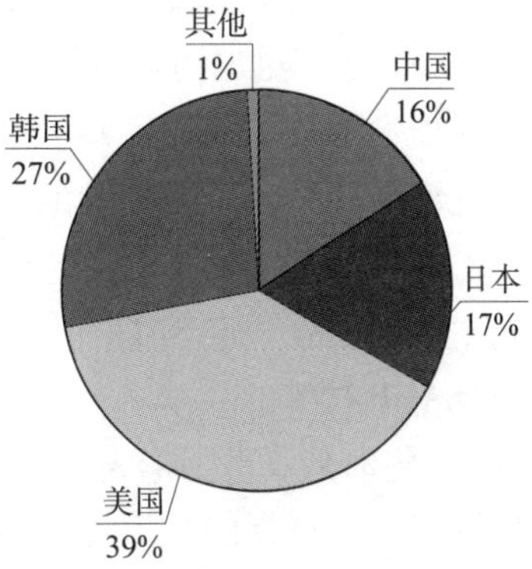

图4-2-2　双重图形光刻技术领域全球专利申请首次申请国家/地区分布

从图4-2-3可以看出，日本、美国、中国和韩国籍申请人在双重图形光刻技术领域的历年专利申请量变化情况，不同时期的主要申请人不同。韩国申请较早，且1996~2008年申请量在全球排名第一，2009年开始韩国申请量被日本和美国反超；2009~2014年，美国申请量迅速增长，全球申请量排名第一，并且在2009年以后均保持着较高的申请量，说明该领域在美国得到了较大的发展；中国在双重图形光刻技术领域发展相对较晚，前期的申请量也较为平稳，但2011年以后专利申请量增长势头迅猛，尤其于2012年以及2014~2016年在全球的申请量均排名跃居第二位。总体而言，在不同时期里，美国、日本、韩国在双重图形光刻技术专利申请中均出现过全球最大申请量，可见该技术受到了全球范围的关注，竞争也较激烈。2011年以后，双重图形光刻的申请量主要集中在美国和中国，而日本与韩国的申请量明显少于美、中两国。可见，在全球范围内，美国与中国对此技术发展的重视程度高、技术实力强。

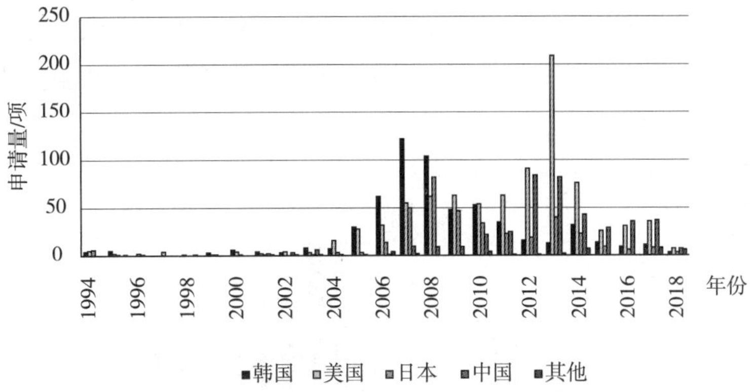

图4-2-3　双重图形光刻技术领域全球专利申请主要首次申请国家/地区专利申请趋势

（3）重点技术分支分析

由图4-2-4可知，目前主流的缩小图形光刻特征尺寸的方法主要为双重或多重图形光刻技术，自对准双重图形光刻技术（以下简称“SADP技术”）仅使用单次光刻就能很好地形成精细图案，对准精度要求相对于两次光刻的双重图形光刻技术大大降低，且形成的线宽更加均匀，是业内非常受欢迎的双重图形光刻技术；光刻－刻蚀－光刻－刻蚀技术（以下简称“LELE 技术”）由于在对光刻胶进行图案化后进一步将该图案向硬掩模层转移，对光刻胶的稳定性要求大大降低，也是业内较受欢迎的双重图形光刻技术。从图 4－2－4 可见，SADP 技术和 LELE 技术是专利申请量最大的两个双重图形光刻技术，故选定 SADP 技术和 LELE 技术作为重点技术领域进行分析。

1）SADP 技术

SADP 技术是双重图形光刻技术中的重要技术，其主要应用于存储器产品的制造工艺中，特别是 NAND 闪存器件的制造工艺中，目前 SADP 也逐渐被用于结构化先进的逻辑产品中。

由图 4－2－5 可见，目前关于双重图形光刻方面的全球专利申请共 1743 项，其中 SADP 技术的相关申请共有 1059 项，占据总量的 60%。

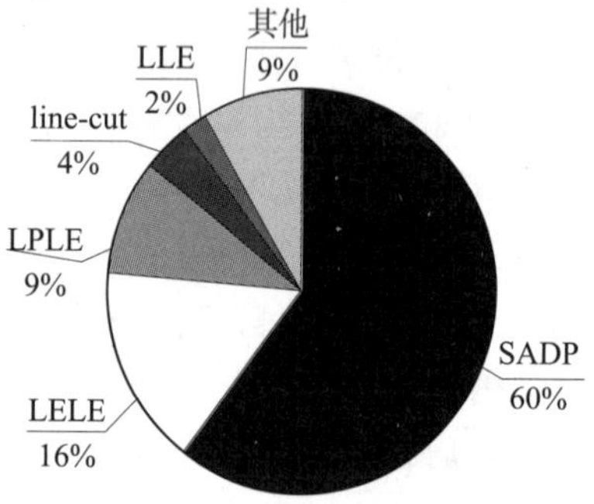

图 4－2－4　双重图形光刻技术领域全球专利申请专利技术分支分布

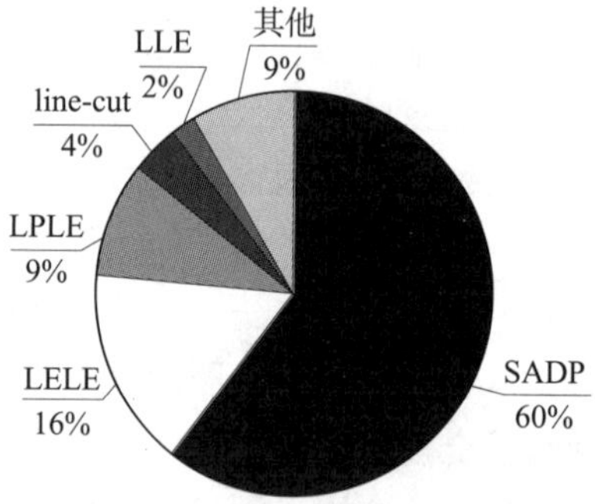

图 4－2－5　双重图形全球专利分布情况

由图 4－2－6 可以看出，自 1988 年出现 SADP 技术的相关申请之后，SADP 技术的申请量逐步增加，自 2006 年开始迎来快速发展阶段，并在 2008 年申请量达到最高峰后申请量呈稳定发展态势。

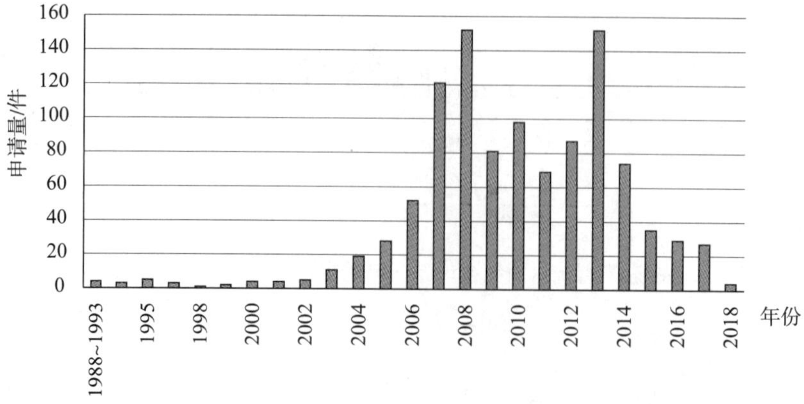

图 4－2－6　SADP 技术全球专利申请量年度分布

由图4－2－7可以看出，在全球专利申请中，SADP技术对技术功效的改进主要体现在工艺窗口的控制、自动化程度的提高、材料稳定性的增强以及产品良率的控制等四个方面。其中，对工艺窗口控制的相关申请几乎在每一年都是申请量最多，可见近十几年来全球大企业和研究机构都非常关注用SADP技术来改进工艺窗口（如特征尺寸）等的控制。应用于工艺窗口控制的SADP技术申请的历年变化趋势和SADP技术总申请的历年变化趋势基本吻合，都自2006年开始迎来快速发展阶段，并在2008年申请量达到最高峰后申请量呈稳定发展态势。根据各个专利申请涉及的技术内容，从专利申请的主要技术功效出发，主要分为工艺窗口（429项，40.6%，2003年后申请量，下同），材料稳定性（173项，16.4%）、自动化程度131项，12.2%）、简化工艺（22项，2.1%）、控制成本（47项，4.4%）、产品良率（109项，10.3%）、缺陷控制（67项，6.3%）、其他（81项，7.7%）。其中，归入材料稳定性技术功效中的专利申请是指对光刻堆叠厚度、目标轮廓等影响材料稳定性的技术功效进行改进；归入自动化程度技术功效中的专利申请是指对工艺流程保护等影响工厂自动化程度的技术功效进行改进；归入工艺窗口技术功效中的专利申请是指控制器件特征尺寸；归入产品良率技术功效中的专利申请是指对套刻精度等影响产品良率的技术功效进行改进；而缺陷控制是指未归入上述几类中的减少产品缺陷；而归入其他类别的SADP技术是指未归入上述各类中的对其他方面进行改进。有部分专利申请可能涉及以上多个分类，在分析过程中按照申请的主要侧重面将其归入一个分类当中。可见，国外来华的申请中SADP技术对技术功效的改进也主要体现在工艺窗口的控制、自动化程度的提高、材料稳定性的增强以及产品良率的控制等四个方面。

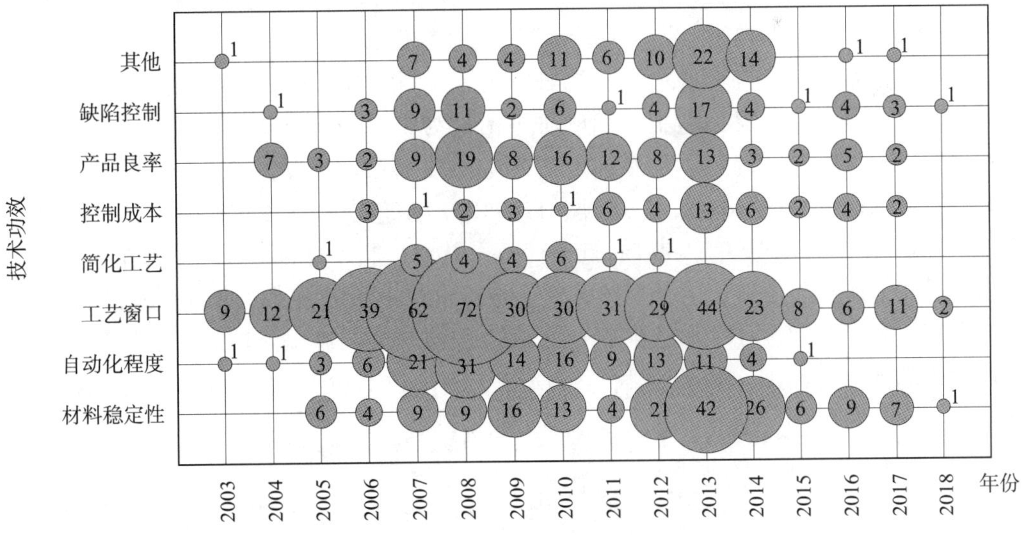

图4－2－7　SADP技术全球专利申请功效历年变化

注：图中数字表示申请量，单位为项。

2）LELE技术

LELE技术同样是双重图形光刻技术中的重要技术，其主要应用于SRAM、DRAM以及Logic器件的制造工艺中，特别是2D结构上述器件的制造工艺之中，目前关于双重图形光刻方面的全球专利申请共1743项，其中LELE技术相关的申请共有292项，占总量的16%。

由图4-2-8可以看出，LELE技术从2005年开始迅速上升，然后到2007年全球申请量达到顶峰，并在近几年保持稳定的发展态势。

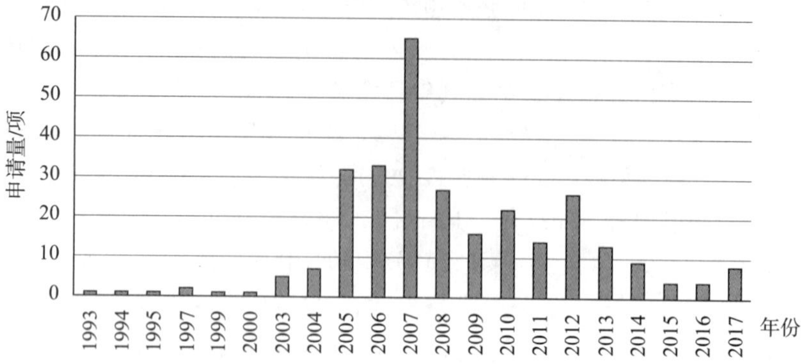

图4-2-8　LELE技术全球专利申请量历年分布

由图4-2-9可知，在全球专利申请中，LELE技术对技术功效的改进也主要体现在工艺窗口、自动化程度的提高、材料稳定性的增强以及产品良率的控制等四个方面。作为光刻技术中最专注的功效之一，与工艺窗口控制相关的申请几乎每年都是申请量最多的专利申请。可见，不但是SADP技术相关的专利申请，在LELE技术相关专利申请中，大型企业以及科研机构也希望通过LELE技术以改进对光刻工艺中对工艺窗口的控制，LELE技术要求光刻工艺具有非常高的对准精度，同时对硬掩模的选择和刻蚀硬掩模的均一性都有比较高的要求，故在LELE技术的相关申请中，对材料稳定性的改进和对产品良率的提高也是大型企业和科研机构较为关注的重点功效改进之一。根据各个专利申请涉及的技术内容，从专利申请的主要技术功效出发，主要分为材料稳定性（41项，14.3%）、自动化程度（37项，12.9%）、工艺窗口（124项，43.5%）、产品良率（45项，15.7）、其他（38项，13.3%）。其中，归入材料稳定性技术功效中的专利申请是指对光刻堆叠厚度、目标轮廓等影响材料稳定性的技术功效进行改进的LELE技术；归入自动化程度技术功效中的专利申请是指对工艺流程保护等影响工厂自动化程度技术功效进行改进的LELE技术；归入工艺窗户技术功效中的专利申请是指控制器

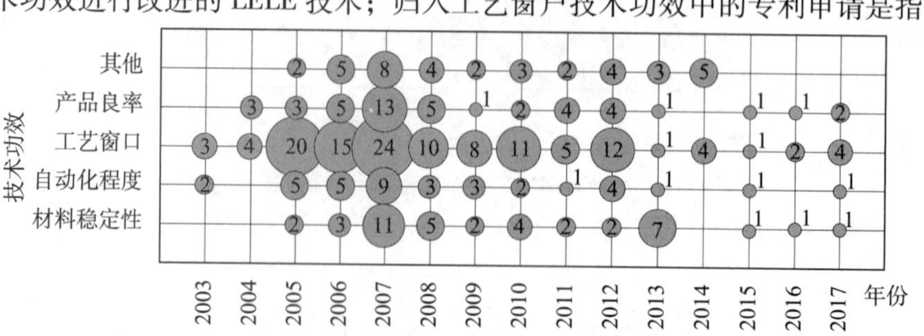

图4-2-9　LELE技术全球专利申请功效历年变化

注：图中数字表示申请量，单位为项。

件特征尺寸的 LELE 技术；归入产品良率技术功效中的专利申请是指对套刻精度等影响产品良率的技术功效进行改进 LELE 技术；而归入其他技术功效中的专利申请是指包括缺陷控制、成本控制、提高效率、简化工艺以及对产品性能改进等技术功效进行改进的 LELE 技术。有部分专利申请其内容可能涉及以上多个分类，在分析过程中按照申请的主要侧重面将其归入一个分类当中。

（4）主要申请人分析

专利申请人是专利申请的主体，也是专利布局的谋划者。双重图形光刻专利技术在全球范围内主要掌握在哪些企业手中、哪些企业在专利布局上具有优势地位、这些企业在全球所关注的市场热点在哪里……该领域历年来申请人排名变化情况都是专利布局研究中应该关注的热点，因此通过分析该领域主要申请人的状况，可以对该项专利技术的整体态势产生更深入的认识。

从图 4－2－10 可以看出，双重图形光刻技术领域技术集中度并不算很高。其中，申请量最多的前十位申请人中，日本占 3 个，中国占 3 个，韩国占 2 个，美国占 2 个，可见中、美、日、韩申请人在双重图形光刻技术领域具有明显的优势。为了了解更多申请人的相关情况，我们进一步关注了排名为第 11～20 位申请人。可以看出，排名第 11～20 位的申请人主要分布在中国、美国。其中，中国 4 个，美国 4 个，日本与荷兰均占据 1 个。由此可见，中国申请人在双重图形光刻领域中的活跃度较高。其中，大陆地区的中芯国际、华力微电子，台湾地区的台积电等企业，在全球申请中处于领先地位。

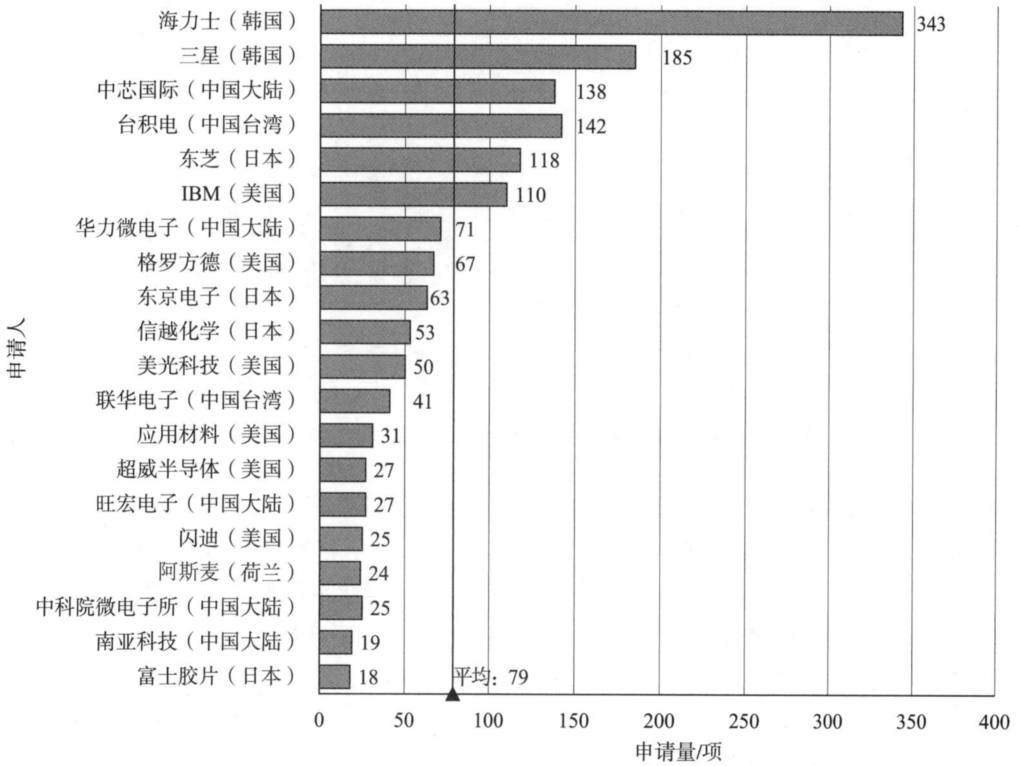

图 4－2－10　双重图形光刻技术全球重要申请人的申请量分布

4.2.1.1.2　中国专利态势分析

以检索得到的向中国国家知识产权局专利局提交并公开的全部涉及双重图形光刻技术的专利申请为研究对象，此部分数据统称为中国专利申请，对双重图形光刻技术在中国的整体申请状况进行统计与分析。其中，由中国大陆及港澳台地区申请人提交的申请称为国内专利申请，外籍申请人通过不同方式中国国家知识产权局专利局提交的申请则称为国外来华专利申请。

下面从申请趋势、国家/地区分布、重点技术分布等角度对双重图形光刻技术领域的专利状况进行分析。

（1）申请趋势分析

专利申请趋势分析从涉及双重图形光刻技术的中国专利申请趋势以及专利授权趋势两个方面进行，其中，又分别针对国内申请与国外来华申请两种情况加以区分，以便充分掌握该领域国内申请人以及国外来华申请的专利申请趋势和布局态势。

专利申请量表征专利申请的趋势信息，可以表示申请人对该技术的关注程度、投入的精力，间接地说明该技术领域的专利活跃程度。

图4-2-11反映了双重图形光刻技术领域中国专利申请历年分布情况。从2001年开始，双重图形光刻技术领域的中国专利申请量开始增长，到了2006年呈现较大增长，2008年稍有回落后2010年再次增长；2012年，申请量再次呈现快速增长态势，并达到峰值，2013年回落后申请量呈现稳步增长。

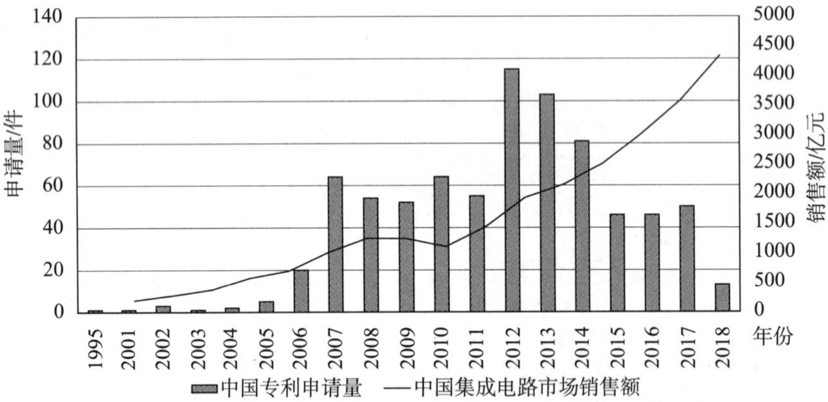

图4-2-11　双重图形光刻技术领域中国专利申请历年分布

图中实线表示的为1997~2018年中国集成电路市场销售额的变化趋势，该变化趋势与全球市场销售额的趋势基本吻合。值得注意的是，全球集成电路市场在2010年出现反弹之后从2011年开始呈现持续低迷的状态，而中国集成电路市场销售额在2011~2012年依然保持较快增长的态势，2012~2013年实现大幅增加，这也在一定程度上保证了国内科学技术的稳步发展，2014年后的数据来源不全。

总体而言，国内在双重图形光刻技术领域的申请量保持增长趋势，尤其2006年以后的申请量较2006年前的申请量增长幅度较明显。可见，近年来双重图形光刻技术在国内的受关注度较高，研发投入大。

从图 4-2-12 可以看出，1995～2006 年双重图形光刻技术领域相关的中国专利申请中，国外来华与国内申请的申请量相当。2006 年，国外来华申请开始增加，并于 2006～2010 年相较于国内申请量具有更大优势。从 2010 年开始，由于受全球经济危机的影响，国外来华申请量有明显的下滑，与此相比，由于 2011～2012 年依然保持较快增长的态势，国内申请则仍然保持增长势头，并且从此在申请量上超过国外来华申请。总体而言，在双重图形光刻技术领域，国外来华专利申请量一直比较平稳，在近年来有下降趋势，而国内申请虽然在 2010 年以前稍微处于劣势，但 2011 年后申请量明显高于国外来华申请。

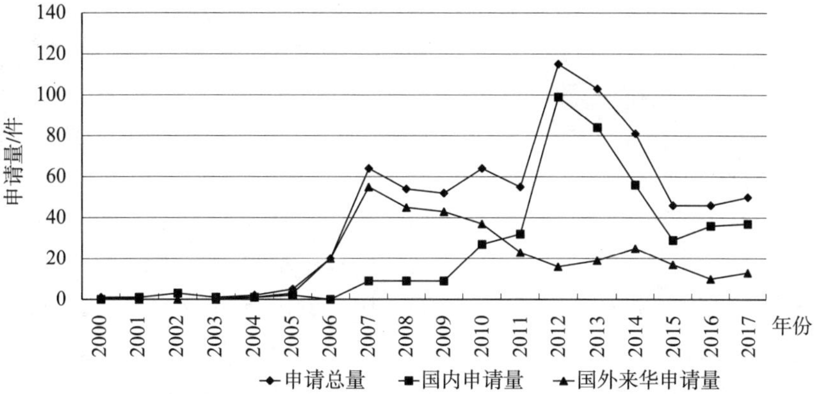

图 4-2-12　双重图形光刻技术领域中国专利申请历年分布

图 4-2-13 显示的是双重图形光刻技术领域中国专利授权历年分布情况，表征获得专利权的趋势信息。就授权历年分布的趋势来看，2006 年以前，国内申请和国外来华申请的授权量趋势总体上相似，呈缓慢上升趋势；2010 年，国外来华授权专利量达到顶峰，2010～2011 年有所下降，2012～2016 年较为平稳；国内申请授权量在 2001～2009 年处于平稳状态，并于 2011 年以后均超过国外来华申请量，2011 年以后总体以较快速度增长。可见，国内在双重图形光刻领域的申请量以及有效专利量均由国内申请

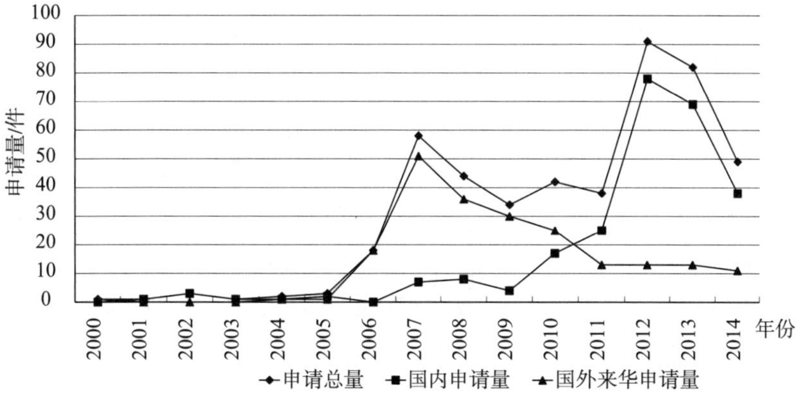

图 4-2-13　双重图形光刻技术领域中国专利授权历年分布

人占有大多数，国外来华企业在近年来无论是在申请量还是授权量上均与国内企业存在越来越大的差距，因此对于国内企业或科研单位而言，在国内进行双重图形光刻领域的相关专利申请，相对于国外来华而言优势明显，且风险较小。

（2）国家/地区分布分析

分析中国专利申请中专利的来源，可以客观反映其他国家/地区对中国市场的重视程度以及国内本土在双重图形光刻技术上的发展程度。

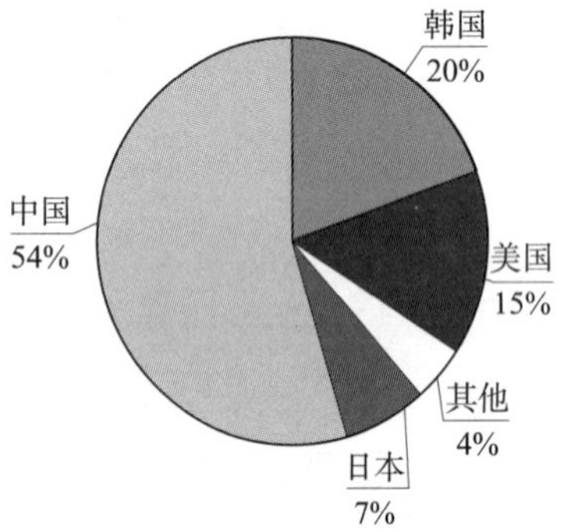

图 4-2-14　双重图形光刻技术领域中国专利申请国家/地区分布

图 4-2-14 反映了各国在华的历年专利申请分布情况。总体来看，双重图形光刻领域中国专利申请量中，中国籍申请人的申请量占中国总申请量的 54%，具有绝对优势；韩国籍申请人的申请量占总申请量的 20%，位于第二位；美国籍申请人占总申请量的 15%，位于第三位；日本籍申请人申请量占总申请量的 7%，位于第四位。通过与前面全球申请量地区分布的对比可以知道，虽然全球申请量中美国的申请量最多，然而在中国，韩国籍申请人占据总申请量相比于美国籍申请人更多，可见韩国籍申请人相对于美国籍申请人更加注重中国市场。

图 4-2-15 在专利申请历年分布中，可以看出韩国和美国的申请人很早就进入中国申请专利，但在较长一段时间内专利申请量均较少，自 2007 年起，韩国籍申请人在华专利申请力度大幅增强，在 2009 年以前一直保持较高申请量且明显高于其他国外来华的申请人，之后申请量稍有下降。中国籍申请人在国内的专利布局稍晚于国外来华申请人，但是如前面所述的，国内申请人在双重图形光刻领域中专利申请量一直保持增长形势，特别是从 2007 年开始迅速增长，在 2010 年以后申请量已经超过韩国籍申请人的申请量，位居第一。

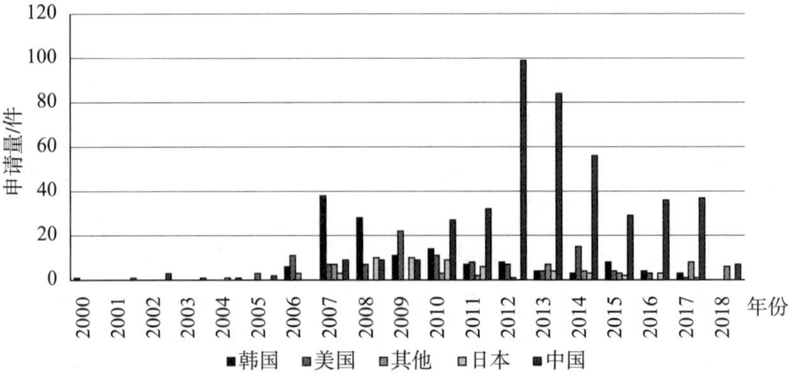

图 4-2-15　双重图形光刻技术领域中国专利申请地区历年分布

（3）重点技术分支分析

1）SADP技术

SADP技术是双重图形光刻技术中的重要技术，其主要应用于存储器产品的制造工艺中，特别是NAND闪存器件的制造工艺中，目前SADP也逐渐被用于结构化先进的逻辑产品中。

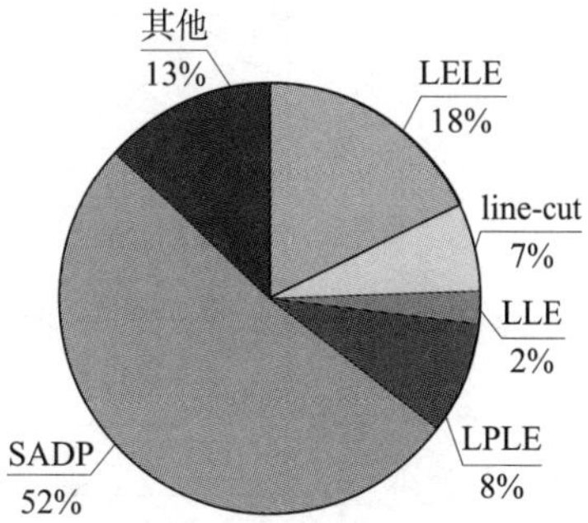

图4-2-16　双重图形中国专利分布情况

由图4-2-16可见，双重图形光刻方面的中国申请量为630件，其中SADP技术的相关申请共有345件，占总量的52%。

由图4-2-17可见，国内申请除受到金融危机影响2009年申请量有所下降外，2010~2012年一直保持持续增长的势头，近年来申请量虽较2012年有所下降，但仍然保持较稳定的申请量，说明国内企业或研究机构近年来持续关注SADP技术。

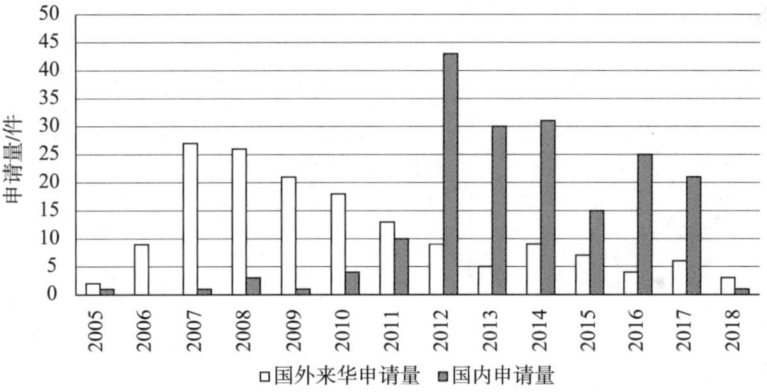

图4-2-17　SADP技术中国专利申请量历年分布

由图4-2-18可见，国外来华的专利申请中SADP技术对技术功效的改进也主要体现在工艺窗口的控制、自动化程度的提高、材料稳定性的增强以及产品良率的控制等四个方面。由图4-2-19可见，国内企业和研究机构在早期并没有改善材料稳定性和缺陷控制的SADP技术专利申请，而在2012年的国内专利申请中出现了改善材料稳定性和缺陷控制的SADP技术专利申请，而缺陷控制和材料稳定性是影响整个产品良率更加深层次的影响因素，可见国内企业和研究机构对SADP技术的研究也正逐步走向成熟。

①关于工艺窗口改进的SADP技术

特征尺寸是半导体器件一个非常重要的参数，对工艺窗口的控制直接影响产品的性能、良率等。在有关SADP技术方面的中国专利申请中，涉及对工艺窗口控制的专利数量为123件，比重占42%。需要注意的是，在本课题中，并未指明由于对工艺窗口的控制而改进产品良率或者由于改进材料稳定性从而影响工艺窗口控制的专利申请都归入对工艺窗口改进的SADP技术。

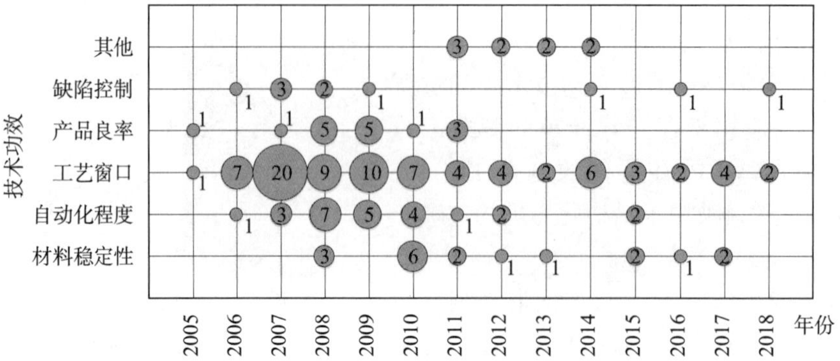

图 4-2-18 SADP 技术国外来华申请功效历年变化趋势

注：图中数字表示申请量，单位为件。

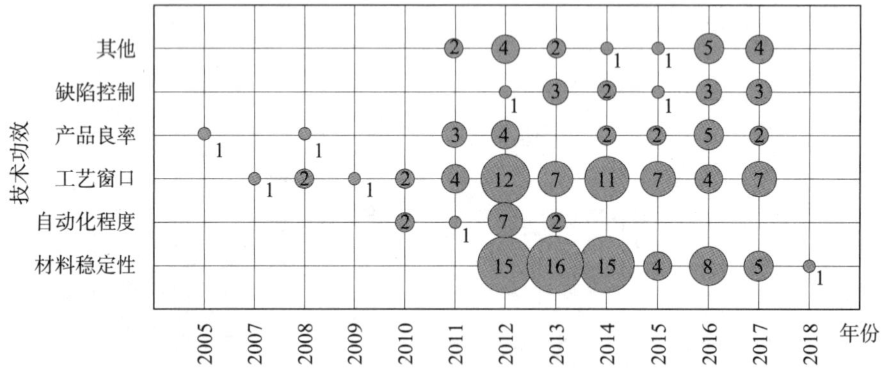

图 4-2-19 SADP 技术国内申请功效历年变化趋势

注：图中数字表示申请量，单位为件。

这部分专利申请的内容主要涉及两大方面：一是形成同一特征尺寸器件工艺窗口的控制；二是形成不同特征尺寸器件的工艺窗口的控制。

前者对形成同一特征尺寸器件的工艺窗口的控制主要实现的方法为对芯轴和间隔的材料、形成方法以及处理工艺进行改进：一是现代电子（海力士的前身）申请号为 CN95107566 的专利申请，其涉及同一特征尺寸器件工艺窗口的控制，通过曝光量不同形成凸型芯轴，然后用各向异性的方法刻蚀绝缘层形成隔离物以形成更小图形间距；二是 IBM 申请号为 CN200510113827 的专利申请，内容涉及对同一特征尺寸器件工艺窗口的控制，首先在图形化的硅层侧壁上形成氧化物带，接着去除硅层留下氧化物带，以氧化物带为掩模进行刻蚀。该技术用于解决将间隔物底部通常比顶部厚导致的间隔物宽度不一致的问题，能够精确控制图像尺寸。

对形成不同特征尺寸器件工艺窗口控制的主要实现方法为：一是美光科技申请号为 CN200680039419 的专利申请，则涉及不同特征尺寸器件工艺窗口的控制，其采用光刻掩模遮住特定部分的间隔图案以避免该图案下层被刻蚀，而没被遮住的间隔图案下层将被刻蚀，从而形成不同间距的图形；二是 IBM 申请号为 CN200780014006 的专利申请，利用虚设部件（芯轴）的宽度，使间距小虚设部件之间形成超宽的间隔物图案，该超宽间隔物图案和传统工艺形成的间隔物图案形成复合图案，从而形成不同间距的图案。

SADP 技术中涉及对尺寸控制改进的专利申请中需要关注的公司为美光科技，申请号为 CN200680010516 的专利申请，其主要涉及对整体方案的改进，采用传统 SADP 技术 + 普通掩模光刻工艺形成不同间距的图形，先在下部掩模层上形成间隔件阵列，在整个结构上形成牺牲层，采用抗蚀剂掩模界定间隔件阵列开口，蚀刻牺牲层并去除下部掩模层形成图案；申请号为 CN200680017977 的申请还是涉及整体方案的改进，主要通过对两个正交方案分别运用 SADP 形成图形从而得到混合图形以形成特定尺寸的图形；对尺寸控制比较重要的申请号为 CN200780012525 的专利申请通过对芯轴材料以及间隔材料的选择，采用光刻抗蚀剂材料形成芯轴而采用氧化物材料形成间隔图形，从而达到控制尺寸的目的；申请号为 CN200880006929 的专利申请是通过对间隔各向异性刻蚀的改进，如控制各向异性刻蚀的参数，使窄芯轴区域的间隔物刻蚀已暴露芯轴结构而宽芯轴区域的间隔物仍覆盖芯轴结构，从而最终形成不同间距的图形；申请号为 CN200980146743 的专利申请内容涉及对同一特征尺寸器件工艺窗口的控制，采用掩模和覆盖掩模的材料发生反应，在掩模表面形成间隔层或采用有机材料作为间隔层，以形成比特征尺寸更小的图形。

②关于材料稳定性改进的 SADP 技术

材料稳定性如光刻堆叠厚度、目标轮廓，光刻胶，掩模轮廓等，直接影响形成图形的均匀性和稳定性，而图形的均匀性和稳定性直接决定形成器件的产品良率，材料的稳定性可以减少返工率，故材料稳定性的提高可以降低生产成本，减少工艺步骤。在有关 SADP 技术方面的中国专利申请中，涉及对材料稳定性提高的专利数量为 66 件，占比为 23%。需要注意的是，在本研究中，并非指明由于材料稳定性而改进产品良率的专利申请都归入对材料稳定性提高的 SADP 技术。

对材料稳定性改进主要实现的方法为对芯轴、间隔以及填充层材料选择的改进以及对芯轴、间隔、填充层形成、处理方法的改进等。国内关于 SADP 技术的专利申请中对材料稳定性改进的专利申请出现得相对较晚，如最早对材料稳定性进行改进的 SADP 技术的专利申请出现在 2008 年，为三星申请号为 CN200810009731 的专利申请。其在形成掩模图案以及在其上的缓冲层后，进行间隙填充和刻蚀，通过改变生成聚合体副产物的量来蚀刻在具有不同图案密度区域中具有不同厚度的膜，从而防止由于厚度不同而引起台阶转移。东京电子申请号为 CN201010132410 的专利申请涉及对间隔处理工艺的改进，先形成芯轴，然后形成间隔层，在去除芯轴形成独立的间隔后，对间隔进行离子刻蚀改变形状，以确保间隔的形状均匀。应用材料公司申请号为 CN201180016212 的专利申请涉及芯轴和填充材料的改进，通过采用氮掺杂非晶形碳层作为芯轴和填充层材料，提高与间隔刻蚀选择比，进而提高材料的稳定性。

SADP 技术中涉及对材料稳定性改进的专利申请中需要关注的公司为海力士。申请号为200810007249的专利申请在形成半导体器件微图案的方法中，先将硅注入第一辅助图案以形成硅烷化第一辅助图案，然后形成绝缘层间隔并蚀刻绝缘层以移除硅烷化第一辅助图案与第二辅助图案之间的绝缘层部分，从而形成更精细的图案；申请号为CN200810087565的专利申请通过进行SADP工艺的区域和不需要SADP工艺的区域同时形成相同厚度的光刻胶层（芯轴层）以避免台阶出现，从而形成与所述图案的密度和位置无关的没有缺陷的光刻胶图案；申请号为CN201010589366的专利申请通过形成第二辅助层侧墙和间隔件组成的双层型间隔，以形成良好的堆叠图案，并在后续去除该间隔件以形成良好的掩模图案。

③关于其他方面改进的SADP技术

在关于SADP技术的专利申请中，还包括涉及对自动化程度、产品良率、简化工艺、控制成本、缺陷控制、提高效率等方面改进的专利申请。这些方面的专利申请虽然数量比较少，然而改进却与集成电路产业化密不可分，如提高产品良率的改进，如简化工艺和控制成本以及提高效率方面的改进，都是产业中非常注重的方面，对这些改进的研发也有非常重要的意义。

其中产品良率的改进是产业较为关注的改进之一，涉及提高产品良率的SADP技术比较重要的专利申请有：一是三星申请号为CN200710181855的专利申请主要在基板上形成第一绝缘层，然后形成第一掩模图案，并以该掩模图案刻蚀第一绝缘层以形成第一凹槽；在整个结构上形成第二绝缘层，以形成第二凹槽；在第二凹槽中填充材料以形成第二掩模图案，在第二绝缘层上执行刻蚀工艺，以移除第一掩模图案上第二绝缘层部分以及第一掩模图案和第二掩模图案之间第二绝缘层的部分，由此同时形成第三凹槽，并继续形成接触孔，提供导电材料以填充第三凹槽和接触孔以形成位线。该技术方案可以避免发生偶数位线和各个位线接触之间的失准，并能防止相邻位线之间的电气连接。二是斯班逊有限公司申请号为CN201180067812的专利申请通过在形成光阻图案后，形成间隔件图案，并在剥除光阻图案后留下间隔件图案，在间隔件图案上方形成修正掩模并移除未被修正掩模覆盖的间隔件图案，而剩余的间隔件图案一部分定义芯轴心字线，而另一部分定义选择栅字线，以避免芯轴心字线和选择栅字线因对准偏差而重叠。

中芯国际比较注重对SADP技术进行改进，从而简化生产工艺。例如，申请号为CN2010102455802的专利申请先形成有机层+硬掩模的芯轴，然后，对有机层侧面进行离子注入形成间隔，去除硬掩模和未注入离子的有机层形成独立间隔，从而达到减少工艺步骤的目的；申请号为CN201210324637的专利申请通过对芯轴进行特定方向的处理，使该轴方向沉积率大大增加，并在形成间隔层后全面刻蚀以保留该轴上间隔物形成间隔图形，从而省略传统双重图形技术中在间隔层形成后的切割刻蚀工艺，保证产品良率；申请号为CN201210325783的专利申请通过在形成光阻胶图案后，采用新型的定向自组装技术在光阻胶图案侧壁形成间隔，确保精细图案的准确度，且易于形成，可以简化SADP技术。

涉及缺陷控制改进的关于SADP技术比较重要的专利申请是由海力士于2012年提

出的申请号为 CN201210036265 的专利申请，其在采用 SADP 技术形成间隔图案后，对后续工艺的刻蚀采用反复执行干法刻蚀工艺和清洗工艺，从而减少聚合物残余，减少缺陷。

2）LELE 技术

LELE 技术同样是双重图形光刻技术中的重要技术，其主要应用于 SRAM、DRAM 以及 Logic 器件的制造工艺中，特别是 2D 结构的上述器件的制造工艺之中。在双重图形光刻方面的中国申请量为 630 件，其中 LELE 技术相关申请共有 104 件，占据总量的 17%，无论在中国申请量还是全球申请量中，LELE 技术相关的申请量均占据第二位，可见其重要地位。

由图 4 -2 -20 可见，关于 LELE 技术的国外来华申请在 2007 年申请量达到最高峰后，近年来申请量正在逐步下滑，国内申请则在 2010 年之后保持一定量的申请，特别在 2012 年 LELE 技术的申请量达到 14 件，可见国内企业或研究机构也持续保持对该项技术的关注。

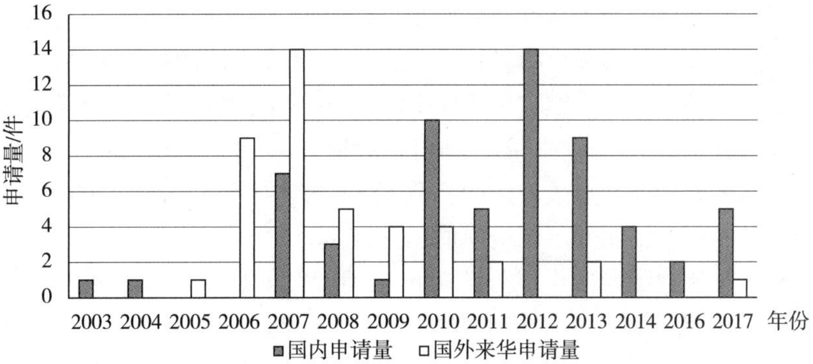

图 4 -2 -20　LELE 技术中国专利申请量历年分布图

由图 4 -2 -21 可见，国外来华申请中 LELE 技术相关的专利申请对技术功效的改进主要集中于对工艺窗口的控制和产品良率的控制。由图 4 -2 -22 可知国内企业和研究机构则侧重于关注 LELE 技术对工艺窗口的控制和对材料稳定性的改进。

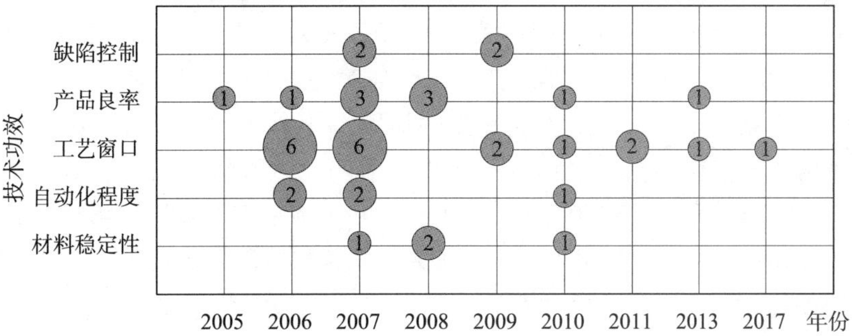

图 4 -2 -21　LELE 技术国外来华申请功效历年变化

注：图中数字表示申请量，单位为件。

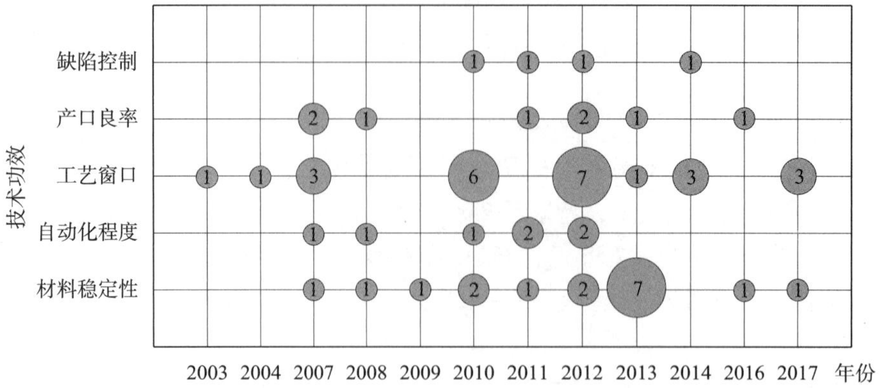

图 4-2-22　LELE 技术国内申请功效历年变化

注：图中数字表示申请量，单位为件。

①硬掩模材料的选择及其形成方法的相关 LELE 技术

除了需要非常严格的套刻精度外，LELE 技术的另一个难点在于硬掩模材料的选择和刻蚀硬掩模的均一性，故硬掩模材料的选择及其形成方法的相关 LELE 技术是 LELE 技术中非常重要的技术之一，在有关 LELE 技术的中国专利申请中，涉及对硬掩模材料的选择及其形成方法的 LELE 技术的专利申请数量为 45 件，占比为 47.37%。

硬掩模材料的选择及其形成方法的相关 LELE 技术主要分为两大方面——采用单层硬掩模的相关技术以及采用双层硬掩模的相关技术。

其中，关于硬掩模图案的形成方法提出申请的时间较早。一是旺宏电子申请号为 CN200310122567 的专利申请主要技术方案如下：主要采用双层硬掩模，提供基板，形成闸氧化层于该基板上，形成第一多晶硅层于该闸氧化层上，形成图案化氮化硅层于该第一多晶硅层上，该图案化氮化硅层具有第一节距及多个第一开口，各第一开口的大小为该第一节距的 1/4，形成图案化氧化物层，以填满所述第一开口并覆盖部分的该图案化氮化硅层，该图案化氧化物层具有所述第一节距及多个第二开口，各第二开口的大小系等于所述第一节距的 1/4，且所述第二开口系与下方所述第一开口交错排列，去除暴露的所述图案化氮化硅层，以形成另一图案化氮化硅层，另该图案化氮化硅层具有第二节距、多个第三开口及所述第一开口，该第二节距为所述第一节距之一半，各第三开口的大小为所述第二节距之一半，所述第一开口系与所述第三开口交错排列，去除所述图案化氧化物层，以及去除暴露的该第一多晶硅层，以形成第一图案化多晶硅层，所述第一图案化多晶硅层具有所述第二节距，该方法可以改善对工艺窗口的控制。二是海力士申请号为 CN200710112493 的专利申请采用与双层硬掩模的技术方案形成关键尺寸（CD）一致的精细图案，从而提高半导体器件的集成度和产出率，简化工艺，降低处理成本。其主要技术方案为：先形成三层掩模堆叠结构，然后形成光阻图案，以该光阻图案为掩模刻蚀上两层掩模形成第一硬掩模图案，去除光阻图案后在刻蚀形成的间隙中填充绝缘层，并刻蚀绝缘层至最上层掩模露出，以绝缘膜作为刻蚀掩模刻蚀上两层硬掩模以形成第二掩模图案，去除绝缘层后获得由第一、第二硬掩模组成的复合图案。三是华力微电子申请号为 CN201110265283 的专利申请采用单层硬掩模的技术方案以使形成图案的节距更近，增强抗反射能力，提高第二次曝光工艺的精度。其采用的主要技术方案为：先形成硬掩模涂覆抗反射层和光刻胶，进行曝光形成光刻胶以及抗反射图案，并将图案转移至硬掩模中，去除光刻胶和抗反射层并沉积新的抗反射层和光刻胶层，进行曝光形成新的光刻胶以及抗反射图案并转移至硬掩模层中，形成最终图案。四是布鲁尔科技公司申请号为 CN201110460797 的申请主要涉及采用双层硬掩模技术方案的 LELE 技术。其通过显影速率控制硬掩模组合物结构的尺寸，得到的特征尺寸是成像层特征尺寸的一部分，得到可以最终转移到基片的图案，属于对硬掩模层的进一步处理过程。五是台积电申请号为 CN201210241809 的专利申请利用单层掩模的技术方案，先在衬底上形成材料层，然后在所述材料层上图案化第一光刻胶层，通过所述第一光刻胶层的开口蚀刻所述材料层，去除所述第一光刻胶层，使用第二光掩模和第三光掩模在所述材料层上图案化第二光刻胶层；通过所述第二光刻胶层的开口蚀刻所述材料层，以及去除所述第二光刻胶层。使用三种光掩模共同限定 IC 设计布局，在不违背设计规则的情况下，可解决临界面积、线端点等问题。

关于硬掩模材料选择的 LELE 技术的专利申请出现相对较晚。例如，应用材料申请号为 CN200580003299 的专利申请采用单层硬掩模的 LELE 技术，以无定形碳作为掩模材料。其主要技术方案如下：先形成无定形碳层（掩模），然后形成无定型碳层图案，在该图案上形成光刻胶图案，将光刻胶图案转移至无定型碳层图案上形成最终图案。海力士申请号为 CN200610151550 的专利申请采用单层硬掩模技术，以进行处理的抗反射层形成氧化硅掩模。其主要技术方案为：先在第一硬掩模和第一抗反射层上形成光刻胶图案并将光刻胶图案转移至第一抗放射层上，对抗反射层进行氧等离子体处理以形成含氧化硅的抗反射图案，然后在整体结构上形成第二抗反射层和第二光刻胶图案，将第二光刻胶图案转移至第二抗反射层图案后由第二抗反射层图案和第一抗反射层图案形成最终图案；在形成图案时可以克服光刻法的分辨率限制，只需进行一次硬掩模层的涂覆和蚀刻步骤。海力士申请号为 CN200710079289 的专利申请解决传统方法形成硬掩模图案时使用短波长光源的曝光设备、所得到的图案分辨率受 0.1μm 限制的问题。其技术方案要点为：先在第一硬掩模层上形成第一光刻胶图案后将该图案转移至第一硬掩模层以形成第一硬掩模图案，去除光刻胶图案，在整体结构上形成刻蚀选择比不同于第一硬掩模层的第二硬掩模层，平坦化第二硬掩模层至第一硬掩模图案表面，回刻去除部分厚度第一硬掩模图案后对两硬掩模图案进行修蚀以形成最终图案。中芯国际申请号为 CN200810105902 的专利申请采用抗反射及刻蚀阻挡复合层作为掩模材料。其主要技术方案为：先形成第一硬掩模层和在其上的抗反射及刻蚀阻挡复合层（第二硬掩模），在整个结构上形成光刻胶图案并将图案转移至抗反射及刻蚀阻挡复合层中，去除光刻胶并在抗反射及刻蚀阻挡复合层和第一硬掩模层上形成抗反射层以及形成第二光刻胶图案，并将该图案转移至抗反射层中形成抗反射层图案，利用抗反射及刻蚀阻挡复合层图案和抗反射层图案刻蚀第一硬掩模层形成最终图案。IBM 申请号为 CN201010269392 的专利申请，则采用单层硬掩模的技术，硬掩模材料选择酸敏材料。其主要技术方案为：通过使用酸敏硬掩模材料和经由抗蚀剂中构图的孔径而接触硬掩模区域的酸性上覆层，完全在光刻线路内执行对硬掩模的蚀刻，从而支持用于分离间距方法可接受的覆盖精度和工艺效率以及吞吐量。该分离间距方法需要为多个依次施加并构图的每一个抗蚀剂层进行对硬掩模的蚀刻。硬掩模的接触区域被活化，以通过烘烤酸性上覆层而进行显影。华力微电子申请号为 CN201310360385 的专利申请采用单层硬掩模的技术方案，采用 DARC 作为掩模结构。其主要技术放方案为：先于一半导体衬底的上表面依次沉积栅氧层、多晶硅层、氮化硅层、先进图膜层和介质抗反射层，再通过 LELE 工艺在介质抗反射层上形成硬质掩模结构，然后转移至先进图膜层，采用先进图膜层掩模进行后续刻蚀。该方法可延续 40nm 技术节点中采用 APF（先进图膜）作为掩模的工艺流程，提高 22nm 及其以下技术节点工艺的成熟度和稳定度。

②对光刻胶进行处理的相关 LELE 技术

作为图形转移技术的 LELE 技术，主要是先形成光刻胶图案，然后将光刻胶图案转移到掩模上形成掩模图案，光刻胶图案的形成直接决定 LELE 技术中最终图案的状态。故 LELE 技术中对光刻胶进行处理的相关技术属于 LELE 技术中非常重要的技术之一。在有关 LELE 技术的中国专利申请中，涉及对光刻胶进行处理的专利申请数量为 22 件，占比为 23.16%。

对光刻胶进行处理的相关 LELE 技术也主要分为两大方面——采用单层硬掩模的相关技术以及采用双层硬掩模的相关技术。

关于光刻胶进行处理的相关 LELE 技术的专利申请，相较于对掩模材料的选择及形成方法的 LELE 技术的专利申请来说，其出现的时间偏晚。例如，最早于 2006 年出现的海力士提交的申请号为 CN200610151548 的专利申请采用在形成包含 Si 的光致抗蚀剂膜之后进行氧等离子体处理的方法对光刻胶进行处理；海力士申请号为 CN200710129438 的专利申请对所述多功能硬掩模层图案执行阻剂流动工序，以形成具有带圆边的第二接触孔区域的多功能硬掩模层图案，所述第二接触孔区域的尺寸小于所述第一接触孔区域的尺寸。中芯国际申请号为 CN200810112514 的专利申请采用双层硬掩模的技术方案，对光刻胶层进行浅层曝光并对该曝光区域进行硅烷化处理，从而在光刻胶层上形成图案化的等离子体刻蚀层。该方法不需要在被刻蚀的掩模层表面涂覆抗反射层，避免抗反射层涂布不均匀，进而防止光刻胶接受的光能量不一致，避免光刻胶层形成的图形线条结构不稳定，还可防止线条坍塌。闪迪申请号为 CN200980125068 的专利申请，则采用单层硬掩模的技术，通过在光刻胶图案上形成侧墙层或回流工艺或化学收缩辅助的分辨率增强光刻的方法增大光刻胶图案尺寸，以缩小图案间间距将间距增大后的光刻胶图案转移至硬掩模层，去除光刻胶图案后采用填充材料填充硬掩模图案间隙，继续形成第二光刻胶图案并采用类似办法增大其间距，将该图案转移至硬掩模层中并去除光刻胶图案和填充材料形成最终图案，该方法可制造高密度柱结构。中芯国际申请号为 CN201010553698 的专利申请采用单层硬掩模技术，以压印法形成光刻胶图案，其有利于改善图形化精度，减小图形的线宽，提高器件集成度。中芯国际申请号为CN201210150780的专利申请使光刻胶形成若干规则排列的转角图案和直线图案，进行对准误差尺寸，从而能够在具有转角图案的后段工艺制程中提高对准精度。上海集成电路申请号为CN201310285071的专利申请采用双层硬掩模的技术，形成光刻胶主图形和光刻胶旁瓣图形，并将该图形转移至硬掩模层上以进行工艺窗口的控制。

对光刻胶进行处理的相关LELE技术中需要关注的是Motif技术，其属于朗姆研究公司的一种等离子体协助缩减专利技术，通过将光刻胶特征尺寸变大以增加光刻线条间距的工艺窗口，然后利用原位刻蚀方式生长一层随形膜质以缩小间距尺寸。朗姆研究公司于2006年提交的申请号为CN200680015841、CN200680015843、CN200680021327以及CN200680023375的专利申请都是该类技术的相关专利申请。

③其他LELE技术

除了上述两大类LELE相关技术外，还有其他LELE技术的专利申请，这些专利申请数量为28件，占比为29.47%，主要涉及图形设计、接触孔形成技术以及不同光源的采用等方面。

采用LELE技术形成接触孔是LELE应用技术中的一项热门技术，如中芯国际申请号为CN200710094462的专利申请采用单层硬掩模的技术形成接触孔的方法。其主要技术方案为：先形成阻挡层（掩模层），然后在其上形成光刻胶图案，以该光刻胶图案为掩模刻蚀阻挡层形成一接触孔开口，去除光刻胶层后在阻挡层上形成平整的第二光刻胶层，相对第一接触孔开口位置进行偏移，将光掩模版上的接触孔图案转移至第二光刻胶层上，形成第二接触孔开口图形，以第二光刻胶层为掩模，沿第二接触孔开口图形及第一接触孔开口刻蚀阻挡层至露出绝缘介质层，形成最终掩模图案；提供一种形成接触孔的方法，可缩小接触孔的临界尺寸，同时无须重新制作光掩模版。海力士申请号为CN201010578450的专利申请采用单层硬掩模技术，在刻蚀目标层之上形成硬掩模层；通过初次刻蚀工艺刻蚀所述硬掩模层的一部分，而在所述硬掩模层中形成第一线图案；通过二次刻蚀工艺刻蚀包括所述第一线图案的所述硬掩模层，而形成与所述第一线图案相交叉的第二线图案；使用包括所述第一线图案和所述第二线图案的所述硬掩模层作为刻蚀阻挡层来刻蚀所述刻蚀目标层，从而提供一种用于使用半导体器件的30nm以下设计规则来形成对称的接触孔的方法。上海集成电路申请号为CN201210369951的专利申请提供一种通孔形成方法。其主要技术方案为：在衬底上依次沉积介质层、第一和第二硬掩模层，涂布第一光阻膜，通过曝光和刻蚀工艺，用网格状第一通孔子图形图案化第二硬掩模层，去除第一光阻膜，再次涂布第二光阻膜。光刻后，用网格状第二通孔子图形图案化第二光阻膜，通过刻蚀工艺，用第一通孔子图形和第二通孔子图形叠加图形来图案化第一硬掩模层和介质层，最后去除第二光阻膜和第二硬掩模层，该方法可以达到单次曝光图案化不能获得的光刻极限，可以降低光刻工艺的难度，有效提高分辨率，还能够简化工艺，提高生产效率，节约成本。

需要注意的是，关于不同光源采用的LELE技术，该项技术重点关注的申请人为中科院微电子研究所。其提交的申请号为 CN201010145304、CN201010620578、CN201110006476、CN201210353673 以及 CN201210357244 的专利申请，都采用普通光学光源 + 电子束光源实施 LELE 技术图形光刻工艺，从而缩短曝光时间，提高产能。

4.2.1.2　技术发展路线分析

20 世纪五六十年代发展至今，集成电路产业电路芯片的集成度和器件性能在不断提高。图形光刻作为半导体工业的关键技术，在半个多世纪的进化过程中为整个产业的发展提供了最为有力的技术支撑。同时，由于光刻成本超过整个制造成本的 1/3，也是在整个产品制造中重要的经济影响因子。随着人们对于小型化、高集成密度的不断追求，对图形光刻技术也提出了越来越多的挑战。从专利技术的角度，新专利的出现也代表着新技术的问世，产业技术发展历程与专利技术发展脉络之间通常存在着一定的联系。课题组希望通过对专利技术的发展脉络、专利技术与市场的关系等方面的研究，能够在一定程度上预测产业的发展趋势和动向。具体而言，本部分将围绕图形光刻技术进行深入的分析和研究，重点梳理双重（多重）光刻技术以及 EUV 光刻技术的沿革与发展，以期对专利技术发展脉络在产业中的作用进行初探。

4.2.1.2.1　产业技术发展路线

（1）全球产业技术发展路线

集成电路从 20 世纪 60 年代的每个芯片上仅几十个器件发展到现在的每个芯片上可包含约 10 亿个器件。集成电路在制造过程中经历了材料制备、掩模、光刻、清洗、刻蚀、掺杂、化学机械抛光等多道工序。其中，尤以光刻工艺最为关键，其决定着制造工艺的先进程度。一直以来，决定着集成电路微缩化进程的重要因素就是光刻技术的发展。光刻技术不仅是集成电路的关键技术之一，同时它在整个产品制造中也是重要的经济影响因子，光刻成本占整个制造成本的 35%。

光刻技术的发展从三个方面为集成电路技术的进步提供了保证：一是大面积均匀曝光，在同一块硅片上同时做出大量器件和芯片，保证了批量化的生产水平；二是图形线宽不断缩小，使用权集成度不断提高，生产成本持续下降；三是由于线宽的缩小，器件的运行速度越来越快，使用权集成电路的性能不断提高。从第一个晶体管问世算起，半导体技术遵循摩尔定律，即芯片集成度 18 个月翻一番。然而，人们对于大尺寸、细线宽、高精度、高效率、低成本的不懈追求，使光刻技术所面临的困难也越来越多。图形光刻技术领域全球产业发展路线如图 4-2-23所示。

随着集成电路由微米级向纳米级发展，光刻采用的光波波长也从近紫外（NUV）区间的 436nm、365nm 波长进入到深紫外（DUV）区间的 248nm、193nm 波长。目前大部分芯片制造工艺采用 193nm 光刻技术。多年以来，人们一直将解决小尺寸图形制作的方案聚焦于降低波长及增大数值孔径（NA）上。然而，当光源的曝光波长从 436nm 可见光降低到 193nm ArF 光后，便不能简单地通过降低曝光波长而提高曝光精度。对于业界来说，进一步将波长缩小到 157nm 没有根本上的优势，因此尽管投入了大量的人力物力，但在 20 世纪末工业界仍然放弃了 157nm 光刻工艺。

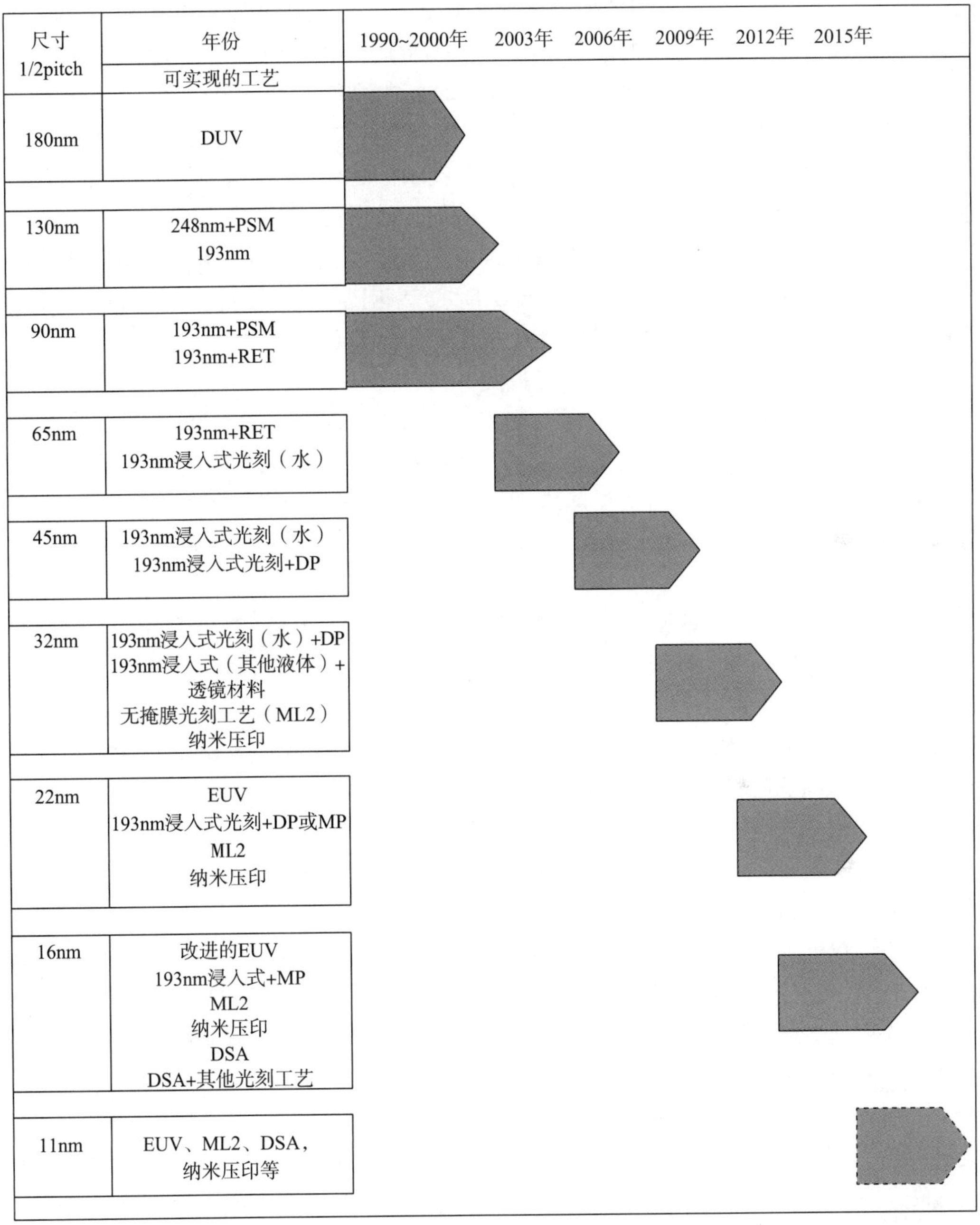

图 4-2-23　图形光刻技术领域全球产业发展路线

近年来，随着器件尺寸的不断缩小，作为现有光学光刻技术的延伸，浸没式光刻因其能获得更高的数值孔径而实现更高的分辨率深受业界青睐。在摩尔定律的驱动下，光学光刻业已成功地跨越 45nm 技术节点的量产阶段。目前，作为 32nm 芯片量产的唯一选择，采用双重图形曝光的 193nm 浸没式光刻，冲破了重重障碍，已从技术的成熟性和量产的经济性方面以无可取代的优势步入 32nm 技术节点的量产期。由 45nm 到

32nm 技术节点，光刻技术的突破主要表现在双重图形曝光技术的采用和曝光设备 K1 因子的进一步缩小，特别是自对准双重图形（SADP）。

而后，更小波长的远紫外线（EUV，13.5nm）技术在 21 世纪初受到广泛的青睐和期待，也取得了很多进展，被认为是将来最有竞争力的技术方案。然而将 EUV 技术应用于工业化大生产，至少需要进一步解决三个技术问题——晶圆表面 EUV 光源强度、缺陷控制和光阻技术。因此现在看来，EUV 的产业化应用还有不确定性。

另外，两项被寄予厚望的技术方案中，电子束直写技术（E - beam Direct Write）和纳米压印（Nanoimprint）技术都面临低效的生产率问题，而且后者对于 32nm 以下的复杂图案还存在缺陷控制。随着未来技术的发展，电子束直写技术和纳米压印技术在一些特殊领域仍然存在产业应用的可能性。

而另一种候补光刻技术是定向自组装（Directed Self - assembly，DSA），利用 193nm 光源产生模板引导小型建筑模块自动组装为半导体结构，在过去的几年里，这种技术已经取得巨大的进步，这是延续 193nm 浸入式光刻技术的一种方式，当然要实现这种技术还需要很长一段时间，但其作为光刻技术的候补技术有很大的吸引力。

（2）双重图形光刻

要得到 32nm 的特征图形，需要在 K1 低于 0.25 的情况下进行图形化工艺，而这已经是单次曝光方法的理论极限。因此，当摩尔定律继续向前延伸的脚步不可逆转的时候，双重图形技术无疑成为业界的最佳选择。为了超越这一极限，光刻中需要双重图形化工艺，包括多次曝光（曝光—刻蚀—曝光—刻蚀的双重图形技术），或者一步沉积和一步刻蚀（间隔层辅助双重图形技术），或者多次步曝光成像及在曝光步骤之间的处理步骤（光刻—冻结—光刻—刻蚀）等。采用双重图形技术，加上数次沉积和刻蚀工艺，可以将节距减半。因此，业界普遍认为，需要采用两次甚至多次图形化成像技术来跨越鸿沟，直到下一次光源波长发生变化。

然而，双重图形成像技术并未解决所有难题。与单次成像技术相比，每个节点的参数如套刻、CD 控制和线边粗糙度约按 0.7 进行等比例缩减。更加严谨的套刻控制是成功实施双重图形成像技术的关键。但是，另一个需要考虑的因素是成本。套刻或成本的多少部分取决于所用的双重图形成像方案类型。

间隔层辅助双重图形成像（也称为自对准双重图形成像 SADP），因为它需要一次关键曝光，因而并不存在套刻精度的问题，但是确实存在较为严重的成本问题。如果试图转印一个 SRAM 单元，隔离层可能是一个很好的解决方式。但是隔离层技术的总体成本比其他双重图形成像技术高得多。

采用曝光—刻蚀—曝光—刻蚀双重图形（LELE）方法，例如需要将 32nm 的设计分解为两组 64nm 的设计，而 64nm 通过目前最先进的单次曝光技术就可以实现。然而完整的 LELE 工艺比较耗时并且昂贵：昂贵是因为要重复曝光步骤如今光刻已经是 IC 制作过程中花费最高的工艺；耗时是因为在进行第二次曝光之前需要将第一次曝光的晶圆进行一次刻蚀，同时还存在在两次光刻之间的对准问题。

为了解决成本和速度的问题，IMEC 以及研发伙伴测试了 LELE 技术的多种替代方案。

在曝光中取代第一次刻蚀步骤，得到了曝光—工艺—曝光—刻蚀（LPLE）流程。该流程还是需要两块掩模和两次曝光步骤，但省去了一次中间刻蚀步骤。因为不需要将晶圆从两次曝光中中断，这会加决整个流程。IMEC 已经考察了三种可用于首次曝光而对第二次曝光不敏感的光刻胶：一是热固性光刻胶；二是正脚负胶方法；三是冷冻光刻胶方法。

实际上，选择哪种双重图形成像方案是一种平衡游戏，特别是在加工复杂性和材料复杂性之间进行权衡。例如，标准的光刻—刻蚀—光刻—刻蚀方案使用目前容易获得的材料，但是在产率和加工复杂性上存在障碍。另外，光刻—冻结—光刻—刻蚀似乎可以允许在光刻工具内进行加工，但是这一概念对所采用的材料提出了更高的要求。即便如此，对于 32nm 成像而言，已被认定为最有前景的技术，对于 22nm 成像来说也是如此，因此进行双重图形曝光是一个业界努力的发展方向。

（3）双重（多重）图形光刻技术产业大事件

全球光刻技术产业发展路线如图 4－2－24 所示。

1997 年，R. J. B. Steven 等提出双重图形技术，由于其能够有效地降低制作小尺寸图形的难度，获得工业界的广泛认同。

2006 年 9 月，在 Monterey Calif. 举行的 Photomask Technology Conference 上，与会人员重点讨论了双重图形技术。FranklinKalk（Toppan Photomasks 公司首席技术官）在一次会议采访中谈道："我想，今年我们首次找到一个确实能解决主要制造难题，在这里是光刻的设计方案，那就是紧密节距（Tight Pitch）。过去业界没有真正找到 32nm 节点的光刻解决方案。但我想现在我们终于找到了，每个人都对此兴奋不已。"

在 EUV 准备好之前，双重图形是现今所知的唯一能够填补 32nm 节点光刻技术鸿沟的方法。

Applied Materials Inc.（应用材料）在 2007 SPIE（国际光学工程学会）先进光刻技术展上宣布，公司已在芯片设计图形化领域取得两项突破性进展，包括一项自对准双重图形化技术和一套硬掩模（Hardmask）系统。

2007 年年末，三星宣布成功生产的 36nm 闪存基于的便是双重曝光技术。

东芝成功形成了 14nm 半间距（Half Pitch，HP）图案的照片在"Photomask Japan 2010"（2010 年，4 月 13～15 日在太平洋横滨会展中心举行）的海报展上公开，系采用现有的 EUV 装置，以双重图形制作工艺试制而成。

2009 年 9 月，英特尔第一次向世人展示了 22nm 工艺晶圆，并宣布将在 2011 年下半年发布相关产品。

2010 年 6 月，美国新墨西哥大学（University of New Mexico，UNM）的技术授权部门 UNM. STC 向美国国际贸易委员会（ITC）控告台积电（TSMC）与三星，11 月向美国联邦法院控告英特尔侵犯该校所持有的双重图形微影（Double Patterning Lithography）技术专利。

2010 年 2 月 1 日，IMFT 又向前迈出一大步，正式发布 25nm NAND 制造技术。

2011 年，台积电 20nm 制程将采用 193nm 液浸式光刻＋透明式双重成像技术制作金属线层。

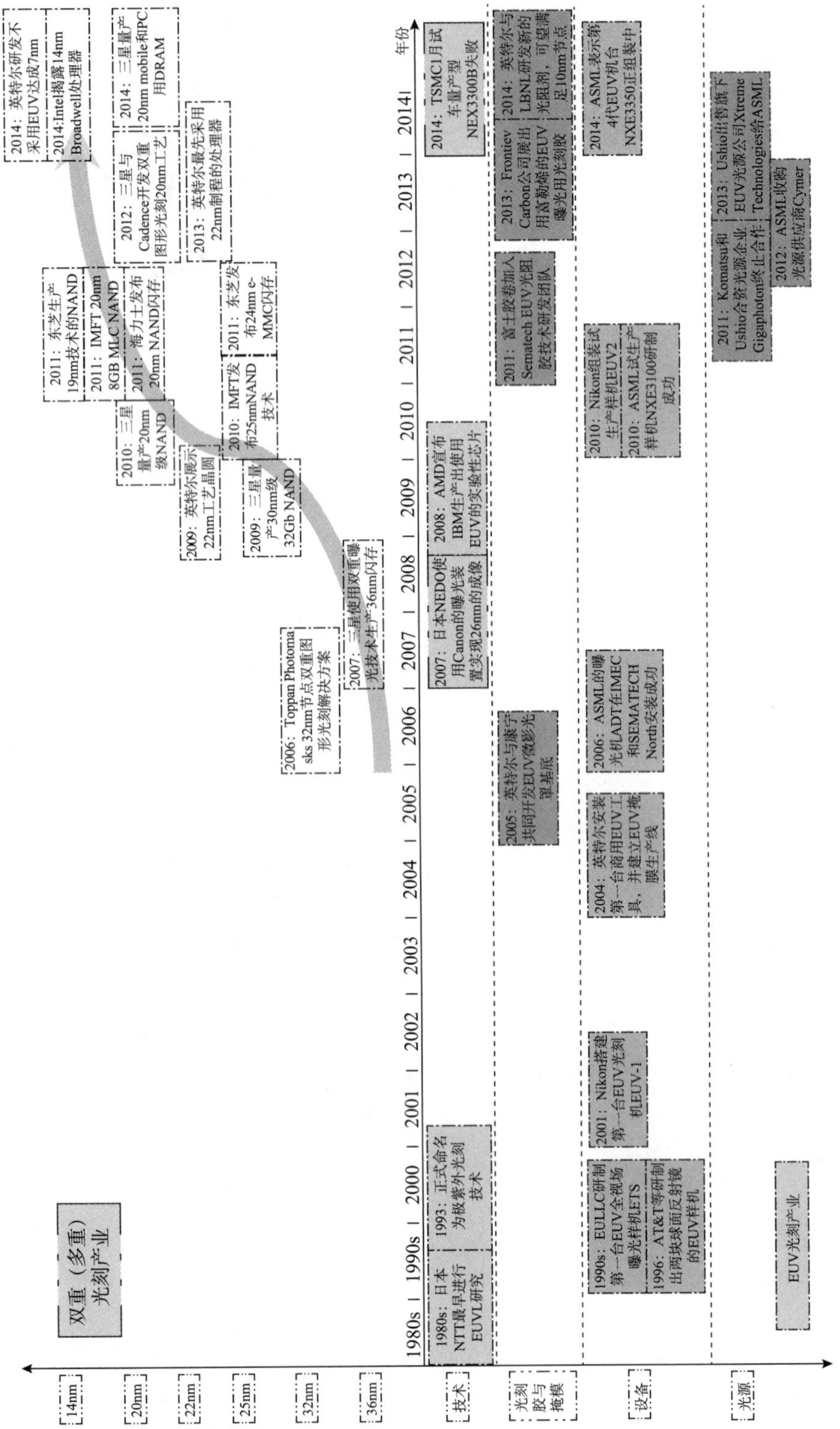

图4-2-24　全球光刻产业发展路线

2011年，IM Flash Technologies公司（IMFT）20nm制程8GB MLC NAND闪存芯片产品。2006年初，美光科技公司与英特尔公司的合作企业IMFT在市场上闪亮登场，通过整合英特尔公司的NOR多层单元（MLC）闪存技术与美光的DRAM和NAND闪存的制造效率和创新性，并在两个母公司强大的IP库支持下，IMFT在同一年推出的第一个产品就使市场深受震动。目前包括IMFT在内的各家NAND闪存芯片企业在生产25nm制程的NAND闪存芯片产品时，采用的可能都是193nm液浸式光刻+自对准型双重成像技术（SADP）（双重成像技术的另外一种主要工艺是LELE工艺）。

2011年，东芝宣布，它已生成19nm技术的NAND闪存芯片。东芝的NAND合作伙伴——SanDisk公司于2011年晚些时候开始提供19nmNAND闪存。

2012年，通过与Cadence合作，三星开发了20nm设计工艺，利用现有最先进技术如双重图形光刻技术，使先进的工艺节点设计受益。

2013年1月，英特尔最先采用22nm制程开发的处理器，目前已经开始量产。

2014年3月，宣布量产的PC用20nm工艺的4GB DDR3 DRAM，DRAM内存颗粒的每个单元都包含一个电容、一个晶体管，用于连接其他单元，不像NAND闪存单元那样只需一个晶体管，所以工艺进步更加困难。为此，三星重新调整了设计和制造技术，利用现有的沉浸式ArF光刻，用上了改进的双重曝光、原子层沉积（ALD），同时结合已有的沉浸式ArF光刻等先进技术。新型高效节能的20 nm DDR3 DRAM将迅速在整个IT产业扩大其市场基础，包括PC和移动市场，快速移动到主流地位。同时，修饰双重图形技术标志着一个新的里程碑，通过启用20nm的DDR3生产，三星也正为下一代10nm级别DRAM的生产作准备。NAND闪存的基本存储单元由一个晶体管构成，而DRAM则由一个电容器和一个晶体管串联构成，因此后者更难实现制程技术的微细化。然而，三星通过对芯片设计和制程技术的改良，创新性地研发出“改良版双重照片曝光技术”和“超薄介电层成型技术”，顺利实现了20nm 4GB DDR3 DRAM的量产。改良版双重照片曝光技术仅利用现有的光刻机设备即可生产20nm DDR3，而且更为下一代10nm级DRAM的量产做了核心技术储备，为半导体制程技术建立了一个新的里程碑。同时，电容器单元的介电层不仅超薄，而且前所未有的排列均衡，确保了基本存储单元的优越性能。

2014年9月，三星在稍早正式量产20nm Mobile DRAM，将有望帮助三星提高生产力以及成本竞争力。尤其在竞争对手仍停留在20nm中段制程的情况下，随着三星在20nm时代下画上句点，分析认为，三星在2015年前进10nm时代，拉开与对手的技术差距。随着三星研发出改良型的双图样微影技术（Double Patterning），通过既有设备做好量产10nm级产品的准备。韩国半导体业界预估，三星在2015年研发出10nm级产品，并在2016年开始投产。三星从2006年开始研发50nm级DRAM后，在2010年进展到30nm级，2011年时则推进到20nm级微细制程。Edaily指出，三星在2014年正式量产20nm产品后，率先进入10nm级时代。以此，三星有望拉开与竞争对手的技术差距。SK海力士（SK Hynix）在2014年下半年正式量产20nm中段制程产品，而到2015年成功研发20nm产品。

2014年，处理器龙头企业英特尔于8月12日正式揭露全球首款14nm Broadwell处理器细节，并宣布搭载Broadwell处理器的笔电或平板。该款14nm处理器目前正在其俄勒冈州工厂（Oregon Fab）量产，后续将正式命名为Intel Core M，英特尔也同时发表代号为Llama Mountain的可拆式二合一设备参考设计方案。苹果下半年推出的新一代Macbook Air就会采用Broadwell处理器。英特尔声称其14nm制程比起22nm，每个晶体管的成本更低，这多亏使用“自对准双重图形光刻技术”。

至于如何在没有EUV工艺的情况下制造10nm及7nm芯片，英特尔就没有透露太多了，不过在14nm工艺上，英特尔已经使用三重曝光（Triple Patterning）工艺。

4.2.1.2.2　中国产业技术发展路线

集成电路的芯片制造工艺则是推动其快速发展的根基，而工艺则依赖于设备的更新演变。真所谓是：一代设备带来一代工艺，一代工艺产生一代产品。回顾我国集成电路工艺技术来源的历史，基本上可以分为自主开发、技术引进、中外合资、引进团队和外资独资五个阶段。①

我国电子计算机由第二代晶体管升为第三代集成电路，就是采用我国独立自主开发的集成电路生产出来的。具有代表性的有20世纪70年代初，位于上海嘉定的华东计算所采用上海元件五厂和上元十九厂提供的浅饱和TTL电路研制成国内第一台号称100万次大型电子计算机。不久，北京大学电子仪器厂于1973年采用878厂提供的抗饱和TTL（S-TTL）电路研制成国内第一台真正达到100万次的电子计算机。1976年，中国科学院计算所采用科学院109厂提供的ECL超高速电路研制成我国第一台1000万次大型电子计算机。正是国产的集成电路推动着我国电子计算机行业向前发展，一次次地为国家争光。

我国集成电路芯片制造业者依靠自己技术力量，后来北京燕东公司于1996年和2010年先后建成了4英寸线和6英寸线，生产双极型模拟电路。杭州士兰公司则在杭州先后建成5英寸线和6英寸线，生产双极型和BiCMOS数字电路。

20世纪70年代末、80年代初，在国家进入改革开放年代之后，随着我国集成电路工艺水平的提升，开始探索采用技术引进的途径。以无锡742厂（江南无线电器材厂）为代表，首先从日本东芝公司引进5μm双极型模拟电路全套生产工艺技术，产品为电视机电路和录音机电路，建成国内第一条规模量产的、完整的3英寸芯片制造线。此外，咸阳4400厂也通过技术引进生产的显像管。

20世纪80年代末，742厂改组为华晶公司，90年代初从日本东芝公司和德国西门子公司引进4英寸和5英寸芯片生产线，引进2~3μm MOS型数字电路工艺技术。国家908工程（1990年8月立项的1μm 6英寸线项目）的前工序芯片加工部分又选在华晶公司，建设了8年时间，最后从美国朗讯公司引进1μm CMOS电路工艺技术，到1997年年底才完成对外验收。

从国外引进工艺技术主要在电子工业部重点企业，如742厂（后到华晶公司）从3

① 朱贻玮．回顾与展望：我国集成电路工艺技术来源回顾与展望［J］．中国集成电路，2013(10)．

英寸线开始，经过4英寸线、5英寸线到6英寸线，工艺范畴从双极型电路到MOS电路，线宽从5μm、3μm、2μm到1μm。另一个例子则是位于绍兴的华越公司（原为位于甘肃871厂总厂的分厂），也是电子工业部直属企业，从日本富士通公司引进3μm 5英寸线，双极型数字电路工艺技术。

随着改革开放的不断深入，各行各业陆续成立了中外合资企业。20世纪80年代末期，上无十四厂与比利时贝尔公司组建了上海贝岭公司，建成我国第一条4英寸芯片生产线，生产程控交换机专用MOS电路。随后，上海又与荷兰飞利浦公司组成上海飞利浦公司（后改名为上海先进公司），建成我国第一条5英寸芯片生产线，生产双极型数字电路。

接着，北京首都钢铁公司在北京市4家集成电路单位技术人员帮助下，与日本电气公司经过谈判，达成组建中日合资的首钢日电公司协议。执行合同过程中将原定的5英寸线改为6英寸线，结果在1995年建成我国第一条6英寸芯片制造线，技术为亚微米CMOS电路工艺。

908工程尚在执行，1995年开始酝酿909工程，准备用100亿元人民币建设一条0.5μm 8英寸芯片制造线。经过谈判，最终选择与日本电气公司合资，组建华虹NEC公司，于1999年2月23日在上海浦东新区金桥地区建成我国第一条8英寸月产5000片能力的芯片制造线并开始投产。投产初期为0.35μm CMOS电路工艺技术，主要产品为64Mbit/DRAM（动态随机存取存储器）电路。

通过中外合资方式，工艺技术由外方提供，不会产生知识产权问题，而且根据合同规定，还可能进一步提供更先进的技术。这样，在不同的合资企业里，工艺技术从5μm、3μm、2μm、1μm进到亚微米，最高达到0.35μm，乃至0.24μm。

1997年下半年，华晶公司与来自美国、中国台湾和香港的技术经营团队达成合作协议，华晶公司提供净化厂房、5~6英寸工艺线和200名员工，对方组成香港上华公司负责管理、海外市场和流动资金，以“来料加工，委托管理”的方式进行合作，把原来在中国大陆集成电路企业中采取的IDM模式（纵向集成模式）改为中国台积电公司创始的代工（Foundry）模式，为海内外IC设计公司加工5~6英寸圆片，并由双方合作开始，经过“软”合资，最后组成华晶上华合资公司（后改为华润上华公司）。经过15年的发展，现在该公司拥有中国大陆产量最大的6英寸芯片加工线，引进的团队成员不断更新，带来了工艺技术不断进步，从当初的1μm进展到0.8μm、0.6μm、0.5μm乃至0.4μm。

正是在华晶与上华从合作到合资顺利发展的影响下，当国务院〔2000〕18号文件颁布后，上海从2001年11月起先后建起了中芯国际3条8英寸线，紧接着宏力公司也在2003年9月建成投产了8英寸线。在国内外工程技术人员的共同努力下，8英寸线工艺技术水平从0.5μm逐步提升至0.35μm、0.25μm、0.18μm以至0.13μm。

通过引进技术团队引进技术往往容易产生知识产权侵权纠纷。宏力公司当初就注意到这一问题，它花了一定技术费从日本一家公司买了工艺技术。而中芯国际则两次被中国台积电公司起诉，结果2005年11月头一次赔了17500万美元，2009年

11 月台积电第二次获得中芯国际 8% 的股权，以及另外 2% 的认股权，还有 2 亿美元赔款。

中芯国际把工艺技术水平推进到 90nm 以至 65nm，并向 45nm 前进，这是通过建在北京经济技术开发区的中芯国际 12 英寸厂实现的。它于 2004 年 9 月建成投产，是中国大陆第一条 12 英寸芯片制造线，离世界上建成第一条 12 英寸线仅隔 5 年，拉近中国大陆与世界先进水平的差距。

随着中国经济实力不断提高，中国早已成为世界上最大的 IC 市场。世界上有名的 IC 大公司开始考虑到中国大陆建 IC 厂。第一个来的是美国摩托罗拉公司，2001 年 5 月它在天津建成 MOS17 厂，是一条 8 英寸芯片制造线，但由于公司 IC 市场萎缩，最后与中芯国际换股，该生产线改为中芯国际 7 厂。

后来中国台积电公司到上海松江建成投产一条 8 英寸线。之前，在中国台湾联电公司支持下，台商在苏州建设了和舰公司 8 英寸线，而另外的台商在宁波建设了中纬公司 6 英寸线。

之后，专门生产存储器电路的韩国海力士公司于 2006 年 10 月在中国无锡建成一条 8 英寸线和一条 12 英寸线，后来把 8 英寸设备卖掉，全改为 12 英寸线。

经过艰苦而持久的谈判，英特尔选中大连，于 2010 年 10 月建成又一条外国公司独资的 12 英寸芯片制造线，生产微型计算机芯片组电路，一投产就采用先进的 65nm 工艺技术。

2013 年 4 月，韩国三星公司开始在西安动工建设规模宏大的 12 英寸线，也准备生产存储器电路。

外资独资公司来中国大陆投资建 IC 芯片厂的特点是投资金额大、硅片尺寸大（8 英寸、12 英寸）、技术起点高、生产规模大。工艺技术水平从 0.35μm 开始，进到 0.25μm、0.18μm、0.13μm，以至 90nm、65nm。

总之，经过上述五个发展阶段，我国集成电路生产从小方片研制开始，一直发展到 12 英寸大圆片生产线，如表 4－2－1 所示。

表 4－2－1　五个阶段发展状况对比

序号	阶段	硅圆片直径尺寸/英寸						
1	自主开发	2	3	4	5	6		
2	技术引进		3	4	5	6		
3	中外合资			4	5	6	8	
4	引进团队				5	6	8	12
5	外资独资					6	8	12

目前我国光刻胶与国际先进水平相比，在产品上大约相差四代以上，国外已经推出用于 45nm 技术节点的商品化 193nm 浸没式光刻胶，我国只有低档 G 线正胶产品。

高分辨 G 线、I 线正胶、248nm 和 193nm 深紫外光刻胶均需依赖进口。

“十五”期间，科技部为了尽快缩小光刻技术配套用材料与国际先进水平的差距，将新型高性能光刻胶列入“863”重大专项计划之中。并且跨过 0.35μm 和 0.25μm 工艺用 I 线正型光刻胶和 248nm 深紫外光刻胶两个台阶，直接开展 0.13 ~ 0.10μm 工艺用 193nm 光刻胶的研究及电子束光刻胶的研究。我国目前具有 0.13 ~ 0.10μm 工艺用 193nm 光刻胶的研究及电子束光刻胶的小试技术，但没有形成规模生产，没有商品化产品。“十一五”期间，“ULSI 专用 248nm 深紫外光刻胶产业化技术研究”和“ULSI 专用 193nm 深紫外光刻胶中试技术研究”列入“863”重大专项计划之中。

国内从事光刻胶研究及生产的主要厂家有北京科华微电子材料有限公司、苏州瑞红电子材料公司和无锡化工研究设计院。

苏州瑞红电子材料公司紫外负型光刻胶形成了年产 20t 左右的规模，正胶年产 20t 左右的规模。无锡化工研究院的电子束胶可提供少量产品，但 0.5μm 以下技术用的高档电子束胶目前还必须全部依赖进口。

北京科华微电子材料有限公司成立于 2004 年 8 月 13 日，为中外合资企业，位于北京天竺空港出口加工区，建有光刻胶研发实验室和生产基地，其中的生产基地将以紫外正型光刻胶的生产为主，产品包括高档 G 线正胶、I 线正胶和 TFT - LCD 用正胶及相关的配套试剂。基地于 2008 年年底建成投产。其中，正型光刻胶生产线是国内第一个拥有自主知识产权的现代化百吨级正型光刻胶生产线。在即将建成的现代化厂房中已经为 248nm 深紫外光刻胶的产业化建设预留出所需的空间。另外，北京科华微电子材料有限公司的燕山基地以紫外负型光刻胶及配套试剂为主，其中负胶生产为 100t 级规模，配套试剂为千吨级规模，是国内规模最大的负胶和配套试剂生产基地。

2012 年，徐州博康信息化学品有限公司一期项目建成投产，生产光刻技术的中间产品——光刻胶单体。该公司正在积极筹建二期工程，二期工程全面建成达产后，将形成年产 500t 的光刻胶生产能力，届时将会成为全国最大的高端光刻胶生产基地。

2007 年 12 月，中芯国际与 IBM 签订了 45nm 工艺技术授权合同；2008 年，中芯国际上海 12 英寸厂从 ASML 购买的大陆首台浸润式光刻机已经到位，试产 45nm 芯片。2009 年，开始 45nm 工艺量产。

2010 年，中芯国际 65nm 低漏电工艺平台设计的高端数模混合 SoC 芯片 RK Cayman 进入量产阶段。

2010 年，华力微电子与 IMEC 在 65nm CMOS 工艺展开合作，华力微电子的技术团队将与 IMEC 的研发人员在比利时鲁汶 IMEC 总部研发设备的基础上共同调试 IMEC65nm 基础工艺，以满足华力微电子的工艺需求。2011 年，华力微电子 65nm 逻辑工艺产品进入产品试生产阶段。

2011 年 4 月，华力微电子 12 英寸全自动芯片生产线 55nm 逻辑产品开始试流片，并于 2012 年开始量产 55nm 低功耗工艺芯片。

2012 年，中科院微电子所集成电路先导工艺研发中心在 22nm CMOS 关键技术先导研发上取得突破性进展，在国内首次采用后高 K 工艺成功研制出包含先进的高 K/金属栅模块的 22nm 栅长 MOSFETs，器件性能表现良好。我国于 2009 年在国家科技重大专项支持下开始 22nm 关键技术先导研发。作为该项目牵头单位，中科院微电子研究所集成电路先导工艺研发中心与项目联合承担单位北京大学、清华大学、复旦大学和中科院微系统所的项目组共同开展系统的联合攻关。

2013 年，华力微电子在深圳集成电路技术创新与应用展（China IC Expo）上展示了 12 英寸 40nm 低功耗工艺研发测试芯片。

2014 年 1 月，华力微电子取得赛普拉斯半导体股份有限公司 55nm 嵌入式非挥发性闪存（NVM）技术授权，并于 2014 年 8 月达成“55nmSONOS 嵌入式闪存验证”。

2014 年，中芯国际与高通公司开展 28nm 芯片合作，将于 2015 年开始投产。报道称，中芯国际打入 28nm 市场比台积电等竞争对手晚了 2 年，但正在迎头赶上。中芯国际此前一直使用 IBM 的制造工艺，但其已与该公司共同研发 28nm 工艺。中芯国际还计划在借助外国的情况下努力实现进一步小型化，其已于 2014 年 5 月同意联手中科院和清华大学等机构，共同研发生产 20nm 芯片的工艺。

2014 年，上海华虹已经完成 90nm Flash/EEPROM 技术，预计于 2014 年逐步导入量产。

2014 年 9 月，中芯国际自主研发 38nmNAND 闪存工艺制程已经准备就绪，中芯国际成为唯一一家可为客户生产 NAND 产品的代工厂，使中芯国际占据该领域的领先地位。但与目前主流的 20 ~ 19nm 差了一代。

4.2.1.2.3　专利技术发展路线

（1）全球专利技术发展路线

以下将图形光刻技术划分为双重（多重）图形光刻技术和 EUV 光刻技术，对相关重要专利的技术演进路线进行分析。

1）双重（多重）图形光刻技术

在双重（多重）图形光刻技术中，最重要的两个技术分支是 SADP（自对准双重图形）和 LELE（光刻—刻蚀—光刻—刻蚀）。SADP 适用于形成重复性的结构，例如 NAND 的 Flash、DRAM 等结构，其工艺复杂性较低，但总体成本比其他双重图形光刻技术高出很多；而 LELE 由于可以采用现成的材料，其成本相对较低，但是其加工复杂度比较高，产率比较低。因此，这两种技术各有利弊，不能相互取代，从 20 世纪 80 年代末具有专利申请开始，这两种技术都在不断发展。

①SADP 工艺技术

首先介绍 SADP 技术的发展过程。早在 1988 年 11 月 15 日日本三菱就申请了关于光刻胶形成方法的专利申请（申请号为 JP28928888），技术方案如图 4 - 2 - 25 所示，通过将光刻胶图案置于含有硅烷基的气体中烘烤（例如 HMDS），使 HMDS 从光刻胶表面往里扩散，硅原子与光刻胶的苯酚基团相结合，使光刻胶表面形成一层硅烷化材料，去除光刻胶，只留下光刻胶侧壁的硅烷化材料，就是双重图案。然而，该专利申请只在日本专利局进行申请，并且当时光刻关键尺寸的降低主要依靠光源波长的减少，无须采用双重图形，因此该专利申请并没有引起产业过多的注意。

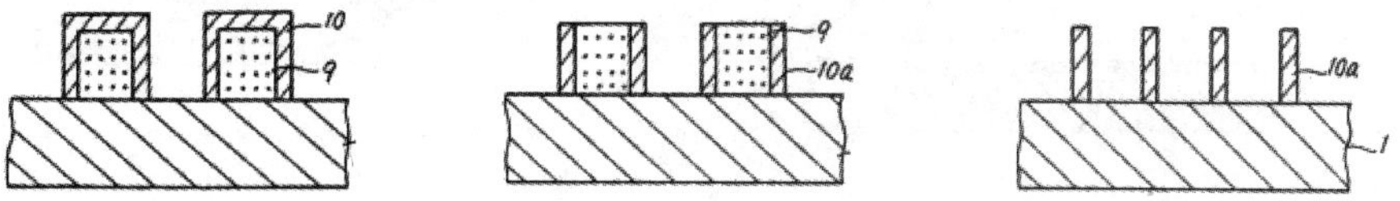

(a)　　(b)　　(c)

图 4 -2 -25　JP28928888 技术方案

1990 年 5 月 7 日，美国的美光科技提出了减少节距光刻方法的专利申请（申请号为 US19900519992），技术方案如图 4 -2 -26 所示。该专利申请首次系统地公开采用自对准的方式来形成侧墙，具体技术方案为：形成芯轴材料，在芯轴材料上覆盖光刻胶并对芯轴材料进行各向同性刻蚀以减少芯轴材料的尺寸，在修整后的芯轴材料上共形地沉积侧墙材料层，通过各向异性刻蚀，保留芯轴材料两侧的侧墙材料，从而形成双重图形。此外，该专利申请还提出，可以在双重图形的基础上重复上述步骤，即将双重图形进行修整以减少其尺寸，然后将其作为芯轴材料，再实施一遍 SADP 工艺，以形成四重图形。该专利申请非常重要，其首次提出了如何采用 SADP 形成半节距以及 1/4 节距的图形，并且其被引证频率也非常高，达到 214 次，是 SADP 技术的基础专利和核心专利。

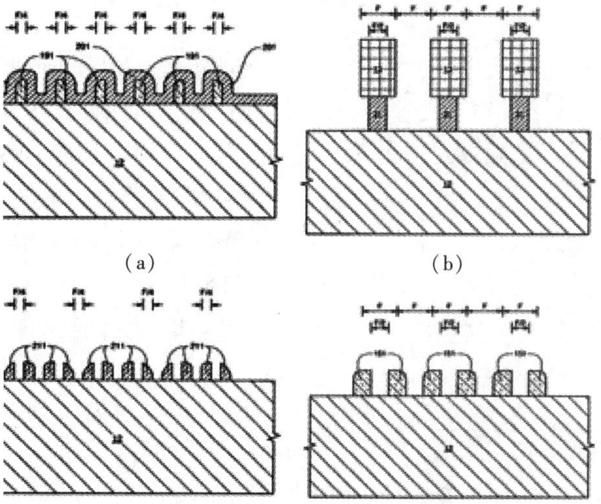

(a)　　(b)

(c)　　(d)

图 4 -2 -26　US19900519992 技术方案

1993 年，现代电子（如今为海力士）申请一种半导体微结构形成方法的专利（申请号为 KR930029799），技术方案如图 4 -2 -27 所示，通过刻蚀形成底切的下层图案，以下层图案作为芯轴，旋涂光刻胶，以上层为掩模，刻蚀光刻胶以在下层图案的两侧形成侧墙。该专利申请首次提出了通过底切芯轴材料的方式来方便地形成侧墙，也是比较基础的专利。然而，其专利申请区域为韩国、日本和德国，并没有在美国和欧洲进行布局，因此并没有受到产业的太多关注。

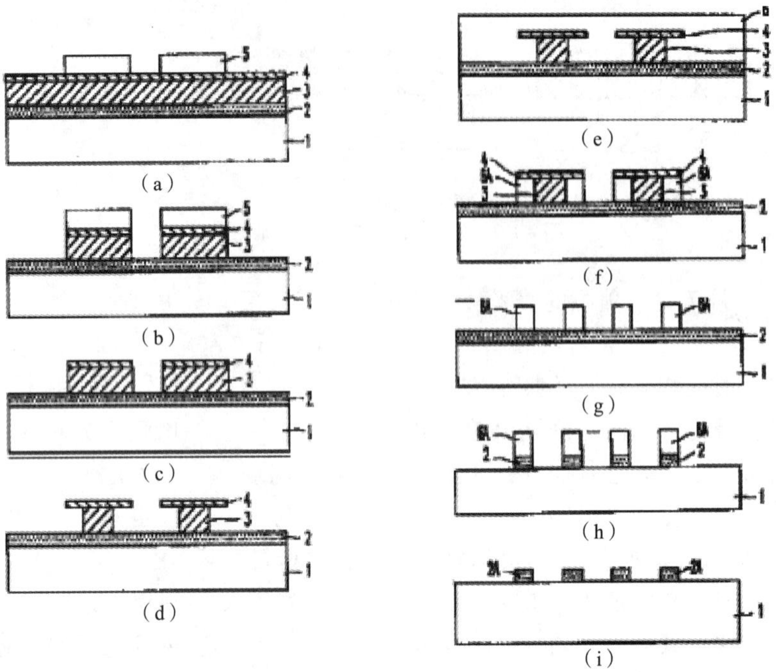

图 4-2-27　KR930029799 技术方案

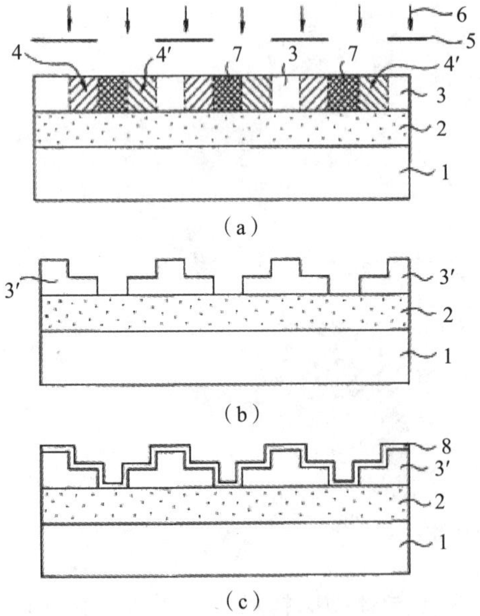

图 4-2-28　KR19940016980 技术方案

1994 年现代电子申请了形成超微细图案方法的专利（申请号为 KR19940016980，中国同族申请号为 CN95107566），技术方案如图 4-2-28 所示，将光刻胶层利用掩模第一次半曝光，移动掩模一定位置，再第二次半曝光，显影形成具有多个侧壁的光刻胶图案，然后沉积侧墙材料层，各向异性刻蚀获得三重图形。

1994 年，三菱对申请号为 JP28928888 的专利申请进行了改进（申请号为 JP12005494），技术方案如图 4-2-29 所示，采用例如 Cl3C 的气体来处理光刻胶图案，使光刻胶图案的两侧改性从而形成侧墙，避免了使用 HMDS 时所需的紫外线，简化了工艺。此外，该专利申请还首次提出了通过切除封闭的线端，从而得到独立的双重图形。该专利申请在日本、美国、韩国、德国、中国台湾和英国都有布局，其引证频率也有 41 次，属于比较基础的专利。

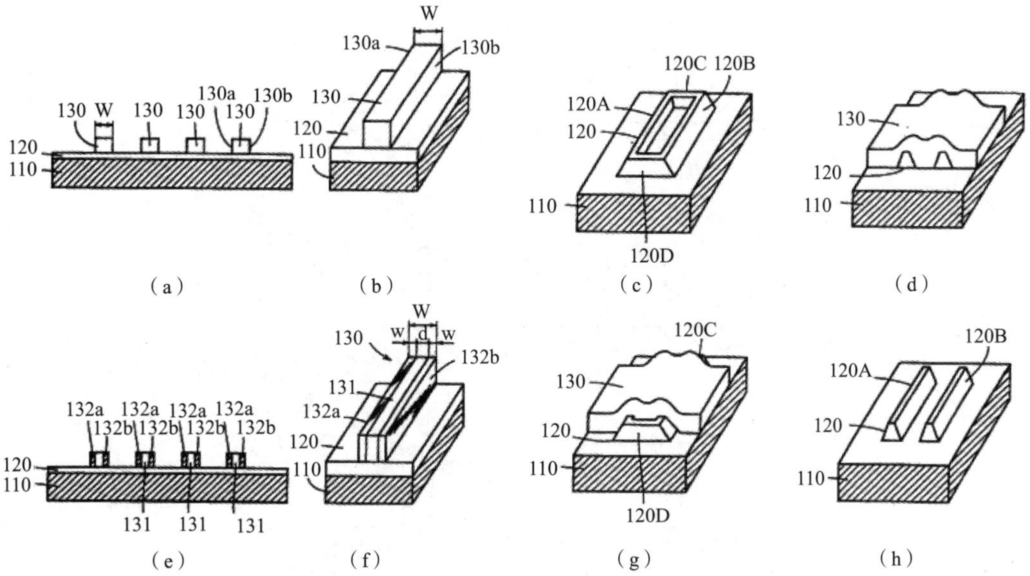

图 4-2-29　JP12005494 技术方案

1995 年，IBM 申请了垂直晶体管制作方法的专利（申请号为 US19950368069），首次采用 SADP 来制作垂直晶体管的沟槽，并给出具体的制作过程。该专利申请在美国、欧洲、韩国和中国台湾都有布局，并且其被引证频率为 73 次。

同年，IBM 还申请了可以调整线宽及间距节距降低方法的专利（申请号为 US19950469111），技术方案如图 4-2-30 所示，首先将多晶硅图案的表面氧化以形成氧化硅层，然后再共形地沉积氧化层，去除未氧化的多晶硅图案，从而形成双重图形。该专利申请通过调节氧化硅层以及共形氧化层的厚度，可以方便地调整线宽以及线之间的间距，是 SADP 工艺中首次解决线宽和间距问题的专利申请。该专利申请虽然只在美国进行申请，然而其被引证的频率高达 113 次，可见其重要性。

1995 年，三星首次申请了负性 SADP 方案的专利（申请号为 KR19950029836），采用多晶硅作为芯轴，在芯轴两侧形成氧化物侧墙，在侧墙之间填充多晶硅材料，去除侧墙，从而形成多晶硅构成的双重图形。

1997 年，英特尔申请了具有减小尺寸侧墙形成方法的专利（申请号为 US19970939578），技术方案如图 4-2-31 所示，通过重复 4 次 SADP 实现十六重图形光刻，其中，前三层侧墙的厚度依次减少，第四层侧墙的厚度与第三层侧墙的厚度一致，以获得最终一致的线宽和间距。该四重图形可以作为晶体管密集的沟道。

2001 年，AMD 公司申请的专利（申请号为 US20010794632）采用光刻胶作为芯轴材料，利用化学微缩分辨率增强辅助材料（RELACS）作为侧墙材料，提供了一种新的侧墙材料。

2002 年，IBM 申请的专利（申请号为 US20020063330）首次提出采用 SADP 来形成 DRAM 的鳍状存储单元，技术方案如图 4-2-32 所示。

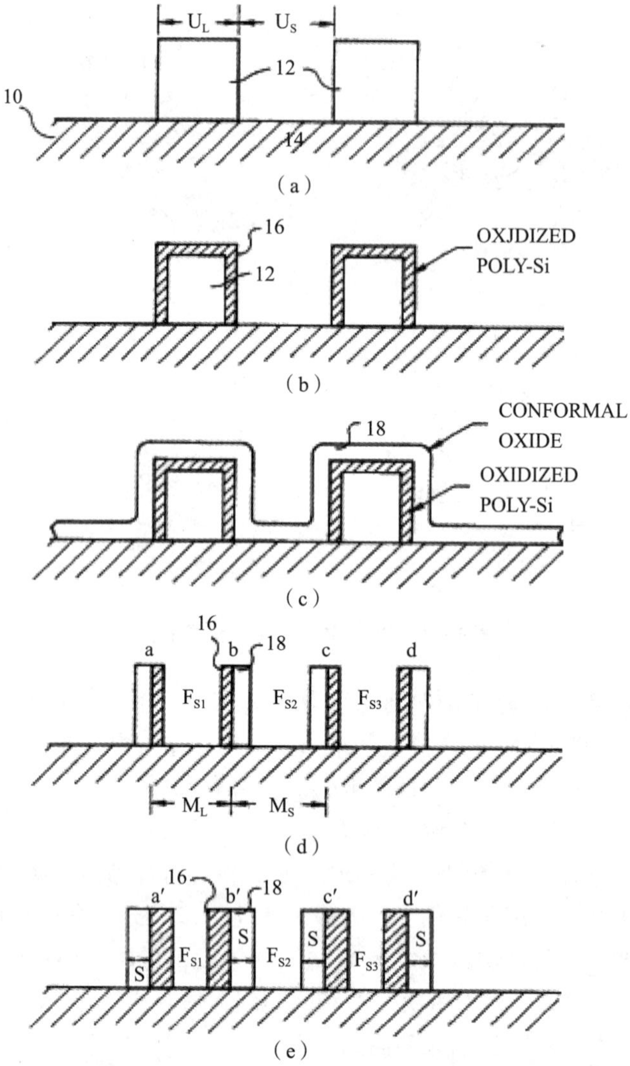

图 4-2-30　US19950469111 技术方案

2004 年，美光科技申请了使用间距倍增的集成电路制造方法的专利（申请号为 US20040934778，中国同族申请号为 CN200580035764），用 SADP 在不同区域形成不同尺寸的图案，可用于存储器，并且首次采用无定型碳作为转移层，可有效改善图案转移的精确度，技术方案如图 4-2-33 所示。该专利申请在美国、欧洲、中国大陆、韩国、日本、中国台湾和新加坡进行布局，被引证次数高达 150 次，属于比较重要的专利。

2004 年，IBM 提出了形成不同栅极尺寸的专利申请（申请号为 US20040754073），其中采用聚合物作为侧墙材料，保护某些侧墙，其余侧墙则暴露于反应气体中使之变大或缩小，因此可以形成不同尺寸的侧墙，然后将不同尺寸的侧墙转移到栅材料层，技术方案如图 4-2-34所示。

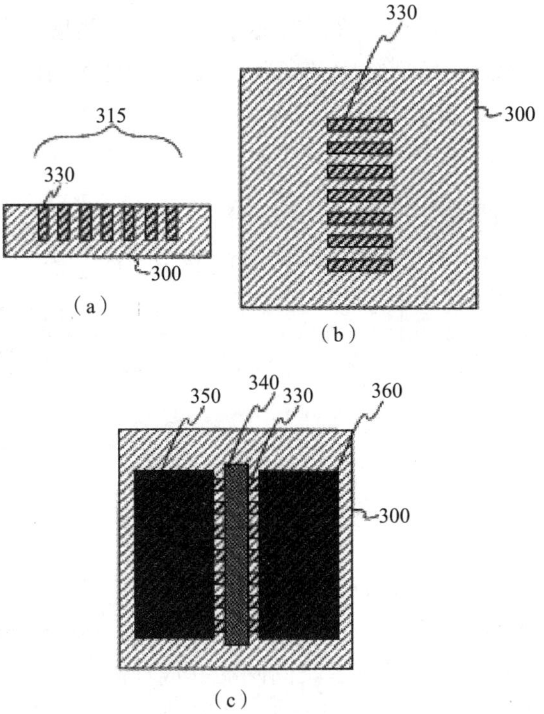

图 4 - 2 - 31　US19970939578 技术方案

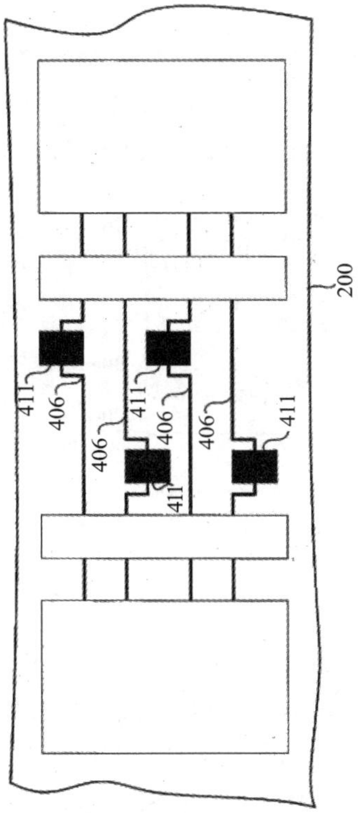

图 4 - 2 - 32　US20020063330 技术方案

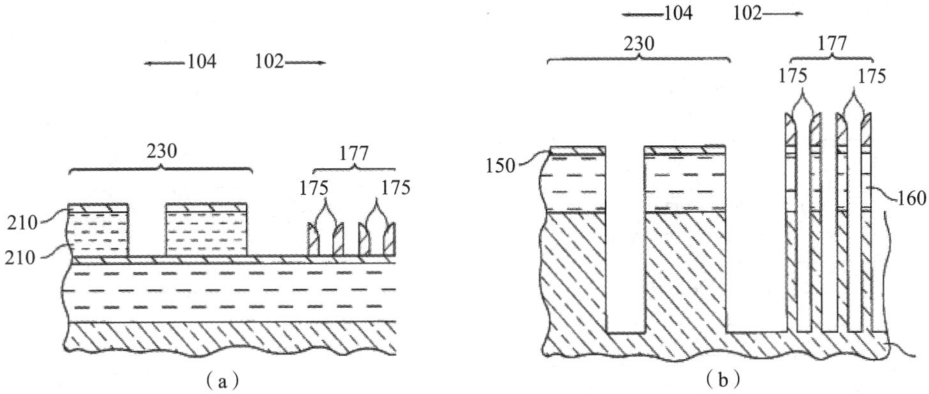

图 4 - 2 - 33　US20040934778 技术方案

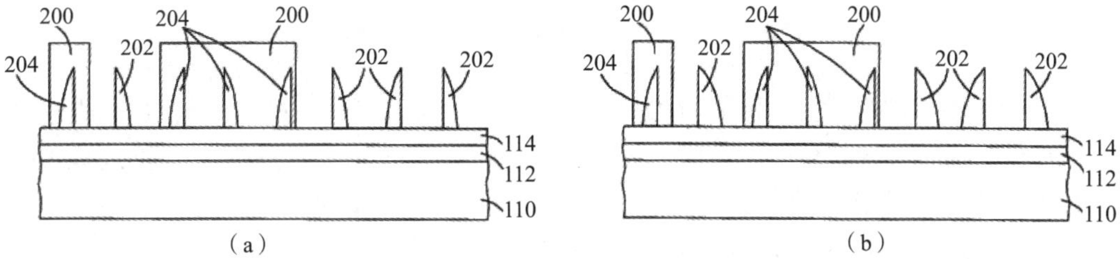

图 4 - 2 - 34　US20040754073 技术方案

2005年，三星申请了采用SADP形成三重图形的专利申请（申请号为KR20050033205），通过在芯轴上形成两层侧墙，刻蚀去除第一层侧墙，留下的芯轴和第二层侧墙便形成三重图形，可以在采用193nm的ArF浸没式光刻技术的条件下，形成线宽和间距小于50nm例如20～30nm的FLASH存储器，技术方案如图4－2－35所示。

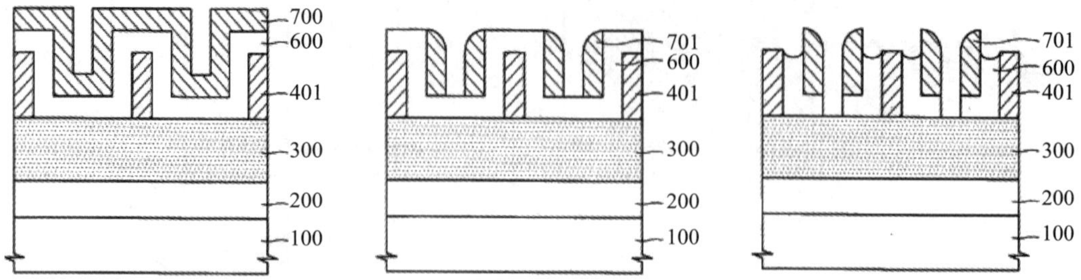

（a）　（b）　（c）

图4－2－35　KR20050033205技术方案

2005年，美光科技申请了形成小型紧密间隔特征阵列方法的专利（申请号为US20050134982，中国同族申请号为CN200680017977），通过在上下层分别采用SADP形成条状图案，并且上下层的条状图案交叉，刻蚀形成密集间隔的孔或柱阵列，是首次提出采用SADP来形成接触孔或者柱阵列的专利申请，技术方案如图4－2－36所示。其在美国、中国大陆、欧洲、日本、韩国、新加坡和中国台湾都有专利布局，被引证次数达到115次，属于比较重要的专利。

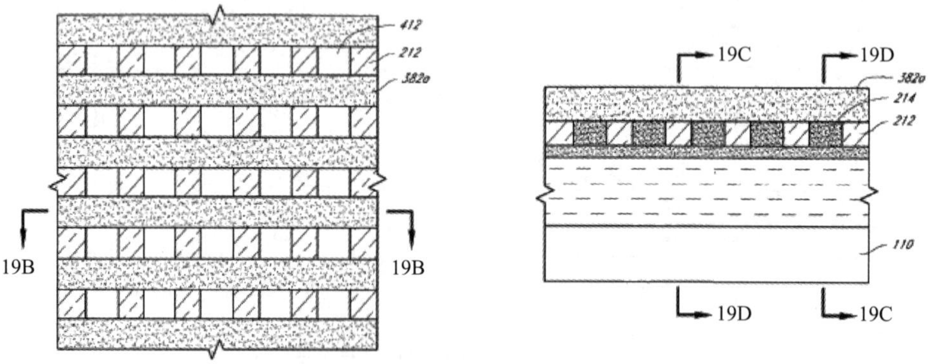

（a）　（b）

图4－2－36　US20050134982技术方案

同年，美光科技还申请了重复SADP形成多重图形方法的专利（申请号为US20050150408），通过重复SADP工艺来形成四重图形和六重图形，分析发现改变侧墙的厚度可以使最终的图案的尺寸偏移变小，其中形成六重图形时，最终的图案的尺寸偏移最小，技术方案如图4－2－37所示。

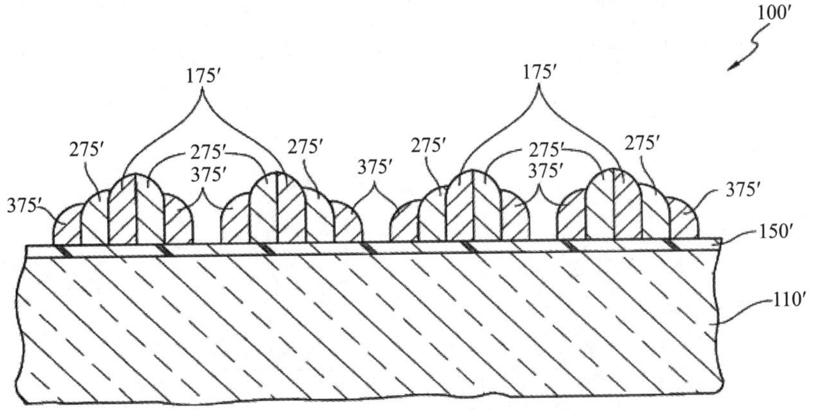

图4-2-37 US20050150408技术方案

2006年，英特尔申请了形成闪存栅极方法的专利（申请号为US20060615321）。其采用SADP工艺来制备闪存的栅结构，其特征尺寸为18~22nm，同时公开了具有该闪存结构的晶圆。

2006年，海力士申请了形成半导体器件硬掩模图案方法的专利（申请号为KR20060128767，中国同族申请号为CN200710000602），在芯轴材料上覆盖无定型碳，无定型碳相当于侧墙，再旋涂SOG，SOG相当于侧墙之间的填充材料，然后去除无定型碳，得到由芯轴和侧墙填充材料形成的致密图形，技术方案如图4-2-38所示。该方法用于存储器，并且可以得到不同尺寸的图形，类似于负性方案的SADP。

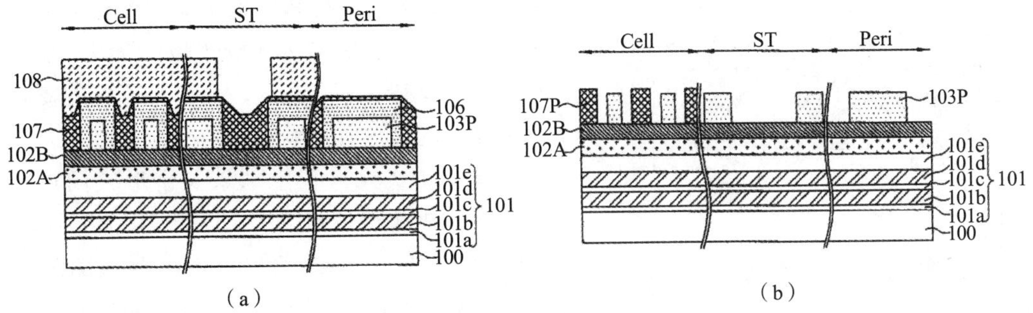

图4-2-38 KR20060128767技术方案

2007年，美光科技申请了采用SADP形成FLASH的专利（申请号为US20070714378，中国同族申请号为CN200880006929），形成窄块及宽块的牺牲材料作为芯轴，在芯轴上覆盖聚合物作为侧墙层，且聚合物形成为在宽块上方比在窄块上方厚，利用聚合物的厚度差而借助单个光掩模制作高密度结构及低密度结构，技术方案如图4-2-39所示。

2008年，东京电子申请了形成SADP方法的专利（申请号为JP2008048611，中国同族申请号为CN200910006588），在芯轴材料表面上形成催化剂膜，在催化剂膜上涂布流动性材料，通过催化剂膜的甲烷化反应，使流动性材料形成一个不溶层，从而可以形成侧墙，技术方案如图 4－2－40 所示。该方法形成的侧墙比沉积工艺形成的侧墙成本低。

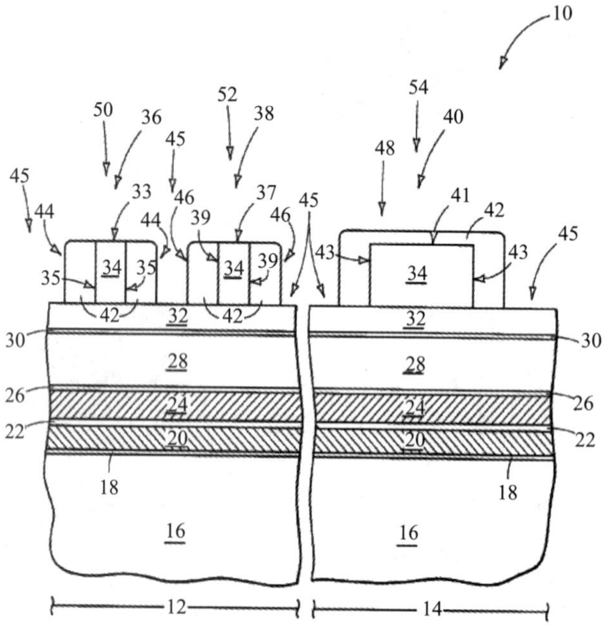

图 4－2－39　US20070714378 技术方案

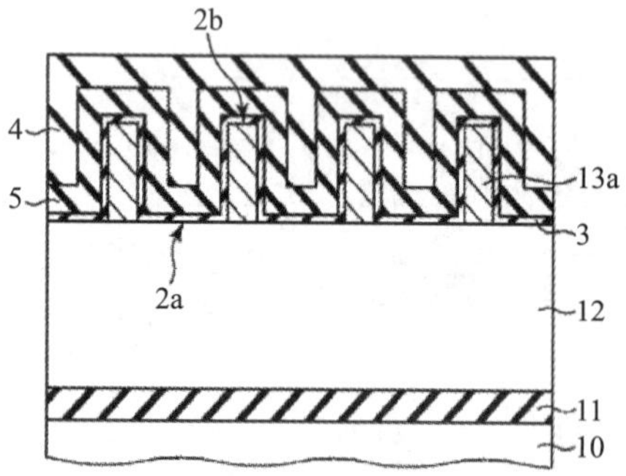

图 4－2－40　JP2008048611 技术方案

同年，美国应用材料申请了氮化硼作为侧墙 SADP 工艺的（申请号为 US20090415759，临时申请号为 US20080042638P），克服了传统的氮化硅侧墙需要高温的不利影响。

2008 年，美光科技申请了关于形成四重图形方法的专利（申请号为 US20080248283），首先采用 LELE 形成双重图形，将该双重图形作为芯轴，采用 SADP 方案从而形成四重图形；而东京电子在 2010 年对其进行改进（申请号为 US20100416496），将 LELE 工艺替换为 LPLE 工艺，即第一道光刻工艺后，采用化学冷冻的方法来处理光刻胶图案，从而减少一道转移图案的刻蚀工艺。

2008 年，东芝申请了 NAND 闪存制作方法的专利（申请号为 JP2008023254），采用 SADP 工艺制备了 NAND 闪存，可沿 X 方向进行微细化制造，从而减小面积。

2009 年，三星申请了 DRAM 制作方法的专利（申请号为 KR20090086631），在芯轴上形成两层侧墙层，通过负性 SADP 工艺，可以在 DRAM 中形成通孔阵列。技术方案如图 4－2－41 所示。

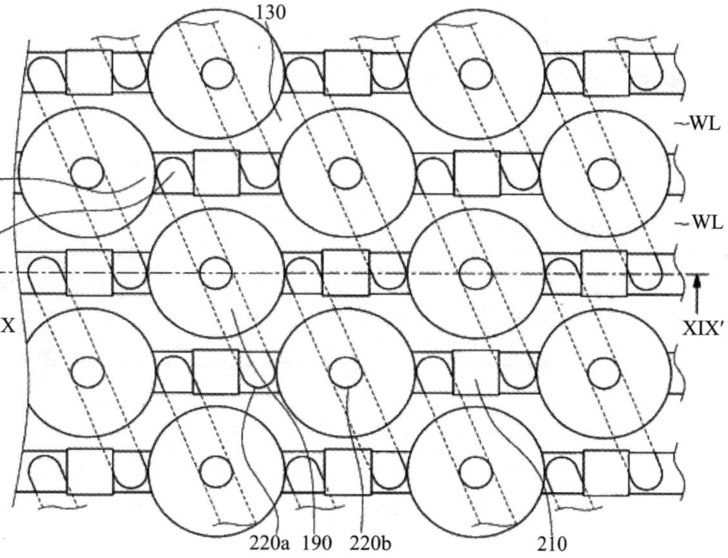

图4-2-41　KR20090086631技术方案

2010年，英特尔申请了形成不同尺寸SADP的专利（申请号为US20100978160），在芯轴的两侧形成两层侧墙，可以形成三重图形；通过调整芯轴的尺寸以及芯轴之间的间距，可以形成不同尺寸的最终图案，技术方案如图4-2-42所示。

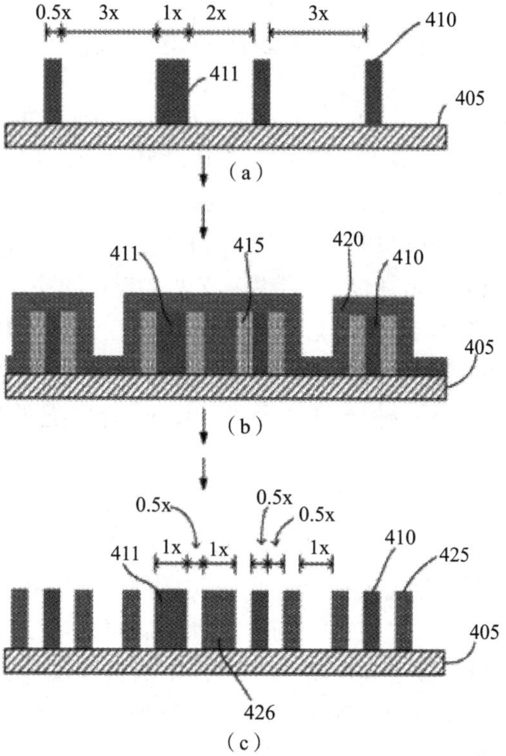

图4-2-42　US20100978160技术方案

2011 年，台积电申请了反调 STI 形成方法的专利（申请号为 US201113298112），采用 SADP 工艺来形成 STI 的隔离图案，然后通过隔离图案之间的半导体的选择性外延生长来形成有源区，技术方案如图 4 -2 -43 所示。

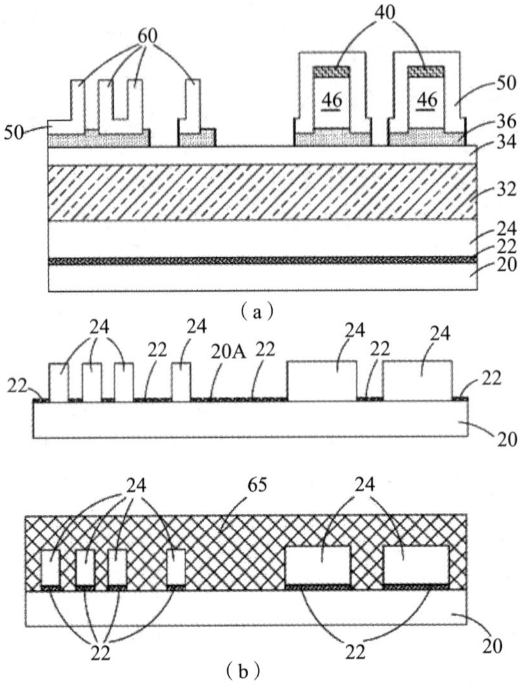

图 4 -2 -43　US201113298112 技术方案

IBM 于 2011 年申请了采用 SADP 图形转移方法的专利（申请号为 US201113069536）。其中采用无定型碳作为转移层，并且在无定型碳上还具有一层掩模层，因此，对无定型碳厚度的要求可以降低，并且图形转移更方便。

IBM 于 2012 年申请了采用 SADP 形成互连线方法的专利（申请号为 US201213592683），技术方案如图 4 -2 -44 所示。其通过三道掩模工艺，实现在同一互连层上使采用 SIT（侧墙图形转移）形成的互连线与非 SIT 形成的互连线相互连接，其中第一道掩模形成侧墙，第二道掩模对侧墙的线端进行切割，第三道掩模形成非 SIT 互连线并使之与 SIT 形成的互连线相连。该方法能够降低 SADP 运用于大马士革工艺的难度，简化工艺。

②LELE 工艺技术

早在 1987 年 1 月 9 日 NEC 就提出了通过两道刻蚀工艺形成细微图案方法的专利（申请号为 JP277687），技术方案如图 4 -2 -45 所示，在待刻蚀层上形成下层光刻胶、中间层和上层光刻胶，刻蚀形成包括上层和中间层的第一图案，然后再旋涂中间层和上层光刻胶，刻蚀形成包括第二次旋涂的上层和中间层的第二图案，转移到下层光刻胶中，从而形成双重图形。该专利申请第一次提出通过两次光刻和刻蚀来形成双重图形的思想，然而其不足之处也比较明显，每个上层光刻胶都需要中间层作为掩模，并且最下方还有下层光刻胶，增加了工艺的复杂度。

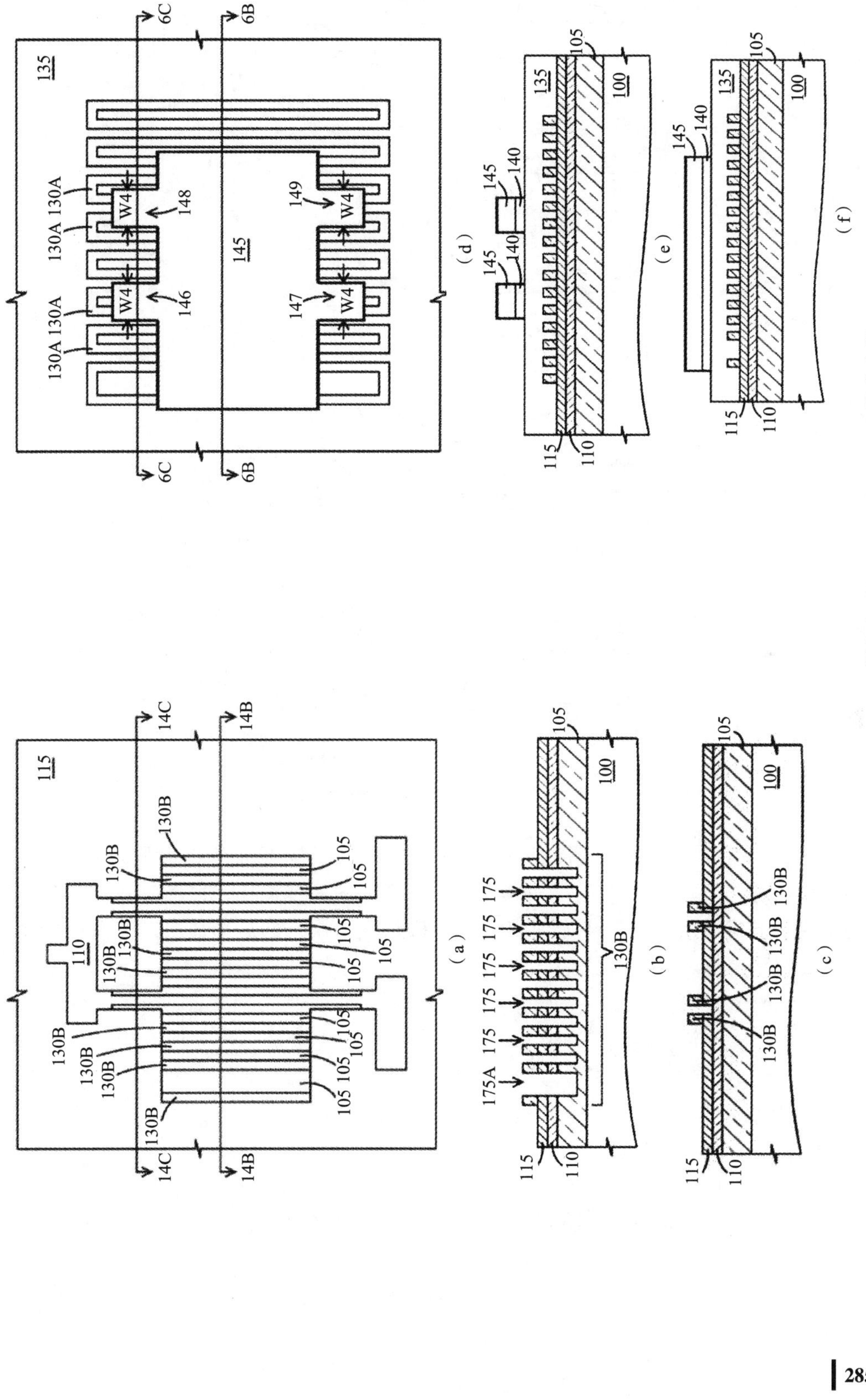

图4-2-44　US201213592683技术方案

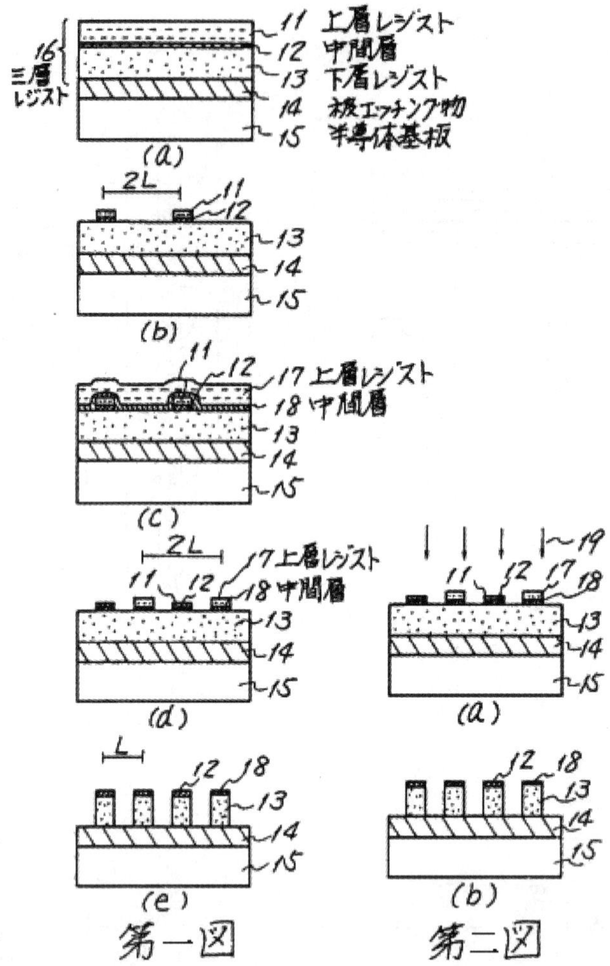

图 4-2-45　JP277687 技术方案

同年，东芝申请了通过两道工艺形成细微光刻胶图案方法的专利（申请号为JP31769787），技术方案如图4-2-46所示。其工艺进一步简化，只需在第一光刻胶层下方形成一道掩模层，将第一光刻胶图案转移到掩模层，然后形成第二光刻胶图案，便可形成双重图形。

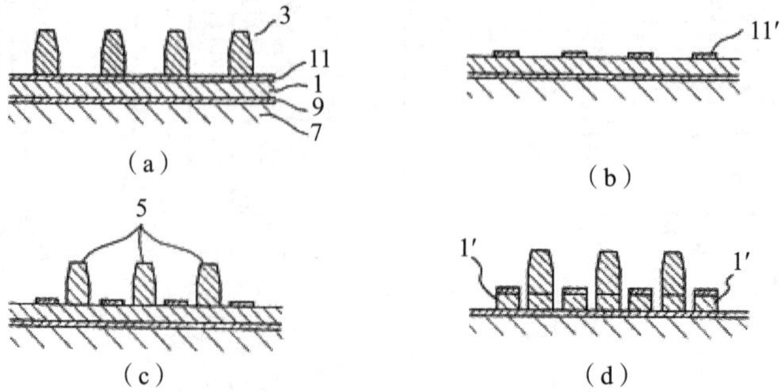

图 4-2-46　JP31769787 技术方案

现代电子于1995年对LELE工艺进行进一步改进（申请号为KR19950050479），采用两层掩模的正性方案，其能够获得更好的图案转移精度。

上述3件早期的LELE专利都是正性方案的LELE，并且其申请区域分别为JP/KR，因此没有受到产业界过多的注意。

1997年，美国新墨西哥大学首次申请了负性方案的LELE专利（申请号为US19970932428），技术方案如图4-2-47所示。首先在光刻胶中形成具有最小节距以及小于1/2最小节距线宽的图案，将该图案转移到下层的掩模层中，然后旋涂第二层光刻胶，偏移上述图案1/2最小节距，重复曝光、显影、转移等工艺，从而形成双重图形；第一层图案和第二层图案可以交叉，因此可以形成孔洞阵列。该专利申请首次系统全面地阐述了LELE工艺的原理、工艺过程，并且提到可以通过重复上述工艺从而实现多重图形，具有很高的工业实用性，被引证次数也高达169次。该专利是LELE工艺的基础专利和核心专利，2010年新墨西哥大学凭借该专利控告中国台积电、三星和英特尔等公司侵犯其关于双重图形的专利技术。

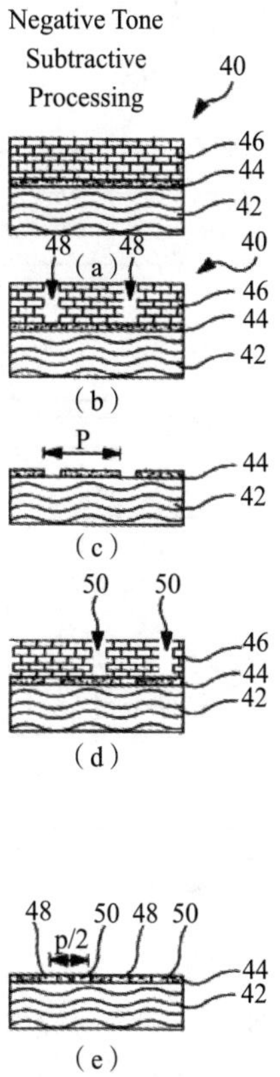

图4-2-47　US19970932428技术方案

中国台湾旺宏电子股份在2003年对LELE进行了改进（申请号为US20030703453），技术方案如图4-2-48所示。第一次光刻—刻蚀形成图案后，在图案上形成侧墙，刻蚀两个侧墙之间的下层材料实现第一次图案转移，然后去除侧墙，并通过填充聚合物来实现图案转移到下层，从而实现第二次图案转移。整个过程中光刻只需要进行一次，能够降低工艺的成本。

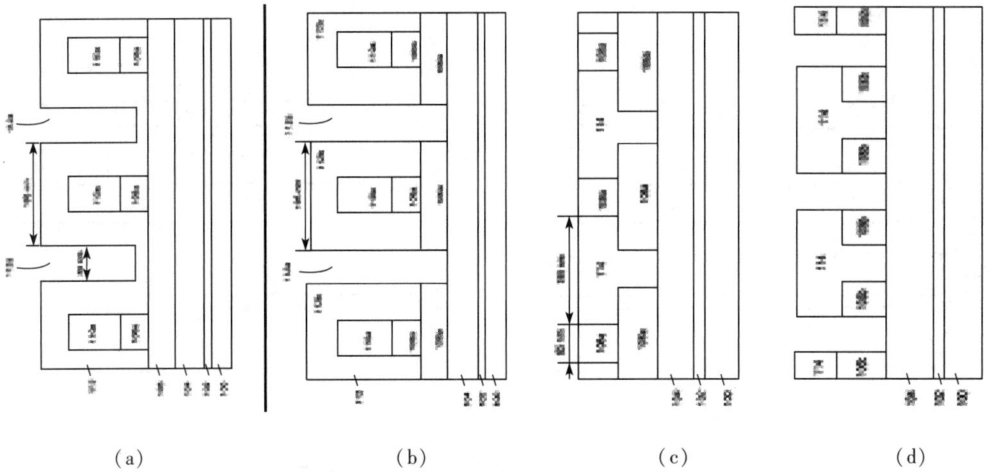

图4-2-48　US20030703453技术方案

2004 年，应用材料申请了负性方法 LELE 的专利（申请号为 US20040768724，中国同族申请号为 CN200580003299），技术方案如图 4－2－49 所示。其中采用无定型碳作为掩模层将图案转移到衬底，可以使抗反射涂层在光刻中损害分辨率的反射最小化，使两次图案化硬掩模层具有对于将被刻蚀的下方衬底的良好刻蚀选择性并且在衬底被刻蚀后可容易去除。

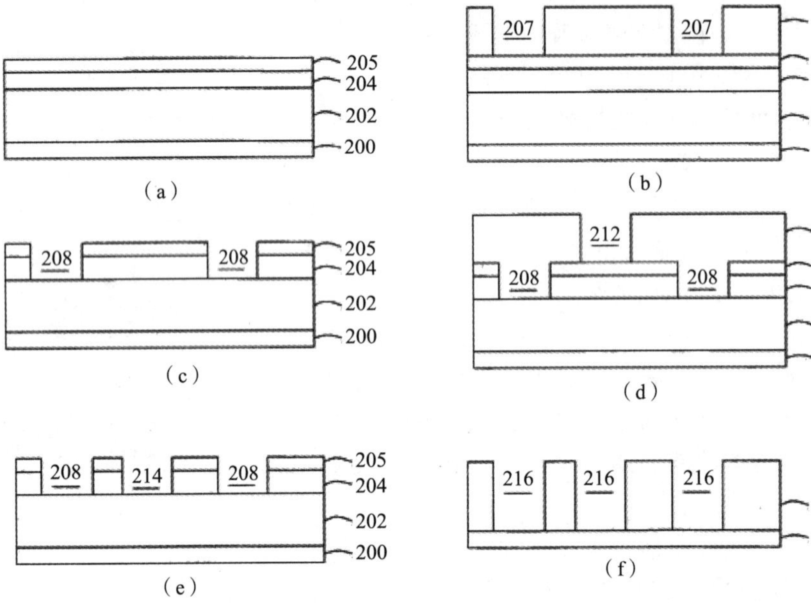

图 4－2－49　US20040768724 技术方案

2005 年，朗姆研究申请了进一步减少尺寸 LELE 工艺的专利（申请号为 US20050170273，中国同族申请号为 CN200680023375），技术方案如图 4－2－50 所示，通过在光刻胶图案上涂覆侧壁层，可以降低光刻胶图案之间的尺寸。

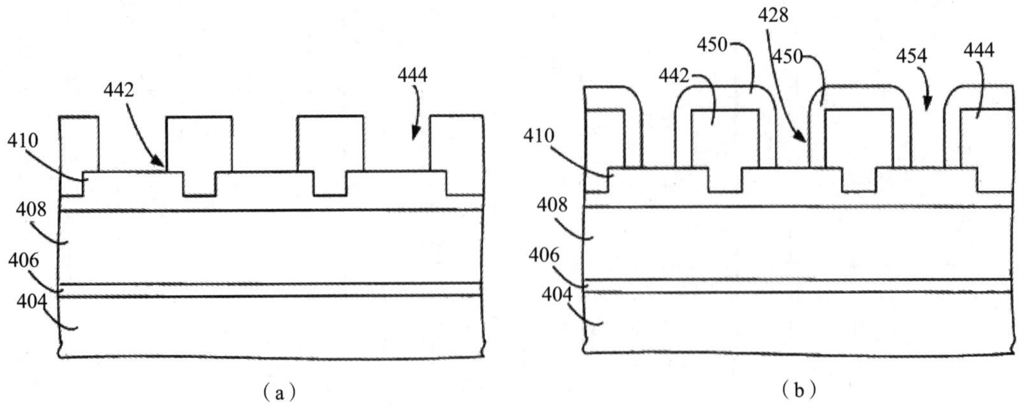

图 4－2－50　US20050170273 技术方案

2008 年，闪迪申请了采用双重图形形成高密度柱结构方法的专利（申请号为 US20080216108，中国同族申请号为 CN200980125068），技术方案如图 4 - 2 - 51 所示，在下层形成第一光刻胶图案，在第一光刻胶图案上形成第二光刻胶图案。其中，第一光刻胶图案和第二光刻胶图案有部分交叠，交叠的部分即为将要形成的柱结构，以第二光刻胶图案为掩模刻蚀第一光刻胶图案，便形成密集的柱结构；通过调整交叠的部分及大小，可以形成不同形状的柱结构。

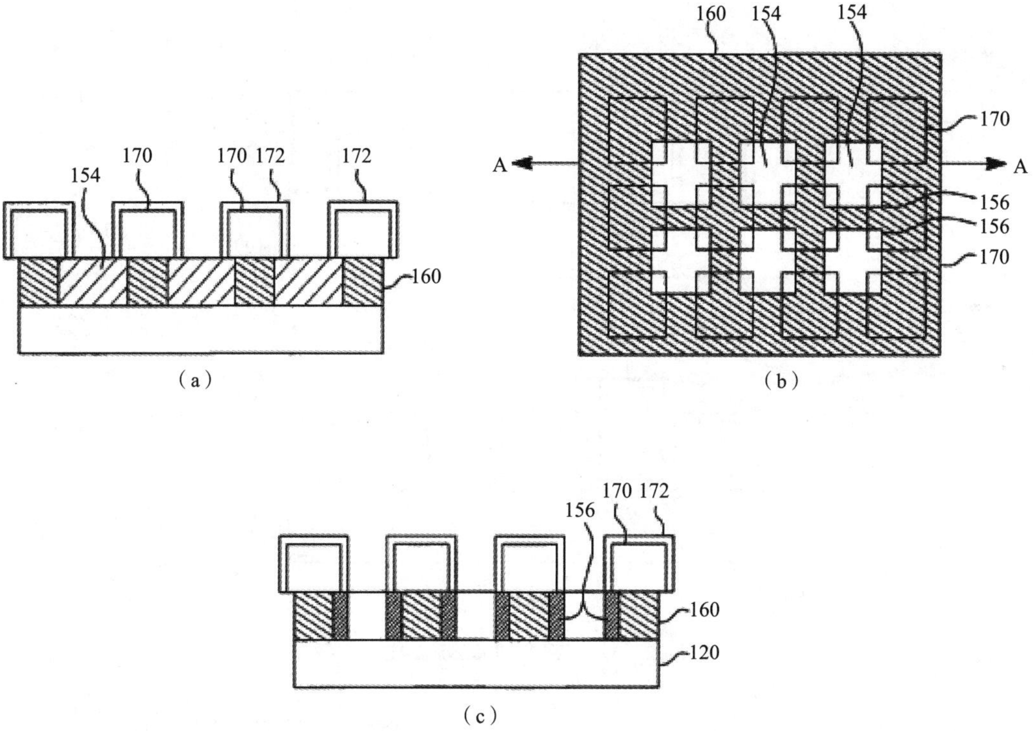

图 4 - 2 - 51　US20080216108 技术方案

2010 年，三星申请了形成半导体器件精细图案方法的专利（申请号为 KR20100013582，中国同族申请号为 CN201110036452），技术方案如图 4 - 2 - 52 所示。其通过在下层图案上共形地形成界面层和平坦化层，在平坦化层上形成第二图案，刻蚀转移第二图案至平坦化层，可以获得精确的图案。

LPLE 工艺是在 LELE 工艺的基础上改进得到的，由于将第一次光刻胶图案进行处理固化，无须转移到下层材料上，可以减少一道刻蚀的工艺，但同时也对光刻胶及处理材料提出了要求。最早的 LPLE 工艺是由 OKI 电子公司于 1990 年 7 月 12 日申请的（申请号为 JP18444790），技术方案如图 4 - 2 - 53 所示。其采用四甲基铵羟化物对第一光刻胶图案进行处理，使之不溶于溶剂，因此可以后续再旋涂、曝光第二光刻胶，从而形成双重图形。该专利申请首次提出 LPLE 的理念，但是其申请区域只有日本，因此并没有受到产业界太多的关注。

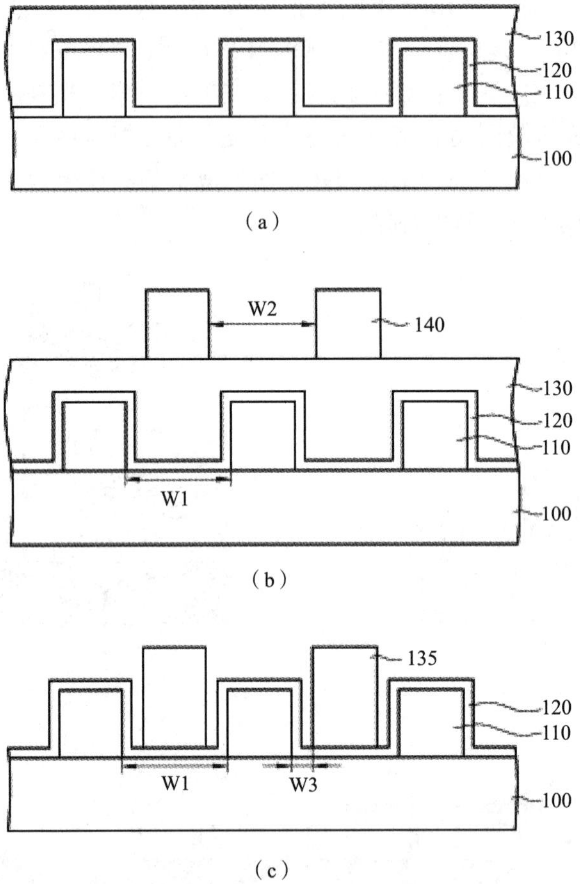

图 4－2－52　KR20100013582 技术方案

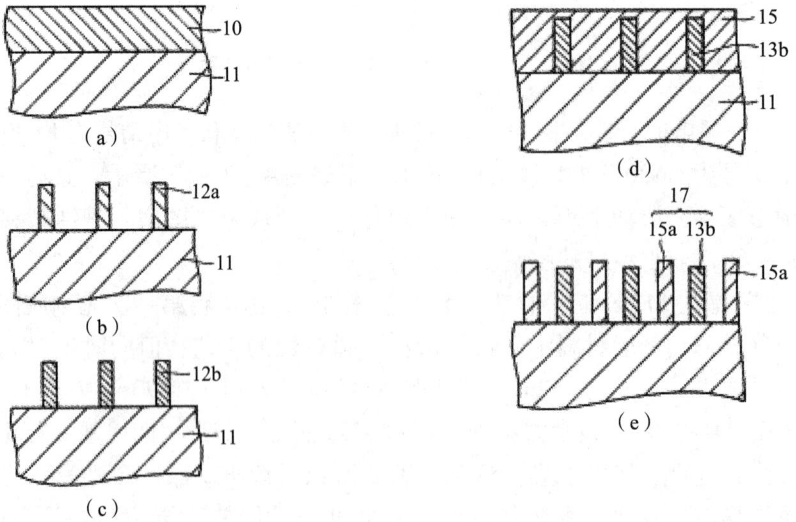

图 4－2－53　JP18444790 技术方案

2006年，东京应用化学申请了改进LPLE方案的专利（申请号为JP2006265115），采用水溶性树脂来处理第一光刻胶图案，其中水溶性树脂可为丙烯酸树脂、乙烯系树脂、纤维素树脂等。

2）双重（多重）图形光刻全球专利技术发展路线

通过上述分析，可以得到双重（多重）图形光刻全球专利技术发展路线，如图4-2-54所示。

可以看出，在SADP工艺方面，虽然日本三菱早在1988年就提出了硅烷化形成侧墙的SADP工艺，但该专利的内容比较少，也欠缺影响力；1990年，美国美光科技首次系统地提出了SADP工艺，其能够获得半节距的图形，并可通过重复SADP来形成1/4节距的图像，是SADP工艺的核心专利和基础专利。对SADP工艺的研究主要集中在以下两个方向：一是侧墙的形成方法，如1988年三菱提出了硅烷化光刻胶侧壁，1994年三菱对光刻胶侧壁改性形成侧墙，1995年IBM氧化芯轴侧壁，后续开始采用有机材料来形成侧墙，如采用RELACS、交联剂和硅倍半氧烷树脂等；二是将SADP工艺运用于具体的器件制作，如2004年美光科技采用SADP在存储器的不同区域形成不同尺寸的图案，2005年三星利用SADP工艺形成尺寸小于50nm的FLASH，2009年三星采用负性SADP工艺形成DRAM的通孔阵列，2010年英特尔采用两层侧墙形成三重图形以及不同的尺寸，2012年IBM通过SADP在同一层上形成大马士革线。可以预期，未来对SADP的改进将不局限在减小尺寸上，会更多地与器件的具体制作过程相联系，即如何采用SADP来形成具体的器件，扩大SADP工艺的运用范围和简化其工艺步骤。

NEC在1987年就提出了LELE工艺，但当时采用在第一层图案上形成Capping Layer来避免与第二层图案的相互影响；1997年，美国的新墨西哥大学首次系统地提出LELE工艺，采用硬掩模作为图案转移层，通过LELE工艺可以形成线条和通孔，并且可以重复LELE工艺以形成多重图形，该专利是LELE工艺的核心专利和基础专利。对LELE工艺的改进主要有以下两个方面：一是优化尺寸，如在每一层图案两侧形成侧墙，可以减少侧墙之间的距离，或者通过形成平坦层，可以获得更精确的图案；二是简化工艺，将LELE简化为LPLE，少一道刻蚀的步骤，例如采用水溶性树脂、交联剂等材料对第一层光刻胶图案进行处理。

如图4-2-55所示，在SADP工艺方面，美光科技的专利US19900519992属于核心专利和基础专利，于1994年获得授权。后续关于SADP工艺的专利申请主要围绕几个方面进行改进。一是关于侧墙的形成方法，如1993年海力士采用底切芯轴的方式自动形成侧墙，1994年三菱通过对光刻胶芯轴的侧墙进行改性，1995年IBM氧化芯轴的侧墙；后期主要采用高分子化合物来形成可控性更强的侧墙，如2001年AMD采用RELACS材料，2007年罗门哈斯采用可固化的有机物，2008年朗姆研究采用聚合物，2009年道康宁采用硅倍半氧烷树脂。二是在不同的区域形成不同尺寸，特别是运用于存储器，例如2004年美光科技在存储器的不同区域形成不同的尺寸，2010年英特尔采用两层侧墙形成不同尺寸的三重图形。三是将SADP运用于具体的器件制作，如1995年

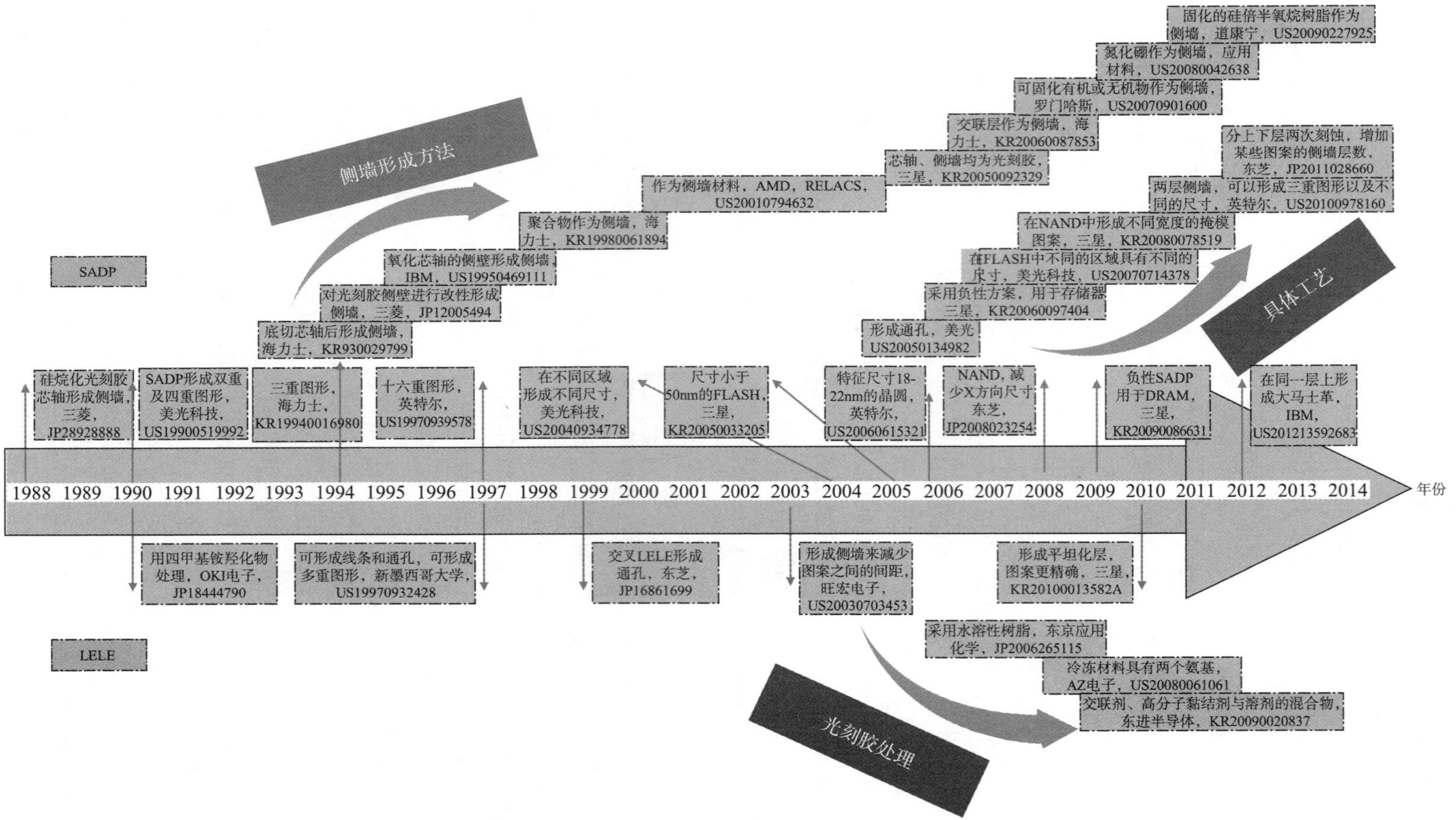

图4-2-54 双重(多重)图形光刻全球专利技术发展路线

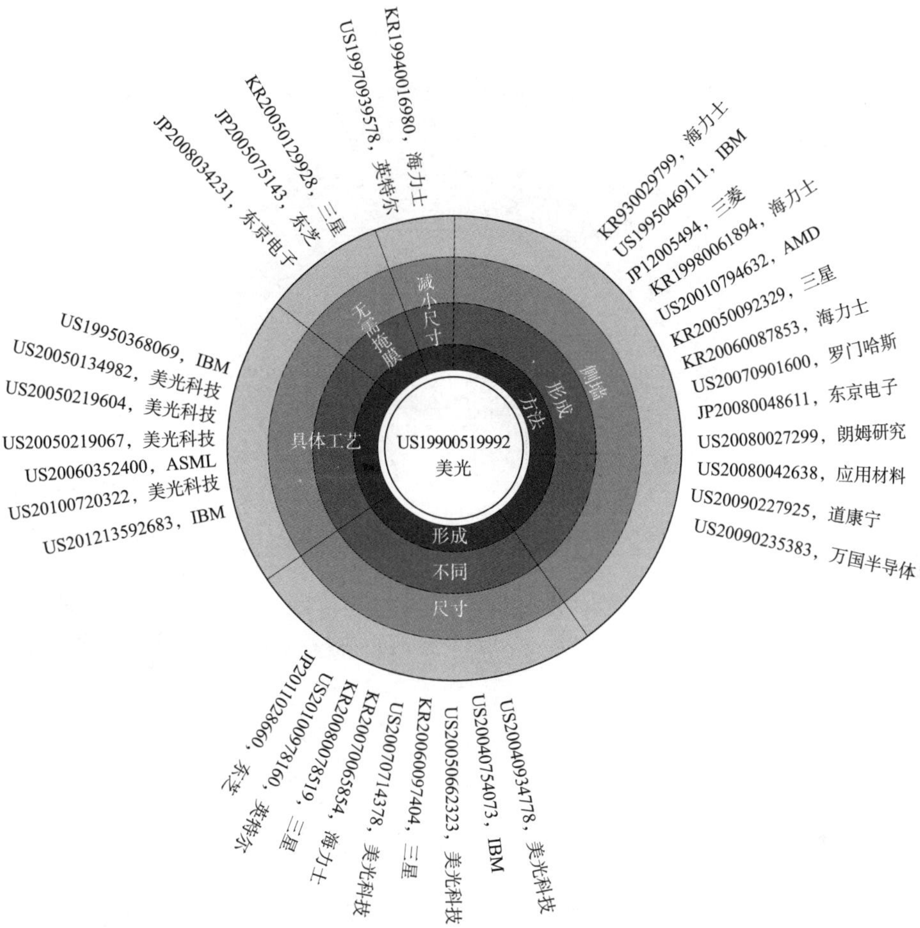

图4-2-55 SADP工艺的核心专利和外围专利

IBM制作垂直晶体管，2005年美光科技形成通孔结构，2012年IBM形成同一层上的大马士革线。四是简化工艺，例如三星2005年利用材料的刻蚀选择比，在去除侧墙材料时无须采用掩模，2005年东芝和2008年东京电子也有相似的申请。五是减小尺寸方面的改进，如1994年海力士的三重图形，1997年英特尔的十六重图形。

新墨西哥大学的US19970932428属于LELE的核心专利和基础专利，于2000年获得授权，至今专利权还在维持。LELE后续的改进主要有以下三方面。一是减少每层图案的尺寸，如1997年万国半导体对每层图案都进行修整，2003年和2004年旺宏电子在图案上形成侧墙层，2005年朗姆研究在图案上共形地形成有机侧墙层。二是对光刻胶进行处理以简化工艺，如2006年富士采用有机固定剂，2008年AZ电子采用具有两个氨基的冷冻材料，2009年东进半导体采用交联剂等。三是在第一层图案上形成Capping Layer，如2005年三星采用Capping Layer可以防止相邻图案的桥接，2010年三星形成Capping Layer和平坦层以获得精确的图案。LELE工艺的核心专利和外围专利如图4-2-56所示。

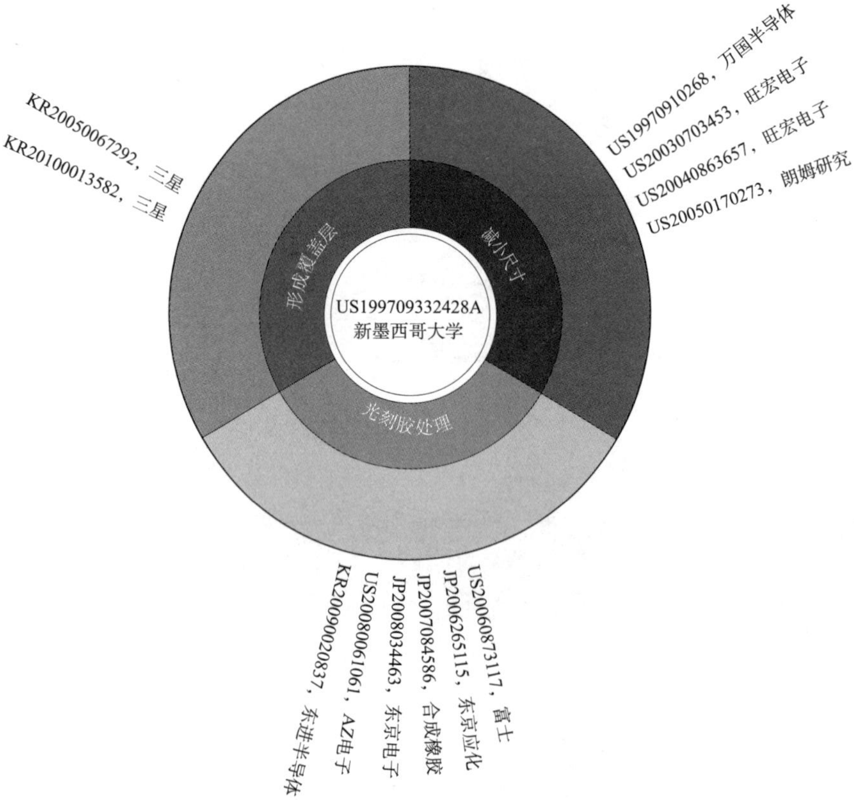

图4-2-56 LELE工艺的核心专利和外围专利

从图4-2-57可以看出，双重（多重）图形光刻技术在2005年之前属于研发初期，申请人不到20个，单年的申请量也比较少；2005~2008年，双重（多重）图形光刻技术发展迅速，申请人和申请量同比例增长，表明该阶段属于双重（多重）图形光

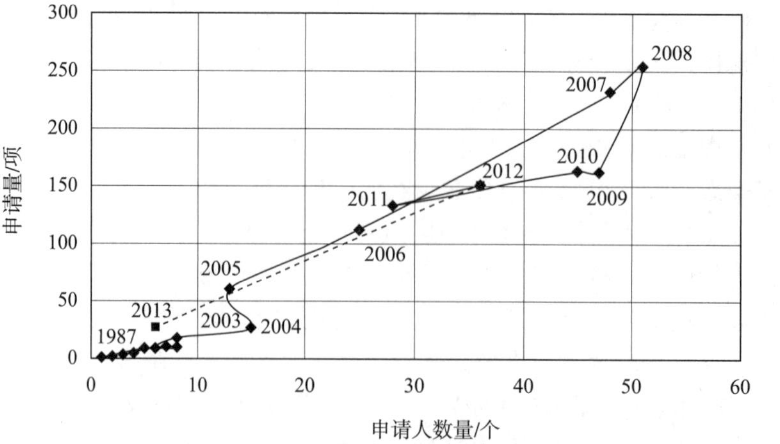

图4-2-57 双重（多重）图形光刻技术申请人、申请量历年分布

刻技术的快速发展期；2008 年之后，其申请量快速回落，申请人数量也开始下降，说明该技术开始步入成熟期。2012 年，申请量和申请人有所增加，通过第 3 章的分析可知，主要是由于中国大陆的半导体企业申请所带来的。

（2）中国专利技术发展路线

以下将图形光刻技术划分为双重（多重）图形光刻技术和 EUV 光刻技术，对中国相关重要专利的技术演进路线进行分析。

1）双重（多重）图形光刻技术

①SADP 工艺技术

1995 年，海力士申请了形成超微细图案方法的专利（申请号为 CN95107566），技术方案如图 4－2－58 所示，将光刻胶层利用掩模第一次半曝光，移动掩模一定位置，再第二次半曝光，显影形成具有多个侧壁的光刻胶图案，然后沉积侧墙材料层，各向异性刻蚀获得三重图形。这是中国专利申请中最早涉及 SADP 的专利。

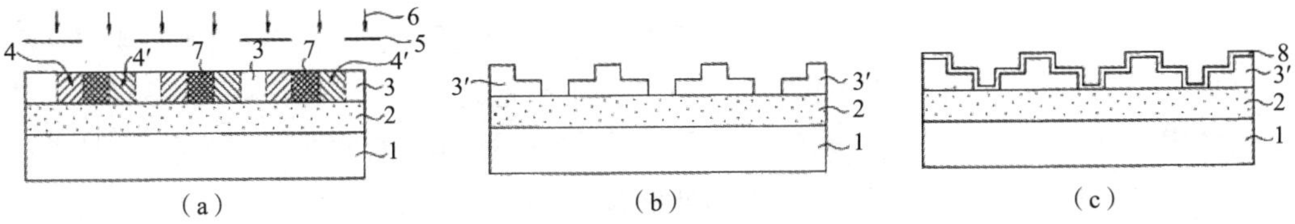

图 4－2－58　CN95107566 技术方案

2003 年，旺宏电子申请了具有缩小间距的半导体元件及其形成方法的专利（申请号为 CN200310113681），技术方案如图 4－2－59 所示，通过将光刻胶图案的顶面暴露在辐射中，使光刻胶的表面形成硅化层，移除部分的硅化层，以暴露出光刻胶图案，此时两侧的硅化层相当于侧墙。

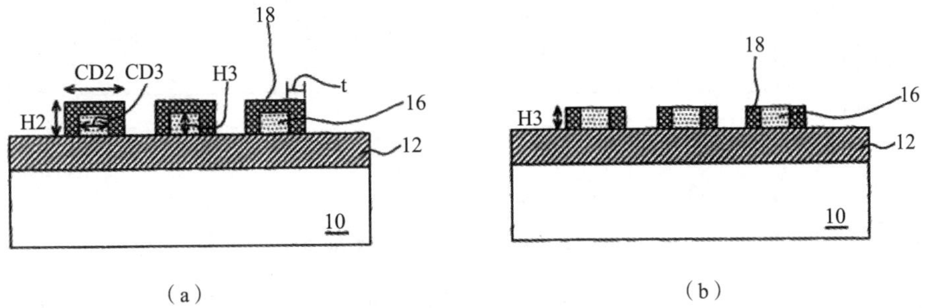

图 4－2－59　CN200310113681 技术方案

2005 年，美光科技申请了使用间距倍增的集成电路制造方法的专利（申请号为 CN200580035764），技术方案如图 4－2－60 所示，用 SADP 在不同区域形成不同尺寸的图案，可用于存储器，并且首次采用无定型碳作为转移层，可有效改善图案转移的精确度。该专利申请在美国、欧洲、韩国、日本、中国台湾和新加坡进行布局，被引证次数高达 150 次，属于比较重要的专利。

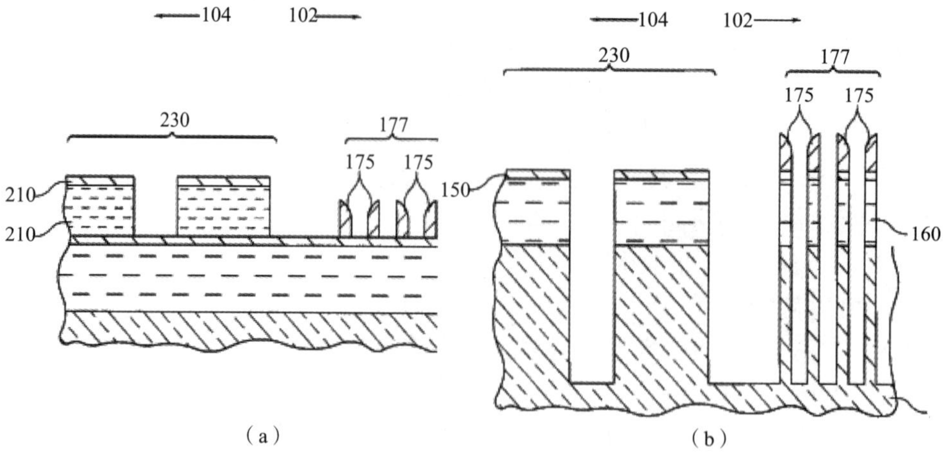

图 4-2-60 CN200580035764 技术方案

2006 年，美光科技申请了形成小型紧密间隔特征阵列方法的专利（申请号为 CN200680017977），技术方案如图 4-2-61 所示，通过在上下层分别采用 SADP 形成条状图案，并且上下层的条状图案交叉，刻蚀形成密集间隔的孔或柱阵列，是首次提出采用 SADP 来形成接触孔或者柱阵列的专利申请。其在美国、中国大陆、日本、韩国、新加坡和中国台湾都有专利布局，被引证次数达到 115 次，属于比较重要的专利。

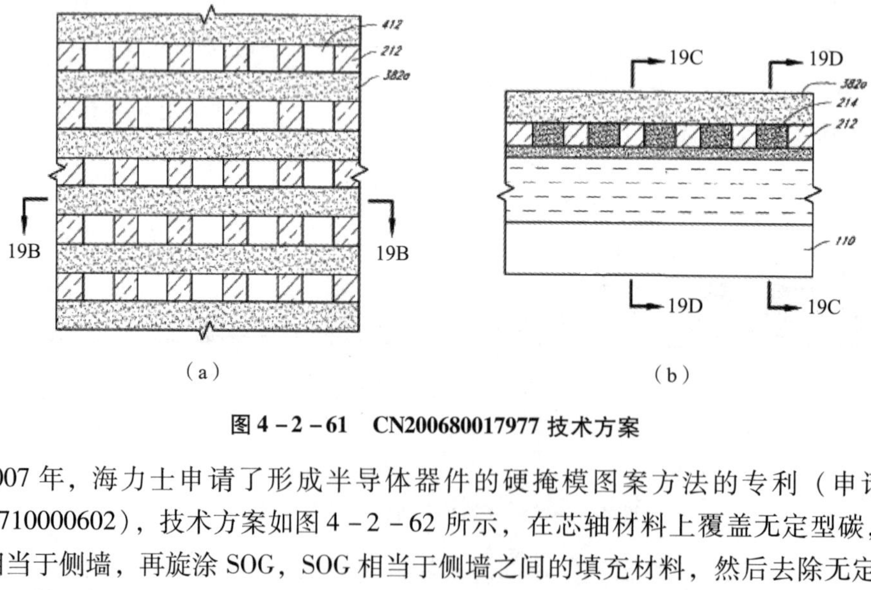

图 4-2-61 CN200680017977 技术方案

2007 年，海力士申请了形成半导体器件的硬掩模图案方法的专利（申请号为 CN200710000602），技术方案如图 4-2-62 所示，在芯轴材料上覆盖无定型碳，无定型碳相当于侧墙，再旋涂 SOG，SOG 相当于侧墙之间的填充材料，然后去除无定型碳，得到由芯轴和侧墙填充材料形成的致密图形。该方法用于存储器，并且可以得到不同尺寸的图形，类似于负性方案的 SADP。

2008 年，美光科技申请了采用 SADP 形成 FLASH 的专利（申请号为 CN200880006929），技术方案如图 4-2-63 所示，形成窄块及宽块的牺牲材料作为芯轴，在芯轴上覆盖聚合物作为侧墙层，且聚合物形成在宽块上方比在窄块上方厚，利用聚合物的厚度差而借助单个光掩模制作高密度结构及低密度结构。

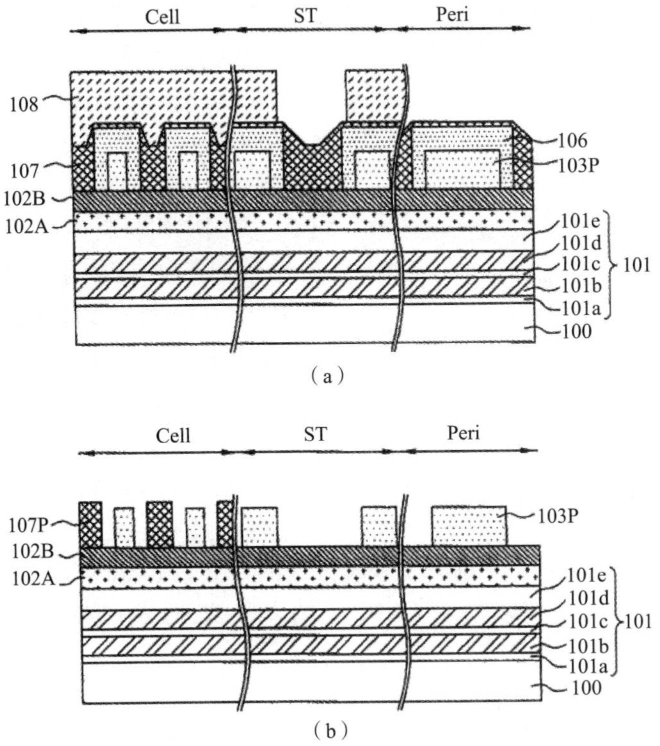

图 4-2-62　CN200710000602 技术方案

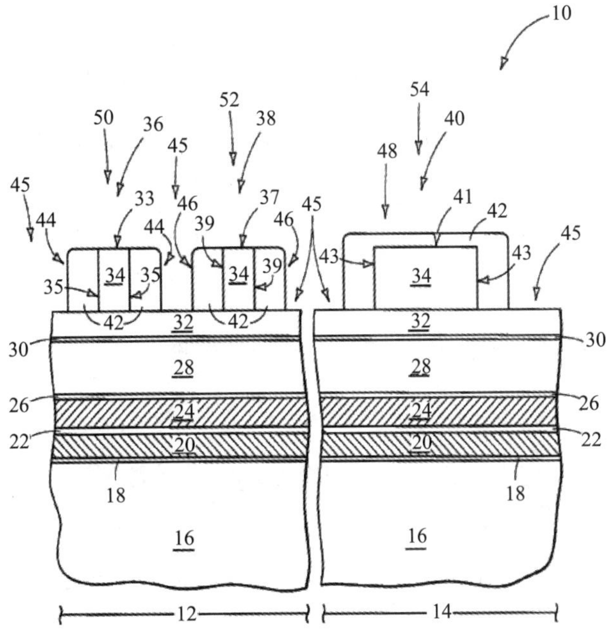

图 4-2-63　CN200880006929 技术方案

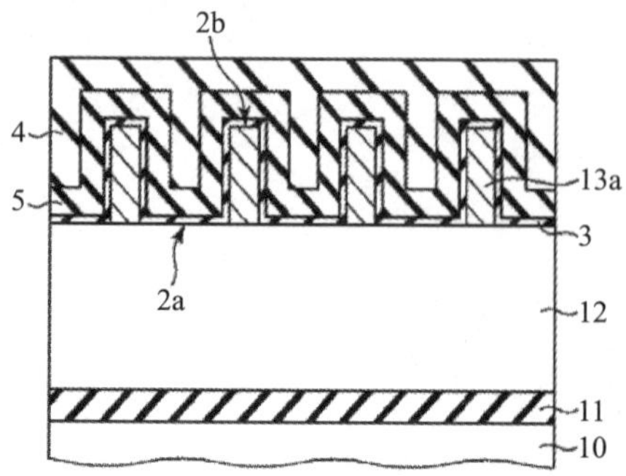

图 4-2-64　CN200910006588 技术方案

2009 年，东京电子申请了形成 SADP 方法的专利（申请号为 CN200910006588），技术方案如图 4-2-64 所示，在芯轴材料表面上形成催化剂膜，在催化剂膜上涂布流动性材料，通过催化剂膜的甲烷化反应，使流动性材料形成一个不溶层，从而可以形成侧墙。该方法形成的侧墙比沉积工艺形成的侧墙的成本低。

同年，美国应用材料申请了氮化硼作为侧墙 SADP 工艺的专利（申请号为 CN200980114768），克服了传统的氮化硅侧墙需要高温的不利影响。

2009 年美光科技申请了关于形成四重图形方法的专利（申请号为 CN200980140234），首先采用 LELE 形成双重图形，将该双重图形作为芯轴，采用 SADP 方案从而形成四重图形。

2009 年，东芝申请了 NAND 闪存制作方法的专利（申请号为 CN200910003275），其采用 SADP 工艺制备 NAND 闪存，可沿 X 方向进行微细化制造，从而减小面积。

2012 年，台积电申请了反调 STI 形成方法的专利（申请号为 CN201210074766），技术方案如图 4-2-65 所示，采用 SADP 工艺来形成 STI 的隔离图案，然后通过隔离图案之间半导体的选择性外延生长来形成有源区。

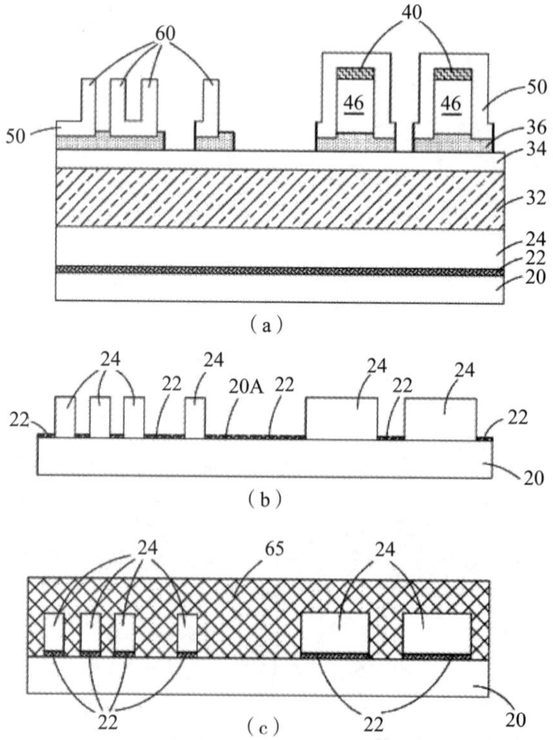

图 4-2-65　CN201210074766 技术方案

2013 年，中芯国际申请了多重图案形成方法的专利（申请号为 CN201310009787），技术方案如图 4－2－66 所示，采用 SADP 在不同的区域形成不同尺寸的图案，在对小尺寸图案的线端进行切割时，同时定义大尺寸的图案，可以减少一道光刻步骤。

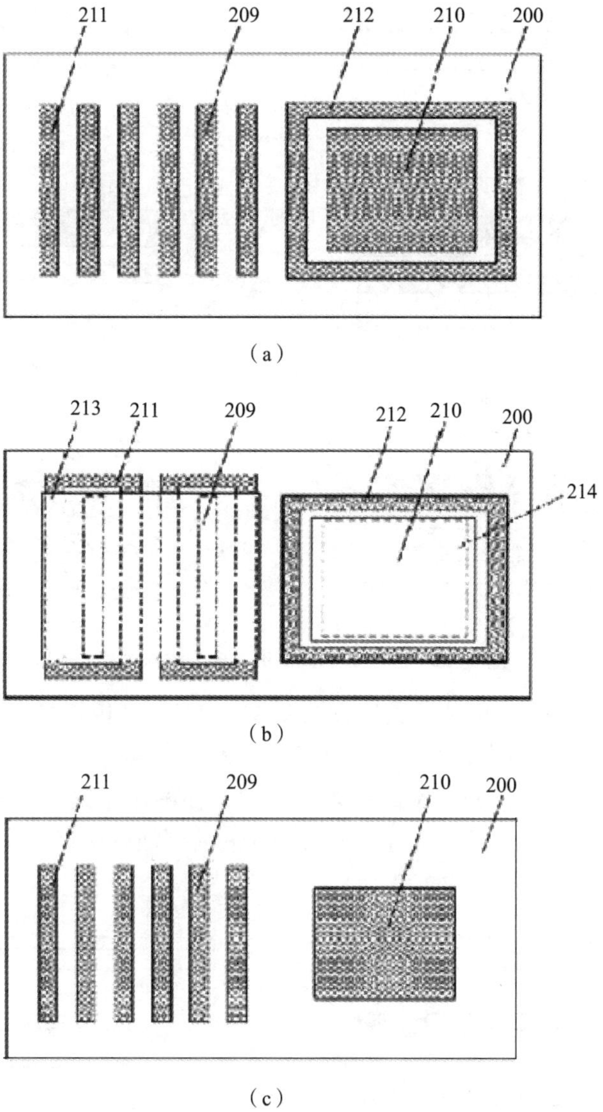

图 4－2－66　CN201310009787 技术方案

②LELE 工艺技术

中国台湾旺宏电子在 2003 年首次提出了 LELE 工艺的专利申请（申请号为 CN200310122567），技术方案如图 4－2－67 所示，第一次光刻—刻蚀形成图案后，在图案 212a 上形成侧墙，刻蚀两个侧墙之间的下层材料实现第一次图案转移，然而去除侧墙，并通过填充氧化层来实现图案 212a 转移到下层，从而实现第二次图案转移。整个过程中光刻只需要进行一次，能够降低工艺的成本。

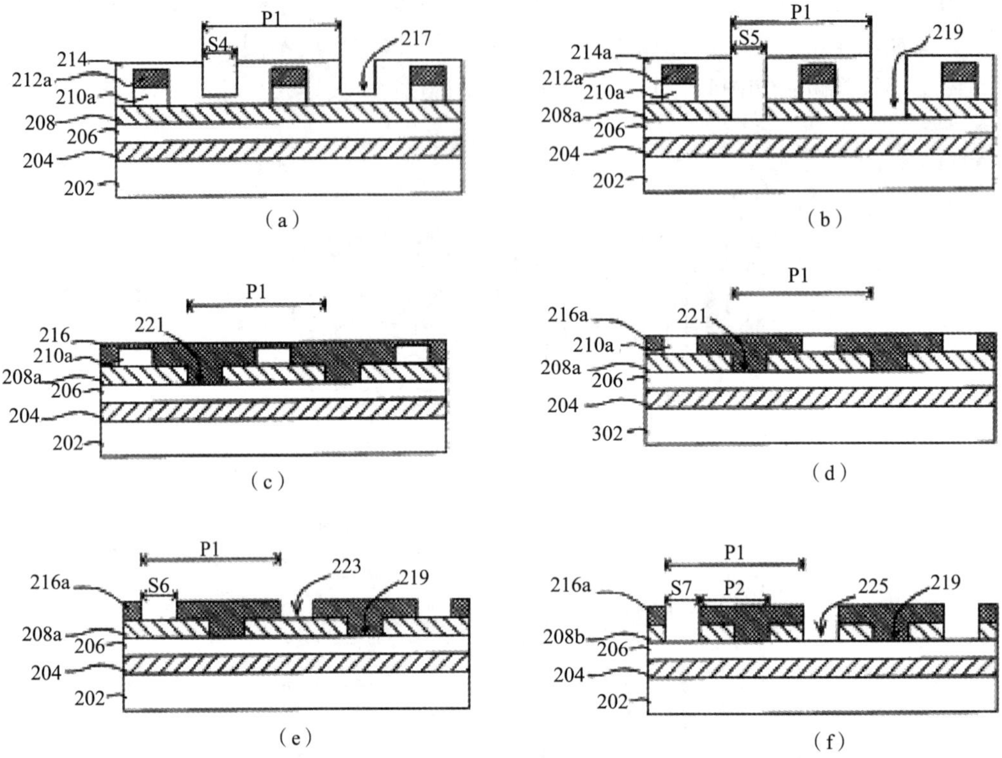

图 4－2－67　CN200310122567 技术方案

2005 年，应用材料公司申请了负性方案 LELE 的专利（申请号为 CN200580003299），技术方案如图 4－2－68 所示，其中采用无定型碳作为掩模层将图案转移到衬底，可以使抗反射涂层在光刻中损害分辨率的反射最小化，使两次图案化硬掩模层具有对于将被刻蚀的下方衬底的良好刻蚀选择性，并且在衬底被刻蚀后可容易去除。

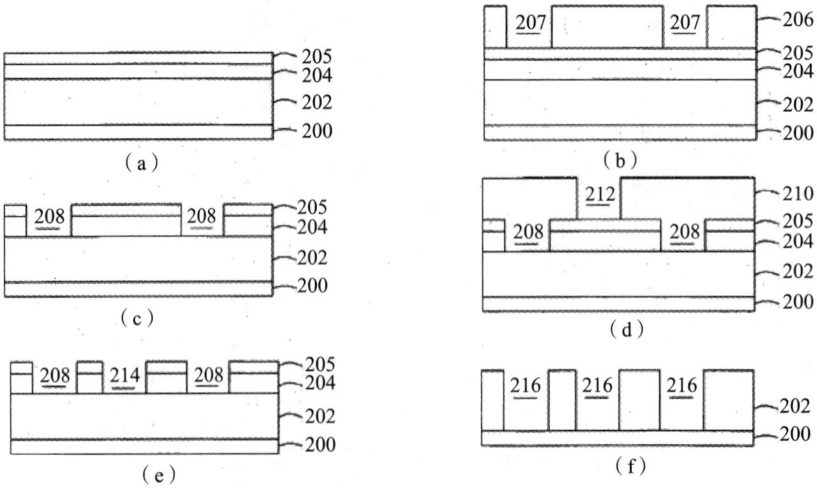

图 4－2－68　CN200580003299 技术方案

2006 年，朗姆研究申请了进一步减少尺寸 LELE 工艺的专利（申请号为 CN200680023375），技术方案如图 4－2－69 所示，通过在光刻胶图案上涂覆侧壁层，可以降低光刻胶图案之间的尺寸。

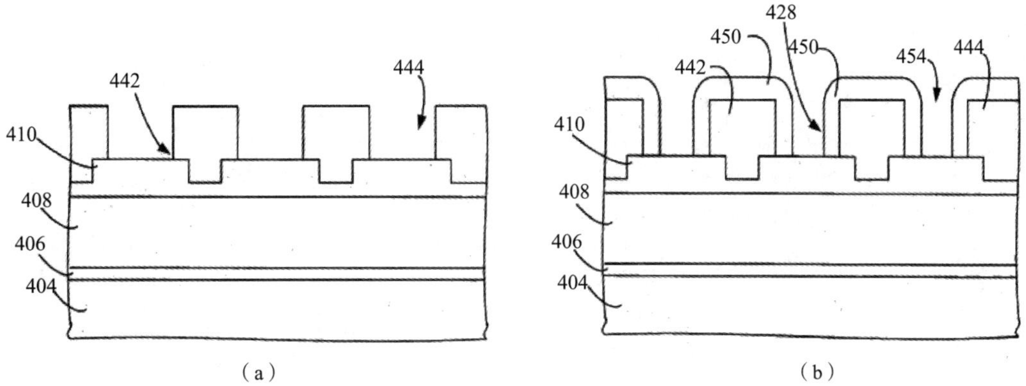

图 4－2－69　CN200680023375 技术方案

2009 年，闪迪申请了采用双重图形形成高密度柱结构方法的专利（申请号为 CN200980125068），技术方案如图 4－2－70 所示。在下层形成第一光刻胶图案，在第一光刻胶图案上形成第二光刻胶图案。其中，第一光刻胶图案和第二光刻胶图案有部分交叠，交叠的部分即为将要形成的柱结构，以第二光刻胶图案为掩模刻蚀第一光刻胶图案，便形成密集的柱结构。通过调整交叠的部分及大小，可以形成不同形状的柱结构。

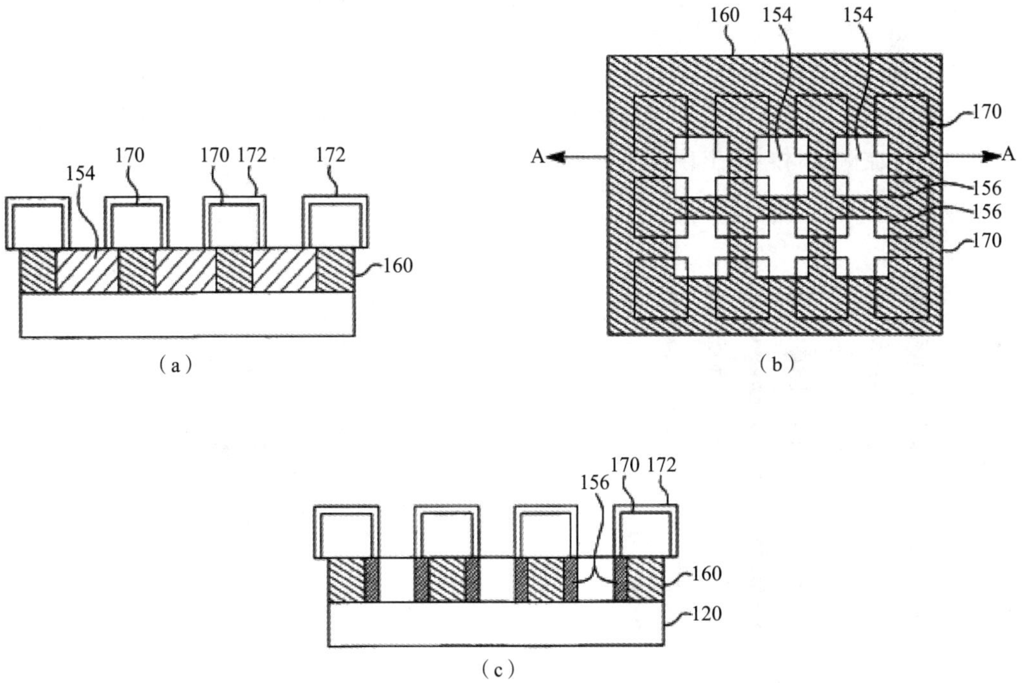

图 4－2－70　CN200980125068 技术方案

2011 年，三星申请了形成半导体器件精细图案方法的专利（申请号为 CN201110036452），技术方案如图 4-2-71 所示，通过在下层图案上共形地形成界面层和平坦化层，在平坦化层上形成第二图案，刻蚀转移第二图案至平坦化层，可以获得精确的图案。

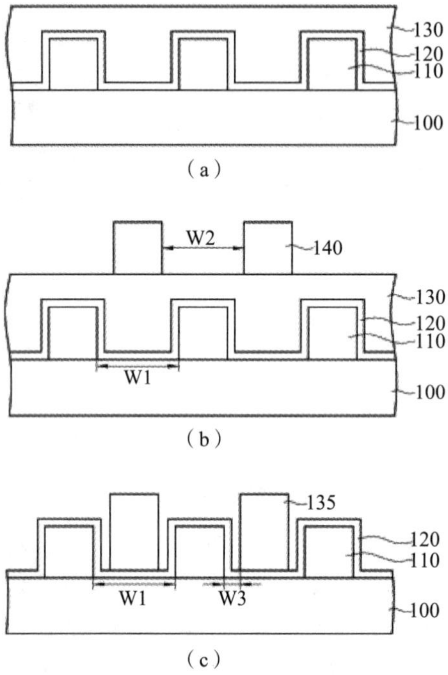

图 4-2-71　CN201110036452 技术方案

2011 年，中科院微电子所申请了切割栅极材料方法的专利（申请号为 CN201110240932），技术方案如图 4-2-72 所示，在栅极的侧墙边增加导电侧墙，可以避免现有技术中由于切口处存在侧墙材料而出现孔洞等缺陷和形成接触孔困难的问题。

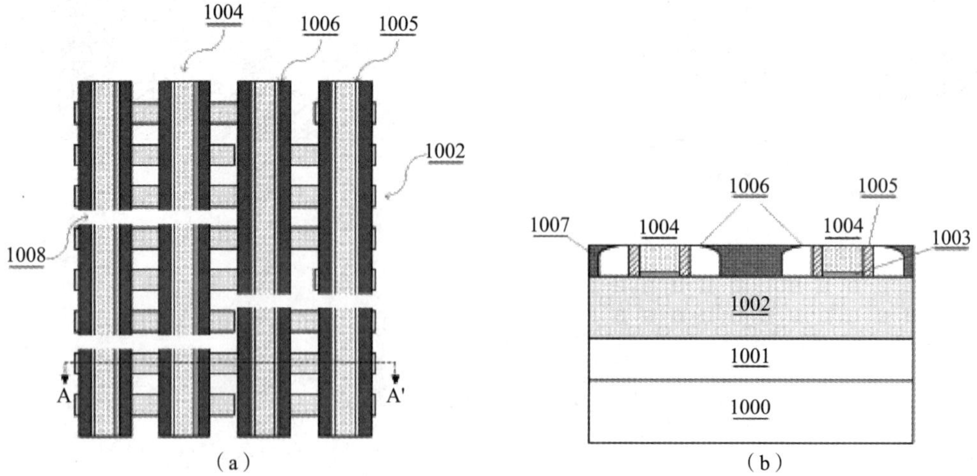

图 4-2-72　CN201110240932 技术方案

最早的LPLE工艺是由NXP于2007年申请的专利（申请号为CN200780042224），技术方案如图4-2-73所示，其采用化学微缩材料对第一光刻胶图案进行处理，使之不溶于溶剂，因此可以后续再旋涂、曝光第二光刻胶，从而形成双重图形。

2008年，朗姆研究申请了改进LPLE的专利（申请号为CN200880123004），其中冷冻材料为氟碳化学品和含氢气体，具有更好的固化光刻胶的效果。

2010年，住友化学申请了制造抗蚀图案方法的专利（申请号为CN201010133044），其中通过碱性显影第一层光刻胶，提高其耐溶剂性，当涂布光刻胶组合物以形成下一层光刻胶时，可以阻止第一层光刻胶变形。

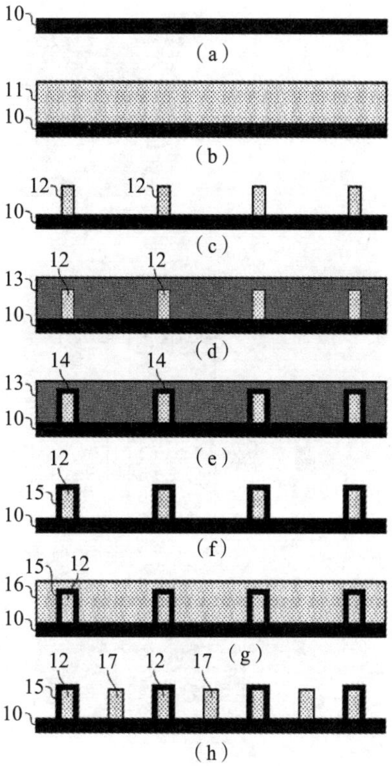

图4-2-73 CN200780042224技术方案

2）双重（多重）图形光刻中国专利技术发展路线

从图4-2-74可以看出，中国双重（多重）图形光刻技术发展比较晚，最早的专利申请是1995年海力士申请的三重图形。在SADP工艺的发展方面，主要集中在将SADP工艺运用到具体的制备过程中，如2005年美光科技申请的在不同区域形成不同尺寸的图案，2008年美光科技申请的在FLASH中形成不同的尺寸，2012年台积电申请的将SADP结合外延生长来形成STI，2013年中芯国际申请的同时定义不同尺寸的图案。在LELE工艺方面，一方面的发展趋势是采用LPLE来简化LELE，如2007年NXP采用化学微缩材料处理第一层光刻胶，2008年朗姆研究采用氟碳化学品和含氢气体作为冷冻材料；另一方面则集中在形成更小的尺寸上，如在每一层图案上形成侧墙以减少图案之间的间距，或者采用上下层图案的交叠部分来形成不同形状的柱阵列。综上，中国双重（多重）图形光刻技术的初期发展阶段较不明显，在中国首次申请的双重（多重）图形光刻技术都是改进的方案，发展呈现跳跃式。

（3）专利技术与产业技术互动性分析

将产业技术路线与专利技术路线进行对比，可以分析产业与专利技术的关系，判断某一项技术是市场主导性还是专利主导性，分析专利技术对产业的影响，能够对行业的发展部署提供一定的参考依据。

本部分简要介绍了双重（多重）图形光刻技术的发展历程，并列举出产业界的一些重要事件；在DWPI专利数据库、WO专利数据库、欧洲全文数据库以及美国全文专利数据库中对与双重（多重）图形光刻技术相关的重要专利技术进行检索，并将其按时间先后顺序进行对比后，可以得到如图4-2-75所示的产业技术和专利技术对比图。

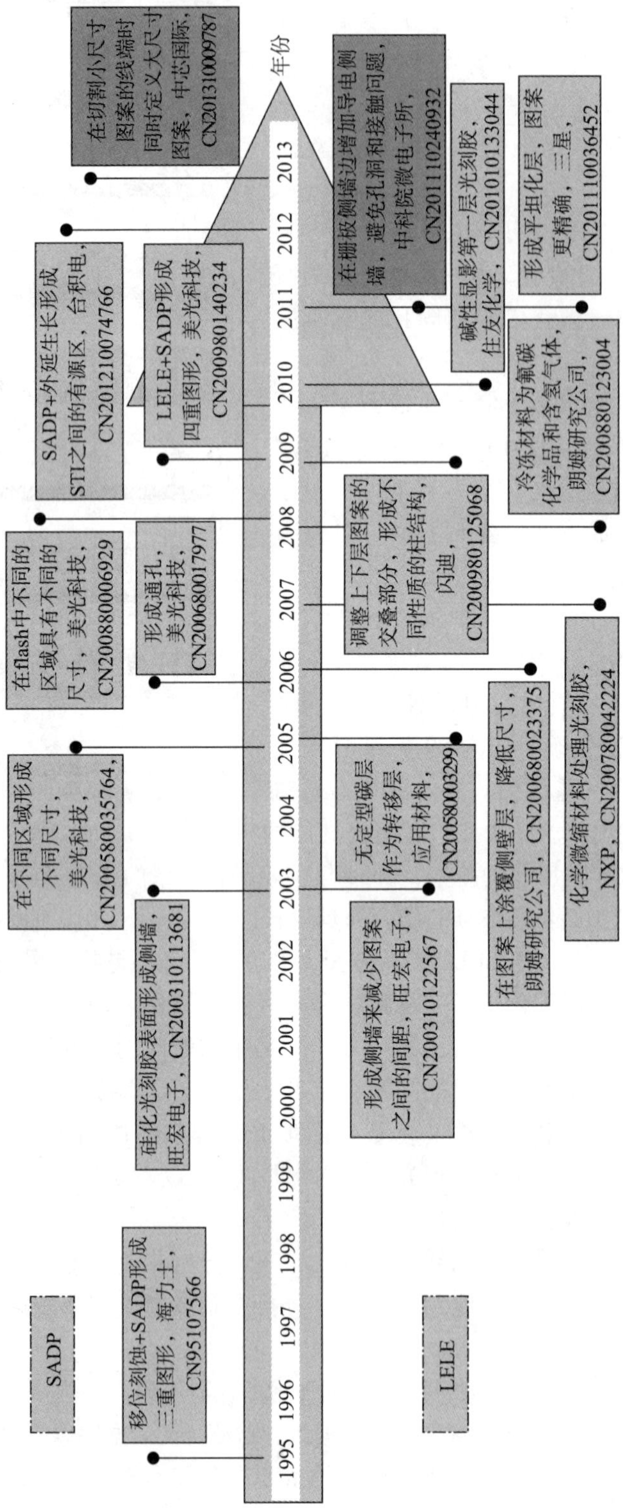

图4-2-74 双重（多重）图形光刻中国专利技术发展路线

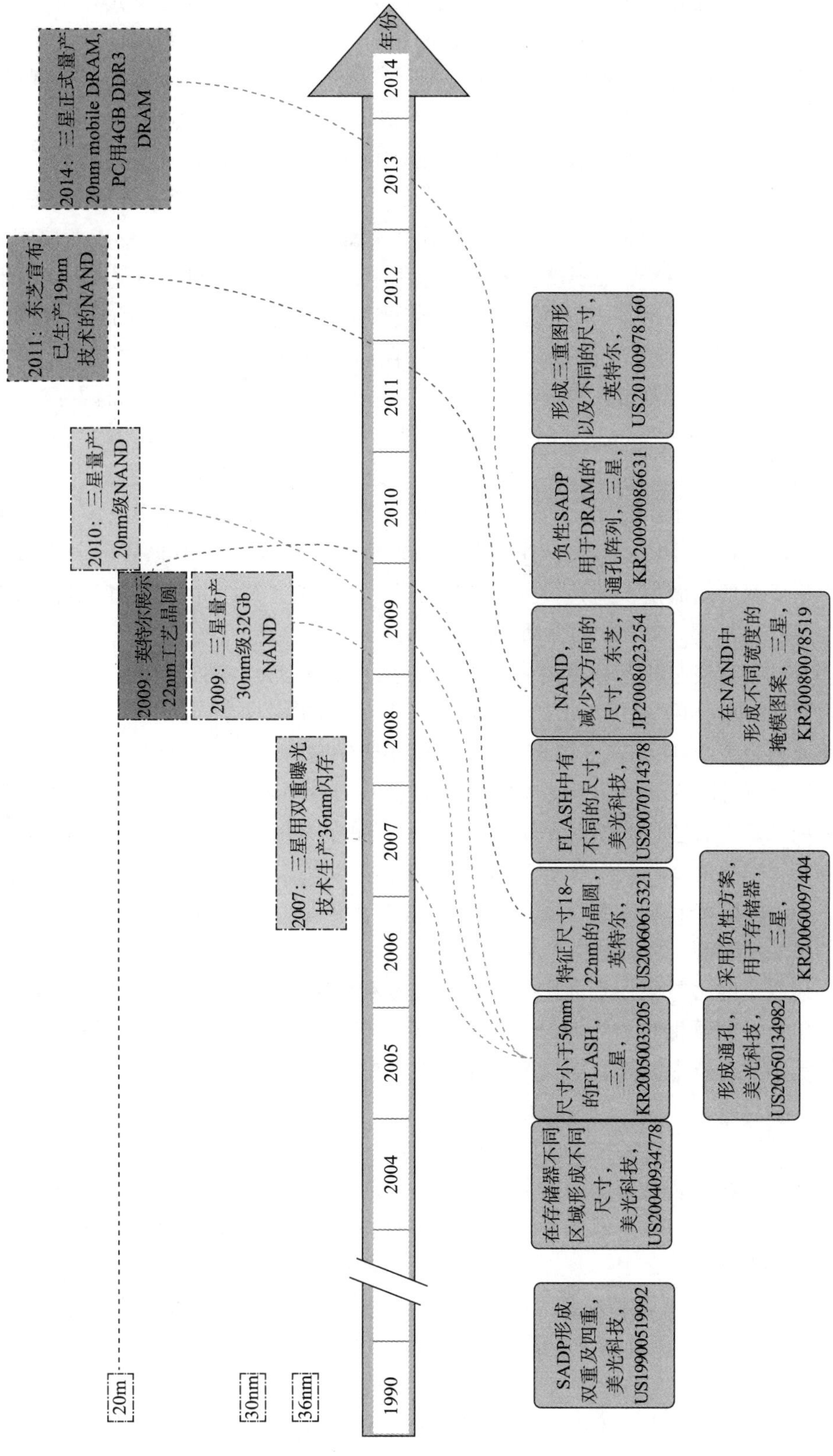

图4-2-75　双重（多重）图形光刻技术领域产业技术和专利技术对比

图中上方是产业界比较重要的事件，例如新产品的发布、新工艺的运用等；图中下方是相对应的专利技术的专利申请时间；两个时间轴之间的虚线将同一公司的专利技术与相关产品进行对应。可以看出，专利技术的出现总是早于该技术在产业界的使用。由于双重（多重）图形光刻技术的发展周期不长，并且其容易具体运用到产业，可方便地与现成的制造工艺结合，从专利申请转化到产业生产的时间并不漫长。从专利申请到产业上首次实现一般需要 3 年，而从专利申请到产业上量产则需要 5 年左右。

例如，2005 年三星申请了采用 SADP 形成三重图形的专利，其通过形成两层侧墙，可以在采用 193nm 的 ArF 浸没式光刻技术的条件下，形成线宽和间距小于 50nm、例如 20 ~ 30nm 的 FLASH 存储器，而三星在 2007 年使用双重光刻技术成功生产了 36nm 的闪存，并分别在 2009 年量产 30nm 的 NAND 闪存和 2010 年量产 20nm 的 NAND 闪存。2006 年，英特尔申请了形成闪存栅极方法的专利，采用 SADP 工艺来制备闪存的栅结构，其特征尺寸为 18 ~ 22nm，同时公开了具有该闪存结构的晶圆，而 2009 年英特尔在产业上就展示了 22nm 工艺的晶圆。2008 年，东芝申请了 NAND 闪存的制作方法，采用 SADP 工艺制备 NAND 闪存，可沿 X 方向进行微细化制造，从而减小面积，而 2011 年东芝就宣布生产了 19nm 的 NAND 闪存。2009 年，三星申请了 DRAM 的制作方法，在芯轴上形成两层侧墙层，通过负性 SADP 工艺，可以在 DRAM 中形成通孔阵列，而 2014 年三星就正式量产 20nm 的移动 DRAM。

上述专利申请又是相互联系的，并且依靠于之前的相关专利进行改进。例如，美光科技在 1990 年提出了采用 SADP 形成双重（多重）图形，奠定了 SADP 工艺的研究基础；美光科技在 2004 年首次将 SADP 工艺运用于制备存储器的不同尺寸图案；在三星 2009 年申请负性 SADP 工艺形成 DRAM 的通孔阵列专利之前，美光科技在 2005 年就申请了采用 SADP 工艺形成通孔结构的专利，而三星在 2006 年则申请了采用负性 SADP 工艺来制备存储器的专利。而在东芝 2008 年的专利申请之前，三星在 2005 年申请了制备 20 ~ 30nm 的 FLASH 的专利，美光科技在 2007 年申请了用 SADP 工艺在 FLASH 中形成不同的尺寸的专利，为其提供了一定的基础。

从上述双重（多重）图形光刻技术的相关专利申请和产业技术事件的对比中不难看出，一项技术的诞生和发展演进总是要早于该技术在产业上实际得到运用的时间。而这正好是国外对技术创新的知识产权保护极为重视的直观体现，即国外申请人在得到一个技术构思时，往往在可行性论证之后、开始研发活动之前，就已经着手申请专利，以期对这一未来的新兴技术进行保护。当这一技术在产业上具有较好应用前景时，往往会从技术方案的多个角度、多个方向进行专利申请，并且对重要的细节改进进行专利申请，以系列申请方式形成对该项技术的专利布局，进而控制该项技术，以在市场竞争中占据有利位置。

由此可见，从全球范围来看，双重（多重）图形光刻技术市场上是专利主导的，并且从专利技术转化为产业生产的时间比较短，一般为 3 ~ 5 年。

在中国的产业和专利技术关系方面，由于中国的半导体产业发展起步较晚，1990 ~ 2000 年，主要采用“中国提供厂房，外国提供技术”的发展方式，许多基础专利在中国并没有申请，因此并没有体现出专利主导的作用。近年来，中国半导体企业例如中芯国际开始与国外企业进行联合开发，但中芯国际关于双重（多重）图形光刻的批量专利申请从2010年才开始，起步时间较晚，产业上相应的产品并不多，因此也没有明显的专利主导趋势。

（4）双重（多重）图形光刻技术发展趋势预测

下面对近年来的双重（多重）图形光刻技术相关的全球专利申请从申请量发展态势、技术分支发展态势、各个技术分支的申请人数量历年变化以及各大企业重点专利进行分析，以对双重（多重）图形光刻技术未来的发展趋势进行预测。

从图4-2-76可知，双重（多重）图形光刻技术于2006年开始大力发展，2007年申请量大幅度增长，并于2008年达到顶峰，发展迅猛；2009年由于受到全球金融危机的影响，其申请量下降明显。可能是因为EUV迟迟未能量产而又需要进一步缩小CD，故双重（多重）图形光刻技术又重新受到科研院所和企业的关注，在2010~2013年，双重（多重）图形光刻技术的专利申请量又呈增长的趋势。

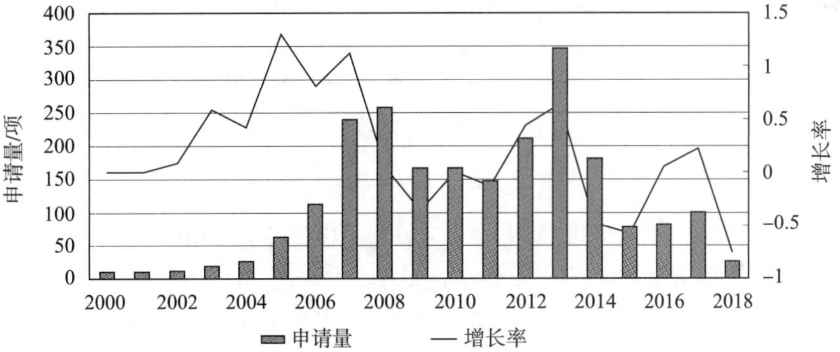

图4-2-76 双重（多重）图形光刻技术专利申请量历年变化趋势（2000年以后）

由图4-2-77可知，SADP技术从2000年以来，一直是双重（多重）图形光刻技术中专利申请量最多的一项光刻技术，其在2006~2007年迎来快速发展的阶段，并于2008年年度申请量达到顶峰。同时，在2010~2013年，SADP技术的专利申请量又呈增长的趋势，与双重（多重）图形光刻技术专利申请量发展趋势基本吻合。近年来，SADP技术年度申请量都保持60项以上，可见SADP技术一直以来都是双重（多重）图形光刻技术中的热点和重点技术之一，特别是由于EUV光刻技术迟迟未能进入量产环节，SADP技术在未来几年还将处于比较平稳的发展阶段。LELE技术从2005~2006年进入快速发展阶段，并于2007年达到年度申请量的顶峰（65项），然后在近年申请量有所下降但同样保持比较平稳的发展态势。然而，近年来的年度申请量仅保持15~20项，与其在顶峰的年度申请量相差甚多。可见，该项技术虽然还是双重（多重）图形光刻中的热点和重点技术之一，但业内对其的专注度已经有所下降。另一重点技术——LPLE技术的发展趋势类似于LELE技术，从近年申请量可见，其在业内的受关注度和LELE技术一样，也在下降。对SADP技术一直持比较重视的态度，而对LELE技术以及LPLE技术的关注度有所下降，这与产业的需要是相吻合的，LELE技术虽然能实现线宽的成本减少，然而，其光刻和刻蚀的成本也成倍增加，由此还会带来设备产能的降低、耗时的增加以及带来特征尺寸均一性和重合精度的工艺控制难度，LPLE 技术一样具有上述的技术难度，而 SADP 技术则有效规避两次光刻带来的光刻胶耗费和光刻机使用，降低了生产成本。

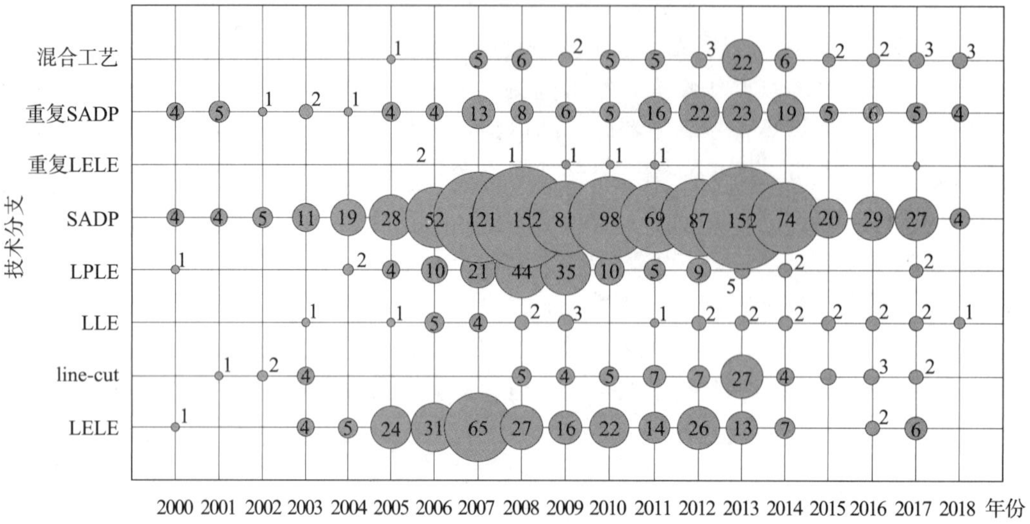

图 4-2-77　双重（多重）图形光刻技术技术分支申请量历年变化

注：图中数字表示申请量，单位为项。

由图 4-2-78 可知，SADP 技术中，关注 SADP 技术的申请人数量相对于其他双重（多重）图形工艺技术申请人的数量要多，早期，该项技术处于起步发展阶段，其年度申请人数量相对较多，几乎每一项申请都属于不同的申请人，而近年来，年度申请人数量相对减少，每一申请人每年几乎申请 3 件以上的专利。可见，SADP 技术的发展已

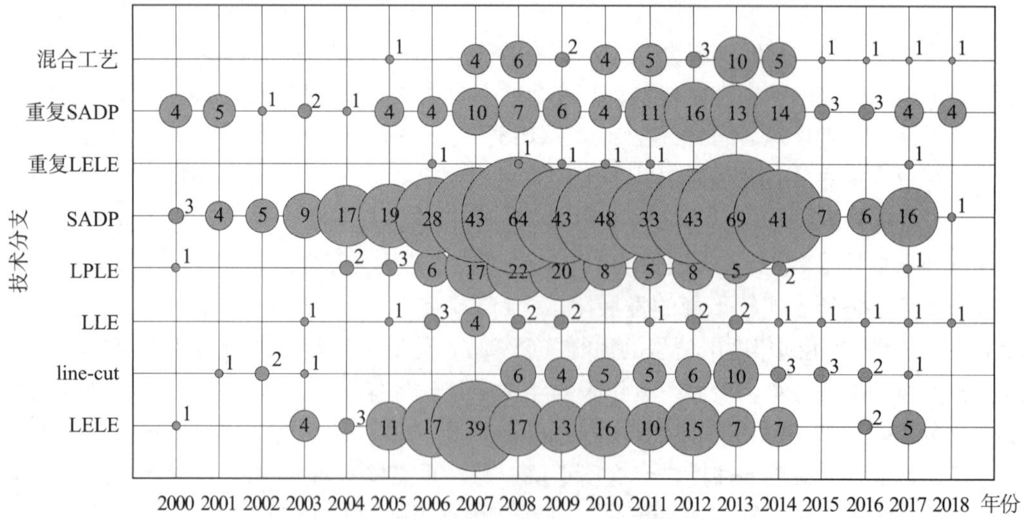

图 4-2-78　双重（多重）图形光刻技术技术分支申请人数量历年变化

注：图中数字表示申请人数量，单位为个。

经日趋成熟，并且该项技术的专利申请越来越多集中于大型企业和科研机构。LELE 技术在 2007 ~ 2008 年受到很多申请人的关注，而近年来受关注度有所下降，且申请人仍然较为分散。LPLE 技术在 2008 ~ 2009 年受到较多申请人的关注，而近年受关注程度也在下降，同时该两项技术的年度申请人的数量相对较少，并没有形成集中性申请。

由上述分析可知，双重（多重）图形光刻技术中的三项重点技术——SADP 技术、LELE 技术以及 LPLE 技术的发展趋势基本与双重（多重）图形光刻技术的发展趋势吻合，几乎都是同时迎来快速发展阶段和稳定阶段。从这个角度来看，预计未来几年，该三项技术仍然是双重（多重）图形光刻技术中的主流技术，而且 SADP 技术和 LELE 技术的专利申请量仍然占据双重（多重）图形光刻技术的总专利申请量前两位，但是，未来几年，业内将会将研究的重点集中在 SADP 技术上。

值得注意的是，近年来多重图形光刻技术中的重复 SADP 技术的专利申请量有所上升且申请量均保持在年均 15 件以上。可见，随着图形光刻尺寸越来越小，多重图形光刻有可能成为未来潜在的光刻技术之一。而重复 LELE 工艺的成本远高于重复 SADP 工艺的成本，为节约成本，业内更加趋向于采用重复 SADP 工艺来实施尺寸更加小的光刻工艺。假如未来几年 EUV 光刻技术无法实现突破性进展，重复 SADP 技术将会备受重视，成为具有潜力的光刻技术之一。

需要指出的是，近年行业内大企业的研究重点往往是该行业涉及的未来需要应用于产业中的技术。同样地，根据专利导向性原则，某个领域近年的重点专利也代表该领域未来产业中非常有可能重点应用的技术走向。

从上述报告也可以得出，从全球范围来看，双重（多重）图形光刻技术市场上是专利主导的，并且从专利技术出现到产品量产的时间较短，一般为 3 ~ 5 年。

故下面我们将对在 SADP 技术领域技术领先的大型企业和研究机构的重点专利进行一定的分析，结合产业发展的需要，对未来 SADP 技术的发展趋势作出预测。

就 SADP 技术而言，目前已经处于比较成熟的发展阶段，但是一直以来，SADP 技术对侧墙形貌、稳定性等都非常关注。侧墙形貌不佳，则会造成图案的线边缘粗糙度不佳，进而影响整个产品良率。

同时，假如形成的侧墙非常容易倒塌，也会直接影响产品良率。特别地，由于产业上对集成电路的性能、产品良率的要求越来越严格，各个器件的集成度越来越高，故未来几年能提高侧墙的稳定性、形成均一形貌的 SADP 技术侧墙的形成方法将会是非常受关注的 SADP 技术。

近年来，侧墙的形成技术改进点主要集中于对侧墙材料的选择和对形成方法的改进以提高侧墙的稳定性和产品良率，

美国道康宁提交的申请号为 US20120386510 的专利申请采用固化硅倍半氧烷树脂的方法形成侧墙，万国半导体提交的申请号为 KR20127007102、应用材料提交的申请号为 US201414506536 的专利申请均采用离子注入的方法形成侧墙，IBM 提交的申请号为 KR20100071194 的专利申请通过对硅芯轴进行杂质引入以形成掺杂侧墙，IBM 提出的申请号为 US201113050101 的专利申请采用沟槽填充的方式形成氮化硅侧墙，应用材

料提出的申请号为US201514878576的专利申请则采用不同的工艺（如原子层沉积+等离子体沉积）形成具有层叠结构的氧化物侧墙。上述的专利申请给出一种提高侧墙稳定性和形貌均一性的方法：采用新型的侧墙形成方法（如固化或离子注入法而非传统的沉积工艺）形成侧墙。这些企业都是业内SADP技术领先的企业，其重点专利申请很大程度上代表一种技术的未来发展趋向。同时根据专利的导向性，未来几年，SADP技术中备受关注的重点技术之一将会是新型的侧墙形成技术。朗姆研究提交的申请号为KR20107017561的专利申请采用聚合物作为侧墙，应用材料提交的申请号为KR20107024810的专利申请采用氮化硼作为侧墙、申请号为US20140371989的专利申请采用氮掺杂的无定形碳作为侧墙材料，这些专利申请给出另一种提高侧墙稳定性和形貌均一性的方法：采用新型侧墙材料作为侧墙材料。同样地，根据大企业研究重点具有的导向性以及专利的导向性，可以预见，未来几年，SADP技术中备受关注的另一重点技术是采用新型侧墙材料（如聚合物或氮化硼等材料而非氮化硅等材料）形成侧墙。

另外，一项技术当发展趋向于成熟时，其关注的重点往往会转移至横向领域的扩展以及实际器件生产中的应用。

特别地，集成电路领域由于在现在乃至未来的发展中产业对集成度、产品性能的要求越来越高，不同器件集成于同一芯片中的趋势将无可避免，特殊形状、特殊性能器件的形成也就不可避免，故产业发展需要SADP技术能更好地应用于不同器件的形成以及特殊器件的形成领域，如此，能形成不同形状、不同尺寸图案的SADP技术也将是趋于成熟化的SADP技术未来的重点关注技术。

IBM提交的申请号为US201213592683的专利申请则采用SADP技术在同一层中形成大马士革图形，提交的申请号为US201113171868、US201514874505的专利申请则通过SADP技术在SOI上形成FINFET，提交的申请号为US201314017488的专利申请则通过SADP技术形成源漏极以及栅极。这些专利申请都是关注采用SADP技术形成特定的器件。

而三星提交的申请号为US201314133296的专利申请采用SADP技术在NAND闪存中形成不同宽度的掩模图案。

英特尔提交的申请号为TW2011000147957的专利申请采用两层侧墙以形成三重图形以及不同尺寸的图形。

东芝提交的申请号为JP2011028660的专利申请采用增加某些图案侧墙层数的方法形成不同尺寸的图形。上述3件近年的重要专利关注采用SADP技术形成不同尺寸的图形。

类似地，可以预测，在未来几年，SADP技术中受关注的另一重点技术是可以形成不同宽度或特定形状的图形的SADP技术（即在实际器件形成工艺中的应用）。

根据上述分析，对全球双重（多重）图形光刻技术未来技术发展方向作出如下预测：

（5）技术发展趋势及措施建议

1）中国产业技术发展趋势

从目前中国集成电路产业来看，国内大型芯片制造企业和科研机构对双重（多重）

图形光刻技术的关注主要还处于研究和探索阶段。双重（多重）图形光刻技术未来发展方向预测如图4－2－79所示。

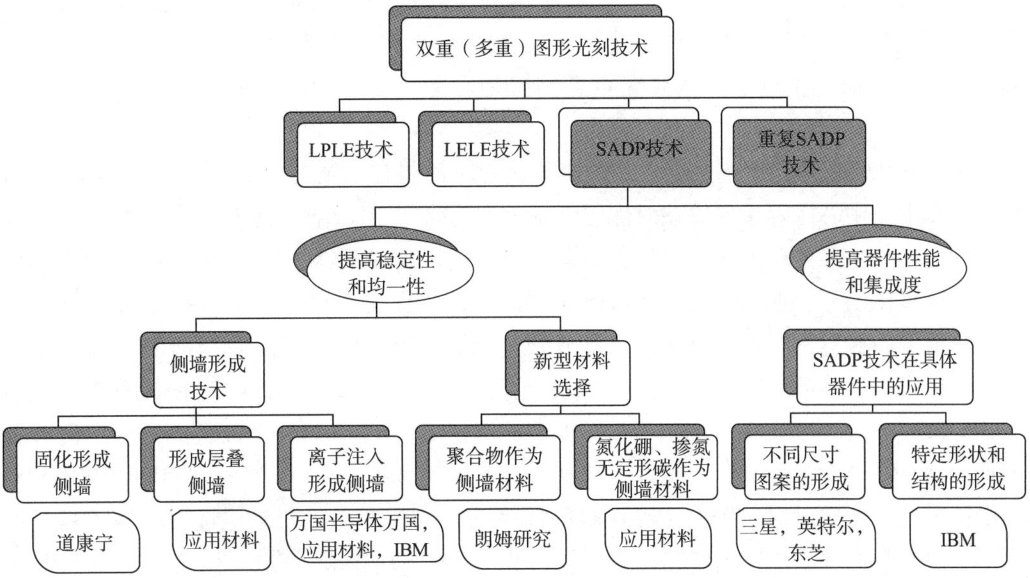

图4－2－79　双重（多重）图形光刻技术未来发展方向预测

分析国内专利申请可知，由表4－2－2可见，检索得到的双重（多重）图形光刻技术相关的中国专利申请中，国内申请人的专利申请总量为190件，其中近5年国内申请人的专利申请总量为166件，占国内申请人总申请量的87.4%，双重（多重）图形光刻技术近几年才获得国内申请人更多的关注，在这166件专利申请中，SADP技术占有68件，LELE技术占有37件，line－cut技术占有21件，三者总和为126件，占总量的75.9%。可见，该三项技术是国内近几年重点关注的双重（多重）图形光刻技术。在EUV光刻技术相关的中国专利申请中，这些专利申请均为2011年以后的申请，总申请量为30件，可见国内申请人也是近几年才开始关注EUV光刻技术，且处于起步阶段。在这30件专利申请中，EUV掩模技术占14件，EUV光刻胶技术占9件，两者总和为23件，占总量的76.7%，可见，该两项技术是国内近年来重点关注的EUV光刻技术。

表4－2－2　近年来国内重点关注的图形光刻技术的专利申请量总计

双重（多重）图形光刻（国内申请人）		EUV光刻（国内申请人）	
近5年总申请量/件	166	近3年总申请量/件	30
SADP技术/件	68	EUV掩模技术/件	14
LELE技术/件	37	EUV光刻胶技术/件	9
Line－cut技术/件	21	两者总和占比/%	76.7
三者总和占比/%	75.9		

同样地，国内集成电路大型企业的近年研究重点往往是国内集成电路产业未来需要应用于产业中的技术，并且根据专利导向性的原则，国内申请的重点专利也代表中国未来集成电路产业中非常有可能重点应用的技术走向。下面我们将分别对双重（多重）图形光刻技术以及 EUV 光刻技术中国大型企业和研究机构的重点专利进行分析，同时分析国内研究重点与全球研究重点的区别和差距，对中国产业技术发展趋势作出预测。

关于 SADP 技术，国内主要关注的申请人为芯片制造业龙头企业——中芯国际以及台积电。其中，中芯国际主要关注对侧墙形成和处理方法的改进，还有少量专利申请涉及芯轴的形成方法和处理方法。例如，中芯国际提交的申请号为 CN201010217807 的专利申请采用热氧化的方法在芯轴侧壁形成氧化硅侧墙，其提交的申请号为 CN201010245580 的专利申请采用对有机层进行离子注入形成硬化侧墙，提交的申请号为 CN201210325783 的专利申请采用 DSA 技术形成侧墙。而其提交的申请号为 CN201210254222 的专利申请关注芯轴的形成方法，形成 T 型芯轴结构；提交的申请号为 CN201210324637 的专利申请涉及芯轴处理方法，对芯轴进行处理以使芯轴具有不同沉积率；申请号为 CN201310106738 专利申请采用含硅抗反射层作为芯轴材料以提高图案均匀度。近年来也慢慢申请了具有特定形状的图案的 SADP 技术专利，如申请号为 CN201310123423 的专利申请采用 SADP 技术形成矩阵式柱状结构，申请号为 CN201310124031 的专利申请采用侧墙形成铜金属侧墙覆盖层并回刻形成铜侧墙从而形成铜互连线。可见，中芯国际近年乃至未来将更加关注 SADP 技术在特定器件中的应用。

台积电则主要关注 SADP 技术在具体器件和特定结构中的使用。例如，其提交的申请号为 CN201010206632、CN201210115587 的专利申请采用 SADP 技术形成 FINFET；其提交的申请为 CN201210511012 的专利申请采用 SADP 技术形成有源器件图案；其提交的申请号为 CN201310603660 通过 SADP 技术形成接触孔；同时对一些侧墙材料也慢慢有所布局，申请号为 CN201410829375 的专利申请采用 AlO、AlN、AlON、TaN、TiN、TiO、SiO 或 SiN 等材料作为间隔侧墙，以形成小尺寸图案。

关于 LELE 技术，国内主要关注该技术的申请人为大型企业如中芯国际、台积电以及华力微电子和研究机构中科院微电子所，主要关注的重点之一为采用新型的材料形成掩模层或掩模层的组合以形成更加精细的图案。例如，中芯国际提交的申请号为 CN201010253783 的专利申请采用氧化层、不定性碳层和氮化层的组合作为硬掩模层；华力微电子提交的申请号为 CN201310360385、CN201310360404 以及 CN201310360830 的专利申请采用 DARC 层作为掩模层。主要关注的另一重点为采用 LELE 技术形成不同宽度或特定形状的图形（即对 LELE 技术的实际应用）。例如，台积电提交的申请号为 CN201210241809 的专利申请采用三种光掩模实施 LELE 技术，以解决实际应用中的临界面积和线端点等问题；中科院微电子所提交的申请号为 CN201110006476、CN201210357244 以及 CN201210353673 的专利申请采用普通光学光源以及电子束光源进行 LELE 技术的曝光以形成不同尺寸的图形。

关于 Line - cut 工艺，国内主要关注的申请人是华力微电子和中科院微电子所，其主要采用 line - cut 工艺以形成满足工艺要求的瓶颈区，具体主要应用于栅极线条的形成。

从上述分析可知，中国国内申请人在双重（多重）图形光刻技术中关注的重点为 SADP 技术、LELE 技术以及 line - cut 技术，其中研究的热点分别为 SADP 技术对侧墙形成和处理方法的改进与 SADP 技术在具体器件和特定结构中的使用、LELE 技术新型掩模材料的采用和不同宽度或特定形状的图形（即对 LELE 技术的实际应用）的形成、line - cut 工艺中栅极线条的形成。

其中，国内申请人对 SADP 技术的关注热点和全球申请人对 SADP 技术关注的热点基本相同。虽说国内申请人已经开始关注 SADP 技术在具体器件和特定结构中的使用，但是申请量还较少，涉及的器件也较少（较多的是 FINFET 和接触孔）；而国外涉及的 SADP 器件形成的实际器件不但有 FINEFT 和接触孔，还有互连结构以及其他有源器件等，涉及的器件较多。国内申请人关注的侧重点仍然在于侧墙形成和处理方法的改进，从总体发展的角度而言，SADP 技术在具体器件和特定结构中的使用属于更为成熟的技术发展阶段，故国内 SADP 技术的发展仍然处于稍为落后的阶段。另外，台积电偏重于 SADP 技术在具体器件和结构中使用，而中芯国际则更偏重侧墙形成和处理方法的改进。假如需要在未来提高自己的自主研发能力，研发出属于自己的器件芯片而非仅仅成为制造业巨头的话，中芯国际等国内大型企业还应当继续加强对 SADP 技术在具体器件和结构中应用的研究。

相比全球申请人对 LELE 技术 line - cut 技术关注力度不大的特点，国内申请人还在尝试采用 LELE 技术形成不同宽度或特定形状的图形（即对 LELE 技术的实际应用），可见国内申请人试图采用 LELE 技术来制造特定的器件，但国内 LELE 技术的专利申请中对 LELE 技术的改进点较小，有些专利申请还涉及 I 线和电子束光源的不同区域曝光，这些技术仅仅能应用在一些非常特殊器件的形成中，产率不高且量产前景不大。由于 LELE 技术具有高成本等难题，国内企业想要在 LELE 技术中寻求突破的难度较大。同样的问题也表现在国内申请人对 line - cut 技术的关注上，国内申请人对 line - cut 技术的关注重点在于栅极线条形成中的应用，且该项技术更多在于对分辨率的控制，而并不是特征尺寸成倍的缩小，对器件尺寸的缩小贡献有限，故这些 line - cut 技术的相关专利一样面临应用领域窄等难题。值得肯定的是，国内 LELE 技术和 line - cut 技术可以应用于一些比较特殊且量产较小的产品制造工艺中，从长远发展来看，更应该将 LELE 技术、line - cut 技术中的一些技术作为辅助手段，促进 SADP 技术在国内的发展，如 LELE 掩模技术与 SADP 技术结合形成不同尺寸的图像，采用新型的 line - cut 技术解决 SADP 技术中存在的线端点等难题。另外，全球 SADP 技术中一项潜在重点技术是能进一步缩小特征尺寸的重复 SADP 技术，而国内对该类技术已经有所关注，但申请量还稍少，在全球重复 SADP 技术的专利申请量较少且处于发展的现阶段（参见表4 -2 -3），并且 EUV 光刻技术尚未取得突破性进展的情况下，国内企业可以考虑未来几年战略性地对重复 SADP 技术进行专利布局，以寻求对国外双重（多重）图形光刻技术专利壁垒的突破。

表 4-2-3　重复 SADP 技术历年申请量变化

年份	国内申请量/件	年份	全球申请量/件
2010	0	2010	3
2011	2	2011	8
2012	5	2012	12
2013	1	2013	0

2）产业发展建议

根据上述章节分析内容，并结合全球和国内产业发展的具体情况，对中国集成电路产业给出如下产业发展建议。

在双重（多重）图形光刻技术领域，国内大型企业应加强对 SADP 技术在具体器件和结构中应用的研究，并将 LELE 技术、line-cut 中的一些技术手段作为辅助手段应用于 SADP 技术中以促进 SADP 技术在国内的发展。

国内企业和研究机构应抓住全球对重复 SADP 技术相关专利申请较少且具有应用前景的特点，战略性地加强对重复 SADP 技术的专利布局，以争取未来在双重（多重）图形光刻技术领域占据一席之地。

4.2.1.3　专利风险分析

根据定性专利风险分析方法和风险结果等级标准，将对 SADP 技术领域、LELE 技术领域进行深入的专利风险分析，最后得出这两个技术领域可能的风险结果。需要指出的是，在全面对比研究各个技术领域国外来华有效发明专利和国内有效发明专利的基础上，课题组从中挑选出若干重要或者基础性专利，这些重要或者基础性专利可以为国外来华和国内专利之间的对比进而得出较为准确的专利风险结果等级提供较为有力的依据。本课题选择重点专利的考量因素包括：①公认必要技术。所保护的技术是为制造某个技术领域的某种产品必须使用的技术，且是该领域中公认的重点或前沿技术。②引证指数。通常以一件专利被其他专利所引用的频次来表示，引用次数越多，则说明专利在该领域的重要性程度越高。③同族专利。同族专利是指就同一项发明在多个国家或地区进行专利申请而形成的一组内容相同或基本相同的专利族。通常一件专利同族数量的多少可以表示该专利的重要性程度，同族越多，说明该专利的重要性程度越高。④专利有效性。通常以专利或其同族的法律状态维持有效时间长短来判断，时间越长，则说明该专利的重要性程度越高。⑤保护范围大小。以专利权利要求为依据，判断权利要求保护范围的大小，同时结合权利要求的组数，来判断整个专利的保护范围。一般来说，基础性越强的专利保护范围越大，权利要求组数越多的专利保护范围也越大。

值得国内申请人注意的是，根据最高人民法院《关于审理侵犯专利权纠纷案件应用法律若干问题的解释》（法释〔2009〕21 号）第七条第一款和第二款的规定：人民法院判定被诉侵权技术方案是否落入专利权的保护范围，应当审查权利人主张的权利要求所记载的全部技术特征。被诉侵权技术方案包含与权利要求记载的全部技术特征相同或者等同的技术特征的，人民法院应当认定其落入专利权的保护范围；被诉侵权技术方案的技术特征与权利要求记载的全部技术特征相比，缺少权利要求记载的一个以上的技术特征，或者有一个以上技术特征不相同也不等同的，人民法院应当认定其没有落入专利权的保护范围。这是专利侵权判定的基本方法，即专利法理论上的“全面覆盖原则”。只要被诉侵权技术方案的技术特征包含专利权保护范围的技术特征，即认定其落入专利权的保护范围。另外，根据最高人民法院新发布的《最高人民法院关于审理侵犯专利权纠纷案件应用法律若干问题的解释（二）》（法释〔2016〕1号）第五条的规定：在人民法院确定专利权的保护范围时，独立权利要求的前序部分、特征部分以及从属权利要求的引用部分、限定部分记载的技术特征均有限定作用，进一步肯定了该“全面覆盖原则”，同时强调了专利公式性的重要性。国内企业可以根据司法实践中关于侵权分析认定的最新规定，合理地设计技术方案，从而规避国外企业的专利技术壁垒。

4.2.1.3.1 SADP专利技术及风险分析

自对准双重图形光刻技术（Self Aligned Double Patterning，SADP）主要通过在预先形成的光刻图形两侧形成侧墙，刻蚀之前形成光刻图形，并将侧墙转移到下层材料，从而得到两倍节距的图形。SADP技术是目前主流的NAND闪存的图形光刻技术。SADP技术是目前全球申请量最多的双重图形光刻技术，故选取SADP技术进行技术和风险分析。光刻－刻蚀－光刻－刻蚀（Litho－Etch－Litho－Etch，以下简称LELE技术）主要通过形成第一光刻胶图案，然后将第一光刻胶图案转移至下方掩模层，再形成第二光刻胶图案，并将第一和第二图案转移至下方材料层，从而得到两倍节距的图形。LELE技术对光刻胶进行图案化后进一步将该图案向硬掩模层转移，对光刻胶的稳定性要求大大降低，也是业内较受欢迎的双重图形光刻技术。LELE技术是目前全球申请量排名第二的双重图形光刻技术，故也选取LELE技术进行技术和风险的分析。

（1）整体风险状态

双重图形光刻技术中，SADP是最重要的技术，反映在专利申请量上，其在双重图形光刻技术中总申请量所占的比例最大，是图形光刻领域重点研究方向之一。

在中国专利数据库中检索涉及SADP技术的274件专利申请中，94件授权维持，61件失效，119件处于待审阶段。在94件授权维持专利申请中，国外来华申请量为59件，占有效申请的62.8%。其中，韩国来华申请24件，占有效申请的25.5%；美国来华申请26件，占有效申请的27.7%；中国专利申请量为35件，占有效申请的37.2%，从这个角度来说，国外来华申请在SADP技术领域的优势明显，尤其是韩国来华申请和美国来华申请，占据大部分的有效专利。同时，近年来国内专利申请增长迅速，在申请量上追赶甚至逐渐超过韩国来华申请和美国来华申请的申请量。

在119件待审专利申请中，国外来华申请量为25件，占待审申请的21.0%；而国内申请量为94件，占待审申请的79.0%。从这个角度来说，国内企业以及科研机构对SADP技术的关注度越来越高。在授权维持专利申请中，国外来华申请优势明显。这就表明国内企业以及科研院所在专利申请时，应更加谨慎地进行布局，以突破国外专利申请的技术壁垒。

（2）国外来华专利风险状况

国外大型集成电路企业在 SADP 技术领域都有专利申请，但每个公司基于技术优势、经营策略和在华的商业经营情况，在华专利布局不尽相同，因此并不是所有的企业都来华申请该技术领域的专利。已经获得专利权的专利申请将是本部分研究的主要内容，从中可以看出国外申请人对 SADP 技术领域的哪些技术进行专利布局。已审未结的专利申请是本部分研究的另一内容，我们关注这类申请的技术内容和技术发展方向，从中可以推测国外申请人即将在 SADP 技术领域的哪些技术上进行专利布局。

以下将对授权的国外来华专利进行分析，以为我国相关企业提前规避相应风险提供帮助。

表 4-2-4 列出了涉及 SADP 技术已授权的国外来华重点专利申请。

表 4-2-4　SADP 技术已授权的国外来华重点专利申请

申请人	申请号	发明名称	技术领域/技术要点
美光科技	CN200680010516	集成电路制造	对整体方案的改进；正性方案；采用 SADP + 普通掩模光刻工艺形成不同间距的图形。在下部掩模层上形成间隔件阵列，在整个结构上形成牺牲层，采用抗蚀剂掩模界定间隔件阵列开口，蚀刻牺牲层并去除下部掩模层形成图案
美光科技	CN200680017977	形成小型紧密间隔特征阵列的方法	对整体方案的改进；正性方案；采用 SADP 形成交叉的列和行图案从而得到混合图形
海力士	CN200710000602	形成半导体器件的硬掩模图案的方法	间隔材料以及填充材料选择的改进，整体方案（不同尺寸图案的形成）的改进；负性方案；先形成多晶硅芯轴，然后形成经过氟化处理的无定形碳覆盖层作为间隔，最终填充 SOG 层并去除多晶硅芯轴形成最终图案
ASML	CN200710005123	器件制造方法	对芯轴排列的改进；正性方案；先形成第一牺牲特征阵列，然后在其上形成共形涂层以限定第一孔径阵列，移除第一牺牲特征阵列形成第二孔径阵列，两孔径阵列形成交错阵列，填充第二孔径阵列形成第二牺牲阵列，并用类似的方法形成第三孔径阵列和第四孔径阵列

续表

申请人	申请号	发明名称	技术领域/技术要点
三星	CN200710088603	使用自对准双构图方法形成焊盘图形的方法以及使用自对准双构图方法形成接触孔的方法	整体方案的改进；负性方案；形成第一硬掩模图形，在其上形成牺牲层，在牺牲层间隙中形成第二硬掩模图形，蚀刻去除牺牲层后第一硬掩模图形和第二硬掩模图形部分蚀刻目标层，在形成蚀刻掩模层继续刻蚀整个结构下的目标层，形成最终图形
东芝	CN200710091164	半导体装置的制造方法	对整体方案的改进；正性方案；采用SADP+普通掩模光刻工艺形成不同间距的图形。形成包括第一、第二和第三层的叠层膜；加工第一层，以形成第一膜图形；加工第二层，以形成第二膜图形；通过蚀刻，去除露出的第一膜图形并保留第一膜图形下的第二层部分；在第二膜图形和第二层部分的侧壁部形成侧壁隔离物；去除第二层部分，以第二膜图形和侧壁隔离物为掩模，蚀刻第三层以形成第三膜图形；去除第二膜图形和侧壁隔离物并保留第三膜图形
IBM	CN200710180186	半导体结构及制造多个鳍片场效应晶体管的方法	整体方案的改进；正性方案；形成掩模和间隔后，后续采用栅导体替代绝缘间隔件，且使用高密度的自底向上的氧化物填充从衬底隔离栅极
美光科技	CN200780012525	简化的间距加倍工艺流程	芯轴及间隔材料的改进；正性方案；先形成光致抗蚀剂心轴，然后使用原子层沉积技术在心轴上形成氧化物层，各向异性去除该氧化物层形成间隔，去除光致抗蚀剂形成掩模图形
IBM	CN200780014006	以不同的宽度构图亚光刻特征	间隔结构的改进；正性方案；形成不同宽度的虚设部件，并在其上沉积间隔物层，其中间隔小的虚设部件之间形成超宽隔离物，其他虚设部件之间形成正常隔离物，去除虚设部件后两种隔离物形成最终掩模图形

续表

申请人	申请号	发明名称	技术领域/技术要点
罗门哈斯	CN200810095137	电子器件的制造	间隔形成方法的改进；正性方案；先形成光刻胶芯轴，然后通过形成组合物，并使该组合物与光刻胶中移出的光生成酸交联，最后去除光刻胶芯轴后对组合物进行假如固化以获得最终图案
三星	CN200810149291	半导体装置精细构图方法	对整体方案的改进；正性方案；采用SADP+普通掩模光刻工艺形成不同间距的图形。在半导体衬底上的第一区域中形成间隔，在第二区域上形成掩模掩模图案，从而形成不同间隔的图案
美光科技	CN200880006929	半导体构造、形成多条线的方法及借助单个光掩模形成高密度结构及低密度结构的方法	对间隔各向异性刻蚀的改进；正性方案；在光刻掩模上形成聚合材料作为间隔物后，通过控制各向异性刻蚀的参数，使窄掩蔽元件区域的间隔物刻蚀已暴露光刻掩模而宽掩蔽元件区域的间隔物仍覆盖光刻掩模
三星	CN200910163305	形成半导体器件中精细图案的方法	对整体方案的改进；正性方案；采用SADP+普通掩模光刻工艺形成不同间距的图形。在第一区域中形成特征层上的第一结构，并在第二区域中形成特征层上的第二结构；在第一结构的侧壁上形成第一间隔物，并在第二结构的侧壁上形成第二间隔物；去除第一结构；分别采用第一间隔物、第二间隔物以及第二结构作为蚀刻掩模蚀刻特征层
东京电子	CN201010132410	基板处理方法	间隔的改性；正性方案；先形成线状光致抗蚀剂膜，然后形成覆盖线状膜的硬质膜，对硬质膜进行蚀刻暴露线状膜，并灰化去除该线状膜，对硬质膜实施刻蚀工艺以改变其形状
阿斯麦	CN201010198859	光刻方法和布置	芯轴形状的改进；正性方案；采用辐射束曝光显影形成第一图案，其中控制辐射束的聚焦特性以控制第一图案的侧壁角度，在形成的第一图案上形成间隔，去除第一图案以留下不同间距的间隔

续表

申请人	申请号	发明名称	技术领域/技术要点
IBM	CN201010237978	用于使图形密度加倍的方法	间隔形成方法的改进；正性方案；先形成硅芯部 + 帽层的复合图形，然后对硅芯部的侧壁引入杂质形成掺杂侧壁，去除帽层和未掺杂的硅芯部以形成掺杂侧壁图形
罗门哈斯	CN201010266969	自对准间隔物多重图形化方法	间隔材料形成方法的改进；正性方案；对光刻胶图形（芯轴）的表面碱化材料进行烘烤，形成第二光敏材料与该表面接触并激发辐射形成间隔物
斯班逊	CN201180067812	用以间隔件双图案微影的自我对准与非闪存选择栅字线	对整体方案的改进；正性方案；采用 SADP + 普通掩模光刻工艺形成不同间距的图形。于间隔件图案的一部分设置修正掩模后进行蚀刻，然后移除修正掩模，再设置垫掩模；使用垫掩模及间隔件图案蚀刻选择栅字线及多个核心字线
格罗方德	CN201210495454	利用多侧壁图像转移技术在结构中图案化特征的方法	整体方案的改进；负性方案；在结构上方形成第一芯轴；形成邻近该第一芯轴的多个第一间隙壁；形成多个第二芯轴，其邻近该第一间隙壁的其中第一间隙壁；形成多个第二间隙壁，其邻近该第二芯轴之其中第二芯轴。该方法还包括执行至少一蚀刻工艺，以相对该第一间隙壁及该第二间隙壁选择性移除该第一芯轴及该第二芯轴，从而定义由该第一间隙壁及该第二间隙壁组成的蚀刻掩模；在该结构上通过该蚀刻掩模执行至少一蚀刻工艺，以在该结构中定义多个特征

上述 19 件重点专利申请涉及 10 个申请人，这些申请人是在 SADP 技术领域中处于技术领先的跨国大型芯片生产企业或大型精细化工企业以及光刻设备生产企业。这些专利申请涉及整体技术方案改进、材料的选择及形成或去除方案的改进以及图形设计等。经过对比分析，在这 19 件授权重点专利中挑选出 3 件最具有代表性的专利进行进一步的分析。

表4-2-5　SADP技术具有代表性的国外来华重点专利申请

<table>
<tr><th colspan="3">重点专利1：CN200680010516</th></tr>
<tr><td>申请人</td><td>发明名称</td><td>技术分支</td></tr>
<tr><td>美光科技</td><td>集成电路制造</td><td>SADP技术</td></tr>
<tr><td>权利要求</td><td colspan="2">一种在阵列中制造多个导线的方法，所述方法包括：提供膜堆叠，所述膜堆叠包含与多个导电插塞接触的衬底、上覆在所述导电插塞上的绝缘膜、上覆在所述绝缘膜上的下部掩模层以及形成于所述下部掩模层上的间隔件阵列；在所述下部掩模层和所述间隔件阵列上沉积牺牲膜；在所述牺牲膜的一部分上形成抗蚀剂掩模，所述抗蚀剂掩模界定所述间隔件阵列上的开口，其中可相对于所述抗蚀剂掩模选择性地蚀刻所述下部掩模层和所述牺牲膜；蚀刻所述牺牲膜并暴露所述下部掩模层的一部分；蚀刻所述下部掩模层并暴露所述绝缘膜的一部分；在所述绝缘膜的暴露部分中蚀刻多个沟槽以暴露所述导电插塞的至少一部分；执行进入所述多个沟槽中的金属沉积；在镶嵌工艺中形成在所述金属与所述绝缘膜之间交替的平坦表面。</td></tr>
<tr><th colspan="3">重点专利2：CN200710088603</th></tr>
<tr><td>申请人</td><td>发明名称</td><td>技术分支</td></tr>
<tr><td>三星</td><td>集成电路制造</td><td>SADP技术</td></tr>
<tr><td>权利要求</td><td colspan="2">一种用于形成图形的自对准构图方法，包括：在衬底上形成第一层；在第一层上形成多个第一硬掩模图形；在第一硬掩模图形的顶表面和侧壁上形成牺牲层，由此在第一硬掩模图形的侧壁上形成牺牲层各个面对部分之间的间隙；在该间隙中形成第二硬掩模图形；使用第二硬掩模图形作为掩模，蚀刻牺牲层，以露出第一硬掩模图形；使用所露出的第一硬掩模图形和第二硬掩模图形，露出第一层；使用第一和第二硬掩模图形蚀刻露出的第一层。</td></tr>
<tr><th colspan="3">重点专利3：CN200780014006</th></tr>
<tr><td>申请人</td><td>发明名称</td><td>技术分支</td></tr>
<tr><td>IBM</td><td>以不同的宽度构图亚光刻特征</td><td>SADP技术</td></tr>
<tr><td>权利要求</td><td colspan="2">一种处理器件衬底的方法，包括以下步骤：在所述衬底上形成具有顶表面的覆层；在所述覆层的所述顶表面之上形成虚设层；以不同宽度的图形构图所述虚设层以形成构图的虚设部件，并暴露所述虚设部件的侧壁和在所述虚设部件侧旁所述覆层所述顶表面的部分；淀积隔离物层覆盖所述构图的虚设部件，并在间隔超过最小间隔所述构图虚设部件的所述侧壁侧旁形成包括侧壁隔离物的隔离物，并且在间隔小于所述最小间隔所述构图虚设部件的侧壁之间形成超宽隔离物；剥离所述构图的虚设部件；暴露在所述侧壁隔离物和所述超宽隔离物侧旁所述衬底的部分；通过蚀刻所述衬底来构图所述衬底的暴露的部分。</td></tr>
</table>

上述国外来华申请的申请时间较早，大多在2006～2007年，这是全球SADP技术专利申请量开始快速增长的2年，国外大公司在这2年就对SADP技术的各个技术领域进行布局。例如，美光科技申请号为CN200680010516的专利申请涉及整体方案的改进以形成

不同间距的图形，从而满足形成不同器件的需求；三星申请号为CN200710088603的专利申请涉及整体方案的改进，属于SADP中的负性方案；IBM申请号为CN200780014006的专利申请则注重对间隔等结构的改进。从技术角度上来说，对芯轴、间隔和填充层材料的选择以及结构的改进都属于基础性的技术改进，同时对整体的技术方案的改进也使得集成电路工艺能将不同器件集成在同一芯片上，属于SADP技术应用领域，也是非常重要的技术改进。故上述专利都是SADP技术非常基础性的专利申请，保护范围也比较大，国内企业及科研院所在进行SADP技术专利申请时应当对上述专利予以重视。

以下将对在审的国外来华专利进行分析，从中梳理出SADP技术领域的技术发展方向，为我国相关企业以及科研院所提前规避相应风险提供帮助。

表4－2－6列出了SADP技术在审的国外来华重点专利申请。

表4－2－6　SADP技术在审的国外来华重点专利申请

申请人	申请号	发明名称	技术领域/技术要点
海力士	CN201210305567	半导体器件及其制造方法	整体方案的改进；正性方案；采用SADP＋普通掩模光刻工艺形成不同间距的图形。先形成不同间距不同宽度的芯轴，然后形成间隔，去除芯轴后形成不同间距的间隔图案作为最终图案
海力士	CN201210482777	用于孔图案化的掩模图案和制造半导体器件的方法	整体方案的改进；正＋负性方案；适用于单元矩阵区中的孔图案化的掩模图案，包括多个下层线图案、多个上层线图案以及阻挡图案；多个下层线图案被形成在硬掩模层之上；多个上层线图案沿着与下层线图案交叉的方向延伸，多个上层线图案在垂直方向上位于比多个下层线图案高的层；阻挡图案覆盖单元矩阵区的边缘区；可以通过顺序应用负性方案和正性方案形成用于刻蚀硬掩模层的掩模图案
三星	CN201310087395	具有不同鳍宽的鳍式场效应晶体管的制作方法	整体方案的改进；正性方案；采用SADP＋普通掩模光刻工艺形成不同间距的图形。先形成芯轴，然后形成间隔，去除芯轴形成间隔图案后，采用该间隔进行目标层刻蚀，然后采用掩模遮蔽部分间隔以及目标层，最后继续刻蚀部分目标层，从而形成不同宽度的目标层作为鳍部

续表

申请人	申请号	发明名称	技术领域/技术要点
富士胶片	CN201380031179	图案形成方法以及各自使用所述图案形成方法的用于制备电子器件的方法和电子器件	芯轴和间隔材料的选择及工艺改进；正性方案；采用硬掩模图案作为芯轴材料，然后采用CVD工艺形成氧化硅间隔，移除硬掩模
IBM	CN201380064097	用于鳍型场效应晶体管的复合硬掩模	整体方案的改进；正性方案；采用常规正性方案形成鳍状结构
格罗方德	CN201410049176	利用自对准双图案化技术于网格外布线结构的方法	整体方案的改进；正性方案；采用SADP+普通掩模光刻工艺形成不同间距的图形。先形成芯轴，然后形成间隔，并在器件表面上形成阻挡掩模，去除芯轴后，形成间距不同的图案
三星	CN201410095275	磁阻随机存取存储器器件及其制造方法	整体方案的改进；正性方案；先形成芯轴，然后形成间隔，去除间隔后再在间隔侧壁形成另一间隔，并填充获得图案
格罗方德	CN201410494410	使用SADP技术制造电路布局的方法	整体方案的改进；正性方案；采用SADP+普通掩模光刻工艺形成不同间距的图形。先形成芯轴，然后形成间隔，去除芯轴后，在个别间隔侧壁形成其他图案以获得间距不同的图案
罗门哈斯	CN201510536341	多图案形成方法	芯轴和间隔材料的选择及工艺改进；正性方案；先形成化学放大感光性材料形成的光致抗蚀剂图案作为芯轴，然后在芯轴侧壁形成涂布组合物层，加热使芯轴和组合物层发生反应形成间隔，去除组合物和芯轴以获得最终图案

上述9件重点专利申请涉及6个申请人，这些申请人是在SADP技术领域中处于技术领先的跨国大型芯片生产企业或大型精细化工企业。这些专利申请涉及SADP技术领域中整体方案的改进以及芯轴、间隔材料选择处理工艺的改进，其中更多的涉及整体方案的改进。

在上述专利申请中，申请号为CN201210305567、CN201210482777、CN201310087395、

CN201380064097、CN201410049176、CN201410095275 以及 CN201410494410 涉及完整 SADP 技术的应用，发明点在于整体方案的改进，均是对 SADP 技术进行整体方案的改进以形成不同间距的图形，属于 SADP 技术应用技术领域。

其中，申请号为 CN201210305567、CN201310087395、CN201410049176 以及 CN201410494410 的专利申请技术要点都是通过 SADP 技术 + 普通掩模光刻技术来形成复合图形，这种技术属于较为成熟的技术，难以进行重大基础创新；申请号为 CN201380064097 的专利申请采用常规正性方案形成鳍状结构；CN201410095275 的专利申请在去除原有的间隔基础上形成新的间隔从而获得最终图案，也属于外围专利布局。故该6件申请在整体技术方案上的改进很小，属于锦上添花的改进。

申请号为 CN201210482777 的专利申请采用负性方案和正性方案结合的方式来形成孔图案，该技术方案可以在不采用覆盖外围区外围邻近掩模的情况下防止单元矩阵边缘区不好的图案化。从现有技术来看，该类技术方案的研究还比较少，因此其授权前景比较明朗。

而申请号为 CN201380031179 和 CN201510536341 的专利申请更多地涉及芯轴、间隔的材料以及处理工艺的改进。可能由于关于 SADP 技术经过 2006 ~ 2010 年的大量布局后整体技术方案上的改进已经日趋成熟，难以进行重大基础创新，而芯轴和间隔材料以及处理工艺属于外围技术，但其更加直接地影响形成图形的轮廓和稳定性，是制约 SADP 技术发展非常重要的因素之一。故国外大型半导体生产企业和大型精细化工企业仍然比较关注在中国市场对这些外围技术的布局。这些专利申请改进点较细，比较可能得到授权。但其保护范围比较宽，国内企业或科研院所在进行这些外围技术的专利布局时还是要小心规避。

由以上内容可知，在 SADP 技术方法领域，无论芯轴或间隔材料的选择和形成方法还是在 SADP 技术应用技术领域如不同尺寸间距图形的形成和接触孔的形成方法等技术上，国外的企业在我国有着比较完整的布局，技术覆盖面广，从而使得我国在 SADP 技术方法领域的发展面临着非常大的阻碍和风险。

（3）国内专利风险状况

以下对国内申请人的已授权且目前仍有效的重要专利进行列表分析，并对在审的可能走向授权的重要专利列表分析，综合两者的布局情况，和国外来华的布局情况比较分析，希望能得出国内申请人申请专利的风险和突破口等结论。

国内申请人在 SADP 技术领域的申请比较少，尤其是早期的专利申请更少，但近年来由于 SADP 技术获得广泛应用后，国内的申请量也逐渐上升，并在 2012 年的国内申请量赶超国外来华的申请量，可见国内企业和科研单位逐渐重视对 SADP 技术的专利布局。

下面将分为授权专利技术和在审专利技术对国内申请人的重点专利作出风险分析。表4－2－7 中5 件重点专利申请涉及4 个申请人，这些申请人主要为国内大型芯片制造企业和科研院所。这些专利申请主要涉及 SADP 技术的整体改进以及间隔形成方法的改进。

表 4-2-7 SADP 技术授权的国内重点专利申请

申请人	申请号	发明名称	技术领域/技术要点
世界先进积体电路	CN01116070	下埋式微细金属连线的制造方法	芯轴形成工艺的改进；负性方案；先形成绝缘区块，然后在绝缘区块上形成第一侧壁间隙壁，去除绝缘区块后在第一侧壁间隙壁上形成第二侧壁间隙壁，在第二侧壁间隙壁中形成填充物后移除第二侧壁间隙壁以形成最终图形
北京大学	CN200710122156	一种利用外延工艺制备鳍形场效应晶体管的方法	间隔形成方法的改进；正性方案；先形成重掺杂的半导体条+薄介质层的复合图形；然后在该半导体条两侧通过选择外延生长工艺形成半导体材料，去除复合图形以保留该半导体材料以形成超薄鳍形体
中芯国际	CN201010217807	半导体器件精细图案的制作方法	间隔形成方法的改进；正性方案；在多晶/非晶硅衬层上形成氮化硅掩模，该氮化硅掩模对应芯轴和间隔，然后在该氮化硅掩模下的多晶/非晶硅衬层两侧形成氧化硅层，去除氧化硅层之间的多晶/非晶硅衬层以形成间隔图案
中芯国际	CN201010245580	半导体器件精细图案的制作方法	间隔形成工艺的改进；正性方案；先形成目标层、有机层和第一硬掩模，然后刻蚀有机层和第一硬掩模形成图案，并对有机层两侧壁进行离子注入形成硬化侧壁，去除第一硬掩模和未被离子注入的有机层以保留硬化侧壁形成最终图形
中科院微电子所	CN201010611749	自对准式二次成像方法	整体方案的改进；正性方案；先形成图形转移层图形，然后在其两侧形成侧墙，去除图形转移层后留下侧墙图案，刻蚀不需要的侧墙部分以形成不对称图形，没有侧墙区域留作后续走线或绝缘隔离所用

经过对比分析，在这 5 件授权重点专利中挑选出 2 件最具有代表性的专利进行进一步的分析，以更好地明确国内申请的研究方向和申请趋势，如表 4-2-8 所示。

表 4-2-8　SADP 技术具有代表性的国内重点专利申请

<table>
<tr><th colspan="3">重点专利 1：CN01116070</th></tr>
<tr><td>申请人</td><td>发明名称</td><td>技术分支</td></tr>
<tr><td>世界先进积体电路</td><td>下埋式微细金属连线的制造方法</td><td>SADP 技术</td></tr>
<tr><td>权利要求</td><td colspan="2">一种下埋式微细金属连线的制造方法，其特征在于：它包括下列步骤：①于半导体底材上形成介电层；②于所述介电层上表面制作多数个绝缘区块，每一个绝缘区块具有 3 个单位的宽度，且任两个所述同意绝缘区块之间都具有 5 个单位宽度的间隔；③于所述绝缘区块侧壁上形成第一侧壁间隙壁，所述第一侧壁间隙壁具有 1 个单位的宽度；④移除所述多数个绝缘区块；⑤于所述第一侧壁间隙壁的侧壁上形成第二侧壁间隙壁，所述第二侧壁间隙壁具有 1 个单位的宽度；⑥于两个相邻的所述第二侧壁间隙壁间的空隙中形成填充物，所述填充物具有 1 个单位的宽度；⑦移除所述第二侧壁间隙壁；⑧使用所述第一侧壁间隙壁与所述填充物作为蚀刻罩幕，对所述介电层进行非均向性蚀刻，以于所述介电层中形成多数个沟渠结构；⑨于所述多数个沟渠中填充金属，以形成多数条金属连线。</td></tr>
<tr><th colspan="3">重点专利 2：CN201010217807</th></tr>
<tr><td>申请人</td><td>发明名称</td><td>技术分支</td></tr>
<tr><td>中芯国际</td><td>半导体器件精细图案的制作方法</td><td>SADP 技术</td></tr>
<tr><td>权利要求</td><td colspan="2">一种半导体器件精细图案的制作方法，所述精细图案为相间排列的间隔和线，该方法包括：在半导体衬底上依次沉积刻蚀目标层、多/非晶硅层和氮化硅层；所述多/非晶硅层的含义为多晶硅层或者非晶硅层；在氮化硅层的表面涂布光阻胶层，并曝光显影图案化所述光阻胶层，定义精细图案的间隔；以图案化的光阻胶层为掩模，刻蚀所述氮化硅层形成图案化的氮化硅层；去除光阻胶层后，以图案化的氮化硅层为掩模，对多/非晶硅层进行氧化，形成具有第一预定宽度和第一预定深度的氧化硅层；以所述图案化氮化硅层为掩模，各向异性刻蚀具有第一预定深度的氧化硅层至显露出多/非晶硅层；去除所述图案化的氮化硅层后，显露出位于所述图案化的氮化硅层下的氧化硅层和未被氧化的多/非晶硅层，各向异性刻蚀多/非晶硅层至显露出刻蚀目标层；所述各向异性刻蚀多/非晶硅层的宽度为精细图案的间隔；以显露出的氧化硅层为掩模对刻蚀目标层进行刻蚀，形成精细图案；所述显露出的氧化硅层的宽度为精细图案的线；其中线和间隔相间排列，2 倍的线宽加上间隔等于所述第一预定宽度。</td></tr>
</table>

申请号为 CN01116070 的专利申请属于中国台湾的世界先进积体电路，该专利申请于 2001 年提交，到目前仍然处于专利权维持的法律状态，可见该公司非常重视该项专利申请。该专利申请巧妙地利用第一次形成的侧壁作为芯轴来进行后续的 SADP 工艺，仅需采用一次微影制程，就能定义宽度小于 3 倍的图案，进一步缩小元件尺寸。该专利的申请时间较早，虽保护范围较大，但专利权较稳定。国内大型芯片制造企业——中芯国际业比较注重外围技术的专利布局，如申请号为 CN201010217807 的专利申请就采用对侧壁进行热氧化的方法以形成氧化硅间隔物，该专利申请保护范围较小。

可以看出，国内企业和科研院所比较注重对外围技术的专利布局，并没有盲目对核心专利进行布局，以减少专利风险。

下面将对 SADP 技术在审的重点国内申请专利进行分析研究，从中梳理国内本领域的技术发展方向，如表 4－2－9 所示。

表 4－2－9　SADP 技术在审的国内重点专利申请

申请人	申请号	发明名称	技术领域/技术要点
中芯国际	CN201210324637	一种半导体器件的制造方法	芯轴处理工艺的改进；正性方案；先形成芯轴材料层图案，然后对该图案进行处理，使其不同表面具有不同物质沉积率，在其上形成间隔层，蚀刻间隔层以形成间隔层图案，去除芯轴材料层图案以形成图形
中芯国际	CN201210325783	半导体器件精细图案的制作方法	间隔形成方法的改进；正性方案；采用 DSA 形成间隔；先形成光阻胶图案，然后采用定性自组装技术在光阻胶图案之间形成 PS 层和 PMMA 层，其中 PMMA 层形成在光阻胶图案侧壁，去除 PS 层以及光阻胶层，保留 PMMA 层图案
台积电	CN201210436875	用于图案化形成的自组装单层	间隔材料形成方法的改进；正性方案；采用旋涂法形成自组装单层作为间隔层
南亚科技	CN201310209753	具有复合偏光片的光掩模与优化不同图案的成像方法	芯轴去除工艺和间隔形成工艺的改进；正性方案；采用电子束光刻胶层作为芯轴，然后共形形成氧化硅作为间隔，各向异性刻蚀共形膜形成间隙壁，去除光刻胶芯轴以获得最终图案
中微半导体	CN201310302894	间隔层双曝光刻蚀方法	间隔材料形成方法的改进；正性方案；采用含 CF4、Ar、Xe 等易形成正离子气体的刻蚀气体对间隔层进行刻蚀，实现对间隔层形貌的修正，并通过刻对间隔层减薄，减小间隔层与待蚀刻层之间的应力
台积电	CN201310542496	具有一个或多个半导体柱形件的半导体布置	对整体方案的改进；正性方案；采用交叉 SADP 形成柱状半导体结构，先形成芯轴，然后形成间隔，去除芯轴后留下间隔图案，填充材料后，再在交叉方向采用形成芯轴，形成间隔再去除芯轴的方法形成另一方向图案从而获得柱状图案
中芯国际	CN201410027723	鳍式场效应晶体管的形成方法	对整体方案的改进；正性方案；先形成牺牲层作为芯轴，然后在芯轴侧壁形成间隔后，去除芯轴后留下间隔，并在部分间隔侧壁继续形成间隔，获得的图案形成最终图案

续表

申请人	申请号	发明名称	技术领域/技术要点
台积电	CN201410048881	制造 FINFET 器件的方法	对整体方案的改进；正性方案；在衬底上形成多个芯轴部件，沿着芯轴部件的侧壁形成第一间隔件且沿着第一间隔件的侧壁形成第二间隔件，两个相邻的背对背的第二间隔件在衬底的第一区域中以间隙间隔开且在衬底的第二区域中合并在一起，在间隙中形成介电部件且在衬底的第三区域中形成介电台状件，在第一切割过程中去除第一间隔件的第一子集，通过使用第一间隔件和介电部件作为蚀刻掩模蚀刻衬底来形成鳍和沟槽
力晶科技	CN201410225048	半导体制作工艺	芯轴和间隔材料选择的改进；正性方案；先形成非晶碳或 APF 材料的芯轴，然后通过 CVD 或者 ALD 形成材料为氧化硅或者氮化硅的间隔，去除芯轴形成最终图案
南亚科技	CN201410411455	半导体结构的双重图案工艺方法	对整体方案的改进；正性方案；采用交叉 SADP 形成柱状半导体结构。先形成芯轴，然后形成间隔，去除芯轴后留下间隔图案，填充材料后，再在交叉方向采用形成芯轴，形成间隔再去除芯轴的方法形成另一方向图案从而获得柱状图案
台积电	CN201410693637	形成图案的机制	对整体方案的改进；正性方案；采用 SADP + 普通掩模光刻工艺形成不同间距的图形。先形成芯轴，然后去除部分芯轴后，在形成间隔，去除其余芯轴后形成不同间距的间隔图案
台积电	CN201410808255	使用双重图案化的自对准纳米线的形成	整体方案的改进；正性方案；采用交叉 SADP 形成柱状纳米线。先形成芯轴，然后形成间隔，去除芯轴后留下间隔图案，填充材料后，再在交叉方向采用形成芯轴，形成间隔再去除芯轴的方法形成另一方向图案从而获得柱状图案

上述12件重点专利申请涉及5个申请人，包括台积电、中芯国际、南亚科技、力晶科技4家国内大型集成电路制造公司，还有1家（中微半导体）属于集成电路设备制造公司。

在上述专利申请中，申请号为CN201310542496、CN201410027723、CN201410048881、CN201410411455、CN201410693637以及CN201410808255均涉及对整体方案的改进，其中南亚科技申请号为CN201410411455和台积电申请号为CN201410693637的专利申请采用的是传统SADP技术+传统掩模光刻工艺来形成不同间距图形的技术方案。从现有技术来看，该类技术方案已经具有较大量的申请，可见国内外大型企业以及科研院所都比较关注该类技术方案，该类技术方案已经比较成熟，故上述两件申请的专利风险相对较大。而中芯国际申请号为CN201410027723及台积电申请号为CN201410048881的专利申请虽然也是对整体方案的改进，然而均是对普通SADP图案化的图案进行调节已形成特定的图案，更加注重细节和外围技术的改进，专利风险相对较小。而南亚科技申请号为CN201410411455以及台积电申请号为CN201410808255的专利申请不同于上述申请，均采用交叉SADP技术形成柱状图案。从现有技术来看，该类技术方案的研究还比较少，因此其授权前景比较明朗。

申请号为CN201210324637、CN201210325783、CN201210436875、CN201310209753、CN201310302894以及CN201410225048的专利申请都是涉及芯轴或间隔材料、形成工艺或者处理工艺的改进。此类别的改进更多侧重于对SADP技术外围技术的改进。此6件申请对技术细节给出了具体的改进，可以改善特征尺寸的控制，提高产品良率和提高产品的稳定性，然而其改进点较小，属于外围专利布局。

这些申请很大一部分属于台积电以及中芯国际，台积电以及中芯国际是国内集成电路制造业的龙头企业，特别是台积电，在不断扩大制造规模并顺利占据集成电路制造第一名的同时，进行了大量的SADP专利技术布局，可见其对SADP技术越来越重视。

总体来说，国内申请早期申请量较小，而近年来申请量逐渐增大，从2012年开始，国内申请人关于SADP技术的申请量已经超过国外来华申请人关于该项技术的专利申请量。可见，国内申请人越来越关注SADP技术的专利布局。这些专利申请的保护范围较小，涉及技术较为细化且略显分散，同时还缺乏核心专利，重点专利的保护范围也较下位，并且横向扩展的申请较少，没有形成整体的覆盖和相互保护支撑。但是也应当看出，我国在SADP技术领域已明显加大重视力度，并已经有一定的研究成果。而且，中芯国际等国内大型企业很注重对国外来华申请人关于SADP技术的专利布局，并有意识地在SADP技术相关的外围技术进行布局以规避专利壁垒并寻求突破机会，故国内申请存在突破国外企业专利技术布局的可能性。

（4）国内外重点专利对比分析

下面将找出技术改进点相似的国外来华重点专利申请和国内重点专利申请，对其进行技术上的比较分析，借此来具体评价国内专利的侵权状况，如表4-2-10所示。

表4-2-10　国外来华重点专利与国内重点专利的对比

<table>
<tr><th></th><th>国外来华专利申请</th><th>国内重点专利申请</th><th>比较过程</th><th>全面覆盖</th><th>等同原则</th><th>风险等级</th></tr>
<tr><td>申请人</td><td>先进微装置公司</td><td>中芯国际集成电路制造（上海）有限公司</td><td></td><td></td><td></td><td></td></tr>
<tr><td>申请号</td><td>CN200880023752</td><td>CN2012105533431</td><td></td><td></td><td></td><td></td></tr>
<tr><td>发明名称</td><td>间隔件微影蚀刻</td><td>自对准多重图形化方法及硅基硬掩模组合物的应用</td><td></td><td></td><td></td><td></td></tr>
<tr><td>特征1</td><td>在目标层之上形成第一屏蔽图案；在该第一屏蔽图案之上形成可交联层</td><td>提供半导体衬底，在所述半导体衬底上至少形成一个光刻胶图形；在所述半导体衬底及光刻胶图形上形成含硅的RELACS材料层</td><td rowspan="3">技术特征基本相同</td><td rowspan="3">否</td><td rowspan="3">否</td><td rowspan="3">中</td></tr>
<tr><td>特征2</td><td>在该第一屏蔽图案和该可交联层之间形成交联间隔件</td><td>进行混合烘焙，与所述光刻胶图形接触的含硅的RELACS材料层发生交联反应，并在所述光刻胶图形表面形成交联层</td></tr>
<tr><td>特征3</td><td>去除该可交联层、去除该交联间隔件的足够部分以暴露该第一屏蔽图案，以及去除该第一屏蔽图案以剩余部分的该交联间隔件；形成第二屏蔽图案以形成在该目标层中的特征，其中，该特征与该交联间隔件自行对准且具有类似于该交联间隔件的厚度的宽度。</td><td>去除所述光刻胶图形顶部上的交联层、未发生交联反应的含硅的RELACS材料层及光刻胶图形，剩余的交联层形成侧墙。</td></tr>
</table>

申请号为CN200880023752的国外来华专利申请要求保护一种间隔件微影蚀刻的方法，其技术重点在于采用交联层与光刻胶图案发生交联反应以形成间隔层，除去未发生交联反应的交联层和光刻胶图案后形成间隔图案，然后利用该间隔图案形成特征。国内专利申请号为CN201210553343的专利申请要求保护一种自对准多重图形化方法及硅基硬掩模组合物的应用，其同样采用光刻胶图形和含硅的RELACS材料层发生交联反应形成间隔层，然后去除所述光刻胶图形顶部上的交联层、未发生交联反应的含硅的RELACS材料层及光刻胶图形，剩余的交联层形成侧墙。国内专利申请号为

CN201210553343 的专利申请虽然未指出其侧墙在后续会用于形成特征图案，然而作为形成自对准图形化的形成方法，其形成的自对准图形只有用于后续工艺以形成特征图案，才能实现其功能。故国外来华专利申请号为 CN200880023752 的专利申请特征 3 有可能等同于国内专利申请号为 CN201210553343 的专利申请特征 3。此时，对比两件申请可以看出，两者的技术特征在文字表述上略有不同，但表达的实质基本相同，都属于形成自对准图案的方法。因此，国外来华专利申请 CN200880023752 对国内专利 CN201210553343 的获得授权以及后续的专利权维持构成比较高的危险。

4. 2. 1. 3. 2　LELE 专利技术及风险分析

在双重图形光刻技术中，LELE 也是较为重要的技术。反映在专利申请量上，双重图形光刻技术在中国的专利申请和在全球的专利申请中，关于 LELE 技术的申请都占 20% 左右，居所有关于双重图形光刻技术专利申请量的第二位。故 LELE 也是双重图形光刻技术中的重要组成部分，是图形光刻领域重点研究方向之一。

（1）整体风险状态

在中国专利数据库中检索涉及 LELE 技术的 95 件专利申请中，47 件授权维持，26 件失效，20 件处于待审阶段。在 47 件授权维持专利申请中，国外来华申请量为 18 件，占有效申请的 38. 3%。其中，美国来华申请 12 件，占有效申请的 25. 5%。中国专利申请量为 29 件，占有效申请的 61. 7%。从专利申请的角度来看，中国专利申请已经追上并超过国外来华专利申请量。

在 20 件待审专利申请中，国外来华申请量为 2 件，占待审申请的 10. 0%，而国内申请量为 18 件，占待审申请的 90. 0%，从这个角度来说，国外来华的企业和科研院所近年来逐渐减少在中国关于 LELE 技术的专利布局，而国内企业以及科研院所对 LELE 技术的关注度越来越高。在授权维持专利申请中，国外来华申请优势明显，在 2007 年之前的有效专利有 18 件，其中国外来华的申请有 11 件，可见国外企业和科研院所在早期就对 LELE 技术进行专利布局。这就表明国内企业以及科研院所在专利申请时，应更加谨慎地进行布局，以突破国外专利申请的技术壁垒。

（2）国外来华专利风险状况

国外大型集成电路企业在 LELE 技术领域都有专利申请，但每个企业基于技术优势、经营策略和在华的商业经营情况，在华专利布局不尽相同，因此并不是所有的企业都来华申请该技术领域的专利。已经获得专利权的专利申请将是本部分研究的主要内容，从中可以看出国外申请人对 LELE 技术领域的哪些技术进行专利布局。已审未结的专利申请是本部分研究的另一内容，我们关注这类申请的技术内容和技术发展方向，从中推测国外申请人即将在 LELE 技术领域的哪些技术上进行专利布局。

以下将对授权的国外来华专利进行分析，以为我国相关企业提前规避相应风险提供帮助。

表 4 –2 –11 列出了涉及 LELE 技术已授权的国外来华重点专利申请。

表4-2-11　LELE技术授权的国外来华重点专利申请

申请人	申请号	发明名称	技术领域/技术要点
朗姆研究	CN200680023375	使用蚀刻掩模堆叠的多掩模处理	单层硬掩模；光刻胶处理工艺；先在掩模上形成第一图案化光刻胶层，并在其顶部和侧壁形成侧壁层以缩小CD，然后将图案转移到掩模上后，剥离该第一图案化光刻胶层，在整个结构上形成第二图案化光刻胶层，同样采用形成侧壁层的方法缩小CD后将图案转移至掩模上，剥离第二图案化光刻胶后形成最终图案
朗姆研究	CN200680015841	用于多中间掩模处理的中间掩模对准和覆盖	单层硬掩模；对光刻胶的处理工艺；接收带有特征布图节距的特征布图；从特征布图生成多个中间掩模布图，其中，多个中间掩模布图中的每个中间掩模布图均具有中间掩模布图节距，并且每个中间掩模布图节距都是特征布图节距的至少2倍；该方法能提供具有小的临界尺寸（CD）的特征
东京电子	CN200780042316	衬底处理方法和衬底处理系统	单层硬掩模；掩模形成方法；包括光刻处理和刻蚀处理，每个所述处理都对一个衬底执行至少2次，光刻处理包括用于在所述衬底上形成具有预定图案掩模的多个步骤，其中所述刻蚀处理通过使用由所述光刻处理形成的掩模来刻蚀所述衬底，并且通过使用具有多个处理单元组的衬底处理系统来执行所述衬底处理方法，所述多个处理单元组分别被分配给所述多个处理步骤，并且每个处理单元组包括多个同一类型的处理单元，提供可以提高小型化器件的图案化尺寸准确度的衬底处理方法
朗姆研究	CN200680015843	计算机可读的掩模收缩控制处理器	单层硬掩模；对光刻胶的处理工艺；接收特征布图；对所述特征布图执行收缩修正，以形成收缩修正的中间掩模布图，其包括从所述特征布图生成多个中间掩模布图，对所述多个中间掩模布图的每个执行收缩修正，提供用于在中间掩模中形成特征的拐角切口，基于所述收缩修正的中间掩模布图形成中间掩模，基于所述收缩修正的中间掩模布图的所述中间掩模在晶片上形成图案化层，其中所述图案化层具有拐角切口，在所述图案化层上形成侧壁层，将特征蚀刻到设置在所述图案化层下方的基片中，可使用收缩修正以消除或最小化OPC，并且消除用于解决线边缘缩短的特征的必要

续表

申请人	申请号	发明名称	技术领域/技术要点
东京电子	CN200780028343	衬底处理方法、程序、计算机可读的存储介质以及衬底处理系统	单层硬掩模；掩模形成方法；先形成 SOG 膜，其具有第一区域和第二区域，然后在其上形成仅在第一区域上的抗蚀剂图案，并将该图案转移至 SOG 膜中，去除抗蚀剂，然后形成第二抗蚀剂并仅在第二区域上形成间距不同于第一抗蚀剂图案间距的第二抗蚀剂图案，将该图案转移至 SOG 膜，去除第二抗蚀剂以形成最终图形，能够在衬底上方的要被加工的膜中形成具有期望尺寸的精细的图形，以促进半导体器件的小型化
闪迪	CN200980125068	通过使用正型光刻胶进行二次图案化而制造高密度柱结构的方法	单层硬掩模；对光刻胶的处理工艺；先形成硬掩模层，然后在其上形成第一光刻胶图案，通过在光刻胶图案上形成侧墙层或回流工艺或化学收缩辅助的分辨率增强光刻的方法增大光刻胶图案尺寸以缩小图案间距将间距增大后的光刻胶图案转移至硬掩模层，去除光刻胶图案后采用填充材料填充硬掩模图案间隙，继续形成第二光刻胶图案并采用类似办法增大其间距，将该图案转移至硬掩模层中并去除光刻胶图案和填充材料形成最终图案，可制造高密度柱结构

上述6件重点专利申请涉及3个申请人。其中，朗姆研究是向世界半导体产业提供晶圆制造设备和服务的大型供应商；东京电子是全球最大的半导体制造设备制造商之一；闪迪是世界知名的闪存供应商和集成电路制造厂商。这些专利申请涉及掩模材料的选择、掩模形成方法以及对光刻胶的处理工艺，经过对比分析，在这6件重点专利中挑选出3件最具代表性的专利进行进一步分析，如表4-1-12所示。

朗姆研究于2006年提出的申请号为CN200680023375的专利申请涉及对光刻胶的处理工艺。该公司将光刻胶图案进行处理以使其特征尺寸增长从而增加线条间距的专利技术是业内非常有名的缩小特征尺寸的技术，当需要使用LELE技术并进一步缩小特征尺寸时，很难避免使用该专利技术。

表 4-2-12　LELE 技术授权的具有代表性的国外来华重点专利申请

<table>
<tr><td colspan="3">重点专利 1：CN200680015843</td></tr>
<tr><td>申请人</td><td>发明名称</td><td>技术分支</td></tr>
<tr><td>朗姆研究</td><td>用于多中间掩模处理的中间掩模对准和覆盖</td><td>LELE 技术</td></tr>
<tr><td>权利要求</td><td colspan="2">一种生成多个中间掩模的方法，包括接收带有特征布图节距的特征布图；以及从所述特征布图生成多个中间掩模布图，其中，所述多个中间掩模布图中的每个中间掩模布图均具有中间掩模布图节距，并且每个中间掩模布图节距是所述特征布图节距的至少 2 倍，其中所述多个中间掩模布图中的第一中间掩模布图包括第一对准标记并且所述多个中间掩模布图中的第二中间掩模布图包括第一对准标记以匹配所述第一中间掩模布图的所述第一对准标记，且所述第二中间掩模布图包括第二对准标记，所述第二对准标记不匹配所述第一中间掩模布图。</td></tr>
<tr><td colspan="3">重点专利 2：CN200780028343</td></tr>
<tr><td>申请人</td><td>发明名称</td><td>技术分支</td></tr>
<tr><td>东京电子</td><td>衬底处理方法、衬底处理系统</td><td>LELE 技术</td></tr>
<tr><td>权利要求</td><td colspan="2">一种衬底处理方法，其在位于衬底正表面上方相同层中要被加工的膜上执行多次图形化，所述方法包括下述步骤：执行第一次图形化；测量由第一次图形化所形成的图形尺寸；基于第一次图形化的尺寸测量结果来设置第二次以及随后次数的图形化的条件，使得在第一次图形的实际尺寸与第一次图形化的目标尺寸之间的差等于在第二次和随后次数图形实际尺寸与第二次图形化目标尺寸之间的差；在所设置的图形化条件下执行第二次以及随后次数的图形化。</td></tr>
<tr><td colspan="3">重点专利 3：CN200680023375</td></tr>
<tr><td>申请人</td><td>发明名称</td><td>技术分支</td></tr>
<tr><td>朗姆研究</td><td>使用蚀刻掩模堆叠的多掩模处理</td><td>LELE 技术</td></tr>
<tr><td>权利要求</td><td colspan="2">一种用于在基片上的蚀刻层中形成蚀刻特征的方法，包括：在所述蚀刻层上形成由至少一层形成的蚀刻掩模堆叠；在所述蚀刻掩模堆叠上形成第一掩模，其中所述第一掩模限定具有宽度的多个间距；在所述第一掩模上形成侧壁层，其中所述侧壁层减小由所述第一掩模限定的所述间距的宽度，其中在所述第一掩模上形成侧壁层包括至少两个循环，每个循环包括：沉积阶段，使用第一气体化学成分形成沉积等离子体，以在所述第一掩模的侧壁上形成沉积；形貌成形阶段，使用第二气体化学成分在所述第一掩模的侧壁上成形所述沉积的形貌，其中，所述第一气体化学成分不同于所述第二气体化学成分；穿过所述侧壁层将第一特征组至少部分地蚀刻入所述蚀刻掩模堆叠，其中，所述第一特征组中的所述特征具有小于由所述第一掩模限定的所述间距的宽度的宽度；去除所述掩模和所述侧壁层；执行额外的特征步骤，包括：在所述蚀刻掩模堆叠上形成额外掩模，其中，所述额外掩模限定具有宽度的多个间距；在所述额外掩模上形成侧壁层，其中，所述侧壁层减小由所述额外掩模限定的所述间距的宽度；穿过所述侧壁层将第二特征组至少部分地蚀刻入所述蚀刻掩模堆叠，其中，所述特征具有小于由所述额外掩模限定的所述间距的宽度的宽度；以及去除所述掩模和所述侧壁层；以及穿过所述蚀刻掩模堆叠中的所述第一特征组和所述第二特征组将多个特征蚀刻入所述蚀刻层。</td></tr>
</table>

朗姆研究于2006年提出的申请号为CN200680015843的专利申请同样涉及对光刻胶的处理工艺，先形成中间掩模层后，对该掩模层进行收缩修正以消除或最小化OPC，并且不需要用于解决线边缘缩短的特征。该光刻胶处理技术也是LELE技术中的基础工艺之一，且授权权利要求保护范围较宽。

东京电子于2007年提交的申请号为CN2007800283437的专利申请关于LELE技术中的图形布局技术，保护范围较宽。该测量工艺也属于基础工艺技术之一，在减少图形化尺寸过程中难以避免。

上述国外来华申请的时间较早，为2006～2007年，其涉及的领域都不相同，可见国外大型企业对LELE技术领域进行了比较全面的布局。

以下将对在审的国外来华专利进行分析研究，从中梳理LELE技术领域的技术发展方向，为我国相关企业以及科研院所提前规避相应风险提供帮助。

表4-2-13列出了涉及LELE技术的在审的国外来华重点专利申请。

表4-2-13　LELE技术在审的国外来华重点专利申请

申请人	申请号	发明名称	技术领域/技术要点
布鲁尔科技	CN201110460797	用显影剂-裁切的硬掩模形成光刻结构的方法	双层硬掩模；光刻胶和掩模的形成方法；所述方法包括将硬掩模组合物施涂于基片上，使得所述组合物固化。将成像层施涂于所述组合物上，然后进行曝光和显影，在此过程中除去所述成像层的曝光部分，以及与所述曝光部分相邻的硬掩模组合物的部分。通过显影速率控制硬掩模组合物结构的尺寸，得到的特征尺寸是成像层特征尺寸的一部分，得到可以最终转移到基片的图案。

布鲁尔科技于2011年提出的申请号为CN201110460797的专利申请主要涉及采用双层硬掩模正性方案的LELE技术，其通过显影速率控制硬掩模组合物结构的尺寸，得到的特征尺寸是成像层特征尺寸的一部分，得到可以最终转移到基片的图案，属于对硬掩模层的进一步处理过程。

在LELE技术方法领域，无论在完整的技术方案方面还是外围技术方面，国外企业和科研机构在我国有着比较完整的布局，技术覆盖面广，从而使得我国在LELE技术方法领域的发展面临着非常大的阻碍和风险。

同时需要指出的是，近些年来，国外来华申请中LELE技术的相关申请数量逐渐减少，2010年以后的LELE技术相关申请共计才8件。假如国内企业和研究机构需要对LELE技术进行专利布局，可重点关注国外来华申请中早期申请并进行外围专利布局，以寻求突破点。还需注意的是，在LELE应用技术领域如接触孔的形成或者不同尺寸图形形成技术，国外企业和科研机构的专利申请较少，国内也可对LELE应用技术领域进行针对性的外围专利布局。

（3）国内专利风险状况

以下对国内申请人已授权且目前仍有效的重要专利进行列表分析，并对在审的可能走向授权的重要专利列表分析，综合两者的布局情况，和国外来华的布局情况比较分析，希望能得出国内申请人申请专利的风险和突破口等结论。

国内申请人在LELE技术领域的申请比较少，尤其是早期的专利申请更少，但近年来国内的申请量也逐渐上升，特别在2012年，国内企业和科研机构有12件LELE技术的相关专利申请，可见国内企业和科研单位逐渐重视对LELE技术的专利布局。

下面将分为授权专利技术（参见表4－2－14）和在审专利技术对国内申请人的重点专利进行风险分析。

表4－2－14　LELE技术授权的国内重点专利申请

申请人	申请号	发明名称	技术领域/技术要点
华力微电子	CN201110265283	一种增加两次图形曝光工艺窗口的方法	单层硬掩模；掩模形成方法；先形成硬掩模涂覆抗反射层和光刻胶，进行曝光形成光刻胶以及抗反射图案，并将图案转移至硬掩模中，去除光刻胶和抗反射层并沉积新的抗反射层和光刻胶层，进行曝光形新的成光刻胶以及抗反射图案并转移至硬掩模层中，形成最终图案，形成图案的节距更近，增强抗反射能力，提高第二次曝光工艺的精度
中芯国际	CN201010253783	半导体器件精细图案的制作方法	单层硬掩模结构；掩模材料的选择；先形成掺氮的碳化硅层、氧化层、不定性碳层和氮化层，然后在其上形成第一抗反射层和第一光阻胶层，图案化光阻胶层，并以其为掩模刻蚀第一底部抗反射层、氮化层和不定性碳层进行刻蚀，至氧化层表面停止刻蚀，去除氮化层上的材料层并在其上形成第二抗反射层和第二光阻胶层，图案化光阻胶层的宽度同样定义精细图案的线宽，与图案化的第一光阻胶层定义的精细图案的线宽相等，且相间排列，以第二光阻胶层图案和氮化层和不定性碳层图案刻蚀氧化层形成最终图案。该方法可以形成规则形状的精细图案

续表

申请人	申请号	发明名称	技术领域/技术要点
中芯国际	CN200710094462	形成接触孔的方法	单层硬掩模；掩模材料的选择，形成接触孔的方法；先形成阻挡层（掩模层），然后在其上形成光刻胶图案，以该光刻胶图案为掩模刻蚀阻挡层形成接触孔开口，去除光刻胶层后在阻挡层上形成平整的第二光刻胶层，相对第一接触孔开口位置进行偏移，将光掩模版上的接触孔图案转移至第二光刻胶层上，形成第二接触孔开口图形，以第二光刻胶层为掩模，沿第二接触孔开口图形及第一接触孔开口刻蚀阻挡层至露出绝缘介质层，形成最终掩模图案；提供一种形成接触孔的方法，可缩小接触孔的临界尺寸，同时无需再重新制作光掩模版
中科院微电子所	CN201110006476	微细结构的光刻方法	双层硬掩模；不同光源的选择；先形成第一硬掩模层和第一光刻胶，先用I线光源形成图案化第一光刻胶以形成图案并将该图案转移至第一硬掩模层形成常规栅图案，形成第二硬掩模层以覆盖第一硬掩模图案，平坦化该第二硬掩模层，在其上形成另一光刻胶层，并用电子束曝光形成光刻胶层图案，然后将该图案转移至第二硬掩模层中形成纳米栅图案，去除光刻胶后保留常规栅图案和纳米栅图案作为最终图案；提供一种光刻方法，避免在光刻期间将时间耗费在非精细结构上，提高光刻效率、节省时间
中芯国际	CN200810105902	半导体器件的形成方法	双层硬掩模，硬掩模的形成方法：形成刻蚀阻挡复合层作为第二硬掩模层，先对该第二硬掩模层进行图案化后，共形形成抗反射层在该图案化硬掩模层上并形成光刻胶图案，刻蚀抗反射层并去除光刻胶图案后，将剩余的抗反射层图案和第二硬掩模图案转移至第一硬掩模层中形成最终图案

续表

申请人	申请号	发明名称	技术领域/技术要点
中芯国际	CN200810105902	半导体器件的形成方法	双层硬掩模；掩模材料的选择；硬掩模的改进；先形成第一硬掩模层和在其上的抗反射及刻蚀阻挡复合层（第二硬掩模），在整个结构上形成光刻胶图案并将图案转移至抗反射及刻蚀阻挡复合层中，去除光刻胶并在抗反射及刻蚀阻挡复合层和第一硬掩模层上形成抗反射层以及形成第二光刻胶图案，并将该图案转移至抗反射层中形成抗反射层图案，利用抗反射及刻蚀阻挡复合层图案和抗反射层图案刻蚀第一硬掩模层形成最终图案；可简化工艺步骤
中芯国际	CN200810112514	图形转移方法	双层硬掩模；对光刻胶的处理；先形成第二硬掩模和第一硬掩模，并在其上形成抗反射层和光刻胶层，形成光刻胶和抗反射层图案并将该图案转移至第一硬掩模中形成第一硬掩模图案，去除抗反射层和光刻胶层，在第一硬掩模图案上形成第二光刻胶层，对第二光刻胶层进行浅层曝光并对该曝光区域进行硅烷化处理从而在第二光刻胶层上形成图案化的等离子体刻蚀层，以第一硬掩模图案和图案化的等离子体刻蚀层作为掩模刻蚀第二硬掩模层以形成最终图案。本方法不需要在被刻蚀的掩模层表面涂覆抗反射层，避免抗反射层涂布不均匀，进而防止光刻胶接受的光能量不一致，避免光刻胶层形成的图形线条结构不稳定，还可防止线条坍塌
中芯国际	CN200910056019	掩模版图校正方法、掩模版图和掩模版制造方法	掩模版图校正方法；选出掩模版图中间距小于光刻设备分辨率的掩模版图案对；从每一对掩模版图案对中选出一个掩模版图案，根据旁瓣效应形成对应的辅助图案，以替换选出的掩模版图案；辅助图案的尺寸小于光刻设备分辨率尺寸，且辅助图案的中心位于以掩模版图案中心为圆心、旁瓣距离为半径的圆周上；使得仅通过一次曝光就能实现具有关键尺寸小于光刻设备分辨率的图形的转移，并且也不会产生桥接等现象，不仅可以节省大量人力和时间，还可以减少更换光刻设备的需求

续表

申请人	申请号	发明名称	技术领域/技术要点
中芯国际	CN201010153859	光栅的制作方法	单层硬掩模；掩模的形成方法；在光栅层上形成材料为抗反射层第二阻挡层和第一阻挡层，在整个结构上形成光刻胶图案，以该图案为掩模并采用特定气体刻蚀第一阻挡层，以形成具有倾斜侧壁的开口，以刻蚀后的第一阻挡层为掩模刻蚀第二阻挡层和光栅层以形成宽度与第一阻挡层宽度一样的开口，去除第光刻胶、第一阻挡层和第二阻挡层后在光栅层上形成第四阻挡层、第三阻挡层，以相似的方法在第三阻挡层上形成倾斜开口，并以具有开口的第三阻挡层刻蚀第四阻挡层和光栅层形成另一开口，去除其他材料以留下单独的光栅图形；缩小光栅间距

上述9件专利涉及3个申请人，这些申请人主要为国内大型芯片制造企业和科研院所。这些专利申请主要涉及采用掩模材料的选择及形成方法、对光刻胶的处理、不同光源的采用以及接触孔形成等方面，其更多地涉及具体技术细节的改进。

经过对比分析，在这9件授权重点专利汇总挑选出2件最具有代表性的专利进行进一步的分析，以更好地明确国内申请的研究方向和申请趋势，如表4－2－15所示。

表4－2－15　授权的具有代表性的涉及LELE技术的国内重点专利申请

<table>
<tr><th colspan="3">重点专利1：CN200810105902</th></tr>
<tr><td>申请人</td><td>发明名称</td><td>技术分支</td></tr>
<tr><td>中芯国际</td><td>光栅的制作方法</td><td>LELE技术</td></tr>
<tr><td>权利要求</td><td colspan="2">一种半导体器件的形成方法，其步骤包括：在半导体衬底上依次形成掩模层、抗反射及刻蚀阻挡复合层和第一光刻胶层；将光掩模版上的掩模版半导体器件图形转移至第一光刻胶层上，形成第一光刻胶半导体器件图形；以第一光刻胶层为掩模，刻蚀抗反射及刻蚀阻挡复合层至露出掩模层，形成第一半导体器件图形；去除第一光刻胶层后，在抗反射及刻蚀阻挡复合层和掩模层上依次形成抗反射层和平整的第二光刻胶层；相对第一半导体器件图形位置进行偏移，将光掩模版上的掩模版半导体器件图形转移至第二光刻胶层上，形成第二光刻胶半导体器件图形；以第二光刻胶层为掩模，刻蚀抗反射层至露出掩模层，形成目标半导体器件图形；去除第二光刻胶层后，以抗反射及刻蚀阻挡复合层和抗反射层为掩模，刻蚀掩模层至露出半导体衬底；去除抗反射层和抗反射及刻蚀阻挡复合层，形成目标半导体器件。</td></tr>
</table>

续表

<table>
<tr><td colspan="3">重点专利2：CN201110006476</td></tr>
<tr><td>申请人</td><td>发明名称</td><td>技术分支</td></tr>
<tr><td>中科院微电子所</td><td>微细结构的光刻方法</td><td>LELE技术</td></tr>
<tr><td>权利要求</td><td colspan="2">一种光刻方法，包括：在衬底上形成结构材料层和第一硬掩模材料层；进行第一曝光和第一刻蚀，形成第一硬掩模图形；在所述第一硬掩模图形上形成第二硬掩模材料层；对所述第二硬掩模材料层进行平坦化直至露出所述第一硬掩模图形；进行第二曝光和第二刻蚀，形成第二硬掩模图形，所述第二硬掩模图形和所述第一硬掩模图形厚度相同。</td></tr>
</table>

申请号为CN200810105902的专利申请涉及掩模材料的选择，采用先形成第一硬掩模层和在其上的抗反射及刻蚀阻挡复合层（第二硬掩模），然后在整个结构上形成光刻胶图案并将图案转移至抗反射及刻蚀阻挡复合层中，去除光刻胶并在抗反射及刻蚀阻挡复合层和第一硬掩模层上形成抗反射层以及第二光刻胶图案，并将该图案转移至抗反射层中形成抗反射层图案，利用抗反射及刻蚀阻挡复合层图案和抗反射层图案刻蚀第一硬掩模层形成最终图案。该技术手段可以简化光刻工艺中的步骤，该专利申请保护范围较小。同时，中芯国际还针对硬掩模的堆叠层数和厚度、应用的领域（形成接触孔），以及光刻胶和掩模的处理等技术细节方面进行专利布局。可见，中芯国际希望通过对这些外围技术的布局寻求突破口，以克服国外来华专利的专利壁垒。

中科院微电子所希望借助不同光源的混合使用，以形成间距不同的精细图案，如其于2011年提交的申请号为CN201110006476的专利申请通过I线光源和电子束曝光在LELE技术中的混合使用以避免在光刻期间将时间耗费在非精细结构上，提高光刻效率、节省时间。该类专利技术属于LELE技术关于光源方面的外围技术细节的布局，风险也较低。

从分析可以看出，中芯国际比较注重工艺步骤的简化以及技术细节的改进等外围技术的专利布局，并没有盲目对核心专利进行布局，以减少专利风险。

下面将对在审的重点国内申请专利进行分析，从中梳理国内该领域的技术发展方向。这4件重点专利申请中涉及3个申请人，包括台积电、华力微电子以及中科院微电子所等大型芯片制造企业和科研机构，如表4-2-16所示。

表4-2-16 在审的涉及LELE技术的国内重点专利申请

申请人	申请号	发明名称	技术领域/技术要点
旺宏电子	CN201110032839	高分辨率沟槽图形的形成方法	双层硬掩模；硬掩模的形成方法和光刻胶的形成方法；形成的第二硬掩模图案为间距不相同的硬掩模图案，然后形成的光刻胶图案也是间距不相同的图案，最后将两者形成的混合图案转移至第一硬掩模中形成最终图案

续表

申请人	申请号	发明名称	技术领域/技术要点
中科院微电子所	CN201210357244	降低线条粗糙度的混合光刻方法	双层硬掩模；掩模材料的选择，不同光源的使用；在衬底上形成结构材料层和第一硬掩模层；执行第一光刻/刻蚀，在第一硬掩模层上形成第一光刻胶图形，刻蚀第一硬掩模层，形成第一硬掩模图形；在第一硬掩模图形上形成第二硬掩模层；执行第二光刻/刻蚀，在第二硬掩模层上形成第二光刻胶图形，刻蚀第二硬掩模层，形成第二硬掩模图形；继续刻蚀第二硬掩模层和第一硬掩模层，形成第三硬掩模图形；以第三硬掩模图形为掩模，刻蚀结构材料层，形成所需要的线条
中科院微电子所	CN201210353673	混合光学和电子束光刻方法	双层硬掩模；不同光源的使用；在衬底上形成结构材料层和第一硬掩模层；进行第一光刻/刻蚀，形成第一硬掩模图形；在第一硬掩模图形上形成第二硬掩模层；进行第二光刻/刻蚀，形成第二硬掩模图形；采用各向异性刻蚀技术，刻蚀结构材料层，形成所需要的光学及电子束线条。该方法将同一层次图形按线条大小进行分开处理，大的线条采用光学曝光，精细图形采用电子束曝光，可以大幅缩减曝光时间，提高产能
中芯国际	CN201410401106	一种基于双图案的半导体器件及其制造方法、电子装置	双层硬掩模；硬掩模的形成方法及光刻胶的处理方法；采用底部抗反射层作为第二硬掩模层，刻蚀部分厚度的第二硬掩模层形成第二硬掩模图案后，对含硅的光刻胶层进行氧化处理形成性质不同的两部分光刻胶，去除光刻胶核保留氧化硅，将氧化硅图形和第二硬掩模图形转移到第一硬掩模中形成最终图案

在上述专利申请中，台积电于2012年提交的申请号为CN201210241809的专利申请涉及采用单层硬掩模技术方案的LELE技术，涉及硬掩模的形成方法，其采用在衬底上形成材料层；在所述材料层上图案化第一光刻胶层；通过所述第一光刻胶层的开口蚀刻所述材料层；去除所述第一光刻胶层；使用第二光掩模和第三光掩模在所述材料层上图案化第二光刻胶层；通过所述第二光刻胶层的开口蚀刻所述材料层；去除所述第二光刻胶层。该专利申请使用三种光掩模共同限定IC设计布局，在不违背设计规则

的情况下，可解决临界面积、线端点等问题。该专利申请是对技术细节的进一步改进，改进点比较小，故专利风险较小。

旺宏电子于2011年提交的申请号为CN201110032839的专利申请涉及硬掩模的形成方法和光刻胶的形成方法，主要形成间距不同的图案。该类技术在产业化过程中应用的可能性很高，但是权利要求相对简单，保护范围较宽，目前可授权性和专利稳定性较差。

中科院微电子所于2012年提交的申请号为CN201210357244和CN201210353673的专利申请继续采用光学曝光和电子束曝光相结合的LELE技术，以希望提高产能或防止电子束光刻胶侧壁粗糙度传递到下层的结构材料层，降低线条粗糙度，减小阈值电压的变化。这两件专利申请属于LELE技术关于光源方面外围技术细节的布局，风险也较低。

中芯国际于2014年提交的申请号为CN201410401106的专利申请主要在于硬掩模的形成方法和光刻胶的处理方法，其主要在形成光刻胶图形时，对含硅的光刻胶进行部分氧化并去除未氧化的光刻胶从而形成部分掩模图形。该专利申请属于外围申请，保护范围较小，风险较低。

总体来说，国内申请早期申请量较小，而近年来申请量逐渐增大，可见国内企业和科研机构越来越关注LELE技术的专利布局。然而，这些专利申请中涉及技术细节改进的专利申请的保护范围较小，涉及技术较为细化且略显分散。国外企业和科研机构在较早时间就已经完成对掩模材料的选择、掩模形成方法以及对光刻胶进行处理等核心LELE技术的布局，国内申请人在这些核心LELE技术上突破专利壁垒时受到的阻力较大。而国外企业和科研机构针对LELE技术应用技术领域如接触孔的形成以及不同尺寸图形形成技术、不同光源的采用等外围技术上的专利布局较少，国内大型芯片制造企业如中芯国际等从LELE技术的外围技术中进行一定量的布局，并取得一定的研究成果，故国内申请存在突破国外企业专利技术布局的可能性。

（4）国内外重点专利对比分析

下面将找出技术改进点相似国外来华重点专利和国内重点专利，对其作出技术上的比较分析，借此来具体评价国内专利的侵权状况，如表4-2-17所示。

表4-2-17　国外来华重点专利与国内重点专利的对比

	国外来华重点专利	国内重点专利	比较过程	全面覆盖	等同原则	风险等级
申请人	应用材料	中芯国际集成电路制造（上海）有限公司				
申请号	CN200580003299	CN201010253783				
发明名称	用于各种刻蚀和光刻集成方案的无定型碳的方法	半导体器件精细图案的制作方法				

续表

	国外来华重点专利	国内重点专利	比较过程	全面覆盖	等同原则	风险等级
特征1	在所述衬底上沉积无定型碳层；在所述无定型碳层中定义第一图案	在半导体衬底上依次沉积刻蚀目标层、掺氮的碳化硅层、氧化层、不定性碳层和氮化层；在氮化层的表面依次涂布第一底部抗反射层和第一光阻胶层，并曝光显影图案化所述第一光阻胶层，图案化第一光阻胶层的宽度定义精细图案的线宽；以图案化的第一光阻胶层为掩模，依次对第一底部抗反射层、氮化层和不定性碳层进行刻蚀，至露出氧化层表面停止刻蚀	技术特征有所区别	是	否	高
特征2	在所述无定型碳层上沉积一层光刻胶；图案化所述光刻胶	去除第一光阻胶层和第一底部抗反射层之后，在所述氮化层的表面依次涂布第二底部抗反射层和第二光阻胶层，并曝光显影图案化所述第二光阻胶层，图案化第二光阻胶层的宽度定义精细图案的线宽；所述图案化的第二光阻胶层与图案化的第一光阻胶层定义的精细图案的线宽相等，且相间排列				
特征3	将所述光刻胶中的所述图案转移穿过所述无定型碳层，以在所述无定型碳层中形成第二图案；以及将所述无定型碳层中的所述第一和第二图案同时转移穿过所述衬底	以图案化第二光阻胶层为掩模，依次对第二底部抗反射层和氧化层进行刻蚀，刻蚀氧化层至显露出掺氮的碳化硅层时，继续刻蚀至预定时间；去除第二光阻胶层和第二底部抗反射层之后，显露出掩模图形，所述掩模图形为相间排列的叠层和氧化层，所述叠层为至上而下依次沉积的氮化层、不定性碳层和氧化层；依次去除氮化层和不定性碳层；以掩模图形氧化层为遮蔽，对掺氮的碳化硅层和刻蚀目标层依次进行刻蚀，形成精细图案；所述掩模图形氧化层的宽度为精细图案的线宽，掩模图形氧化层之间的空隙为间隔宽度				

国外来华专利申请 CN200580003299 要求保护一种用于各种刻蚀和光刻集成方案无定型碳的使用技术，其技术重点在于采用无定形碳层作为刻蚀的硬掩模层，从而使抗反射涂层在光刻中损害分辨率的反射最小化，使两次图案化硬掩模层具有对于将被刻蚀下方衬底的良好刻蚀选择性并且在衬底被刻蚀后可容易去除。而国内专利申请 CN201010253783 要求保护一种半导体器件精细图案的制作方法，其同样包括采用无定形碳层作为硬掩模层以形成精细图案。对比上述两件申请可见，国内专利申请的权利要求全面覆盖国外来华专利申请，且两者都属于相同的双重图形光刻工艺领域，因此，国外来华专利申请 CN200580003299 对国内专利申请 CN201010253783 的专利权稳定性构成很高的风险。

4.2.1.3.3　小结与启示

在 SADP 技术领域，无论在完整的技术方案方面还是外围技术方面，国外企业和科研机构在我国都有比较完整的布局，技术覆盖面广，且专利布局时间较早。国内申请人近年来注重 SADP 技术的专利布局。这些专利申请的保护范围较小，涉及技术较为细化且略显分散，同时还缺乏核心专利，重点专利的保护范围也较下位，并且横向扩展的申请较少，没有形成整体的覆盖和相互保护支撑。但是也应当看到，我国在 SADP 技术领域已明显加大重视力度，并已经有一定的研究成果，而且由上述分析可见，中芯国际等大型企业很注重对国外来华申请人关于 SADP 技术的专利布局，并有意识地在 SADP 技术相关的外围技术进行布局以规避专利壁垒并寻求突破机会，故国内申请存在突破国外企业专利技术布局的可能性。

在 LELE 技术技术领域，国内申请早期申请量较小，而近年来申请量逐渐增大，可见国内企业和科研机构越来越关注 LELE 技术的专利布局。然而，这些专利申请中涉及技术细节改进专利申请的保护范围较小，涉及技术较为细化且略显分散。国外企业和科研机构早就已经完成对掩模材料的选择、掩模形成方法以及对光刻胶进行处理等核心 LELE 技术的布局，国内申请人在这些核心 LELE 技术上突破专利壁垒时受到的阻力较大。而国外企业和科研机构针对 LELE 技术应用技术领域如接触孔的形成、不同尺寸图形形成技术、不同光源的采用等外围技术上的专利布局较少，国内大型芯片制造商如中芯国际等从 LELE 技术的外围技术中进行了一定量的布局，并取得一定的研究成果，故国内申请存在突破国外企业专利技术布局的可能性。

4.2.1.4　小结与启示

4.2.1.4.1　小　　结

本部分通过对图形光刻产业的市场、产业信息以及非专利文献进行分析，对图形光刻相关的产业技术发展脉络进行了详尽的梳理，并根据对图形光刻的产业发展脉络，确定了双重（多重）图形光刻技术作为热点技术进行进一步的分析，特别对双重（多重）图形光刻技术的产业现状进行了分析，并通过专利分析方法，对双重（多重）图形光刻技术的专利技术发展脉络进行了详尽的梳理。

在此基础上，课题组还重点对双重（多重）图形光刻技术的专利主导性进行较为详尽的分析。得出如下结论：从全球范围来看，双重（多重）图形光刻技术市场上是专利主导的，并且从专利技术出现至产品量产的时间比较短，一般为3~5年；在中国的产业和专利技术关系方面，由于中国的半导体产业发展起步较晚，产业上相应的产品并不多，并没有明显的专利主导趋势。

根据上述专利主导性的分析，课题组对近几年全球双重（多重）图形光刻技术的重点专利技术和热点技术的专利申请进行了分析，并得出如下结论：未来几年，SADP 技术、LELE 技术以及 LPLE 技术仍然为双重（多重）图形光刻技术中的主流技术，且业内的研究重点将主要集中于 SADP 技术上；而未来几年，SADP 技术的关注重点将会是新型的侧墙形成技术以及 SADP 技术在具体器件形成工艺中的实际应用，同时，随着集成电路器件的尺寸越来越小，重复 SADP 技术也将成为具有潜力的光刻技术之一。

4.2.1.4.2 启　　示

课题组还对中国近几年双重（多重）图形光刻技术重点专利技术和热点技术的专利申请进行了研究，分析近年来中外双重（多重）图形光刻技术热点技术的区别和差距，并在此基础上对关于双重（多重）图形光刻技术提出了一些发展措施和建议，以期对国家政策的制定、国内集成电路制造企业发展方向的选择具有一定的参考价值。

一是加强对重点技术的基础研究。例如，在双重（多重）图形光刻技术领域，国内大型企业应加强对 SADP 技术在具体器件和结构中应用的研究，并将 LELE 技术、line - cut 技术的一些技术手段作为辅助手段应用于 SADP 技术中，以促进 SADP 技术在国内的发展。

二是把握机遇，重点发展具有发展潜力的光刻技术。例如，国内企业和研究机构应抓住全球对重复 SADP 技术相关专利申请较少且具有应用前景的特点，战略性地加强对重复 SADP 技术的专利布局，以争取未来在双重（多重）图形光刻技术领域占据一席之地。

4.2.2 EUV 图形光刻

4.2.2.1 专利态势分析

4.2.2.1.1 全球专利态势分析

（1）申请趋势分析

EUV 光刻也称极紫外光刻，是采用类似于波长为 13.5nm 的极紫外光源进行的图形光刻技术，由于 EUV 光刻的光源能量太强，传统光刻工艺的掩模结构以及光刻胶已经无法满足 EUV 光刻工艺的需要，对掩模、光刻胶的工艺改进将直接影响 EUV 图形光刻技术的发展。

图 4 - 2 - 80 反映了 EUV 图形光刻技术在全球范围内的专利申请态势分布情况。自 1995 年出现 EUV 光刻掩模技术的相关专利申请之后，该类相关专利申请的申请量逐渐增加，于 2003 年申请量达到一个峰值后开始平缓发展。2006 ~ 2007 年该类专利的申请量有所下降，可能的原因是产业将注意力从 EUV 光刻技术转向更有希望量产的双重

（多重）图形光刻技术。而 2009～2012 年全球的大型企业和科研机构又重新将注意力从双重（多重）图形光刻技术慢慢转向 EUV 光刻技术，故近些年该类相关专利申请又有所增长。而 2016～2018 年申请的专利由于大部分尚未公开，因此数据并不完整。

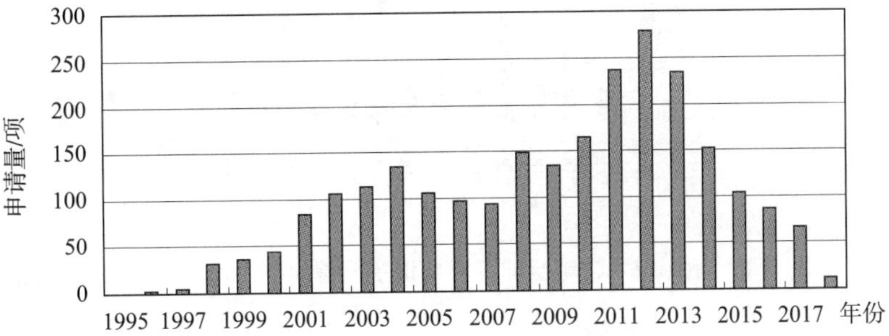

图 4－2－80　EUV 图形光刻技术领域全球专利申请历年分布趋势

（2）国家/地区分布分析

图 4－2－81 反映的是 EUV 图形光刻技术领域全球专利申请首次申请国家/地区分布情况。可以看出，在双重图形光刻技术领域的全球专利申请中，日本籍申请人申请量占比为 48%，美国籍申请人申请量占比为 24%，韩国籍申请人申请量占比为 10%，欧洲籍占 9%，中国籍占 6%，而其他申请人申请量占比为 3%。可以看出，91% 的相关全球专利申请被日本、美国、欧洲、韩国籍申请人占有，说明该领域技术集中度非常高。其中，日本籍申请人是该领域最主要的申请人，其占有率高达 48%，主要因为日本在光刻胶领域以及光刻设备领域技术领先，提供技术发展的良好后盾。而美国、韩国籍申请人分占第二、第三位，美国籍和韩国籍申请量虽然没有日本的相关申请量大，但是有 IBM、英特尔等集成电路企业，同时还具有 ASML 等世界顶级的 EUV 设备生产企业，技术实力不容置疑。

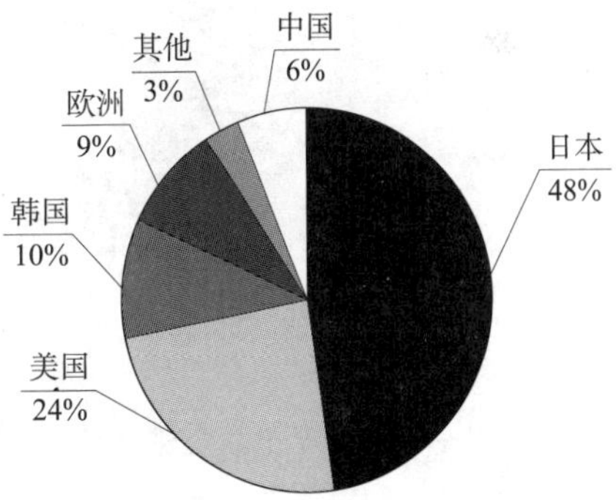

图 4－2－81　EUV 图形光刻技术领域全球专利申请首次申请国家/地区分布

从图 4－2－82 可以看出中国、美国、日本、韩国、欧洲以及其他申请人在 EUV 图形光刻技术领域的历年专利申请量变化情况，不同时期的主要申请人不同。但日本申请人在 EUV 图形技术领域的申请量一直都名列前茅，可见日本在该技术领域一直保持较高的技术领先优势；美国申请人虽然申请量较日本，但申请较早，且一直保持较为稳定的申请量，特别近几年来申请量迅速增长，有逐渐超过日本申请量的趋势；而中国在 EUV 图形光刻技术领域发展较晚，虽然近几年逐渐有相关专利申请且近几年有申请量增加的趋势，但申请量较少，可见中国申请人在 EUV 图形光刻技术领域处于明显的劣势地位。

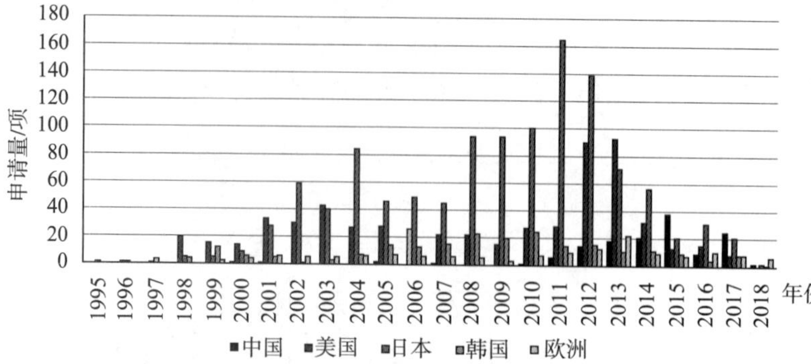

图 4-2-82　EUV 图形技术领域全球专利申请主要首次申请国家/地区专利申请趋势

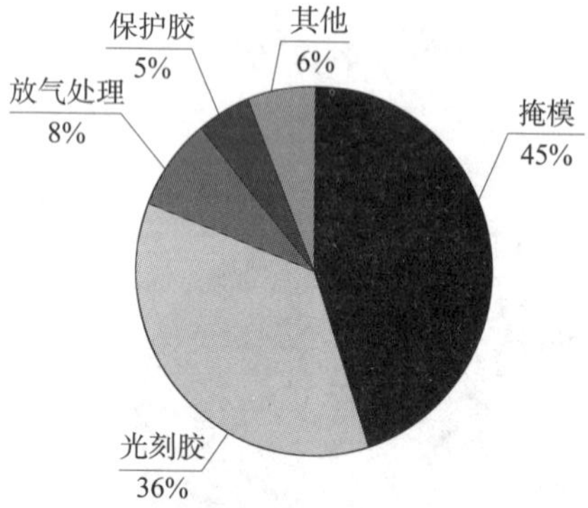

图 4-2-83　EUV 光刻全球专利分布情况

（3）重点技术分支分析

从 EUV 光刻技术的全球专利申请的专利分布情况来看（参见图 4-2-83 所示），EUV 光刻掩模技术和 EUV 光刻胶技术的相关专利申请位居前两位。可见在 EUV 光刻中，对掩模和光刻胶的改进是目前研究的重点，也是全球大型企业和研究机构进行 EUV 技术专利布局的两个重大方面。以下将分别对 EUV 光刻中涉及 EUV 光刻掩模技术和 EUV 光刻胶技术的专利申请进行进一步分析。

1）EUV 光刻掩模技术

EUV 光刻掩模技术是 EUV 光刻技术中非常重要的技术，本研究中，对掩模材料的选择、掩模的处理工艺以及掩模的形成工艺都属于 EUV 光刻掩模技术。由图 4-2-83 可知，目前关于 EUV 技术的全球专利申请量共有 2470 项，其中掩模技术相关的专利申请共有 1100 项，占总申请量的 45%。

由图 4-2-84 可以看出，自 1996 年出现 EUV 光刻掩模技术的相关专利申请之后，此类相关专利申请的申请量逐渐增加，于 2003 年申请量达到一个峰值后开始平缓发展。2006~2007 年，该类专利申请的申请量有所下降，可能的原因是产业将注意力从 EUV 光刻技术转向更有希望量产的双重（多重）图形光刻技术。2009~2012 年，全球的大型企业和科研机构又重新将注意力从双重多重图形光刻技术慢慢向 EUV 光刻技术转移，故近些年该类相关专利申请又有所增长。

2）EUV 光刻胶技术

由于 EUV 光刻具有不同于其他光刻技术的特点，EUV 光刻胶也就需要具备更加苛刻的性能，EUV 光刻胶的选择会直接影响 EUV 光刻工艺形成图像的分辨率和线边缘粗糙度。故 EUV 光刻胶技术是 EUV 光刻工艺中研究的重点之一。本研究中，对光刻胶材料的选择、光刻胶的处理工艺以及光刻胶的形成工艺都属于 EUV 光刻胶技术。由图 4-2-83可知，目前关于 EUV 光刻方面的全球专利申请共 2470 项，其中关于 EUV

光刻胶技术的专利申请有902项，占总量的36%。

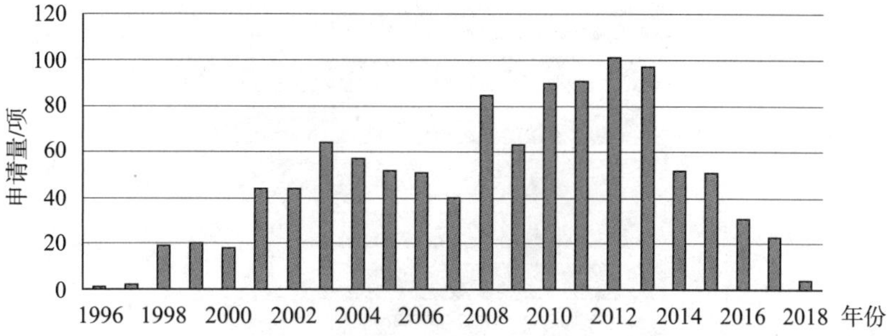

图4-2-84　EUV掩模光刻技术全球专利申请量历年分布

由图4-2-85可见，自1995年出现对EUV光刻胶技术的专利申请以来，关于该类的专利申请都保持着比较平缓的增长趋势，从2011年开始，关于该类的专利申请进入快速发展阶段，可见国外大型企业和科研机构一直很关注EUV光刻胶技术，并且在近年加大了研究的力度。

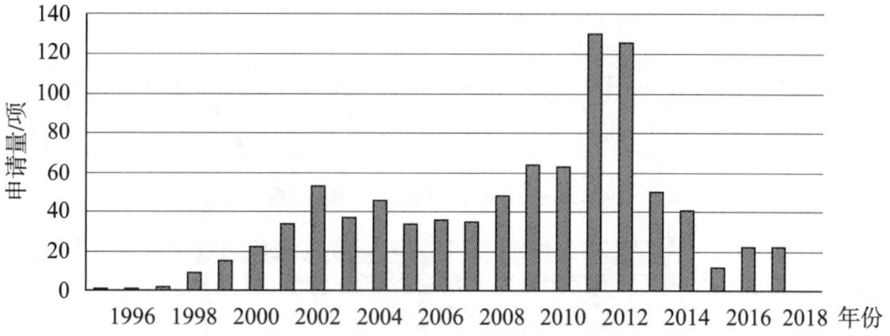

图4-2-85　EUV光刻胶技术全球专利申请量历年分布

（4）主要申请人分析

从图4-2-86可以看出，EUV图形光刻技术领域技术集中度很高，其中申请量排名前十的日本申请人共有6个，反映出日本申请人在EUV图形光刻技术领域具有明显的优势。在排名前17位的申请人中，美国占据3个，韩国占据2个，均是集成电路领域知名的制造企业。而中国仅有1家企业占据第17名，该家企业为中国台湾的大型代工企业台积电，这也反映出中国在EUV图形光刻技术领域具有很明显的劣势。再分析近10年EUV图形光刻技术全球申请人的申请量排序（参见图4-2-87），日本申请人仍然排在申请量的前几位，且排名前15位的申请人中占据9个席位，优势仍然明显。美国在该技术领域申请人的排名有所下降，且仅有1个企业排名前15位，可以看出美国申请人在EUV图形光刻技术方面技术投入有所下降，更多地转向和大型EUV光刻设备的合作，通过资金投入的方式继续保持其在EUV图形光刻技术领域的影响力。值得一提的是，中国大陆的中科院长春光机所也出现在全球申请人排名前15位之中，可见国内也正在持续关注EUV图形光刻技术的发展，希望集中资金、技术投入，以在EUV图形光刻技术领域寻求突破。

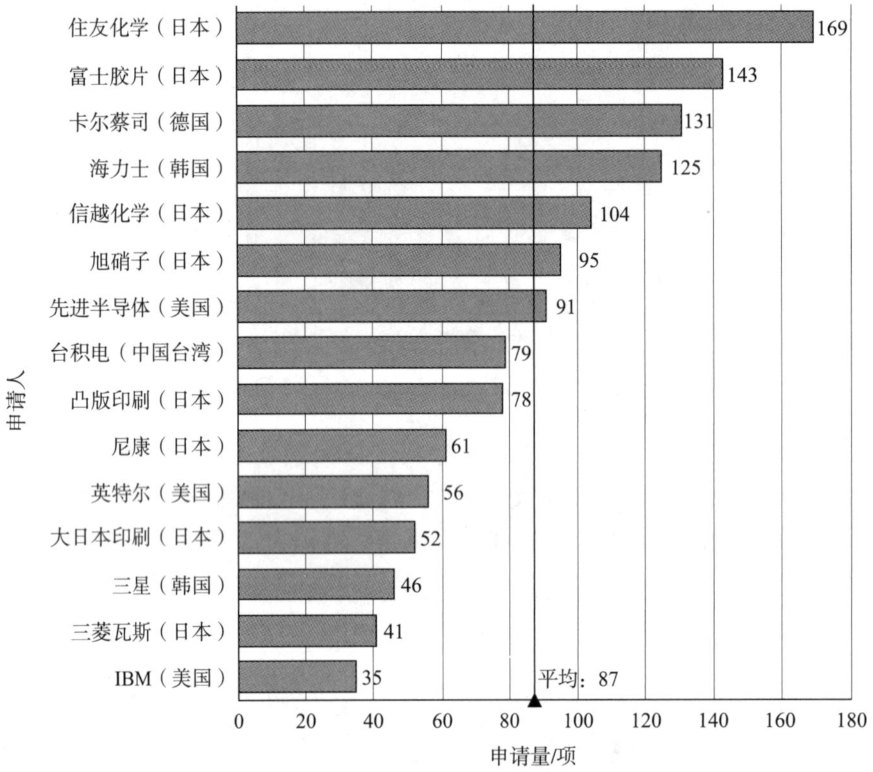

图 4-2-86　EUV 技术全球重要申请人的申请量分布

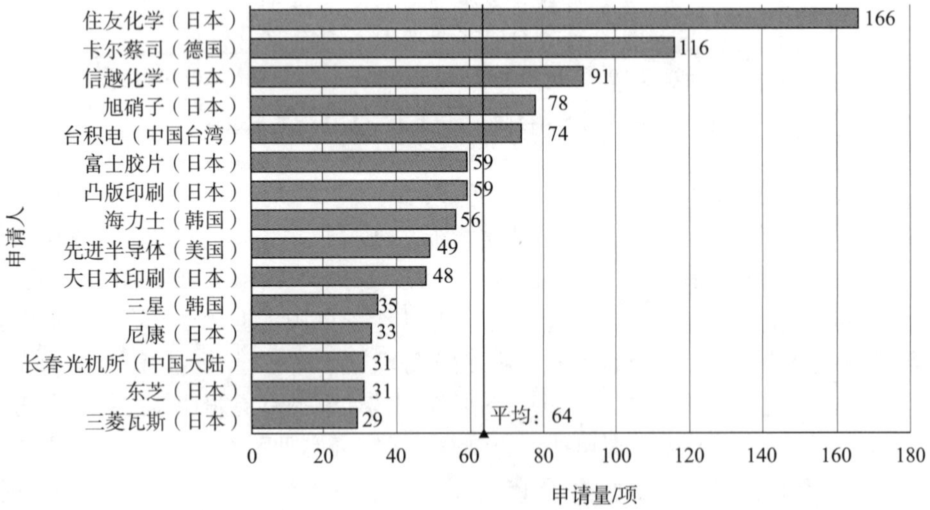

图 4-2-87　EUV 技术近 10 年全球重要申请人的申请量分布

4.2.2.1.2　中国专利态势分析

（1）申请趋势分析

从图 4-2-88 可以看出，EUV 图形光刻技术领域中国专利申请量历年变化基本与该类全球专利申请量的变化趋势吻合，只是时间相对滞后。同时需要指出的是，在国内关于 EUV 光刻技术的613 件专利申请中，国外来华的专利申请有 444 件；占总量的72.4%，而国内的专利申请仅有 169 件，占比为 27.6%。同时，关于 EUV 光刻掩模技术的国外来华申请从2001 年甚至更早就开始出现，而国内的相关申请从2011 年才开始出现，可见国外来华的相关申请占绝对优势地位，如图 4-2-89。从图 4-2-90 可以看出，国外来华专利在前期的授权量较高，虽然 2013 年国内申请的授权量慢慢赶超国外来华专利申请的授权量，然而国外来华授权的专利申请将会对国内申请后续申请的授权稳定性产生较大的影响。如果国内申请人意图在 EUV 图形光刻技术领域有所突破，应加强对国外来华专利申请中授权专利的关注。

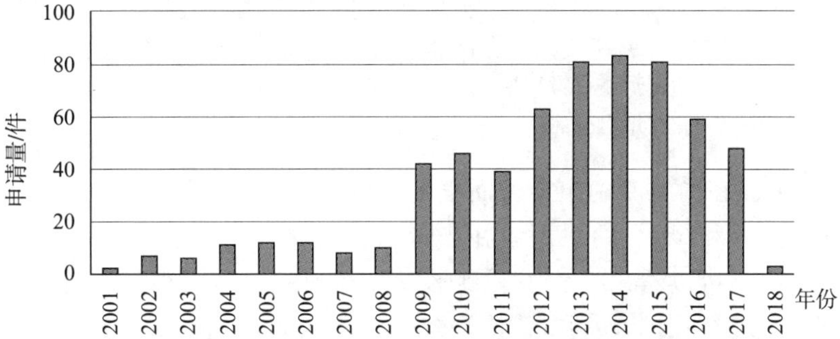

图 4-2-88　EUV 图形光刻技术领域中国专利申请量历年分布

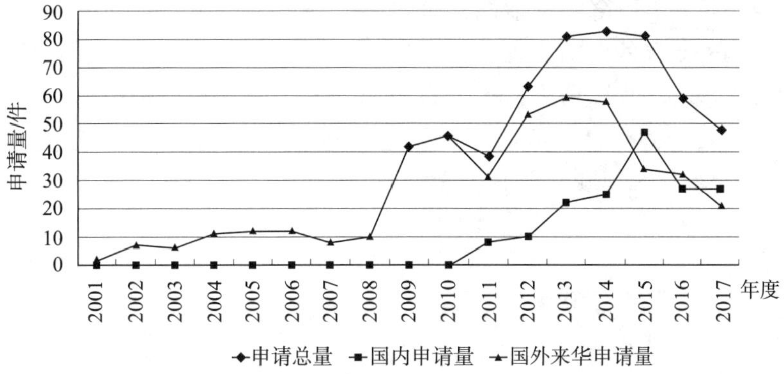

图 4-2-89　EUV 图形光刻技术领域中国专利申请历年分布趋势

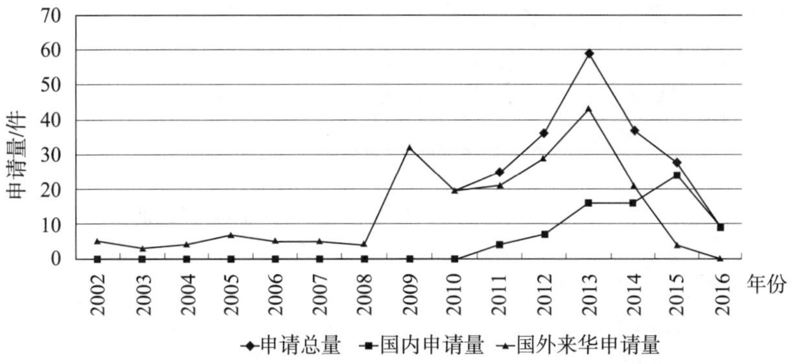

图 4-2-90　EUV 技术领域中国专利授权历年分布趋势

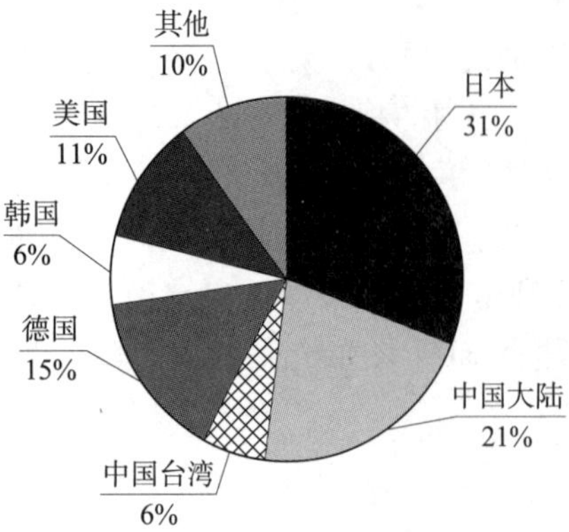

图4－2－91　EUV图形光刻技术领域中国专利申请首次申请国家/地区分布

(2) 国家/地区分布分析

图4－2－91反映了EUV图形光刻技术领域中国专利申请首次申请国家/地区分布情况，总体来看，国内双重图形光刻领域专利申请量中，日本籍申请人的申请量占中国申请量的31%，和全球专利分布一样，日本籍申请人在华申请中同样具有优势；中国大陆籍申请人的申请量占21%，这和全球专利分布不一致，可见中国大陆籍申请人比较注重国内专利布局，申请量也较大；德国籍申请人占据15%，其中，主要专利申请集中在光刻设备企业——卡尔蔡司，可见卡尔蔡司在注重全球专利布局的同时，还特别关注在华的专利布局；而美国和韩国在华的EUV技术相关的专利申请较少，分别为11%和6%，可见两者在华专利布局较少。

由图4－2－92可以看出，美国、日本以及韩国的申请人很早就进入中国申请专利，但在较长一段时间内，专利申请量均较少，自2009年起，日本籍申请人在华专利申请力度大幅增强，在2012年以前一直保持较高申请量且明显高于其他国外来华的申请人，之后申请量稍有下降；其他国外来华的申请人近年来的专利申请量总体均呈上升趋势，可见国外来华的申请人均较为注重在华的专利布局；中国籍申请人在国内的专利布局要晚于国外来华申请人，在2011年才开始有相关的专利申请，但是专利申请持续增长，且增长趋势明显，2013年开始已经超过其他国外来华申请人的专利申请，成为EUV图形光刻技术领域专利申请量第一。

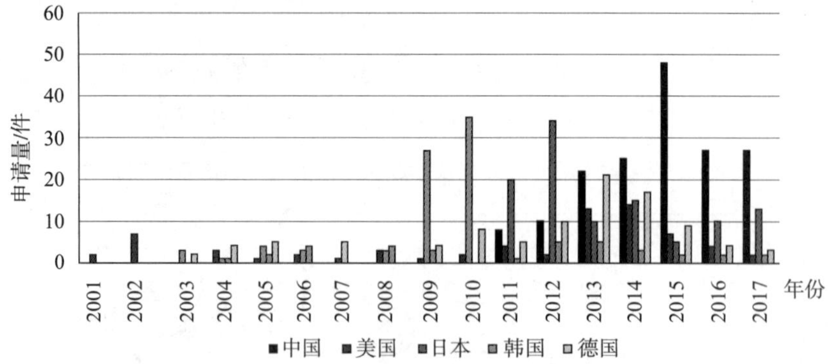

图4－2－92　EUV图形光刻技术领域中国专利申请地区分布

(3) 重点技术分支分析

从EUV光刻技术中国专利申请的分布情况来看，掩模技术和光刻胶技术的相关专利申请位居前两位，如图4－2－93所示。可见在EUV光刻中，对掩模和光刻胶的改进是目前研究的重点，也是全球大型企业和研究机构进行EUV技术专利布局的两个重大方面。以下将对 EUV 光刻中涉及 EUV 光刻掩模技术和 EUV 光刻胶技术的专利申请进行进一步分析。

1）EUV 光刻掩模技术

掩模技术是 EUV 光刻技术中非常重要的技术，本研究中，对掩模材料的选择、掩模的处理工艺以及掩模的形成工艺都属于 EUV 光刻掩模技术。目前关于 EUV 技术的中国专利申请量共有 613 件，其中对 EUV 光刻掩模技术相关的专利申请共有 183 件，占总申请量的 30%。

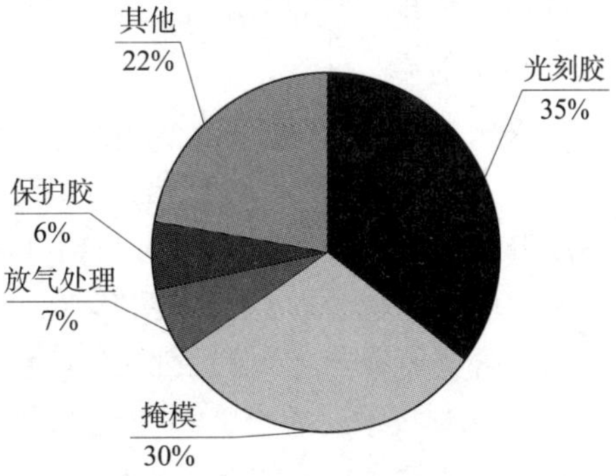

图 4-2-93 EUV 光刻中国专利分布情况

由图 4-2-94 可以看出，EUV 光刻掩模技术相关的中国专利申请量历年变化基本与该类申请全球专利申请量的变化趋势吻合，只是时间相对滞后。需要指出的是，在国内关于 EUV 光刻掩模技术的 183 件专利申请中，国外来华的专利申请有 120 件，占总量的 65.6%；而国内的专利申请仅有 63 件，占比为 34.4%。同时，关于 EUV 光刻掩模技术国外来华的申请从 2001 年甚至更早就开始出现，而国内的相关申请从 2011 年才开始出现，可见国外来华的相关申请占绝对优势地位。

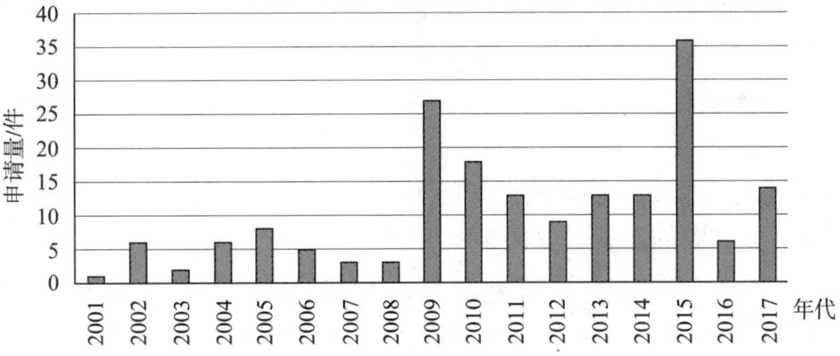

图 4-2-94 EUV 掩模光刻技术中国专利申请量历年分布

EUV 掩模技术主要表现为多层反射膜技术、吸收层技术、衬底技术以及其他掩模技术等四个方面。

EUV 光刻技术需要高反射率的掩模，故需要对多层反射膜进行进一步改进，以符合产业需要。涉及多层反射膜技术的专利有：三星申请号为 CN200610092874 的专利申请通过先制备基板，然后使用能反射极远紫外光线的材料在所述基板上以多层结构形成下反射层以及在所述下反射层上以预设的图案形成相位反转层，在所述相位反转层和所述下反射层的曝露部分上以多层结构形成上反射层，其同样可以减少阴影效应；三菱申请号为 CN200980143609 的专利申请侧重于降低反射率，主要技术为提供一种反射型掩模，具有反射层、吸收体层以及低反射层，并对低反射层的材料作了进一步的限定；卡尔蔡司提交的申请号为 CN2011100654469 的专利申请希望将掩模设置成反射面的第一部分和其他部分在反射面上的布置适配于入射角带宽分布以提高反射率。

吸收层也是EUV掩模必不可少的组成结构，涉及吸收层技术的专利申请有：英特尔申请号为CN02812088的专利申请先在衬底中形成图案层，然后在图案层和衬底上形成多层叠层，在多层叠层中形成沟槽并填充吸收材料以吸收极紫外照射辐射，从而减少阴影效应；申请号为CN02807802的专利申请采用先形成镜面衬底，然后在镜面衬底上形成包含金属和非金属的吸收层以减少阴影效应。

EUV光刻技术还要求EUV掩模需要平整度高、清洁度高以及具有低膨胀系数的衬底。其中涉及衬底技术的专利申请有：肖特申请号为CN200510052574的专利申请采用包括一定量的SiO_2、Al_2O_3、P_2O_5、Li_2O、Na_2O、K_2O、MgO、CaO、BaO、SrO、ZnO、TiO_2和ZrO_2的玻璃陶瓷作为掩模材料，从而提供一种具有低平均热膨胀以及良好的抛光性和加工性的玻璃陶瓷及其应用和光学组件；申请号为CN200410038506的专利申请采用火焰水解法制备掺杂石英玻璃以形成掩模，从而降低掩模的热膨胀系数；信越化学申请号为CN200910158613的专利申请采用掺杂二氧化钛的石英玻璃元件作为掩模材料，以起降低掩模热膨胀性的作用；申请号为CN200910158613的专利申请通过借助于可燃气体和助燃气体对硅源气体进料和钛源气体进料进行火焰水解，从而形成合成的二氧化硅细颗粒，然后将二氧化硅细颗粒沉积在旋转靶上，以及同时将该颗粒熔化和玻璃化从而形成石英玻璃，由此形成掺杂二氧化钛的石英玻璃坯锭，并将坯锭置于在炉子中旋转的成型坩埚中进行热处理并冷却后得到掺杂二氧化钛的石英玻璃掩模，该方法可以提高石英玻璃的平整度。

2）EUV光刻胶技术

由于EUV光刻具有不同于其他光刻技术的特点，EUV光刻胶也就需要具备更加苛刻的性能，EUV光刻胶的选择会直接影响EUV光刻工艺形成图像的分辨率和线边缘粗糙度。故EUV光刻胶技术是EUV光刻工艺中研究的重点之一。本研究中，对光刻胶材料的选择、光刻胶的处理工艺以及光刻胶的形成工艺都属于EUV光刻胶技术。可知，EUV光刻工艺相关的中国申请量为613件，其中关于EUV光刻胶技术的专利申请为213件，占总数的34.7%。

由图4-2-95可见，虽然国内于2001年便出现对光刻胶改进的EUV光刻技术的专利申请，然而相关的专利申请量都很少，可见国外来华的大型企业和科研机构早期并不重视对该类光刻胶技术的专利布局，而近年来，特别从2009年开始，国外来华的大型企业和科研机构增加了该类专利的申请，关注度逐渐提高。在国内关于EUV光刻胶技术的213件专利申请中，国外来华的专利申请占190件，占总量的89.2%；而国内的专利申请仅有23件，占比为10.8%，同时，关于光刻胶改进EUV技术的国外来华的申请从2001年甚至更早就开始出现，而国内的相关申请从2011年才开始出现，可见国外来华的相关申请占绝对优势地位。

EUV光刻胶技术主要包括化学放大型光刻胶、分子玻璃体系光刻胶以及非化学放大型等其他类光刻胶。

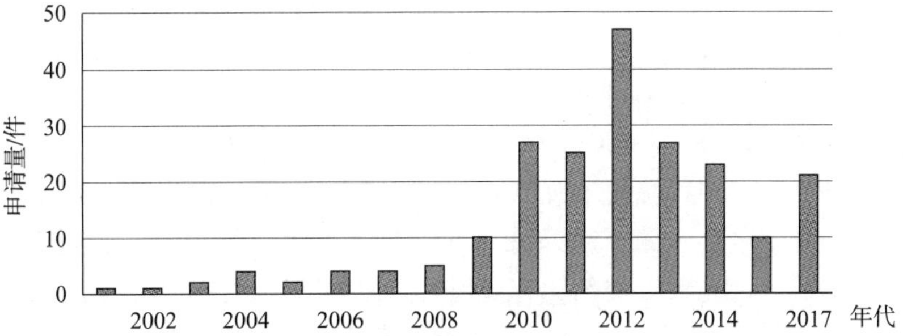

图 4-2-95　EUV 光刻胶技术中国专利申请量历年分布

化学放大型光刻胶是 EUV 技术中常用的光刻胶，对化学放大型光刻胶改进的 EUV 光刻技术也是 EUV 光刻胶技术中专利申请量最大的技术领域。EUV 光刻技术中对化学放大型光刻胶的改进主要体现于对其抗蚀刻性能的改善、脱气量的控制以及提高曝光灵敏度等方面。例如，现代电子（如今为海力士）申请号为 CN99125856 的专利申请采用具有交联剂及聚合物组成的具有化学放大作用的光刻胶作为 EUV 光刻的光刻胶。海力士申请号为 CN200310120313 的专利申请涉及化学放大型光刻胶外涂层组合物的改进，通过在光刻胶图案上形成含酸的外涂层组合物，烘烤该外涂层并用碱性显影溶液使该外涂层显影；刻蚀酸扩散入光刻胶图案中，通过显影后可降低正性光阻剂图案的线宽。富士通申请号为 CN200610107443 的专利申请采用采用含脂环化合物和树脂作为抗蚀剂组合物以形成聚对羟基苯乙烯系列的化学放大光刻胶，该类光刻胶能被有效、均匀地增厚，且可制造具有精细、精确且尺寸准确的互连图案。三星申请号为 CN200810165695 的专利申请涉及对光致产酸剂的改进，采用具有高产酸效率的光致产酸剂的化学增幅抗蚀剂组合物作为 EUV 光刻工艺中的光刻胶，可以提高曝光的灵敏度，且具有相对小的脱气量。中央硝子申请号为 CN200980108659 的专利申请提供一种含氟碳负离子结构的酸或具有含氟碳负离子结构的盐以形成化学放大型抗蚀材料，该种改进既可以增加光刻胶的抗蚀刻性又可以提高其分辨率。信越化学申请号为 CN201010289418 的专利申请，则提供一种具有含芳香环的重复单元且在侧链上含芳族磺酸锍的聚合物的化学放大型正性光致抗蚀剂组合物，以提高抗蚀图案的抗刻蚀性。

分子玻璃体系光刻胶是一种新型的 EUV 光刻胶体系，该类光刻胶可以有效控制产酸量，同时可以改进线边缘粗糙度以及防止图形坍塌，故其是一种理想的 EUV 光刻胶之一。对分子玻璃体系光刻胶改进的 EUV 光刻技术专利申请出现的时间较晚。例如，国内最早出现的该类专利是由 IBM 提交的申请号为 CN201010237847 的专利申请主要涉及一种正型光致抗蚀剂组合物，其提供一种具有完全保护的杯［4］间苯二酚芳烃和未保护的杯［4］间苯二酚芳烃的混合物的分子玻璃光致抗蚀剂光致抗蚀剂组合物，以保证光刻胶在 EUV 光刻工艺中的稳定性。IBM 申请号为 CN201180060130 的专利申请公开一种酚醛分子玻璃如杯芳烃包含至少一种含氟代醇的单元，该含氟代醇的分子玻璃可用于光致抗蚀剂组合物。该专利申请还公开一种利用该光致抗蚀剂组合物在基质上产生光致防蚀影像的方法。罗门哈斯申请号为 CN201210496911 的专利申请提供一种包含芳族乙烯基醚与杯［4］芳烃的乙烯基醚加合物组成的分子玻璃化合物，其用于提高光致抗蚀剂中可提高感光速度和分辨率，并获得更清晰的轮廓。

值得一提的是，国内的科研机构也有分子玻璃体系光刻胶的相关专利申请。例如，南京航空航天大学申请号为CN201210001874的专利申请公开一种联苯型分子玻璃体系光刻胶及其制备方法。中科院化学所申请号为CN201210070713的专利申请涉及一种以四苯基呋喃、四苯基吡咯、四苯基噻吩和五苯基吡啶为核的分子玻璃光刻胶，其包括一种或多种基体成分、光致产酸剂、有机碱和有机溶剂，可提高光刻胶的分辨率、光敏性和黏附性，且易于保存；申请号为CN201210156675的专利申请涉及一系列基于双酚A为主体结构的分子玻璃光刻胶及其制备，其主要将该分子玻璃光刻胶与光酸产生剂、交联剂、光刻胶溶剂和其他添加剂复配成正性或负性光刻胶，在硅片上通过旋涂法可制得厚度均匀的光刻胶涂层。

同时，EUV光刻胶技术还涉及其他方面的改进，如为了提高EUV光刻的分辨率，同时防止光刻胶图案的坍塌，则往往会对抗反射层进行改进。海力士申请号为CN200410104922的专利申请提供一种用于有机抗反射涂层的交联聚合物，以提高光刻图形的稳定性。如AZ电子材料申请号为CN200880016844的专利申请涉及抗反射涂层材料的选择，采用包含稠羟基芳香族聚合物的涂料作为光刻胶底部的抗反射涂层，从而提高光刻图形的稳定性。锦湖石油化学申请号为CN201310370128的专利申请提供一种由新型吸光剂及含有它的用于形成有机抗反射膜的组合物，该组合物有很强的吸收性，可以降低光反射。

（4）主要申请人分析

从图4-2-96可以看出，EUV图形光刻技术领域中国主要申请人的技术集中度仍然很高，在排名前15的申请人中，日本占据6个名额，且申请量都比较大；欧洲虽然只有德国的卡尔蔡司和荷兰的ASML，但是由于这两个公司均是世界知名的光刻机生产企业，未来EUV光刻技术的突破很大可能依靠这两个企业，故这两个企业在EUV光刻

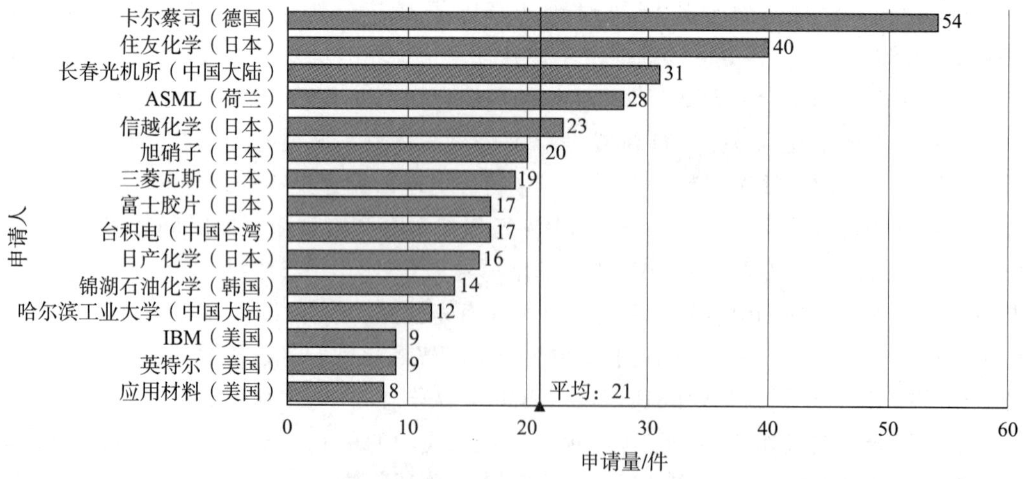

图4-2-96　EUV图形光刻技术领域中国主要申请人的申请量分布

技术方面的投入较大，并且在中国布局的专利也较多，比较注重来华专利申请的布局；中国大陆有 2 家科研院所排名前 15 位，其中长春光机所是国家重大专项扶持的光刻机生产研究机构，近期在 EUV 光刻技术方面投入较高，而哈尔滨工业大学也有相关的专利申请，可见国内科研机构也逐渐注重该方面的专利申请。再分析近 10 年 EUV 图形光刻技术中国主要申请人的申请量排序（参见图 4 -2 -97），日本申请人仍然排在申请量的前几位，且排名前 14 位的申请人中占 6 个席位，优势仍然明显，德国和荷兰在 EUV 图形光刻技术领域的中国专利申请中影响力仍然首屈一指。

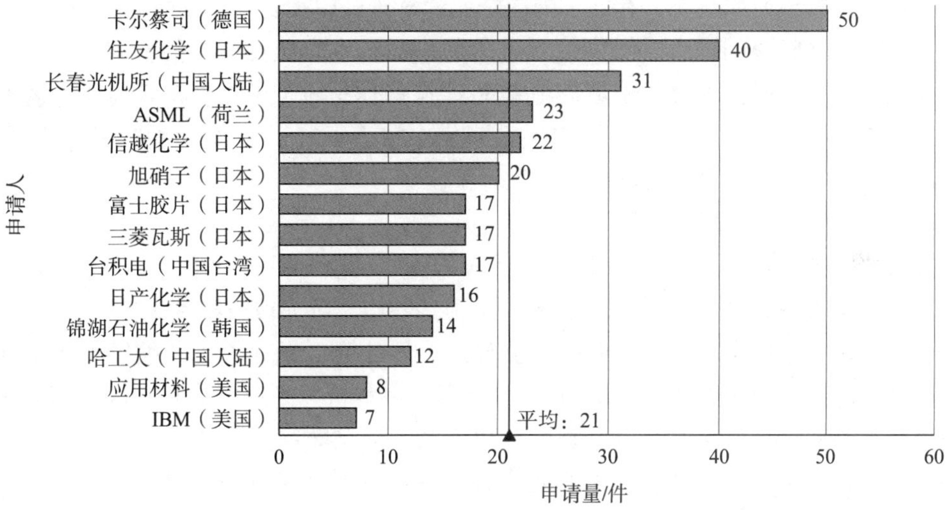

图 4 -2 -97　EUV 图形光刻技术领域近 10 年中国主要申请人的申请量分布

4. 2. 2. 1. 3　小结与启示

在 SADP 技术领域，无论在完整的技术方案方面还是外围技术方面，国外企业和科研机构在我国都有比较完整的布局，技术覆盖面广，且专利布局时间较早。国内申请人近年来注重 SADP 技术的专利布局。这些专利申请的保护范围较小，涉及技术较为细化且略显分散，同时还缺乏核心专利，重点专利的保护范围也较下位，并且横向扩展的申请较少，没有形成整体的覆盖和相互保护支撑。但是也应当看出，我国在 SADP 技术领域已明显加大重视力度，并已经有一定的研究成果，而且中芯国际等大型企业很注重对国外来华申请人关于 SADP 技术的专利布局，并有意识地在 SADP 技术相关的外围技术进行布局以规避专利壁垒并寻求突破机会，故国内申请存在突破国外公司专利技术布局的可能性。

在 LELE 技术技术领域，国内申请早期申请量较小，而近年来申请量逐渐增大，可见国内企业和科研机构越来越关注 LELE 技术的专利布局。然而，这些专利申请中涉及技术细节改进专利申请的保护范围较小，涉及技术较为细化且略显分散。国外企业和科研机构在较早时间就已经完成对掩模材料选择、掩模形成方法以及对光刻胶进行处理等核心 LELE 技术的布局，国内申请人在这些核心 LELE 技术上突破专利壁垒时受到的阻力较大。而国外企业和科研机构针对 LELE 技术应用技术领域如接触孔的形成以及不同尺寸图形形成技术、不同光源的采用等外围技术上的专利布局较少，国内大型芯片制造商如中芯国际等从LELE技术的外围技术中进行一定量的布局，并取得一定的研究成果，故国内申请存在突破国外公司专利技术布局的可能性。

在EUV光刻掩模技术领域，国外大型企业特别是日本企业在中国的专利布局较完整，在掩模的衬底、多层膜结构以及掩模的形成和制备方法均有覆盖，而国内专利申请仅在多层膜结构上具有专利布局，其大多集中于国内的科研机构，其他领域的专利申请几乎空白。需要指出的是，国内企业和科研机构集中精力与多层膜结构技术的改进中可以形成规模研究效应，有助于国内企业和科研机构实现专利壁垒的突破。

在EUV光刻胶技术领域，国外大型企业特别是日本企业在中国的专利布局同样较完整，国内除了科研机构对分子玻璃体系光刻胶具有专利布局之外，其他领域的专利申请几乎空白。国内企业和科研结构也希望集中精力于分子玻璃体系光刻胶的研究，以寻求国外申请专利壁垒的突破口。

4.2.2.2 技术发展路线分析

随着光刻技术的进步，在157nm之后人们称之为下一代光刻技术（NGL），其中EUV是最有前途的方法之一。EUV技术最明显的特点是曝光波长降到了13.5nm，可以帮助人们追求更小线宽、更高集成度的器件。业界认为，半导体工艺继续发展，使用EUV技术可能是必需的。而且EUV技术也能通过液相折射来降低波长，因为所有折射都可以降低波长。也就是说，EUV技术可以有效拓展工艺深度。此外，EUV技术还有其他优点，例如可通用KrF曝光中的光刻胶，以及由于短波长，不需要使用OPC（光邻近效应的图形补偿）技术等，可以大大降低掩模成本等。EUV技术原本被寄希望于在65nm技术节点被采用，但是随着浸入式光刻、双重图形等技术的不断涌现，以及自身存在的光源不足、光刻胶和掩模版等相关技术不到位等原因，它崭露头角的日子不断地被推迟。

EUV光刻设备方面仍需要大量开发工作以达到适于量产的成熟水平，目前还存在以下挑战：①开发功率足够高的光源并使系统具有足够的透射率；②掩模技术的成熟；③开发高灵敏度且具有低线边缘粗糙度等特性的光刻胶。

EUV的优势在于具有更短的波长，那么其核心理所当然是光源的相关问题。开发EUV光源面临的最大挑战是，如何在提高EUV光源功率的同时降低等离子气氛中微粒、高速粒子和其他污染物，否则光源将会快速恶化。EUV光源可以分为光产生、光收集、光谱纯化三个部分。通常来说，EUV光源的产生有两种方法——激光等离子体光源（LPP）和放电等离子体光源（DPP）。LPP EUV系统主要包括激光器、汇聚透镜、负载、光收集器、掩模、投影光学系统和芯片。其原理是利用高功率激光加热负载（Xe或Sn）形成等离子体，等离子体辐射出紫外线，利用多层膜反射镜多次反射净化能谱，获得13.5nm的EUV光。LPP EUV光源的优点是光源尺寸小，产生碎片或粒子的种类少，光收集效率高以及较容易放大EUV输出功率。当然它也有缺点，主要是系统设计复杂，价格昂贵。DPP EUV光源利用放电使负载（Xe或Sn）形成等离子体，辐射出紫外线，利用多层膜反射镜多次反射净化能谱，获得13.5nm

的 EUV 光。DPP EUV 光源的优点是产生 EUV 的能量转换效率高、造价低；缺点是电极热负载高，产生碎片多，机制复杂，光学器件易于受损，光收集角小。EUV 光刻机光源的可用功率必须达到 100W 级别才能保证光刻机的产出量达到每小时 60 片，这也是芯片商业化生产的最低产出量要求，而大批量生产用的 EUV 光刻机则需要使用 400W 有用功率水平的光源设备，才能保证产出量达到或超过每小时 100 片的水平。工作在 EUV 波段会引起光学元件和功率传输的很多问题，因此除了光源功率，光源的其他性能如光谱纯度定义范围内 13.5nm 波长的稳定功率、清洁度、拥有成本和可靠性也是关键因素。

在 13.5nm 短波长的光源下，几乎所有物质都有很强的吸收性，因此 EUV 与现有光刻技术的主要区别在于 EUV 投影光刻系统使用反射式掩模。反射式掩模采用坚固的背支撑结构，可以有效地防止由装校应力以及热应力产生的变形；透射式掩模则因为其对工作光束的强烈吸收与热应力变形之间的矛盾不能协调解决而无法在 13nm 光刻技术中得到应用。多层膜技术的巨大进步使得反射式掩模成为可能，但掩模中引入多层膜之后，相应地带来诸如多层膜均匀性、多层膜缺陷等技术难题。EUV 光刻反射式掩模技术的难点在于掩模白板的制备，包括缺陷数控制以及无缺陷多层膜制备。根据掩模图形成型方法的不同，其制备方法主要分为离子束直接刻蚀法、离子注入法、Lift-off 法、吸收层干刻法。吸收层干刻法不仅在工艺上切实可行，而且有利于缺陷的检测和修补，是最为理想的掩模制作方法。由于入射光在掩模表面反射，EUV 系统对掩模基底的面形和缺陷都有更严格的要求。而且反射式光学系统难以设计成大的 NA，造成分辨率无法提高。在 EUV 光刻技术中，由于掩模是采用反射式（通常都是穿透式），所以掩模的制作十分困难。一般采用 80 层堆叠的 Mo/Si 薄膜，每一个 Mo（钼）层与 Si（硅）层的厚度分别为 2.8nm 及 4.0nm。而且要求每层必须绝对平滑，误差只容许一个原子大小。所以，如何制作多层涂布低缺陷的掩模仍是很大的挑战。目前认为在掩模上的颗粒尺寸在 50nm 时就无法接受，所以通常采用掩模修正技术，如离子铣，或者用电子束在局部区域加热气化修正多余的图形等。另外，涉及掩模的储存、运输及操作也非常困难。

为了将 EUV 光刻用于器件制造，除了在开发曝光工具、光源、掩模和相关材料方面需要改进提高，另一挑战就是寻找合适的光刻胶，也就是用来在芯片层表面光刻出特定图案的材料。它必须对极紫外辐射非常敏感，这样才能刻出图案，但同时又必须能够抵御随后的蚀刻和其他处理步骤。光刻胶需要在分辨率（R）、线宽粗糙度（L）、灵敏度（S）和加工窗口上同时突破。EUV 光刻胶需要有低吸光率、高透明度、高抗蚀刻性、高分辨率（小于 22nm）、高灵敏度、低曝光剂量（小于 $10mJ/cm^2$）、高的环境稳定性、低产气作用和低的线边缘粗糙度（小于 1.5nm）等。由于这种技术采用波长只有 13.5nm 的光源，这就要求主体材料中应尽量减少高吸收元素（如 F），提高 C/H 比也将有利于降低材料在 13.5nm 处的吸收。目前为止，文献中报道的在 EUV 光刻中所采用的光刻胶体系主要有 3 类——非化学放大（Non－CA）聚合物体系、分子玻璃体系（Molecular glass，MG）和聚合物（或小分子）－PAG 体系等。EUV 光刻工艺中，光刻胶线条坍塌裕度是EUV光刻实现器件规模制造需控制的最重要性质之一。此外，当EUV光刻胶越来越薄时，图形从光刻胶层转移到下面的衬底就愈加困难。为了解决这两个难点，底层材料的作用就非常重要。也有研究提出，用基于硅的无机硬薄膜层和基于碳的有机底层作为EUV底层材料。众所周知，EUV光刻中的光子总数比现有的曝光方法（如ArF工艺）少得多。对于开发EUV光刻胶来说，还需要考虑使用尽可能有效的有限光子。由于其光子数和EUV源功率的限制，EUV光刻胶中仍然存在灵敏度问题。

本报告主要涉及集成电路制造工艺关键技术，因此对于EUV光刻，我们研究的重点在于掩模和光刻胶技术。

4.2.2.2.1　产业技术发展路线

EUV光刻技术的研究始于20世纪80年代中期的日本NTT公司，NTT利用1/8倍的Schwarzschild物镜和4~40nm的波长对EUV波段采用多层膜技术进行投影光刻的可行性进行原理性验证，用于曝光100nm以下线宽图形。最初这种技术被称为软X射线投影光刻技术，1993年正式更名为极紫外光刻技术。

从20世纪90年代末期到2001年，EULLC（Extreme Ultraviolet Limited Liability Company）研制成第一台EUV全视场曝光样机——ETS，以验证该项技术的可行性和产量。ETS为步进扫描系统，为4镜、4倍微缩、环形视场设计，视场大小为24×32.5mm^2，数值孔径为0.1，刻印分辨率为70~100nm。光源为Xe-LPP激光等离子体光源。ETS成功证明了EUVL的可行性，具有非常重要的意义。

Nikon于2001年搭建了一台全视场、6镜投影系统、光刻胶分辨率为2mJ/cm^2的EUV光刻机——EUV1，用以研究EUVL的可行性。EUV1的光源为Xe-DPP等离子光源，IF点功率较低。

2004年，英特尔宣布安装全球第一套商用EUV光刻工具，并建立一条EUV掩模试生产线。

2005年，英特尔与康宁共同开发EUV微影光罩基底。采用康宁研发的超低膨胀（ULE）系数剥离技术来生产EUV光罩基底（Mask Blank）。康宁公司也面对这来自许多光罩基底供应商的竞争，包括日本Hoya玻璃与德国Schott Lithotec等公司。

2006年，ASML（主要负责系统集成）、Carl Zeiss（主要负责光学系统）及其合作团队在2001年设计了一台α曝光机，并于2006年在IMEC和SEMATECH North安装成功，称为ADT（Alpha-demo tool），表明EUVL向工业化迈进了一大步。ADT为全视场（26×323mm^2）曝光，但中间焦点（IF）的EUV功率很低。ADT样机的光学系统为6镜4倍微缩系统，最大数值孔径为0.25，最小分辨率能够达到50nm，光源为Sn-DPP放电等离子体光源。ADT为ASML的第一代EUV机台，曝光1片需2小时。

2007年，日本新能源及产业技术综合开发机构（NEDO）宣布，使用佳能的小面积远紫外光（Extreme Ultra Violet，EUV）曝光装置SFET（Small Field Exposure Tool）实现了线宽26nm的成像。高难度的密集线与孤立线混合图案的环境下，实现26nm成像，为“世界最高水平的成果”。

2008 年，AMD 宣布 IBM 已经成功生产出一款使用 EUV 技术的工艺试验性性芯片，IBM 将芯片的第一层金属互联层都使用这种技术。

2010 年，Nikon 研发了试生产样机 EUV2，于 2010 年开始组装。

2010 年年底，ASML 的 EUVL 试生产样机——NXE3100 研制成功。NXE3100 的分辨率为 27nm，数值孔径为 0.25。

2011 年，日本 Komatsu 和 Ushio 于 2008 年成立的合资企业 Gigaphoton 宣布终止合作协议，未来 Gigaphoton 将成为 Komatsu 的全资子公司。Gigaphoton 公司的主要业务是开发、生产和销售光刻工具用的准分子激光光源。

2011 年，富士胶卷宣布加入 Sematech EUV 光阻胶技术研发团队。据 Sematech 组织表示，该研究小组目前的工作重点是减小和消除 22nm 及以下级别制程中光刻图像的线边缘粗糙度（LER），开发解析度更高的光阻胶材料，以及测试适合用于 EUV 光刻的光阻胶成像材料。

2011 年，第二代 NEX3100 在 2011 年第 1 季度已发货 3 台，估计每小时曝光 60 片；IMEC 利用 NEX3100 成功曝光晶圆。

2012 年，ASML 收购其关键的光学技术供应商 Cymer（西盟公司），收购费为 19.5 亿欧元（约 25 亿美元），2013 年 5 月完成收购。

2013 年，从事富勒烯（C60）生产及销售的 Frontier Carbon 公司在东京有明国际会展中心举行的“nano tech 2013”（第 12 届国际纳米技术综合展）上，展出了采用富勒烯的 EUV（Extreme Ultra Violet）曝光用光刻胶材料。据介绍，该产品以优秀的热稳定性和高分辨率为卖点，目前正在向光刻胶企业推荐。

2013 年，Ushio 出售旗下 EUV 光源研发子公司给 ASML，Ushio 的德国子公司 Xtreme Technologies 专门负责 EUV 光源技术研发，之前一直是 Cymer 公司的主要竞争对手。与 Cymer 和 Gigaphoton 的 LPP（激光等离子体技术）路线不同，Xtreme Technologies 走的是将 DPP 与 LPP 糅合在一起的所谓 LDP 技术（激光辅助放电等离子体技术）路线。

2013 年，中国台湾家登的极紫外光光罩盒（EUV Pod）获得 ASML 及三星认证并小量出货，随着 EUV 机台陆续完成装机，客户已通知家登备妥产能，2014 年出货量将较 2013 年成长 3 ~4 倍。

2014 年，台积电 16nm 场效应晶体管（FinFET）年底可望顺利量产，下一代 10nm 制程正式进入研发阶段，在关键的微影技术部分，台积电在极紫外光技术的晶圆曝光速度已达 600 片，几乎与英特尔同步。

2014 年，IBM 最新 EUV 系统测试结果遭质疑：日前 IBM 宣布，安装在该公司美国纽约州阿尔巴尼（Albany N. Y.）晶圆厂的 ASML NXE3300B 扫描机，以稳定的每小时 34 片晶圆速率，在 24 小时之内产出 637 片晶圆，且采用的是 44W 光源。

2014 年，英特尔院士 Mark Bohr 通过电子邮件接受访问时表示，该公司已经开始研发不采用 EUV 达成 7nm 制程芯片生产的方案：“英特尔已经有方法在不使用 EUV 的情况下，于 10nm 技术节点达成良好的密度与每晶体管成本（Cost-per-transistor）；我们将继续研究 EUV 与非 EUV 选项在 7nm 技术节点上的应用。”

2014 年，第一台量产型 NEX3300B，30W 光源，台积电于 2014 年 1 月试车，由于光源部分机械故障，失败。

2014 年，在英特尔与美国能源部（DoE）劳伦斯柏克莱国家实验室（LBNL）的合作下，已经发展出一种全新的超级光阻剂（Super-resist），可望满足 10nm 及其以下先进制程节点使用超紫外光（EUV）微影的光源要求：新型的光阻剂专为需要兼具灵敏度与机械稳定度的 EUV 微影而设计，但研究人员也希望新的光阻剂能改善线边缘粗糙度，这一点在 10nm 及以下先进制程变得越来越重要。“高解析度、线边缘粗糙度以及灵敏度是目前在微影技术领域最重要的三项特性，因此我们想同时改善这三点，” Ashby 指出，“通常在灵敏度与解析度或线边缘粗糙度之间存在折衷。但我们想试着保有高灵敏度的光阻剂，同时将解析度推向极致。”

2014 年 9 月，ASML 亚太区技术行销协理郑国威表示第 4 代 EUV 机台 NXE3350 正组装中。

4.2.2.2.2　EUV 光刻技术

上文已经提及 EUV 光刻技术目前存在三大挑战——光源的制造、光刻胶的开发和掩模缺陷的改善。其中，光刻胶和掩模技术对 EUV 的开发有很重要的影响，光刻胶和掩模技术还存在很多亟待解决的难题，业内一直致力于寻找适应于 EUV 光刻的光刻胶和掩模。因此，本部分将对光刻胶和掩模技术中的相关重要专利技术进行分析，以期探寻光刻胶和掩模专利技术的发展脉络以及该些专利技术在产业中的作用。

（1）EUV 光刻全球专利技术发展路线

1）EUV 光刻胶

1997 年，桑迪亚申请一种专门用于 EUV 光刻的光刻胶的专利（申请号为 US19970877031），该种光刻胶包含碳化硼聚合物，适用于 4.5 ~ 15nm 的 EUV 射线。现代电子也提出了一种光刻胶聚合物（申请号为 KR19970081391，中国同族 CN98126084），包含新石胆酸基丙烯酸酯型式单体，该种光刻胶可以应用于 EUV 光源。

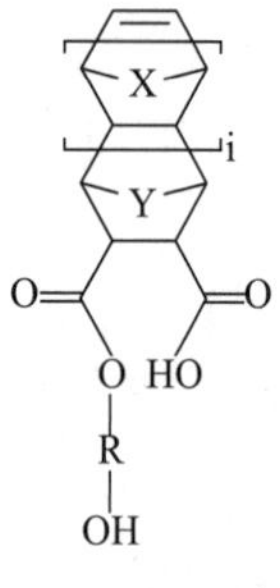

图 4－2－98　KR19980034694 技术方案

1998 年，现代电子提出三种可用于 EUV 的光刻胶聚合物——降冰片烯羧酸烷基酯、降冰片烯羧酸羟基酯共聚得到聚合物（申请号为 KR19980016221，中国同族 CN99105365），聚［N－乙基马来酰亚胺/5－降冰片烯－2－羧酸叔丁酯/5－降冰片烯－2－羧酸（2－羟）乙酯）聚合物、聚（N－丙基马来酰亚胺/5－降冰片烯－2－羧酸叔丁酯/5－降冰片烯－2－羧酸（3－羟）丙酯）］聚合物的专利申请（申请号为 KR19980016222，中国同族 CN99106401），包含如图 4－2－98 所示的化学式的化学放大抗蚀剂共聚物（申请号为 KR19980034694，中国同族 CN99118357）。

1999 年，纳幕尔杜邦申请了一种含氟共聚物光刻胶的专利（申请号为 WO1999US21912，中国同族 CN99811306）。此种光刻胶在极端、远和近紫外区具有高透明度，尤其适合在 157nm 波长下使用，而且具有高的等离子体刻蚀抗性和黏合性能。纳幕尔杜邦于

2001年对含氟共聚物光刻胶作出进一步改进，共聚物是多环的重复单元与含氟的相同或不同重复单元的协同结合（申请号为WO2001US44295，中国同族CN01819722）、加入溶解抑制剂 -C(Rf)(Rr′)OR（申请号为WO2001US42662，中国同族CN01817217）。

2000年，现代电子提出如图4-2-99所示的化学式的光阻剂单体的专利申请（申请号为KR20000034102）。此种光阻剂聚合物具有相当高的蚀刻阻抗，适用于薄光阻剂制程，及双层光阻剂制程。

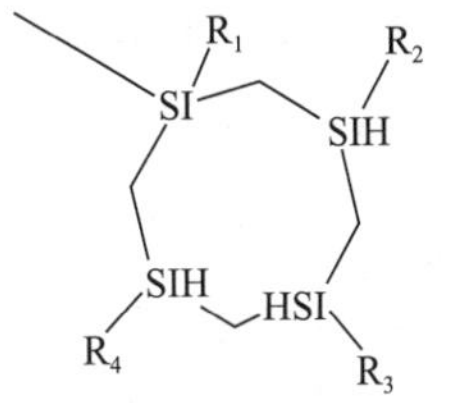

图4-2-99　KR20000034102技术方案

2001年，AMD申请一种处理光刻胶方法的专利（申请号为US20010000493），在光刻胶上覆盖一光酸产生剂或染料涂层，然后照射包含涂层的光刻胶，可以有效地获得窄距离的图案。

康涅狄格大学申请了一种包括多面倍半氧化物纳米颗粒光刻胶的专利（申请号为US20010992560）。技术方案如图4-2-100所示。

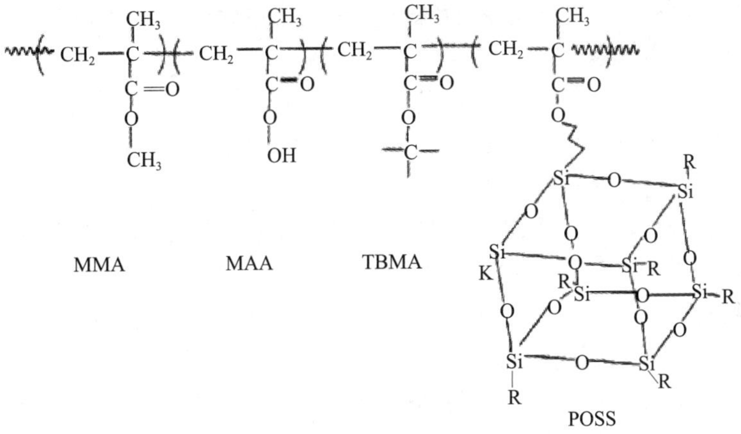

图4-2-100　US20010992560技术方案

富士胶片申请了一种正光阻组成物的专利（申请号为JP2001301795），包括籍酸的作用增加在碱性显影溶液中的溶解速率的树脂（包含如图4-2-101所示的Ⅰ、Ⅱ、Ⅲ的重复单位），以及光产酸剂。

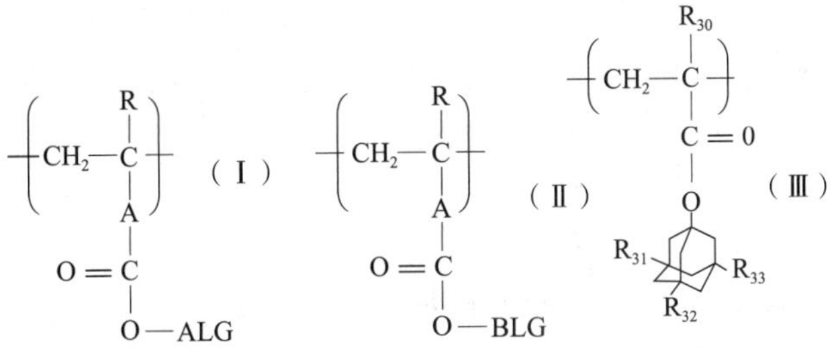

图4-2-101　JP2001301795的技术方案

2002 年，IBM 申请了一种适用于 EUV 平板印刷术的高灵敏性抗蚀剂组合物的专利（申请号为 WO2002US39048，中国同族 CN02829997）。其包含的辐射敏感性产酸剂组分包括选自不受保护的酸基官能化辐射敏感性产酸剂和受酸不稳定基团保护的酸基官能化辐射敏感性产酸剂。

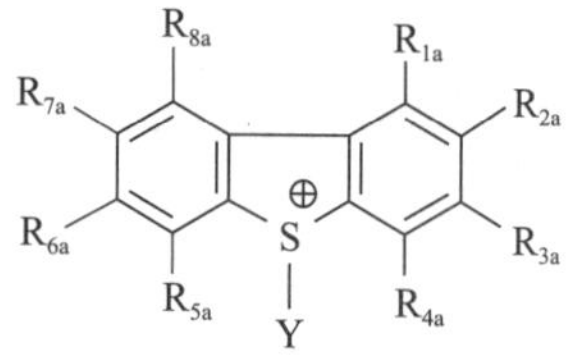

图 4－2－102　US20030361505 技术方案

2003 年，富士胶片申请一种正型光刻胶的专利（申请号为 US20030361505），包括产酸组合物，以及不溶于碱性溶液但在酸作用下可溶于碱性溶液的聚合物 BP，具有高敏感性和溶解性，低边缘粗糙度。技术方案如图 4－2－102所示。

英特尔提出不基于交联化学反应化学放大负性光致抗蚀剂一系列结构的专利（申请号为 US20030750042，中国同族 CN200480039655）。其包含与环烯烃共聚合的第一芳族结构，其中所述环烯烃用二醇官能化，此种光致抗蚀剂不基于交联化学反应，允许使用暗场掩模减小翳雾斑，溶胀低。IBM 提出一种正型光阻的专利申请（申请号为 US20030604082），包含一酸敏感成像聚合物基质，与一辐射敏感酸产生剂，该聚合物基质包含悬垂酸易变团，该种光阻可以减小影像模糊。

2004 年，松下电器申请一种含氧化钛抗蚀剂材料的专利（申请号为 JP2004109633，中国同族 CN200510063016），曝光部分变得更亲水，但未曝光部分保持疏水性，可以减少图形缺陷，提高抗蚀的析像度。

2005 年，陶氏康宁申请一种抗蚀剂组合物的专利（申请号为 US20050665506，中国同族 CN200580037292），包括氢倍半硅氧烷树脂、含酸可解离基团的化合物、光致产酸剂、有机溶剂，在低波长下透光，可以满足光致抗蚀剂的许多其他要求如黏合性、热稳定性、化学可放大性，一旦光脱保护则具有水－碱溶解性。三菱瓦斯提出一种酸增殖型非高分子类抗蚀剂材料的专利申请（申请号为 JP2005369761，中国同族 CN200580044296）。其包含一种分子量为 400 ~ 2000 的化合物，该化合物具有向多酚化合物的至少一个酚性羟基导入酸解离性官能团的结构，所述多酚化合物通过碳原子数为 12 ~ 36 价、2 ~ 4 价的芳香族酮或芳香族醛与碳原子数 6 ~ 15 个、含有 1 ~ 3 个酚性羟基的化合物的缩合反应而合成。该发明的抗蚀剂材料可不使用金属催化剂来制造，具有高敏感度、高分辨率、高耐热性、高耐蚀刻性且可溶于溶剂。信越化学提出一种光阻材料的专利申请（申请号为 JP2005324006），含有使具聚合性不饱和键结的盐、具作为密着性基的内酯或羟基的（甲基）丙烯酸酯、具酸不稳定基取代的酯的（甲基）丙烯酸酯共聚所得的高分子化合物的光阻材料，对 EUV 具有高感度、高解析且线路边缘凹凸情形较少。

2006 年，康奈尔研究基金会和出光兴产共同申请一种用于低于 200nm 的平版印刷的基于金刚烷的分子玻璃光致抗蚀剂的专利（申请号为 US20060162089，中国同族 CN200680052992），由含有缩醛和/或酯部分的金刚烷衍生物产生的玻璃光致抗蚀剂，所公开的一些基于金刚烷的抗蚀剂具有三足结构，所公开的其他基于金刚烷的抗蚀剂包括一个或多个胆酸基，该种材料为无定形，并具有低分子量，因此，它们不会发生链缠结，该种材料具有空间上拥挤的外周分子的较小分子尺寸和较高密度，因此在设计尺寸较小时可以减少线宽粗糙度和线边缘粗糙度的变化。富士胶片申请一种正型光阻组成物的专利（申请号为 US20060276990），正胶包含光产酸剂、在酸作用下增加其在碱性显影液中溶解度的下述树脂之一，该种光阻组成物敏感度、解析度和图案外形良好，线边缘粗度小且表面粗度也小。其技术方案如图 4－2－103 所示。

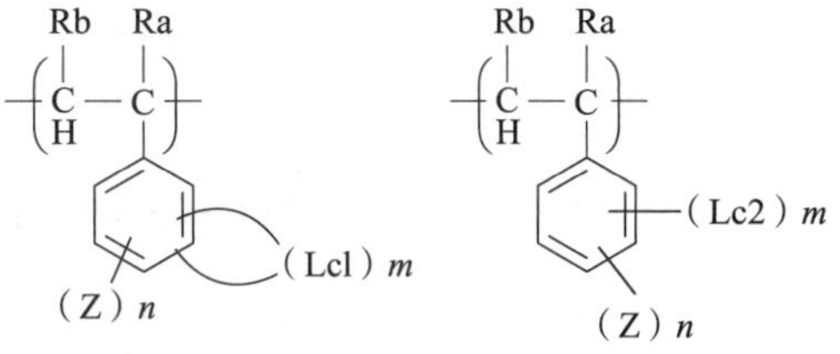

图 4－2－103　US20060276990 技术方案

2007 年，信越化学申请一种化学增幅型光阻材料用的光酸产生剂的专利（申请号为 JP2007243560），产酸如通式 RC（＝O）R1－COOCH（CF3）CF2SO3－H＋（1a）的磺酸，该种光酸产生剂与光阻材料中的树脂类的相溶性佳，可抑制酸扩散，适用于 EUV。

2008 年，弗罗蒂尔碳元素申请一种富勒烯衍生物光刻胶的专利（申请号为 JP2008261542），在有机溶剂中具有高溶解性。东芝申请一种低分子 EUV 光刻胶的专利（申请号为 JP2008037892），具有良好分辨率。大日本印刷申请一种负性光刻胶的专利（申请号为 JP2009540064），包含杯芳烃苔黑酚丙二烯衍生物、酸性产生基和交联剂，适用于 EUV。

信越化学申请一种含三个通式的高分子化合物基础树脂的专利（申请号为 JP2008114116），可有效率地切断化学增幅型光阻材料中的酸不稳定基。其技术方案如图 4－2－104 所示。

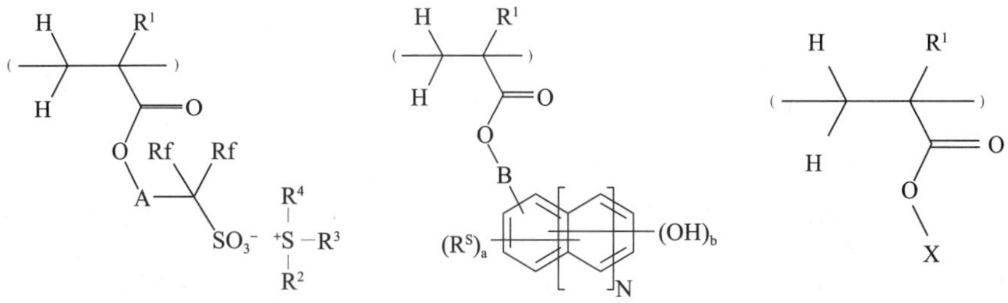

图 4－2－104　JP2008114116 技术方案

IBM 申请了一种低释气性光刻胶组合物的专利（申请号为 US20080206065，中国同族 CN200980134701）。其包括基于米氏酸衍生物的重复单元，水解稳定性强，具有良好的热稳定性、储存稳定性和低释气性，适用于 EUV。其技术方案如图 4－2－105 所示。

2009年，中央硝子提出一种具有含氟碳负离子结构的酸或具有含氟碳负离子结构的盐的专利申请（申请号为JP2009059003，中国同族CN200980108659）。通过使用产生该酸的化学增幅抗蚀材料用的光产酸剂，对EUV等为高感光度、所产生的酸的酸性度充分高且具有对抗蚀溶剂高的溶解性和对树脂优异的相容。其技术方案如图4-2-106所示。

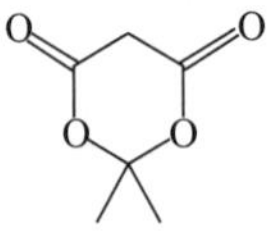

图4-2-105 US20080206065技术方案

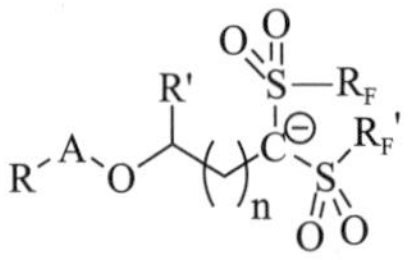

图4-2-106 JP2009059003技术方案

2010年，信越化学申请一种化学放大型正性光致抗蚀剂组合物的专利（申请号为JP2010129700，中国同族CN201010289418），其中的聚合物包含高比例的含芳环结构单元，且侧链上含芳香磺酸锍盐，该聚合物完全溶解于通常用于聚合反应和纯化的溶剂以及抗蚀剂溶剂中，可形成具有高抗刻蚀性的抗蚀图案。住友化学申请一种抗蚀剂组合物中树脂的专利（申请号为JP2010121139，中国同族CN201010269819），所述树脂包含衍生的含杂环基的丙烯酰胺类化合物的结构单元，可以在所形成的图案中实现令人满意的图像形状和宽的聚焦边缘。其技术方案如图4-2-107所示。

罗门哈斯申请一种辐射敏感聚合物的专利（申请号为US20100981916，中国同族CN201010625231）。其包括聚合物主链和共价连接到聚合物主链上的单光致酸生成剂，其中单光致酸生成剂衍生自分别以图4-2-108（a）和（b）所示的具有可聚合磺酸盐阴离子的锍盐和碘鎓盐，其可形成高分辨率的浮雕图像如线图像，具有良好的感光速度，如小于300nm波长的激活辐射下，以及电子束辐射，具有光子高截面吸收，并能通过光氧化很容易地生成二次电子，提供均匀的酸分布和迁移。

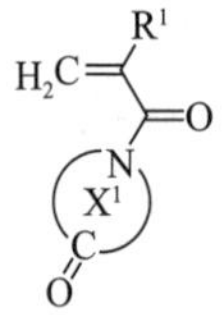

图4-2-107 JP2010121139技术方案

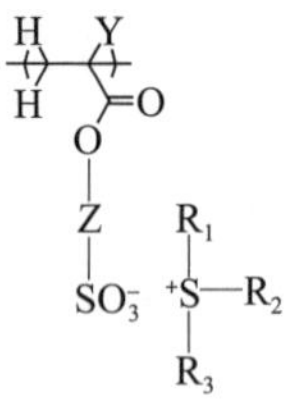

（a）

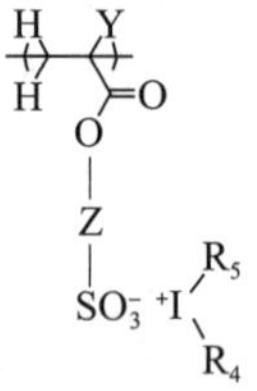

（b）

图4-2-108 US20100981916技术方案

2011年，罗门哈斯和陶氏环球技术共同申请一种可聚合光产酸剂的专利（申请号为US201113339948，中国同族CN201110463334），具有结构式Q-O-(A)-Z-G+，具有低脱气特性。AZ电子材料申请一种聚合物底层涂料组合物的专利（申请号为US201113023291，中国同族CN201280005810）。该聚合物包含在该聚合物主链中的至少一个具有包含氟或碘部分的侧基的羟基芳香族单元和至少一个包含氨基塑料的单元，可形成具有良好涂覆质量的利于光刻的薄膜，放气量低、平面化性质好、保护基材不受EUV辐射损害。

2012年，罗门哈斯电子材料和陶氏环球技术共同申请一种包含分子玻璃化合物抗蚀剂的专利（申请号为US201213624579，中国同族CN201210496911），分子玻璃化合物包括式 $C(R_1)_2=C(R_2)-O-(L)n-Ar1$ 的芳族乙烯基醚与杯[4]芳烃的乙烯基醚加合物，具有高分辨率和低边缘粗糙度。锦湖石油化学申请一种光酸发生剂的专利（申请号为KR20120114212，中国同族CN201310454690），技术方案如图4-2-109所示，可抑制酸扩散而减少线边缘粗糙度，同时增加酸收率而显著提高抗蚀剂的光敏度。

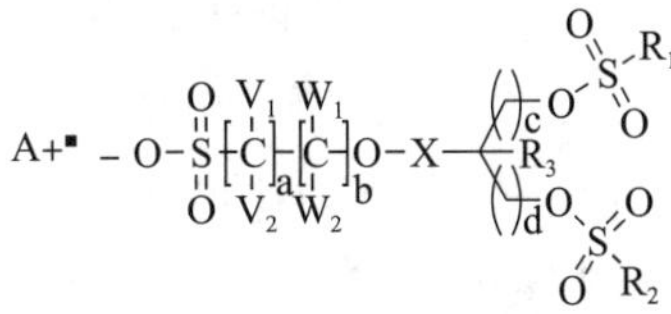

图4-2-109 KR20120114212 技术方案

2013年，IBM提出一种正色调有机溶剂显像化学增强抗蚀剂的专利（申请号为US201313775122，中国同族CN201410061770），所述有机显像剂溶剂具有单独或者与其他有机溶剂如异丙醇和/或水组合的至少一种多元醇，例如乙二醇和/或甘油。罗门哈斯电子材料提出一种产酸剂的专利（申请号为US201313854078，中国同族CN201410212479）。其包含氧代-1，3-二氧戊环部分和/或氧代-1，3-二恶烷部分，具有高分辨率和低线宽粗糙度，适用于EUV。

2）EUV掩模

1990年，加利福尼亚大学董事会申请一种金属多层镜面结构的专利（申请号为US19900562297）。这种多层镜面结构由高Z材料（如钼）和低Z材料（如硅）交替堆叠构成，可以最大化地反射预定的软X-射线和极紫外光，同时该多层镜面结构还包括一抗反射涂层，用于排除不需要的更长波长的射线。作为进一步改进，为了提高基板的平整度，加利福尼亚大学董事会在1996年还申请一种通过干法刻蚀移除基板上钼/硅反射层方法的专利（申请号为US19960607055）。

1991年，日立制作所申请一种交替型相移掩模的专利（申请号为JP23695990），通过在制备光掩模的所选择部分以在反射光中产生180°相移，因此来自光掩模相移部分的反射光将与来自非相移部分的反射光进行相消干涉，这一相消干涉强度图案可以在晶片上对光刻胶进行图案化。该种交替型相移掩模适于软X-射线区和或真空紫外区的光源，可以极大地提高光刻系统的分辨率。

1994年，美国电话电报申请一种专门用于EUVL相移掩模的专利（申请号为US19940326449），可以选择性地传送和阻挡射线。

1997年，英特尔提出一种无缺陷EUV掩模的专利（申请号为US19970995867）。其在吸收层底部设置一个二氧化硅缓冲层，用于吸收缺陷，还在吸收层上设置一层可以传送EUV的非晶硅盖帽层。

1998年，AMD申请一种可返工EUV掩模的专利（申请号为US19980205958）。该掩模包括一层SiON或SiN材料的吸收层，这种材料的吸收层可以被移除而不影响底部反射层的反射性能，从而提高EUV掩模的使用次数。

1999年，AMD申请一种EUV掩模的专利（申请号为US19990258959）。该掩模对基底作了改进，使其具有平坦表面，并在基底背部设置一含硅层，可以降低基底的热扩散系数，使基底的热形变减少。

2000 年，AMD 申请一种衰减极端紫外 EUV 相移掩模制造方法的专利（申请号为 US20000715951，中国同族 CN01821300）。该方法包括在集成电路基片或空白掩模上提供一多层镜片，在该多层镜片上提供一层缓冲层，在该缓冲层上提供一种双元素物质层（Mo/Si），以及当沉积双元素物质层时，利用光子辅助蒸镀工艺在集成电路基片或空白掩模上选择性生长出部件。该种方法可以进一步提高分辨率。

2001 年，康宁申请一种用于 EUV 掩模凹形极低膨胀率（ULE）玻璃基底的专利（申请号为 US20010943252），可以减小条纹效应和阻止图形质量的退化。英特尔申请一种具有改进吸收层远紫外线掩模的专利（申请号为 US20010823641，中国同族 CN02807802）。该改进的吸收层包含金属和非金属，其中所述金属对所述非金属的比率在整个所述厚度内改变，该种掩模可以减小曝光所用的波长，改善分辨率并减轻衍射效应。卡尔赛斯申请一种 EUV 掩模的专利（申请号为 DE10150874，中国同族 CN02819611），包括光学多层系统，该多层系统至少一个层的层材料和/或层厚度被选择成使其在辐照“工作波长”的反射过程中形成的驻波在多层系统自由界面区域形成电场强度的节点（电场强度的稳定的最小值），该种掩模可以降低沾污，具有优良恒定反射率尽可能长的使用寿命。

2002 年，HOYA 申请一种 EUV 反射掩模的专利（申请号为 JP2002195458）。其在缓冲层上依次堆叠下吸收层和上吸收层，上吸收层为无机材料，具有较高的刻蚀抵抗性，并且对于检测光具有小于或等于 20% 的反射率，可以形成精细掩模并提高对比度。

2003 年，肖特玻璃申请一种用于 EUV - 微型光刻基片的专利（申请号为 DE50309295，中国同族 CN03155514）。该种基片选用热膨胀系数低于 10ppb/℃ 的材料（如玻璃陶瓷）作为基质层，以及选用热膨胀系数低于 1ppm/℃ 的材料（如二氧化硅）作为覆盖层，从而使基片具有极小的热膨胀性和很好的均匀性。法国原子能委员会申请一种 EUV 掩模的专利（申请号为 FR0304071），由交替的叠加金属层或金属化层（钼或碳化钼）和非晶硅层组成，该种结构的掩模不仅具有较好的反射效率，还具有稳定的机械应力性能。肖特 · 格拉斯申请一种利用粒子束溅射制造光掩模坯体方法和设备的专利（申请号为 US20030367539，中国同族 CN200410004942）。该方法可以高质量和高稳定性的制造光掩模坯体。

2004 年，弗劳恩霍弗实用研究促进协会申请一种用于 EUV 光谱区域热稳定多层反射镜的专利（申请号为 DE102004062289，中国同族 CN200580044832），包括多个交替的钼层及硅层，在钼层与硅层之间多个边界面上分别设置一个阻挡层（硅氮化合物或硅硼化合物），从而可以实现高的热稳定性，尤其可以实现温度大于 300℃ 时长时间的高稳定性。三星申请一种 EUV 反射光掩模的专利（申请号为 KR20040115074，中国同族 CN200510124778）。该掩模通过使用离子注入注入吸收 EUV 射线吸收剂的离子形成在反射层上具有预定图形的离子区段，当 EUV 射线被照射在反射光掩模上时，硅晶片上形成图形的尺寸等于离子区段上形成图形的尺寸，可以简化掩模的制造工序。

2005 年，三星申请一种通过减少和/或阻止在多反射层内形成相互扩散层而能减小用于反射 EUV 光多反射层中内应力反射器件的专利（申请号为 KR20050071080，中国同族 CN200610125718），通过对 Si 层进行表面处理可以降低 Mo/Si 反射层的内应力。三星还提出一种用于 EUVL 能够在吸收图案中更精确地实现设计图案掩模的专利申请（申请号为 KR20050066990，中国同族 CN200510121654）。该掩模中，吸收图案具有对电磁辐射的吸收区和电磁射线能穿过的窗口，吸收图案包括至少一个邻近窗口且相对于反射层倾斜的侧面。海力士申请一种 EUV 相移掩模的专利（申请号为 KR20050130470，中国同族 CN200610090739）。该种相移掩模在 Mo/Si 多薄层结构形成的开口中填充吸收材料，通过校正在用于 EUV 光的光刻工艺中使用掩模的相位来改善分辨率，所述相移掩模能够实现微小化的图案。

2006 年，旭硝子申请一种 EUV 掩模基底的专利（申请号为 WO2006JP322589）。基底上具有导电层，导电层含有 Cr、Ti、Zr、Nb，Ni 或 V，以及还含有 1% ~70% 的 B。该种基底可以阻止制作掩模时产生静电荷。

2007 年，旭硝子申请一种吸收层包含 Ta、B、Si 和 N 的 EUV 掩模的专利（申请号为 JP2007036904），具有低反射和高吸收性。

2008 年，康宁申请一种包含氧化钛和氧化硅低膨胀玻璃基板的专利（申请号为 US20080277611），在 19 ~25℃的温度范围内有平均梯度小于 1ppb/℃的热膨胀性。旭硝子提出一种通过伴有在玻璃衬底表面上进行束辐照或激光辐照、从待精加工处理的玻璃衬底表面除去杂质方法的专利（申请号为 JP2008115127，中国同族 CN200880022677），可以保证获得较好平坦度和粗糙度的 EUV 基底。

2009 年，旭硝子申请一种具有低反射层 EUV 光刻用反射型掩模的专利（申请号为 WO2009JP68519，中国同族 CN200980143609）。低反射层至少含有钽、氧和氢，对 EUV 光和掩模图案检查光波长区的反射率低，并且可以满足掩模制造过程和图案转印过程所需要的在波长区所期望的反射率。

2010 年，凸版印刷申请一种能够降低投影效应反射型光掩模及反射型光掩模基板的专利（申请号为 WO2010JP54973，中国同族 CN201080014323），包括高反射部层和被刻画图案低反射部层（含有 Sn 和氧）。信越化学申请一种氧化钛和硫共掺杂石英玻璃部件的专利（申请号为 JP2010234269，中国同族 CN201010546665），可以在一定温度下经历零膨胀并且在宽温度范围内经历低热膨胀。旭硝子申请一种 EUV 光刻用衬底的专利（申请号为 WO2010JP71738，中国同族 CN201080055041）。其在 Mo/Si 多层反射膜与 Ru 保护层之间形成含有规定量的 Si 和 O 的中间层，中间层含有 0.5$_{at}$% ~20at% 的氧且含有 80$_{at}$% ~99.5at% 的 Si，能够抑制由 Ru 保护层氧化导致的 EUV 光线反射率降低，EUV 光线反射率随时间变化小，且能够延长 EUV 掩模、EUV 镜的寿命。应用材料申请一种 EUV 掩模检测系统的专利（申请号为 US20100950058），可以有效检测 EUV 掩模的缺陷。

2011 年，康宁申请一种用于极紫外光刻系统中所用反光镜多层 Mo/Si 涂层的专利（申请号为 US201113081966，中国同族 CN201180021603）。该涂层利用离子体离子辅助沉积（PIAD）技术制备，可以精确控制 Mo 和 Si 的沉积速率，PIAD 法还允许对沉积的 Mo 和 Si 层进行原位等离子体平滑处理和致密化处理。卡尔蔡司申请一种反射光学元件的专利（申请号为 DE102011005144，中国同族 CN201110065446）。其反射面的第一部分和其他部分在反射面上的布置适配于入射角带宽分布，可以提高反射率。卡尔蔡司还申请一种反射光学元件的专利（申请号为 DE102011005144，中国同族 CN201110065446），包括在基底上具有多层系统的反射面，所述多层系统具有至少两种交替材料的层，所述两种交替材料在工作波长具有不同的折射率实部，可以有效地提高反射率。

2012 年，ASML 申请一种用于极紫外辐射掠入射反射器的专利（申请号为 EP12702451，中国同族 CN201280009855）。其第一反射镜层至少部分地反射，以在第一范围内的掠入射角入射到掠入射反射器上的极紫外辐射，并且透射在入射角第二范围中的极紫外辐射；在第一反射镜层下面的多层反射镜结构反射，以在第二范围内的掠入射角入射到掠入射反射器上，且穿透第一反射镜层的极紫外辐射，该掠入射反射器带有拓展的接收角和较高的反射率。

2013 年，ASML 申请一种可用于 EUV 光刻掩模的专利（申请号为 US201313743231，中国同族 CN201310013801）。其基底对于特定波长的辐射是基本透射性的，基底具有成图案形式的辐射吸收材料，所述图案配置成施加另一图案至所述特定波长的辐射束的横截面，其中所述吸收材料具有基本上等于所述特定波长除以吸收材料的折射率的厚度。该种掩模可以避免表面的不平整，避免将不期望的相位偏移引入图案化的辐射中，以及相位偏移导致的将图案投影到衬底上精度减小的问题。

通过上述分析，可以得到如图 4-2-110 所示的 EUV 光刻全球专利技术发展路线。可以看出，在 EUV 光刻胶方面，由于传统的化学增幅型光刻胶普遍不能应用于 EUVL，技术研发目标是如何获得低吸光率、高透明度、高分辨率、高敏感性、低产气和低边缘粗糙度的光刻胶，重要的专利技术也大都涉及对新型聚合物和产酸剂的开发。例如，桑迪亚和纳幕尔杜邦在 1997 年和 1998 年就提出用于聚合物 EUV 光刻胶，IBM、英特尔和罗门哈斯以及日本籍申请人（如旭硝子、住友化学、信越化学等）提出了大量关于产酸剂的改进。近年来，由于分子玻璃光刻胶具有高分辨率和低边缘粗糙度的特性，获得了较多的关注。康奈尔研究基金会在 2006 年提出金刚烷分子玻璃光刻胶；罗门哈斯在 2011 年以后也对分子玻璃光刻胶提出较多的申请。

在 EUV 掩模方面，重要的专利技术主要涉及对反射层、基底和吸收层三个方面。例如，在 1990 年加利福尼亚大学董事会提出了应用于软 X-射线的 Mo/Si 多层反射镜以后，对 Mo/Si 反射层结构和形成工艺的改进就延续至今；AMD、英特尔、卡尔蔡司、康宁和三星等先后提出大量对 Mo/Si 反射层的专利技术。而在基底和吸收层方面，主要是如何获得低膨胀高平坦度的基底和低反射高吸收、无缺陷的反射层，例如，康宁在 2001 年提出适用于 EUV 凹形 ULE 低膨胀玻璃基底的专利申请，肖特玻璃在 2002 年申请一种低膨胀基片的专利，英特尔在 1997 年提出可以吸收缺陷吸收层的专利申请，旭硝子在 2007 年提出含钽硼硅氧吸收层的专利申请。

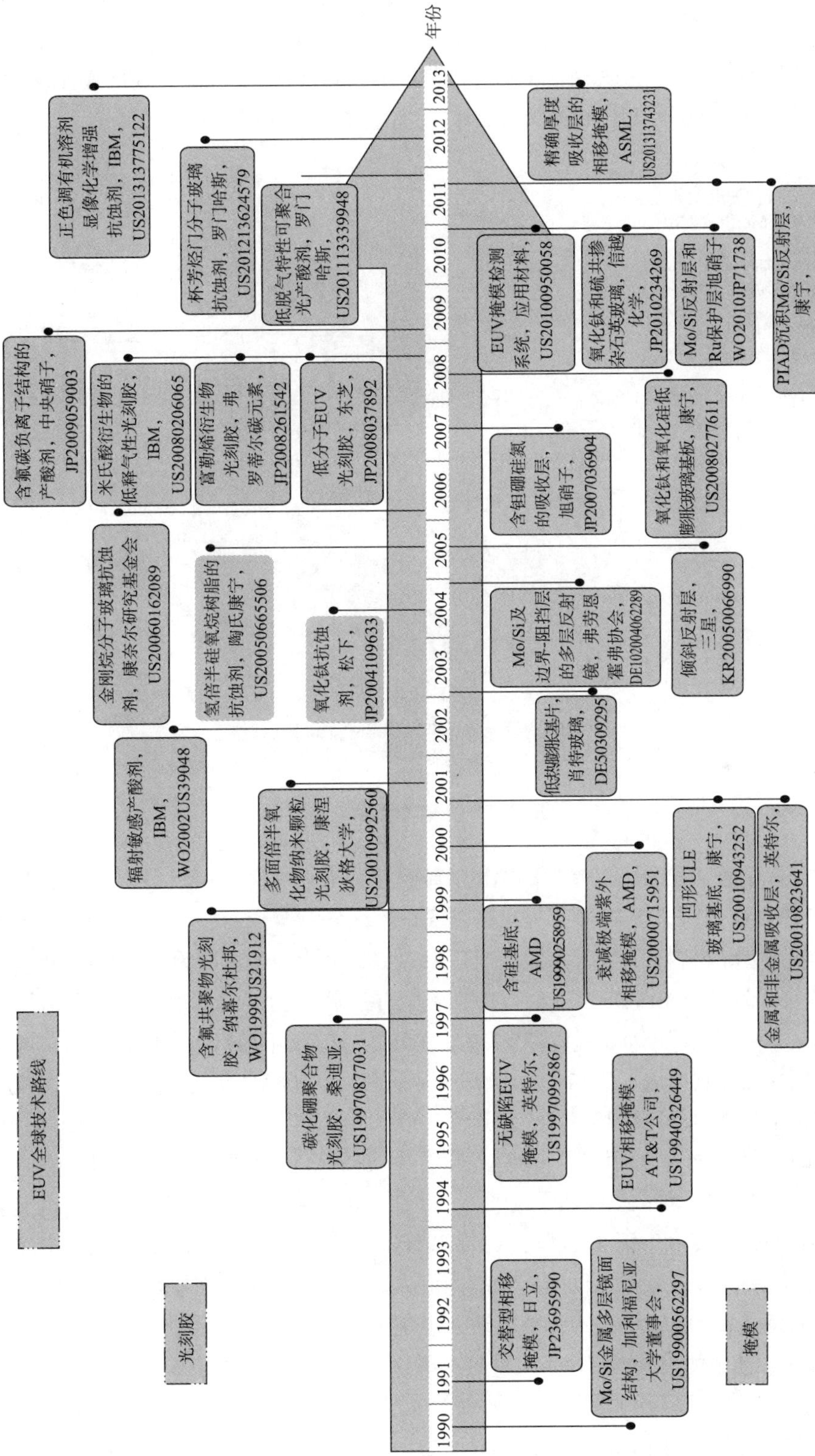

图4-2-110　EUV光刻全球专利技术发展路线

如图4-2-111所示，在EUV光刻掩模核心专利方面，加利福尼亚大学董事会在1990年提出应用于软X-射线Mo/Si多层反射层属于反射层的核心专利和基础专利（申请号为US19900562297）。该专利申请于1992年获得了授权。围绕着该基础专利，国外申请人在反射层结构、工艺和增加复合层三个方向上，作出一系列改进。

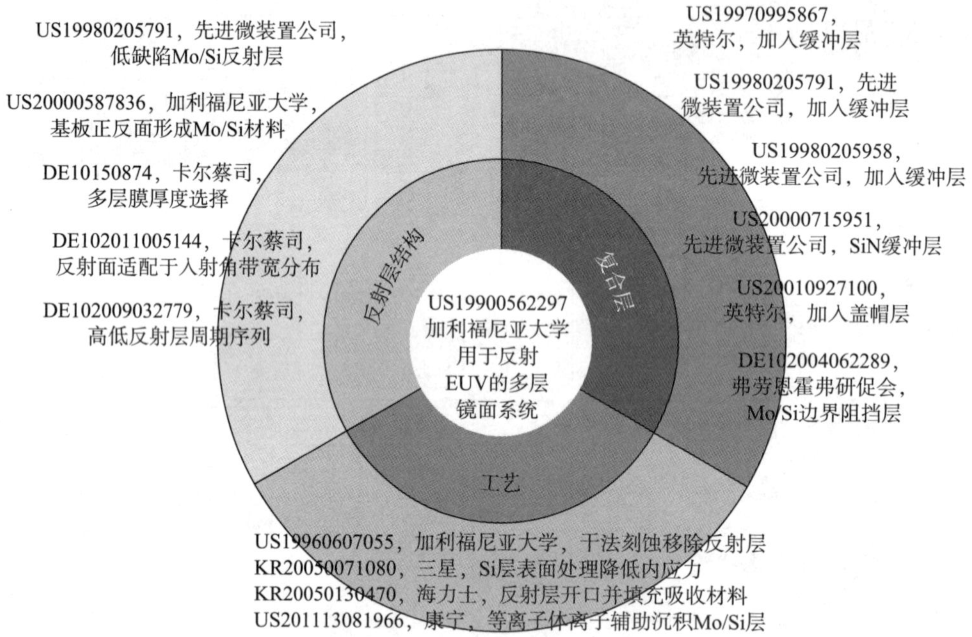

图4-2-111 EUV光刻掩模核心专利

加利福尼亚大学董事会还于1996年提出在基板上移除Mo/Si多层反射层方法的专利（申请号为US19960607055），于2000年提出在基底正反面各有至少一层Si、Mo、Cr、Cr氮氧化物、TaSi或Mo/Si材料，补偿多层膜造成应力的专利申请（申请号为US20000587836）。英特尔在1997年和2001年相继提出在反射层加入缓冲层和盖帽层的专利申请（申请号为US19970995867、US20010927100），可以减少缺陷。AMD于1998年提出在平坦基底上获得低缺陷Mo/Si反射层的专利申请（申请号为US19980205791），在2000年提出加入SiN缓冲层的专利申请（申请号为US20000715951）。弗劳恩霍弗实用研究促进协会在2004年提出在Mo层与Si层之间多个边界面上分别设置一个硅氮化合物或硅硼化合物阻挡层的专利申请（申请号为DE102004062289），可以提高热稳定性。三星在2005年提出使用氧离子束或氩离子束对Si层进行表面处理的专利申请（申请号为KR20050071080），通过减少和/或阻止在多反射层内形成相互扩散层，可以减小多反射层中的内应力。海力士提出在多层反射层中形成开口，并在开口填充一部分吸收材料的专利申请（申请号为KR20050130470），可以校正在用于EUV光的光刻工艺中使用掩模相位来改善分辨率。2009年，卡尔蔡司提出多层反射层由至少两个周期单独层（高反射层和低反射层）周期序列构成的专利申请（申请号为DE102009032779），并且在每个层子系统内都具有恒定厚度，该恒定厚度与相邻层子系统周期的厚度偏离，可以在大入射角区间上获得较高且均匀的反射率。2011 年，康宁提出采用等离子体离子辅助沉积反光镜多层 Mo/Si 涂层的专利申请（申请号为 US201113081966），可精确控制 Mo 和 Si 的沉积速率，还允许对沉积的 Mo 和 Si 层进行原位等离子体平滑处理和致密化处理。

由上可知，国外申请人非常重视对核心专利技术外围技术的研发，每个公司都基于其自身能力和市场情况选择适己的技术发展方向，并形成一定的技术优势。

从图 4－2－112 可以看出，EUV 光刻技术在 2002 年之前，申请量持续上升，申请人也不增加，这是由于 EUV 光刻技术需要长期的投入和研究。2002～2009 年，其申请量增幅不大，申请人反而减少。究其原因，一方面，EUV 光刻技术的研发耗时耗力，产业也没有运用的需求和可能；另一方面，此阶段新兴的双重（多重）图形光刻技术在产业上更容易实现，因此转移了部分的注意力。2010～2012 年，其申请量快速增长，申请人也有所增加，表明该技术开始步入快速发展期，原因在于随着器件特征尺寸的不断减少，采用双重（多重）图形光刻技术的成本和挑战将越来越难以承担，EUV 光刻技术成为最有希望的解决方案。随着 ASML 等公司在光源方面不断取得进展，接下来几年很有可能是 EUV 光刻产业化的最后几年，可以预期，接下来几年关于 EUV 光刻技术的专利申请会大幅度增长。

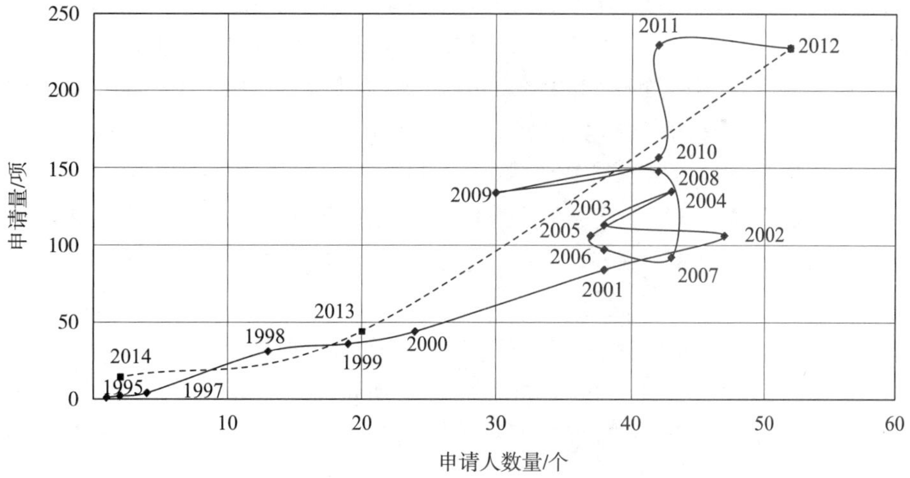

图 4－2－112　EUV 光刻技术申请人、申请量历年分布

（2）中国专利技术发展路线

以下将对中国 EUV 光刻技术相关重要专利的技术演进路线进行分析。

1）EUV 光刻胶

1998 年，现代电子提出一种光刻胶聚合物的专利申请（申请号为 CN98126084），包含新石胆酸基丙烯酸酯型式单体，此光刻胶可以应用于 EUV 光源。

1999 年，纳幕尔杜邦申请一种含氟共聚物光刻胶的专利申请（申请号为 CN99811306）。该种光刻胶在极端、远和近紫外区具有高透明度，尤其适合在 157nm 波长下使用，而且具有高的等离子体刻蚀抗性和黏合性能。纳幕尔杜邦于2001年对含氟共聚物光刻胶作出进一步改进，提出共聚物是多环的重复单元与含氟相同或不同重复单元协同结合的专利申请（申请号为CN01819722）和加入溶解抑制剂－C(Rf)(Rr')OR的专利申请（申请号CN01817217）。

2002年，IBM申请一种适用于EUV平板印刷术高灵敏性抗蚀剂组合物的专利（申请号为CN02829997）。其包含的辐射敏感性产酸剂组分包括选自不受保护的酸基官能化辐射敏感性产酸剂和受酸不稳定基团保护的酸基官能化辐射敏感性产酸剂。

2004年，英特尔提出不基于交联化学反应化学放大负性光致抗蚀剂一系列结构的专利申请（申请号为CN200480039655），包含与环烯烃共聚合的第一芳族结构，其中所述环烯烃用二醇官能化。此光致抗蚀剂不基于交联化学反应，允许使用暗场掩模减小翳雾斑，溶胀低。

2005年，松下电器申请一种含氧化钛抗蚀剂材料的专利（申请号为CN200510063016），曝光部分变得更亲水，但未曝光部分保持疏水性，可以减少图形缺陷，提高抗蚀的析像度。陶氏康宁申请一种抗蚀剂组合物的专利申请（申请号为CN200580037292），包括氢倍半硅氧烷树脂、含酸可解离基团的化合物、光致产酸剂、有机溶剂，在低波长下透光，满足光致抗蚀剂的其他要求，如黏合性、热稳定性、化学可放大性、一旦光脱保护则具有水－碱溶解性。三菱瓦斯提出一种酸增殖型非高分子类抗蚀剂材料的专利申请（申请号为CN200580044296）。其包含一种分子量为400～2000的化合物，该化合物具有向多酚化合物的至少一个酚性羟基导入酸解离性官能团的结构，所述多酚化合物通过碳原子数为12～36价、2～4价的芳香族酮或芳香族醛与碳原子数6～15价、含有1～3个酚性羟基化合物的缩合反应而合成。该发明的抗蚀剂材料可不使用金属催化剂来制造，具有高敏感度、高分辨率、高耐热性、高耐蚀刻性，且可溶于溶剂。

2006年，康奈尔研究基金会和出光兴产共同申请一种用于低于200nm平版印刷、基于金刚烷分子玻璃光致抗蚀剂的专利（申请号为CN200680052992），由含有缩醛和/或酯部分的金刚烷衍生物产生的玻璃光致抗蚀剂，所公开的一些基于金刚烷的抗蚀剂具有三足结构，所公开的其他基于金刚烷的抗蚀剂包括一个或多个胆酸基，该种材料为无定形的，并具有低分子量，因此，它们不会发生链缠结。该种材料具有空间上拥挤的外周分子的较小分子尺寸和较高密度，因此在设计尺寸较小时可以减少线宽粗糙度和线边缘粗糙度的变化。

2008年，三星申请一种光致产酸剂的专利（申请号为CN200810165695），具有低分子量取代基，代替对光敏感的生色团，并且由此可表现出很小的或不表现出由脱气导致的负面效果。其技术方案如图4－2－113所示。

2009年，IBM申请一种低释气性光刻胶组合物的专利（申请号为CN200980134701）。其包括基于米氏酸衍生物的重复单元，其水解稳定性强，具有良好的热稳定性、储存稳定性和低释气性，适用于EUV。其技术方案如图4－2－114所示。

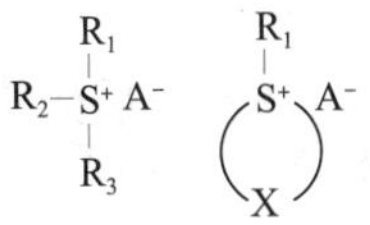

图4-2-113　CN200810165695技术方案

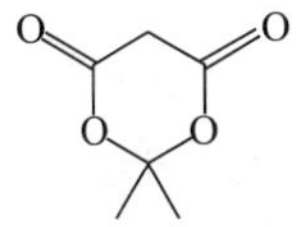

图4-2-114　CN200980134701技术方案

富士通提出一种含锍盐硫代吡喃单体及树脂的专利申请（申请号为CN200910005998）。树脂具有曝光时发生分解并生成酸的位点，酸生成剂均匀地分布在形成的膜上，能形成具高感光度同时防止浸出或脱气的精细图案，不会损害抗蚀剂组合物的透明性或感光度。

中央硝子提出一种具有下述通式所示的含氟碳负离子结构的酸或具有含氟碳负离子结构的盐的专利申请（申请号为CN200980108659）。通过使用产生该酸的化学增幅抗蚀材料用的光产酸剂，对EUV等为高感光度、所产生的酸的酸性度充分高且具有对抗蚀溶剂高的溶解性和对树脂优异的相容。其技术方案如图4-2-115所示。

2010年，信越化学申请一种化学放大型正性光致抗蚀剂组合物的专利（申请号为CN201010289418）。其中的聚合物包含高比例的含芳环结构单元，且侧链上含芳香磺酸锍盐，该聚合物完全溶解于通常用于聚合反应和纯化的溶剂以及抗蚀剂溶剂中，可形成具有高抗刻蚀性的抗蚀图案。住友化学申请一种抗蚀剂组合物中树脂的专利（申请号为CN201010269819），所述树脂包含衍生含杂环基丙烯酰胺类化合物的结构单元，可以在所形成的图案中实现令人满意的图像形状和宽的聚焦边缘。其技术方案如图4-2-116所示。

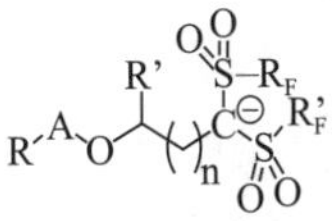

图4-2-115　CN200980108659技术方案

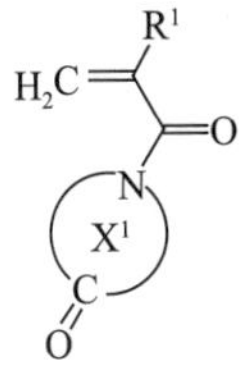

图4-2-116　CN201010269819技术方案

罗门哈斯申请一种辐射敏感聚合物的专利（申请号为CN201010625231）。其包括聚合物主链和共价连接到聚合物主链上的单光致酸生成剂。其中单光致酸生成剂衍生自分别如图4-2-117（a）和（b）所示的具有可聚合磺酸盐阴离子的锍盐和碘鎓盐。其可形成高分辨率的浮雕图像如线图像，具有良好的感光速度，如小于300nm波长的激活辐射下，以及电子束辐射，具有光子高截面吸收，并能通过光氧化很容易地生成二次电子，提供均匀的酸分布和迁移。

2011年，罗门哈斯和陶氏环球技术共同申请一种可聚合光产酸剂的专利（申请号为CN201110463334），具有结构式Q-O-(A)-Z-G+，具有低脱气特性。

2012年，AZ电子材料申请一种聚合物底层涂料组合物的专利（申请号为CN201280005810）。该聚合物包含在该聚合物主链中至少一个具有包含氟或碘部分侧基的羟基芳香族单元和至少一个包含氨基塑料的单元，可形成具有良好涂覆质量利于光刻的薄膜，放气量低、平面化性质好，可以保护基材不受 EUV 辐射的损害。罗门哈斯和陶氏环球技术共同申请一种包含分子玻璃化合物抗蚀剂的专利（申请号为 CN201210496911），分子玻璃化合物包括式 $C(R_1)2 = C(R_2) - O - (L)n - Ar1$ 的芳族乙烯基醚与杯［4］芳烃的乙烯基醚加合物，具有高分辨率和低边缘粗糙度。

2013 年，锦湖石油化学申请一种光酸发生剂的专利（申请号为 CN201310454690），可抑制酸扩散而减少线边缘粗糙度，同时可增加酸收率而显著提高抗蚀剂的光敏度。其技术方案如图 4－2－118 所示。

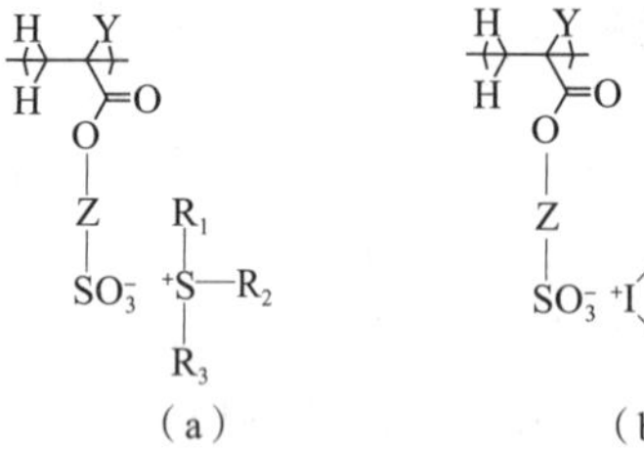

（a）　　　　（b）

图 4－2－117　CN201010625231 技术方案

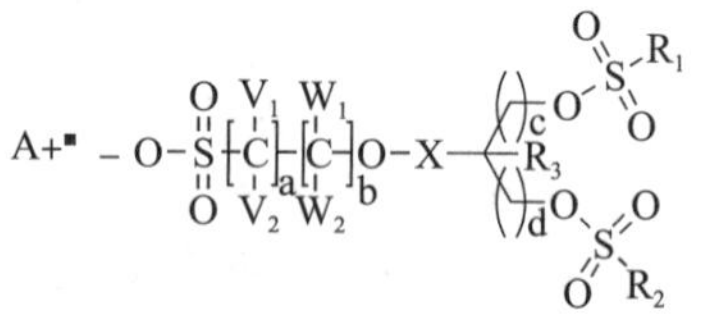

图 4－2－118　CN201310454690 技术方案

2014 年，IBM 提出一种正色调有机溶剂显像化学增强抗蚀剂的专利申请（申请号为 CN201410061770）。所述有机显像剂溶剂具有单独或者与其他有机溶剂如异丙醇和/或水组合的至少一种多元醇，例如乙二醇和/或甘油。罗门哈斯提出一种产酸剂的专利申请（申请号为 CN201410212479）。其包含氧代－1，3－二氧戊环部分和/或氧代－1，3－二恶烷部分，具有高分辨率和低线宽粗糙度，适用于 EUV。

中国大陆申请人主要在 2012 年后提出较多关于 EUV 光刻胶的专利申请。例如，南京航空航天大学申请一种联苯型分子玻璃的专利（申请号为 CN201210001874），具有较低的线宽粗糙度、无膨胀、无链缠结等优点，还具有较高的玻璃化转化温度、良好的热稳定性和光刻工艺中较好的抗刻蚀性能，并能阻止其结晶。

北京师范大学申请一种基于聚对羟基苯乙烯单组分化学增幅光致抗蚀剂材料的专利（申请号为 CN201210061066）。苯环上部分含有硫鎓盐产酸基团和部分羟基被保护的聚对羟基苯乙烯（PHS），其可以改善因小分子产酸剂与成膜树脂的兼容性差而带来的酸分布不一致和酸扩散等问题，可以提高分辨率和降低线边缘粗糙度，具有很好的感光成像性能。

中科院理化所申请一种低分子量分子玻璃正性光刻胶组合物的专利（申请号为 CN201210496999）。包括官能团保护的六元含氮杂环衍生物，其含有酸敏感的官能团保护的酚基、光产酸剂和溶剂，其光敏感度提高，抗刻蚀性能良好。

中科院化学所申请一种以四苯基呋喃、四苯基吡咯、四苯基噻吩和五苯基吡啶为核的分子玻璃的专利（申请号为 CN201210070713）。由光刻胶组合物制备得到的薄膜具有良好的分辨率、光敏性、黏附性，且易于保存。中科院化学所还申请一种基于双酚 A 为主体结构的分子玻璃光刻胶的专利（申请号为 CN201210156675）。其可使得到的光刻胶得到 50nm 以下的光刻图案，薄膜具有良好的分辨率、光敏性、黏附性、成膜性，且厚度均匀，易于保存。

2）EUV 掩模

2001 年，AMD 申请一种衰减极端紫外 EUV 相移掩模制造方法的专利（申请号为 CN01821300）。该方法包括在集成电路基片或空白掩模上提供一多层镜片，在该多层镜片上提供一层缓冲层，在该缓冲层上提供一种双元素物质层（Mo/Si），以及当沉积双元素物质层时，利用光子辅助蒸镀工艺在集成电路基片或空白掩模上选择性生长出部件。该种方法可以进一步提高分辨率。

2002 年，英特尔申请一种具有改进吸收层远紫外线掩模的专利（申请号为 CN02807802）。该改进的吸收层包含金属和非金属，其中所述金属对所述非金属的比率在整个所述厚度内改变。该种掩模可以减小曝光所用的波长，改善分辨率并减轻衍射效应。卡尔赛斯申请一种 EUV 掩模的专利（申请号为 CN02819611）。包括光学多层系统，该多层系统至少一个层的层材料和/或层厚度被选择成使其在辐照“工作波长”反射过程中形成的驻波在多层系统自由界面区域中形成电场强度的节点（电场强度的稳定的最小值），该种掩模可以降低沾污，具有优良的恒定反射率尽可能长的使用寿命。

2003 年，肖特玻璃申请一种用于 EUV－微型光刻基片的专利（申请号为 CN03155514）。该种基片选用热膨胀系数低于 10ppb/℃的材料（如玻璃陶瓷）作为基质层，以及选用热膨胀系数低于 1ppm/℃的材料（如二氧化硅）作为覆盖层，从而使基片具有极小的热膨胀性和很好的均匀性。

2004 年，肖特·格拉斯申请一种利用粒子束溅射制造光掩模坯体方法和设备的专利（申请号为 CN200410004942）。该方法可以高质量和高稳定性地制造光掩模坯体。

2005 年，弗劳恩霍弗实用研究促进协会申请一种用于 EUV 光谱区域热稳定多层反射镜的专利（申请号为 CN200580044832）。包括多个交替的钼层及硅层，在钼层与硅层之间的多个边界面上分别设置一个阻挡层（硅氮化合物或硅硼化合物），从而可以实现较高的热稳定性，尤其是可以实现在温度大于 300℃时长时间的高稳定性。三星申请一种 EUV 反射光掩模的专利（申请号为 CN200510124778）。该掩模通过使用离子注入注入吸收 EUV 射线吸收剂的离子形成在反射层上具有预定图形的离子区段，当 EUV 射线被照射在反射光掩模上时，硅晶片上形成图形的尺寸等于离子区段上形成图形的尺寸，可以简化掩模的制造工序。三星还提出一种用于 EUVL 能够在吸收图案中更精确地实现设计图案掩模的专利（申请号为 CN200510121654）。该掩模中，吸收图案具有对电磁辐射的吸收区和电磁射线能穿过的窗口，吸收图案包括至少一个邻近窗口且相对于反射层倾斜的侧面。

2006 年，三星申请一种通过减少和/或阻止在多反射层内形成相互扩散层而能减小用于反射 EUV 光多反射层中内应力反射器件的专利（申请号为 CN200610125718），通过对 Si 层进行表面处理可以降低 Mo/Si 反射层的内应力。三星还申请一种用于极远紫外光刻反射掩模的专利（申请号为 CN200610092874）。其在下反射层和上反射层之间形成为预定图案的相位反转层（单 Mo 层、单 Si 层或 Mo/Si 多层结构），相位反转层引起反射自上反射层的光与反射自下反射层的光之间的破坏性干涉，可以减少阴影效应的影响，并且可以消除不必要的EUV光线，使得在掩模上设计的图案能够精确地投影到硅晶片上。海力士申请一种EUV相移掩模的专利（申请号为CN200610090739）。该种相移掩模在Mo/Si多薄层结构形成的开口中填充吸收材料，通过校正在用于EUV光的光刻工艺中使用掩模的相位来改善分辨率，所述相移掩模能够实现微小化的图案。

2008年，旭硝子提出一种通过伴有在玻璃衬底表面上进行束辐照或激光辐照、从待精加工处理玻璃衬底表面除去杂质方法的专利（申请号为CN200880022677），可以保证获得较好平坦度和粗糙度的EUV基底。

2009年，旭硝子申请一种具有低反射层EUV光刻用反射型掩模的专利（申请号为CN200980143609）。低反射层至少含有钽、氧和氢，对EUV光和掩模图案检查光波长区的反射率低，并且可以满足掩模制造过程和图案转印过程所需要的在波长区所期望的反射率。

2010年，凸版印刷申请一种能够降低投影效应反射型光掩模及反射型光掩模基板的专利（申请号为CN201080014323）。包括高反射部层和被刻画图案低反射部层（含有锡和氧）。信越化学申请一种氧化钛和硫共掺杂石英玻璃部件的专利（申请号为CN201010546665），可以在一定温度下经历零膨胀并且在宽温度范围内经历低热膨胀。旭硝子申请一种EUV光刻用衬底的专利（申请号为CN201080055041）。其在Mo/Si多层反射膜与Ru保护层之间形成含有规定量的Si和O的中间层，中间层含有0.5at% ~ 20at%的氧且含有80at% ~99.5at%的Si，能够抑制由Ru保护层的氧化导致的EUV光线反射率降低，EUV光线反射率随时间变化小，且能够延长EUV掩模、EUV镜的寿命。

2011年，卡尔蔡司申请一种反射光学元件的专利（申请号为CN201110065446）。包括在基底上具有多层系统的反射面，所述多层系统具有至少两种交替材料的层，所述两种交替材料在工作波长具有不同的折射率实部，可以有效地提高反射率。卡尔蔡司还申请一种反射光学元件的专利（申请号为CN201110065446）。其反射面的第一部分和其他部分在反射面上布置适配于入射角带宽分布，可以提高反射率。康宁申请一种用于极紫外光刻系统中所用反光镜多层Mo/Si涂层的专利（申请号为CN201180021603）。该涂层利用离子体离子辅助沉积（PIAD）技术制备，可以精确控制Mo和Si的沉积速率，PIAD法还允许对沉积的Mo和Si层进行原位等离子体平滑处理和致密化处理。

2012年，ASML申请一种用于极紫外辐射掠入射反射器的专利（申请号为CN201280009855）。其第一反射镜层至少部分地反射以在第一范围内的掠入射角入射到掠入射反射器上的极紫外辐射，并且透射在入射角的第二范围中的极紫外辐射；在第一反射镜层下面的多层反射镜结构反射以在第二范围内的掠入射角入射到掠入射反射器上且穿透第一反射镜层的极紫外辐射，该掠入射反射器带有拓展的接收角和高的反射率。

2013 年，ASML 申请一种可用于 EUV 光刻掩模的专利（申请号为 CN201310013801）。其基底对于特定波长的辐射是基本上透射性的，基底具有成图案形式的辐射吸收材料，所述图案配置成施加另一图案至所述特定波长辐射束的横截面。其中所述吸收材料具有基本上等于所述特定波长除以吸收材料的折射率的厚度。该种掩模可以避免表面的不平整，避免将不期望的相位偏移引入图案化的辐射中，以及相位偏移导致的将图案投影到衬底上的精度减小的问题。

中国大陆申请人主要在 2011 年后提出较多关于 EUV 掩模的专利申请。例如，同济大学在 2011 ~ 2013 年提出一系列申请——Mg/Zr 极紫外多层膜反射镜（申请号为 CN201110189133）、Mg/Mo/SiC 极紫外多层膜反射镜（申请号为 CN201110250663）、硬铝/碳化硅极紫外多层膜反射镜（申请号为 CN201110425986）、硅铝合金/锆极紫外多层膜反射镜（申请号为 CN201210172142）、硅铝合金/硅/锆/硅极紫外多层膜反射镜（申请号为 CN201310006877）、硅铝合金/锆超薄膜紫外多层膜反射镜（申请号为 CN201310009896）。这些申请旨在提供光学性能更好的极紫外多层膜反射镜。

中科院微电子所在 2011 提出一种制作用于极紫外光刻铬侧墙衰减型移相掩模方法的专利申请（申请号为 CN201110409784）。利用微纳米加工工艺技术在电子束抗蚀剂上制作出移相层结构，并大面积沉积吸收体材料铬，最后各向异性刻蚀吸收体材料铬，仅留下衰减型移相层材料铬侧墙，抑制极紫外光刻中的曝光阴影和衍射效应，起比传统的衰减型移相掩模更为有效的分辨率增强作用。该所在 2013 年进一步提出一种纳米尺度 EUV 掩模的制备方法的专利（申请号为 CN201310631460）。利用微纳米加工工艺得到图形化的电子束抗蚀剂，大面积沉积吸收体材料铬，利用物理刻蚀的各向异性和二次效应，通过离子束刻蚀在电子束抗蚀剂侧壁制作铬的侧墙结构，吸收体侧墙的厚度只同吸收体材料的沉积厚度有关，可以获得更小的掩模特征尺寸，得到更小的集成电路特征尺寸。

长春光机所在 2012 年提出包括 Mo/Si 多层膜和提高光谱纯度层（C、SiC 或 Si_3N_4）多层膜的专利申请（申请号为 CN201210255795），在 2013 年提出包括 Mo/Si 多层膜和热稳定层（Si_3N_4）多层膜的专利申请（申请号为 CN201310037265），可以提高极紫外光谱纯度和热稳定性。

从图 4 - 2 - 119 中可以看出，中国的 EUV 光刻专利技术发展相对较晚，2011 年以前的申请人主要是国外申请人，因此整体的专利技术路线与全球的专利技术路线基本保持一致，而时间滞后。2011 年以后，中国大陆籍申请人特别是国内的科研院所逐渐开始在 EUV 光刻胶和掩模领域的专利申请，如南京航空航天大学、北京师范大学和中科院等在分子玻璃光刻胶发明提出多件申请，同济大学在铝基反射镜方面、中科院长春光机所在 Mo/Si 反射层的改进方面提出一系列申请，中科院微电子所在纳米加工相移掩模方面也提出专利申请。

4.2.2.2.3　专利技术与产业技术互动性分析

将产业技术路线与专利技术路线进行对比，可以分析产业与专利技术的关系，判断某一项技术是市场主导性还是专利主导性，分析专利技术对产业的影响，能够对行业的发展部署提供一定的参考依据。

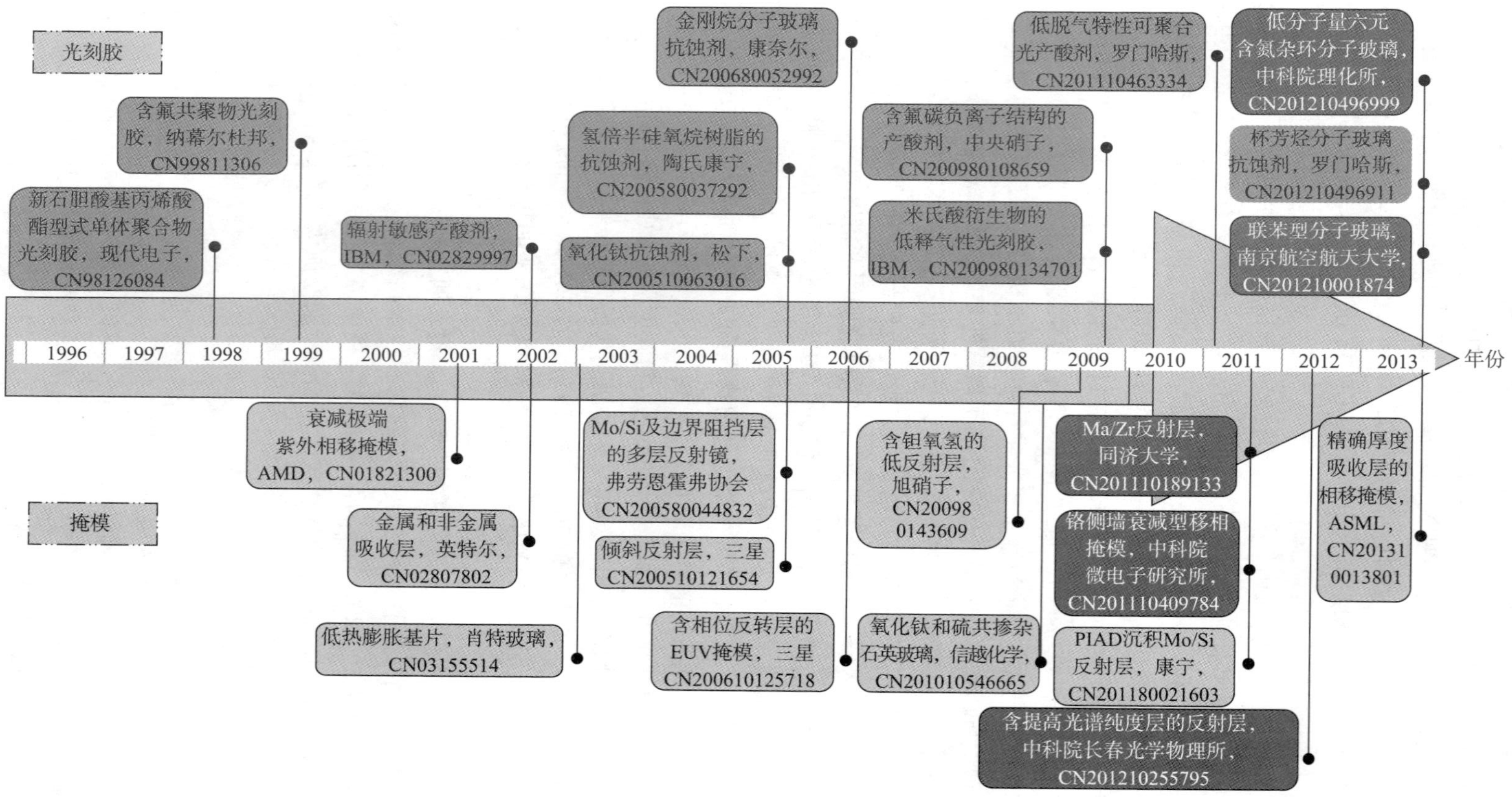

图4-2-119　EUV光刻中国专利技术发展路线

（1）技术市场的专利主导性分析

1）EUV 光刻技术

上文简要介绍了 EUV 光刻技术的发展历程，并举出产业上的一些重要事件；在 DWPI 专利数据库、WO 专利数据库、欧洲全文数据库以及美国全文专利数据库中对与 EUV 光刻技术相关的重要专利技术进行了检索，并将其按时间顺序进行对比后，得到如图 4-2-120 所示的产业技术和专利技术对比图。

图中上方是对产业上对重要研究成果的展示，例如 EUV 光刻样机、新型光刻胶和新型掩模；图中下方是相关的专利技术的专利申请时间；两个时间轴之间的虚线将同一公司的专利技术与相关产品进行对应。EUV 光刻产业发展基本经历了 32nm 以上、32nm、22nm 的阶段，在这些阶段，专利技术的出现总是早于该技术在产业界的使用。其中，在 32nm 以上阶段的重要申请人是加利福尼亚大学和 AT&T 公司，在 32nm 阶段的重要申请人是英特尔、康宁、ASML、三菱、海力士、信越和富士，在 22nm 阶段的重要申请人是旭硝子、卡尔蔡司、东芝、住友化学和罗门哈斯。其中，英特尔、ASML 作为 EUV 光刻技术的推动者，在各个阶段都保持一定的申请量；在近段时间内，住友化学、罗门哈斯、旭硝子成为发展 EUV 光刻技术的重要新兴力量。

由于 EUV 光刻技术涉及众多技术分支，如 EUV 光源及聚光系统、光刻胶、掩模、投影系统、对准系统和对焦系统等，EUV 光刻技术从专利申请转化到产业上运用的周期较长，尤其是在 EUV 光刻技术的起步时期，如加利福尼亚大学董事会在 1990 年申请 Mo/Si 金属多层镜面结构的专利（申请号为 US19900562297），AT&T 在 1994 年申请一种 EUV 掩模的专利（申请号为 US19940326449），直至 1996 年才研制成功由两块球面反射镜组成缩小镜头的具有光刻功能的 EUV 光刻原理样机。再如在 1997 年，英特尔就提出一种无缺陷 EUV 掩模的专利（申请号为 US19970995867），到 2003 年，英特尔才宣布制作出 32nm 的 EUV 掩模，时间相差近 6 年。而随着技术的积累和产业需求的加快，该转化周期逐渐缩短。例如，康宁于 2001 年申请凹形 ULE 玻璃基底的专利（申请号为 US20010943252），基于此专利技术，英特尔与康宁于 2005 年共同开发了一种 EUV 微影光罩基底。东芝于 2008 年申请一种低分子 EUV 光刻胶的专利（申请号为 JP2008037892），2009 年就宣布制作出 22nm 的负型低分子 EUV 光刻胶。弗罗蒂尔碳元素于 2008 年申请富勒烯衍生物光刻胶的专利（申请号为 JP2008261542），其在 2013 年展出采用富勒烯的 EUV 曝光用光刻胶材料。应用材料于 2010 年申请一种 EUV 掩模检测系统的专利（申请号为 US20100950058），同年就宣布开发出 22nm 的 EUV 掩模检测设备。

由此可见，从全球范围来看，EUV 光刻技术市场上是专利主导的，从专利申请转化到产业上运用的时间周期为 4~6 年。

在中国的产业和专利技术关系方面，在 2011 年以前，涉及 EUV 光刻胶和掩模的专利技术基本都是国外来华申请，且 EUV 光刻技术在全球范围内还处于试产阶段，国内半导体制造企业并没有在产业上运用 EUV 光刻技术，因此并没有体现出专利主导的作用。直至 2011 年以后，国内的科研院所逐渐加大对 EUV 光刻胶和掩模的研发，并提出较多专利申请。可以预见，在未来一段时间，这些专利成果将会转化到企业上运用，体现出专利主导的局面。

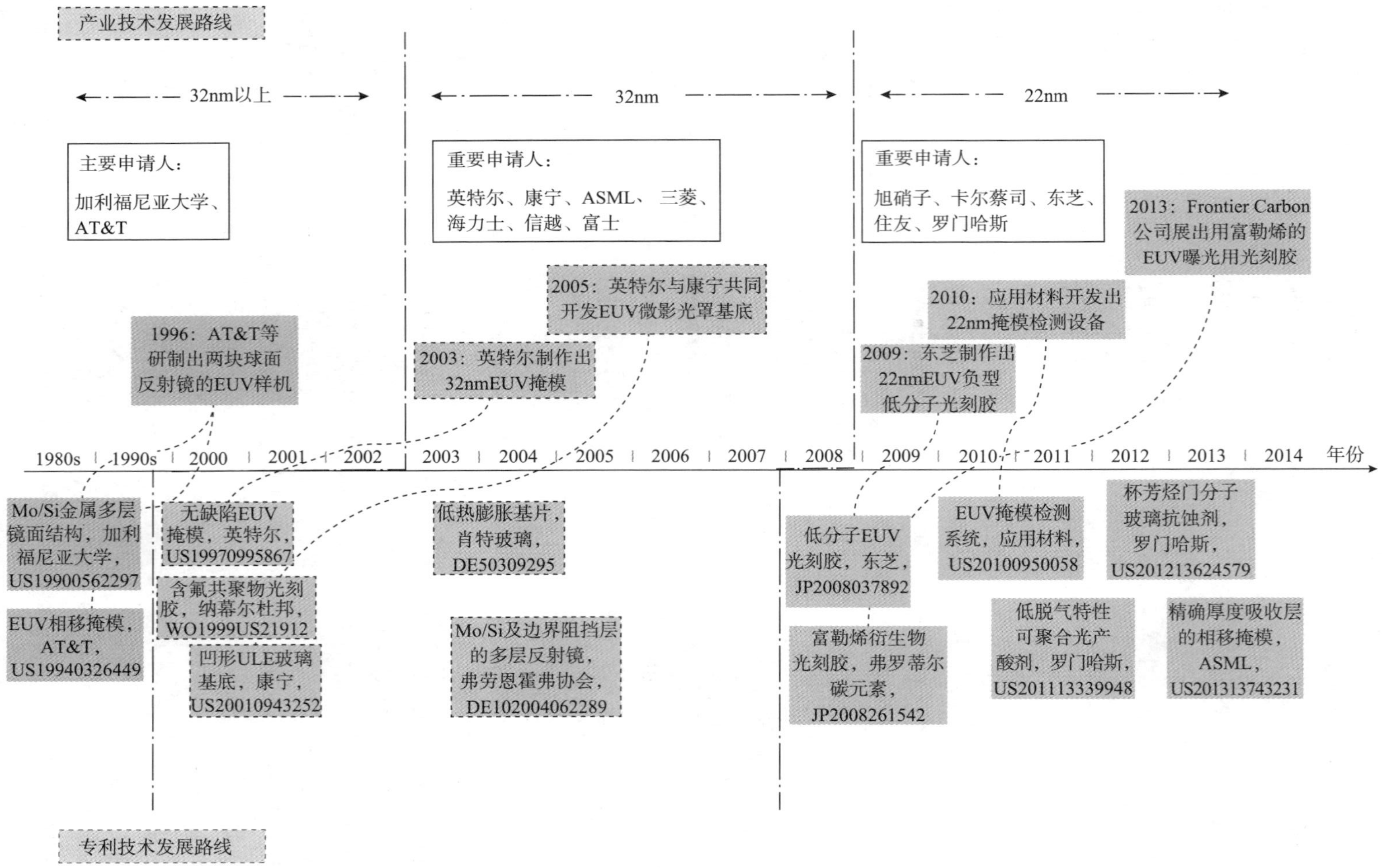

图4-2-120 EUV光刻技术领域产业技术和专利技术对比图

2）EUV 光刻技术发展趋势预测

下面对近 10 年的 EUV 光刻技术相关的全球专利申请从申请量发展态势、技术分支发展态势、各个技术分支的申请人数量年度变化以及各大企业重点专利进行分析，以对 EUV 光刻技术未来的发展趋势进行预测。

从图 4－2－121 可知，从 1998 年开始，EUV 光刻技术的全球专利申请量开始逐步上升，在 2004 年达到一个顶峰后，于 2005～2007 年逐步下降，但在 2008～2012 年又逐渐恢复增长趋势。从这个角度来说，近年来 EUV 光刻技术又得到足够的重视并持续发展。

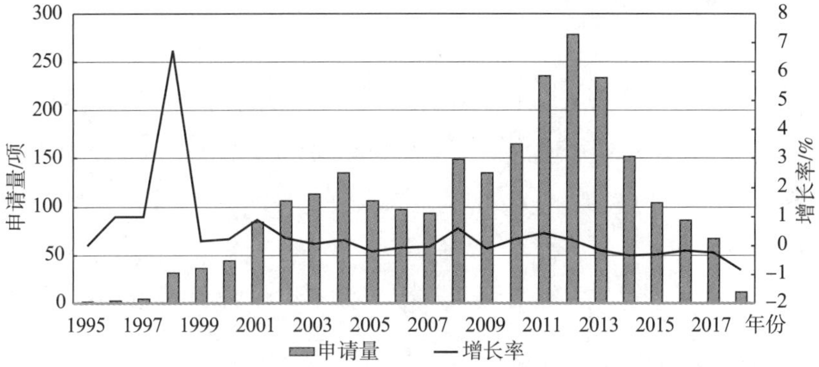

图 4－2－121　EUV 光刻技术全球专利申请量随年份变化趋势

EUV 光刻胶技术和 EUV 光刻掩模技术一直是 EUV 光刻技术中专利申请量最多的两项技术，该两项技术 2000 年以来一直保持着 20 项以上的年度专利申请量，虽然该两项技术在 2005～2007 年历经一个专利申请减少的阶段，然而近年来，该两项技术的专利申请量已经恢复增长并处于较快速的发展阶段。其中，EUV 光刻掩模技术的年度申请量自 2003 年后一直大于 EUV 光刻胶技术的年度申请量，且其发展较为稳定，增长速率平稳，而 EUV 光刻胶技术波动相对较大，特别是 2011 年的专利申请量急速增长，从 2010 年的 63 项增加到 2011 年的 130 项，增长率达到了 106.3%，并且于 2012 年保持 125 项的专利申请量，2011 年和 2012 年的 EUV 光刻胶技术的专利申请量都超过 EUV 掩模光刻技术。

从图 4－2－122 和图 4－2－123 可知，EUV 光刻胶技术的申请人数量相对集中，且从 2001 年以来申请人的变化量都不大，从这个角度来看，EUV 光刻胶技术的核心技术一直集中在少数的大型企业中。而 EUV 掩模技术的申请人数量相对 EUV 光刻技术要多，且关注 EUV 掩模技术的申请人数量也逐渐增大，从这个角度也进一步说明了 EUV 掩模技术近年来又受到高度关注，进入迅速发展阶段。

从上述分析可知，EUV 光刻胶技术和 EUV 光刻掩模技术一直都是 EUV 光刻技术中的热点和重点技术，且其申请量一直位居总申请量前两位。预计未来几年，该两项光刻技术还是 EUV 光刻技术中的两项重点技术。并且，EUV 光刻胶技术的受关注程度和被研究力度将很有可能超过 EUV 光刻掩模技术，成为 EUV 光刻技术最重要的技术。

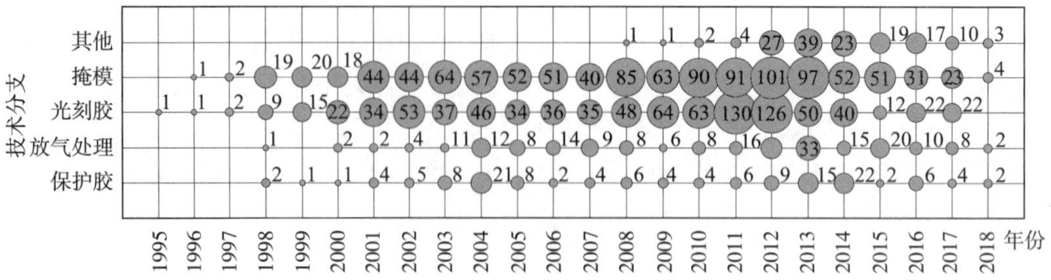

图 4-2-122　EUV 光刻技术技术分支申请量历年变化

注：图中数字表示申请量，单位为件。

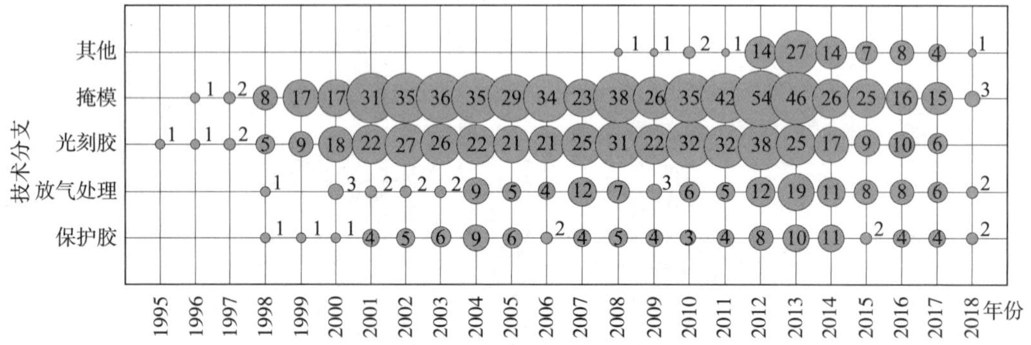

图 4-2-123　EUV 光刻技术技术分支申请人数量历年变化

注：图中数字表示申请人数量，单位为个。

需要注意的是，从图 4-2-123 可知，EUV 保护胶技术于 2003~2004 年经历快速发展阶段后，近年来申请量都较小，且变化不大。可见，其受关注力度较小或该项技术已经进入成熟发展的阶段。而 EUV 放气处理技术近年来的专利申请量有所上升，并在 2012 年的年度申请量超过 10 项。可见，目前 EUV 放气处理技术越来越受到业内的关注，预计未来几年，该项技术将会持续增长，成为 EUV 光刻另一关键技术。

从全球范围来看，EUV 光刻技术市场上是专利主导的，并且从专利技术转化为产业的时间较长，一般为 4~6 年。下面我们将对在 EUV 光刻技术领域技术领先的大型企业和研究机构的重点专利进行一定的分析，结合产业发展的需要，对未来 EUV 光刻技术的发展趋势做出预测。

在 EUV 光刻胶技术中，目前所使用的光刻胶大都属于化学放大光刻胶，化学放大是指在光的作用下，通过光酸产生剂的分解产生强酸，在热作用下将主体树脂中对酸敏感的 Buffer 分解为碱可溶基团并通过显影液显影得到图案。故光致产酸剂的相关技术是 EUV 光刻技术中非常重要的技术，特别地，化学放大光刻胶在光刻工艺中会产生污染气体，目前的化学放大光刻胶面临着产气量过大，从而影响光刻的分辨率、线边缘粗糙度和灵敏度（以下统称“RLS”）的难题，如何降低化学放大光刻胶的产气量是未来产业发展中需要 EUV 光刻胶技术解决的技术问题。近年来，EUV 光刻胶技术相关的专利技术主要关注的重点之一就是对光致产酸剂的改进。例如，IBM 提交的申请号为 US20080206065 的专利申请采用具有米氏酸衍生物的光刻胶组合物作为 EUV 光刻胶，该光刻胶具有低释气的特点。罗门哈斯提交的申请号为 US20090335169 的专利申请形成可以共价连接到聚合物主链上的单光致酸生成剂，信越化学提交的申请号为 US20100815787 的专利申请则关注在含芳环结构单元侧链上挂有含芳香磺酸锍盐的聚合物树脂，罗门哈斯提交的申请号为 US20100429009 的专利申请关注低脱气特性可聚合光产酸剂。根据大企业研究重点具有的导向性以及专利的导向性，可以预见，未来几年，EUV 光刻胶技术的重点技术之一为形成具有低脱气的新型光致产酸剂的光刻胶技术以及具有可聚合特性的光致产酸剂的光刻胶技术。另外，在 EUV 光刻胶技术中，分子玻璃体光刻胶具有单分散性、无定形以及小尺寸和不会链纠缠的分子结构，具有高分辨率和低边缘粗糙度，因此，分子玻璃体光刻胶是业内公认的能够明显改善 RLS 的光刻胶之一。近年来，EUV 光刻胶技术相关专利的另一关注重点就是对分子玻璃体光刻胶的改进。康奈尔研究基金会和出光兴产提交的申请号为 US20080162089 的专利申请关注的是采用基于金刚烷的分子玻璃光致抗蚀剂提高光刻分辨率，罗门哈斯和陶氏化学提交的申请为 US201213624579 的专利申请采用具有芳族乙烯基醚与杯［4］芳烃的乙烯基醚加合物分子玻璃化合物的抗蚀剂作为 EUV 光刻胶，该光刻胶具有高分辨率和低边缘粗糙度。类似地，可以预见，未来几年，EUV 光刻胶技术的重点技术之一为形成具有分子玻璃体光刻胶的光刻胶技术。

在 EUV 掩模技术中，多层反射膜、吸收层以及衬底技术是 EUV 掩模技术的三大核心技术，该三大技术都是近年来产业上重点关注的技术。其中对多层反射膜进行改进的 EUV 掩模技术一直都是 EUV 掩模中重点关注的技术。例如，旭硝子提交的申请号为 CN201080055041 的专利申请在 Mo/Si 多层反射膜与 Ru 保护层之间形成含有规定量的 Si 和 O 的中间层以抑制由 Ru 保护层的氧化导致的 EUV 光线反射率降低，EUV 光线反射率随时间变化小，且能够延长 EUV 掩模、EUV 镜的寿命。卡尔蔡司提交的申请号为 CN201110065446 的专利申请采用反射面的第一部分和其他部分在反射面上的布置适配于入射角带宽分布，可以提高反射率。康宁提交的申请号为 CN201180021603 的专利申请采用等离子体离子辅助沉积反光镜的多层 Mo/Si 涂层。

可以预见，未来几年，EUV 掩模技术的重点技术之一为多层反射膜形成相关的 EUV 掩模技术。近年来，EUV 掩模技术相关的专利申请关注的重点之一就是对吸收层的改进。例如，旭硝子提交的申请号为 US20080205967 的专利申请采用含钽硼硅氮的吸收层作为 EUV 多层膜的吸收层，以形成具有低反射率的吸收层。旭硝子提交的申请号为 US201113093968 的专利申请采用含钽氧氢的吸收层作为 EUV 多层膜的吸收层，以提供一低反射率吸收层。ASML 提交的申请号为 US20120587587 的专利申请将具有精确厚度的吸收层应用于相移掩模中。可以预见，未来几年，EUV 掩模技术的重点技术之一为采用新型材料的吸收层或特定结构和尺寸吸收层应用的 EUV 掩模技术。

另外，在 EUV 掩模技术中，衬底技术也是重点技术之一，EUV 掩模衬底的洁净度、平滑度以及膨胀系数都是EUV掩模衬底的重要参数。近年来，EUV掩模技术相关的专利申请的另一关注重点就是与掩模衬底相关的EUV技术。例如，旭硝子提交的申请号为US20090648481的专利申请采用辐射的方法去除掩模衬底的杂质以保持衬底的洁净。信越化学提交的申请号为US20100940405的专利申请采用氧化钛和硫共掺杂的石英玻璃部件作为掩模的衬底，以形成低膨胀系数的EUV掩模衬底。ASML提交的申请号为CN201310013801的专利申请形成具有成图案形式的辐射吸收材料的基底。可以预见，未来几年，EUV掩模技术的重点技术之一为形成新型材料或特定结构的EUV掩模衬底的EUV掩模技术或对衬底进行处理的EUV掩模技术。

根据上述分析，对EUV光刻技术未来发展方向作出如图4-2-124所示的预测。

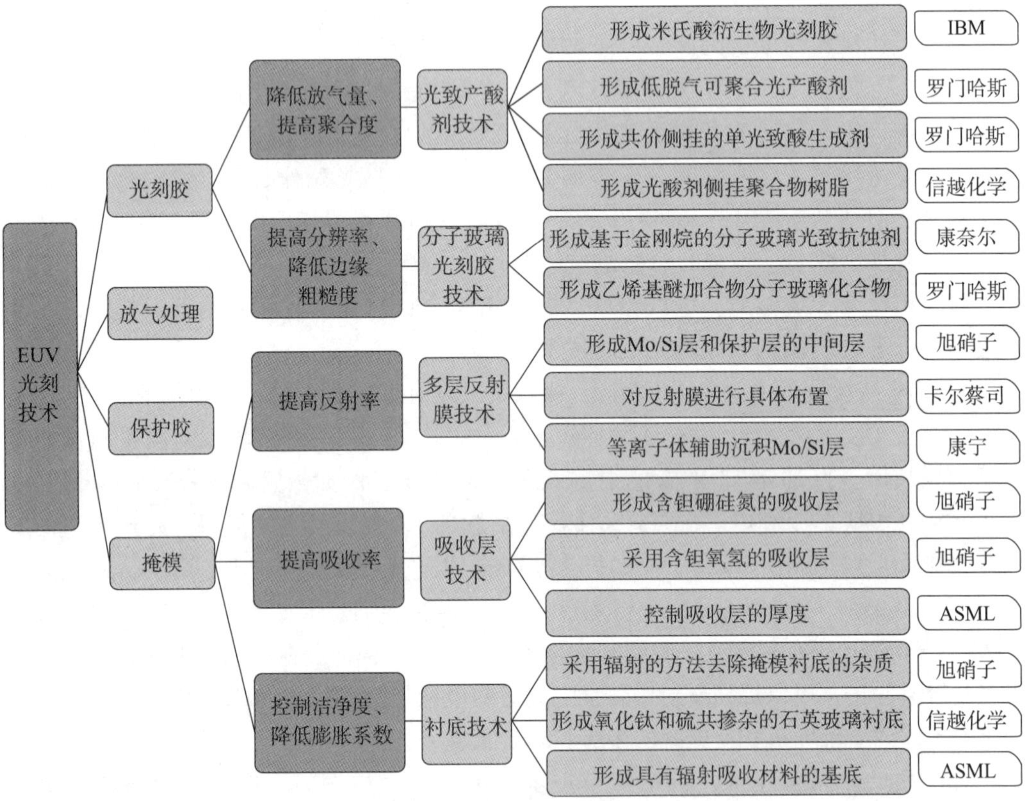

图4-2-124 EUV光刻技术未来发展方向预测

（2）EUV光刻技术中国产业技术发展趋势

从目前中国集成电路产业来看，目前中国几乎没有涉及使用EUV光刻技术产品的生产，在EUV光刻技术相关的中国专利申请中，这些专利均为2011年以后的申请，总申请量为30件，可见国内申请人也是近几年才开始关注EUV光刻技术，且处于起步阶段。在这30件专利申请中，EUV掩模技术有14件，EUV光刻胶技术有9件，两者总和为23件，占总量的76.7%，可见该两项技术是国内近年来重点关注的EUV光刻技术，如表4-2-18所示。

表4-2-18　EUV光刻技术国内重点关注的专利申请量总计

近3年总申请量/件	30
EUV掩模技术/件	14
EUV光刻胶技术/件	9
两者之和占比/%	76.7

同样地，近年国内集成电路大型企业的研究重点也是国内集成电路产业未来需要应用于产业中的技术，并且根据专利导向性的原则，国内申请的重点专利也代表中国未来集成电路产业中非常有可能重点应用的技术走向。下面我们将对EUV光刻技术中国内大型企业和研究机构的重点专利进行分析，同时分析国内研究重点与全球研究重点的区别和差距，对中国产业技术发展趋势做出预测。

关于EUV掩模技术，国内大型企业仅有台积电进行研究。例如，申请号为CN201310036569、CN201310173745的专利申请，关注的重点在于掩模的组合结构，基本采用低膨胀系数基材+反射多层+吸收层形成掩模结构。国内对EUV掩模技术研究的主力在于科研机构，如同济大学、长春光机所以及中科院微电子所。其中，同济大学主要关注形成多层膜反射镜的形成，如申请号为CN201110425986、CN201210172142、CN201310009896、CN201110250663以及CN201310006877的专利申请，采用硬铝/碳化硅、硅铝合金/锆、硅铝合金薄膜层及锆薄膜层、Mg/Mo/SiC、硅铝合金/硅/锆/硅层形成新型多层膜。长春光机所则通过在MO/Si层上形成功能层以提高多层膜的热稳定性，如申请号为CN201210255795和CN201310037265的专利申请。中科院微电子所则采用铬侧墙以提高掩模的吸收能力。

关于EUV光刻胶技术，主要关注的申请人为科研机构，如中国科学院化学所、中科院理化所，还有北京师范大学以及南京航空航天大学等。这些科研机构关于EUV光刻胶技术的研究重点在于对分子玻璃体光刻胶的改进。例如，南京航空航天大学提交的申请号为CN201210001874的专利申请采用联苯型分子玻璃作为EUV光刻胶，中科院化学所提交的申请号为CN201210070713、CN20121015667的专利申请则分别关注一种以四苯基呋喃、四苯基吡咯、四苯基噻吩和五苯基吡啶为核的分子玻璃光刻胶和一种含双酚A骨架结构的分子玻璃光刻胶，中科院理化所则形成一种分子玻璃正性光刻胶。

国内申请人在EUV光刻技术中关注的重点为EUV光刻胶技术以及EUV掩模技术，其中研究的热点为EUV掩模技术中对掩模组合结构的改进和新型多层膜材料的采用、EUV光刻胶技术中分子玻璃体光刻胶的改进。

其中，中国申请人对EUV光刻胶技术关注的重点是对分子玻璃体光刻胶的改进，这也是全球申请人关注的一项重点技术，且关于EUV光刻胶技术的国内申请主要集中在科研机构申请人中，且研究的分子玻璃体种类较多，取得一定的成果。需要注意的是，这些专利申请仅仅在于科研阶段，和产业上的结合不够紧密，假如国内希望未来能将 EUV 分子玻璃体光刻胶成熟地应用于产业制造中，则需要加强产学研结合，例如在现有基础上加强大型企业如中芯国际、华力微电子、宏力等对这些科研机构对 EUV 分子玻璃体光刻胶研究中的资金、人力投入，形成共同研发联盟，或者将这些玻璃分子体光刻胶的专利申请转让于国内大型芯片制造企业。对于全球 EUV 光刻胶技术中关注的另一重点技术——对新型光致产酸剂的改进，国内并没有开始进行相应的专利布局。主要原因之一是国内光刻胶技术发展本来就远落后于国外的光刻胶技术，光刻胶基础技术较差，想在短时间追赶国外该方面的技术难度不小，建议国内申请人通过专利引进、专利转让的方式引进国外关于新型光致产酸剂的核心技术，并在该核心技术之上进行研究以加快国内 EUV 光刻胶技术的发展。

中国申请人对 EUV 掩模技术关注的重点侧重于多层膜材料的改进，当然也涉及多层膜外围功能层的形成，其中对多层膜外围功能层的同样是全球 EUV 掩模技术中被重点关注的技术之一。而对多层膜材料的改进，全球 EUV 掩模技术中主要还是 Mo/Si 系材料较多，涉及材料改进的较少，故国内对 EUV 多层膜材料的研究取得了一定的成果。同样地，国内关于 EUV 掩模技术的专利申请也集中于国内科研机构手中，要使对多层膜材料的改进成熟应用到 EUV 掩模技术中并可能在未来应用于产品量产制造中，同样需要加强产学研结合，加强集成电路产业大型企业对这些多层膜材料的研究的资金、人力投入以形成研发联盟，或者进行专利转让，以及进行专利转让将这些专利申请转让给大型企业。对于全球 EUV 掩模技术中关注的另外两项重点技术——对 EUV 掩模衬底的改进以及对吸收层的改进，国内并没有开始进行相应的专利布局。主要原因是国内 EUV 光刻技术发展起步晚，且相对落后，不可能做到全面布局。当然，EUV 掩模衬底是 EUV 掩模中的基本组成部分之一，假如 EUV 技术在不久的将来取得突破性的进展，EUV 掩模衬底技术是整个 EUV 光刻技术中不可或缺的技术，故国内申请人有必要再集中力量加强 EUV 掩模衬底和吸收层的研发或者加强技术引进以促进国内 EUV 掩模衬底技术的发展。同时需要指出的是，EUV 掩模衬底技术的发展并不太依赖先进设备的支持，故国内有追赶国外 EUV 掩模技术的可能。

（3）产业发展建议

根据上述分析，并结合全球和国内产业发展的具体情况，对中国集成电路产业给出如下产业发展建议。

在双重（多重）图形光刻技术领域，国内大型企业应加强对 SADP 技术在具体器件和结构中的应用的研究，并将 LELE 技术、Line-cut 中的一些技术手段作为辅助手段应用于 SADP 技术中以促进 SADP 技术在国内的发展。

国内企业和研究机构应抓住全球对重复 SADP 技术相关专利申请较少且具有应用前景的特点，战略性地加强对重复 SADP 技术的专利布局，以争取未来在双重（多重）图形光刻技术领域占有一席之地。

在 EUV 光刻技术领域，国内应该加强产学研联合，形成研发联盟，特别针对 EUV 掩模多层材料的改进以及 EUV 分子玻璃体光刻胶进行重点研究并布局，或者通过专利转让或许可的方式将研发机构现有的技术成果转移给国内企业。

建议国内申请人通过专利引进、专利转让的方式引进国外关于新型光致产酸剂的核心技术，并在该核心技术之上进行研究，以加快国内 EUV 光刻胶技术的发展。

建议国内申请人有必要再集中力量加强 EUV 掩模衬底的研发或者加强技术引进，以促进国内 EUV 掩模衬底技术的发展。

4.2.2.3　专利风险分析

4.2.2.3.1　EUV 光刻掩模技术及风险分析

（1）整体风险状态

EUV 光刻技术中，EUV 光刻掩模技术是最重要的技术之一。反映在专利申请量上，其在 EUV 光刻技术总申请量所占的比例分别是全球最大和中国排名第二，故 EUV 光刻掩模技术是 EUV 技术的重要组成部分，是 EUV 光刻领域重点研究方向之一。

在中国专利库中检索涉及对掩模改进的 EUV 光刻技术的 155 件专利申请中，58 件授权维持，40 件失效，57 件处于待审阶段。在 58 件授权维持专利申请中，国外来华申请量为 52 件，占有效申请的 89.7%。其中，日本来华申请 20 件，占有效申请的 34.5%；而中国专利申请量为 6 件，仅占有效申请的 10.3%，从这个角度来看，国外来华申请在 EUV 光刻掩模技术领域优势非常明显，尤其是日本来华申请（主要申请人包括旭硝子和信越化学），占了将近 1/3 的有效专利。还有德国来华申请，其有效申请 17 件，占有效申请的 29.3%，且其中有 14 件均来自卡尔蔡司。

在 57 件待审专利申请中，国外来华申请量为 22 件，占待审申请量的 38.6%；而国内申请量为 35 件，在待审申请量的 61.4%，从这个角度来说，虽然国内企业以及科研机构如长春光机所和台积电等对掩模改进的 EUV 光刻技术的关注度近年来逐渐加强，待审量已经赶超国外来华申请，但是 EUV 技术国内起步较晚，2013 年开始才逐渐有相关专利申请，故技术方面还过于落后，目前仍无法追赶国外企业和科研机构。

由上述分析可知，虽然国内申请待审量已经赶超国外来华申请，但从授权维持的量来看，中国专利申请在 EUV 光刻掩模技术领域仍然处于非常劣势的地位，且中国授权维持的专利申请仅有 6 件，并没有形成系统的专利布局，而国外来华申请则主要关注于技术含量相对较高的发明申请且涉及已经对各个方面的技术进行布局。

下面将对掩模改进的 EUV 光刻技术领域的一些重要专利技术进行专利风险分析。

（2）国外来华专利风险状况

国外大型企业和研究机构在 EUV 光刻掩模技术领域都有专利申请，但每个公司都基于技术优势、经营策略和在华的商业经营情况，对在华专利布局不尽相同，因此并不是所有的公司都来华申请该技术领域的专利。已经获得专利权的专利申请将是本部分研究的主要内容，从中可以看出国外申请人对 EUV 光刻掩模技术领域的哪些技术进行专利布局。已审未结的专利申请是本部分研究的另一内容，我们关注这类申请的技术内容和技术发展方向，从中推测国外申请人即将在 EUV 光刻掩模技术领域的哪些技术上进行专利布局。

以下将对授权的国外来华专利进行分析研究，以为我国相关企业提前规避相应风险提供帮助。

表4-2-19列出了涉及EUV光刻掩模技术的已授权的国外来华重点专利申请。

表4-2-19　EUV光刻掩模技术已授权的国外来华重点专利申请

申请人	申请号	发明名称	技术领域/技术要点
豪雅光学	CN200980141196	掩模板用基板、掩模板用基板组及半导体器件的制造方法	掩模板的位置的限定；对掩模板用基板主表面的对称轴进行限定；提供一种掩模板用基板，使吸附前后主表面的平坦度变化小，使因光掩模引起的位置错移少，使每个光掩模吸附前后基板变形趋势的差异非常少
三星	CN200610092874	用于极远紫外光刻的反射掩模和制作该反射掩模的方法	反射掩模的组成和结构；制备基板；使用能反射极远紫外光线的材料在所述基板上以多层结构形成下反射层；在所述下反射层上以预设的图案形成相位反转层；在所述相位反转层和所述下反射层的曝露部分上以多层结构形成上反射层；可精确地把形成在硅晶片上的光刻胶层图案化为与在反射掩模形成的图案完全一致的图形
应用材料	CN200710140139	刻蚀远紫外光（EDV）光掩模的方法	自掩模层以及体吸收层的材料选择；自掩模层包括钽和氧，体吸收层包括钽且基本不含氧；分别使用第一和第二刻蚀工艺刻蚀自掩模层和体吸收层，体吸收层的刻蚀速率大于自掩模层的刻蚀速率
三菱	CN200980150521	反射型掩模用低膨胀玻璃基板及其加工方法	反射掩模板的材料及侧面、主面形状的限定；采用低膨胀玻璃基板作为反射型掩模，且对该基板的侧面平面度和主面的形状作进一步的限定；提供一种能够以误差±10nm这样非常高的精度测定主面的平面度的反射型掩模用低膨胀玻璃基板
肖特	CN200510052574	具有低热膨胀的玻璃陶瓷	掩模衬底材料；提供一种玻璃陶瓷，其包括一定量的SiO_2、Al_2O_3、P_2O_5、Li_2O、Na_2O、K_2O、MgO、CaO、BaO、SrO、ZnO、TiO_2和ZrO_2；提供一种具有低平均热膨胀以及良好的抛光性和加工性的玻璃陶瓷及其应用和光学组件

续表

申请人	申请号	发明名称	技术领域/技术要点
三菱	CN200980127898	EUV光刻用反射型掩模基板及EUV光刻用反射型掩模	反射型掩模的组成和结构；该反射掩模包括反射层以及反射层上的吸收体层，并对两层的相互位置和反射率作进一步的限定；使来自掩模图案区域外侧区域的反射光所造成的影响得到抑制
三菱	CN200980143609	EUV光刻用反射型掩模坯料	反射掩模的结构和组成；其具有反射层、吸收体层以及低反射层，并对低反射层的材料作进一步的限定；降低反射率
信越化学	CN200910158613	掺杂二氧化钛的石英玻璃元件及制备方法	掩模的组成和制备方法；该掩模为掺杂二氧化钛的石英玻璃元件，并对其反射的光的波长和折射率作进一步的限定；提高表面精度，改善平整度和热膨胀性
三星	CN200910253239	远紫外光掩模以及制造远紫外光掩模的方法和装置	光掩模的结构；其包括光掩模基板，用作布拉格反射器的多层以及吸收图案；可防止或最小化阴影效应
IBM	CN200510004272X	降低半导体器件中有效介电常数的器件和方法	形成图案的方法；在具有互连的绝缘层上形成亚光刻模板掩模，然后使亚光刻特征跨过互连的侧壁；提高器件的性能
英特尔	CN02812088	金属镶嵌极端远紫外线光刻术用交替型相移光掩模及制造方法	掩模的结构；其包括图案层以及多层叠层以及多层叠层中的吸收材料；可减少阴影效应并有助于防止光掩模受到微粒污染

上述11件重点专利申请中涉及8个申请人，这些申请人是在EUV光刻技术领域处于技术领先的跨过大型芯片生产企业或光刻胶、光刻设备生产企业。这些专利申请涉及掩模的组成和结构，以及掩模的形成和制备方法等。经过对比分析，在这11件重点专利申请中挑选出3件最具代表性的专利进行进一步分析，如表4-2-20所示。

表 4-2-20 EUV 光刻掩模技术具有代表性的国外来华重点专利申请

<table>
<tr><td colspan="3">重点专利 1：CN02812088</td></tr>
<tr><td>申请人</td><td>发明名称</td><td>技术分支</td></tr>
<tr><td>英特尔</td><td>金属镶嵌极端远紫外线光刻术用交替型相移光掩模及制造方法</td><td>EUV 光刻掩模技术</td></tr>
<tr><td>权利要求</td><td colspan="2">1. 一种用于极端远紫外线光刻术的光刻掩模，所述极端远紫外线光刻术使用极端远紫外线照射辐射，所述掩模包括：按照光掩模图案选择性地形成在衬底上的图案层；在所述图案层和所述衬底上形成的多层叠层，所述多层叠层能充分反射所述极端远紫外线照射辐射；在所述多层叠层顶部形成的附加多层叠层；在被图案化于所述附加多层叠层之中的沟槽中形成的吸收材料，所述吸收材料能充分吸收所述极端远紫外线照射辐射，所述沟槽位于所述图案层和所述衬底之间的边界上。
18. 一种形成光刻掩模的方法，包括：提供选择性布置在衬底上的图案层，所述图案层按照光掩模图案形成；在所述图案层和所述衬底上形成多层叠层，所述多层叠层由多对薄膜组成；在所述多层叠层上形成附加多层叠层；在所述附加多层叠层中图案化和刻蚀多个沟槽，所述沟槽位于所述图案层和所述衬底之间的边界上；在所述沟槽中形成吸收层，所述吸收层能充分吸收极端远紫外线照射辐射。</td></tr>
<tr><td colspan="3">重点专利 2：CN200610092874</td></tr>
<tr><td>申请人</td><td>发明名称</td><td>技术分支</td></tr>
<tr><td>三星</td><td>用于极远紫外光刻的反射掩模和制作该反射掩模的方法</td><td>EUV 光刻掩模技术</td></tr>
<tr><td>权利要求</td><td colspan="2">1. 一种用于极远紫外光刻的反射掩模，包括：基板；以多层结构形成在所述基板上且包含反射极远紫外光材料的下反射层；以多层结构形成在所述下反射层上和能够反射极远紫外光的上反射层；在所述下反射层和上反射层之间形成为预定图案的相位反转层，所述相位反转层引起反射自所述上反射层的光与反射自所述下反射层的光之间的破坏性干涉，其中所述上反射层覆盖所述下反射层的被所述相位反转层暴露的部分。
7. 一种用于极远紫外光刻的反射掩模的制作方法，包括：制备基板；使用能反射极远紫外光线的材料在所述基板上以多层结构形成下反射层；在所述下反射层上以预设的图案形成相位反转层；在所述相位反转层和所述下反射层的曝露部分上以多层结构形成上反射层。</td></tr>
<tr><td colspan="3">重点专利 3：CN200980143609</td></tr>
<tr><td>申请人</td><td>发明名称</td><td>技术分支</td></tr>
<tr><td>三菱</td><td>EUV 光刻用反射型掩模坯料</td><td>EUV 光刻掩模技术</td></tr>
<tr><td>权利要求</td><td colspan="2">一种 EUV 光刻用反射型掩模坯料，其特征在于，其在衬底上依次形成有用于反射 EUV 光的反射层、和用于吸收 EUV 光的吸收体层、和对掩模图案检查光为低反射的低反射层，其中所述检查光的波长为 190～260nm，所述低反射层至少含有钽（Ta）、氧（O）和氢（H），在所述低反射层中，Ta 和 O 的总含有率为 85at%～99.9at%，H 的含有率为 0.1at%～15at%。</td></tr>
</table>

英特尔于 2002 年提交的申请号为 CN02812088 的专利申请针对掩模的结构以及制备方法进行布局，其提供一种掩模，该掩模包括图案层以及多层叠层以及多层叠层中的吸收材料，该掩模可减少阴影效应并有助于防止光掩模受到微粒污染；提供一种掩模制备方法：先形成图案层，并在图案层之上形成多层叠层，然后在多层叠层中形成

沟槽并填充吸收材料形成最终掩模。该种掩模结构和制备方法都属于基础性的技术改进（三星于2009年提交的申请号为CN200910253239的申请也是类似的技术改进），且其保护范围较宽，是比较重要的技术改进之一。

三星于2006年提交的申请号为CN200610092874的专利申请涉及反射掩模的结构和形成方法，其形成结构为下反射层＋相位反转层＋上反射层的叠层结构掩模，该掩模结构也是一种较为基础的EUV技术的掩模结构，且保护范围较宽，是较为重要的技术改进之一。

三菱于2009年提交的申请号为CN200980143609的申请涉及反射掩模的结构和组成；其具有反射层、吸收体层以及低反射层，并对低反射层的材料作进一步的限定，该掩模可以降低反射率，通过增加低反射层以进一步降低反射率是EUV掩模技术中常用的技术改进之一，该专利的保护范围也较大。

分析可以看出，上述国外来华申请在各个时间阶段都有专利布局，尤以近几年的专利布局较多。同时可见，国外大型企业和科研机构对关于掩模改进相关的EUV技术的各个技术领域都进行专利布局。

以下将对在审的国外来华专利进行分析研究，从中梳理EUV光刻掩模技术领域的技术发展方向，为我国相关企业以及科研单位提前规避相应风险提供帮助。

表4－2－21列出了EUV光刻掩模技术在审的国外来华重点专利申请。

表4－2－21　EUV光刻掩模技术在审的国外来华重点专利申请

申请人	申请号	发明名称	技术要点
卡尔蔡司	CN201280015247	EUV反射镜布置、包括EUV反射镜布置的光学系统以及操作包括EUV反射镜布置的光学系统的方法	反射掩模的组成和结构；反射镜元件的多层布置具有至少一个活性层，活性层布置在辐射进入表面和基板之间并且由压电活性层材料构成，可通过施加电压来改变活性层的层厚度，对于每个活性层，提供用于产生作用于活性层的电场的电极布置
卡尔蔡司	CN201180041910	用于EUV光刻的反射镜的基底	反射掩模的组成和结构；用于EUV光刻反射镜的基底，其抛光层具有小于10μm的厚度以及小于0.5nm的均方根粗糙度，并且基底主体由铝合金制成
应用材料	CN201210375797	用于将EUVL掩模电气耦接至支撑夹盘的导电元件	极紫外掩模外围结构；提供一种耦接模块，使得至少一个掩模接触元件接触EUVL掩模的上部部分，夹盘接触元件接触支撑EUVL掩模的夹盘；当EUVL掩模与耦接模块对准而定位于夹盘上时，耦接模块在EUVL掩模的上部部分与夹盘之间提供至少一个导电路径；解决在制造半导体器件的光刻工艺中，掩模顶部上的缺陷或掩埋于多层堆叠中的缺陷将在曝光的硅晶片上造成重复的缺陷问题

续表

申请人	申请号	发明名称	技术要点
卡尔蔡司	CN201280006078	放大成像光学单元和包含该成像光学单元的测量系统	反射掩模的结构和组成；放大成像光学单元，成像光束路径中第二个反射镜和第三个反射镜之间的第一成像部分光线，以及第三个反射镜之后的第二成像部分光线分别通过第一个反射镜镜体中的至少一个通口
朗姆研究公司	CN201510053668	结合真空的硬掩模工艺和装置	掩模的组成及形成方法；衬底上沉积极紫外（EUV）敏感的含金属膜之后，在真空环境中通过EUV曝光直接图案化含金属膜以形成金属硬掩模
格罗方德	CN201510039421	掩模结构及其制法	掩模结构及组成；至少一个反射层位于衬底上方，吸收膜堆叠位于反射层上方，包括多个第一膜层及至少一个第二膜层，第一膜层包括第一材料且第二膜层包括第二材料，第二材料不同于第一材料，第二膜层与多个第一膜层中的第一膜层交错

上述的6件重点专利申请涉及4个申请人，这些申请人大多是EUV光刻掩模技术领先的大型精细化工企业和大型光刻掩模和光刻设备供应企业。由于EUV光刻掩模技术需要非常专业的掩模技术和非常先进的光刻设备进行研究，重点专利出现在这些企业中而非更多的出现在芯片生产企业中，这与业内大型芯片生产企业将资金转移至这些精细化工企业和设备供应企业的情形比较吻合。这些专利申请主要涉及掩模的结构和组成、掩模的形成方法以及掩模相关的外围技术等方面。

在上述专利申请中，CN201510053668、CN201510039421均涉及掩模组成和结构的改进，可见近些年EUV光刻掩模技术的研究热点之一在对掩模组成和结构的改进上，国外大型企业和研究机构对EUV掩模组成和结构的改进主要体现在掩模材料的选择方面。同时，反射掩模的组成和结构也是现在的研究重点之一。例如，卡尔蔡司的专利申请号为CN201280015247、CN201180041910以及CN201280006078的专利申请均是针对反射掩模的结构和组成的改变；应用材料于2012年提交的申请号为201210375797的专利申请关注的是极紫外掩模外围的耦接模块结构。

由以上内容可知，在EUV光刻掩模技术领域，国外的企业在我国有着比较完整的布局，技术覆盖面广，从而使得我国在EUV光刻掩模技术方法领域的发展面临着非常大的阻碍和风险。EUV光刻掩模技术领域的国外来华申请最多涉及的是掩模的结构和组成部分，掩模相关的外围技术和掩模的制备方法则涉及较少，假如国内企业和科研机构想从国外来华的专利申请中寻求突破口，则可以考虑在这些方面进行重点研究。

（3）国内专利风险状况

以下对国内申请人已授权且目前仍有效的重要专利进行列表分析，并对在审的可能走向授权的重要专利列表分析。综合两者的布局情况，和国外来华的布局情况比较分析，希望能得出国内申请人申请专利的风险和突破口等结论。

国内申请人在 EUV 光刻掩模技术领域的申请非常少，而且相关专利申请出现的时间比较晚，关于 EUV 光刻掩模技术的研究劣势非常明显。下面将分为授权专利技术和在审专利技术对国内申请人的重点专利做出风险分析。

表 4 - 2 - 22 涉及 4 件重点专利申请涉及 2 个申请人，其中台积电是中国台湾大型的芯片制造商，而同济大学是国内在 EUV 光刻掩模技术中处于领先的科研机构，这些专利申请主要涉及掩模的结构和组成，同时涉及其制备方法。

表 4 - 2 - 22　授权的涉及 EUV 光刻掩模技术的国内重点专利申请表

重点专利 1：CN201110259735		
申请人	发明名称	技术分支
台积电	极紫外光光罩及其制造方法、与基材的图案化方法	EUV 光刻掩模技术
权利要求	1. 一种极紫外光光罩的制造方法，以图案化多个半导体基材，其特征在于，该极紫外光光罩的制造方法包含：利用光罩曝写机来图案化第一极紫外光光罩基材，以形成一极紫外光前光罩；在一极紫外光扫描曝光机中，利用该极紫外光前光罩图案化一第二极紫外光光罩基材，以形成该极紫外光光罩，其中该极紫外光光罩是用来图案化所述半导体基材，其中形成该极紫外光光罩及图案化所述半导体基材的总光罩错误增强因子等于或小于 2。 7. 一种极紫外光光罩，其特征在于，包含：一基材；反射多层覆盖层，位于该基材上；吸收层位于该反射多层覆盖层上方，其中通过使用极紫外光前光罩的极紫外光扫描曝光机来图案化该吸收层，以曝光该吸收层上方的光阻覆盖层，形成在该极紫外光光罩上的多个图案包含该极紫外光前光罩上的多个图案的拷贝，其中形成在该极紫外光光罩上的所述图案具有第一关键尺寸范围从 7nm 的 4 倍至 17nm 的 4 倍，其中利用该极紫外光光罩将该基材图案化成具有范围从 7nm 至 17nm 的一第二关键尺寸。	
重点专利 2：CN201110425986		
申请人	发明名称	技术分支
同济大学	一种硬铝/碳化硅极紫外多层膜反射镜及其制备方法	EUV 光刻掩模技术
权利要求	1. 一种硬铝/碳化硅极紫外多层膜反射镜，其特征在于：该反射镜包括基底和硬铝/碳化硅周期多层膜，硬铝薄膜层和碳化硅薄膜层交替沉积于基底表面上；所述的硬铝/碳化硅周期多层膜的周期数为 35 ~ 45，总厚度为 427.5 ~ 525.0nm，其中：每个硬铝薄膜层厚度为 5.4 ~ 8.5nm，每个碳化硅薄膜层厚度为 4.1 ~ 6.5nm；所述的硬铝薄膜层和碳化硅薄膜层交替沉积于基底表面上是指在基底表面上，第一层薄膜是硬铝薄膜层，第二层薄膜是碳化硅薄膜层，第三层薄膜是硬铝薄膜层，第四层薄膜是碳化硅薄膜层，如此往复，直至最后一层薄膜是碳化硅薄膜层。 4. 权利要求 1 至 3 任一所述的硬铝/碳化硅极紫外多层膜反射镜的制备方法，该方法包括以下步骤：首先对基底进行清洗，然后在基底上镀制硬铝/碳化硅周期多层膜；所述的在基底上镀制硬铝/碳化硅周期多层膜采用磁控溅射方法；	

续表

重点专利 2：CN201110425986			
申请人		发明名称	技术分支
同济大学		一种硬铝/碳化硅极紫外多层膜反射镜及其制备方法	EUV 光刻掩模技术
权利要求	所述的磁控溅射方法包括以下步骤：溅射靶枪的工作模式为恒功率溅射，溅射工作气压为 1mTorr；镀制多层膜前，溅射室的本底真空度为 5E－5Pa；靶到基板的距离为 10cm；利用靶和基板之间的机械挡板来控制薄膜的厚度：先通过公转电机将基板运动到装有硬铝靶材料的溅射靶枪上方，移开挡板，开始镀膜，通过镀膜时间来控制膜层的厚度，当硬铝膜层镀完后，将挡板移回，然后将基板运动到装有碳化硅靶材料的溅射靶枪上，其中，挡板移开到移回之间的时间间隔即为镀制一层薄膜的镀膜时间；当基板运动到装有碳化硅靶材料的靶枪上方后，该靶枪的挡板移开，开始镀制碳化硅膜层，通过镀膜时间来控制膜层的厚度，当碳化硅膜层镀完后，将挡板移回，然后再将基板运动到装有硬铝靶材的溅射靶枪上方；如此反复以上过程，实现多层膜的制作；在膜层沉积过程中，基板保持自转，自转速度为 40 转/分钟。		

重点专利 3：CN201210172142			
申请人		发明名称	技术分支
同济大学		一种硅铝合金/锆极紫外多层膜反射镜及其制备方法	EUV 光刻掩模技术
权利要求	1. 一种极紫外多层膜反射镜，其特征在于：该反射镜包括基底和硅铝合金/锆周期多层膜，其中硅铝合金/锆周期多层膜使硅铝合金薄膜层和锆薄膜层交替沉积于基底表面上；所述的基底为光学玻璃；所述的基底粗糙度为 0nm＜基底粗糙度＜0.5nm；所述的硅铝合金/锆周期多层膜的周期数为 35～45，总厚度为 332.5～387.0nm，其中，每个硅铝合金薄膜层厚度为 5.8～6.4nm，每个锆薄膜层厚度为 2.8～3.1nm。 4. 一种权利要求 1～3 中任一所述的极紫外多层膜反射镜的制备方法，包括以下步骤：首先对基底进行清洗，然后在基底上镀制硅铝合金/锆周期多层膜；所述的对基底进行清洗包括以下步骤：采用去离子水超声波清洗 8～12min、有机清洗液超声波清洗 8～12min，去离子水超声波清洗 3～8min，MOS 级丙酮超声波清洗 8～12min，去离子水超声波清洗 8～12min，MOS 级乙醇超声波清洗 8～12min，去离子水超声波清洗 8～12min，干燥的纯净氮气吹干，其中所述的有机清洗液采用的是洗洁精，去离子水电阻率≤18MΩ；所述的在基底上镀制硅铝合金/锆周期多层膜采用磁控溅射方法，所述的磁控溅射方法包括以下步骤：（1）镀制多层膜前，溅射室的本底真空度低于 8×10^{-5}Pa；靶到基板的距离为 8～12cm；（2）利用靶和基板之间的机械挡板来控制薄膜的厚度：先通过公转电机将基板运动到装有硅铝合金靶材料的溅射靶枪上方，移开挡板，开始镀膜，通过镀膜时间来控制膜层的厚度，当硅铝合金膜层镀完后，将挡板移回，然后将基板运动到装有锆靶材料的溅射靶枪上，其中，挡板移开到移回之间的时间间隔即为镀制一层薄膜的镀膜时间；当基板运动到装有锆靶材料的靶枪上方后，该靶枪的挡板移开，开始镀制锆膜层，通过镀膜时间来控制膜层的厚度，当锆膜层镀完后，将挡板移回，然后再将基板运动到装有硅铝合金靶材的溅射靶枪上方。如此反复以上过程 30～45 次，实现多层膜的制作；在膜层沉积过程中，基板保持自转，自转速度为 40 转/min。		

续表

<table>
<tr><th colspan="3">重点专利 4：CN201310009896</th></tr>
<tr><td>申请人</td><td>发明名称</td><td>技术分支</td></tr>
<tr><td>同济大学</td><td>一种极紫外多层膜反射镜及其制作方法</td><td>EUV 光刻掩模技术</td></tr>
<tr><td>权利要求</td><td colspan="2">1. 一种极紫外多层膜反射镜，其特征在于，该反射镜包括基底、硅铝合金薄膜层及锆薄膜层，所述的硅铝合金薄膜层和锆薄膜层依次交替地沉积在基底上，直至最上层为锆薄膜层，所述的硅铝合金薄膜层及锆薄膜层分别设有 35 ~ 45 层，所述的硅铝合金薄膜层共分为 5 层，从上到下依次为硅铝合金超薄膜层、硅超薄膜层、硅铝合金超薄膜层、硅超薄膜层及硅铝合金超薄膜层。
5. 一种如权利要求 1 ~ 4 中任一所述的极紫外多层膜反射镜的制作方法，其特征在于，该方包括以下步骤：首先对基底进行清洗，然后采用直流磁控溅射方法在基底上依次镀制硅铝合金薄膜层和锆薄膜层。</td></tr>
</table>

从上述分析可以看出，台积电于 2011 年提交的申请号为 CN201110259735 的专利申请更加关注的是极紫外光光罩的制造方法，采用先形成先图案化第一极紫外光罩基材，形成前光罩后以该光罩图案化第二极紫外光罩基材形成最终光罩。然而，此种方法是业内很常见的形成掩模的方法，虽然其对掩模的错误增强因子作进一步的限定。然而，该类的限定范围还是比较大，故该专利申请涉及的制备方法的总体保护范围较大，存在较大的专利风险。台积电是一家经常向美国提出同族专利申请的公司，其在美国的专利申请也可能存在很大的专利风险。

同济大学则更为关注掩模的结构和组成，特别是多层膜的结构和组成，其上述 3 件专利申请分别采用硬铝/碳化硅、硅铝合金/锆以及硅铝合金薄膜层及锆薄膜层形成周期多层膜，属于掩模的材料方面的改进。这些材料形成的掩模层并不是目前业内常用的掩模层，故专利风险相对小，然而其保护范围较宽，可能会导致其专利风险增加，使专利权的稳定性受到影响。其对掩模的制备则是采用先清洗基底然后采用溅射的方法镀制多层膜。然而，该种方法是业内常用的形成多层膜的方法，故其对多层膜制备方法的专利申请存在较大的专利风险。

下面将对在审的重点国内申请专利进行分析研究，从中梳理国内本领域的技术发展方向。

表 4-2-23　EUV 光刻掩模技术在审的国内重点专利申请

申请人	申请号	发明名称	技术领域/技术要点
中芯国际	CN201310747065	用于反射式光刻技术的掩模版、制作方法及其使用方法	掩模的结构和组成以及形成方法；对多层反射层执行界面粗糙工艺，使多层反射层的暴露部分形成为光吸收区域，多层反射层的非暴露部分形成为光反射区域，光反射区域和光吸收区域之间没有高度差

续表

申请人	申请号	发明名称	技术领域/技术要点
台积电	CN201310173745	掩模及其形成方法	掩模的结构；具有低热膨胀材料（LTEM）基板、反射多层（ML）以及吸收层，并对吸收层的厚度和折射率作进一步的限定；可针对N14之外的技术节点减少阴影效应，提高空间图像对比度和工艺窗
长春光机所	CN201410508514	一种提高极紫外光谱纯度及抗氧化性的多层膜	掩模的结构和组成；多层膜，依次包括基底、多个层周期的Si层/Mo层、光谱纯化层、Mo层、光谱纯化层及保护层
北京理工大学	CN201510354242	一种极紫外光刻光源－掩模联合优化方法	掩模优化；基于参数化光源模型和像素化光源模型；将掩模主体图形和辅助图形构造为单边尺寸大于或等于预定阈值的基本模块与系数矩阵的卷积；在每次迭代中都控制掩模主体图形和辅助图形之间的最小间距大于或等于预定阈值；对掩模图形中无法制造的边缘凸起进行修正
长春光机所	CN201510190403	具有极紫外光谱纯度及热稳定性的多层膜	掩模的结构和组成；多层膜，在周期层上设第一光谱纯化层、第一热稳定层、第一Mo层、第二热稳定层、第二光谱纯化层，周期层的每个周期依次排列有Si层、热稳定层、Mo层、热稳定层，热稳定层及光谱纯化层的材料、厚度等满足特定要求
长春光机所	CN201510190363	具有极紫外光谱纯度和抗辐照损伤的多层膜	掩模的结构和组成；多层膜，包括基底、周期层、第一光谱纯化层、第一Mo层、第二光谱纯化层和抗辐照损伤层，其中，周期层的周期个数为40~60个，每个周期由从下至上依次排列的Si层、第二Mo层组成，第一光谱纯化层与第二光谱纯化层的材料分别为C、SiC或Si_3N_4，抗辐照损伤层的材料为TiN或SiO_2
中科院微电子所	CN201310631460	一种纳米尺度EUV掩模的制备方法	掩模的制备方法；首先制作出多层膜反射镜，再利用微纳米加工工艺技术得到图形化的电子束抗蚀剂，大面积沉积吸收体材料铬，用离子束刻蚀吸收体材料铬，在电子束抗蚀剂侧壁形成铬侧墙，最后去除电子束抗蚀剂，得到纳米尺度的EUV光刻掩模；可以获得极小尺寸的吸收体图形

从表4－2－23可以看出7件重点专利申请涉及5个申请人，其中台积电是中国台湾的大型芯片制造商，中芯国际是中国大陆最大的晶圆代工厂，而北京理工大学、长春光机所以及中科院微电子所都是国内在EUV光刻掩模技术中处于领先的科研机构。这些专利申请主要涉及掩模的结构和组成、制备方法以及EUV光刻技术。

中芯国际申请号为CN201310747065的专利申请主要对掩模的形成方法作出改进，具体来说，对多层反射层执行界面粗糙工艺，使多层反射层的暴露部分形成为光吸收区域，多层反射层的非暴露部分形成为光反射区域，光反射区域和光吸收区域之间没有高度差。该专利申请属于外围专利申请，技术改进点较小，且该公司关于EUV方面的专利申请较少，属于研究的起步阶段。

台积电的关注重点仍然为涉及掩模结构的改进，主要采用具有低热膨胀材料（LTEM）基板、反射多层（ML）以及吸收层，并对吸收层的厚度和折射率作进一步的限定；可针对N14之外的技术节点减少阴影效应，提高空间图像对比度和工艺窗。申请号为CN201310173745的专利申请主要对材料和性能参数进行进一步的限定，但是属于外围布局，不容易获得授权，即使获得授权，侵权的风险也较大。

长春光机所的3件申请关注的主要是多层膜的结构，特别关注掩模热稳定性的提高。这3件申请分别采用TiN或SiO_2以及热稳定材料以提高多层膜的稳定性。这3件专利申请的保护范围较大，同时属于对业内常见的Mo/Si多层膜技术的外围布局，故存在很大的专利风险。

中科院微电子所更加关注掩模的制备方法，涉及的上述申请是在形成多层膜后，采用微纳米加工工艺最终形成铬侧墙衰减型移相掩模以抑制极紫外光刻中的曝光阴影和衍射效应，增强分辨率。其属于多层膜制备技术的外围技术，但其保护范围较大，存在一定的专利风险。

总体来说，国内申请早期并没有EUV掩模光刻技术的专利申请，从2011年才开始出现，且专利申请量非常少。可见，国内企业和科研机构在EUV掩模光刻技术方面的劣势非常明显，这些专利申请涉及技术较为细化且略显分散，同时还缺乏核心专利，重点专利的保护范围也较下位，并且横向扩展的申请较少，没有形成整体的覆盖和相互保护支撑。从上述分析也可以看出，国内企业和研究机构对EUV掩模光刻技术的研究重点均放在多层膜的改进上，这样的发展模式可以更好地聚集科研资金和技术实力于多层膜掩模技术的研究上，形成研究上的规模效应，以促进国内EUV多层膜掩模技术的发展。故即使目前国内申请存在较大的风险，国内申请也存在突破国外公司专利技术布局的可能性。

4.2.2.3.2　EUV光刻胶技术及风险分析

（1）整体风险状态

和EUV光刻掩模技术一样，在EUV光刻技术中，EUV光刻胶技术也是重要的技术之一。反映在专利申请量上，其在EUV光刻技术中的总申请量所占的比例分别是全球第二和中国最大，故EUV光刻胶技术是EUV技术的重要组成部分，也是EUV光刻领域重点研究方向之一。

在中国专利数据库中检索涉及EUV光刻胶技术的181件专利申请中，59件授权维持，63件失效（多为日本公司，如住友化学和三菱，类型大部分为视撤），59件处于待审阶段。在59件授权维持的专利申请中，国外来华申请量为50件，占有效申请的84.7%。其中，日本来华申请28件，占有效申请的47.5%；韩国来华申请为13件（主要是锦湖石油化学的专利申请），占有效申请的22.0%；中国国内专利申请量为9件，仅占有效申请的15.3%。从这个角度来说，国外来华申请在EUV光刻胶技术领域的优势非常明显，占绝对领先地位，尤其是日本来华的专利申请，仅占一半的有效专利。

在59件待审专利申请中，国外来华专利申请54件，占待审申请的91.5%；而日本来华申请33件，占待审申请的55.9%；而中国国内申请仅有5件，占待审申请的8.5%。

由上述分析可知，无论从授权维持的量还是处于待审阶段的量，中国专利申请在EUV光刻胶技术领域均处于非常劣势地位，且中国国内的专利申请仅有9件，并没有形成系统的专利布局。而国外来华申请主要关注技术含量相对较高的发明申请且涉及已经对各个方面的技术进行布局。尤其日本来华申请，无论从授权维持量还是待审专利申请量，均处于非常领先的地位，这与日本大型企业和研究机构在光刻胶领域的领先地位相吻合。故国内企业和研究机构需要对EUV光刻胶技术进行专利布局时，要特别留意日本来华的相关专利申请，以减少专利风险。

下面，就EUV光刻胶技术领域的一些重要专利技术进行专利风险分析。

（2）国外来华专利风险状况

国外大型芯片生产企业和大型精细化工企业在EUV光刻胶技术领域都有专利申请，但每个企业都基于技术优势、经营策略和在华的商业经营情况，对在华专利布局不尽相同，因此并不是所有的公司都来华申请该技术领域的专利。已经获得专利权的专利申请将是本部分研究的主要内容，从中可以看出国外申请人对EUV光刻胶技术领域的哪些技术进行专利布局。已审未结的专利申请是本部分研究的另一内容，我们关注这类申请的技术内容和技术发展方向，可以推测国外申请人即将在EUV光刻胶技术领域的哪些技术上进行专利布局。

以下将对授权的国外来华专利进行分析研究，以为我国相关企业提前规避相应风险提供帮助。

表4－2－24列出了EUV光刻胶技术已授权的国外来华重点专利申请。

表4－2－24　EUV光刻胶技术已授权的国外来华重点专利申请

申请人	申请号	发明名称	技术领域/技术要点
三菱	CN200580044296	抗蚀剂用化合物及放射线敏感性组合物	放射线敏感性组合物；采用放射线敏感性组合物用作酸增殖型非高分子类抗蚀剂材料；可不使用金属催化剂来制造，具有高敏感度、高分辨率、高耐热性、高耐蚀刻性且可溶于溶剂

续表

申请人	申请号	发明名称	技术领域/技术要点
富士通	CN200610107443	抗蚀剂组合物、形成抗蚀剂图案的方法、半导体器件及其制造方法	抗蚀剂组合物；采用含脂环化合物作为抗蚀剂组合物；抗蚀剂图案能被有效、均匀地增厚，而与抗蚀剂图案的方向和/或间隔变化无关，且不依赖于抗蚀剂图案增厚材料的成分等
三星	CN200810165695	光致产酸剂、包括其化学增幅抗蚀剂组合物及相关方法	光致产酸剂、包括其化学增幅抗蚀剂组合物；采用具有高产酸效率的光致产酸剂的化学增幅抗蚀剂组合物；曝光灵敏度，并且具有相对小的脱气量
AZ电子材料	CN200880016844	包含稠合芳族环的抗反射涂料组合物	有机可旋涂抗反射涂料组合物；提供在光刻胶底部的包含稠羟基芳香族聚合物抗反射涂料；使在抗反射涂层和涂在该涂层上的膜之间基本上不存在掺合；抗反射涂层还具有良好的溶液稳定性并且形成具有良好涂层质量的膜
富士通	CN200910005998	单体、树脂、使用该树脂的抗蚀剂组合物及生产半导体器件的方法	含锍盐的硫代吡喃单体及树脂；提供一种含锍盐的硫代吡喃单体及树脂，该树脂具有曝光时发生分解并生成酸的位点，酸生成剂均匀地分布在形成的膜上；能形成具高感光度同时防止浸出或脱气的精细图案，不会损害抗蚀剂组合物的透明性或感光度
IBM	CN201010237847	杯芳烃混合分子玻璃光致抗蚀剂及使用方法	正型光致抗蚀剂组合物；提供一种具有完全保护的杯［4］间苯二酚芳烃和未保护的杯［4］间苯二酚芳烃的混合物的光致抗蚀剂组合物；可在光刻中达到更高的性能稳定性
东京电子	CN201110221425	等离子体处理方法以及等离子体处理装置	对抗蚀剂的刻蚀处理；提供一种等离子体处理方法，先进行蚀刻工序然后进行改性工序；能够在被蚀刻层上形成精密图案
三菱	CN200580011270	抗蚀剂组合物	光酸产生剂：本组合物：其中，抗蚀剂化合物A为由C5～45芳族酮或C5～45芳族醛与具有1～3个酚性羟基的C6～15化合物缩合制得的、分子量为300～5000的多元酚化合物，通过用射线照射能够直接或间接产生酸

续表

申请人	申请号	发明名称	技术领域/技术要点
IBM	CN200980134701	低释气性光刻胶组合物	光刻胶聚合物；提供一种包括基于米氏酸（即2.2－二甲基－1，3－二噁烷－4，6－二酮）衍生物重复单元的光刻胶聚合物；其水解稳定性强，具有良好的热稳定性和储存稳定性；光刻胶组合物具有低释气性
信越化学	CN201010194426	负型光阻组合物及使用该负型光阻组合物的图案形成方法	负性光阻组合物；提供一种具有碱可溶性且可通过酸的作用而成为碱不溶性的基质高分子，及/或该基质高分子与交联剂的组合；酸产生剂；作为碱性成分的含氮化合物；用作基质高分子的高分子组成的负性光阻组合物；其具有特优的解析性与耐蚀刻性
罗门哈斯	CN201010625231	光敏组合物	光敏组合物；提供一种包括聚合物主链和共价连接到聚合物主链上的单光致酸生成剂的光敏组合物；其可形成高分辨率的浮雕图像如线图像，具有良好的感光速度，如小于300nm波长的激活辐射下，以及电子束辐射，具有光子高截面吸收，并能通过光氧化很容易地生成二次电子，提供均匀的酸分布和迁移

从表4－2－24可以看出，11件重点专利申请涉及9个申请人，这些申请人是在EUV光刻胶技术领域处于技术领先的芯片生产企业或大型精细化工企业（特别是光刻胶供应商），这些专利涉及化学放大型光刻胶以及分子玻璃体系光刻胶等光刻胶体系的改进。

经过对比分析，在这11件授权重点专利中挑选出3件最具有代表性的专利进行进一步分析，如表4－2－25所示。

表4－2－25　EUV光刻胶技术已授权的具有代表性的国外来华重点专利申请

<table>
<tr><th colspan="4">重点专利1：CN00580011270</th></tr>
<tr><td colspan="2">申请人</td><td>发明名称</td><td>技术分支</td></tr>
<tr><td colspan="2">三菱</td><td>抗蚀剂组合物</td><td>EUV光刻胶技术</td></tr>
<tr><td>权利要求</td><td colspan="3">一种辐射敏感性组合物，该组合物含有1%～80%的固体组分和20%～99%的溶剂组分，其中，所述固体组分含有3%～96.9%的抗蚀剂化合物A、0.1%～30%的酸生成剂B、3%～65%的酸交联剂C和0～93.9%的选择性组分D，所述抗蚀剂化合物A为由$C_{5\sim45}$芳族酮或$C_{5\sim45}$芳族醛与具有1～3个酚性羟基的$C_{6\sim15}$化合物缩合制得的、分子量为300～5000的多元酚化合物，而且所述抗蚀剂化合物A具有至少由两个苯环和/或杂原子的非成键电子对形成的共轭结构；所述酸生成剂B经选自由可见光、紫外线、受激准分子激光、电子束、极紫外线、X－射线和离子束所组成的组中的射线辐射后直接或间接生成酸；所述选择性组分D选自由酸扩散控制剂、溶解控制剂、溶解促进剂、敏化剂、表面活性剂所组成的组中的一种或多种。</td></tr>
</table>

续表

<table>
<tr><th colspan="4">重点专利 2：CN200880016844</th></tr>
<tr><td colspan="2">申请人</td><td>发明名称</td><td>技术分支</td></tr>
<tr><td colspan="2">AZ 电子材料</td><td>包含稠合芳族环的
抗反射涂料组合物</td><td>EUV 光刻胶技术</td></tr>
<tr><td>权利要求</td><td colspan="3">包含聚合物的有机可旋涂抗反射涂料组合物，该聚合物包含至少一个在聚合物主链中含 3 个或更多个稠合芳族环的单元和至少一个在聚合物主链中含环脂族结构部分的单元，其中所述 3 个或更多个稠合芳族环直接与所述环脂族结构部分连接。</td></tr>
<tr><th colspan="4">重点专利 3：CN201010237847</th></tr>
<tr><td colspan="2">申请人</td><td>发明名称</td><td>技术分支</td></tr>
<tr><td colspan="2">IBM</td><td>杯芳烃混合分子玻璃
光致抗蚀剂及使用方法</td><td>EUV 光刻胶技术</td></tr>
<tr><td>权利要求</td><td colspan="3">正型光致抗蚀剂组合物，包含：至少一种完全保护的杯［4］间苯二酚芳烃和至少一种未保护的杯［4］间苯二酚芳烃的混合物，其中，所述完全保护的杯［4］间苯二酚芳烃具有用酸不稳定的保护基保护的酚基，其中所述至少一种完全保护的杯［4］间苯二酚芳烃为所述混合物的至少 25% 摩尔；光酸产生剂；和溶剂，其中，所述混合物和所述光酸产生剂在该溶剂中是可溶的，其中，所述杯［4］间苯二酚芳烃具有式（I）的结构：
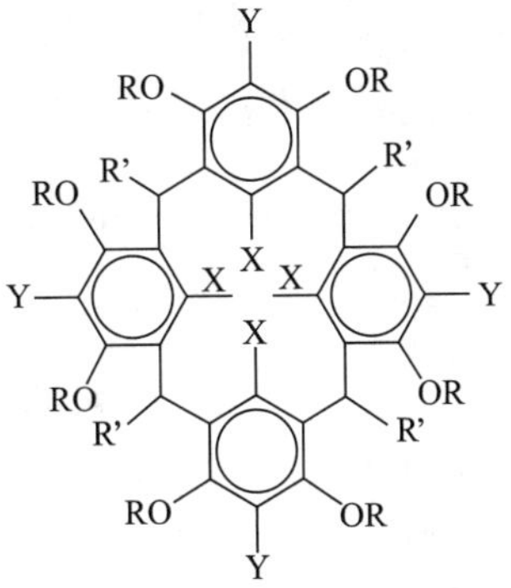

（I），
其中，对于未保护的杯［4］间苯二酚芳烃，R 部分是氢，而对于完全保护的杯［4］间苯二酚芳烃，R 部分是酸不稳定的基团，其中，所述酸不稳定的保护基可以是相同或不同的；R’部分独立地选自氢、烷基、芳基和烷芳基，如果对于完全保护的和未保护的杯［4］间苯二酚芳烃，R’是烷基、芳基或烷芳基，那么它们任选地被 1 ~ 4 个选自羟基、卤素、低级烷基、低级烷氧基和硝基的取代基取代；X 和 Y 部分可以是相同或不同的，且对于完全保护的和未保护的杯［4］间苯二酚芳烃，选自氢、烷基、烷氧基、芳基、芳烷基、烷芳基、卤素、氰基、硝基和羧酸酯</td></tr>
</table>

从分析可知，国外来华申请的申请时间较为分散，可见近年来，国外企业和研究机构一直保持对 EUV 光刻胶技术的关注并持续对其进行专利布局，自 1998 年开始，国外企业和科研机构就对 EUV 光刻胶技术的各个技术领域进行专利布局。上述

专利申请主要关注的重点是光刻胶组成和结构的改进。例如，三菱于2005年提交的申请号为CN200580011270的专利申请通过芳族酮或芳族醛与酚性羟基的缩合反应制备多元酚化合物，并通过射线照射就可以直接或者间接产生酸。而AZ电子材料于2008年提交的申请号为CN200880016844的专利申请涉及一种包含稠合芳族环的抗反射涂料组合物，其属于EUV光刻胶技术中外围涂层的改进，通过稠合芳族环直接与所述环脂组合层抗反射涂层，以提高EUV光刻的分辨率，同时防止光刻胶图案的坍塌。该专利申请保护范围较大，当国内企业或科研机构对抗反射涂层进行相关专利布局时，要对该专利进行特别关注。分子玻璃体系光刻胶由于其具有单分散型、无定形的和小尺寸和不会链纠缠的分子组织，故具有高分辨率和低得线边缘粗糙度。其相关的专利申请出现得较晚。例如，较早的是IBM于2010年提交的申请号为CN201010237847的专利申请，其涉及一种分子玻璃体系光刻胶，提供一种具有完全保护的杯［4］间苯二酚芳烃和未保护的杯［4］间苯二酚芳烃的混合物的光致抗蚀剂组合物，以使光刻胶在光刻中能达到更高的性能稳定性。其属于杯芳烃光刻胶体系，杯芳烃光刻胶体系具有的小分子环状结构中含有活性羟基基团，故具有非常好的热稳定性。该体系是一种常见的分子玻璃体系光刻胶，故该专利申请也是比较基础性的专利申请，会对国内企业和科研机构相关专利申请专利权的稳定性具有很明显的影响。

以下将对在审的国外来华专利进行分析研究，从中梳理EUV光刻胶技术领域的技术发展方向，为我国相关企业以及科研单位提前规避相应风险提供帮助。

表4-2-26列出了EUV光刻胶技术在审的国外来华重点专利申请。

表4-2-26　EUV光刻胶技术在审的国外来华重点专利申请

申请人	申请号	发明名称	技术领域/技术要点
信越化学	CN2014104712819	用于EB或EUV平版印刷的化学放大负性抗蚀剂组合物和图案化方法	光致抗蚀剂组合物；化学放大负性抗蚀剂组合物，可实现LER的改善，抑制酸在基材界面处的钝化，并且能够形成对于负性抗蚀剂膜固有的咬边程度降低的抗蚀剂轮廓
富士胶片	CN201380023929	化学增幅型抗蚀剂组合物，使用化学增幅型抗蚀剂组合物的抗蚀剂膜，涂布抗蚀剂的掩模坯，形成光掩模和图案的方法，以及制造电子器件的方法和电子器件	光致抗蚀剂组合物；化学增幅型抗蚀剂组合物，包含：含具有氟原子的三芳基锍阳离子并且能通过活性射线或辐射的照射而生成体积为240$Å^3$以上的酸的化合物；含酚羟基的化合物

续表

申请人	申请号	发明名称	技术领域/技术要点
日产化学	CN201380021388	含有添加剂的含硅极紫外抗蚀剂下层膜形成用组合物	光致抗蚀剂组合物；极紫外光刻用抗蚀剂下层膜形成用组合物，含有聚硅氧烷 A 和水解性硅烷化合物 b，聚硅氧烷 A 含有水解性硅烷 a 的水解缩合物，水解性硅烷化合物 b 具有磺酰胺结构、羧酰胺结构、脲结构或异氰脲酸结构
罗门哈斯	CN201310637230	生酸剂化合物和含有其的光致抗蚀剂组合物	生酸剂化合物；提供一种具有生酸剂化合物的光致抗蚀剂组合物；提高感光速度
罗门哈斯	CN201310637229	包含多种生酸剂化合物的光致抗蚀剂	光致抗蚀剂组合物；提供一种包含与其相连的生酸剂的聚合物和并不与聚合物相连的且其包含一个或多个酸不稳定性基团的生酸剂化合物的光致抗蚀剂组合物；能提供增强的平版印刷结果，包括形成的抗蚀剂浮雕图像的良好的线边缘光洁度和对比度
罗门哈斯	CN201310264410	聚合物组合物、包含该聚合物组合物的光致抗蚀剂以及包含该光致抗蚀剂的涂覆制品	具有氟化主链的共聚物；提供一种具有共聚物和光致生酸剂的光致抗蚀剂组合物；用于 EUV 光致抗蚀剂时具有改善的灵敏度以及高分辨率的共聚物
罗门哈斯	CN201310543175	生酸剂化合物和包含其的光致抗蚀剂	光致抗蚀剂组合物；提供一种具有聚合物和含共价连接的酸不稳定性部分的生酸剂环锍盐化合物的光致抗蚀剂组合物；可提供高的分辨精细特性如低线宽光洁度（LWR）和对提供晶片生产力具有充分敏感性
罗门哈斯	CN201310637227	鎓化合物以及制备其的方法	鎓盐化合物；提供一种制备含磺酸盐组分的鎓盐化合物的方法；其反应条件温和，可以容易改变鎓盐化合物的强酸阴离子组分，以提供具有不同阴离子组分的鎓化合物
IBM	CN201410061770	正色调有机溶剂显像的化学增强抗蚀剂	正色调光致抗蚀剂；提供一种包含有机显像剂溶剂显像正色调化学增强抗蚀剂，其中该溶剂具有单独或者与其他有机溶剂如异丙醇和/或水组合的至少一种多元醇

上述重点专利 9 篇重点专利中主要涉及 5 个专利申请人，其中这些申请人是在 EUV 光刻胶技术中处于领先地位的集成电路生产企业和大型精细化工企业。这些专利

申请涉及 EUV 光刻胶技术中光刻胶材料和组成的选择，以及光刻胶的组成部分——光致产酸剂的材料和组成。

在上述的专利申请中，日产化学于 2013 年提交的申请号为 CN201380021388 的专利申请采用的是含有聚硅氧烷 A 和水解性硅烷化合物 b 形成的组合物作为 EUV 光刻胶组成成分以提供形状良好的极紫外抗蚀剂下层膜形成用组合物，属于对光致抗蚀剂的基本改进，且其保护范围较宽。假如该专利申请获得授权，会对国内 EUV 光刻胶的专利申请产生较大的影响。

近年来，罗门哈斯在中国进行了大量的 EUV 光刻胶的专利布局，其关注的重点之一就是光致产酸剂。例如，申请号为 CN201310637230、CN201310637229、CN201310543175 以及 CN201310637227 均涉及光致产酸剂的技术改进，CN201310637230 中采用一种具有生酸剂化合物的光致抗蚀剂组合物以提高感光速度；CN201310637229 提供一种包含与其相连生酸剂的聚合物和并不与聚合物相连且其包含一个或多个酸不稳定性基团的生酸剂化合物的光致抗蚀剂组合物以提供良好的线边缘光洁度和对比度；CN201310543175 采用具有聚合物和含共价连接的酸不稳定性部分的生酸剂环锍盐化合物的光致抗蚀剂组合物，以提供高的分辨精细特性；CN201310637227 涉及一种离子型光致产酸剂的制备方法，其提供一种制备含磺酸盐组分的鎓盐化合物的方法以容易的改变鎓盐化合物的强酸阴离子组分以提供具有不同的阴离子组分的鎓化合物。该公司另一个重点关注的是类似于分子玻璃体系的具有更高分辨率的 EUV 光刻胶技术。例如，申请号为 CN201210496911 的专利申请关注由杯芳烃组成的分子玻璃体系光刻胶，申请号为 CN201310264410 的专利申请关注具有具有氟化主链的共聚物的光致抗蚀剂组合物。

EUV 光刻胶技术的研究热点之一还在于化学增幅抗蚀剂组合物的制备。其中，IBM 于 2014 年提交的申请号为 CN201410061770 的专利申请提供一种包含有机显像剂溶剂显像正色调化学增强抗蚀剂，其中该溶剂具有具有单独或者与其他有机溶剂如异丙醇和/或水组合的至少一种多元醇。富士胶片于 2013 年提交的申请号为 CN201380023929 的专利申请同样保护的是一种在 EUV 技术中使用的化学增强型抗蚀剂组合物包含具有氟原子的三芳基锍阳离子，并且能通过活性射线或辐射的照射而生成酸的化合物以及含酚羟基的化合物。化学增强型光致抗蚀剂属于传统光致抗蚀剂类型之一，且上述两申请保护范围较宽，一旦授权，将会对化学增强型光致抗蚀剂领域的中国专利申请造成较大的影响，需要加强关注。信越化学于 2014 年提交的申请号为 CN2014104712819 的专利申请，虽然也是保护一种化学放大型抗蚀剂，但其保护范围较小，属于外围布局，容易获得授权。

由以上内容可知，在 EUV 光刻胶技术领域，无论在光刻胶方面、EUV 光刻胶的重要组成部分——光致产酸剂方面还是抗反射涂层方面，国外企业和科研机构在我国都有着比较完整的专利布局，技术覆盖面较广，从而使得我国在 EUV 光刻胶技术领域的发展面临非常大的阻碍和风险。

（3）国内专利风险状况

以下对国内申请人已授权且目前仍有效的重要专利进行列表分析，并对在审的可能走向授权的重要专利列表分析。综合两者的布局情况，和国外来华的布局情况比较分析，希望能得出国内申请人申请专利的风险和突破口等结论。

国内申请人在 EUV 光刻胶技术领域的申请非常少，仅有 9 件专利申请获得授权并维持有效，下面对这 9 件专利申请进行详细的分析，如表 4－2－27 所示。

表 4－2－27　授权的涉及 EUV 光刻胶技术的国内专利申请

申请人	申请号	发明名称	技术领域/技术要点
中科院化学所	CN201110315017	极紫外（EUV）光刻胶超高真空热处理检测装置与方法	极紫外光刻胶超高真空加热处理的检测装置及产气检测方法；可以在实验室用于极紫外光刻胶配方工艺筛选，提供所考察的极紫外光刻胶的真空加热产气情况
中科院化学所	CN201210070713	以四苯基呋喃、四苯基吡咯、四苯基噻吩和五苯基吡啶为核的分子玻璃光刻胶	分子玻璃光刻胶；提供以四苯基呋喃、四苯基吡咯、四苯基噻吩和五苯基吡啶为核的分子玻璃光刻胶；具有良好的分辨率、光敏性、黏附性，且易于保存
中科院理化所	CN201310499686	一种星形四苯基乙烯衍生物分子玻璃、正性光刻胶、正性光刻胶涂层及其应用	分子玻璃光刻；该星形四苯基乙烯衍生物分子玻璃中的四苯基乙烯具有空间立体几何骨架，可以有效地抑制分子的结晶，易于成膜；四苯基乙烯具有较好的刚性结构，且具有玻璃化温度高、热稳定性好的特点，该分子玻璃在各种极性溶剂中均有较好的溶解性，可制得良好的薄膜；能够很好地满足光刻工艺的要求
南京航空航天大学	CN201210001874	联苯型分子玻璃及其制备方法	分子玻璃体；联苯型分子玻璃，其为下式的化合物 A2，2’－二（3，5－二叔丁基二碳酸酯）－4，4’－二（二叔丁基二碳酸酯基）联苯，或化合物 B2，2’，4，4’－四（3，5－二叔丁基二碳酸酯基）联苯；其具有较低的线宽粗糙度，无膨胀，无链缠结等优点，还具有较高的玻璃化转化温度，良好的热稳定性和光刻工艺中较好的抗刻蚀性能并阻止其结晶
浙江永太新材料	CN201410855760	一种用于光刻胶组合物的化合物	光致抗蚀剂组合物；其包含取代蒽化合物，表现出优秀的各种光刻胶能力例如敏感度、清晰度等，并且得到特别改进的线边缘粗糙度和图案轮廓；光刻胶组合物可提供具有良好分辨率的光刻胶图案

续表

申请人	申请号	发明名称	技术领域/技术要点
中科院化学所	CN201210156675	含双酚A骨架结构的分子玻璃光刻胶及其制备方法和应用	分子玻璃光刻胶，提供一种基于双酚A为主体结构的分子玻璃光刻胶；具有高分辨率
中科院理化所	CN201210496999	分子玻璃正性光刻胶及其图案化方法	分子玻璃正性光刻胶的组成及其制备方法；正性光刻胶组合物包括官能团保护的六元含氮杂环衍生物，其含有酸敏感的官能团保护的酚基，光致产酸剂和溶剂；含酚基的六元含氮杂环衍生物在显影液中加速溶解，从而形成特定的光刻胶图案
中科院理化所	CN201380000139	螺芴衍生物分子玻璃及其制备方法和光刻中的应用	分子玻璃光刻胶；螺芴衍生物分子玻璃，其合成过程简单，适合工业化
台积电	CN201110025180	光阻材料及图案化集成电路构件的方法	光刻胶；该光刻胶具有聚合物、光酸产生剂、抑制碱、发色团、溶剂以及发光剂；可提高光刻胶的抗蚀刻能力

上述9件申请分别属于5个申请人，其中大多数为国内知名的科研机构或院所，如中科院化学所、中科院理化所以及南京航空航天大学。也有少数企业，如浙江永太新材料以及台积电。其中，浙江永泰新材料是一家化学原料生产公司，而台积电是世界最大的晶圆代工厂。

科研院所侧重的研究热点在于分子玻璃光刻胶。例如，中科院理化所的申请号为CN201380000139、CN201310499686的专利申请，中科院化学所的申请号为CN201210070713、CN201210156675的专利申请以及南京航空航天大学的申请号为CN201210001874的专利申请，均是关于分子玻璃光刻胶的专利申请。该领域的光刻胶在全球范围来说研究较少，属于国内专利申请的突破领域。可见，国内科研院所已经有意识增加该方面的申请，以求突破国外来华专利的专利壁垒。科研院所还申请一些外围专利，如中科院化学所的申请号为CN201110315017的专利申请侧重于光刻胶的检测方面。这些专利保护范围较小，风险较小。

企业方面提交的专利申请侧重于整体光刻胶的改变，以提高光刻胶的抗蚀刻能力。例如，浙江永太新材料的申请号为CN201410855760的专利申请采用包含取代蒽化合物以增强图像轮廓；台积电的申请号为CN201110025180的专利申请通过光刻胶组合物的改变已提高光刻胶的抗蚀刻能力。

下面继续对国内在审的 EUV 光刻胶技术相关专利申请进行分析研究，从中梳理国内本领域的技术发展方向。

表 4－2－28 列出了 EUV 光刻胶技术在审的国内专利申请。

表 4－2－28　在审的涉及 EUV 光刻胶技术的国内专利申请

申请人	申请号	发明名称	技术领域/技术要点
浙江永太新材料	CN2015108875561	一种用于光刻胶组合物的化合物	光刻胶组合物，包含树脂以及具有卤素、支链烷基、C3～C30 环状烃基或 C2～C20 烯基、或者含氮杂环、抗衡阴离子的化合物
浙江永太新材料	CN201410855600	一种光刻胶组合物	光刻胶组合物，包含树脂、化合物。其中，化合物可通过使四烷基氢氧化铵如四甲基氢氧化铵与相应的羟烷基羧酸反应产生。其表现出优秀的各种光刻胶能力
中科院化学所	CN201210113099	极紫外光刻胶曝光检测装置与方法	极紫外光刻胶超高真空加热处理的检测装置及产气检测方法；操作简便，可以在实验室用于极紫外光刻胶配方工艺筛选，提供所考察的极紫外光刻胶的真空加热产气情况
台积电	CN201610054467	用于脱气减少和带外辐射吸收的新光刻胶添加剂	光刻胶组合物；具有包含氟或 C1～C9 含氟烷基基团的浮动控制单元和包含 C5～C20 烷基基团、环烷基基团、羟烷基基团、烷氧基基团、烷氧基烷基基团、乙酰基基团、乙酰基烷基基团、羧基基团、烷基羧基基团、环烷基羧基基团、C5～C20 饱和或不饱和烃环或 C5～C20 杂环基团的容量控制单元
北京师范大学	CN201610055597	含光产酸基团的苯乙烯衍生物——甲基丙烯酸酯共聚物、其制备及其应用	光酸产生剂；含锍盐光产酸基团的苯乙烯衍生物与甲基丙烯酸酯单体的多元共聚物

上述国内在审的 5 件专利申请涉及 4 个申请人，这些专利主要涉及 EUV 光刻胶真空加热处理的装置和检测方法、光刻胶组合物以及光刻胶组合的重要组成部分——光

酸产生剂。

其中，中科院化学所的申请号为 CN201210113099 的专利申请主要关注极紫外光刻胶超高真空加热处理的检测装置及产气检测方法，此种装置和检测方法操作简便，可以在实验室用于极紫外光刻胶配方工艺筛选，提供所考察的极紫外光刻胶的真空加热产气情况。

浙江永太新材料的申请号为 CN2015108875561、CN201410855600 的专利申请主要涉及光刻胶组合物的改进，具体涉及包含树脂以及具有卤素、支链烷基、C3 ~ C30 环状烃基或 C2 ~ C20 烯基或者含氮杂环、抗衡阴离子的化合物。

台积电同样关注光刻胶的组成，如其于 2016 年提交的申请号为 CN201610054467 的专利申请涉及一种具有浮动控制单元以及容量控制单元的光刻胶组合物。

北京师范大学的申请号为 CN201610055597 的专利申请关注光酸产生剂的改进，其采用鎓盐光产酸基团的苯乙烯衍生物与甲基丙烯酸酯单体的多元共聚物作为光刻胶组合物。

总体来说，无论从有效专利的角度还是从待审专利的角度，国内 EUV 光刻胶技术的专利申请量都非常小，两者相加才有 16 件专利申请，故不可能形成对该类光刻技术的整体覆盖和相互保护支撑。且这些专利申请的保护范围大多较小，技术较为细化而缺少核心专利。从上述分析也可以看出，和国内企业与研究机构对 EUV 掩模光刻技术采取的策略一样，国内企业和研究机构对 EUV 光刻胶技术的研究重点均放在分子玻璃体系光刻胶的改进上，这样的发展模式可以更好地聚集科研资金和技术实力集中于分子玻璃体系光刻胶技术的研究上，形成研究上的规模效应以促进国内分子玻璃体系光刻胶技术的发展。即使目前国内申请仍然存在较大的风险，国内申请也存在突破国外公司专利技术布局的可能性。

4.2.2.4 小结与启示

4.2.2.4.1 小　结

本节通过对图形光刻产业的市场、产业信息以及非专利文献进行分析，对图形光刻相关的产业技术发展脉络进行了详尽的梳理，并根据图形光刻的产业发展脉络，确定了 EUV 光刻技术作为热点技术进行进一步的分析，通过专利分析方法，对 EUV 光刻技术的专利技术发展脉络进行了详尽的梳理。

在此基础上，课题组重点对 EUV 光刻技术的专利主导性进行较为详尽的分析，得出如下结论：从全球范围来看，EUV 光刻技术市场上是专利主导的，并且从专利技术转化为产业的时间较长，一般为 4 ~ 6 年。这反映了专利申请能够预测未来几年产业技术的发展方向和趋势。

根据上述专利主导性的分析，课题组对近几年全球 EUV 光刻技术的重点专利技术和热点技术的专利申请进行了分析，并得出如下结论：未来几年，EUV 光刻胶技术和 EUV 掩模技术仍然是 EUV 光刻技术中的两项重点技术。其中，EUV 光刻胶技术的关注重点在于新型光致产酸剂的形成方法以及 EUV 分子玻璃体光刻胶的形成方法；而 EUV 掩模技术关注的重点在于 EUV 多层反射膜技术、吸收层的形成和应用技术以及 EUV 掩模衬底技术。另外，EUV 放气处理技术也越来越受业内关注。

4.2.2.4.2　启　　示

课题组还对中国近几年 EUV 光刻技术重点专利技术和热点技术的专利申请进行了研究，分析近年来 EUV 光刻技术热点技术的区别和差距，并在此基础上对关于 EUV 光刻技术提出了一些发展措施和建议，以期对国家政策的制定、国内集成电路制造企业发展方向的选择提供一定的参考价值。

一是加强对重点技术的基础研究。例如，在 EUV 光刻技术领域，国内申请人有必要再集中力量加强 EUV 掩模衬底的研发或者加强技术引进，以促进国内 EUV 掩模衬底技术的发展。

二是加强产学研联合，以形成研发联盟。例如，加强大学院校（如同济大学、北京师范大学以及南京航空航天大学）、科研机构（如长春光机所以及中科院微电子所、中科院理化所等）以及国内大型集成电路制造厂商（如中芯国际、华力微电子、上海华虹等）的联合，针对 EUV 掩模多层材料的改进以及 EUV 分子玻璃体光刻胶进行重点研究并布局，或者通过专利转让或许可的方式将研发机构现有的技术成果转移给国内企业。

三是加强专利技术引进以促进国内技术的发展。例如，建议国内申请人通过专利引进、专利转让的方式引进国外关于新型光致产酸剂的核心技术，并在此核心技术之上进行研究，以加快国内 EUV 光刻胶技术的发展。

4.3　集成电路封装领域

BGA 载板技术相对成熟，对于广东省来说技术升级难度较小，专利风险较低；WLCSP 技术是目前的热门封装技术，也是广东省战略新兴产业发展重点之一。因此，本节选择 BGA 载板技术和 WLCSP 技术作为集成电路封装领域的重点技术分支进行分析。

4.3.1　BGA 载板

4.3.1.1　专利态势分析

BGA 载板技术的研究始于 20 世纪 60 年代，最早被美国 IBM 采用，但一直到 90 年代初，BGA 才真正进入实用化的阶段。BGA 是集成电路采用有机载板的一种封装方法，其特点如下：①封装面积减小；②功能加大，引脚数目增多；③PCB 板熔焊时能自动居中，易于上锡；④可靠性高；⑤电性能好，整体成本低等特点。

随着集成电路制程的进步，晶元（Die）整体尺寸缩小，但所含的电子组件却不减反增，导致内连接这些电子组件的导线越来越密集，其衍生的寄生电容与内连阻值的增加都使晶片性能下降。为解决上述问题，半导体制造业除了利用低阻值的铜导线取代传统的铝导线来降低导线阻值，更应寻求低介电常数介电层解决寄生电容的问题。另一具有对成本与性能有直接关键性影响的是封装技术。因为当增加晶片组件以注入新的功能时，势必大量增加输入输出端子以匹配连接，同时晶片的功率消耗与散热问题也更加凸显。而 BGA 载板要求在较小的区域具有较高的布线密度，以便将芯片上的所有引线脚连接到载板的焊盘上。

以检索得到的向中国国家知识产权局专利局提交并公开的全部涉及 BGA 技术的专利申请为研究对象，此部分数据统称为中国专利申请。其中，由中国大陆及港澳台地区申请人提交的申请称为国内专利申请；外籍申请人通过不同方式中国国家知识产权局专利局提交的申请则称为国外来华专利申请。① 截至 2018 年 10 月 31 日，检索到全球范围内涉及单芯片封装 BGA 载板专利申请共 4314 项，其中中国专利申请 749 件。需要说明的是，单芯片封装 BGA 载板专利关注的是一级封装的普通 BGA 载板封装，不包括 LED 芯片的封装、多芯片 BGA 封装、植球的设备、BGA 封装后的安装（比如封装体安装在 PCB 板，不属于封装本身）、封装的检测（不属于封装本身）、晶圆级/晶片级封装、扇出型/扇入型 BGA、Micro-BGA。图 4－3－1 和图 4－3－2 示出了 BGA 载板技术在单芯片封装 BGA 技术中的占比情况。

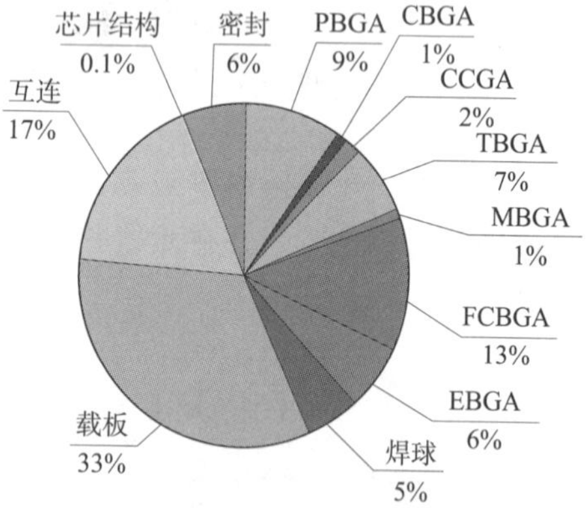

图 4－3－1　单芯片封装 BGA 载板技术领域全球专利技术分布

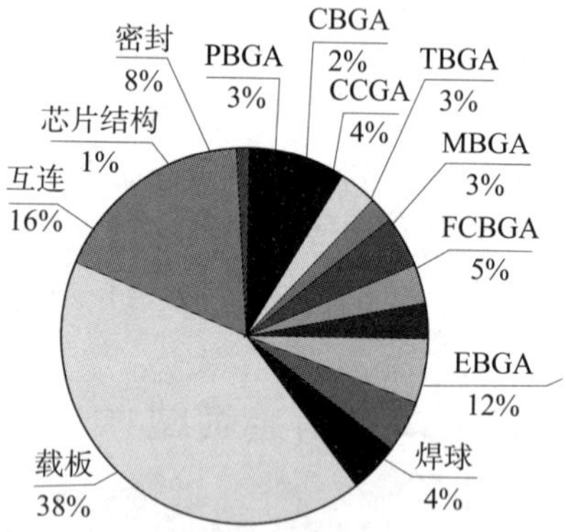

图 4－3－2　单芯片封装 BGA 载板技术领域中国专利技术分布

可以看出，单芯片封装 BGA 载板技术可分为 PBGA（塑封 BGA）、CBGA（陶瓷 BGA）、CCGA（陶瓷焊柱阵列）、TBGA（载带 BGA）、MBGA（金属 BGA）、FCBGA（倒装芯片 BGA）、EBGA（带散热器 BGA）、焊球、载板、互连、芯片结构、密封等分支。目前关于单芯片封装 BGA 载板技术的全球专利申请共 4314 项，其中涉及载板技术的相关专利申请共有 1420 项，占据总量的 33%。单芯片封装 BGA 技术的中国申请量为 749 件，其中涉及载板技术的相关专利申请共有 285 件，占总量的 38%。可见，单芯片封装 BGA 载板技术领域中占比最大的是 BGA 载板技术。因此，BGA 载板技术是目前专利申请量最多的单芯片封装 BGA 技术，故选取 BGA 载板技术进行技术和风险的分析。

下面将对 BGA 载板技术的全球专利申请状况和中国专利申请状况分别进行分析。

4.3.1.1.1　全球专利态势分析

BGA 载板技术的全球状况是衡量该项技术发展高度的重要指标，也是该项技术专利

① 上述统一的命名规则适用于本报告所有统计数据。

态势分析研究的切入点。截止到 2018 年 10 月 31 日，检索到全球范围内涉及 BGA 载板的专利申请共 1420 项，其中中国专利申请 285 件。在此检索基础上，围绕对该项技术在全球的申请趋势、国家/地区分布、重点技术分支以及主要申请人等方面进行分析。

（1）申请趋势分析

通过对全球 BGA 载板技术领域相关专利申请历年变化趋势分析，可以初步掌握全球 BGA 载板技术的发展过程和趋势，从而对其未来发展方向形成简单判断。

图 4－3－3 反映了 BGA 载板技术领域全球专利申请态势分布情况。可以看出，1993～1997 年，BGA 载板技术的年申请量总体呈快速上升的趋势，直至 2008 年申请量保持在高位波动。其中，2004 年达到峰值，于 2009 年申请量开始逐步下降。特殊的是 2011 年出现反弹，是由于 2011 年长电科技围绕引线框式的 BGA 载板集中申请 39 件专利的缘故，包括 2 件发明专利和 37 件实用新型专利。

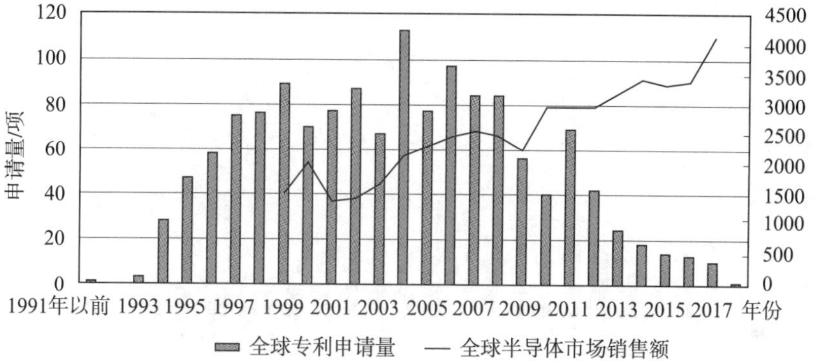

图 4－3－3　BGA 载板技术领域全球专利申请历年分布

图中曲线表示的是全球半导体市场销售额的变化趋势，可见集成电路全球市场销售额在 2001 年出现了下降，2002 年开始回升并持续增长，随后于 2008～2009 年再次出现负增长，并于 2010 年开始反弹。对比发现，2009 年全球半导体市场销售额出现下降，BGA 载板技术专利也同步下降，随后半导体销量开始回升，BGA 载板技术却进入下降通道，两者发生了明显走势的不同。其原因在于，该 BGA 载板技术涉及的是单芯片封装的 BGA 技术，随着集成化的进一步提高以及封装尺寸的降低，BGA 封装由单芯片 BGA 封装朝芯片尺寸封装（Chip Size Package，CSP）以及 MCM（Multi Chip Module）、3D 封装的多芯片封装，因而涉及单芯片 BGA 的改进越来越少，专利申请量逐步下降。

（2）国家/地区分布分析

图 4－3－4 反映的是 BGA 载板技术领域全球专利申请国家/地区分布情况。在 BGA 载板技术的全球专利申请中，美国籍申请人申请量为 463 项，占比为 33%；日本籍申请

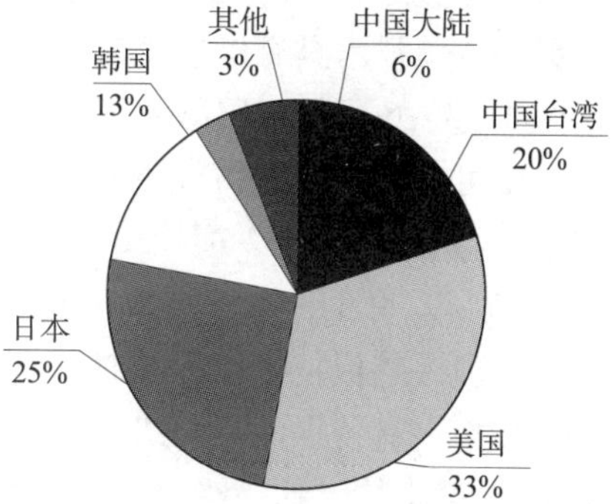

图 4－3－4　BGA 载板技术领域全球专利申请国家/地区分布

人申请量为357项，占比为25%；中国台湾籍申请人申请量为282项，占比为20%；韩国籍申请人申请量为190项，占比为13%；中国大陆籍申请人申请量为87项，占比为6%。可以看出，97%的相关全球专利申请被美国、日本、中国和韩国籍申请人占有，说明该领域技术集中度非常高。其中，美国籍申请人是该领域最主要的申请人，而中国和日本的申请量相当。

由图4-3-5可以看出美国、日本、中国（包括中国大陆和中国台湾）和韩国籍申请人在BGA载板技术领域的历年专利申请量变化情况，不同时期的主要申请国家/地区不同，美国、日本、中国台湾、韩国、中国大陆分别于1993年、1991年、1996年、1994年和2004年开始申请。可以发现，中国大陆专利起步比日本晚13年，比美国晚11年，且国内专利起步阶段实际上对应的全球专利的高位阶段。

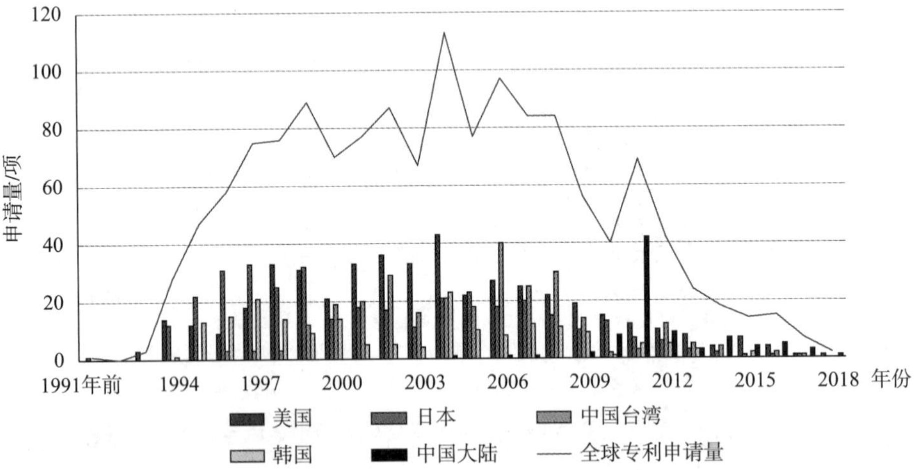

图4-3-5　BGA载板技术领域全球专利申请主要国家/地区专利申请趋势

（3）重点技术分支分析

BGA载板技术领域的重点技术是专利分析的定性分析内容，反映BGA载板技术领域各个重点技术分支的专利分布状况，指明BGA载板技术领域的申请与研究热点，以及各个研究热点随时间的发展变化脉络，以及在该领域各个国家的技术优势，对我国研发与保护该项技术具有借鉴意义。

由图4-3-6可见，BGA载板技术全球申请总量为1420项，对其进一步细分后，其一级分支可分为基板、引线框和无基板，如图4-3-6内环所示。可见，上述分支的全球申请量分别有1032项、368项、20项，申请量最多的是基板技术，全球申请量中占比72.7%。可见，基于基板技术的BGA载板技术是一个重点研究领域，符合BGA载板技术中引入基板技术以提高封装密度的初始动机。据此，后续将会在BGA基板技术中进一步选择有特点的下一级技术分支作为重点技术分支进行重点研究和分析。

对BGA载板技术的一级分支“基板技术”进行进一步细分，其二级分支可分为凹槽式、窗口式、布线/端子、集成其他部件、柔性和其他，如图4-3-6外环所示。可见，上述分支的全球申请量分别有193项、247项、474项、97项、8项、13项，其中

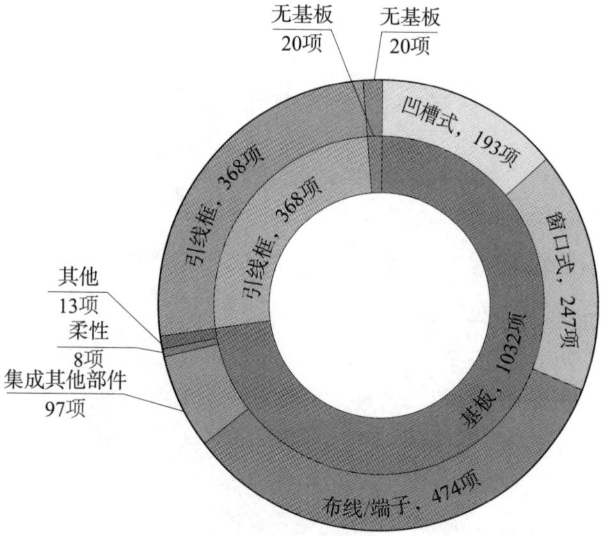

图 4-3-6 BGA 载板技术领域全球申请一级二级技术分支分布

申请量排名前三的是布线/端子技术、窗口式技术和凹槽式技术，在 BGA 基板技术的全球申请总量 1032 项中占比分别为 45.93%、23.93% 和 18.7%。显然，通常会选择占比第一的布线/端子技术作为重点技术分支进行重点研究和分析，然而其涵盖基板表面及内部的各种布线、通孔、焊垫、端子、凸块以及伪垫，覆盖面较大，但涉及的改进点却比较零散，且往往是针对微小的地方进行改进，即需要进一步细分成数量较多的、零散的下一级分支来进行具体分析，这种细分将导致分摊到各细分支的申请量明显较少。而占比排名第二和第三的窗口式技术和凹槽式技术因其结构独特鲜明，不需要进一步细分，因而相对而言有必要将这两者作为重点技术分支进行重点研究和分析。

图 4-3-7 为近 10 年 BGA 载板技术领域全球专利申请的一级二级技术分支分布情况。对比图 4-3-6 可以发现，近 10 年来的一级技术分支仍然包括基板、引线框和无基板，仅引线框分支占比变大，但是二级技术分支中涉及“柔性”的技术分支已经不存在，说明近 10 年暂停对“柔性 BGA 基板”的专利布局。

由图 4-3-8 可知，在全球专利申请中，BGA 载板技术对技术功效的改进体现在成本、电学可靠性、减小应力、简化工艺、密封、散热和小型化 7 个方面。其中，在基板技术分支中，其功效改进主要集中在电学可靠性、小型化和散热上；而在引线框技术分支中，其功效改进主要集中在成本、电学可靠性和小型化；在无基板技术分支中，其功效改进主要集中在小型化。

（4）主要申请人分析

专利申请人是专利申请的载体，也是专利布局的谋划者。BGA 载板专利技术在全球范围内主要掌握在哪些企业手中、哪些企业在专利布局上具有优势地位、这些企业在全球关注的市场热点在哪里、该领域历年来申请人排名变化情况，都是专利布局研究中应该关注的热点。因此，通过分析该领域主要申请人的状况，可以对该项专利技术的整体态势产生更深入的认识。

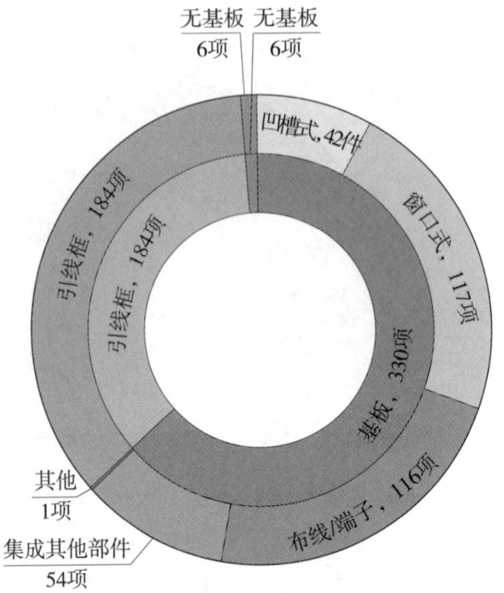

图4－3－7　BGA载板技术领域近10年全球专利申请的一级二级技术分支分布

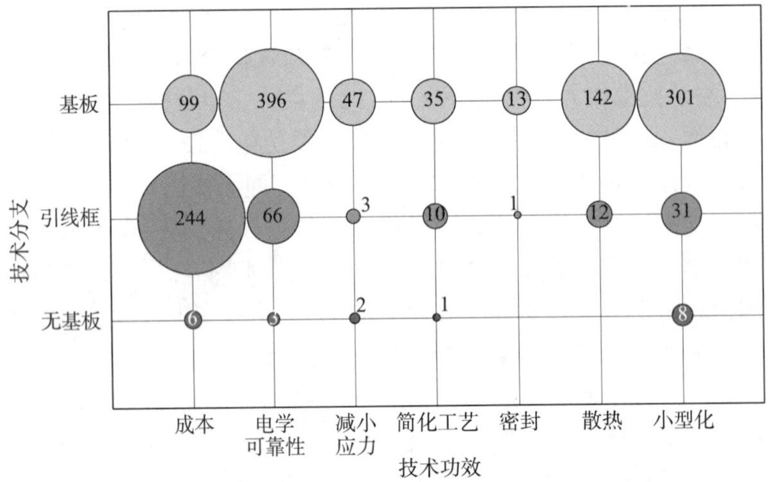

图4－3－8　BGA载板技术领域全球技术功效图

注：图中数字表示申请量，单位为项。

如图4－3－9所示，排名第一位的三星的申请量为87项，占BGA载板技术全球总申请量1420项的6.13%；排名第二的长电科技的申请总量为64项，占全球的总申请量的4.51%。图4－3－9所示的排名前十位申请人中，中国申请人的申请量占全球申请量的14.93%，为212项；韩国申请人的申请量占全球申请量的9.65%，为137项；日本申请人的申请量占全球申请量的7.75%，为110项；美国申请人的申请量占全球申请量的2.54%，为36项。可见，这4个国家在该领域技术的布局力度较大。全球前十位申请人的专利申请量495项占全球申请总量1420项的34.86%。可见，在BGA载板技术领域，专利技术的集中度并不算高。其中，中国大陆的长电科技排名第二，与其在中国大陆作为封装龙头企业的身份相符。

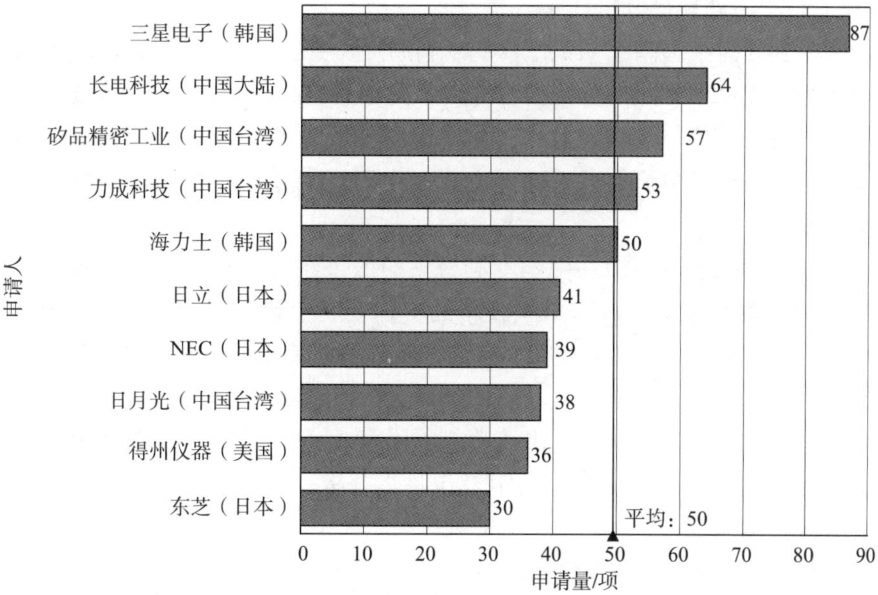

图4－3－9　BGA载板技术全球重要申请人的申请量分布

图4－3－10为BGA载板技术近10年全球主要申请人的申请量分布图，对比图4－3－9和图4－3－10可以发现，近10年来，中国大陆的长电科技专利申请量超过韩国的三星，排名第一，且该排名前十的申请人中，中国申请人的申请量达到158项，占BGA载板技术近10年全球总申请量521项的30.3%，明显高于韩国、日本和美国的申请量。显然，近10年中国是BGA载板技术专利申请的主要来源地。

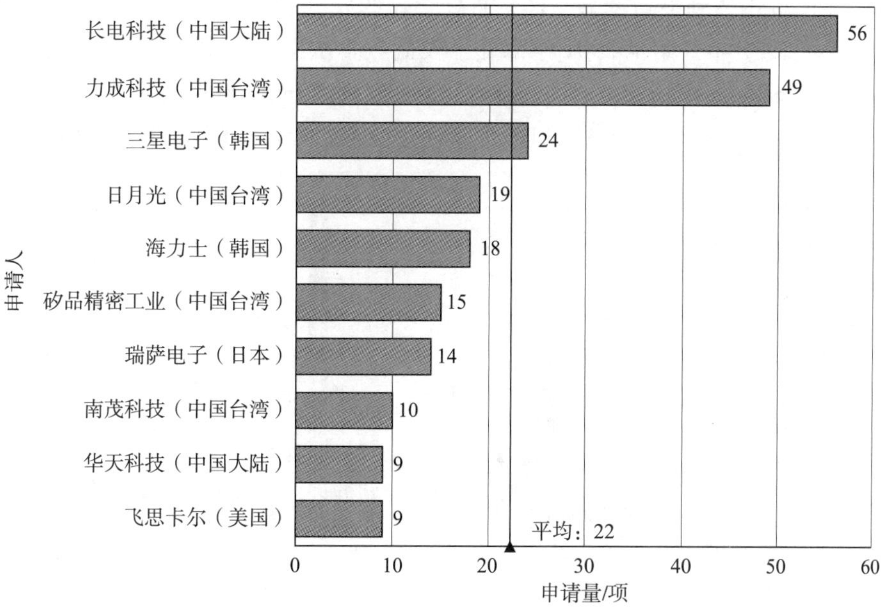

图4－3－10　BGA载板技术近10年全球主要申请人的申请量分布

4.3.1.1.2　中国专利态势分析

以检索得到的向中国国家知识产权局专利局提交并公开的全部涉及 BGA 载板技术的专利申请为研究对象，此部分数据统称为中国专利申请，对 BGA 载板技术在中国的整体申请状况进行统计与分析。其中，由中国大陆及港澳台地区申请人提交的申请称为国内专利申请；外籍申请人通过不同方式向中国国家知识产权局专利局提交的申请则称为国外来华专利申请。

截至本次检索截止时间，在中国专利检索与服务系统数据库中，经检索式检索与人工筛选，最终确定的涉及 BGA 载板技术的中国专利申请量为 285 件。其中，国内专利申请 198 件，占全部申请总量的 69.47%；国外来华专利申请 87 件，占全部申请总量的 30.53%。

下面在这一数据基础上从专利申请趋势、国家/地区分布、重点技术分支、主要申请人等角度对 BGA 载板技术领域的专利状况进行分析。

（1）申请趋势分析

专利发展趋势分析从涉及 BGA 载板技术的中国专利申请趋势以及专利授权趋势两个方面进行，其中又分别针对国内申请与国外来华申请两种情况加以详细区分，以便充分掌握该领域国内申请人以及国外来华申请的专利申请趋势和布局态势。

专利申请量表征专利申请的趋势信息，可以表示申请人对该技术的关注程度、投入的精力，间接地说明该技术领域的专利活跃程度。

图 4－3－11 示出了 BGA 载板技术领域中国专利申请量历年分布情况。其中，中国申请量包括国外来华申请和国内申请，而国内申请包括中国大陆以及港澳台地区向中国国家知识产权局专利局的申请。可见，BGA 载板技术的国外来华申请在 1993 年开始，1997 年申请量达到最高峰，整体一直处于较低数量水平范围内。而 BGA 载板技术的国内申请从 1997 年开始至 2001 年都处于较低数量水平，于 2002 年开始迎来快速发展阶段，并在 2011 年申请量达到最高峰，之后也随着全球申请量的下降趋势开始下降。结合图 4－3－3、图 4－3－5 和图 4－3－11 可以发现，中国大陆专利起步比日本

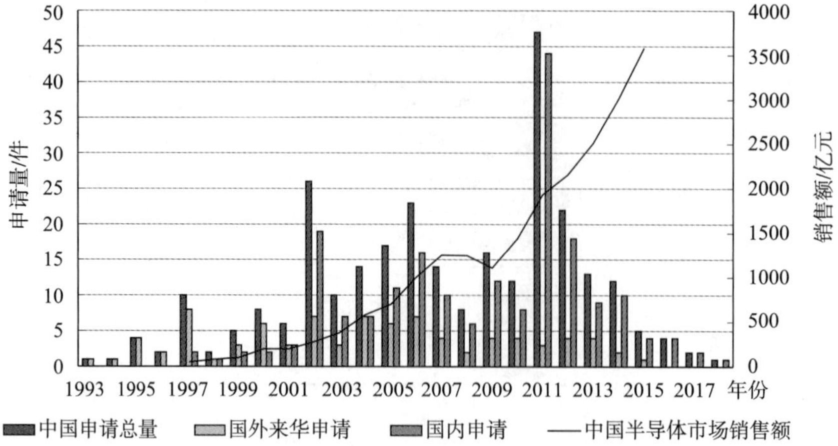

图 4－3－11　BGA 载板技术领域中国专利申请量历年分布

（即全球专利）晚 13 年，国内专利起步比全球专利晚 6 年（因国内专利包含中国台湾来华专利），甚至比国外来华专利晚 4 年，且国内专利起步阶段实际上对应于全球专利申请的高位阶段，随后随着国内 BGA 载板技术研发的增大以及 BGA 封装产业由国外转移到国内，专利申请开始进入快速发展，在 2011 年达到最高峰后开始逐步下降。其趋势与全球专利趋势一致，表示国内对 BGA 载板技术的研发和国际接轨，也表明 BGA 载板技术当前已趋于成熟。若该技术领域没有新的技术提出，预估该技术领域专利和研发将维持在低水平。

BGA 载板技术共有 282 件中国专利申请，参见图 4－3－12，其中国外来华专利申请占比 31%，国内专利申请占比 69%。从国内专利申请来看，中国台湾申请人申请的专利占比 57%，江苏专利申请占比 34%，而广东专利申请占比 4%。可见，广东针对 BGA 载板技术的专利申请较少，其中江苏专利申请占比较大是因为龙头企业——江苏长电科技申请量较大。

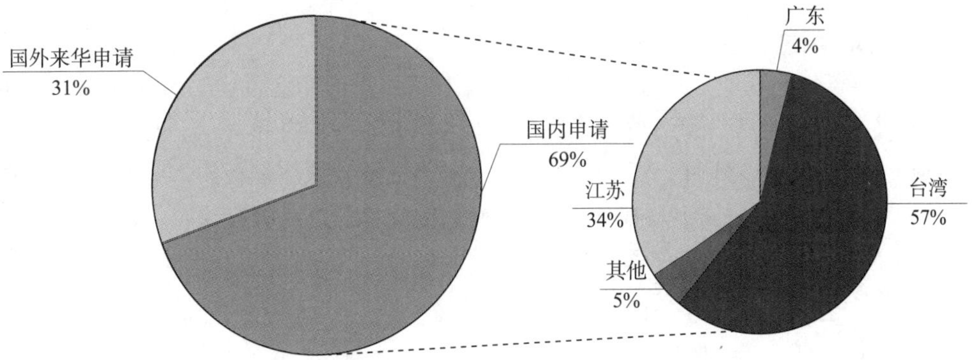

图 4－3－12　BGA 载板技术领域中国专利申请地区分布

（2）国家/地区分布分析

分析中国专利申请中专利的来源，可以客观反映其他国家/地区对中国市场的重视程度以及国内本土在 BGA 载板技术上的发展程度。

图 4－3－13 和图 4－3－14 反映了各个国家/地区在华的历年专利申请分布情况。BGA 载板中国专利申请量 282 件，总体来看，中国台湾籍、日本籍和美国籍申请人一直都关注中国市场，特别是占比第一的台湾地区的申请量达到 113 件，占总申请量的 40%，处于优势地位，其与向中国大陆设厂的市场布局是分不开的。而由于中国大陆申请人的申请量于近年特别是 2011 年迅速增长至 42 件，中国大陆申请人的申请量也达到 84 件，占比为 30%，位列第二。其主要是因为江苏地区的封装企业，如长电科技占比较大。

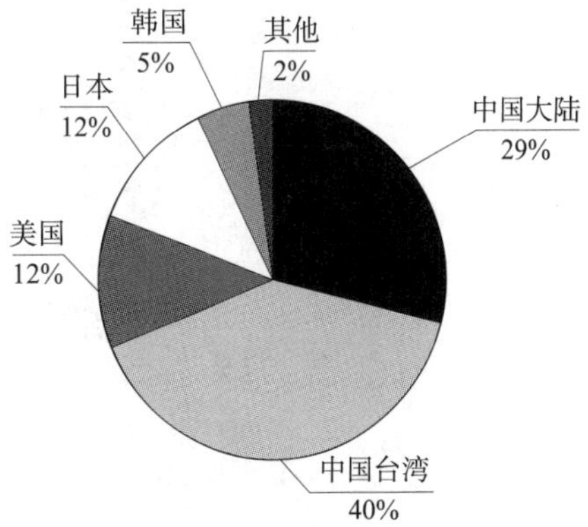

图 4－3－13　BGA 载板技术中国专利申请国家/地区分布

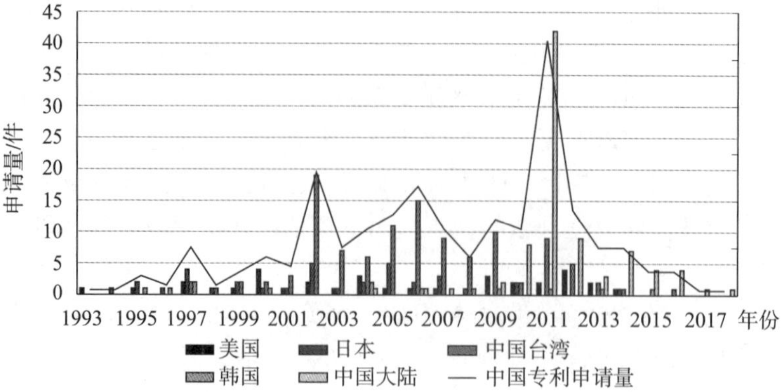

图 4-3-14　BGA 载板技术领域中国专利申请主要国家/地区专利申请分布

(3) 重点技术分支分析

本部分将以不同技术分支的中国专利申请数据作为分析对象，对 BGA 载板技术领域中国专利申请的特点进行分析。

由图 4-3-15 可见，BGA 载板技术中国申请总量为 282 件，对其进一步细分后，其一级分支可分为基板、引线框和无基板，如图 4-3-15 内环所示。可见，上述分支的中国申请量分别有 183 件、93 件和 10 件，申请量最多的是基板技术，在中国申请量中占比 64.5%。可见，基于基板技术的 BGA 载板技术是重点研究领域，这也符合 BGA 技术中引入基板技术以提高封装密度的初始动机。据此，后续将会在 BGA 基板技术中进一步选择有特点的下一级技术分支作为重点技术分支进行重点研究和分析。

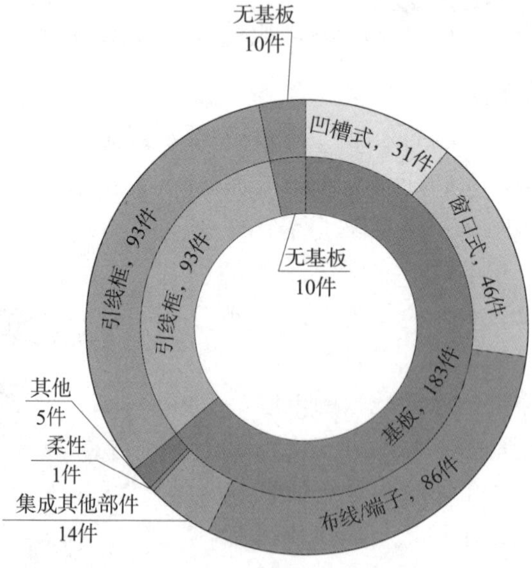

图 4-3-15　中国申请中 BGA 载板技术的一级二级技术分支分布

对 BGA 载板技术的一级分支“基板技术”进行进一步细分，其二级分支可分为：凹槽式、窗口式、布线/端子、集成其他部件、柔性和其他，如图 4-3-15 外环所示。

可见，上述分支的中国申请量分别有31件、46件、86件、14件、1件和5件，其中申请量排名前三的是布线/端子技术、窗口式技术和凹槽式技术，在BGA基板技术的中国申请总量182件中占比分别为47.25%、25.27%和17.03%。显然，通常会选择占比第一的布线/端子技术作为重点技术分支进行重点研究和分析，然而如同前述全球申请的情况那样，其涵盖的技术点较多且比较零散，往往是针对微小的地方进行改进，即需要进一步细分成数量较多的、零散的下一级分支来进行具体分析，这种细分将导致分摊到各细分支的申请量明显较少。而占比排名第二和第三的窗口式技术和凹槽式技术因其结构独特鲜明，不需要进一步细分，因而相对而言有必要将这两者作为重点技术分支进行重点研究和分析。

对比图4－3－6和图4－3－15所展示的全球申请和中国申请中BGA载板技术的技术分支分布可以发现，中国申请与全球申请的技术分布领域相同，且各分支的占比趋势也一致，表明中国关于BGA载板技术的专利研究与全球趋势相同。

图4－3－16为近10年BGA载板技术领域中国专利申请的一级二级技术分支分布，对比图4－3－15可以发现，近10年来的一级技术分支仍然包括基板、引线框和无基板，仅是引线框分支占比变大，但是二级技术分支中涉及“柔性”的技术分支已经不存在，说明近10年暂停对“柔性BGA基板”的专利布局。

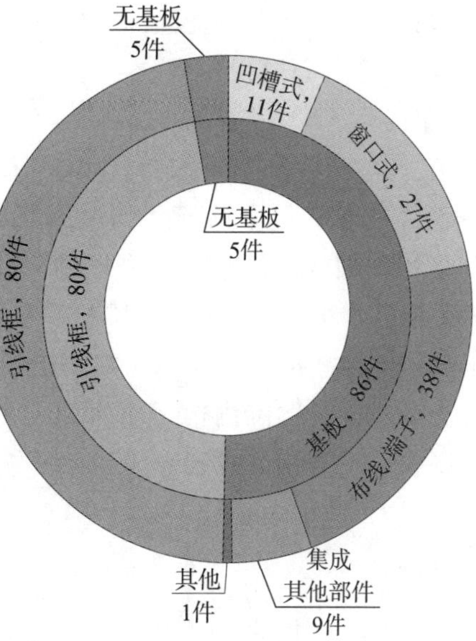

图4－3－16 BGA载板技术领域近10年中国专利申请的一级二级技术分支分布

图4－3－17为广东申请的BGA载板技术专利的一级二级技术分支分布。可以发现主要涉及基板技术分支的改进，引线框技术分支仅有1件申请，无基板技术分支为空白。可见，广东在BGA载板技术领域的专利布局比较单一，数量也较少，处于劣势。经检索发现，上述8件专利申请的申请人分别为中兴（1件，实用新型专利）、华为（2件，发明专利）、惠州TCL（2件，实用新型专利）、安捷利（番禺）电子（1件，

发明专利）以及彭兰兰（个人申请，2 件，实用新型专利）。可见，在上述 8 件专利申请中，发明专利的占比也不高，如中兴、华为等重点企业的专利布局也较少。

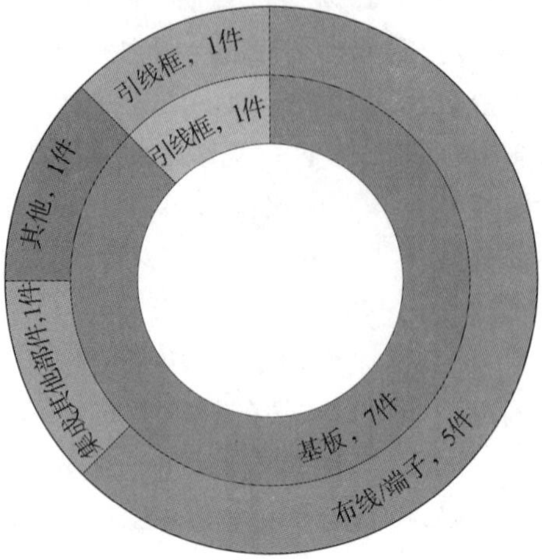

图 4-3-17　广东申请中 BGA 载板技术的一级二级技术分支分布

基于上述全球专利和中国专利分析所选择的重点技术分支，下面我们将以 BGA 基板下的窗口式 BGA 基板技术和凹槽式 BGA 基板技术的专利申请数据作为分析对象，从申请量分布和重要申请人分布两个方面进行分析。

1）窗口式 BGA 基板技术

由图 4-3-18 可以看出，从 1994 年出现窗口式 BGA 基板技术的相关专利申请之后，开始迎来快速发展阶段并在 2006 年申请量达到最高峰后呈逐步下滑的发展态势。而相关中国申请于 1997 年开始（属于国外来华专利申请），2009 年申请量才达到最高峰，并且整体一直处于较低数量水平。而窗口式 BGA 基板技术的国内申请始于 1998 年，虽然对比中国申请和国内申请的数据可以发现中国申请大部分都是国内申请，但是根据实际检索的数据可以发现，上述国内申请全部来自中国台湾地区。也就是说，窗口式 BGA 基板技术在中国大陆没有相关专利申请。

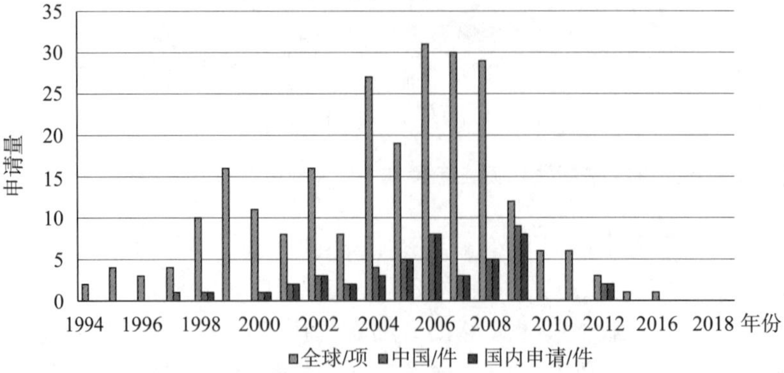

图 4-3-18　窗口式 BGA 基板专利申请量分布

如图 4-3-19 所示，排名第一位的中国台湾地区的力成科技的申请量为 38 项，占窗口式 BGA 基板技术全球总申请量 247 项的 15.4%。其中，华东科技股份有限公司位于中国台湾，其于 2002 年 8 月整合华新先进电子（成立于 1995 年 4 月）与子公司华东先进电子（成立于 1998 年 7 月）更名为华东科技。排名前十位的申请人中，中国籍申请人的申请量占全球申请量的 34%，为 84 项；韩国籍申请人的申请量占全球申请量的 15.79%，为 39 项；日本籍申请人的申请量占全球申请量的 2.02%，为 5 件；美国籍申请人的申请量占全球申请量的 10.93%，为 27 项。可见这 4 个国家在该领域技术的布局力度较大。全球前十位申请人的专利申请量 155 项，占据全球申请总量 247 项的 62.75%。可见，在窗口式 BGA 基板技术领域，专利技术的集中度比较高。虽然中国申请人占比最大，但是上述中国申请人均为中国台湾企业，这也与中国台湾的封装测试行业占比相符。

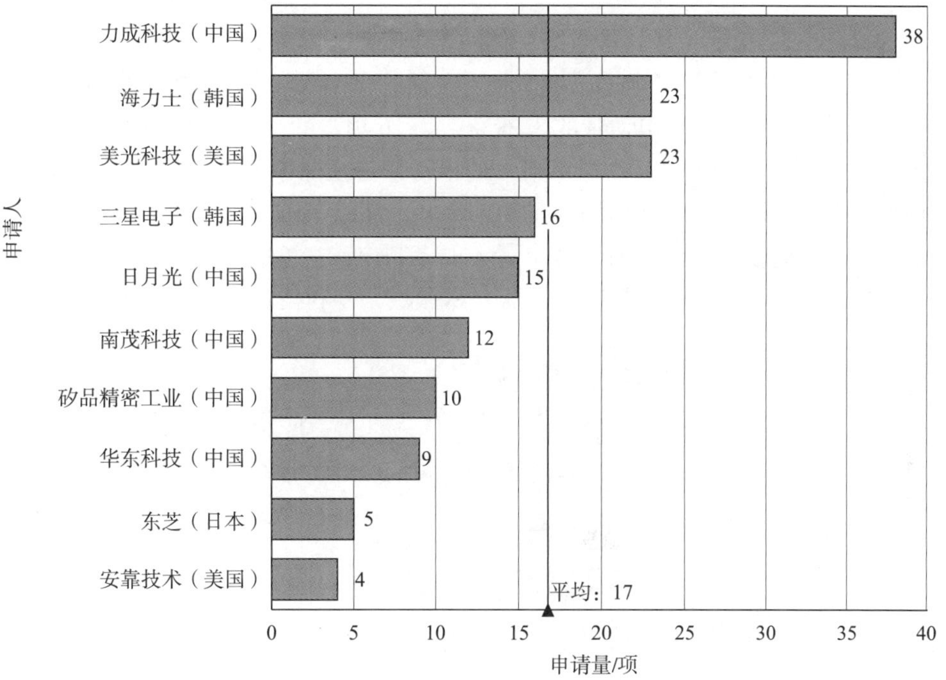

图 4-3-19　窗口式 BGA 基板技术全球重要申请人的申请量分布

2）凹槽式 BGA 基板技术

由图 4-3-20 可以看出，从 1991 年出现凹槽式 BGA 基板技术的相关专利申请之后，1994 年开始迎来快速发展阶段并在 1997 年申请量达到最高峰后，一直到 2003 年都维持在一个水平范围内，并于 2004 年开始呈阶段性下降的发展态势。而根据中国申请和国内申请数据可以发现，中国申请于 1997 年开始且属于国外来华申请，国内申请始于 2001 年，2002 年申请量达到最高峰，并且整体一直处于较低数量水平。根据实际检索的数据发现，上述国内申请除了 2015 年的 3 件专利来自中国大陆的实用新型专利，其他全部来自中国台湾地区。也就是说，凹槽式 BGA 基板技术在中国大陆相应的专利布局也很少。

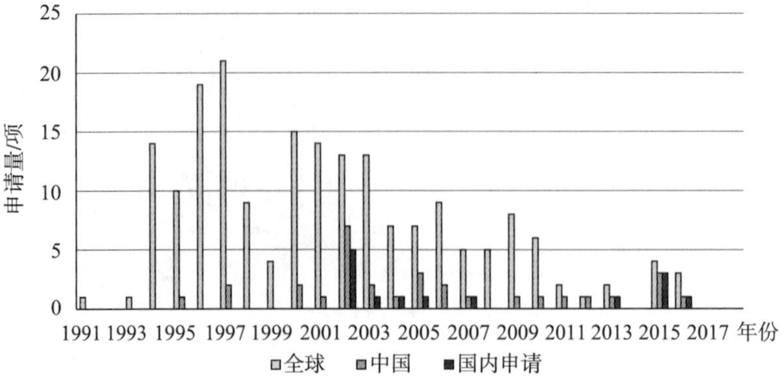

图 4-3-20 凹槽式 BGA 基板专利申请分布

如图 4-3-21 所示，并列排名第一位的美国安靠技术和日本东芝的申请量均为 10 项，占凹槽式 BGA 基板技术全球总申请量 193 项的 5.18%。排名前十位申请人中，中国籍申请人的申请量占全球申请量的 8.29%，为 16 项，韩国籍申请人的申请量占全球申请量的 4.66%，为 9 项；日本籍申请人的申请量占全球申请量的 11.4%，为 22 项；美国籍申请人的申请量占全球申请量的 10.88%，为 21 项。可见，这 4 个国家在该领域技术的布局力度较大。全球前十位申请人的专利申请量 68 项，占全球申请总量 193 项的 35.23%。可见，在窗口式 BGA 基板技术领域，专利技术的集中度相对较低。

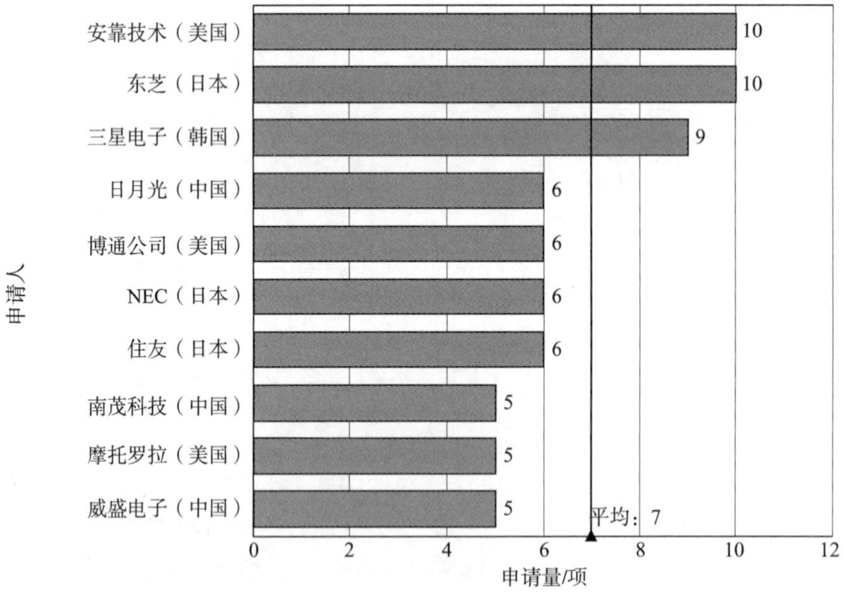

图 4-3-21 凹槽式 BGA 基板技术全球重要申请人的申请量分布

根据图 4-3-18 和图 4-3-20 所示的两个重点专利技术分支的申请趋势可以发现，国外申请人已经在窗口式和凹槽式 BGA 基板技术上进行专利布局，国内除了台湾地区之外，几乎没有相关的申请。根据检索标引的统计结果，这两种结构是制作薄型化器件、提高电学可靠性能的改进方向。显然，国内专利布局已经严重落后，需要引起重视。

为了更好地了解中国在BGA载板技术的关注点，图4－3－22列出了BGA载板技术领域中国专利申请在不同技术分支中的专利申请量。BGA载板技术对技术功效的改进也体现在成本、电学可靠性、减小应力、简化工艺、密封、散热和小型化7个方面。在基板技术分支中，其改进主要集中在电学可靠性、小型化和减小应力；而在引线框技术分支中，其功效改进主要集中在成本和电学可靠性；在无基板技术分支中，其功效改进主要集中在小型化。对比上述两幅图所示的全球和中国的技术功效可以发现，在基板技术分支中，相比于散热，中国专利更倾向于减小应力的改进，说明基板散热的改进趋于成熟。另外，在小型化的大趋势下，无基板的BGA载板技术可能成为未来研发的一个热点，其散热方面为其技术空白点，可以进行针对性的研发和专利布局。另外，无基板的BGA载板技术由于省去基板，更适合制作薄型化的器件，甚至是柔性封装器件，因而可以向柔性封装发展和布局。

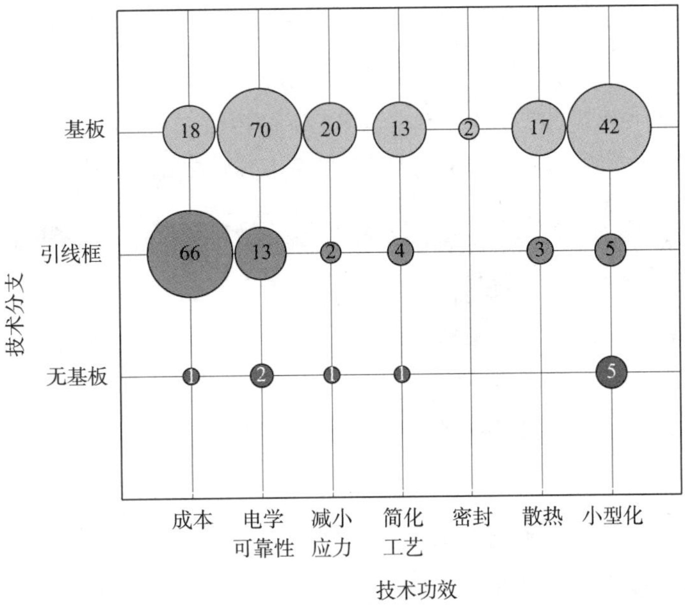

图4－3－22　BGA载板技术领域中国技术功效图

注：图中数字表示申请量，单位为件。

（4）主要申请人分析

专利申请人的申请量排名反映某一领域内专利申请人的技术掌握情况及其专利布局策略。一般来说，专利申请数量可以反映某申请人的研发投入情况、专利申请积极性和市场重视程度。下面从主要申请人的角度对BGA载板技术领域的中国专利申请进行分析。

图4－3－23为BGA载板技术领域中国专利主要申请人的申请量分布情况。可以发现，中国大陆的长电科技申请量最大，而全球申请量较大的三星和海力士在中国的BGA载板技术专利布局较少。

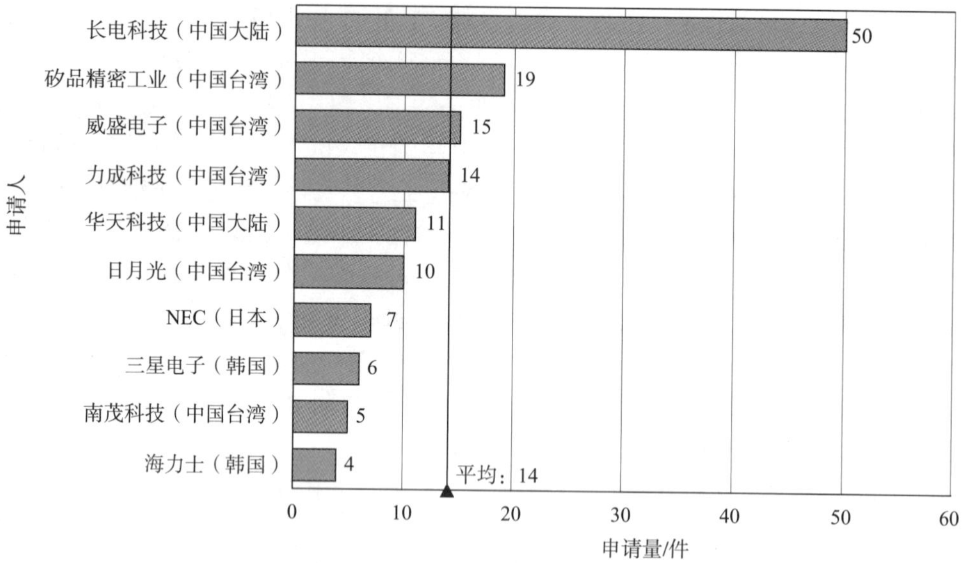

图 4-3-23　BGA 载板技术领域中国专利主要申请人的申请量分布

图 4-3-24 为 BGA 载板技术近 10 年中国主要申请人的申请量分布情况。可以发现，近 10 年中国大陆的长电科技仍然是专利申请量最大的申请人，其中中国大陆还有华天科技和无锡华润安盛上榜，说明近 10 年中国大陆的申请人开始在 BGA 载板技术领域布局专利。

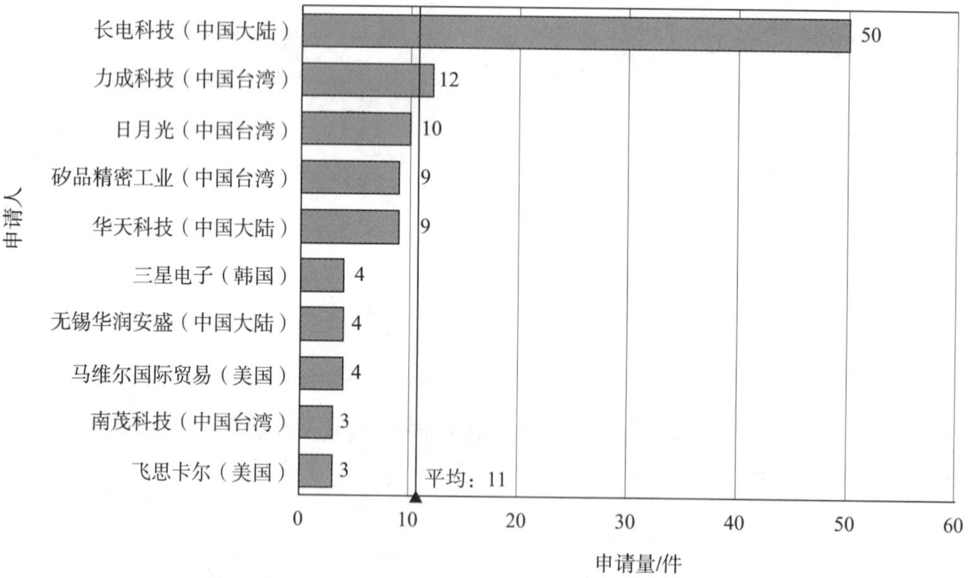

图 4-3-24　BGA 载板技术领域近 10 年中国主要申请人的申请量分布

4.3.1.2　技术发展路线分析

4.3.1.2.1　窗口式 BGA 基板专利技术发展路线

图 4-3-25 为窗口式 BGA 基板技术的全球专利技术路线，下面将对该专利技术路线进行描述。

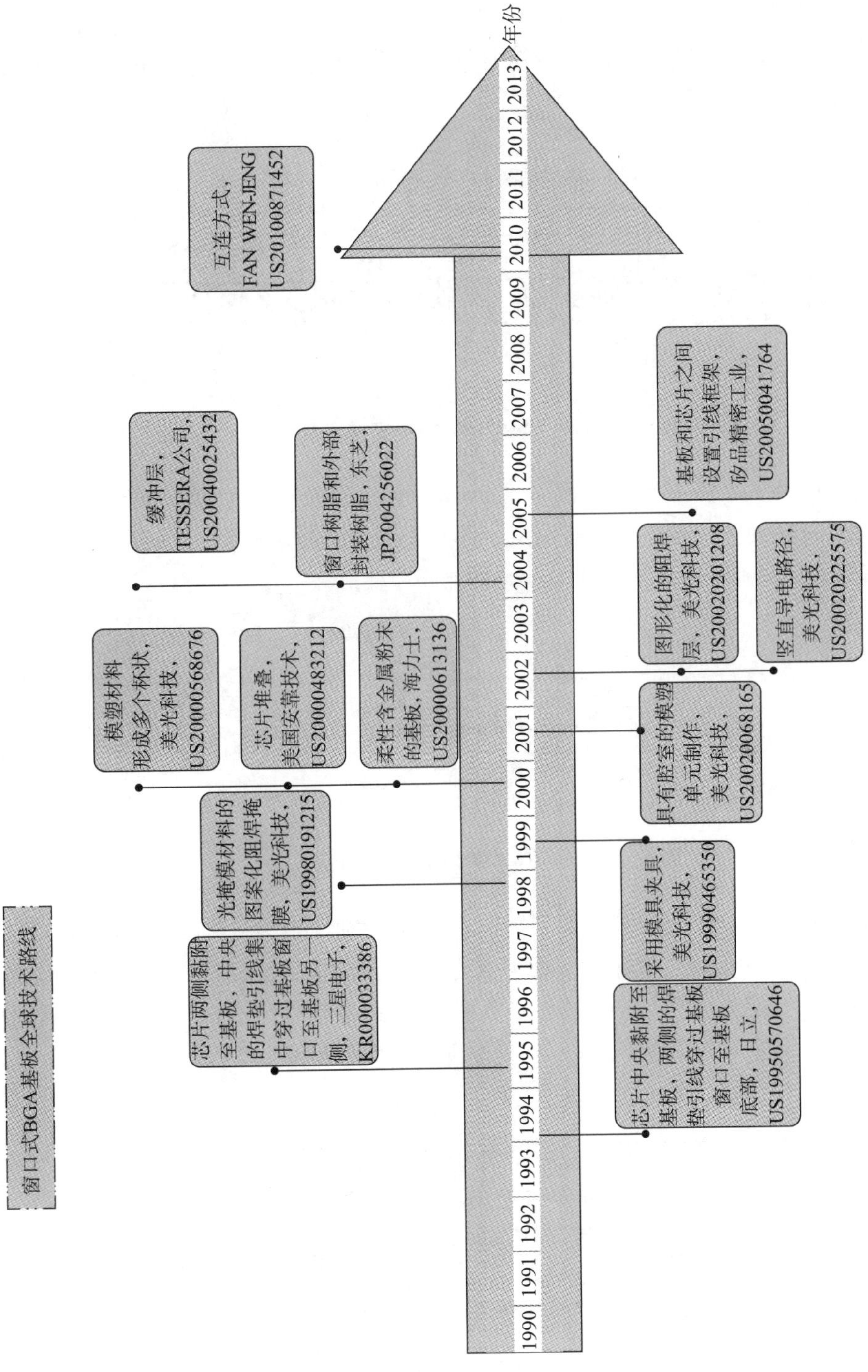

图4-3-25　窗口式BGA基板技术全球专利技术路线

首先介绍窗口式 BGA 基板技术的发展过程。1994 年 12 月 20 日，日立申请了窗口式 BGA 专利（申请号为 US19950570646），技术方案如图 4 -3 -26 所示。芯片安装在基板上，且该基板设置有贯通的开口，其中芯片的连接垫的打线穿过该开口连接到基板的底部布线。

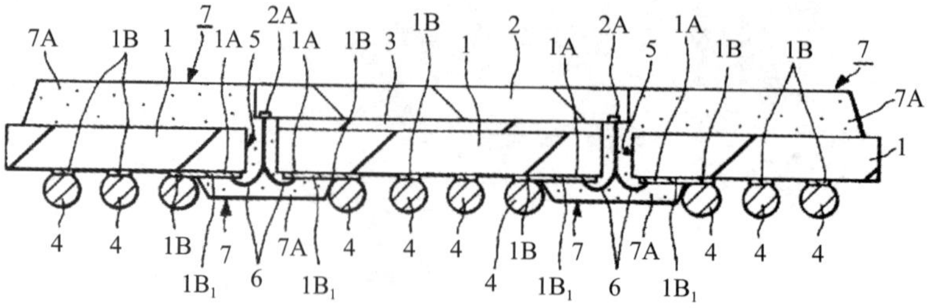

图 4 -3 -26　US19950570646 技术方案

1995 年 9 月 30 日，三星申请了窗口式 BGA 专利（申请号为 KR000033386），技术方案如图 4 -3 -27 所示。基板设置有窗口，芯片安装在基板的一侧，且芯片连接垫的打线经该窗口而连接到基板远离芯片另一侧的电路布线上。

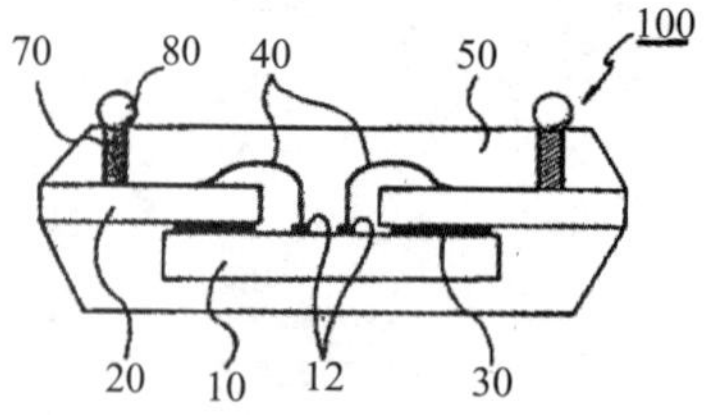

图 4 -3 -27　KR000033386 技术方案

1998 年 11 月 12 日，美光科技申请了窗口式 BGA 专利（申请号为 US19980191215），技术方案如图 4 -3 -28 所示。基板的表面形成有多个导体和芯片安置区，光图形研磨材料经曝光显影后形成阻焊研磨，并在芯片安置区形成有类似芯片外形的开口以直接利用粘附层安装芯片。该专利被引频次达到 274 次，是基础专利和核心专利。

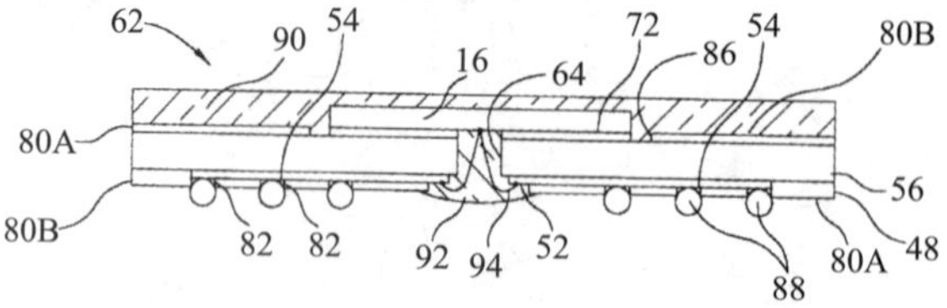

图 4 -3 -28　US19980191215 技术方案

1999 年 12 月 16 日，美光科技申请了窗口式 BGA 专利（申请号为 US19990465350），技术方案如图 4 -3 -29 所示。其采用模具夹具制作窗口式 BGA，可以提高封装可靠性。该专利被引频次达到 111 次，是基础专利和核心专利。

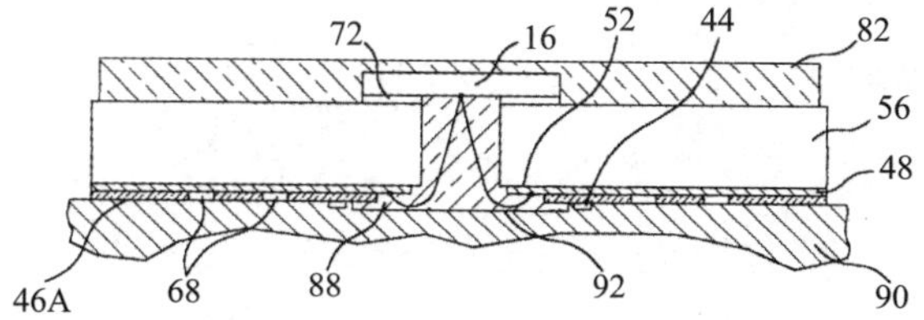

图 4-3-29　US19990465350 技术方案

2000 年 1 月 4 日，海力士申请窗口式 BGA 专利（申请号为 US20000613136），技术方案如图4-3-30所示。绝缘层和柔性基板的窗口暴露出半导体芯片的焊垫，其中柔性基板的凹槽内填充有金属粉末，可以吸收施加在焊接中的热应力。该专利被引 36 次。

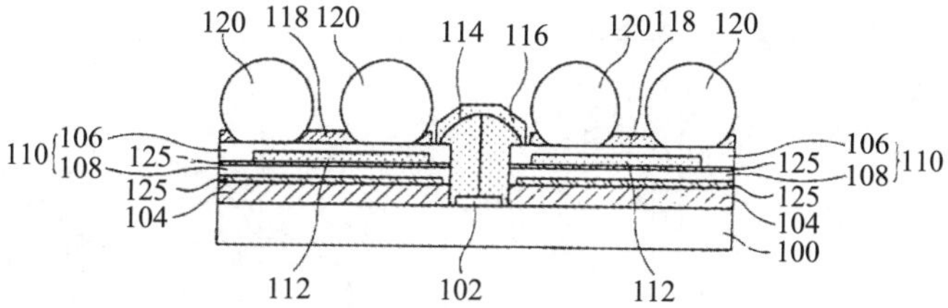

图 4-3-30　US20000613136 技术方案

2000 年 1 月 14 日，美国安靠技术申请了窗口式 BGA 专利（申请号为 US20000483212），技术方案如图 4-3-31 所示。集成电路的表面边缘两侧设置有集成电路，三个集成电路经打线连接到基板上。该专利被引 24 次。

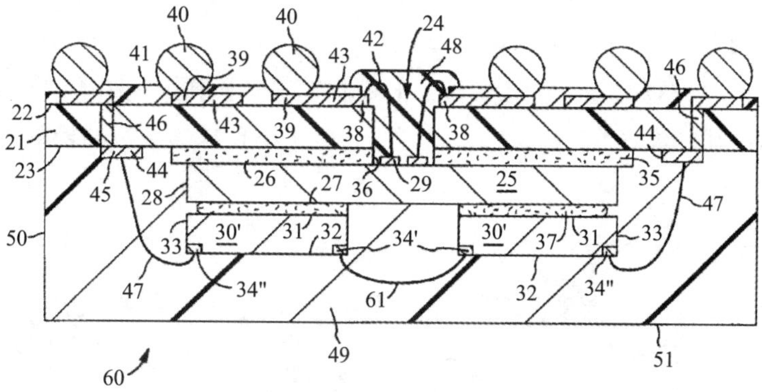

图 4-3-31　US20000483212 技术方案

2000 年 5 月 11 日，美光科技申请了窗口式 BGA 专利（申请号为 US20000568676），技术方案如图 4-3-32 所示。模塑材料形成多个杯状以暴露基板上的连接垫而与焊球连接。该专利被引 28 次。

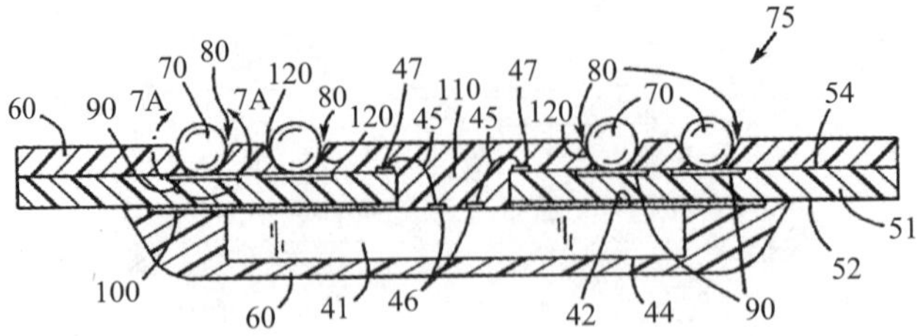

图 4－3－32　US20000568676 技术方案

2001 年 12 月 12 日，美光科技申请了窗口式 BGA 专利（申请号为 US20020068165），技术方案如图 4－3－33 所示。采用具有腔室的模塑单元制作，模塑材料可以回流到腔室以填充封装基板的窗口完成封装。该专利被引 60 次。

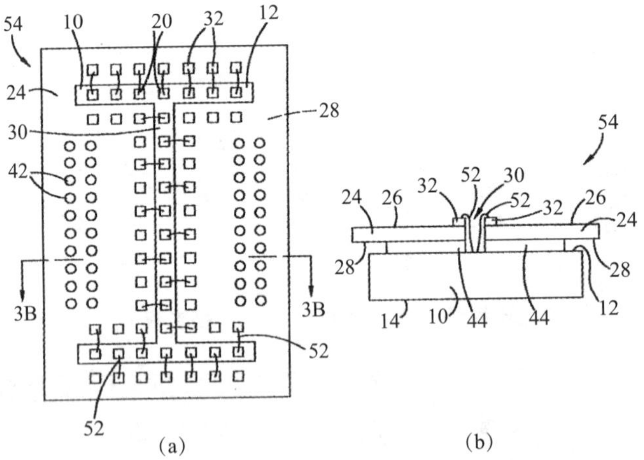

图 4－3－33　US20020068165 技术方案

2002 年 7 月 22 日，美光科技申请了窗口式 BGA 专利（申请号为 US20020201208），技术方案如图 4－3－34 所示。载体基板上形成有阻焊层，其中该阻焊层具有中心开口和小孔，其中中心开口暴露芯片的接触垫以打线连接，小孔暴露基板的接触垫以连接焊球。该专利被引 45 次。

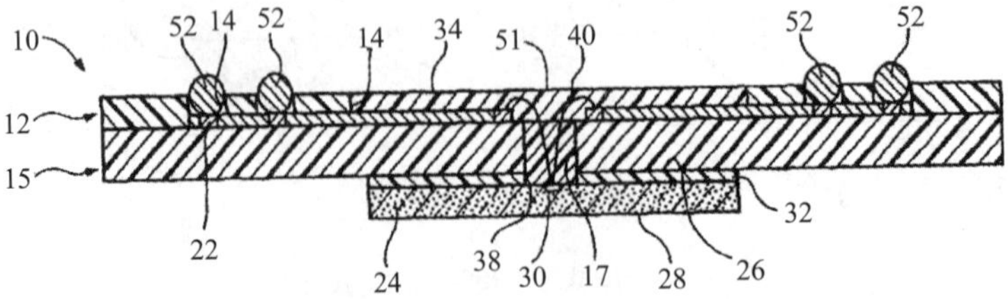

图 4－3－34　US20020201208 技术方案

2002 年 8 月 21 日，美光科技申请了窗口式 BGA 专利（申请号为 US20020225575），技术方案如图 4－3－35 所示。基板边缘上下表面分别设置有第一球垫和第二球垫以分别连接焊球，其中第一球垫连接到芯片，第二球垫用于垂直方向上电连接构成竖直导电路径。该专利被引 57 次。

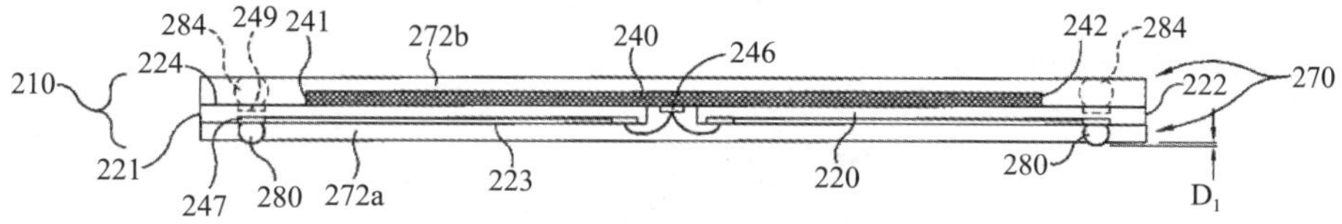

图 4-3-35　US20020225575 技术方案

2004 年 9 月 2 日，东芝申请了窗口式 BGA 专利（申请号为 JP2004256022），技术方案如图 4-3-36所示。封装树脂包括窗口内的第一封装树脂和基板表面的第二封装树脂。该专利被引 24 次。

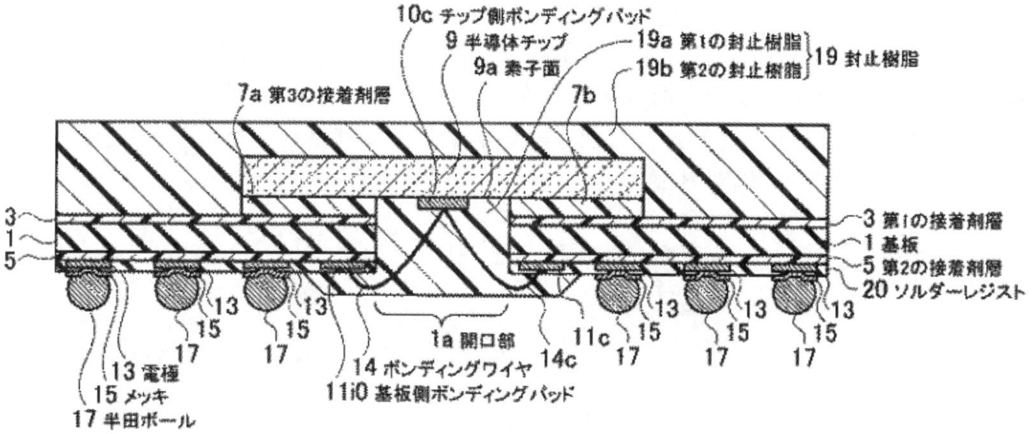

图 4-3-36　JP2004256022 技术方案

2004 年 12 月 29 日，泰塞拉申请了窗口式 BGA 专利（申请号为 US20040025432），技术方案如图 4-3-37 所示。端子和基板之间设置有缓冲层，可以提高封装性能。该专利被引 37 次。

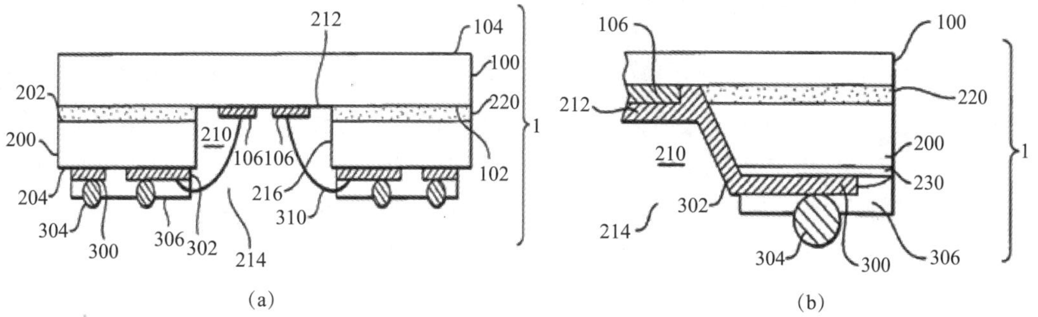

图 4-3-37　US20040025432 技术方案

2005年1月24日，矽品精密工业申请了窗口式BGA专利（申请号为US20050041764），技术方案如图4-3-38所示。安装引线框架于基板上并电连接基板上的第一电路层，芯片安置于引线框架上并电连接。引线框架安装在基板上表面，可以提高散热效率和电学性能。该专利被引55次。

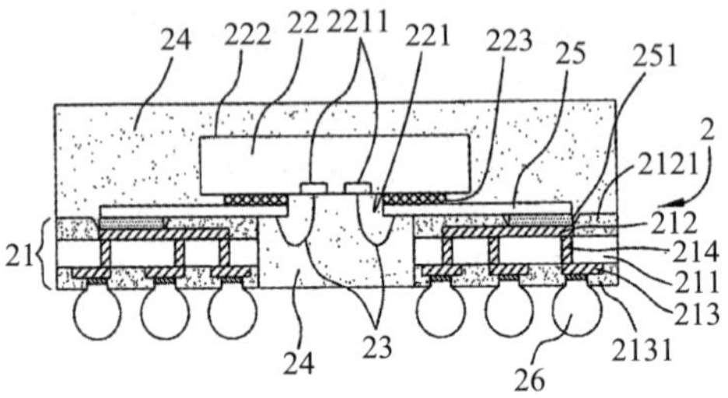

图4-3-38　US20050041764技术方案

2010年8月30日，台湾个人申请了窗口式BGA专利（申请号为US20100871452），技术方案如图4-3-39所示。通过将焊膏填入沟槽以电学连接非信号焊垫上的焊球而获得非信号焊垫之间的电源完整性，从而在不影响电学性能和散热的情况下消除大焊点并降低金属层的数量，成本得以降低。

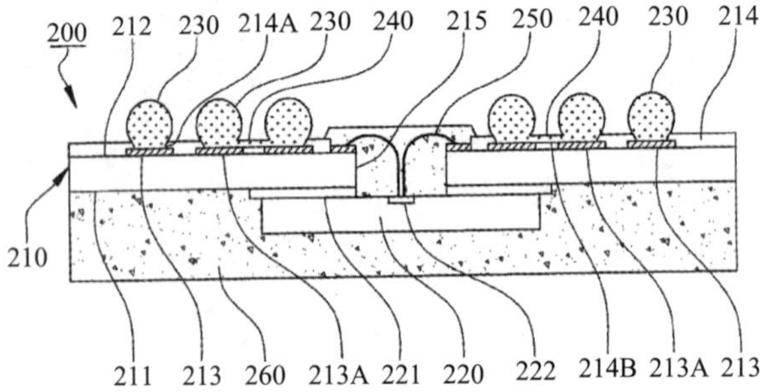

图4-3-39　US20100871452技术方案

4.3.1.2.2　凹槽式BGA基板专利技术发展路线

图4-3-40为凹槽式BGA基板技术的全球专利技术路线。下面将对该专利技术路线进行描述。

首先介绍凹槽式BGA基板技术的发展过程。20世纪80年代，半导体集成电路封装就存在凹槽式基板技术，比如，日立公司1982年申请的插脚式Cavity-up封装专利（申请号为US19830461569）和西屋电气公司1989年申请的PGA型Cavity-down封装专利（申请号为US19890350872），技术方案分别如图4-3-41和图4-3-42所示。其中，Cavity-down封装由于散热片接触芯片的一个面而增强散热效果，进而适合更大规模的集成电路芯片。

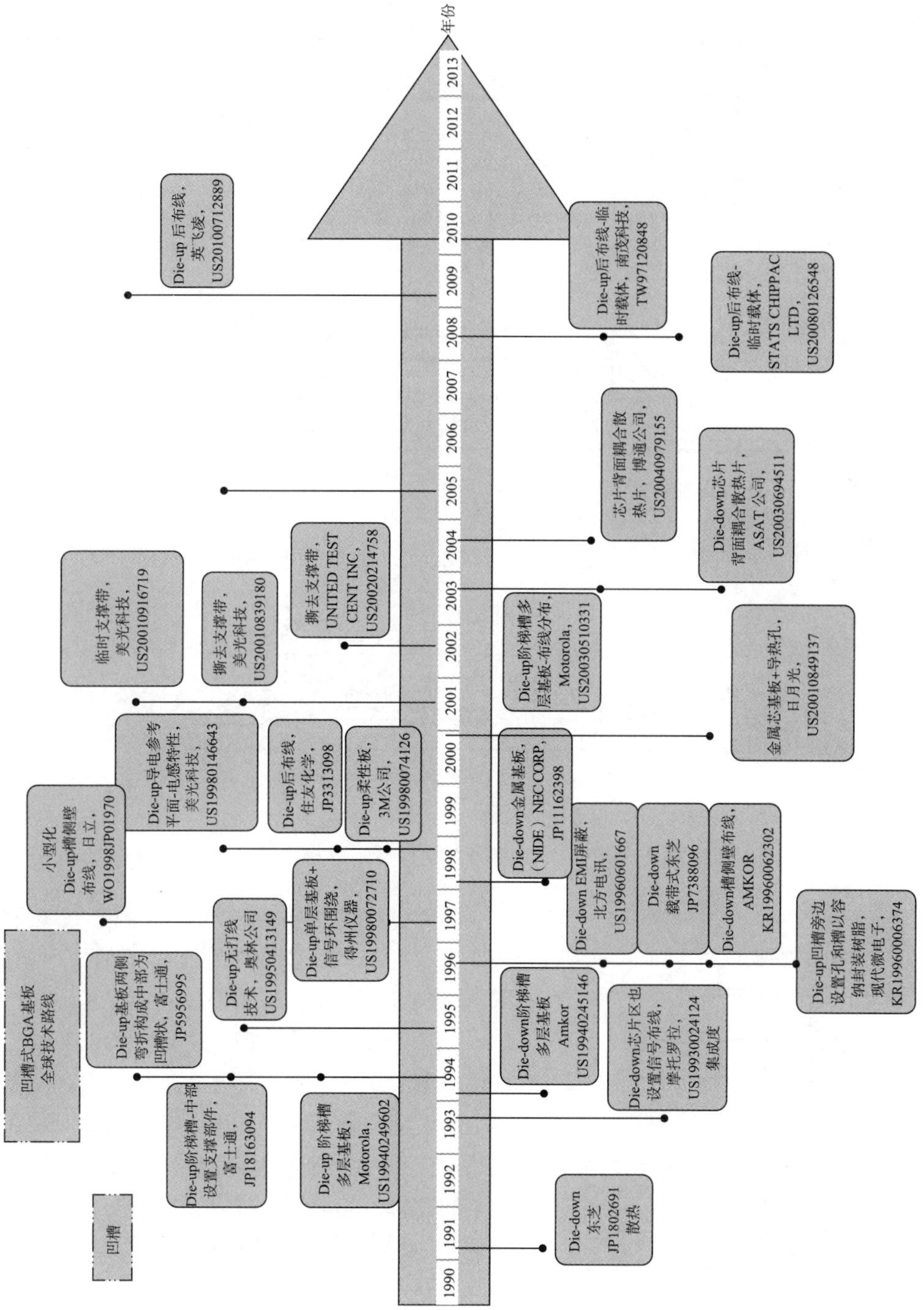

图4-3-40　凹槽式BGA基板技术全球专利技术路线

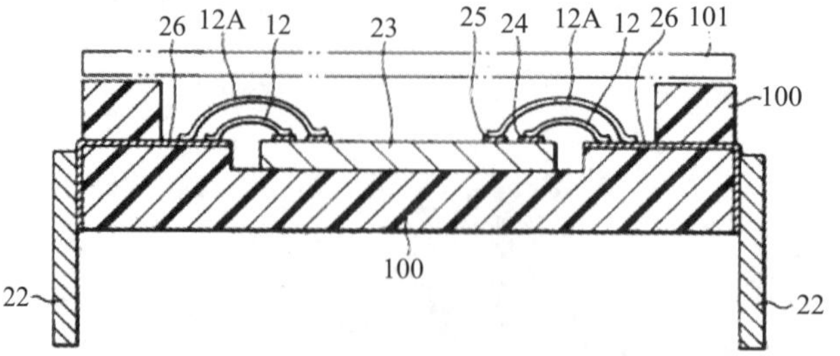

图 4-3-41　US19830461569 技术方案

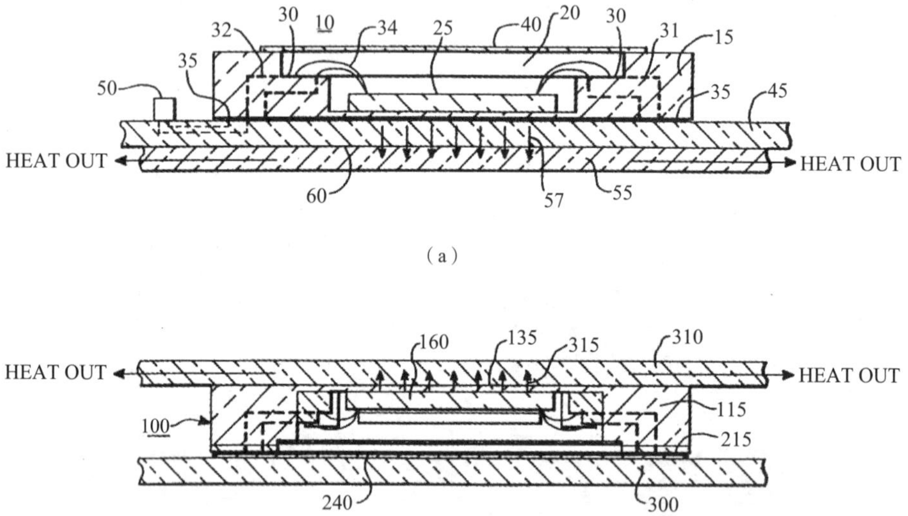

（a）

（b）

图 4-3-42　US19890350872 技术方案

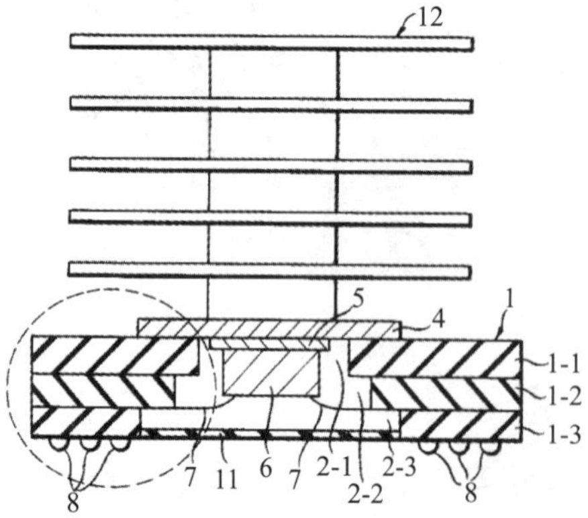

图 4-3-43　JP1802691 技术方案

随着针脚数量的增多，PGA 封装尺寸显著变大，在降低针脚间距存在极限的情况下，东芝公司于 1991 年 2 月 8 日申请了 Cavity-down 式 BGA 封装专利（申请号为 JP1802691），技术方案如图 4-3-43 所示。主体具有向下的空腔容纳半导体芯片，该半导体芯片安装在散热片上并经散热鳍加强散热，凸块替代 PGA 封装的针脚，使得间距可以轻松降低。其被引证频率达到 54 次，是基础专利和核心专利。

1993 年 3 月 1 日，摩托罗拉认为传统的 Die-down 式 BGA 在芯片区没有设置信号布线，因而随着 I/O 数增多则封装尺寸也会明显增大，故提出具有盖子（Lid）的 Die-down 式 BGA 专利（申请号为 US19930024124），技术方案如图 4-3-44 所示。盖内的布线使芯片区域也设置有信号布线，从而可以降低封装尺寸。该专利被引频次达到 203 次，是基础专利和核心专利。

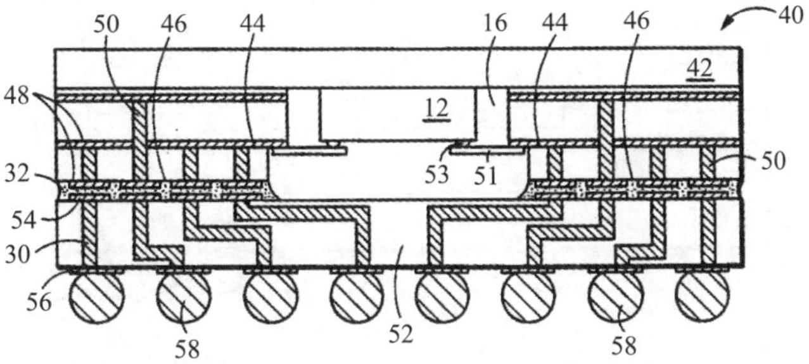

图 4-3-44　US19930024124 技术方案

1994 年 5 月 16 日，Amkor 公司申请了 Die-down 阶梯槽多层基板 BGA 封装专利（申请号为 US19940245146），如图 4-3-45 所示。相比于传统的 Die-down 单层基板 BGA 封装，从芯片接触垫引出的打线 222 可以连接到多层基板的不同层上，可以获得更高的布线密度以及更薄的封装厚度。该专利被引频次达到 225 次，是基础专利和核心专利。

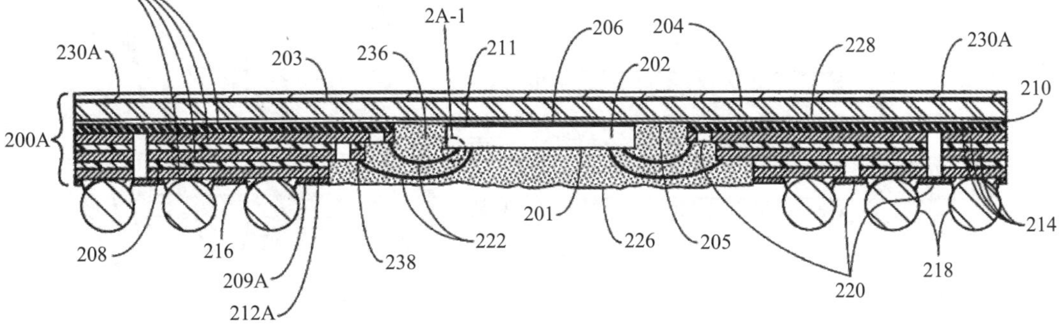

图 4-3-45　US19940245146 技术方案

1994 年 5 月 26 日，摩托罗拉进一步提出了 Die-up 阶梯槽多层基板 BGA 封装专利（申请号为 US19940249602），技术方案如图 4-3-46 所示。随着 I/O 引脚越来越多，芯片连接到基板上的打线越来越密集，在塑模工艺器件容易导致相邻打线之间短路，而采用阶梯槽多层基板 BGA 封装结构后，芯片引出的打线分别连接多层基板的不同层接触垫上，从而可以提供两种不同层次的打线连接。该专利被引频次达到 228 次，是基础专利和核心专利。

1994 年 8 月 2 日，富士通申请了 Die-up 贯通槽内设置支撑部件的 BGA 封装专利（专利号为 JP18163094），技术方案如图 4-3-47 所示。PBGA（塑封 BGA）中通常封装基板和封装树脂的热膨胀系数不同，采用传统的 PBGA 封装［参见图 4-3-47（a）］会因为回流焊工艺受热，且封装基板的热膨胀系数大于封装树脂的热膨胀系数，而封装树脂仅封装封装基板和芯片的一面，进而导致封装结构边缘沿着 X1 方向弯曲，并且在

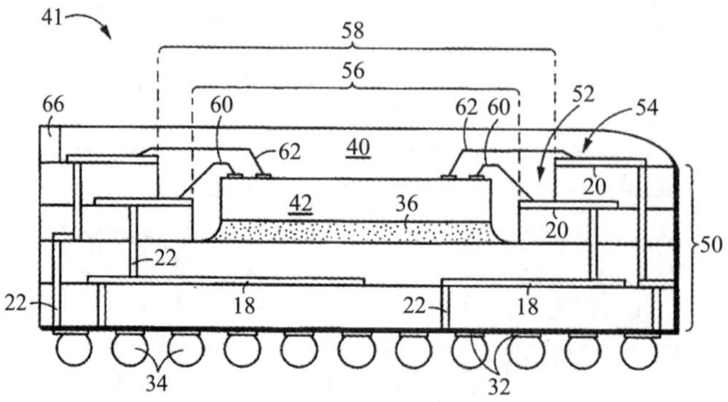

图4-3-46　US19940249602 技术方案

冷却时沿着 X2 方向弯曲，这种弯曲和应力导致封装可靠性下降。若采用 Die-up 贯通槽内设置支撑部件的 BGA 封装［见图4-3-47（b）］，多层基板具有贯通槽，该槽内设置有导电金属材质的支撑部件，半导体芯片安装于该支撑部件上以获得支撑和电学连接，其中封装树脂覆盖半导体芯片和支撑部件，且不仅位于基板表面而且位于贯穿基板的槽内。因而尽管封装基板和封装树脂的热膨胀系数不同，但是仅仅存在 A 方向的应力，B 方向的垂直应力不存在或者几乎没有。该专利被引频次达到75次，是重点专利。

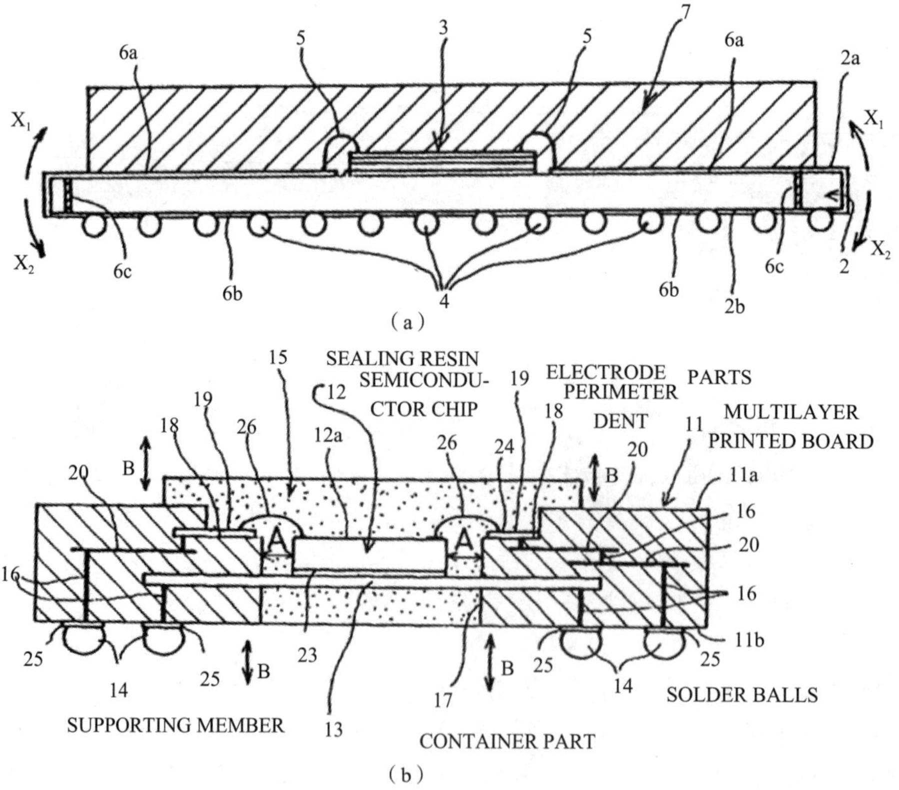

图4-3-47　JP18163094 技术方案

1994年9月20日，富士通申请了Die-up基板两侧弯折构成中部为凹槽状的BGA专利（申请号为JP5956995），技术方案如图4-3-48所示。其提出传统的PBGA中封装树脂易剥落导致可靠性低，其由多层片弯折形成的基板具有弯折部和中间的凹槽部，半导体芯片置于中间的凹槽部并经打线连接弯折处的端子，进而可以提高封装树脂的结合强度。该专利的其他实施例中进一步对弯折形状、基板与封装树脂界面形状进行了改进，而且进一步公开了在基板上集成其他无源电子器件甚至是多层堆叠型BGA。该专利被引频次达到23次，是重点专利。

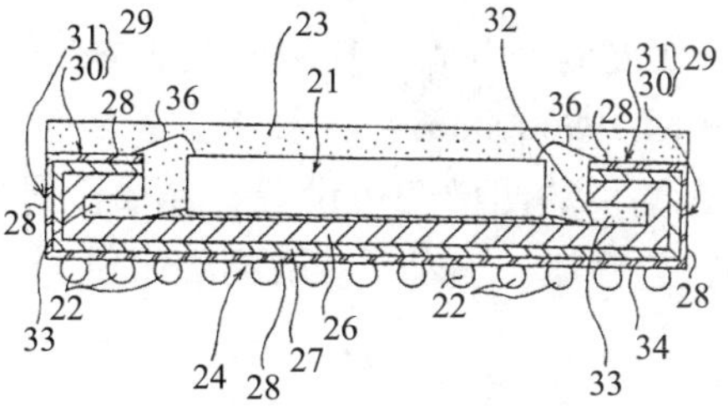

图4-3-48　JP5956995技术方案

1995年3月29日，奥林公司提出了Die-up无打线技术的BGA专利（申请号为US19950413149），技术方案如图4-3-49所示。传统的凹槽式BGA是安装芯片于凹槽后打线连接芯片和封装基板，而其提出了将集成电路芯片置于基板的凹槽内后，在芯片上盖上一具有预先图形化电路的部件，从而利用该部件使得芯片的I/O垫和封装基板电学连接。相比于传统的打线连接，其电感低，可进一步小型化，且可以避免传统打线存在的可靠性问题。该专利被引频次达到162次，是基础专利和核心专利。

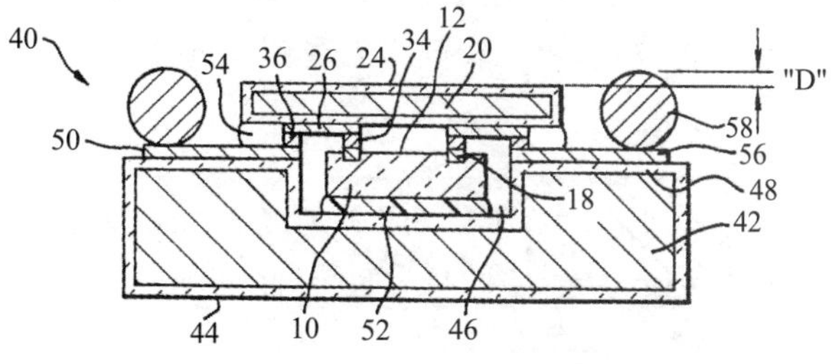

图4-3-49　US19950413149技术方案

1996年2月15日，北方电讯申请了带EMI屏蔽的Die-down式多层基板BGA专利（申请号为US19960601667），技术方案如图4-3-50所示。传统的Die-down式多层基板BGA只考虑了芯片连接到封装基板，却没有EMI屏蔽，其提出导热材质的散热器同时具有导电性，从而使得散热器经互连-焊球-互连层-镀通孔电学连接到基板的接地层形成EMI屏蔽。该专利被引频次达到149次，是带EMI屏蔽凹槽式BGA的基础专利和核心专利。

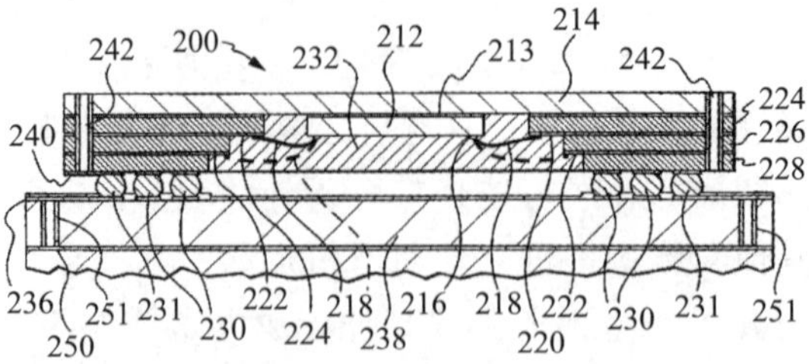

图 4－3－50　US19960601667 技术方案

1996 年 3 月 11 日，现代微电子申请了 Die-up 式凹槽旁边设置孔和槽以容纳封装树脂的 BGA 专利（申请号为 KR19960006374），技术方案如图 4－3－51 所示。传统的封装树脂易剥落，而其通过在基板的凹槽旁边设置孔和槽，使封装树脂可以填充进入该孔和槽，进而提高树脂的接合性能。该专利被引频次达到 44 次，是重点专利。

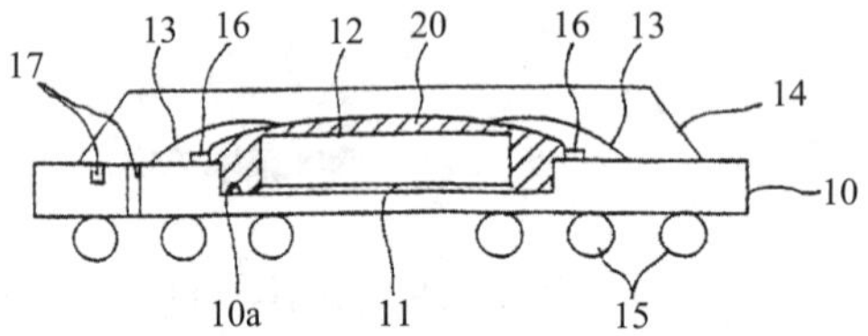

图 4－3－51　KR19960006374 技术方案

1996 年 3 月 28 日，东芝提出了载带式 Die-down 的 BGA 专利（申请号为 JP7388096），技术方案如图 4－3－52 所示。载带包括布线并连接到芯片，采用载带工艺可以提高布线密度、确保高的电学特性。显然，该专利利用载带工艺可以取代传统的打线工艺，属于另一种无打线的凹槽式 BGA。然而该专利仅在日本申请，且载带工艺主要在日本应用广泛，因而被引频次较低，未受到全球关注。

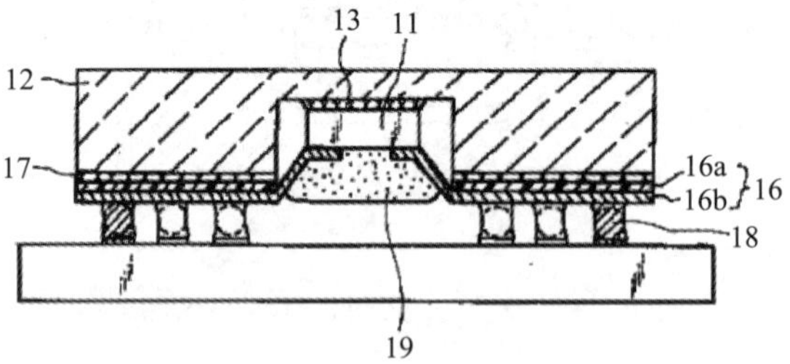

图 4－3－52　JP7388096 技术方案

1997 年 5 月 9 日，得州仪器申请了 Die-up 单层基板＋信号环围绕的 BGA 专利（申请号为 US19980072710），技术方案如图 4－3－53 所示。传统的高密度 BGA 采用多层基板，复杂且成本高，其采用单层介质基板，且在位于凹槽内芯片的周围形成有电源环、接地环，从而保持高电学性能的情况下降低复杂度和成本。该专利被引频次达到 257 次，是基础专利和核心专利。

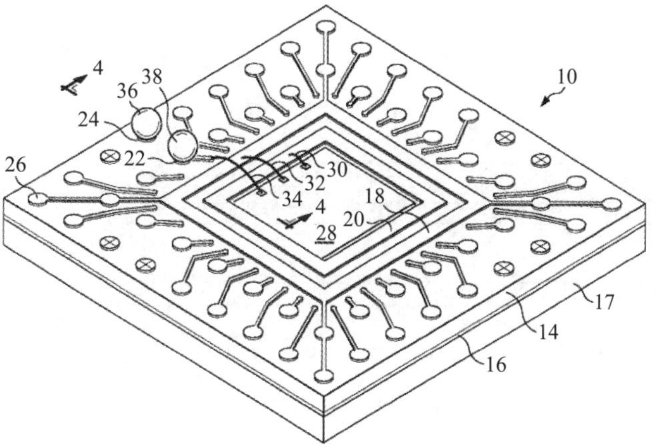

图4-3-53　US19980072710技术方案

1997年4月30日，日立化成工业株式会社申请了一种可小型化的Die-up型BGA专利（申请号为WO1998JP01970），技术方案如图4-3-54所示。通过把由将成为布线构件的铜布线、镍合金等的缓冲层和将成为载体层的铜箱构成的可进行拉伸加工的布线体粘接到树脂基板上，同时用模具的突起部分进行冲压加工，形成埋入到基板表面中的布线，并且通过在构成布线的两端的将连接到半导体器件的内部连接端子部分和将连接到外部连接端子的外部连接端于部分之间提供台阶，在基板的中央部分形成容纳半导体器件的凹部，最终提供一种可靠性高、可以小型化、可以降低造价的具有具备用来装配半导体元件凹部基板的半导体器件。该专利被引频次达到51次。

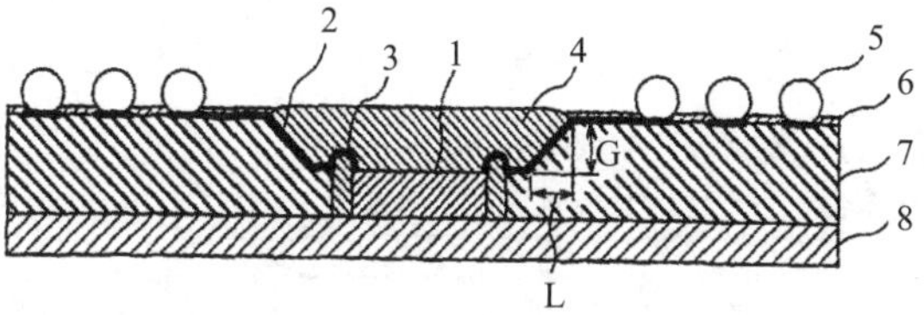

图4-3-54　WO1998JP01970技术方案

1998年2月16日，日本住友化学申请了埋置后布线的BGA专利（申请号为JP3313098），技术方案如图4-3-55所示。传统的凹槽式BGA是将凹槽内的芯片先布线后填充封装树脂完成埋置，通常基板介质层凹槽的深度大于芯片的厚度，可以抑制进一步薄型化，而其提出的先埋置后布线技术是将置于绝缘层内的IC芯片先利用感光性树脂层进行覆盖埋置，然后进行光刻形成图形并电镀填充这些图形形成导电通孔和内层布线。这种技术可以使得绝缘层的厚度与IC芯片的厚度相同，从而可以进一步薄型化。该专利被引频次达到69次。

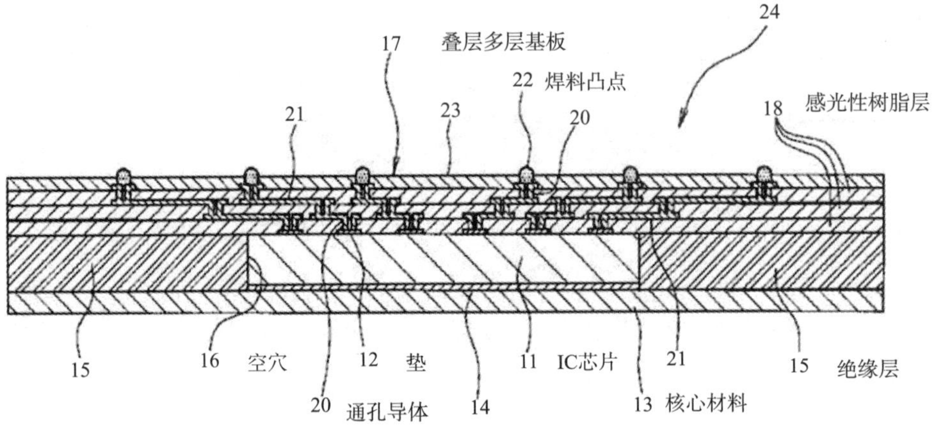

图 4-3-55 JP3313098 技术方案

1998 年 5 月 7 日，美国 3M 公司提出了基于柔性基板的 BGA 专利（申请号为 US19980074126），技术方案如图 4-3-56 所示。该封装包括使用黏合剂层叠到加强板的柔性电路，柔性电路上的导电迹线面向加强板但通过黏合剂与此加强板隔开。通过诸如蚀刻等在附着焊接区阵列上的加强板中形成窗口。然后，通过激光烧蚀除去该附着焊接区上的黏合剂，但留下焊接区之间适当位置处的黏合剂，从而形成一倒装片附着地点。在较佳实施例中，本发明不需要高分辨率构图的黏合剂，也不需要在倒装片附着地点加上焊接掩模，这是因为剩余的黏合剂可以起防止附着焊接区之间桥接焊接掩模的作用。由于在把这些层层叠到加强板期间在柔性电路和黏合剂层中所形成的张力，所以该封装可以提供具有高平整度的小片附着地点。该专利被引用 35 次。

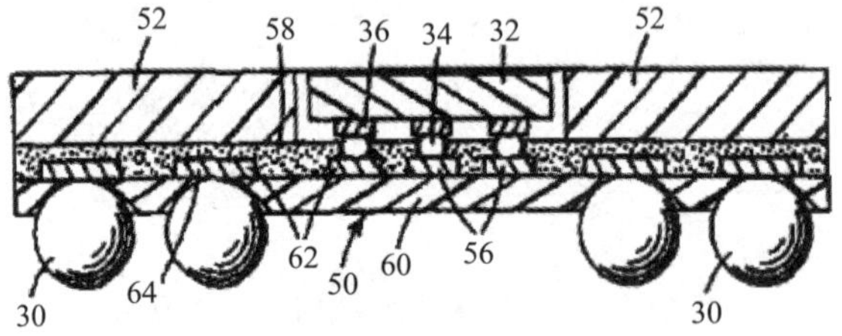

图 4-3-56 US19980074126 技术方案

2000 年 10 月 4 日，日月光半导体提出了一种热增强型 BGA 专利（申请号为 US20010849137），技术方案如图 4-3-57 所示。置于凹槽内的芯片下方设置有热通孔，散热金属层通过该热通孔热连接散热金属层。该专利被引 145 次，是基础专利和核心专利。

为了进一步降低厚度，2001 年 3 月 30 日，美光科技提出了临时支撑带的 BGA 专利（申请号为 US20010839180），技术方案如图 4-3-58 所示。基板具有贯通槽容纳芯片，且该芯片由支撑带支撑，在填充封装树脂封装后，去除支撑带，使整体厚度降低。

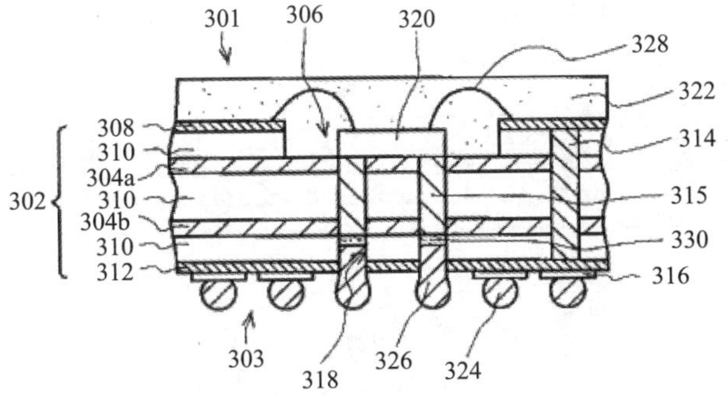

图4-3-57　US20010849137 技术方案

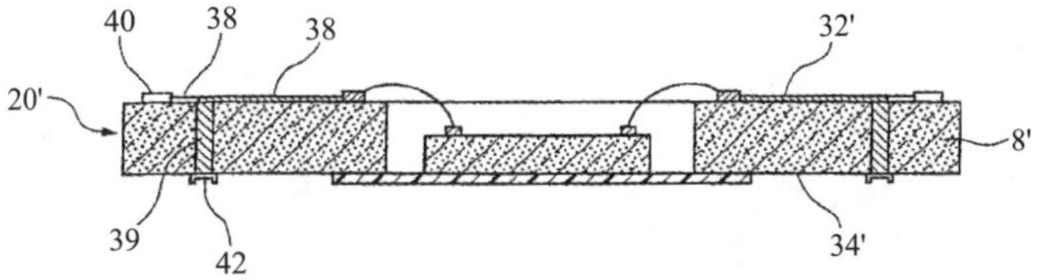

图4-3-58　US20010849137 技术方案

2003年10月27日，ASAT公司申请Die-down芯片背面耦合散热片的BGA专利（申请号为US20030694511），技术方案如图4-3-59所示。散热器上层压柔性电路带，半导体芯片安装在散热器的腔内，其中还存在一芯片适配器用于导热至该BGA所安装的PCB板上，从而可以进一步提高散热性能。该专利被引频次为39次。

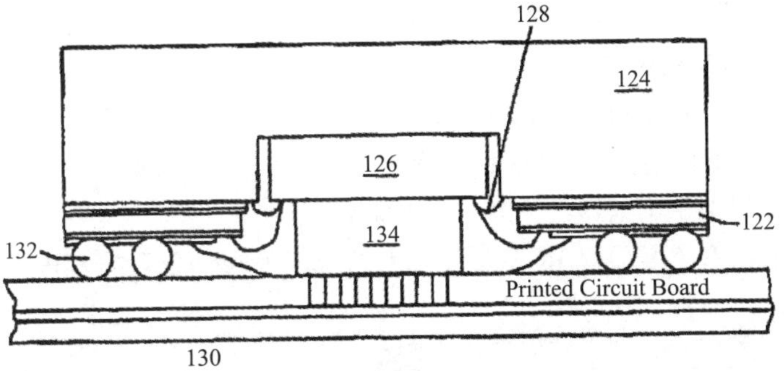

图4-3-59　US20030694511 技术方案

2008年6月5日，南茂科技申请了后布线-临时载板的BGA专利（申请号为TW97120848），技术方案如图4-3-60所示。芯片置于凹槽中后先利用保护层覆盖，经光刻后形成图案化的第一保护层，然后形成布线、UBM层以及焊球，最后去除临时载板，从而进一步降低厚度。

综上展现的窗口式BGA基板技术可以发现，窗口式BGA基板主要就是基板上开窗口以提供打线穿过基板键合至基板底部电路的路径，其是打线键合互连领域的产物，存在进一步微型化的障碍，但是对于当前的封装领域其并不是可以抛弃的技术，因为并不是所有的芯片封装都要求达到超细节距的微型化，而越微型化成本越高，而采用打线互连可以以相对低的成本获得所需的封装尺寸，且工艺简单，技术相对成熟。

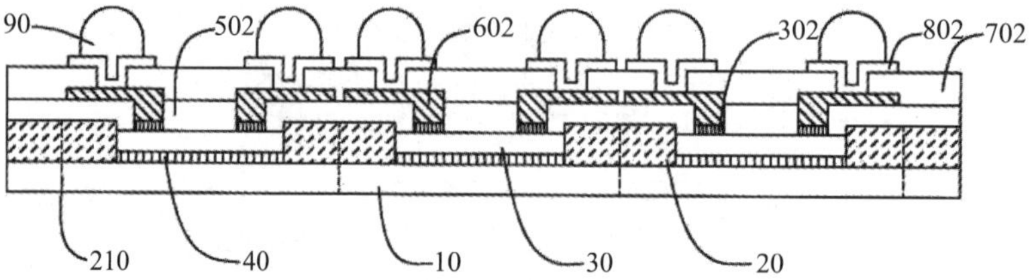

图4－3－60　TW97120848技术方案

综上展现的凹槽式BGA基板技术可以发现，凹槽式BGA基板有以下特点：①简单的单槽向多阶梯槽发展以在厚度方向上形成多层布线连接而提高键合密度；②基板内设置非贯通的盲槽以容纳芯片（要求基板的厚度必然要大于芯片的厚度）向基板上利用绝缘层制作围坝以容纳芯片或基板内设置贯通槽结合底部支撑层甚至是临时支撑层（此时基板厚度可以等于芯片厚度）发展，从而进一步薄形化；③从置于凹槽内的芯片先打线键合然后塑封埋置的先布线技术，向置于凹槽内的芯片先绝缘层覆盖埋置后图形化进行布线的后布线技术发展，其中先布线技术通常采用引线键合，而后布线技术通常基于光刻技术，因而后布线技术更适合器件微型化、高密度化，且电学可靠性更高；④材料上，从传统的刚性基板向柔性基板发展，从而可以吸收应力，降低对后续安装基板平整度的要求；⑤散热处理上，从传统的芯片直接贴装散热片向经散热通孔导热至外部散热片散热，以适应多层布线的微型化结构。

4.3.1.3　专利风险分析

4.3.1.3.1　窗口式BGA基板技术

（1）国外来华专利风险状况

国外大型集成电路企业在窗口式BGA基板技术领域都有专利申请，但每个企业基于技术优势、经营策略和在华的商业经营情况，在华专利布局不尽相同，因此并不是所有的重点企业都来华申请该技术领域的专利。

表4－3－1列出了窗口式BGA基板技术领域国外来华重点专利申请。

表4－3－1　窗口式BGA基板技术领域国外来华重点专利申请

申请人	申请号	法律状态	发明名称	技术领域/技术要点
现代电子产业株式会社	CN98108800	公布后视撤	封装的集成电路器件	集成电路芯片键合焊盘和衬底线键合部分之间的电连接是用键合线通过贯通狭缝形成的；利用毛细现象浇注不满溶液封装集成电路芯片的有源区和键合线
马维尔国际贸易有限公司	CN201010606152	专利权维持	窗口球栅阵列半导体封装体	半导体裸片通过互连凸块电耦合到基底的顶面，电绝缘结构填充在半导体裸片、基底的顶面和互连凸块之间的区域

续表

申请人	申请号	法律状态	发明名称	技术领域/技术要点
富士通	CN200480043991	授权后终止	半导体器件及其制造方法	在支撑基板中设置开口或切口，通过开口或切口将位于支撑基板上半导体元件的电极焊盘电连接至支撑基板下表面的配线层

涉及窗口式BGA基板技术的国外来华专利申请仅有3个，专利权维持状态的仅有1个。显然，国外在对窗口式BGA进行专利布局时，并未将中国纳入专利布局。究其原因，可能由于窗口式BGA基板技术在中国台湾研发和申请较多。比如，根据图4-3-19可以发现，窗口式BGA基板技术的全球布局中，中国台湾企业占比最多。从技术角度来看，窗口式BGA基板技术主要就是基板上开窗口以提供打线穿过基板键合至基板底部电路的路径，然而这种基于打线键合互连的方式在制作超细节距的微型BGA时可靠性是不能保证的，特别是在后续塑封工序中容易导致微小间距的相邻打线之间短路。为了进一步微型化封装，通常会采用印刷布线技术来替代打线键合互连技术，因而窗口式BGA基板技术中窗口内的打线所形成的竖直导电路径在采用印刷布线技术时一个简单的导电通孔即可完成。也就是说，窗口式BGA基板技术主要是打线键合互连领域的产物，存在进一步微型化的障碍，但是对于当前的封装领域其并不是可以抛弃的技术，因为并不是所有的芯片封装都要求超细节距的微型化，越微型化成本越高，而采用打线互连可以以相对低的成本获得所需的封装尺寸，且工艺简单，因而在BGA封装甚至是芯片封装领域仍是不可或缺的技术。

从专利风险角度来看，窗口式BGA基板技术主要结构基本相同。也就是说，最基础的结构已经在1994~1995年定型，随后的改进仅仅是某个细节（结构或方法）上的局部改变，但是仍旧未脱离其窗口式结构原型。加之，国外来华专利仅有的3件中，只有1件专利还处于专利权维持状态。显然，国内企业虽然在专利布局上落后于国外企业，但是国内企业在生产环节根本不需要担心专利侵权问题。因为，国外来华专利少，国外来华的仅有的1件专利权维持的专利很容易规避，而且总体上窗口式BGA基板技术早已定型，如若遇上专利侵权，被告方可以利用上述早期专利对涉案专利提出无效请求。

（2）国内专利风险状况

由于检索出的国内申请仅有42件，且无在审状态的专利，以下将对国内申请人已授权且目前仍有效的重要专利进行列表分析，与国外来华的布局情况比较分析，希望能得出国内申请人申请专利的风险和突破口等结论。

表4-3-2中5件重点专利申请涉及3个申请人，这些申请人都是中国台湾地区的企业，是中国在窗口式BGA基板技术申请量较多的企业。

表4－3－2　窗口式BGA基板技术领域已授权的国内重点专利申请

申请人	申请号	发明名称	技术领域/技术要点
台湾联测科技	CN98109234	开口式球栅阵列封装方法	由热塑性干膜黏结剂将芯片具有接脚的面放置在单面通路基板上的特定位置并对正，热压使连接线回路位于基板和芯片之间，然后塑封和进行球栅阵列接点的植球
矽品精密工业	CN02123193	半导体封装方法	将完全遮覆住封装件外型线的覆接片模板表面上的黏接性不佳的接口层接于芯片表面；利用接口层剥离覆接片和覆接片上的封装胶体
矽品精密工业	CN03136944	开窗型球栅列阵半导体封装件及其制法与所用的芯片承载件	在封胶工序中，在焊线部相对于通孔的一侧设置的预定外露区域形成包覆焊线的第二封装胶体的狭窄流道，可防止溢胶
力成科技	CN200610170520	防止溢胶的球格阵列封装构造	基板在其槽孔的一区段形成设有缩口，其是较窄于槽孔的平均宽度，以减缓模封胶体在槽孔的注胶流速。借由产生的上下模流压力差增进该基板下表面与下模具的密合度，改善封胶时溢胶问题
矽品精密工业	CN200710136158	开窗型球栅阵列半导体封装件及其应用的网板结构	胶黏层对应该基板通孔侧的形状是呈折曲状而非传统直线形状，将可使半导体芯片的支撑面拉长，以分散应力，避免制程中发生半导体芯片裂损问题

从表4－3－2可见，台湾联测科技申请号为CN98109234的专利申请至今仍处于专利权维持状态，可见该公司对此申请的重视程度，其主要涉及由热塑性黏结材料制成的黏结干膜作为黏结剂，并加热加压封装。CN02123193申请则是利用临时覆接片模板完成封装后移除覆接片模板及其上的封装胶。CN03136944申请通过设置封装胶体的狭窄流道，可防止溢胶。CN200610170520申请通过在基板槽孔的一区段设有缩口，以减缓模封胶体在槽孔的注胶流速，可防止溢胶。CN200710136158申请涉及胶黏层于接近通孔的一侧是呈折曲状，将可使半导体芯片的支撑面拉长，以分散应力，避免制程中发生半导体芯片裂损问题。

整体而言，上述国内申请人的重点专利中关注的点在于塑封时的溢胶问题、封装应力问题，但是并未对窗口式BGA基板结构有实质性改进。此外，上述提及的所有42件国内专利都是中国台湾地区申请的，中国大陆没有相关专利申请。虽然大陆专利布局处于明显劣势，但是在这42件国内申请中，部分公布后视为撤回，部分被驳回，部分授权后终止，处于专利权维持的专利申请并不多，只要大陆公司或个人针对性避开，其面临的风险是相对较低的。

4.3.1.3.2　凹槽式 BGA 基板技术

（1）国外来华专利风险状况

国外大型集成电路企业在凹槽式 BGA 基板技术领域都有专利申请，但每个企业基于技术优势、经营策略和在华的商业经营情况，在华专利布局不尽相同，因此并不是所有的重点企业都来华申请该技术领域的专利。已经获得专利权的专利申请将是本部分研究的主要内容，从中可以看出国外申请人对凹槽式 BGA 基板技术领域的哪些技术进行专利布局。以下将对授权的国外来华专利进行分析研究，从而为我国相关企业提前规避相应风险提供帮助。

国外来华专利中涉及凹槽式 BGA 基板技术的专利申请总数 16 件，且这 16 件专利申请均已结案，并无在审案件。表 4-3-3 列出了凹槽式 BGA 基板技术领域已授权的国外来华重点专利申请。

表 4-3-3　凹槽式 BGA 基板技术领域已授权的国外来华重点专利申请

申请人	申请号	发明名称	技术领域/技术要点
LG 半导体株式会社	CN96120802	具有连接部件的半导体封装	半导体芯片位于基板的凹槽内，设有布线和互连焊盘的连接器是柔性印刷电路，其电连接半导体芯片的芯片焊盘；减小封装尺寸而制作薄的 BGA 封装
现代电子产业株式会社	CN98107932	封装集成电路元件及其制造方法	Die-down 凹槽式 BGA：通过真空孔的真空吸力作用将集成电路芯片固定在具有真空孔的加热器上，进行导线接合及密封工序的；成本低、厚度薄
NEC	CN98123317	半导体器件及其制造方法	Die-down 载带式凹槽 BGA：半导体芯片安装于带式载体上，金属散热器固定到芯片上表面，支撑环位于散热器和带式载体之间，并黏接到带式载体上防止带式载体弯曲；突起、凹槽和点焊部分通过使用机械啮合或熔焊将散热器和加固部件键合
马维尔国际贸易有限公司	CN201180005381	凹陷半导体衬底	基板的凹槽区具有多个过孔提供电或者热通路
英飞凌	CN201310334968	芯片封装件和用于制造芯片封装件的方法	凹槽式 - 后布线技术：电气互连件将接触焊垫从在芯片正面处的芯片封装件第一面电重定向到在芯片背面处的芯片封装件第二面上方形成的至少一个焊接结构

上述 5 个授权的国外来华重点专利申请涉及 5 个申请人，可以发现其并不都是全球排名靠前的 BGA 公司。显然，国外在对凹槽式 BGA 进行多种改进及专利布局时，并未将中国纳入专利布局。究其原因，可能由于 BGA 专利起步早，而早期中国经济地位不高且国内鲜有 BGA 封装公司。随着全球封装业转移到国内以及国内经济地位提升，

BGA 封装规模及专利申请量逐步提高。但由于凹槽式 BGA 发展已经比较成熟，因而在全球凹槽式 BGA 申请总量下降的趋势下，国外来华专利也就势下滑。

由表 4-3-3 可见，LG 申请号为 CN96120802 的专利申请涉及柔性布线层；现代电子申请号为 CN98107932 的专利申请通过真空孔的真空吸力作用将集成电路芯片固定在具有真空孔的加热器上的状态下，进行导线接合及密封工序；日本电气株式会社申请号为 CN98123317 的专利申请涉及基于载带的 Die-down 式凹槽 BGA；马维尔国际贸易有限公司申请号为 CN201180005381 的专利申请涉及于半导体衬底的凹陷区域中设置贯通过孔以提供电或者热通路；英飞凌公司申请号为 CN201310334968 的专利申请均涉及后布线技术。

整体而言，上述重点专利中对凹槽式 BGA 基板结构的改进较分散，全球专利所体现的专利技术路线并未完整地体现在中国申请中，也正印证了国外企业基于技术优势、经营策略和在华的商业经营情况，在华专利布局不尽相同，并不是所有的重点企业都来华申请该技术领域的专利。

（2）国内专利风险状况

以下对国内申请人已授权且目前仍有效的重要专利进行列表分析，并对在审的可能走向授权的重要专利列表分析。综合两者的布局情况，和国外来华的布局情况比较分析，希望能得出国内申请人申请专利的风险和突破口等结论。

国内专利申请中涉及涉及凹槽式 BGA 基板技术的专利申请总数 13 件，其中 12 件已结案，待审案件 1 件。因此，下面将分为授权且仍处于有效状态的专利技术和待审专利技术对国内申请人的重点专利做出风险分析。

表 4-3-4 中 4 件重点专利申请涉及 2 个申请人，这 2 个申请人都是中国台湾地区企业，是中国在凹槽式 BGA 基板技术申请量较大且具有一定地位的企业。

表 4-3-4　凹槽式 BGA 基板技术领域已授权的国内重点专利申请

申请人	申请号	发明名称	技术领域/技术要点
威盛电子	CN02101667	球脚阵列封装基板及其制造方法	Die-down 式 BGA：散热层不仅是散热层，同时可作为接地图案及电源图案
旺宏电子	CN02104611	半导体构装与其制造方法	凹槽式-后布线技术：晶片设置于载板的凹槽中，其上形成具有布线层的绝缘层
威盛电子	CN02120367	集成电路封装及其制作工艺	凹槽式-后布线技术：芯片贴于基板凹槽，至少图案化线路层及多个填充有导电材料的贯孔，使芯片主动表面上的焊垫可经过贯孔与图案化线路层相电性连接
威盛电子	CN200510053722	芯片置入式封装制程	不撕除贴带的 BGA：贴带表面具有定位标记，并设置贯孔暴露芯片的接合垫，填充贯孔以形成多个导电孔道连接于接合垫

根据表 4-3-4 可以发现，威盛电子申请号为 CN02101667、CN02120367 和 CN200510053722 的专利申请分别涉及散热层同时可作为接地图案及电源图案、后布线技术和不撕除贴带的 BGA。旺宏电子申请号为 CN02104611 的专利申请也涉及后布线技术。

表 4-3-5 中在审的专利申请来自中国香港，其结构没有特殊性，主要是制作方法上的改进。国内相关人员可以进行针对性规避。

表 4-3-5　凹槽式 BGA 基板技术领域在审的国内重点专利申请

申请人	申请号	发明名称	技术领域/技术要点
毅宝力科技有限公司	CN201410858126	制造腔向下制作载体的系统和方法	Die-down 式 BGA 的制作方法：先组合介电部分和导电部分，其中介电部分之间形成凹槽，随后选择性电镀以形成电路图形，选择性刻蚀断开导电部分，该断开的导电部分之间即为后续安置芯片的凹槽，在背部设置散热器，然后安置芯片于上述凹槽并进行塑封

从上述的数据以及对国外来华申请与国内申请人的授权和在审重点专利的分析可知，在凹槽式 BGA 基板技术领域中，国内企业的专利授权量与申请量均低于国外来华企业。因此，相比于国外来华企业，国内企业或科研院校在凹槽式 BGA 基板技术领域的专利布局环境处于劣势。特别是大陆申请人很少，检索中发现仅 2015 年同一个人以个人申请方式申请了 3 件涉及后布线技术的实用新型专利。也就是说，当前中国大陆在专利布局上对凹槽式 BGA 基板技术领域已无法获得基础性优势。

4.3.1.4　小结与启示

4.3.1.4.1　小　　结

本部分通过对单芯片封装 BGA 技术的技术分支分布确定以 BGA 载板技术作为研究对象，分析了 BGA 载板技术的申请趋势、国家/地区分布、主要申请人和重点专利技术分支分布，进而确定了以窗口式 BGA 基板技术和凹槽式 BGA 基板技术作为重点技术分支进行重点分析，并分析了两者的申请趋势。随后以这两个重点技术分支，分析了两者的全球技术发展路线和国内外专利风险状况，得出如下结论。

①全球 BGA 载板技术起步于 20 世纪 90 年代，其中中国大陆专利起步比全球专利晚 13 年，且中国大陆专利起步阶段实际上对应于全球专利申请的高位阶段，而广东省申请人申请的专利有 8 件，占国内专利申请量的 4%。可见，对于单芯片封装 BGA 技术中占比最大的载板技术，中国大陆整体申请量相对较少，广东省由于封装产业规模低于江苏省，其专利申请规模也明显低于江苏省。

②BGA 载板排名前十的申请人中，韩国三星排名第一，中国江苏长电科技排名第二（包括其所收购的星科/新科金朋的专利）。其中，排名前十的申请人中国内企业还包括中国台湾的矽品精密工业、力成科技和日月光。显然，中国专利申请排名与中国企业在全球封装行业的地位相符。另外，长电科技作为一个示例，虽然中国大陆企业

专利布局明显落后于全球形势，但是可以通过收购具有专利规模储备的外国企业以提高专利占比，规避风险进而提高市场占有率。

③本部分所选择的两个重点技术分支——窗口式BGA基板技术和凹槽式BGA基板技术，根据所列的专利技术发展路线可以发现，国外申请人已经在窗口式和凹槽式BGA基板技术上进行了专利布局，然而国内除了台湾地区之外，几乎没有相关的申请。根据检索标引的统计结果，这两种结构是制作薄型化器件、提高电学可靠性能的改进方向。显然，国内专利布局已经严重落后，需要引起重视。

④根据窗口式BGA基板技术的风险分析可以发现，从技术角度上看，窗口式BGA基板技术主要就是基板上开窗口以提供打线穿过基板键合至基板底部电路的路径，其主要是打线键合互连领域的产物，存在进一步微型化的障碍，但是对于当前的封装领域其并不是可以抛弃的技术，因为并不是所有的芯片封装都要求达到超细节距的微型化，而越微型化成本越高，而采用打线互连可以以相对低的成本获得所需的封装尺寸，且工艺简单。参考其全球专利技术路线，窗口式BGA基板技术主要结构基本相同，也就是说最基础的结构已经在1994～1995年定型，随后的改进仅仅是某个细节（结构或方法）上的局部改变，但是仍旧未脱离其窗口式结构原型。简言之，技术发展上窗口式BGA基板技术已没有大的改变，因而技术相对成熟。

从国内专利风险角度来看，虽然中国大陆专利布局处于明显劣势，但是正是由于窗口式BGA基板技术已经相对成熟，大陆企业在生产环节基本上不需要担心专利侵权问题。具体原因在于：首先是国外来华专利少，国内申请也不多，且仍处于专利权维持状态的更少；其次是国外来华和国内专利涉及的是细节、局部改进，可以在生产时进行针对性规避；再次是总体上窗口式BGA基板技术早已定型，如若遇上专利侵权诉讼，被告方可以利用前述所列的早期专利、公布后视为撤回的专利对涉案专利提出相关无效请求。

⑤根据凹槽式BGA基板技术的风险分析可以发现，在凹槽式BGA基板技术领域中，国内企业的专利授权量与申请量均低于国外来华企业，因此国内对凹槽式BGA基板技术领域的专利布局处于劣势。但是正是由于凹槽式BGA基板技术已经相对成熟，中国大陆企业在生产环节基本上不需要担心专利侵权问题。原因与前述窗口式BGA基板技术基本相同，具体在于：首先是国外来华专利少，国内申请也不多，且仍处于专利权维持状态的更少；其次是国外来华和国内专利涉及的多是细节、局部或方法上的改进，可以在生产时进行针对性规避；最后是总体上凹槽式BGA基板技术的路线早已定型，如若遇上专利侵权诉讼，被告方可以利用前述所列的早期专利、公布后视为撤回的专利对涉案专利提出相关无效请求。

4.3.1.4.2 启　　示

根据前面的分析可以发现，关于单芯片封装BGA技术的技术分支中占比最大的BGA载板技术，在中国大陆申请中，江苏省占比较高，主要是长电科技排名全球第二。广东省如果要发展该方向以提高全球市场占有率，相关企业可以通过持续跟踪上述申请人该方向的申请获得它们的研发方向，从而密切关注产业发展动态，集中有限的人力、物力和资源对未来发展方向进行有重点地投入。另外，广东省有实力的大型封装企业，可考虑参考长电科技的示例，通过购买甚至收购其他公司以获得大量专利，提高专利占比、规避风险进而提高市场占有率。

经检索发现，长电科技自身在 BGA 载板技术的专利布局主要集中在引线框式 BGA 载板技术进行改进，如若广东省普通封装企业因为长电科技在引线框式 BGA 载板技术的优势，而无法开展引线框架式 BGA 载板技术的专利布局或产品生产时，可考虑避开这一国内龙头企业的障碍，在产业上选择本节所重点分析的窗口式 BGA 基板技术和凹槽式 BGA 基板技术进行生产以减少专利风险，即利用国外的处于无效状态或可以被无效的专利技术进行生产，具体原因如下。

广东省有很多封装厂，但是大量处于早期的插装式封装，封装密度小，集成度不高。在对广东省的封装产业升级比如将封装集成度低、附加值低的插装式升级到封装密度高、可自动化安装到电路板/线路板上的 BGA 这种表面安装式时，由于窗口式 BGA 基板技术和凹槽式 BGA 基板技术这两个技术已经相对成熟，结构基本定型，技术升级难度不大，而国外专利布局较早，部分专利已经处于专利权失效状态，在全球封装行业向国内转移、市场规模较大的情况下，完全可以利用这些专利权失效的早期专利生产技术难度不大、专利侵权风险相对低的窗口式 BGA 和凹槽式 BGA 产品。关于专利侵权风险，对于国内已有的这两个技术的专利布局，首先国外来华专利少，国内申请也不多，且仍处于专利权维持状态的更少；其次，国外来华和国内专利涉及的是细节、局部改进，可以在生产时进行针对性规避；最后，总体上窗口式 BGA 基板技术和凹槽式 BGA 基板技术早已定型，如若遇上专利侵权诉讼，被告方可以利用前述所列的早期基础性/重要专利、公布后视为撤回的专利对涉案专利提出相关无效请求。

4.3.2　WLCSP

4.3.2.1　专利态势分析

本部分将对 WLCSP 技术的全球专利申请状况和中国专利申请状况进行分析。本部分的研究对象是 WLCSP 单芯片封装的技术。

4.3.2.1.1　全球专利态势分析

WLCSP 技术的全球状况是衡量该项技术发展高度的重要指标，也是该项技术专利态势分析研究的切入点。截至 2017 年 11 月 25 日，检索到世界范围内涉及 WLCSP 技术的专利申请 2507 项，其中中国专利申请 1056 件。在此检索基础上，围绕对该项技术在全球的申请趋势、国家/地区分布、重点技术分支以及主要申请人等方面对其进行分析。

（1）申请趋势分析

通过对全球 WLCSP 领域相关专利申请历年变化趋势的分析，可以初步掌握自 1992 ~ 2017 年以来全球 WLCSP 技术的发展过程和趋势，从而对其未来发展方向形成简单判断。

图 4-3-61 反映了单芯片 WLCSP 技术领域全球专利申请态势分布情况。可以看出，1998 年以前，WLCSP 的申请量很少，1999 年的申请量相对于 1998 年以前有成倍的增长。这一情况与 1998 年可行性 WLCSP 技术的宣布有着密切关系，WLCSP 技术开始受到关注。2007 年，WLCS 申请量在稳步增长。2008～2011 年，申请量有所回落，与全球金融危机有一定的关系，导致该技术的研发受到一定的影响。但随着经济的回暖全球申请量于 2012 年出现了一定的反弹。2013 年，WLCSP 的申请量在稍作回落后开始稳步增加，2016 年后又开始回落。从整体的 WLCSP 全球申请历年分布可以看出，WLCSP 全球申请量总体趋势平稳，说明全球企业和科研单位对该技术一直保持着较稳定的关注，并且持续对该技术进行钻研。而 2016 年后的申请量回落，可能受到 SIP、三维封装等多芯片封装技术趋势的影响，企业研发方向转移所致。图 4-3-61 中实线表示的是 1999～2017 年全球半导体市场销售额的变化趋势，半导体全球市场销售额在 2001 年显著下降，2002 年开始回升并持续增长，随后于 2008～2009 年再次出现负增长，并于 2010 年开始反弹。可见，WLCSP 全球专利申请量的变化趋势与市场波动密切相关，但由于研发资金的投入到技术的产出需要一定的时间周期，专利申请量的变化滞后于市场的变化。

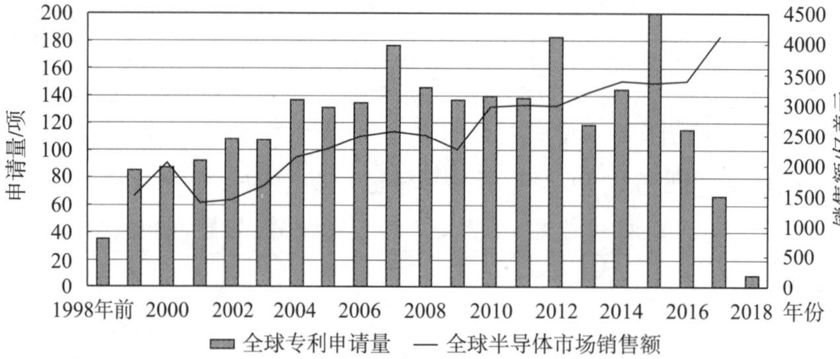

图 4-3-61　单芯片 WLCSP 技术领域全球专利申请历年分布

（2）国家/地区分布分析

图 4-3-62 反映的是 WLCSP 技术领域全球专利申请首次申请国家/地区分布情况。在 WLCSP 技术领域的全球专利申请中，美国籍申请人申请量占比 30.0%，中国籍申请人申请量占比 29.1%，日本籍申请人申请量占比 23.7%，韩国籍申请人申请量占比 11.9%。中国申请人中，中国大陆申请人申请量在全球占比 23.2%，中国台湾籍申请人申请量全球占比 5.9%。可以看出，94.7% 的相关全球专利申请被美国、中国、日本和韩国籍申请人占有，说明该领域技术集中度非常高。其中，美国籍和中国籍申请人是该领域最主要的申请人，其占有率基本均为 30%，而日本以 23.7% 占据 WLCSP 领域申请量的第三位。可以看出，中国在 WLCSP 技术领域具有较强的实力。

从图 4-3-63 可以看出日本、美国、中国和韩国籍申请人在 WLCSP 技术领域的历年专利申请量变化情况，不同时期的主要申请人不同。美国申请较早，且在 1996～

1998年申请量在全球排名第一；1999～2000年，韩国申请量全球最大；2002～2006年，在美、韩申请量减少的情况下，日本申请量迅速增长，成为全球申请量排名第一，并且在2010年以前均保持较高的申请量，说明该领域在日本得到较大的发展，但2011年后申请量减少；2010～2011年，美国申请量快速增长，再次排名全球排名第一，至今也保持着较高申请量；中国在WLCSP技术领域发展相对较晚，前期的申请量也较为平稳，但2011年开始专利申请量增长势头迅猛，尤其于2012年以及2014～2018年在全球的申请量均排名第一。总体而言，在不同时期，美、中、日、韩四国在WLCSP技术专利申请中均有过全球最大申请量，可见该技术受到全球范围的关注，竞争情况也较激烈。在2011年以后，WLCSP的申请量主要集中在美国和中国申请，而日本与韩国的申请量则明显少于美、中两国，可见近年来在全球范围内，美国与中国对此技术发展的重视程度高、技术实力强。

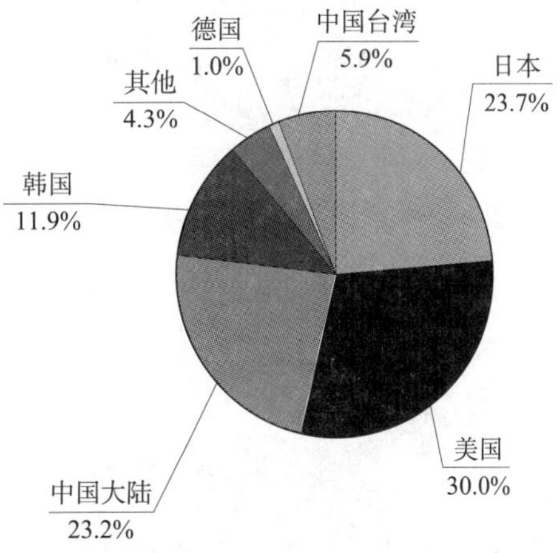

图4-3-62　单芯片WLCSP技术领域全球专利申请首次申请国家/地区分布

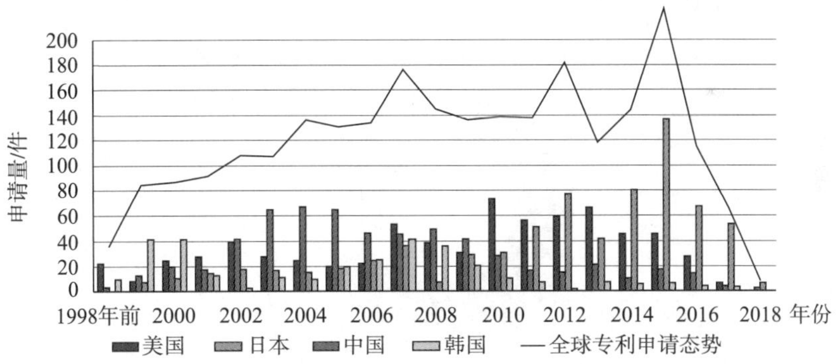

图4-3-63　单芯片WLCSP技术领域全球专利申请主要首次申请国家/地区专利申请趋势

（3）重点技术分支分析

WLCSP重点技术分析是专利分析的定性分析内容，可以反映WLCSP技术各个重点技术分支的专利分布状况，指明WLCSP技术领域的申请与研究热点、各个研究热点随时间的发展变化脉络以及在该领域各个国家的技术优势所在，对我国研发与保护该项技术具有借鉴意义。

首先从单芯片WLCSP技术分支的分布情况来分析，如图4-3-64所示，从一级技术分支来看，制作过程占29.8%，其次是凸点（22.2%）、布线层（14.9%）以及密封/保护层（11.7%）。制作过程涉及的主要是WLCSP整体制作工艺的改进，例如切割、晶圆处理、键合、工序的调整等。不同器件类型在结构上的差异导致整体的制作工艺也存在较大区别，因此制作过程中以器件类型方面进行区分，以作为制作过程的二级技术分支。可以看出，制作过程中涉及最多的是其他器件，例如一般焊球阵列的芯片结构占比达到45.5%。凸点是作为封装与外部进行电连接的部件，涉及的内容主要是焊料层以及如UBM、焊料下柱电极或应力缓冲凸块等与焊料层共同组成的凸点结构。从下图可以看出，在封装结构的改进上，凸点相对于其他部件的改进占据最大份额。密封层/保护层主要涉及芯片外表面的包封结构。

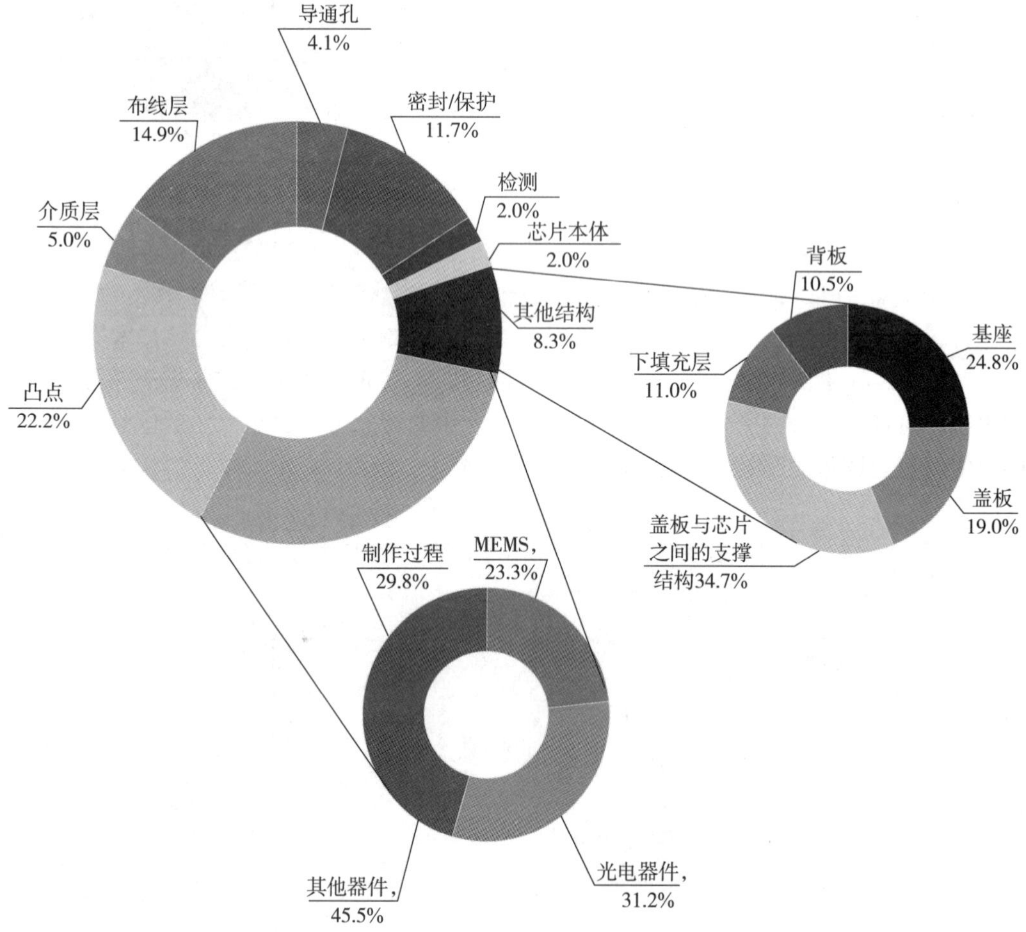

图4-3-64　单芯片WLCSP技术领域全球专利申请专利技术分支分布

从近10年的技术分支分布（参见图4-3-65）可以看出单芯片WLCSP近年的发展趋势。可以发现，近10年单芯片WLCSP以器件的制作过程和凸点为重点，其次是布线层和密封/保护层。制作过程中，仍以传统型器件为主，但是MEMS和光电类器件也占较大份额，属于近年发展的重点方向。

接着从技术功效的专利分布来看单芯片WLCSP全球技术分布的态势，如图4-3-66所示。单芯片WLCSP技术对技术功效的改进方向及数量分布为成本（395项，15.8%）、电磁/静电防护（37项，1.5%）、散热（54项，2.2%）、防潮（54项，

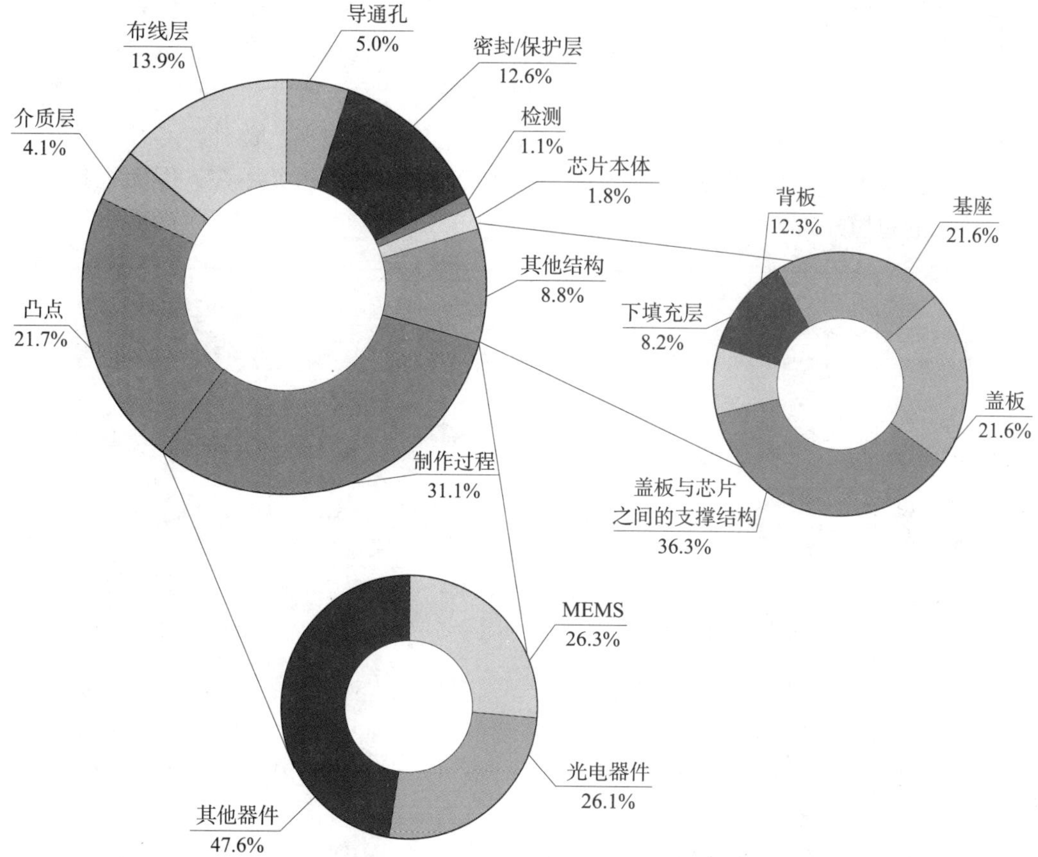

图4-3-65 单芯片WLCSP技术领域近10年全球专利申请专利技术分支分布

2.2%)、小型化/节距(156项,6.2%)、电学可靠性(1149项,45.8%)、减少应力(289项,11.5%)、简化工艺(217项,8.7%)、防止封装/芯片损坏(156项,6.2%)。部分专利申请涉及多个功效,在分析时按照主要的侧重点来归入某一功效中。可以看出,电学可靠性的改善最为集中,尤其是凸点、布线层这一类与电学性能最为相关的部分,主要涉及电连接的可靠性等,但芯片本体的改进相对较少。其次是成本、减少应力、简化工艺、防止封装/芯片损坏。防止封装/芯片损坏主要包括机械性能上的可靠性,例如避免封装/芯片开裂、破损等。在减少成本的功效中,介质层、芯片本体与检测的申请量较少,仍然具有可实现专利布局的空间。而电磁/静电防护、散热和防潮相比于其他功效而言,关注度最低。其中,导通孔作为电连接的部件,属于电流较集中的部分,在电磁/静电防护以及散热上均有一定的需求。对于导通孔在电磁/静电防护及散热上的改进相对而言并不算多,原因可能是在具有导通孔部件的WLCSP中,在多芯片封装例如三维封装应用领域中要多于单芯片封装,而在三维封装领域中,电磁/静电防护和散热也是十分重要的,因此关于导通孔在电磁/静电防护与散热功效上的改进可能会更多地出现在三维封装的WLCSP中,因此在此方面布局会有一定风险。但是,对于散热和防潮功效,也存在着可布局的空间,例如在介质层的改进;而在器件制作过程中，尤其是 MEMS 和光电器件，对防潮也会存在需要，但是目前对这些器件的制作过程中实现防潮功效的申请并不多，因此也存在一定的布局空间。在小型化/节距、减少应力、防止封装/芯片损坏的功效中，光电器件和 MEMS 器件的制作过程申请量均较少，这些均是可以进一步进行专利布局的方向。此外，芯片本体这一技术分支在除了电学可靠性的功效之外，针对其他功效的改进并不多，因而也是一个风险较低的布局方向。

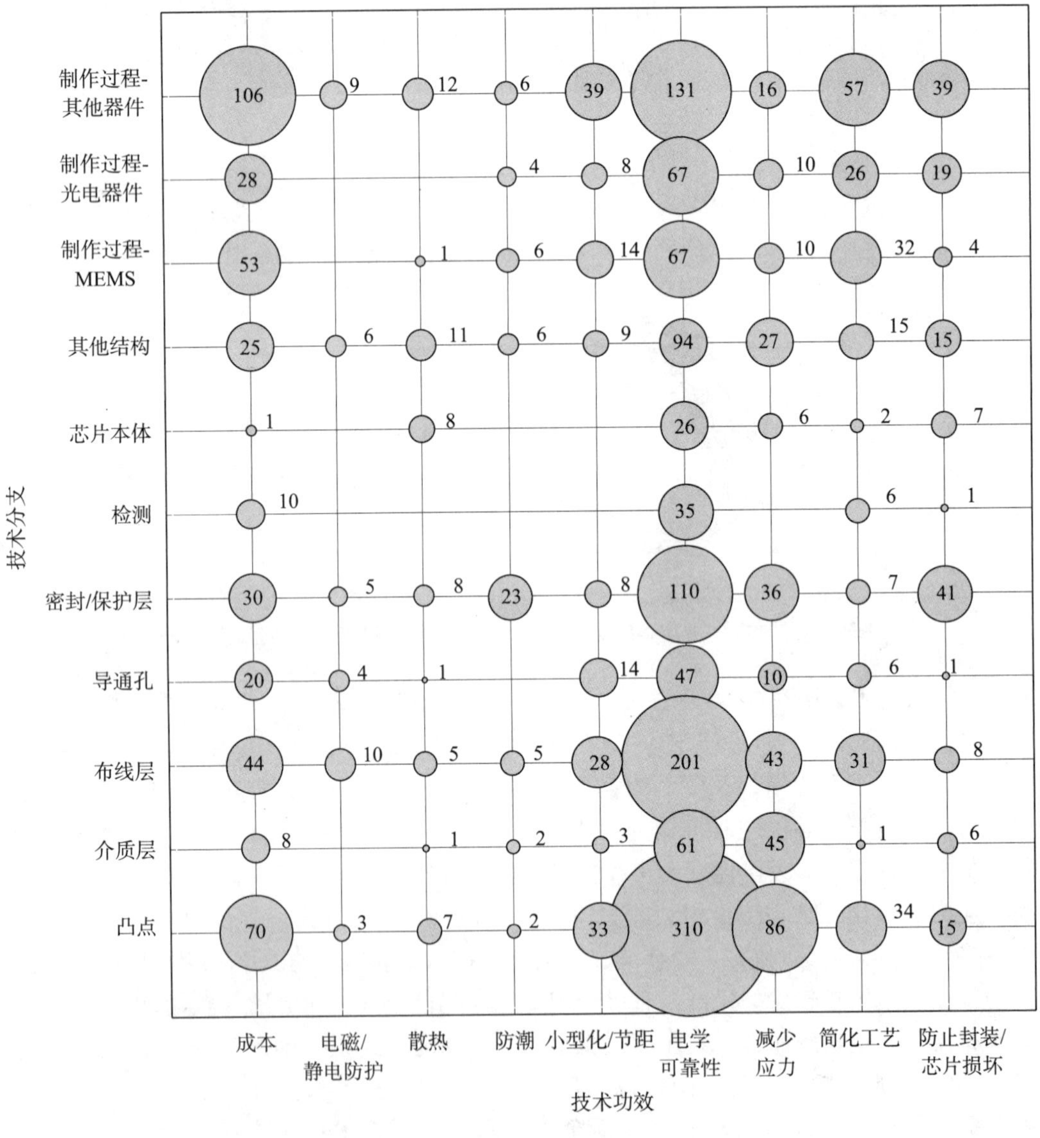

图 4-3-66　单芯片 WLCSP 技术领域全球申请技术功效图

注：图中数字表示申请量，单位为项。

（4）主要申请人分析

专利申请人是专利申请的主体，也是专利布局的谋划者。WLCSP 专利技术在全球范围内主要掌握在哪些企业手中、哪些企业在专利布局上具有优势地位、这些企业在全球所关注的市场热点在哪里、该领域历年来申请人排名变化情况都是专利布局研究中应该关注的热点。因此，通过分析该领域主要申请人的状况，可以对该项专利技术的整体态势产生更深入的认识。

从图 4-3-67 可以看出，WLCSP 技术领域技术集中度并不算很高，前十位申请人拥有的专利申请量占全球总申请量的 43.2%，但前 3 位申请人优势明显。其中，申请量前十位的申请人中，日本占 4 个，中国占 4 个，韩国占 2 个。可见，中、日、韩申请人在 WLCSP 技术领域具有明显的优势。为了了解更多的申请人相关情况，我们进一步关注排名为第 11～20 位的申请人。可以看出，排名前 20 位的申请人主要分布在中国和日本。其中，中国 10 个，日本 6 个，韩国 2 个，美国与德国各 1 个。由此可见，中国申请人在 WLCSP 领域中的活跃度较高，其中大陆地区的长电科技、南通富士通、晶方半导体、台湾地区的台积电等企业，在全球申请中处于领先地位。其中，全球申请量第二的长电科技的申请中包括新科金朋的申请 76 件，占长电科技的申请量的 54.7%。可见，长电科技对新科金朋的收购使其在 WLCSP 领域的专利占有量以及研发实力上均得到很大的提升。

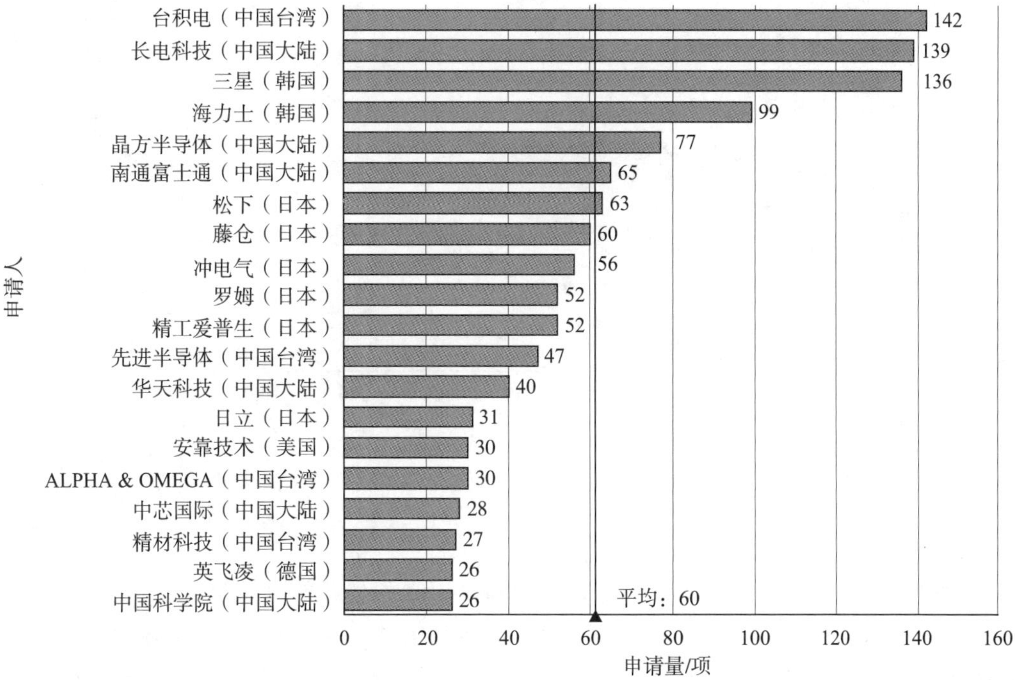

图 4-3-67　单芯片 WLCSP 技术全球重要申请人的申请量分布图

图 4-3-68 反映的是近 10 年单芯片 WLCSP 技术全球重要申请人申请量的分布情况，可以看出这些申请人在单芯片 WLCSP 技术领域中的活跃度，以及申请人在该领域进行技术开发的主要时期。在近 10 年该领域的申请中，长电科技、台积电申请量分别位列第一和第二，技术开发的活跃度最高，从申请量可以确定该两家企业主要是通过

近10年才投入单芯片WLCSP领域的研发，且投入力度较大，近10年的申请量分别占自身在单芯片WLCSP申请总量的99%和94%。韩国的三星和海力士在近10年的申请量分别位于第三位和第十位，分别占自身在单芯片WLCSP申请总量的72%和39%。可以看出，三星和海力士在WLCSP的研发投入较早，尤其是海力士，在十几年以前已经在单芯片WLCSP技术中具有较强的技术积累。与图4-3-67相比，日立、英飞凌、冲电气均不在全球前20位中，取而代之的是华进半导体、格科微电子、美信。在近10年的前20名申请人中，中国申请人占12位，可以看出，中国企业在单芯片WLCSP技术领域的发展起步虽然较晚，但是近年来发展势头强劲，活跃度较高。

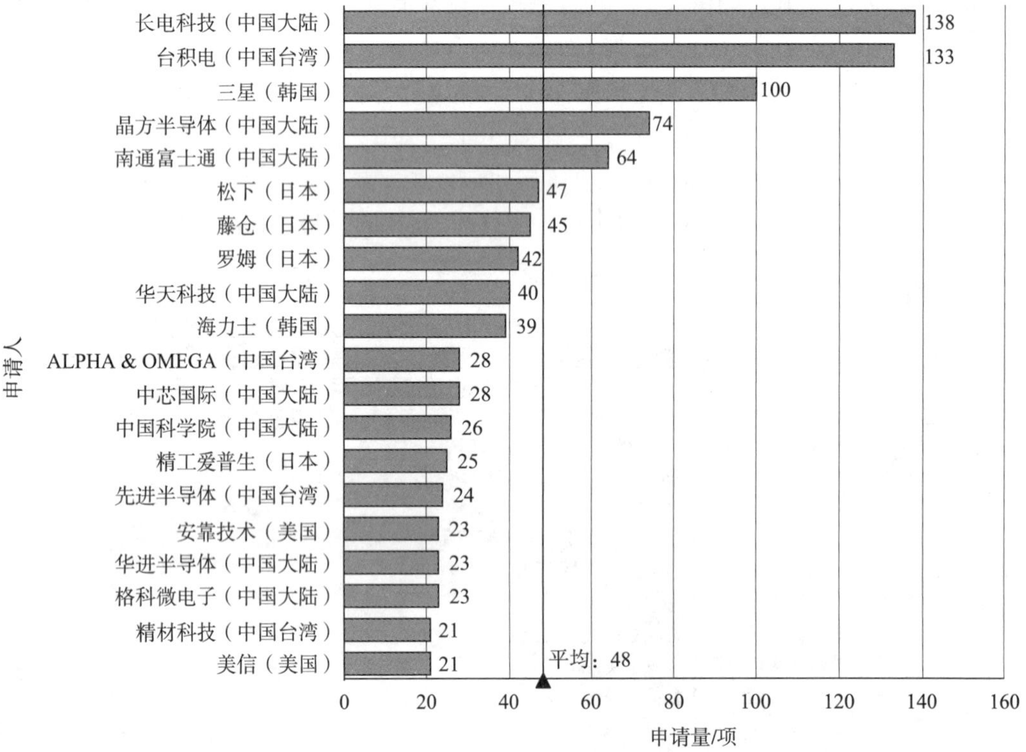

图4-3-68　单芯片WLCSP技术近10年全球重要申请人的申请量分布

4.3.2.1.2　中国专利态势分析

以检索得到的向中国国家知识产权局专利局提交并公开的全部涉及WLCSP技术的专利申请为研究对象，此部分数据统称为中国专利申请，对WLCSP技术在中国的整体申请状况进行统计与分析。其中，由中国大陆及港澳台地区申请人提交的申请称为国内专利申请，外籍申请人通过不同方式中国国家知识产权局专利局提交的申请则称为国外来华专利申请。

截至本次检索截止时间，在中国专利检索与服务系统数据库中，经检索式检索与人工筛选，最终确定的涉及WLCSP的专利申请量为1056件。其中，国内专利申请651件，占全部申请总量的61.6%；国外来华专利申请405件，占全部申请总量的38.4%。

下面在这一数据基础上从专利申请趋势、国家/地区分布、重点技术分布、主要申请人等角度对 WLCSP 技术领域的专利状况进行分析。

（1）申请趋势分析

专利发展趋势分析从涉及 WLCSP 技术的中国专利申请趋势以及专利授权趋势两个方面进行，又分别针对国内申请与国外来华申请两种情况加以详细区分，以便充分掌握该领域国内申请人以及国外来华申请的专利申请趋势和布局态势。

专利申请量表征专利申请的趋势信息，可以表示申请人对该技术的关注程度、投入的精力，间接地说明该技术领域的专利活跃程度。

图 4-3-69 反映了单芯片 WLCSP 技术在中国范围内的专利申请分布情况。从 2001 年开始，WLCSP 技术领域的中国专利申请量开始增长，到了 2004 年呈现较大增长，2005 年稍有回落后于 2006 年再次增长，2006 ~ 2010 年申请量相对平稳；2011 年，申请量再次呈现快速增长态势，并在 2012 年达到峰值，2013 年回落后于 2014 ~ 2015 年呈现稳步增长，2015 年后略呈回落趋势。

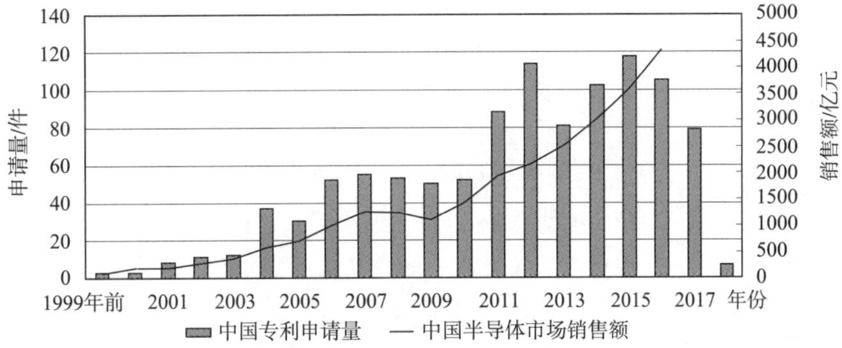

图 4-3-69　单芯片 WLCSP 技术领域中国专利申请年代分布图

图 4-3-69 中实线表示 1997 ~ 2012 年中国集成电路市场销售额的变化趋势，该变化趋势与全球市场销售额的趋势基本吻合。值得注意的是，全球集成电路市场在 2010 年出现反弹之后从 2011 年开始处于持续低迷的状态，而中国集成电路市场销售额在 2011 ~ 2012 年依然保持较快增长的态势，2015 年实现大幅增加，这也在一定程度上保证了国内科学技术的稳步发展。

总体而言，国内在 WLCSP 技术领域的申请量保持增长趋势，尤其 2011 年以后的申请量较 2011 年前增长幅度较明显。可见，近年来 WLCSP 技术在国内的关注度高，研发投入大。

从图 4-3-70 可以看出，1999 ~ 2003 年 WLCSP 技术领域相关的中国专利申请中，国外来华与国内申请的申请量相当。2004 年，国外来华申请开始增加，2004 ~ 2009 年相较于国内申请量具有更大优势。然而从 2010 年开始，由于受到全球经济危机的影响，国外来华申请量有明显的下滑，与此相比，由于 2011 ~ 2012 年依然保持较快增长的态势，国内申请则仍然保持增长势头，并且从此超过国外来华申请。总体而言，WLCSP 技术领域中，国外来华的专利申请量一直比较平稳，近年来有下降趋势，而国内申请虽然在2009年以前稍微处于劣势，但于2010年后申请量明显高于国外来华申请。

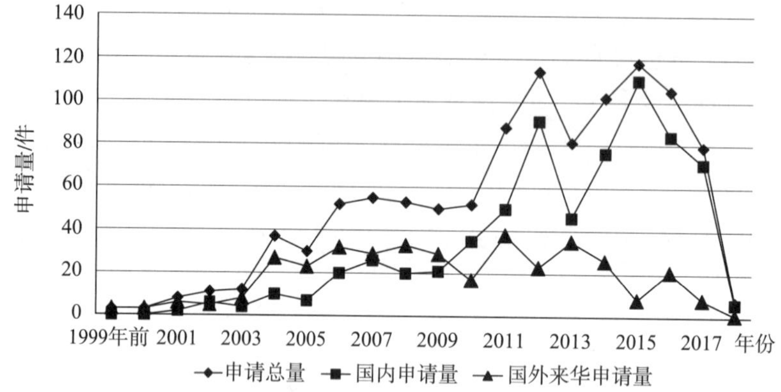

图4-3-70　单芯片WLCSP技术领域中国专利申请历年分布

图4-3-71显示的是WLCSP技术领域中国专利授权历年代分布情况，表征获得专利权的信息。就授权历年分布的趋势来看，2009年以前，国内申请和国外来华申请的授权量趋势总体上相似，呈缓慢上升趋势；2009年国外来华授权专利量达到顶峰，在2010~2011年有所下降，2012~2016年较为平稳，2017年授权量下降后，2018年授权量再次上升；国内申请授权量在2009~2011年处于平稳状态，并于2010年以后均超过国外来华申请量，2011年以后总体以较快速度增长，虽然2017年授权量下降，但仍然比国外来华的专利授权量高。由此可见，国内在WLCSP领域的申请量以及有效专利量均由国内申请人占大多数，国外来华企业在近年来无论是在申请量还是授权量上均与国内企业存在越来越大的差距。因此，对于国内企业或科研单位而言，在国内进行WLCSP领域的相关专利申请，相对于国外来华而言优势明显，风险较小。

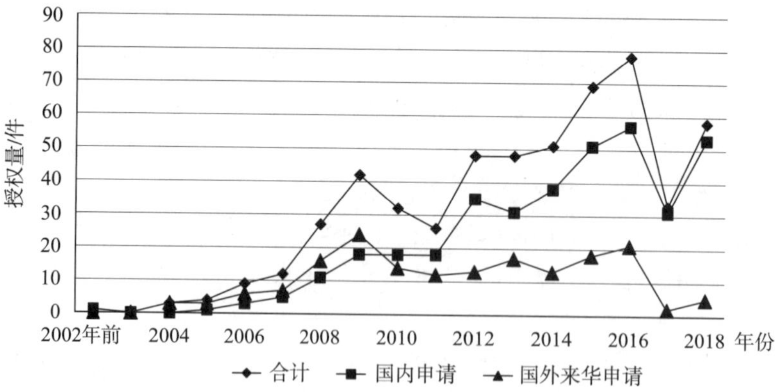

图4-3-71　单芯片WLCSP技术领域中国专利授权历年分布

(2) 国家/地区分布分析

分析中国专利申请中专利的来源，可以客观反映其他国家/地区对中国市场的重视程度以及国内本土企业在 WLCSP 技术上的发展程度。

图 4－3－72 反映了各国在华历年专利申请分布情况，总体来看，中国申请人的申请量占中国总申请量的 61.4%，具有绝对优势。其中，中国大陆籍申请人申请量占据 46.6%，台湾籍申请人申请量占 14.8%。日本籍申请人的申请量占据总申请量的 14.1%，位于第二位；美国籍申请人占据总申请量的 9.2%，位于第三位；新加坡籍申请人申请量占总申请量的 3.2%，位于第四位；韩国和德国分明占据总申请量的 2.0% 和 1.6%，分别排列第五和第六。通过与前面全球申请量地区分布的对比可以知道，虽然全球申请量中，美国的申请量最多，然而在中国，日本申请人占据总申请量相比于美国申请人更多。可见，日本申请人相对于美国申请人更加注重中国市场。另外，新加坡在全球的总申请量中地位并不突出，然而在中国的总申请量高于韩国和德国。可见，新加坡对于中国市场也十分重视。

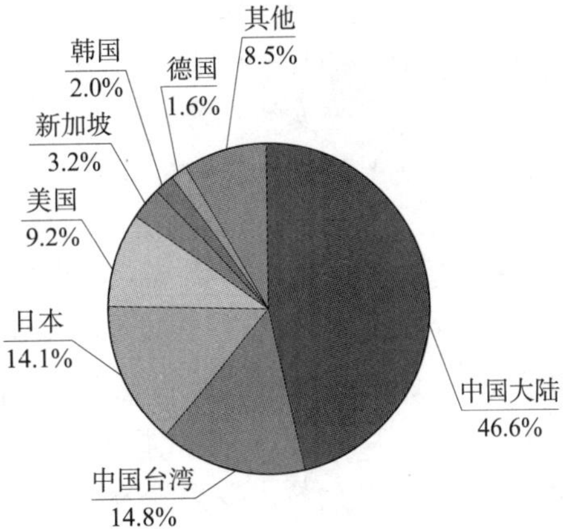

图 4－3－72　单芯片 WLCSP 技术领域中国专利申领首次申请国家/地区分布

从图 4－3－73 可以看出，日本和美国的申请人很早就进入中国申请专利，但在较长一段时间内，专利申请量均较少，自 2004 年起，日本籍申请人在华专利申请力度大幅增强，在 2009 年以前一直保持较高申请量且明显高于其他国外来华的申请人，之后申请量稍有下降。中国籍申请人在国内的专利布局稍晚于国外来华申请人，但是如前所述，国内申请人在 WLCSP 领域中专利申请量一直保持增长形势，特别是从 2004 年开始迅速增长，在 2007 年以后申请量已经超越日本籍申请人的申请量，位居第一位。总体而言，WLCSP 技术领域中，国外来华的专利申请量一直比较平稳，在近年来有下降趋势，而国内申请虽然在 2009 年以前稍微处于劣势，但于 2010 年后申请量明显高于国外来华申请。

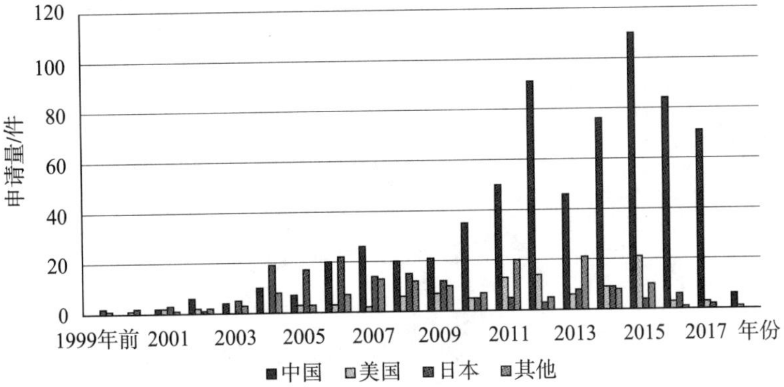

图 4－3－73　单芯片 WLCSP 技术领域中国专利申请地区分布

(3) 重点技术分支分析

本部分将以不同技术分支的中国专利申请数据作为分析对象，对 WLCSP 技术领域中国专利申请的特点进行分析。

首先是技术分支的分布进行分析，如图 4－3－74 所示。从一级技术分支来看，与全球申请的情况类似，制作过程占比最大，达到 36.7%，其次是凸点（22.6%）、布线层（11.4%）。国内申请在凸点技术分支上的占比与全球情况接近，但在制作过程技术分支上的占比比全球申请更大。在制作过程技术分支上，国内申请涉及最多的是占比为 44.0% 的其他器件，其次是占比为 30.7% 的光电器件，MEMS 器件占比为 25.3%。可见，与全球申请相比，其他器件和光电器件技术分支在国内申请中的占比更小，而 MEMS 器件的占比更大，因此在 WLCSP 领域中，国内申请人不局限于传统 BGA 形式的 WLCSP 芯片封装的技术研究，而在影像传感器件、感光器件等光电器件以及 MEMS 器件的封装技术上也进行了一定的研发投入，且相对于全球而言，国内对 MEMS WLCSP 封装技术的研究更加重视。

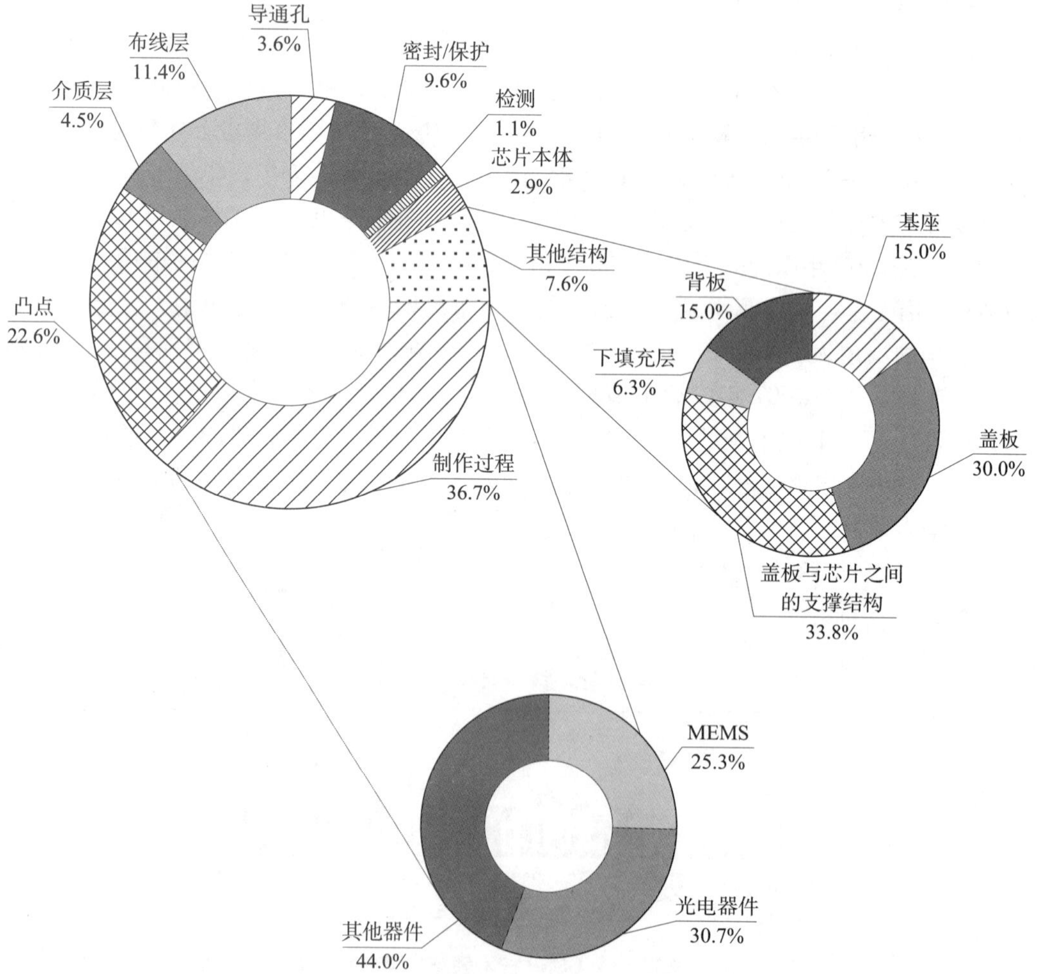

图 4－3－74　单芯片 WLCSP 技术领域中国专利申请专利技术分支分布

从近 10 年的申请布局可以清楚地知道国内的发展重点。图 4－3－75 显示出近 10 年单芯片 WLCSP 技术领域国内专利申请的技术分支分布情况。可以发现，近 10 年国内在单芯片 WLCSP 技术的技术发展方向主要是器件的制作过程和凸点，与全球的发展趋势相似。但是与全球申请相比，国内对于光电器件的研发投入更大，更加注重该方向的申请。

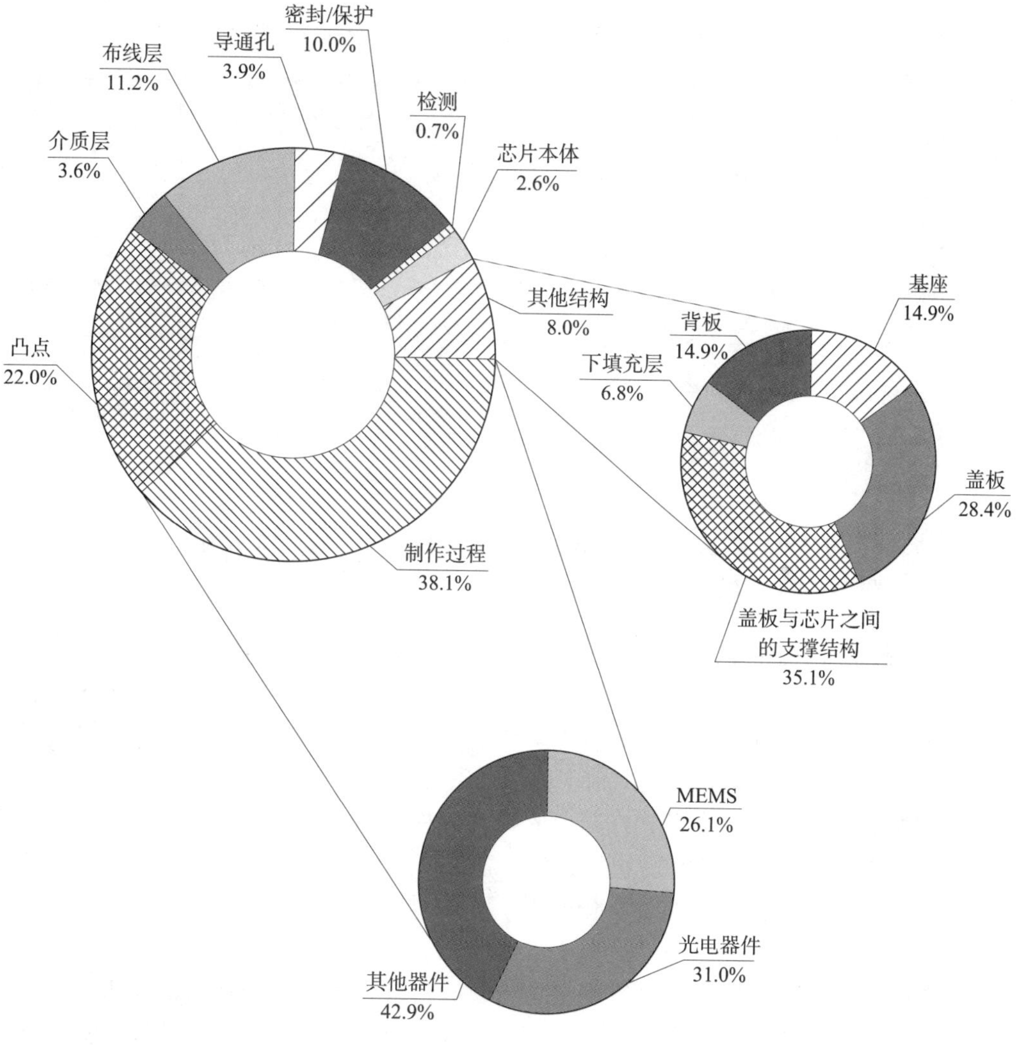

图 4－3－75　单芯片 WLCSP 技术领域近 10 年中国专利申请专利技术分支分布

从图 4－3－76 可以看出，单芯片 WLCSP 技术对技术功效的改进方向及数量分布为成本（162 件，15.3%）、电磁/静电防护（13 件，1.2%）、散热（24 件，2.3%）、防潮（30 件，2.8%）、小型化/节距（75 件，7.1%）、电学可靠性（492 件，46.6%）、减少应力（102 件，9.7%）、简化工艺（96 件，9.1%）、防止封装/芯片损坏（62 件，5.9%）。

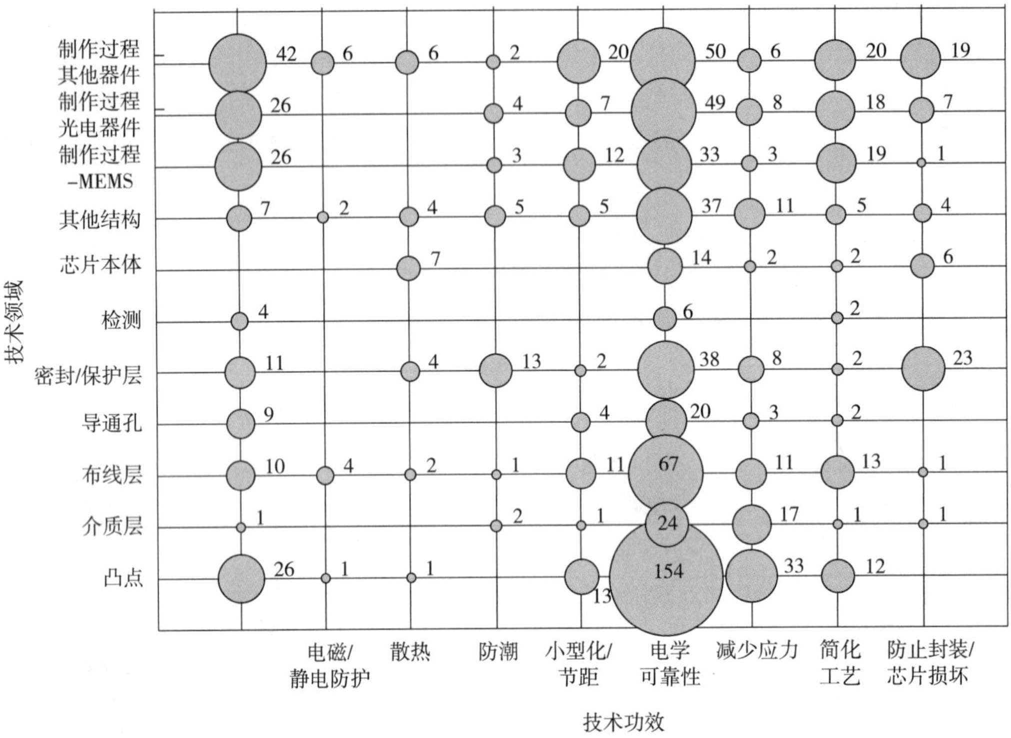

图4-3-76　单芯片WLCSP技术领域国内申请技术功效图

注：图中数字表示申请量，单位为件。

总体而言，国内申请的技术功效与全球申请的技术功效分布比较一致，在电学可靠性上，国内申请的比重比全球申请更高一点，但在减少应力的占比上，国内申请稍低于全球申请。与全球申请相类似的功效分布意味着可进一步进行专利布局的空间也与全球申请相似。另外，在国内申请中，在电磁/静电防护功效上仅有涉及凸点、布线层和其他器件制作过程的申请，在其余的技术分支上均为空白。可见，在该功效中的布局空间显然更大。而散热和防止封装/芯片损坏的功效中，凸点的改进均为空白，说明在该方向上进行国内布局时风险很低。

（4）主要申请人分析

专利申请人的申请量排名可以反映某一领域内专利申请人的技术掌握情况及其专利布局策略。一般来说，专利申请数量可以反映某申请人的研发投入情况、专利申请积极性和市场重视程度。下面从申请人的角度对WLCSP技术领域的中国专利申请进行分析。

从图4-3-77可以看出，WLCSP技术领域中国主要申请人排名前十位的主要分布在中国和日本。其中，中国9个，日本1个。可见在国内，中国申请人在WLCSP领域占有绝对优势，同时也说明中国申请人非常重视在国内进行专利布局。

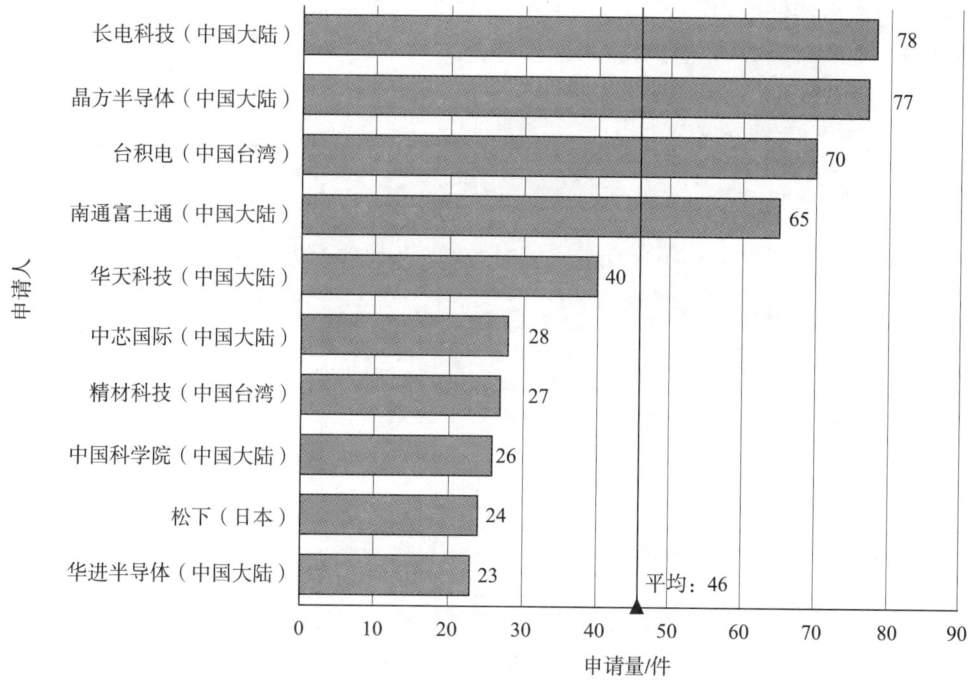

图4-3-77　单芯片WLCSP技术领域中国专利主要申请人的申请量分布

中国大陆企业占据前两位以及第四、第五、第六、第八、第十位。可见，在WLCSP领域，中国内企业具有领先地位。中国台湾则以台积电位列国内申请量第三位。而虽然国外申请人在前十名中只有位列第九的松下，然而国内企业在进行技术创新和专利布局时，也需要留意这个潜在的对手企业。

图4-3-78显示国内近10年的单芯片WLCSP申请量排名情况。可以看出，总体的排名与图4-3-77相似。国内在单芯片WLCSP领域较为领先的企业，大多数依靠近10年的技术研发确立自身在此领域中的地位。另外，国内企业中，格科微电子的申请量位于第九位，可见其在此领域的投入也越来越大。

为了更好地了解国内重要申请人的技术关注点，图4-3-79反映了中国申请量最大的前五名申请人在不同技术分支中专利申请量的分布情况。从整体来看，关注度最高的仍然是凸点技术，尤其南通富士通、台积电的专利申请重点都在凸点上。南通富士通除了主要以凸点为改进方向之外，还关注密封/保护层的改进与其他器件的制作过程，但并未涉及MEMS和光电器件的封装方法，可见南通富士通着重基于传统BGA形式WLCSP芯片的改进。台积电的次要关注点为布线层和介质层，可见其对于电连接性能的改进十分重视，在不同的器件制作也均有涉及。长电科技在各个改进方向都存在较均衡的发展，在制作过程中偏向传统芯片形式制作过程的改进，未涉及光电器件。晶方半导体申请量位于国内第二，然而其技术重点明显区别于其他几位申请人。具体而言，其在光电器件封装方法上的申请量最多；其次是在其他结构中，如盖板、盖板与芯片间的支撑结构等的改进最多。可以发现，无论是封装方法还是结构，晶方半导体均以涉及光电器件或 MEMS 形式的封装为改进对象，而非传统的封装，说明其技术专业性强，专利布局方向与自身技术定位符合。

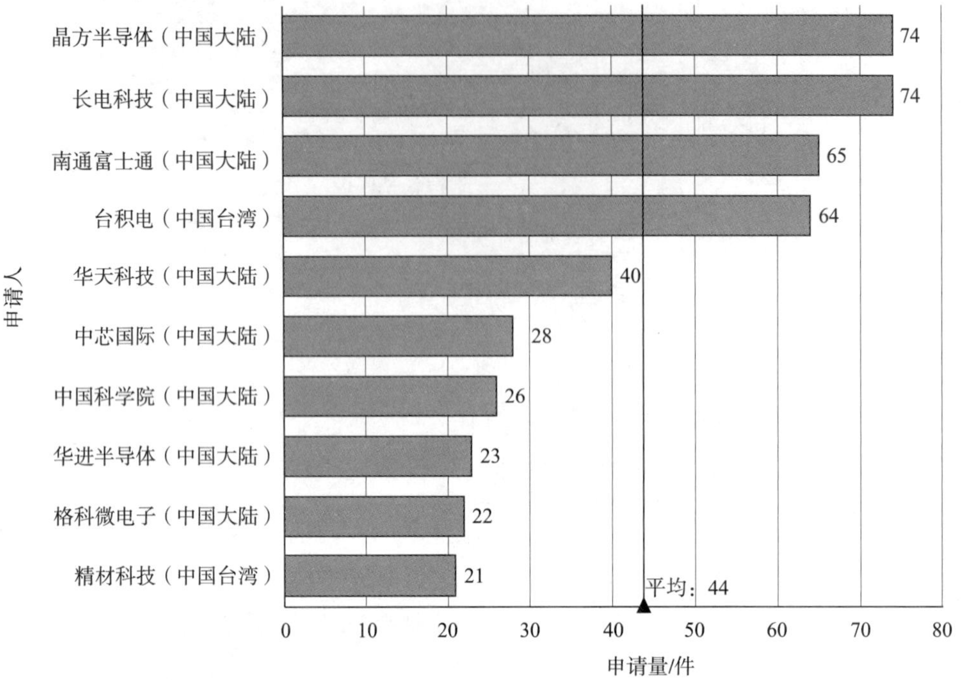

图 4-3-78 单芯片 WLCSP 技术领域近 10 年中国专利主要申请人的申请量分布

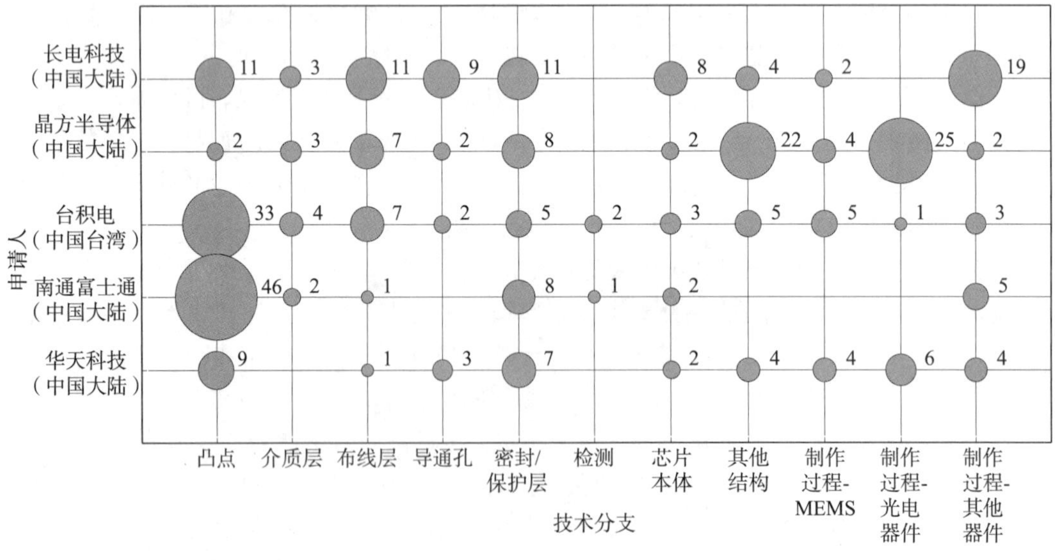

图 4-3-79 单芯片 WLCSP 技术领域中国前五名申请人的技术分支分布

注：图中数字表示申请量，单位为件。

广东省在 WLCSP 领域的专利申请情况如图 4-3-80 所示，可以看出，广东省只申请6件与WLCSP技术相关的专利申请，其涉及的领域为3件是封装的制作过程，器件类型是非MEMS与光电器件的类型，1件涉及布线层，2件涉及凸块。

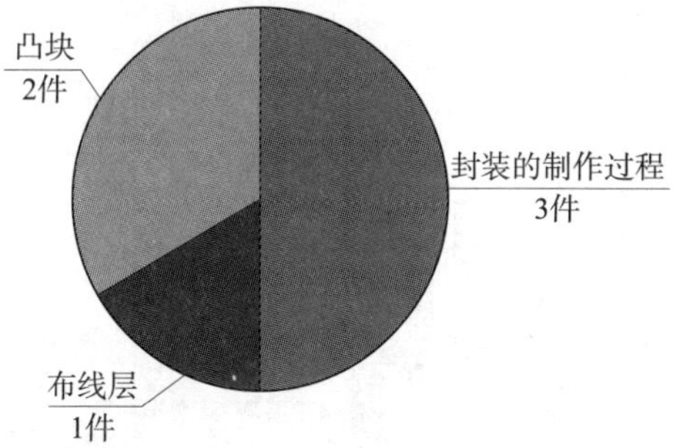

图4-3-80　单芯片WLCSP技术领域广东省技术分支分布

可见，虽然在全球领域中，国内涉及WLCSP技术的申请量虽然具有优势，然而广东省里在全国WLCSP技术专利申请量中占的份额十分小。

此外，通过对广东省6件WLCSP技术专利申请的分析可以发现，其申请人所在地均为深圳市，其他地区申请量为0，可见，广东省的主要研发地区为深圳。虽然深圳市在全国集成电路产业中具有重要地位，然而在WLCSP技术中，在全球和全国均不具有领先技术。

4.3.2.2　技术发展路线分析

在关于WLCSP的全球申请中，与凸点相关的申请量相对于WLCSP的其他部件而言占比最大，凸点是封装与外界进行电连接的重要部件，也影响着封装的电学可靠性能。WLCSP凸点技术经过多年的发展，从最原始的只有焊球凸点发展到为了满足各种性能需要而附加其他部件的结构。本部分将对WLCSP凸点技术进行专利技术发展路线分析。

图4-3-81反映了单芯片WLCSP凸点技术领域全球技术发展路线。整体而言，可以根据凸点的结构，分为焊料凸点和非焊料的其他部件。非焊料的其他部件中，可以进一步分为导电与非导电部件。导电部件中，包括如柱电极、金属凸块、UBM等结构；非导电部件中，包括如为缓解凸点应力而设置的树脂凸块等结构。以下将对图中各个专利申请的技术要点进行介绍。

早在1996年美光科技就提出一种微CSP方法及结构的专利申请（申请号为US19960612059），技术方案如图4-3-82所示。在该专利申请中，描述了如何在晶圆级上实现CSP的方法，通过将具有对应于焊料凸点空隙图案的层与晶片对准，在晶片上形成焊料凸点，最后切割晶片形成单个CSP芯片。该申请的被引证次数高达293次，可见其在WLCSP领域中的重要性，属于基础专利及核心专利。

在单芯片WLCSP凸点技术发展中，可以梳理出以下三个发展方向。

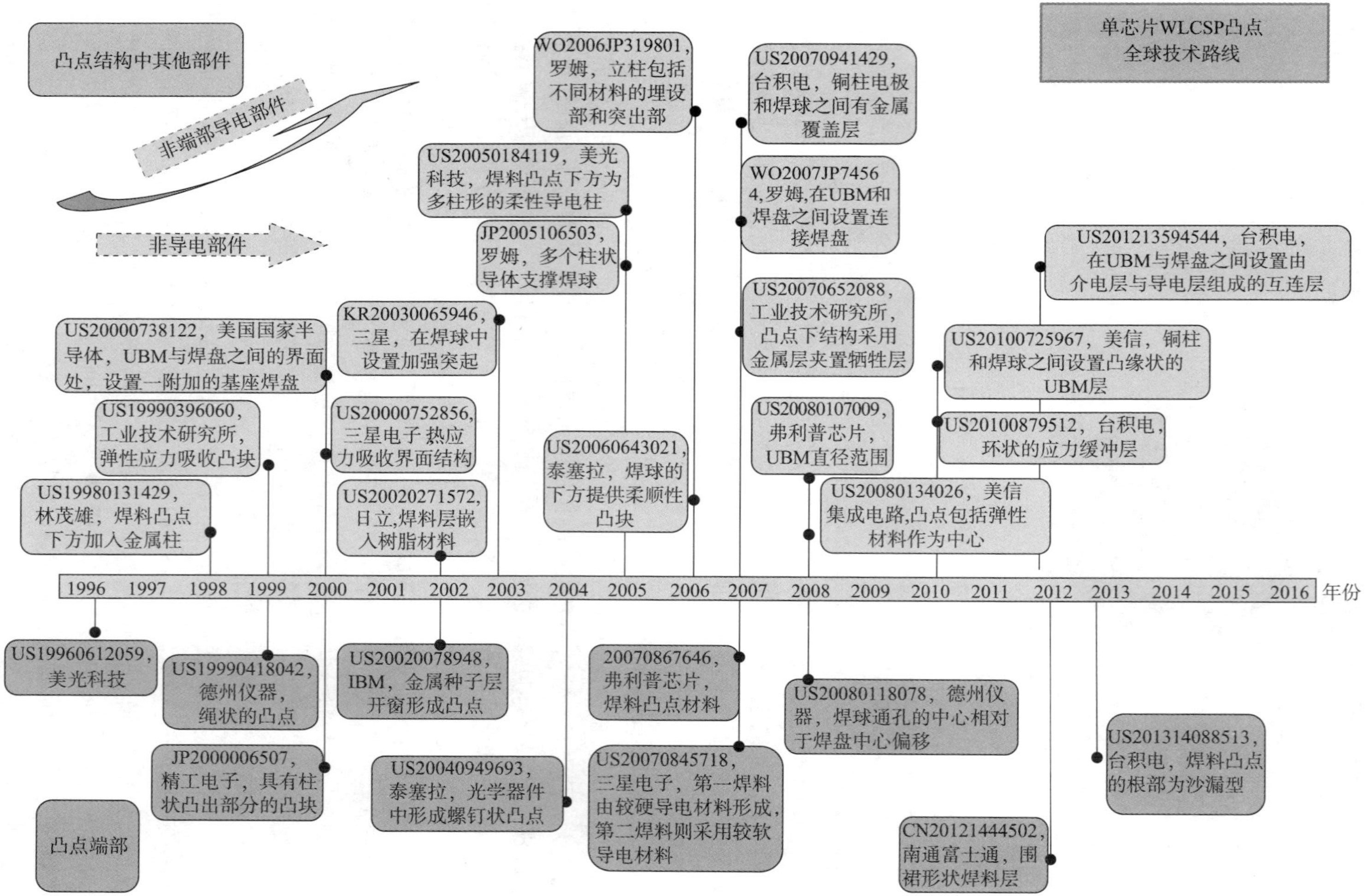

图4-3-81 单芯片WLCSP凸点技术领域全球技术发展路线

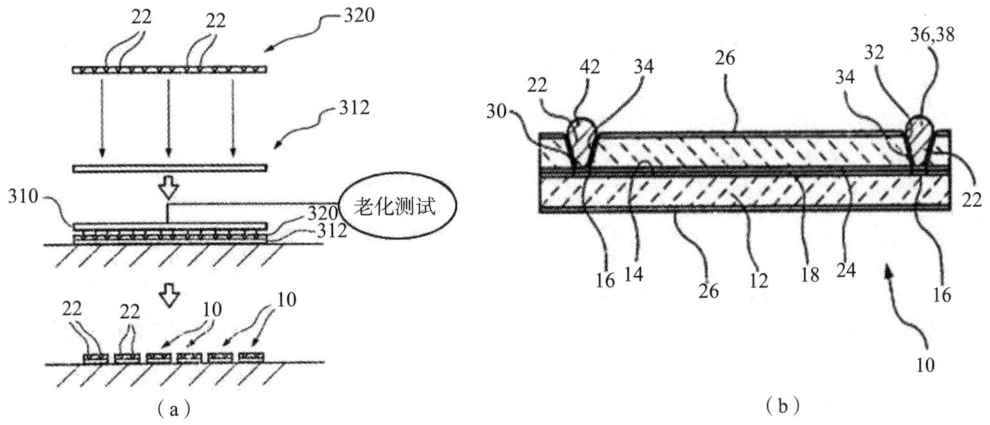

图 4-3-82　US19960612059 技术方案

4.3.2.2.1　凸点端部的改进

此方向主要涉及凸点结构中，用于 WLCSP 与外部直接连接的部分，例如焊球、引线等。

1999 年，得州仪器提出了专利申请（申请号为 US19990418042），在晶圆级芯片尺寸封装中，采用绳状的凸点代替原有的球状凸点来减小芯片尺寸，技术方案如图 4-3-83 所示。该专利申请被引证 45 次。

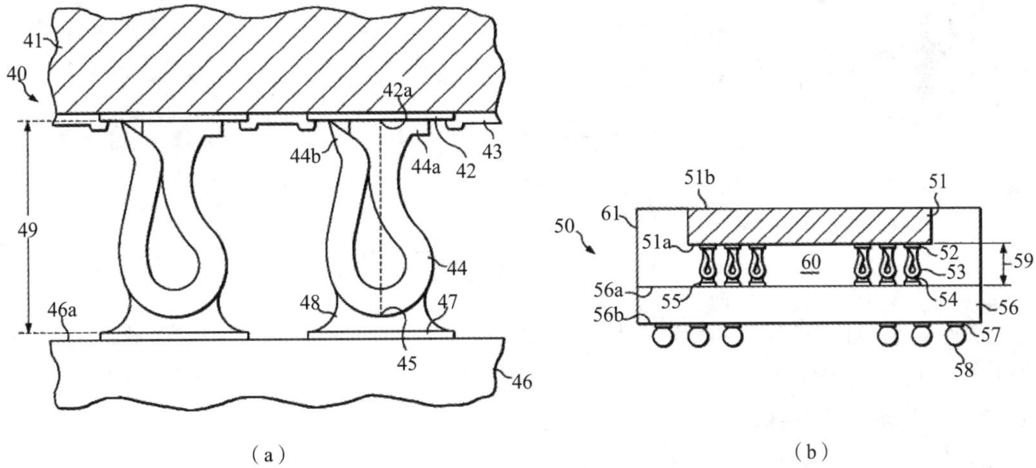

图 4-3-83　US19990418042 技术方案

2000 年，精工（SEIKO INSTRUMENTS INC）申请的专利（申请号为 JP2000006507，中国同族申请号 CN01101509）采用具有柱状凸出部分的凸块，使各凸块的柱体凸出保护性材料外，因而在保护凸块的同时容易将各电极连接起来，技术方案如图 4-3-84 所示。该专利申请被引证 50 次。

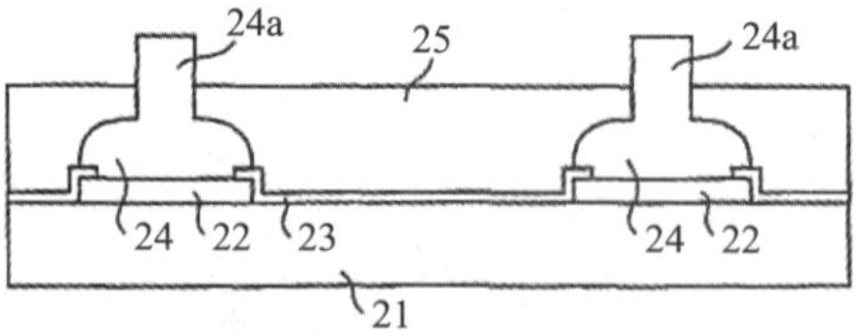

图 4-3-84 JP2000006507 技术方案

2002 年，IBM 提出了关于晶片上形成 C4 凸点工艺的申请（申请号为 US20020078948），先形成层叠的金属种子层，对种子层最上层进行开窗，在窗口中形成凸点，最后回流并去除种子层的最上层，技术方案如图 4-3-85 所示。该方法相比于直接在层叠种子层上形成的方法而言，可以更好减少层叠种子层带来的应力，从而提高 C4 凸点的结合力。该专利申请被引用 38 次。

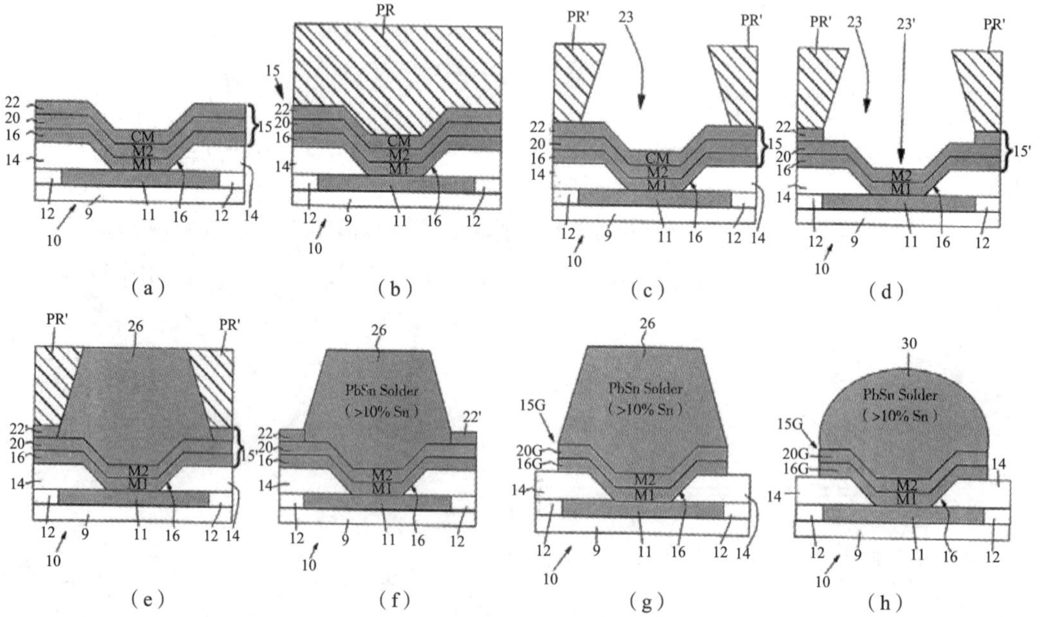

图 4-3-85 US20020078948 技术方案

2004 年，泰塞拉提出了专利申请（申请号为 US20040949693），在光学器件的晶圆级封装中形成凸点的工艺，凸点形状为顶部圆锥体的螺钉状，技术方案如图 4-3-86 所示。该专利申请被引用 45 次。

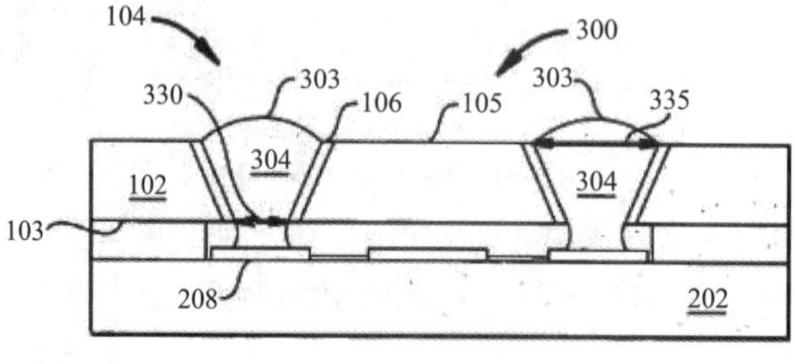

图 4-3-86 US20040949693 技术方案

2007 年，弗利普芯片公司（Flipchip International，LLC）提出高机械可靠性晶圆级互连技术的专利申请（申请号为 US20070867646，中国同族申请号 CN200780040017），焊料凸点由 Sn－Ag－Cu 和 0.01%－0.20% 的 Ni 组成的无 Pb 焊料合金，具体而言，由 98.4% Sn－1.0% Ag－0.5% Cu－0.1% Ni 组成的无 Pb 焊料合金。上述结构的使用在焊料回流后于主体焊料内围绕 Sn 晶界的枝晶间结合区内提供较低水平的金属间化合物。这有助于主体焊料相对于非 Ni 掺杂的合金更加柔顺。该专利申请在 EP、CN、TW 均有同族布局。

2008 年，得州仪器公司（Texas Instruments Incorporated）申请的专利中（申请号为 US20080118078），通过对焊球位置的调整，使焊球的中心相对于焊盘中心偏移，从而可以提高凸点与下方介电层的结合力，防止介电层剥离，技术方案如图 4－3－87 所示。

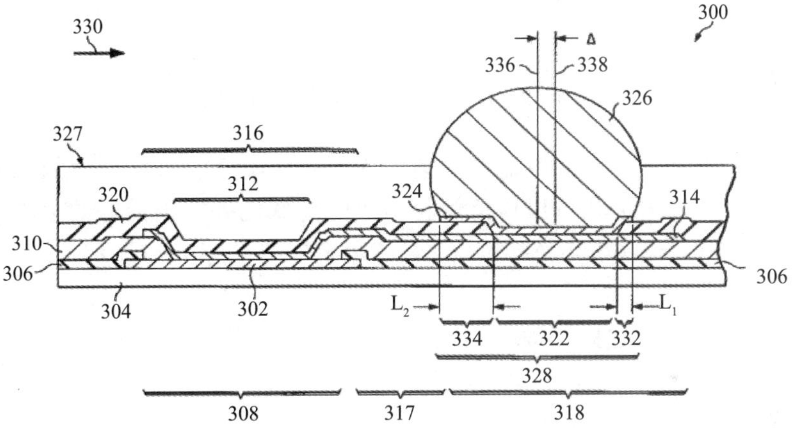

图 4－3－87　US20080118078 技术方案

同年，三星提出 WLCSP 及其制造方法的申请（申请号为 US20070845718），在焊料凸点形成通孔处，先设置缓冲图案，在缓冲图案上设置第一焊料，在第一焊料上设置第二焊料，第二焊料填充未设置有缓冲图案和第一焊料的空隙。其中，由第一焊料由较硬导电材料形成，便于承受机械冲击例如滴落测试，而第二焊料则采用较软导电材料，便于在热膨胀测试中防止裂纹。其技术方案如图 4－3－88 所示。该专利申请被引用 12 次。

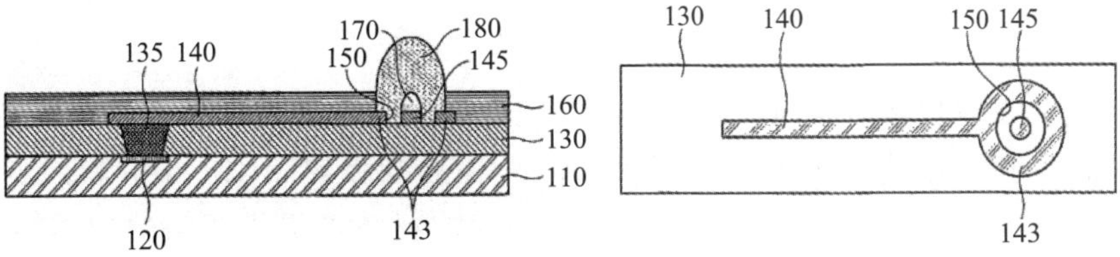

图 4－3－88　US20070845718 技术方案

2012 年，南通富士通提出关于 WLCSP 凸点的专利申请（申请号为 CN201210444502），将焊料层形成为覆盖球下金属电极底部周围的部分金属焊盘的围裙形状，围裙结构可以增大焊球和金属焊盘的接触面积，增强焊球和焊盘的，使焊球不容易脱落，技术方案如图4-3-89所示。

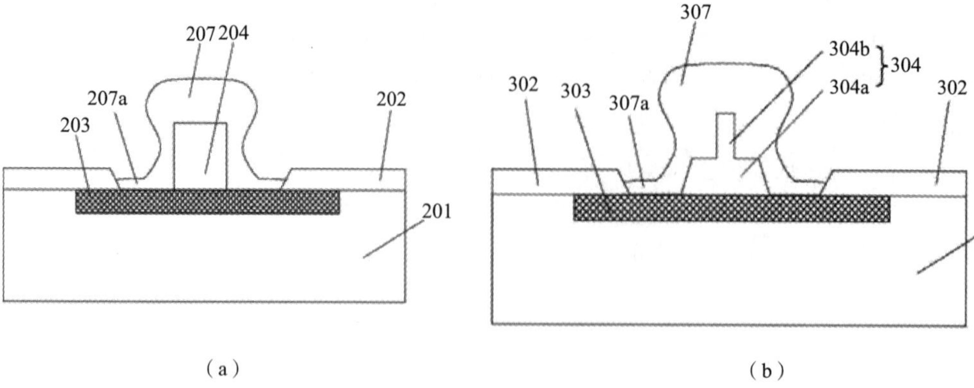

图4-3-89　CN20121444502技术方案

2013年，台积电提出专利申请（申请号为US201314088513），将焊料凸点的根部设置为沙漏型，该沙漏形状可以保持焊料凸块的高宽比并实现更好的远距离可控性，从而防止大体积焊料凸块发生桥接风险，技术方案如图4-3-90所示。

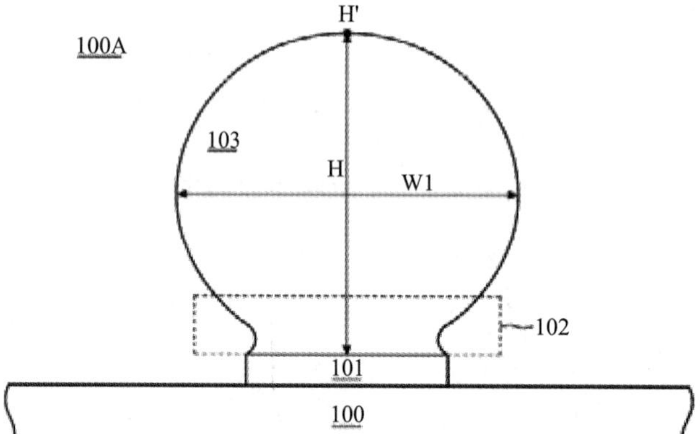

图4-3-90　US201314088513技术方案

4.3.2.2.2　凸点结构中的非导电部件

1999年，工业技术研究所（Industrial Technology Research Institute）申请了晶圆级封装方法的专利（申请号为US19990396060），在晶圆级封装中，于焊料凸点及UBM结构下方设置具有弹性的应力吸收凸块，从而为焊料凸点提供所需的应力缓冲效果，技术方案如图4-3-91所示。该专利还可以提供具体的制造方法。该专利虽然只在美国进行了申请，然而其被引证的次数达到了168次，足以证明其重要性。

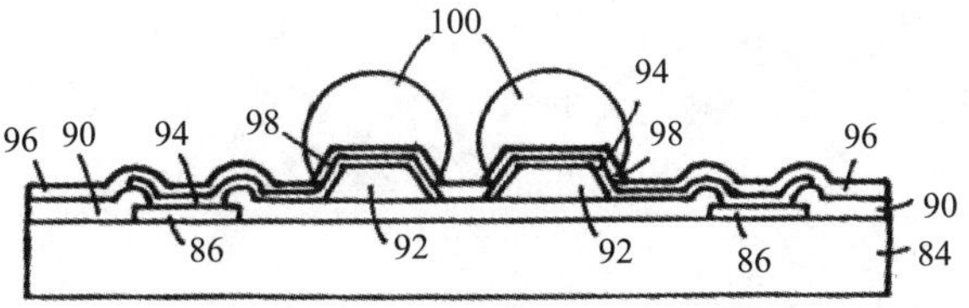

图 4 -3 -91　US19990396060 技术方案

2000 年，三星提出了 WLCSP 及其制造方法的申请（申请号为 US20000752856），在焊料凸点下设置热应力吸收界面结构，热应力吸收界面结构包括第一聚合物、包覆第一聚合物表面的第二聚合物以及导电焊盘，热应力吸收界面结构的设置可以在热循环过程中，有效吸收热应力，从而提高凸点的连接可靠性，技术方案如图 4 -3 -92 所示。该申请在日本、韩国和中国台湾均有同族申请。

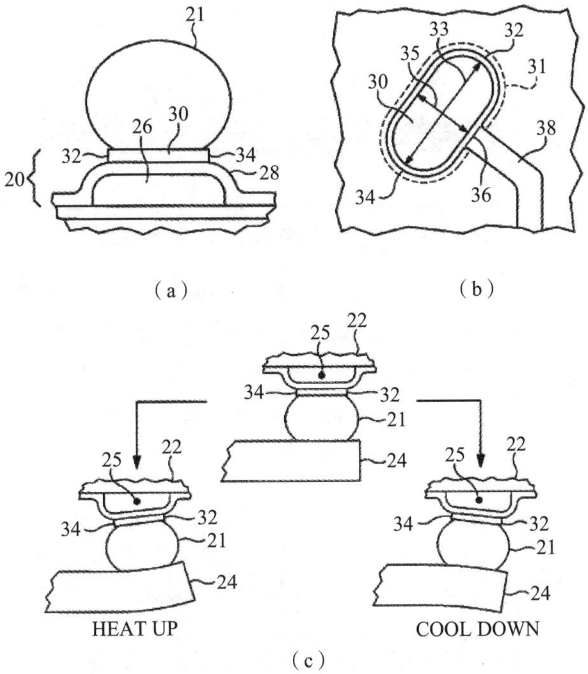

图 4 -3 -92　US20000752856 技术方案

2002 年，日立申请了在具有尖端的焊料层下方或中间嵌入树脂材料应力缓解突起的专利（申请号为 US20020271572），可以缓解凸点中的应力，提高寿命，技术方案如图 4 -3 -93 所示。

2006 年，泰塞拉提出通过印刷、烧结工艺在焊球下方形成具有顺应性绝缘凸块的专利（申请号为 US20060643021，中国同族申请号 CN200780049974），在每个单独的输入/输出件下面提供的柔顺性凸块能够实施晶片级测试而不需要插件，因为柔顺性凸块能在晶片级检测过程中通过输入/输出件的变形补偿它们的非共面度，技术方案如图 4 -3 -94所示。该申请引用次数为 26 次，在美国、中国、韩国、日本均有同族申请。

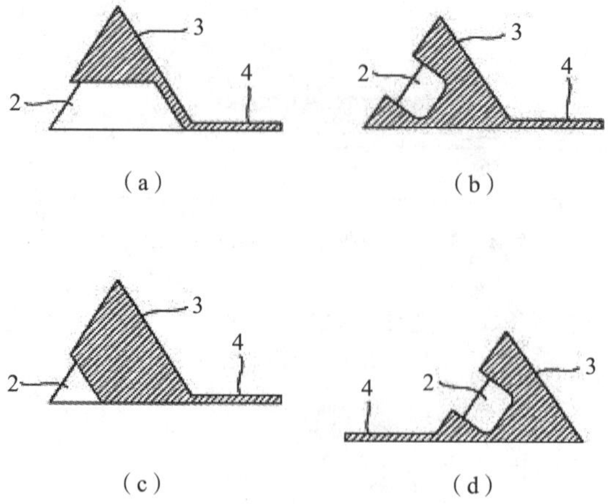

图 4-3-93　US2002271572 技术方案

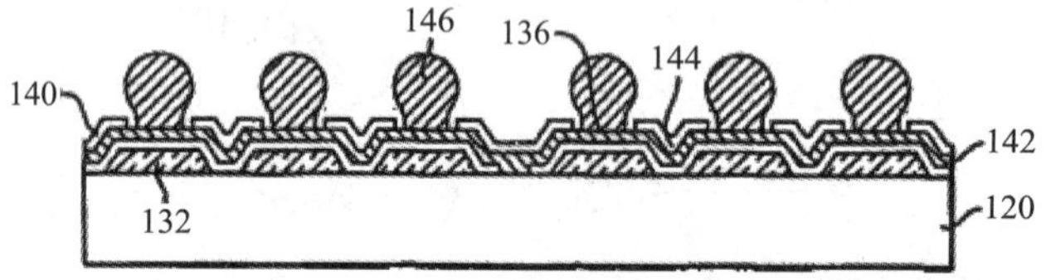

图 4-3-94　US20060643021 技术方案

2007 年，工业技术研究所申请了晶圆级封装方法的专利（申请号为 US20070652088），在晶圆级封装的凸点结构中，于焊球与焊盘之间采用金属层夹置牺牲层的凸点下结构，牺牲层可以环氧树脂、有机聚合物或无机氧化物，用于吸收凸点应力，防止凸点裂纹，可以保护晶片与 PCB 板之间的电接触性能，技术方案如图 4-3-95 所示。

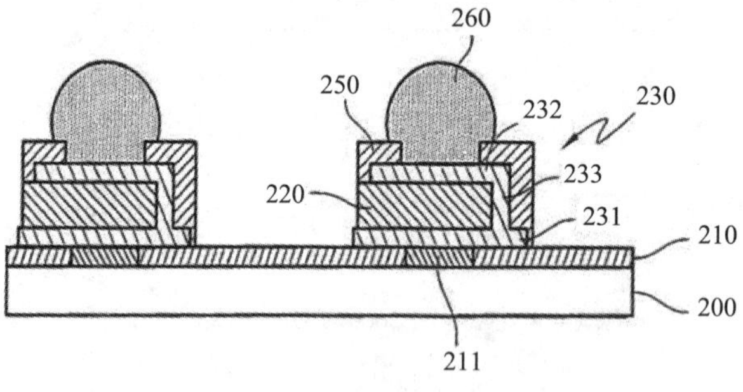

图 4-3-95　US20070652088 技术方案

2008 年，美信集成电路公司（Maxim Integrated Products，Inc）提出晶圆级互连焊球的专利申请（申请号为 US20080134026），采用由弹性材料作为中心、外面依次包裹着如 Cu 的金属硬壳和如 Sn-Ag 的导电接触层所组成的多层结构的凸点焊球，从而达到通过弹性材料吸收应力，提高电学可靠性的效果，技术方案如图 4-3-96 所示。

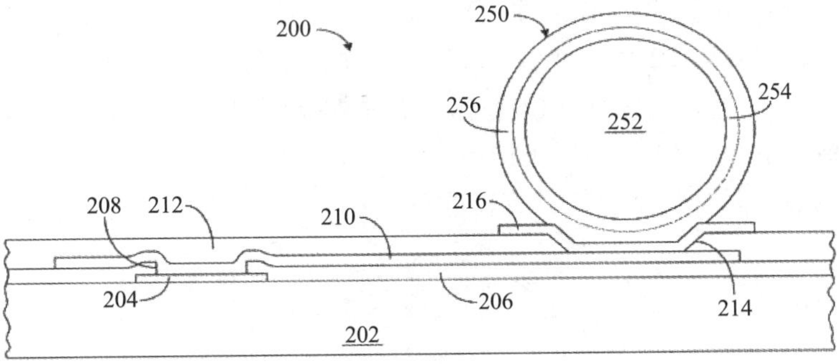

图 4－3－96　US20080134026 技术方案

2010 年，台积电申请采用应力缓冲层设置于凸块下方的专利（申请号为 US20100879512，中国同族申请号 CN201110204956），具体而言，彼此分离的环状的应力缓冲层是分别设置在凸块区中，比较使用 PI 层且在晶片上具有大覆盖面积的方法，环状的应力缓冲层具有较小的尺寸，且从 UBM 层延伸一较小的距离，技术方案如图 4－3－97所示。此方法可透过凸块降低由热的不匹配或温度循环所引起的残留应力和外部应力负荷。该申请在中国大陆、中国台湾和韩国均有专利分布。

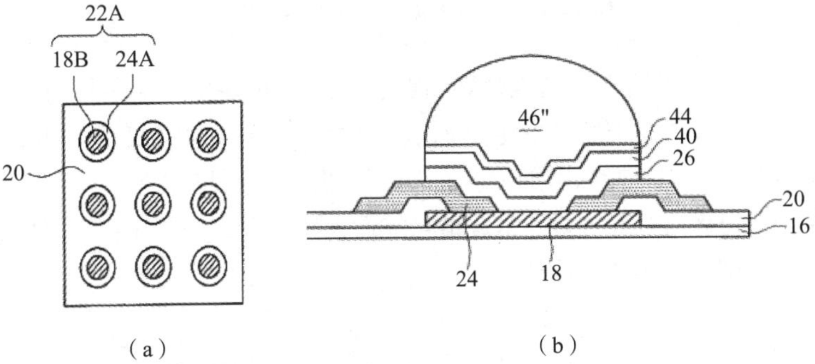

图 4－3－97　US20100879512 技术方案

4. 3. 2. 2. 3　凸点结构中非端部的导电部件

1998 年，美籍华人林茂雄申请的专利（US19980131429）中提出晶圆尺寸封装中，在聚合物保护层中对应于焊料凸点下方加入金属柱，以吸收晶圆与聚合物保护层之间的热应力，技术方案如图 4－3－98 所示。该申请至今仍然有效，且引用次数高达 321，属于非常重要的专利。

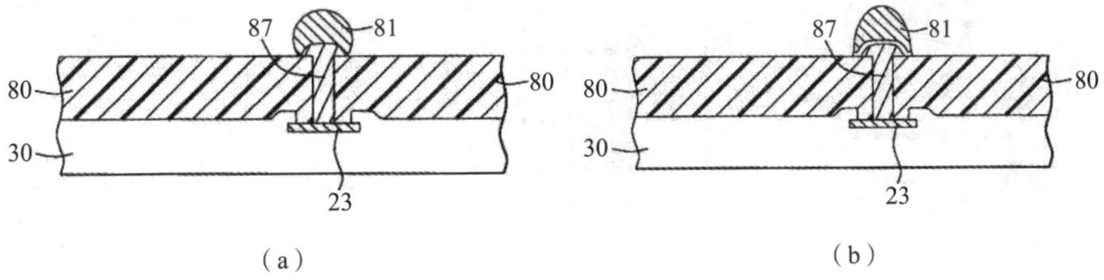

图 4－3－98　US19980131429 技术方案

2000 年，美国国家半导体公司（National Semiconductor Corporation）申请的专利（申请号为 US20000738122）提出在晶圆级封装中，于焊球下方 UBM 与焊盘之间的界面处，设置附加的基座焊盘，可以减少由于芯片焊盘面积有限导致 UBM 面积受限、在循环温度的疲劳下造成 UBM 与焊盘接触部分出现的裂痕，技术方案如图 4-3-99 所示。该专利的被引证次数为 56，具有较重要的地位。

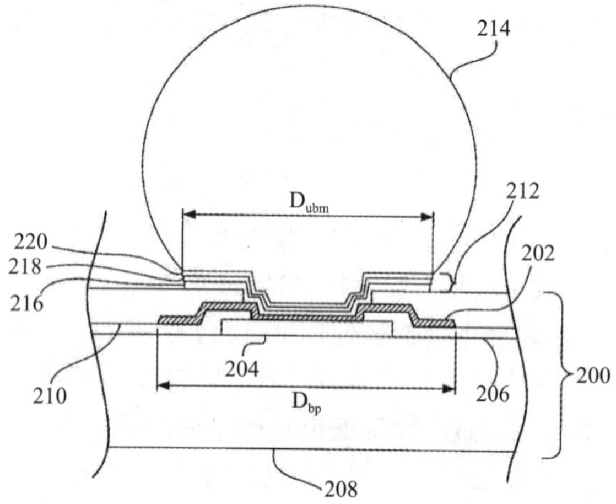

图 4-3-99　US20000738122 技术方案

2003 年，三星申请了用于晶圆级封装凸点制作方法的专利（申请号为 KR20030065946，中国同族申请号为 CN200410049093），通过在焊球中设置加强突起，抑制或阻止裂缝在焊料凸块中的蔓延，因此可以增加抗裂能力并且加长任意裂缝在沿着焊料凸块材料延伸时的蔓延路径，由此可以减少器件发生故障的可能性，技术方案如图 4-3-100 所示。该专利在日本、美国、中国和德国均有同族申请。

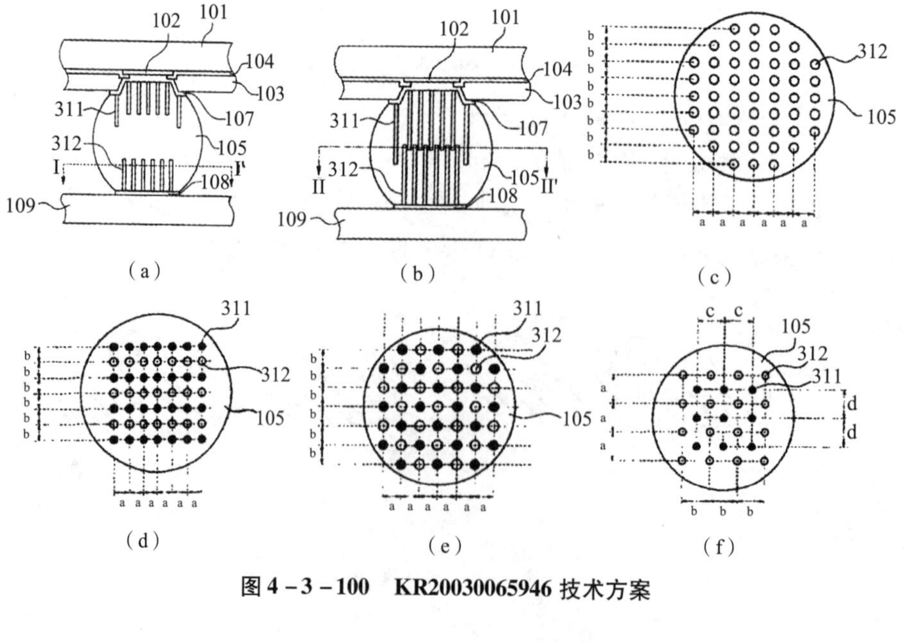

图 4-3-100　KR20030065946 技术方案

2005 年，罗姆半导体公司（ROHM CO LTD）提出了申请（申请号为 JP2005106503），在焊球与互连层之间设置采用多个柱状导体以支撑焊球，从而吸收应力，提高焊球的连接可靠性，技术方案如图 4－3－101 所示。该专利申请的引用次数为 14 次。

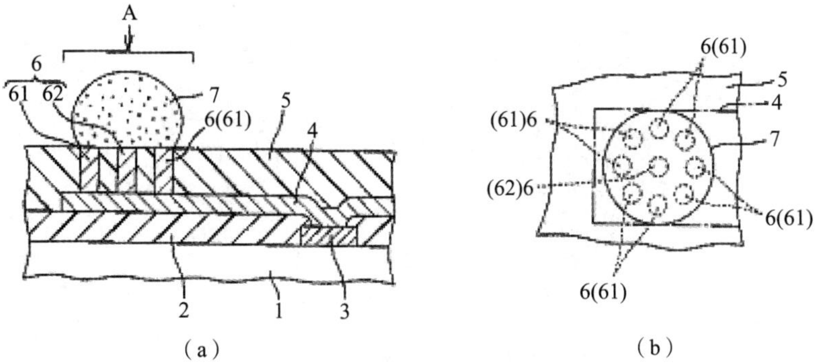

图 4－3－101　JP2005106503 技术方案

2005 年，美光科技提出了专利申请（申请号为 US20050184119），对晶圆级封装的凸点结构进行改进，使焊料层与芯片焊盘之间设置有柔性导电柱，导电柱为多个柱状形成的梳状，以提供多余的导电路径，技术方案如图 4－3－102 所示。

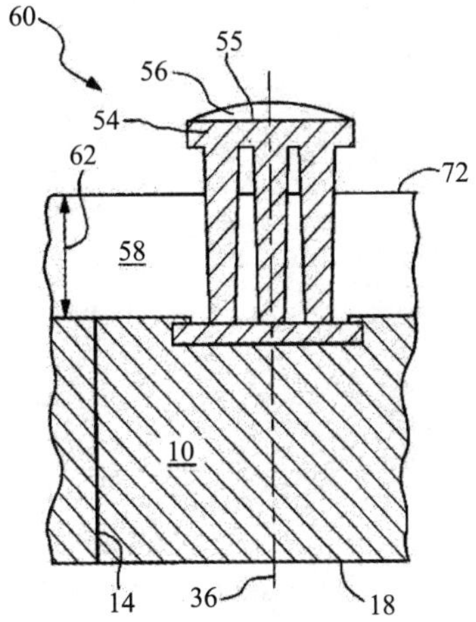

图 4－3－102　US20050184119 技术方案

2006 年，罗姆半导体公司提出了申请（申请号为 WO2006JP319801，中国同族申请号为 CN200680036635），将焊料凸点下方的立柱设置为备埋设到密封树脂层的埋设部和与该埋设部连接且前端部分在密封树脂层上突出的突出部，埋设部由铜构成，突出部由镍构成。通过密封树脂层的表面和贯通孔的内面所形成的角部与立柱的埋设在密封树脂层部分和从密封树脂层突出部分之间的边界抵接，处于由突出部覆盖的状态。因此，能够防止该角部与金属球抵接。当半导体芯片或安装该半导体装置的安装基板中产生热膨胀/收缩等时，能够防止对金属球局部地集中应力，能够防止由这种应力集中所产生的金属球损伤的发生。其技术方案如图 4－3－103 所示。该申请在美国、中国大陆、日本、韩国和中国台湾均有同族申请。

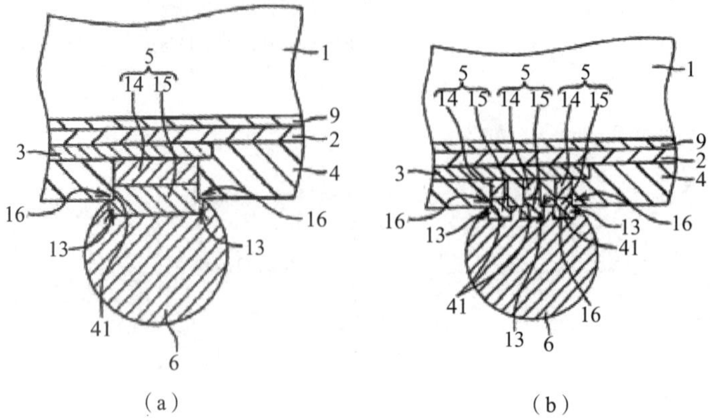

图 4-3-103　WO2006JP319801 技术方案

2007 年，罗姆半导体公司提出了申请（申请号为 WO2007JP74564，中国同族申请号为 CN200780043399），在焊料凸点下的 UBM 和焊盘之间设置有连接焊盘。此连接焊盘埋设于焊盘开口及贯通孔的埋设部，和与该埋设部一体形成且突出于应力缓和层上的突出部。该结构能够缓和产生于金属球的应力且能够防止金属球的裂纹发生。其技术方案如图 4-3-104 所示。该申请在美国、中国大陆、中国台湾、日本和欧洲均有同族申请。

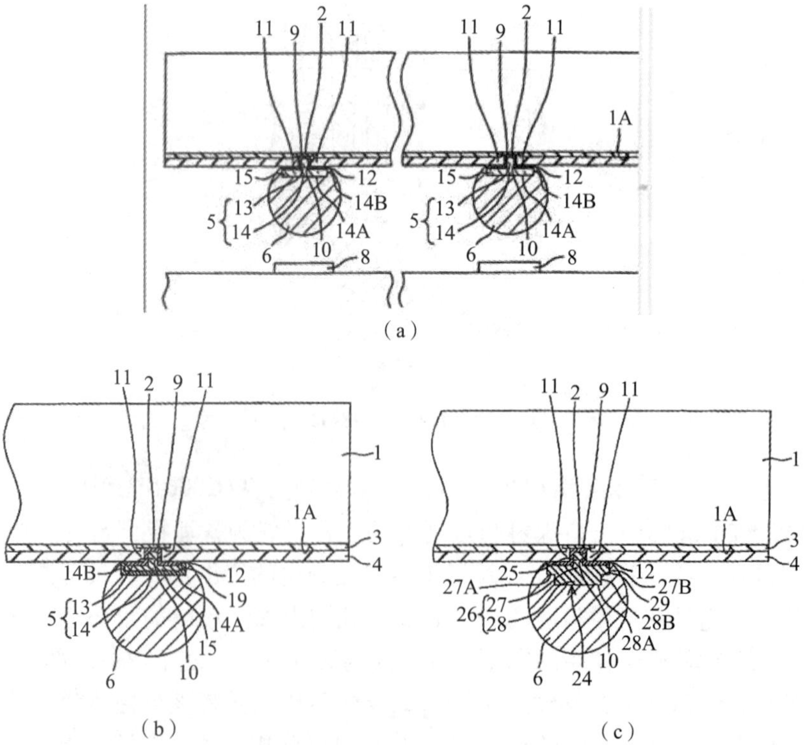

图 4-3-104　WO2007JP74564 技术方案

同年，弗利普芯片公司申请了用于改善机械和热机械性能焊料凸点互连的专利（申请号为 US20080107009，中国同族申请号为 CN200880002933），将器件焊盘的直径与 UBM 的直径的比值范围为 0.5:1～0.95:1。聚合物中开口的直径与 UBM 直径的比值范围为 0.35:1～0.85:1。通过采用这些大小比值，直接的 IO 上凸点结构可以使分布在 IO 上凸点结构上与热和机械应力相关联的力分布得更加均匀，从而改善该结构在不利状况下的整体性能。其技术方案如图 4－3－105 所示。

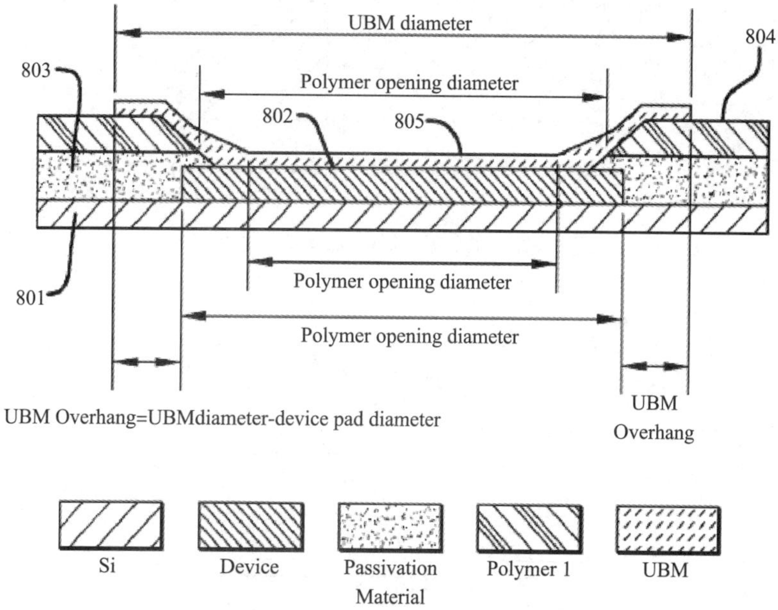

图 4－3－105　US20080107009 技术方案

2007 年，台积电申请了具有保护焊球结合界面 WLCSP 结构的专利（申请号为 US20070941429，中国同族申请号为 CN200810086303），在现有的具有铜柱电极和焊球的凸点结构中，于柱电极的表面形成一金属覆盖层，覆盖层可以保护柱电极免于氧化，技术方案如图 4－3－106所示。该申请被引证次数达到 40 次。

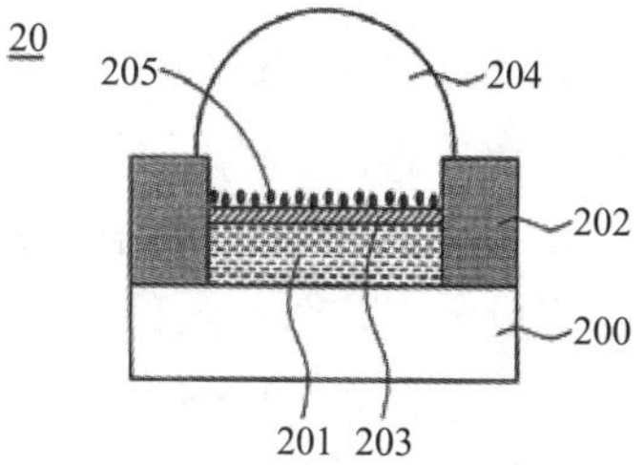

图 4－3－106　US20070941429 技术方案

2010 年，美信集成电路公司提出了一种晶圆级封装专利申请（申请号为 US20100725967，中国同族申请号为 CN201110061359），在铜柱和焊球之间设置 UBM 层，UBM 在密封剂表面上方如凸缘那样从铜柱的中心沿径向向外延伸，因此在焊料球－UBM－铜柱金属之间产生较强的金属结合，技术方案如图 4－3－107 所示。该专利申请被引用次数为 13 次。

2012 年，台湾半导体公司提出了专利申请（申请号为 US201213594544），在 UBM 与焊盘之间设置由介电层与导电层组成的互连层，同时使凸点周围的保护层具有弯曲表面，从而提高焊料连接的可靠性，增加热疲劳寿命，技术方案如图 4－3－108 所示。

该申请在韩国和中国均有同族申请。

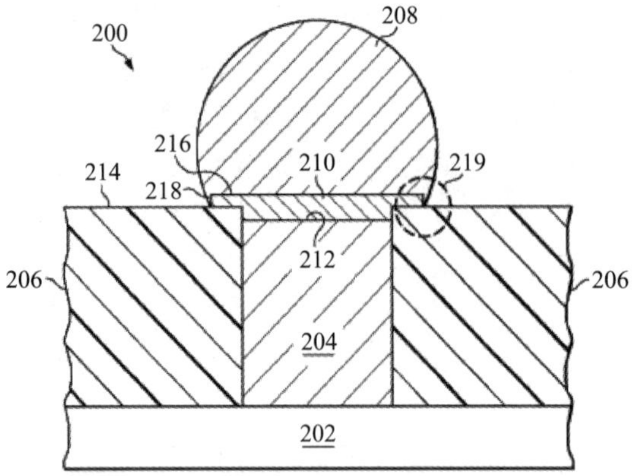

图 4-3-107　US20100725967 技术方案

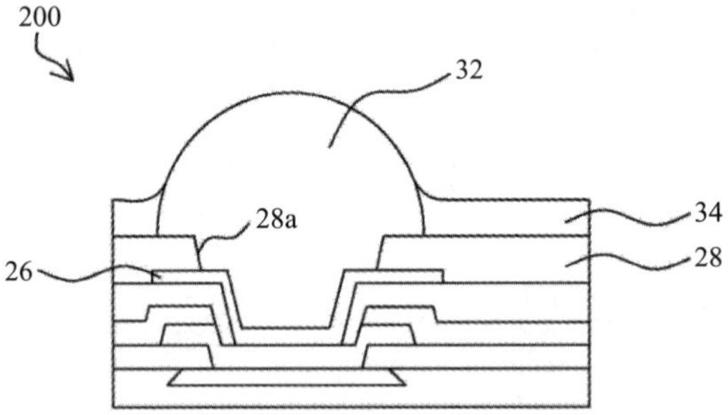

图 4-3-108　US201213594544 技术方案

通过对全球 WLCSP 凸点技术的分析，可以得到 WLCSP 凸点技术全球专利技术发展路线。

在 WLCSP 凸点技术中，从最原始的焊料凸点开始，根据不同的需要，对凸点的形状、组成、工艺凸点内部结构均进行不同的改进。例如，在凸点外端部例如焊球、外引线的改进方面，1999 年，得州仪器件提出了采用绳状的焊料凸点；2000 年，精工电子采用具有柱状凸出部分的凸块；2002 年，IBM 采用种子层开窗技术形成凸点；2004 年，泰塞拉将凸点技术应用于光学器件的晶圆级封装中，并形成螺钉状凸点；2007 年，弗利普芯片公司对焊料凸点的材料组成成分进行改进，三星电子提出了分别采用较软材料和较硬材料组成焊料；2008 年，得州仪器对焊球位置的调整，使焊球的中心相对于焊盘中心偏移来提高凸点与下方介电层的结合力；2008 年，三星提出分别采用较软材料和较硬材料组成焊料；2012 年，南通富士通提出围裙形状的凸点形状；2013 年，台积电提出沙漏型根部的焊料凸点。从发展方向上看，可以预期未来对凸点外端部的改进上更多地偏向于如何通过形状的改进提高焊料凸点与下方结构的结合性能，或是通过材料的选择来提高电学可靠性。

在凸点的结构改进中，分为对凸点结构中非导电结构和非端部导电结构的改进，在非导电结构的改进中，早在 1999 年工业技术研究所就提出了于焊料凸点及 UBM 结构下方设置具有弹性的应力吸收凸块；2000 年，三星在焊料凸点下方形成热应力界面；2002 年，日立将树脂材料嵌入到焊料层中；2006 年，泰塞拉在焊球下方形成柔顺性凸块；2007 年，工业技术研究所在凸点下结构中采用金属层夹置牺牲层；2008 年，美信集成电路采用以弹性材料为中心的凸点结构；2010 年，台积电将应力缓冲层设置为凸块下方的环型结构，进一步提高缓解应力的能力。在该发展方向上，可以预见，对于凸点结构中的非导电部件，主要的导向仍以应力吸收的功能为主，在形状、组成结构上进行改进。

在凸点结构中非焊料层导电部件的改进中，主要涉及的是凸点下金属与凸点下柱电极的改进。早在 1998 年，美籍华人林茂雄申请了在焊料凸点下方加入金属柱的结构；2000 年，美国国家半导体提出在 UBM 与焊盘之间增设一层金属焊盘，防止凸点裂痕；2003 年，三星提出在焊盘上设置二维分布的加强突起并插入焊料凸点中，从而增加抗裂能力；2005 年，罗姆公司提出在焊球与互连层之间设置多个柱状导体支撑焊球以吸收应力；2005 年，美光科技提出采用多柱形柔性导电柱形成在焊料与焊盘之间；2006 年，罗姆公司提出凸点中的柱电极包括不同材料的埋设部和突出在树脂层上的突出部以防止应力集中；2007 年，罗姆公司提出在 UBM 和焊盘之间设置具有一体化埋设部和突出部的连接焊盘以缓和应力；2007 年，台积电提出改进焊料凸点与柱电极界面的覆盖层；2008 年，弗利普芯片对 UBM 直径范围进行研究；2010 年，美信公司提出在铜柱和焊球之间设置 UBM 层提高结合性能；2012 年，台积电提出 UBM 与焊盘之间设置由介电层与导电层组成的互连。从导电部件的发展方向可以看出，其涉及的主要是凸点下的导电结构，例如 UBM、凸点下导电柱，在内部结构、位置、材料等方面均有发展，发展方向较多，但仍围绕电学可靠性、应力缓解的问题开展。

从以上申请中可以看出，WLCSP 凸点中的重点发展方向在于非焊料层的导电凸块上，通过对该方向的申请分析中可以预见，在未来的改进方向中，将基于缓解应力、提高凸点结合力这两大功能性需要进行发展，对导电凸块的具体改进在于增设功能部件或者结构往多层化、复杂化等方向发展。

图 4－3－109 显示了单芯片 WLCSP 凸点技术核心专利和外围专利的布局情况。在单芯片 WLCSP 凸点技术方面，美光科技的专利 US19960612059 属于核心专利和基础专利。后续关于单芯片 WLCSP 焊料凸点方面的改进主要在凸点外端部、凸点内部结构的改进上。对于凸点外端部的改进，第一方面是焊料凸点的制作工艺，2002 年美光科技采用印刷法在晶片上形成焊料并回流形成凸点；同年新加坡的先进封装私人公司通过在形成焊料凸点前减少凸点下方保护层高度，使后续形成的焊料凸点更多地包覆焊料下凸柱的顶部；2003 年，美光科技采用可承受焊料凸点回流温度的坝材料限定凸点形状和位置。第二方面是对于焊料凸点形状的改进，2002 年，美光科技对凸点结构进行了改进，使焊料凸点具有顶部和伸长的尾部，形成钉状结构；2004 年，泰塞拉公司采

用顶部为圆锥体的螺钉状的凸点；2006 年，美光科技采用堆叠的焊料球凸点，增加芯片与衬底间的连接距离。第三方面是焊料凸点的材料；2004 年，美光科技采用导电聚合物作为凸点端子；2005 年，泰塞拉公司采用易熔性的材料形成凸点。在凸点内部结构的改进上，一方面是导电部件，1999 年美光科技在焊球与芯片焊盘之间加入 UBM 和导电柱，并在 2005 年采用在焊料层与芯片焊盘之间设置具有梳状的导电块；另一方面是非导电部件，1999 年工业研究所在焊球及 UBM 结构下方进一步设置有弹性的应力吸收绝缘凸块。

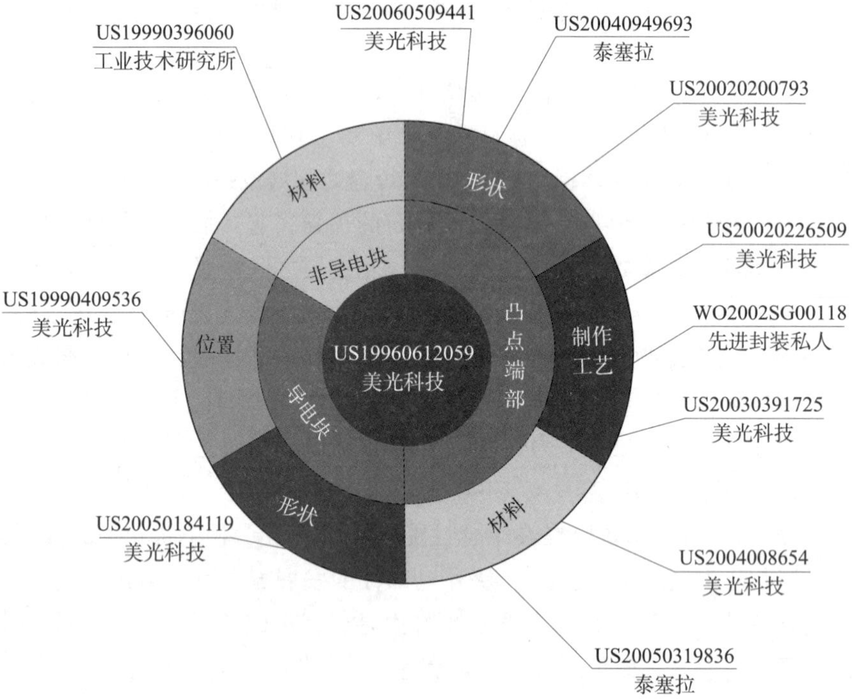

图 4-3-109　单芯片 WLCSP 凸点技术的核心专利和外围专利布局图

4.3.2.3　专利风险分析

WLCSP 技术中，凸点结构是最重要的部分之一。在专利申请量上，凸点结构在 WLCSP 总申请量中所占的比例相对于其他部件而言最大，是 WLCSP 领域重点研究方向之一。

在中国专利数据库中检索涉及凸点结构技术的 195 件专利申请中，95 件授权维持，44 件失效，56 件处于待审阶段。在 95 件授权维持专利申请中，国外来华申请量为 32 件，占有效申请的 33.68%。其中，日本来华申请 14 件，占有效申请的 14.74%；美国来华申请 13 件，占有效申请的 13.68%。中国专利申请量为 63 件，占有效申请的 66.32%。从这个角度来说，国内申请在 WLCSP 的凸点技术领域的优势明显，占据大部分有效专利。近年来国内专利申请增长迅速，在申请量上追赶甚至逐渐超过韩国来华申请和美国来华申请的申请量。

在 56 件待审专利申请中，国外来华申请量为 18 件，占待审申请的 32.14%；而国内申请量为38件，占待审申请的67.86%。从这个角度来说，国内企业以及科研机构对WLCSP的凸点技术仍然保持较高的关注度。由上述分析可知，在授权维持专利申请中，国内企业的优势明显，这就表明国内企业以及科研单位在针对WLCSP凸点技术专利申请时具有较宽松的环境，但是仍需要避开国外来华专利申请以及国内同行企业的专利壁垒，谨慎布局。

下面，就凸点技术领域的一些重要专利技术进行专利风险分析。

4.3.2.3.1 国外来华重点专利分析

国外大型集成电路企业在WLCSP凸点技术领域都有专利申请，但每个企业基于技术优势、经营策略和在华的商业经营情况，在华专利布局不尽相同，因此并不是所有的企业都来华申请该技术领域的专利。已经获得专利权的专利申请将是本部分研究的主要内容，从中可以看出国外申请人对WLCSP凸点技术领域的哪些技术进行专利布局。

以下将对授权的国外来华专利进行分析研究，以为我国相关企业提前规避相应风险提供帮助。

表4-3-6列出了WLCSP凸点技术领域已授权的国外来华重点专利申请。

表4-3-6 WLCSP凸点技术领域已授权的国外来华重点专利申请

申请人	申请号	发明名称	技术领域/技术要点	法律状态
三星	CN200410049093	加强焊料凸块结构以及形成加强焊料凸块的方法	对凸点结构的改进：分别在芯片和基板的接触垫片上设置第一突起和第二突起，第一突起和第二突起均嵌入焊球中，从而抑制或阻止裂缝在焊料凸块中的蔓延	专利权维持
罗姆股份有限公司	CN200580026651	半导体器件及使用它的电源装置和电子设备	对凸点的电学特性进行改进：通过使噪声产生源的电极端子在纵方向和横方向相邻的低阻抗电极端子被形成为低阻抗，从而降低向其他电极端子的信号绕入	专利权维持
罗姆股份有限公司	CN200680036635	半导体装置	对凸点结构中柱电极的改进：将焊料凸点下方的立柱设置为备埋设到密封树脂层埋设部和与该埋设部连接且前端部分在密封树脂层上突出的突出部，埋设部由铜构成，突出部由镍构成，能够防止对金属球局部地集中应力	专利权维持

续表

申请人	申请号	发明名称	技术领域/技术要点	法律状态
精工爱普生	CN200610163719	半导体装置及其制造方法、电子部件、电路基板及电子机器	对凸点结构与材料的改进：在焊球与铜布线层之间增加一层镀银膜、镀金膜或镀钯膜，能够提高具有有线接合及钎焊料功能结构体安装后的可靠性	专利权维持
泰塞拉	CN200780049974	具有柔顺性的微电子组件及其方法	对凸点工艺与结构的改进：在每个单独输入/输件的下面提供柔顺性凸块，能够实施晶片级测试而不需要插件，柔顺性凸块能在晶片级检测过程中通过输入/输出件的变形补偿它们的非共面度	专利权维持
弗利普芯片	CN200780040017	用于高机械可靠性用途的晶片级互连	对凸点材料的改进：焊料凸点由Sn－Ag－Cu和0.01－0.20重量%的Ni组成的无Pb焊料合金，具体而言，由98.4% Sn－1.0% Ag－0.5% Cu－0.1% Ni组成的无Pb焊料合金。在围绕Sn晶界的枝晶间结合区内提供了较低水平的金属间化合物	专利权维持
弗利普芯片	CN200880002933	用于改善的机械和热机械性能的焊料凸点互连	对凸点结构中UBM的改进：将器件焊盘的直径与UBM的直径的比值范围为0.5∶1～0.95∶1。聚合物中的开口的直径与UBM的直径的比值范围为0.35∶1～0.85∶1。允许与热和机械应力相关联的力在IO上凸点结构上被分布得更加均匀	专利权维持
精工爱普生	CN201010117406	半导体装置	对凸点工艺与结构的改进：在应力缓冲层中形成通孔，在通孔表面形成底层金属，通过电镀析出铜形成填充通孔的导电块，在导电块上形成焊料。简化工艺，提高抗外部机械应力	专利权维持
美信	CN201110091947	具有凸块组合件的晶片级芯片尺寸封装装置	对凸点形状的改进：包括第一凸块组合件阵列和第二凸块组合件阵列，其中第二凸块组合件阵列的焊料凸块大于第一凸块组合件的焊料凸块，从而耐受较高水平的应力	专利权维持

续表

申请人	申请号	发明名称	技术领域/技术要点	法律状态
美信	CN201110061359	用于优良的温度循环、跌落测试和高电流应用的增强的 WLP	对凸点结构的改进：在铜柱和焊球之间设置 UBM 层，由于 UBM 在密封剂表面上方如凸缘那样从铜柱的中心沿径向向外延伸，因此在焊料球 - UBM - 铜柱金属之间产生较强的金属结合	专利权维持

上述重点专利申请涉及 7 个申请人，这些申请人是在封装领域中处于技术领先的跨国大型芯片生产商。上述重点专利申请主要集中在 2004 ~ 2008 年，在这一段时间内，全球关于凸点技术的专利申请呈现出快速的增长。国外大公司在这段期间内已经开始专利布局。例如，三星的 CN200410049093 专利申请在焊料凸点中嵌入突起结构，属于对凸点的内部结构的改进；罗姆股份有限公司的 CN200680036635 专利申请，属于对凸点的在不同位置中电学特性与改进，泰塞拉的 CN200780049974 专利申请，涉及凸点结构与工艺的改进，弗利普芯片公司的 CN200880002933 专利申请，属于对凸点结构中 UBM 的改进，美信公司的 CN201110091947 专利申请涉及凸点的形状进行改进，精工爱普生的 CN201010117406 主要从工艺上进行改进。整体而言，上述重点专利中对凸点内部结构的改进较多，主要是凸点结构中非焊料层的导电部件，其次是工艺上的改进，然后是材料、形状、电学特性等。

以下将对在审的国外来华专利进行分析研究，从中梳理 WLCSP 凸点技术领域的技术发展方向，为我国相关企业以及科研单位规避相应风险提供帮助。

表 4 - 3 - 7 列出了 WLCSP 凸点技术领域在审的国外来华重点专利申请。

表 4 - 3 - 7　WLCSP 凸点技术领域在审的国外来华重点专利申请表

申请人	申请号	发明名称	技术领域/技术要点	法律状态
美信	CN201110176823	具有包含势垒金属的凸块组合件的晶片级封装（WLP）装置	对凸块结构的改进：凸块组合件包含形成于芯片上的铜柱、铜柱外表面上由镍（Ni）势垒层、金属防氧化帽、焊料凸块，以抑制所述凸块组合件中的电迁移，抑制在所述凸块组合件的制作期间所述势垒层的氧化	在审
拉碧斯半导体	CN201310126561	半导体装置的制造方法	凸块工艺的改进：将形成柱电极时的干膜贴附、柱电极电镀工序分为两次进行，即使使用低价的装置，也不会在柱电极内部产生空洞，能够确保部件安装所需要的柱电极的高度	在审

续表

申请人	申请号	发明名称	技术领域/技术要点	法律状态
美信	CN201510093046	提高板级可靠性的晶片级封装装置	凸块工艺的改进：凸块中的柱电极通过形成柱层后被锯切以在封装的至少两个侧面上形成垫触头，暴露的垫触头便于形成焊料角焊缝和支撑结构，结果得到改善的板级可靠性	待审
美信	CN201410504259	具有构造用于提供吸震功能的隆起组件的晶片级芯片尺寸封装装置	对凸块材料与结构的改进：焊料隆起包括第一焊料隆起和第二焊料隆起，其中第二焊料隆起包括由焊料成分包封的弹性材料的焊芯与刚性壳体；第二隆起组件可以用在使第一隆起组件由于更高水平应力失效的区域中，代替第一隆起组件	待审
美信	CN201310692656	201310692656	对凸块工艺的改进：通过使具有UBM的晶片放置在焊料浴中，以液体焊料涂覆UBM，UBM与焊料浴中的焊料进行固态反应，使得在UBM上形成焊料凸点	待审

可以看出，国外来华的申请人中，美信公司仍然持续在中国进行专利布局，其改进的方向主要在于凸块工艺、结构、形状，例如CN201310692656申请中通过浸焊工艺形成凸点，CN201110176823申请通过增设层而改进凸块中的界面特性，CN201510093046申请改进凸点柱电极形成方式，CN201410504259申请改进特定区域中焊料的结构与材料组成。可见，该公司在WLCSP凸点技术的专利布局已经涉及较多改进方向，并且将持续在中国进行专利布局。因此，中国申请人在相关技术进行申请时，需要高度关注该公司的相关专利申请。另外，其他在审的来华申请中，例如日本的拉碧斯半导体的CN201310126561是对凸块工艺进行改进。因此可以预见，国外来华申请的技术改进方向可能会着重于凸块工艺与结构的改进。

4.3.2.3.2 国内重点专利分析

以下对国内申请人已授权且目前仍有效的重要专利进行列表分析，并对在审的可能走向授权的重要专利列表分析。综合两者的布局情况，和国外来华的布局情况比较分析，希望能得出国内申请人申请专利的风险和突破口等结论。

国内申请人在凸点技术中的专利申请数量相比于国外来华更具有优势，可见国内企业和科研单位对凸点技术的专利布局比较重视。

下面将分为授权专利技术和在审专利技术对国内申请人的重点专利做出风险分析。

表4-3-8中11件重点专利申请涉及5个申请人，这些申请人主要为国内大型芯片制造企业或者在WLCSP凸点技术申请量较大且具有重要地位的企业。

表4-3-8　WLCSP凸点技术领域已授权的国内重点专利申请表

申请人	申请号	发明名称	技术领域/技术要点	法律状态
台积电	CN02157871	利用弹性体电镀掩模作为芯片级封装的方法	对凸点工艺中掩模进行改进，一方面，采用弹性体层作为电镀凸点时用的掩模，使进行焊锡的热回流制作过程期间弹性体层进行交键作用，并固化而形成较为稳定的膜层；另一方面，由于与电镀电极做电性连接的凸块底层金属层已图案化，不需进行蚀刻制作过程，而此弹性体层得以保留，作为应力缓冲层，可以吸收后续的芯片和电路板之间所产生的热应力	专利权维持
台积电	CN200710148738	半导体装置	对凸点结构的改进：在焊料层与布线层之间设置导电柱，并形成一个或多个销状物，其凸出于晶圆级芯片尺寸封装体的导电柱的上表面；软焊料材料将上述销状物封入其中，销状物增加软焊料球状物与导电柱之间的焊点剪应力强度，也可以增加上述导电柱/销状物与软焊料球状物之间的表面积，而增加电连接的可靠度	专利权维持
长电科技	CN200920039064	新型树脂核心柱芯片封装结构	对凸点结构的改进：树脂核心设在第一层再布线金属层上；第二层再布线金属层包覆在树脂核心的外围，第一、第二层再布线金属层和树脂核心构成树脂核心柱，焊球设置在树脂核心柱上	专利权维持
长电科技	CN200920045055	低应力芯片凸点封装结构	凸点结构中非导电部件的改进：将凸点下应力缓冲层相互分隔开来，只有在凸点下有应力缓冲层，应力缓冲层不连续，可以降低整个芯片应力，分散芯片应力分布	专利权维持

续表

申请人	申请号	发明名称	技术领域/技术要点	法律状态
南通富士通	CN201210444502	芯片封装结构	凸点形状的改进：将焊料层形成为覆盖球下金属柱电极底部周围的部分金属焊盘的围裙形状，围裙结构可以增大焊球和金属焊盘的接触面积，增强焊球和焊盘的，使焊球不容易脱落	专利权维持
南通富士通	CN201110428864	一种高可靠圆片级柱状凸点封装结构	凸点结构的改进：凸点结构包括由下而上的 UBM 层、柱体、镍阻挡层、焊料凸点；柱体由底部往上依次包括耐热金属层、金属浸润层、附着层和阻挡层	专利权维持
中芯国际	CN200710039567	晶片级芯片尺寸封装方法	凸点工艺与结构的改进：在衬底层上形成与第一焊料凸块一一对应的第二焊料层；对齐第一焊料凸块和第二焊料层，并回流第二焊料层，形成与第一焊料凸块固定的第二焊料凸块。该方法可以更好地控制焊料凸块的体积	专利权维持
宏茂微电子	CN200710047828	晶圆级封装结构的制作方法	凸点形状的改进：凸块的顶面上形成凹槽，使得在以导电胶连接芯片封装体与载板时凹槽可固定导电胶中的导电粒子，而使导电粒子不会因凸块与载板之间的挤压而滑动	专利权维持
宏茂微电子	CN200710045057	晶圆级封装结构及其制作方法	凸点形状与结构的改进：在 UBM 层上形成至少一聚合物凸块，各聚合物凸块包括具有至少一通孔的聚合物层以及填充在通孔中的至少一导电柱；导电凸块，配置于该些聚合物凸块上	因费终止

续表

申请人	申请号	发明名称	技术领域/技术要点	法律状态
台积电	CN201010213358	封装的结构	凸点材料的改进：凸块结构包括一铜层与位于该铜层之上的一锡银合金层，且该锡银合金层中的银含量小于 1.6 重量百分比并且大于 1.2 重量百分比	专利权维持
台积电	CN201010603970	集成电路元件的形成方法	凸点工艺与形状的改进：具有基脚形状的铜柱工艺，在凸块下冶金层上采用两道不同光敏性及厚度的光致抗蚀剂膜，在曝光显影工艺后，在第一光致抗蚀剂膜中形成具有实质上垂直侧壁的第一开口，并在第二光致抗蚀剂层中形成具有倾斜侧壁的第二开口；第二开口的底部直径大于第二开口的顶部直径，且第二开口的底部直径大于第一开口的直径	专利权维持

台积电中国专利 CN02157871 至今仍属于专利权维持状态，可见该公司对此申请的重视程度，其主要涉及对凸点工艺中的掩模进行改进，一方面，采用弹性体层作为电镀凸点时用的掩模，使得在热回流期间，弹性体层固化而形成较为稳定的膜层；另一方面，由于与电镀电极做电性连接的凸块底层金属层已图案化，不需进行蚀刻制作过程，而此弹性体层得以保留，作为应力缓冲层。CN200710148738 申请则是对凸点结构中的改进，通过加入梢状导电柱改善焊料与 UBM 的接触特性，CN201010213358 和 CN201010603970 则分别涉及凸点材料、形状与工艺的改进。可见，在 WLCSP 凸点技术领域中，台积电在不同的改进方向上均进行专利布局。南通富士通是 WLCSP 凸点技术领域中国内申请量最多的国内申请人，可见其十分重视国内的专利布局。其中，CN201210444502 的专利申请主要涉及凸点形状的改进；CN201210444502 申请则属于凸点结构中柱电极的结构改进，采用复合层形成柱电极。长电科技的重点在于凸点结构中非导电部件的改进，以减少应力为目的。宏茂微电子的 CN200710045057 涉及凸点形状的改进，CN200710045057 则主要涉及凸点内部结构。中芯国际的 CN200710039567 主要在于工艺改进。

整体而言，上述国内申请人重点专利国外来华的专利布局相似点在于对凸点内部结构的改进较多，主要是凸点结构中非焊料层的导电部件。但与国外来华的重点专利布局方向稍有区别的是，国内申请人在凸点形状上的改进比国外来华申请人具有更多的专利布局。因此，在凸点形状的专利申请上，国内申请人所面临的风险相对较低。

表 4－3－9 列出了 WLCSP 凸点技术领域在审的国内重点专利申请。

表 4－3－9　WLCSP 凸点技术领域在审的国内重点专利申请

申请人	申请号	发明名称	技术领域/技术要点	法律状态
长电科技	CN201410229821	一种晶圆级铜柱凸块结构的金属帽的形成方法	焊料凸点工艺与材料的改进：在待形成凸点处的介电层开口内电镀铜柱凸块，再在所述铜柱凸块的顶部依次形成一定厚度的锡柱凸块Ⅰ、金属层Ⅰ、比金属层厚的锡柱凸块Ⅱ、锡柱凸块Ⅱ，比金属层Ⅱ厚的锡柱凸块Ⅲ、沉积金属层Ⅱ；锡柱凸块Ⅰ、金属层Ⅰ、锡柱凸块Ⅱ、金属层Ⅱ、锡柱凸块Ⅲ形成铜柱凸块之上的多层结构复合金属层，回流工艺使多层结构复合金属层形成锡基金属合金的金属帽	待审
乐金股份	CN201310308953	焊球凸块结构及其形成方法	焊料凸点材料的改进：焊料凸点包括第一银合金焊球凸块，其中第一银合金焊球凸块中的银: 金: 钯的重量比 = （60～99.98）:（0.01～30）:（0.01～10），且银为第一银合金焊球凸块中的主要成分（50wt%）；可形成足够的介金属层，确保其接合性，不会导致接合界面脆化，可靠度高，不污染环境	在审
南通富士通	CN201210444357	半导体器件	凸点结构中焊料下金属结构的改进：柱状电极上的焊球包括位于柱状电极本体顶部表面的金属凸头和填充所述通孔的填充部，焊球与柱状电极构成一种类似插销的结构，状电极通孔半径与本体宽度的比值为 1/10～10/1	在审
南通富士通	CN201510255996	晶圆级芯片封装结构	凸点结构的改进：凸点结构包括金属凸点、金属凸点上设置的阻挡层，所述阻挡层上设有焊球，所述金属凸点的外围设有塑封层，所述阻挡层位于所述塑封层以外，所述阻挡层相对于所述述塑封层的上表面凸起设置	待审
华进半导体	CN201510941387	无模板法的晶圆植球工艺	凸点工艺的改进：无模板法晶圆植球工艺，把焊料转移到一种胶膜结构上，该胶膜结构可以直接跟晶圆进行贴合，然后撕掉胶膜结构最外层，留下胶膜结构和焊料，喷涂助焊剂，回流焊使焊料形成焊球，最后去胶和助焊剂	待审

续表

申请人	申请号	发明名称	技术领域/技术要点	法律状态
华进半导体	CN201510940956	无模板双滚轴晶圆植球工艺	凸点工艺的改进：无模板双滚轴晶圆植球工艺，利用静电吸附使第一滚轴吸附焊料粉，然后把焊料粉转移到涂有黏性胶膜的第二滚轴上，移动第二滚轴与晶圆表面接触，使第二滚轴上的焊料粉转移到晶圆上，晶圆回流焊形成焊球	待审

上述在审的专利申请中，长电科技的 CN201410229821 专利申请主要涉及的是焊料凸点的工艺以及材料组成的改进，从现有的技术来看，对于焊料凸点的材料作出改进的申请量并不多，而且关于焊料凸点通过多层特定组分的复合金属回流形成的工艺也比较少见，因此该申请获得专利授权的可能性较大。华进半导体的 CN201510941387 与 CN201510940956 均属于凸点工艺改进，且核心均在于无模板法的凸点工艺；乐金股份的 CN201310308953 专利申请也属于凸点材料的改进；南通富士通的 CN201210444357、CN201510255996 专利申请均属于凸点结构的改进。从上述在审专利申请的改进方向可以看出，关于凸点结构的改进已经不是最主要的方向，国内申请人在凸点工艺、材料上的改进更加重视。可以预见，国内申请关于 WLCSP 凸点技术的趋势也将朝这两个方向发展。

从上述的数据以及对国外来华申请与国内申请人的授权和在审重点专利的分析可知，在 WLCSP 凸点技术领域中，国内企业的专利授权量与申请量均高于国外来华企业。因此，相比于国外来华企业，国内企业或科研院校在 WLCSP 凸点技术领域的专利布局环境更加具有优势。在专利布局上，国外来华与国内企业均在凸点结构、工艺、材料、形状上具有有效重点专利，且以凸点结构为多数。然而，国内企业在凸点材料上有更多的专利布局。在专利申请的发展方向上，国外来华企业预计更多地倾向于凸点工艺与结构的改进，而国内企业重点在凸点工艺与材料上发展。

国内企业如南通富士通、台积电、宏茂微电子、长电科技等公司具有较强的研发能力，申请量也较大，国外来华企业如三星、弗利普、罗姆、泰塞拉等虽然在中国的申请量不如国内企业，但在不同的方面均存在着专利权维持的重要专利，因此国内企业或科研院所在对 WLCSP 凸点技术进行专利布局时，需要避免对国外来华重要且偏基础技术专利的侵权，可以考虑从如材料的配比、工艺过程的改进等方向进行突破。

4.3.2.4　小结与启示

4.3.2.4.1　小　　结

本部分第一小节对单芯片 WLCSP 技术在全球和国内的申请趋势、国家/地区分布、重点技术分支以及主要申请人等方面作了分析。在全球范围内，从申请趋势来看，WLCSP 全球申请量总体趋势平稳，说明全球企业和科研单位对该技术一直保持着较稳定的关注。在国家/地区分布上，美国申请占总申请量的 30%，位于首位；中国占第二位；日本第三位。可见中国在WLCSP技术领域具有较强的实力。在主要申请人方面，全球范围内申请量最大前十名中，日本申请人与中国申请人的占比最多，都为4个；韩国申请人有2个。因此，日本、中国、韩国在WLCSP领域的优势明显。在国内，申请量与全球趋势相似，也是在2012年达到最高峰后开始稍有回落，2013年后开始再次出现增长；在主要申请人分布上，国外来华申请人在2010年以前的申请量均高于国内申请人，然而在2010年以后，国内申请人的申请量呈现快速增长，在数量上大大超过了国外来华申请人的申请量；在技术分支上，WLCSP结构的改进多于制作工艺的改进，而在结构改进中，以凸点结构的改进为主要。第二小节是对单芯片WLCSP技术在凸点结构上全球范围的技术发展路线。第三小节是对单芯片WLCSP技术的国内风险分析。在凸点技术方向上，国外来华申请人主要在凸点结构、工艺上进行布局和发展，而国内申请人同样以凸点结构的改进为主，然而后续则开始向工艺、材料、凸点形状方向发展。相比于国外来华申请人，国内申请人的优势较为明显，可以考虑在具体材料的组分、工艺的改进上进行更多的专利布局。

4.3.2.4.2 启　　示

通过上述对单芯片WLCSP的专利申请的总体分析，可以梳理出对广东省发展WLCSP技术的启示。

（1）在技术空白点上合理布局专利

虽然国内在WLCSP技术中的布局相比于国外来华申请的布局更有优势，然而广东省在单芯片WLCSP技术中只有3件相关的专利申请，申请量在国内的占比非常小。

有效专利可以对技术发展起到保驾护航的作用，对于广东省企业而言，如果发展WLCSP技术，则需要进一步提高该领域的有效专利占有量。而准确分析国内布局情况，找出专利布局中的技术空白点，可以有效提高专利申请授权的成功率。

以功效需求为例，在功效的布局分析中，可以发现仍存在不少可布局的空间。例如，对于降低成本而言，可以考虑在介质层、芯片本体与检测进行探索，从材料、制作手段、操作方式或使用仪器出发，考虑如何进一步降低成本；对于散热和防潮功效而言，通过对介质层采用某些特殊的材料提高导热性以及水气的隔绝性，或者某些工艺减少含水汽的量来达到相应功效；散热和防止封装/芯片损坏的功效中，凸点的改进在国内仍有较大空间，可以考虑进行进一步的研发布局。另外，对芯片本体的改进除了针对电学可靠性之外，针对其他功效的改进较少，因此也属于风险较低且可以进行布局的方向。

以具体的技术分支为例，例如凸点技术，基于国内专利布局的情况来看，国内在WLCSP凸点技术的改进方向上，凸点结构的改进存在着较多的有效专利布局，主要是基于现有的结构上加入其他部件，凸点工艺与凸点材料相比于凸点结构存在着较少的有效专利，但在审的专利申请量并不少。在凸点工艺方向，现有的有效专利及专利申请一方面涉及对工序的改进，比如为了满足某方面的性能需要来增加某项工序；另一方面涉及整体工艺的替换，以新的工艺代替传统工艺，但是对于工艺中使用掩模的专利申请非常少。因此对于广东省企业而言，可以考虑对凸点工艺中使用的掩模进行专利布局，例如形成掩模的方式、掩模的材料、形状、位置等。

另外，在凸点材料改进上，均存在有效专利和在审专利申请，主要方向是导电材料的选择替换，或者是内部成分的组成。但由于凸点材料所涉及的材料十分多样，广东省企业可以考虑在凸点材料方向进行专利布局，基于特定的性能需求采用新型的替代材料或者对材料组分配比的研究。

对于已有的国内专利，广东省企业也可以结合企业自身优势，进行相关的外围技术的研发，实现外围专利的有效布局。

（2）基于专用领域芯片开拓技术研究

根据对全球和国内重要申请人的分析可以发现，晶方半导体在全球申请量排名第六，国内申请量排名第三，其在全球和国内均有十分高的专利占有量。然而，其专利布局的重点均围绕影像传感器等光电器件来进行，可见其在该类器件的 WLCSP 封装领域实力强大，而且具有核心技术，其与该公司自身的定位紧密——作为国内第一家从事影像传感芯片与 WLCSP 封装技术的企业相关。因此，对于广东省企业而言，可以从晶方半导体的发展方式学习，基于某一专用类型器件的 WLCSP 封装技术进行发展。由于应用领域的特点，芯片的性能需求也不尽相同，例如耐压、频率、开关速度以及特定的结构等。因此广东省企业可以结合自身产业特点，以某种专用领域芯片为基点，例如具有具体应用领域的通信、感测类的芯片，研究与其特定的性能需要相关的 WLCSP 封装技术。

（3）寻求企业合作或收购有研发能力的企业

从专利申请量可以看出，广东省企业在国内 WLCSP 领域的地位相对较低，而国内其他地区则有在 WLCSP 处于领先地位的企业。例如，在 WLCSP 凸点技术中，南通富士通与台积电的专利布局很多，而影像器件和 MEMS 器件则集中在晶方半导体、华天科技。因此，广东省企业在发展 WLCSP 技术时，在以上技术方向进行发展时，可以加强与国内领先企业的技术合作或者技术转让，提高自身的技术竞争力。

另外，从申请量可以发现，长电科技在国内申请量虽然排名第二，然而其在全球申请量中仅次于三星，成为全球第二大申请量的企业。长电科技在全球 WLCSP 封装的领先地位在一定程度上得益于对新科金朋的收购，因此，对于广东省企业而言，也可以借鉴此做法，结合自身资金能力，收购 WLCSP 领域有一定研发实力的中外企业，提升竞争力。

（4）发挥地区优势，吸引资金投入与创新人才

广东省在全国集成电路产业中具有一定优势，尤其以深圳的高新技术发展为亮点。在广东省仅有的 3 件单芯片 WLCSP 技术的专利申请中，申请人均属于深圳地区，因此广东省企业在发展 WLCSP 技术时，应以深圳地区为起点。WLCSP 技术成本较高，因此需要较充足的资金用于设备投入上。从在晶方半导体科技的发展可以看出，其是通过中新苏州工业园区创业斥资有限公司与英飞尼迪 - 中新创业投资企业以及以色列 Shell-caseLtd. 三方共同出资成立的中外合作企业，其在产业背景、资金实力上均有强大优势，且吸纳以色列与国内的人才，在技术创新上具有人员保障。因此，对于广东省企

业而言，可以借鉴相似的经验，例如以深圳良好的技术创新、资源聚集的优势来吸引更多的资金投入，加强对国外优秀企业的技术引进。同时，以邻近港澳的地理优势吸引港澳技术人员，以在资金、技术、人才上具有充足储备。

4.4 集成电路领域重点技术分支小结与启示

以上从集成电路产业各个环节的重点技术领域进行分析，分别对集成电路产业链设计、制造、封装从申请趋势、国家/地区分布出发分析了全球和中国专利申请状况，并对主要申请人和重点技术分支进行分析，通过对专利数据的统计分析得出以下主要结论和启示。

4.4.1 小　结

（1）集成电路设计

非隔离型电感式 DC－DC 转换技术广泛应用于手机、MP3、数码相机等便携式电子设备，是集成电路设计的重要技术之一。非隔离型电感式 DC－DC 转换技术领域全球专利申请量的增长趋势与全球半导体市场销售额的增长趋势基本一致，呈稳步增长的趋势。美国申请量总体呈稳步增长的趋势，中国籍申请人申请量在 2002 年后呈爆发式增长，日本在非隔离型电感式 DC－DC 转换技术领域发展较早，且每年申请量比较稳定。对主要申请人进行分析可知，非隔离型电感式 DC－DC 转换技术领域申请量比较分散。2003～2014 年，中国专利申请量呈现快速增长态势，中国籍申请人申请量在 2006 年超越日本籍申请人，位列第一。提高效率、降低功耗是非隔离型电感式 DC－DC 转换技术领域的申请热点；运动估计与补偿技术中，多视点图像和立体视频编码技术是最重要的技术之一，是当前各企业以及研究机构的研究热点及专利申请的重点。在多视点图像和立体视频编码技术领域，中国有效专利数量稍领先于其他国家，但后期专利的增长速度落后于其他国家，包括美国、韩国及日本在内的国外申请人非常重视占据全球市场，且正在紧密关注中国市场，并持续进行专利技术输入及专利布局。而多视点图像和立体视频编码技术在国内的技术还滞后于国外企业及科研机构，专利申请总量并未占明显优势，且对于专利技术研究专利布局的重视程度及活跃度不高。

（2）集成电路制造

双重（多重）图形光刻技术是目前主流的缩小图形光刻特征尺寸的主要方法，SADP 技术和 LELE 技术是专利申请量最大的两个双重图形光刻技术。在 SADP 技术领域，国外企业和科研机构在我国有着比较完整的布局，技术覆盖面广，且专利布局时间较早。国内申请人近年来注重 SADP 技术的专利布局，并已经有一定的研究成果，中芯国际等大型企业很注重对国外来华申请人关于 SADP 技术的专利布局，并有意识地在 SADP 技术相关的外围技术进行布局，以规避专利壁垒并寻求突破机会；在 LELE 技术技术领域，国外企业和科研机构在较早时间就已经完成对掩模材料的选择、掩模形成方法以及对光刻胶进行处理等核心 LELE 技术的布局，近年来国内企业和科研机构越来越关注 LELE 技术的专利布局，从 LELE 技术的外围技术中进行一定量的布局，并取得一定的研究成果；EUV 光刻技术市场上是专利主导的，并且从专利技术转化为产业的时间较长，一般为4～6年，EUV 光刻胶技术的关注重点在于新型光致产酸剂的形成方法以及 EUV 分子玻璃体光刻胶的形成方法，而 EUV 掩模技术关注的重点在于 EUV 多层反射膜技术、吸收层的形成和应用技术以及 EUV 掩模衬底技术。另外，EUV 放气处理技术也越来越受业内关注。

（3）集成电路封装

全球 BGA 载板技术起步于20世纪90年代，其中中国大陆专利起步比全球专利晚13年，且中国大陆专利起步阶段实际上对应于全球专利申请的高位阶段，而广东省申请人申请的专利有8件，占国内专利申请量的4%。BGA 载板排名前十的申请人中，韩国三星排名第一，中国长电科技排名第二（包括其所收购的星科/新科金朋的专利），中国专利申请排名与中国企业在全球封装行业的地位相符。窗口式 BGA 基板技术和凹槽式 BGA 基板技术是 BGA 载板技术的两个重点技术分支，国外申请人已经在窗口式和凹槽式 BGA 基板技术上进行专利布局，然而国内除了台湾地区之外，几乎没有相关的申请。根据检索标引的统计结果，这两种结构是制作薄型化器件、提高电学可靠性能的改进方向。显然，国内专利布局已经严重落后，需要引起重视。WLCSP 全球申请量总体趋势平稳，全球企业和科研单位对该技术一直保持着较稳定的关注。在地区分布上，美国申请占总申请量的30%位于首位，中国占第二位，日本第三位。可见，中国在 WLCSP 技术领域具有较强的实力。WLCSP 在结构的改进多于在制作工艺的改进，而在结构改进中，以凸点结构的改进为主。

4.4.2 启　示

虽然近年来中国在集成电路行业飞速发展，中国市场也成为全球集成电路重要的市场之一，并涌现出来如华为、长电科技等一批优秀的企业，但国外企业和科研机构在我国有着比较完整的布局，技术覆盖面广，且专利布局时间较早。在中国的产业和专利技术关系方面，由于中国的半导体产业发展起步较晚，产业上相应的产品并不多，因此并没有明显的专利主导趋势，技术上突破专利壁垒时受到的阻力较大。在专利布局方面，一方面，应该加大投入，积极获取核心技术专利；另一方面，应围绕现有核心技术在外围进行布局，在细节、局部进行改进，针对性规避。从产业发展角度来讲，国外专利布局较早，部分专利已经处于专利权失效状态。在全球封装行业向国内转移，市场规模较大的情况下，完全可以利用这些专利权失效的早期专利生产。广东省集成电路产业界的主要企事业单位需要在权衡后选择自主研发进行外围布局，以突破国外技术垄断或引进国外技术。首先，应该加强对重点技术的基础研究，促进国内技术发展；其次，应该把握机遇，挖掘具有潜力的技术方向，战略性地对专利进行布局。

第 5 章　集成电路领域诉讼情况分析

近年来，中国集成电路产业的一批本土企业迅速成长，已经具备一定竞争力，对国外同行的市场占有格局形成威胁。国外企业已经开始动用各种知识产权手段对中国集成电路企业展开竞争。由于中国集成电路产业正处于发展中的重要阶段，如何面对专利侵权诉讼就显得尤为重要。随着集成电路产业的快速发展，出现了专利争议增多、侵权诉讼增多的现象，其专利诉讼高发区在欧美等发达国家。

美国一直是集成电路行业的领先者，且产品多数是技术含量高、利润大的高端差异化产品。与之相对应的，美国集成电路企业的知识产权策略和管理能力非常强，主要表现为企业的知识产权制度比较完善、产品的知识产权保护策略非常周密完整，可以利用知识产权进行攻防抢占市场，一部分企业已经发展到以知识产权授权作为企业的主要营收方式。当前中国集成电路的发展还处在成长阶段，因而统计和分析美国集成电路领域诉讼专利具有极强的现实意义。

5.1　集成电路设计领域涉诉专利分析

本节将通过集成电路领域美国诉讼专利的专利权人、技术领域以及专利核心性进行分析研究，期望对国内集成电路产业的发展起到参考借鉴作用。

5.1.1　涉诉专利专利权人分析

图 5－1－1 反映了集成电路设计领域诉讼专利前十名的专利权人排名。以亚德诺半导体股份有限公司（Analog Devices）为首的美国本土企业占据排名的大多数。而在非美国专利权人中，韩国三星占据第八位（三星参与诉讼的专利几乎全集中在存储器领域）。这表明韩国集成电路设计领域企业也是美国集成电路设计领域专利诉讼的主体，表现出韩国企业积极参与技术全球化竞争的态势。由于韩国本身市场容量有限，因此，韩国企业需要不断地开阔海外市场，以满足企业不断扩张发展的需求。而美国是世界第一大电子消费市场，韩国企业十分重视对美国市场的开发，必然会与美国本土企业直接展开竞争。为了确保在美国市场的地位，韩国企业通过自主研发、购买等方式在美国进行专利布局，积极实施专利诉讼战略，在维护自身利益的同时，削弱竞争对手的实力，迫使竞争对手支付高额赔偿金和许可费用或者以较低的代价同欧美集成电路设计领域企业进行交叉授权，而达到巩固和壮大自身实力的目的。从专利权人类型来看，国际知名企业、国际性的跨国公司占绝大多数，并且在集成电路设计领域处于领导地位。

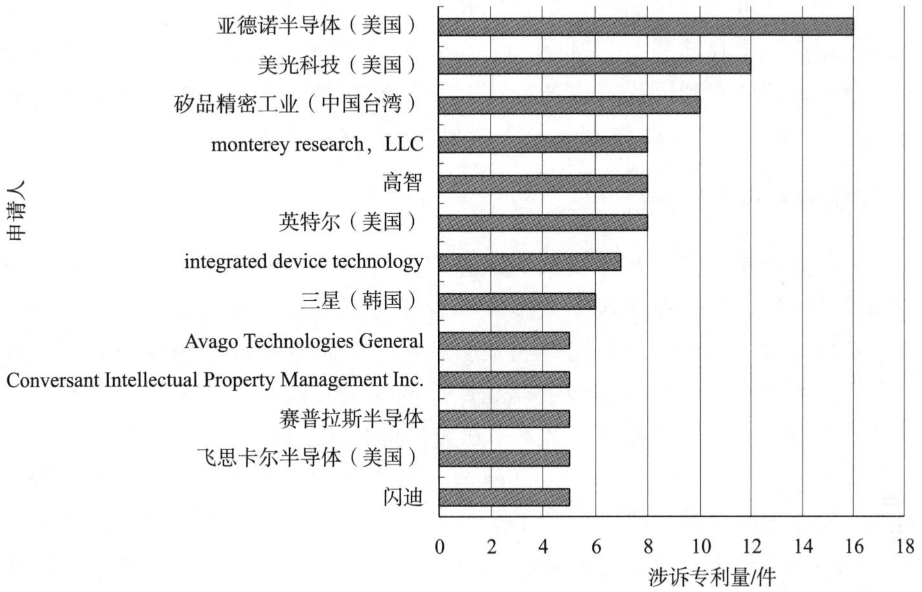

图5-1-1　集成电路设计领域涉诉专利权人排名分布

5.1.2　涉诉专利技术领域分析

图5-1-2反映了集成电路设计领域诉讼中的技术领域分布情况，主要集中在存储器上，相应的诉讼专利数量为138件，占整个诉讼的比例为43.13%。涉及非易失性存储器、动态随机存储器、可编程存储器等，从存储器的读写、功耗、结构等方面对存储器进行改进。射频芯片、多媒体占比也相对较多，因此对射频芯片、多媒体改进的方面也相对比较多。AD-DA转换、放大器、锁相环等占比都相差不大。其中AD-DA转换的专利诉讼亚德诺半导体的占比就超过52.4%，说明AD-DA转换方面重要的专利大多集中在该公司。

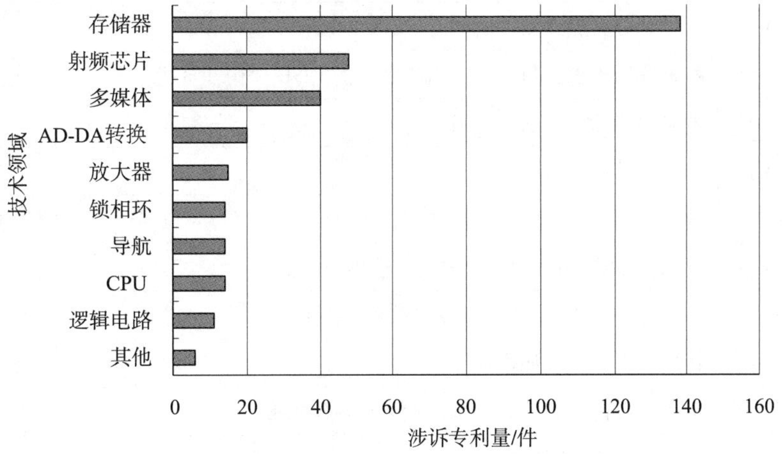

图5-1-2　集成电路设计领域涉诉专利技术领域分布

从图 5 -1 -2 可知，存储器占集成电路设计较大部分，而存储器大致可分为易失性存储器如动态随机存储器 DRAM 等和非易失性存储器如 FLASH 等。通过进一步分析发现，涉及存储器的专利诉讼，主要发生在易失性存储器和非易失性存储器，两者分别占比 42% 和 40%，可见该技术分支是本领域诉讼高发区。

5.1.3 涉诉专利核心性分析

核心专利是指制造某个技术领域的某种产品必须使用的技术，而无法通过一些规避设计绕开的专利。但是在实践中大多数学者还是把核心专利等同于领先性强、质量性和价值性较高的一类专利。利用专利被引频次、同族专利数量和专利权要求数量来分析专利的核心性，在学术和实践上得到广泛的支持和认可。在效力上，专利被引频次 > 同族专利数量 > 专利权要求数量。本章通过将 Innography 平台中检索出的相关涉诉专利导入 Patentics 平台中，并以 Patentics 导出的专利被引用频次作为评判指标。通过统计可知，集成电路设计相关的专利平均被引用 58 次，而超出平均值的专利数为 100 件。表 5 -1 -1 列出了引用次数排名前 30 的专利。可以看出，所涉及的技术领域主要集中在存储器、多媒体、射频芯片、通用处理器，这也与图 5 -1 -2 中相应的专利技术领域分布大致相同。

表 5 -1 -1　部分高引用次数涉诉专利及相关技术领域分布

公开号	发明名称	技术领域
US4302775A	一种利用速率缓冲器反馈的自适应场景数字视频压缩系统和方法	多媒体
US5737035A	一种单微电路高集成度的电视调谐电路	射频芯片
US4899342A	一种操作多单元阵列存储器的方法和设备	存储器
US6148354A	一种基于 PC 闪存盘通用串行总线的结构	存储器
US5042011A	一种具有定制边缘输入读出放大器的下拉器件	存储器
US5991202A	一种减少 Nand 闪存在自增强期间程序干扰的方法	存储器
US5126808A	一种具有分页擦除架构的闪存 EEPROM 阵列	存储器
US5574927A	一种配置用于仿真目标计算机指令集的 RISC 架构计算机	通用处理器
US5283646A	一种量化器控制方法和设备	多媒体
US5523760A	一种超宽带接收机	射频芯片
US5101416A	一种全球定位系统的多通道数字接收机	射频芯片
US4081701A	一种 MOS 随机访问存储器的高速读出放大器	存储器
US5559450A	一种具有多端口 RAM 的现场可编程门阵列	存储器
US4656605A	一种单列直插式存储模块	存储器
US5701392A	一种用于快速语音编码的深度优先代数码本搜索	多媒体
US5422842A	一种用于同时编程和验证所选 EEPROM 单元的方法和电路	存储器

续表

公开号	发明名称	技术领域
US5379351A	一种视频压缩/解压缩方法和处理器	多媒体
US5272669A	一种用于编程浮点门存储单元的方法和结构	存储器
US5394362A	一种每个存储单元都具有 N 位电可变的非易失性存储器	存储器
US5576767A	一种帧间视频编码和解码系统	多媒体
US6034897A	一种管理高容量非易失性存储器的空间管理方法	存储器
US5093720A	一种用于隔行数字电视信号的运动补偿方法	多媒体
US5592420A	一种用于闪存 EEPROM 存储器系统的可编程功率产生电路	存储器
US5383146A	一种具有 CAM 和 RAM 分区的内存	存储器
US4383272A	一种使用运动估计的视频信号插值方法	多媒体
US5661677A	一种 PRD 串行 EEPROM 的板载编程方法和电路	存储器
US4717912A	一种在单输出端产生多个信号中任一个的装置	逻辑电路
US6671204B2	一种具有双寄存器页缓冲器的非易失性存储器以及使用方法	存储器
US5864703A	一种在 SIMD 向量算术运算中提供扩展精度的方法	通用处理器
US5272664A	一种单列直插式存储模块高容量的 DRAM	存储器

下面针对易失性存储器和非易失性存储器技术的核心专利进行分析。

（1）易失性存储器

易失性存储器是指掉电后所存得数据全部丢弃。其优点是数据可随时快速修改。按照存储机理的不同，可以分为静态 RAM（SRAM）和动态 RAM（DRAM）两种。SRAM 基于基本 RS 存储器原理存储器数据，不需要动态刷新。DRAM 则是利用 MOS 管栅极电容来存储数据。由于漏电流的存在，栅极电容上存储的电荷不可能长久保持不变，为了避免存储信息丢失，需要及时补充漏掉的电荷，因此需要定时给栅极电容补充电荷，通常把这种操作称为刷新或再生。表 5－1－2 给出了易失性存储器领域涉及诉讼的核心专利列表，可以看出，上述核心专利主要涉及功耗、操作效率、可靠性等方面的技术改进。

表 5－1－2　易失性存储器领域涉及诉讼的核心专利

公开号	发明名称	技术领域/技术要点
US4048629A	低功耗 MOS RAM 地址译码电路	为了降低未被选中的存储器芯片的散热功耗，采用未被选中芯片的低功耗待机操作：在各 Y 译码门电路中设置 MOSFET，其栅极连接至片选信号 CS′，另两端分别连接一节点和接地，对于未被选中的半导体芯片，该 MOSFET 对该节点放电，从而节省功耗

续表

公开号	发明名称	技术领域/技术要点
US4791615A	具有冗余和预译码信号的存储器	在使用预译码器时，冗余的执行导致访问速度降低，冗余的第一类型线用于替换主阵列中有缺陷的第一类型线，对可编程冗余译码电路进行编程以响应选中有缺陷的第一类型线的预译码信号而选中冗余的第一类型线
US5671188A	具有选择性库内快速启动的感测放大器的 RAM	DRAM 内的存储器单元阵列具有字线和位线，位线被逻辑地划分为位线部，与各位线部相对应的感测/译码部具有快和慢两种感测模式操作，当从特定位线部读取数据时，相应的感测/译码部操作在快感测模式，而其余感测/译码部操作在慢感测模式，以提供低功耗和快速访问速度
US5781497A	RAM 字线选择电路	提供一种快速去除字线选择的字线选择电路，该字线选择电路包含 CMOS 反向器，耦接于字线以在电压泵和低功耗电压之间驱动字线，响应于地址信号和时钟信号的初始边沿，将反向器的输入驱动至低功耗电压，来选择字线，响应于时钟信号的下一个边沿，将反向器的输入驱动至电压泵，来去除字线选择
US5892729A	用于存储器阵列的省电方法	传统的嵌入式 SRAM 阵列结构需要共用时钟从而一起激活所有的 SRAM 存储器块，导致功耗过大，在各个 SRAM 存储器块或库之间独立设置有时钟控制，使得每次只有一个或有限数的存储块被选择提供时钟信号以能够进行访问，而不允许被访问的存储块不被提供时钟信号
US6683815B1	用于分配可调写电流的磁存储器单元以及方法	在磁存储器 MRAM 中，无意的磁耦合会引起 MRAM 故障，因此为了提供不受无意的磁耦合影响的 MRAM 电路，沿传导线的相反方向分别提供不同大小的电流，及/或对传导线提供可调写电流，以有效补偿无意磁耦合的影响
US2005190640A1	用于改善 QDRSRAM 设备周期的方法和装置	相比于现有 QDRSRAM 需在同一个周期的前半周进行读操作在后半周进行写操作从而导致其周期有限、有待改进，在当前周期的前半周捕获读取地址并开始进行读操作，接着进行写操作，以在感测放大器一感测放大到所读取的数据时使写数据出现在位线对上，其中，该写操作使用前一周期所捕获的写地址，在当前周期的后半周捕获当前写地址以用于后一周期的写操作，从而节省时间

续表

公开号	发明名称	技术领域/技术要点
US2006112231A1	具有可选内部预取尺寸的同步 DRAM	为了能够兼容多种存储器预取模式以及提高效率，存储器设备包括支持至少一种较大预取模式以及至少一种较小预取模式的数据线，以及能够与多种预取模式兼容的控制逻辑，该控制逻辑使读/写电路仅输出或写入与所选预取模式相对应的数据，而对没有与所选预取模式如较小预取模式相对应的数据部分实行掩码，即不输出或写入
US2011085406A1	提供负载隔绝的电路	存储模块存储器阵列的大小受存储模块多方面设计（例如存储设备密度、负载等）的影响而有限，针对该问题，存储器模块中包含这样的电路：与多个存储器设备电性连接并电性连接至计算机系统的存储器控制器，选择性地将存储器设备负载中的一个或多个与计算机系统隔绝
US8001434B	自我测试存储器模块	提供一种能够简单进行测试处理的有效测试存储器模块，其包括多个存储器设备、用于产生用以测试存储器设备的地址和控制信号的控制模块，以及包含多个数据处理机的数据模块，各数据处理机彼此独立，耦合至一个以上存储器设备的相应多个数据端口，并生成用于写入该相应多个数据端口的数据

（2）非易失性存储器

非易失性存储器是指当电源供应中断后，存储器所存储的数据不会消失，只要重新供电后，就能够读取数据的存储器。例如常用的 ROM、FLASH、磁存储等。表5－1－3给出了非易失性存储器领域涉及诉讼的核心专利列表。

表5－1－3　非易失性存储器领域涉及诉讼的核心专利

公开号	发明名称	技术要点
US4673829A	用于对字线提供编程电压的充电泵	为了获得合适的字线高电压，在存储器阵列编程期间使用充电泵来将存储器阵列字线的电压提高至期望的高值
US4752871A	具有用于控制两 EEPROM 阵列的编程寄存器的单芯片微机	现有技术中在一部分 EEPROM 还在编程时另一部分 EEPROM 不能同时执行，而提出一种各部分 EEPROM 都能够同时执行的单芯片微机，其各部分 EEPROM 都有自己独立的编程控制组成，以能够并行且独立地各自进行编程，以提高效率

续表

公开号	发明名称	技术要点
US5126808A	具有页擦除结构的闪存 EEPROM 阵列	为了能够选择性擦除闪存 EEPROM 阵列内的预定量的行，本发明提出能够进行页（其包含预定量的行）擦除的闪存 EEPROM 阵列：选择页将所选择的页与未被选中的页隔离，使得未被选中的页不受影响，而选中的页进行编程、擦除、读取等操作
US5394362A	每个存储器单元具有 N 位的 EANVM	为了在不增加存储器单元的大小和复杂性的情况下提高 EANVM 的位存储密度，采用多位存储器单元，该多位存储器单元利用能够被编程为多种存储状态的浮栅 FET
US5592420A	用于 EEPROM 系统的可编程电压产生电路	为了给闪存 EEPROM 提供最佳的编程、读取、擦除电压，将表示用于编程、读取、擦除电压的多个电压的信息存储在寄存器中，将存储在寄存器中的数字信息转换为相应多个模拟电压信号，通过放大和调整该多个模拟电压信号来分别生成多个电压
US5802583A	提供选择性写保护的系统和方法	用于对非易失性存储器设备进行选择性写保护的方法和系统：根据用户来动态地选择使能或禁能写保护，并在电流配置信息丢失时将设备恢复至最后已知的写保护状态
US5991202A	用于 NAND 闪存内降低编程干扰的方法	为了以不引起传递干扰或不增加存储器系统的大小和复杂性的最小编程干扰来对 NAND 闪存进行编程，首先将未被选中的位线隔离，接着以多个短脉冲的形式将编程电压施加到选中的字线，同时将脉冲传递电压施加至未被选中的字线，以对选中单元编程直至完成，通过选择脉冲的占空比和周期，将未被选中的存储器单元的编程干扰最小化
US6385091B1	非易失性存储器的读参考方案	为了使电压泵至字线路径上的电流与电压泵至参考字线路径上的电流相匹配以降低感测放大器电流的精度，将参考负载耦合至参考字线以大致与字线上的电流负载相匹配，使在读操作期间参考字线上的电压与字线上的电压大致相等
US2003016562A	具有带双寄存器的页缓存器的存储器设备及其使用方法	页缓存器采用相应于每一存储元的双寄存器，此双寄存器用于与存储元阵列的元，以及用于选通存储于一组存储元中数据的 Y 门电路交换数据，从而增加页缓存器电路的大小、允许更快的数据存储以及更有利地向后复制
US2003161186A	监视闪存的熵条件	定期调度擦除会缩短闪存的使用寿命，闪存提取逻辑追踪有多少物理扇区免于接收数据，追踪有多少物理扇区包含脏数据，判断免于接收数据的物理扇区是否比包含脏数据的物理扇区多，当包含脏数据的物理扇区比免于接收数据的物理扇区多时，对一个以上的块进行擦除操作

5.2 集成电路制造领域涉诉专利分析

5.2.1 涉诉专利专利权人分析

通过统计发现，集成电路产业制造领域涉及专利诉讼的专利数量有194件，分别归属于104个专利权人。表5-2-1给出了集成电路产业制造领域诉讼专利权人排名靠前的企业列表，可以看出，集成电路产业制造领域诉讼专利权人以美国本土企业占大多数，也有不少非美国专利权人，如知名跨国公司日本的半导体能源研究所、韩国三星。这是由于日、韩国内本身市场容量有限，日、韩企业需要不断地开阔海外市场以满足企业不断扩张发展的需求。美国作为世界第一大电子消费市场，日、韩企业十分重视对美国市场的开发，必然会与美国本土企业直接展开竞争。值得注意的是，在非美国专利权人中，中国台湾企业占据2席，分别是台积电、联华电子。其中，台积电诉讼专利权数量位居榜首，有25件，联华电子，旺宏电子分为有4件、2件。涉诉专利权人除了半导体制造企业之外，还有高校和知识产权管理公司，如新墨西哥大学（University of New Mexico）、加拿大专利授权公司、Conversant Intellectual Property Management，Inc.。

表5-2-1 集成电路产业制造领域诉讼专利权人排名分布

专利权人	涉诉专利量/件
台积电	25
Monterey Research，LLC	11
Round Rock Research，LLC	10
Lone Star Silicon Innovations LLC	8
格罗方德	5
美光科技	5
得州仪器	5
三星	5
Applied Materials，Inc.	4
半导体能源研究所	4
联华电子	4
Agere Systems Inc.	3

续表

专利权人	涉诉专利量/件
Conversant Intellectual Property Management Inc.	3
North Star Innovations Inc.	3

5.2.2 涉诉专利技术领域分析

半导体制造主要分为减薄、互连、氧化、薄膜制备、掺杂、光刻、刻蚀等分支。

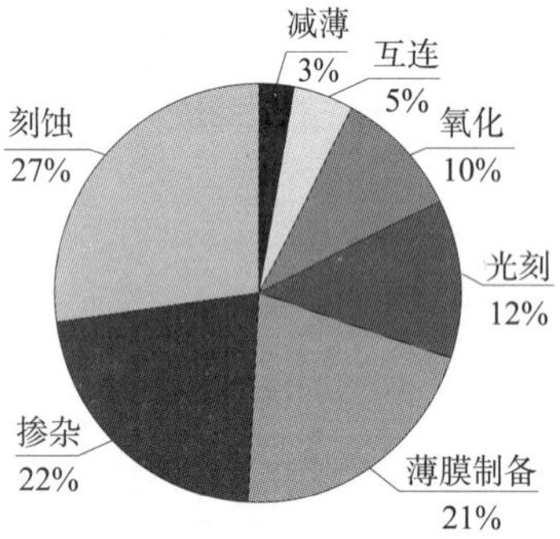

图5-2-1 半导体制造领域诉讼专利技术分布

从图5-2-1可以看出，半导体制造领域7个分支均有涉诉专利。总体来说，刻蚀、掺杂、薄膜制备涉诉专利较多，分别占27%、22%、21%，个分支百分比高达70%。可见，涉诉专利多发生在上述3个技术分支，而减薄、互连技术分支则较少发生专利诉讼。进一步对刻蚀、掺杂、薄膜分支涉诉专利进行分析可以发现，对刻蚀技术，早期涉诉专利多发生在对半导体层湿法刻蚀相关技术方面，后期则多发生在干法刻蚀，尤其涉及等离子体刻蚀技术；对掺杂技术，涉诉专利主要集中在MOS器件沟道掺杂相关技术上；对薄膜制备技术，涉诉专利涉及器件面较为广泛，但主要涉及化学汽相沉积相关方面技术。

5.2.3 涉诉专利核心性分析

表5-2-2给出了半导体制造领域涉诉核心专利及其被引用次数列表，引用本文专利数一定程度上反映相关企业半导体制造领域中的地位。其中引用本文专利数最多的是由硅尼克斯［Siliconix，现已被威世（Vishay）收购］于1995年申请的专利US5072266，被引用次数611次。硅尼克斯创建于1962年，威世于1998年收购占其80.4%股份的东芝三菱电机工业系统有限公司（TEMIC）半导体商业部，2005年，威世又收购了硅尼克斯余下的19.6%的股份。威世硅尼克斯生产了第一个小外形功率MOSFET（LITTLE FOOT®）、采用Trench技术（TrenchFET®）的第一个功率MOSFET、第一个模拟开关和第一个模拟多路复用器。硅尼克斯在半导体制造领域掌握有核心专利，整体技术实力雄厚。涉诉专利US5072266涉及的是Trench DMOS功率晶体管，其改进主要是在基体设置深沟槽避免沟道被高压击穿，但目前该专利已处于无效状态。引用本文专利数排名第二的是小松应用材料科技股份有限公司于1996年申请的专利US5788778。该专利涉及一种利用高远能端激发源之沉积腔清洁技术，但目前该专利也处于无效状态。从表5-2-3的统计结果可以发现，引用本文专利数较高的30件专利目前有21件处于无效状态，无效率高达70%。无效案件占比较高的技术分支主要集中在掺杂、薄膜制备和氧化。其中，掺杂技术相关专利无效率高达100%。专利稳定性较高的技术分支分别是光刻和刻蚀。

表 5-2-2　半导体制造领域涉诉核心专利及被引频次

公开号	发明名称	被引频次
US5072266A	Trench DMOS power transistor with field-shaping body profile and three-dimensional geometry	611
US5788778A	Deposition chamber cleaning technique using a high power remote excitation source	397
US5354490A	Slurries for chemical mechanically polishing copper containing metal layers	352
US6042998A	Method and apparatus for extending spatial frequencies in photolithography images	321
US6717358B1	Cascaded organic electroluminescent devices with improved voltage stability	317
US5220804A	High heat flux evaporative spray cooling	310
US4954142A	Method of chemical-mechanical polishing an electronic component substrate and polishing slurry therefor	296
US5926690A	Run-to-run control process for controlling critical dimensions	284
US6321791B1	Multi-layer microfluidic devices	272
US5972192A	Pulse electroplating copper or copper alloys	272
US5298587A	Protective film for articles and method	248
US5285236A	Large-area, high-throughput, high-resolution projection imaging system	246
US5956267A	Self-aligned wordline keeper and method of manufacture therefor	229
US5173442A	Methods of forming channels and vias in insulating layers	199
US5063267A	Hydrogen silsesquioxane resin fractions and their use as coating materials	198
US6015979A	Nitride-based semiconductor element and method for manufacturing the same	195
US5286344A	Process for selectively etching a layer of silicon dioxide on an underlying stop layer of silicon nitride	191
US4967245A	Trench power MOSFET device	149
US6103599A	Planarizing technique for multilayered substrates	145
US4199774A	Monolithic semiconductor switching device	140
US5091339A	Trenching techniques for forming vias and channels in multilayer electrical interconnects	136
US5262336A	IGBT process to produce platinum lifetime control	134
US6103096A	Apparatus and method for the electrochemicaletching of a wafer	132
US6306213B1	Electro-optical device and method for manufacturing the same	129
US5705321A	Method for manufacture of quantum sized periodic structures in Si materials	122
US6281520B1	Gate insulated field effect transistors and method of manufacturing the same	121

续表

公开号	发明名称	被引频次
US5477057A	Off axis alignment system for scanning photolithography	110
US5270267A	Curing and passivation of spin on glasses by a plasma process wherein an external polarization field is applied to the substrate	105
US4518678A	Selective removal of coating material on a coated substrate	100

表5-2-3　涉诉核心专利技术分支及法律状态分布

技术分支	无效/件	有效/件	涉诉件数/件
薄膜制备	3	1	4
掺杂	5	0	5
光刻	5	3	8
刻蚀	5	4	9
氧化	3	1	4

台积电涉诉专利数量位居所有集成电路制造企业之首，数量为26件，下面对台积电涉诉专利进一步分析。从表5-2-4法律状态可以看出，虽然台积电涉诉专利较多，但目前绝大部分专利仍然处于有效状态，仅有2件涉及掺杂的专利被无效，反映台积电专利申请质量较高。结合表5-2-4以及表5-2-3还可以看出，台积电涉诉专利分别在刻蚀、掺杂以及薄膜制备，这与前文所述涉诉专利多发生在刻蚀、掺杂、薄膜制备3个技术分支相应，光刻、氧化相关方面的专利几乎没有涉及。涉诉专利主要发生在薄膜制备技术分支，高达46%，其次是刻蚀23%（参见图5-2-2）。说明薄膜制备和刻蚀是台积电涉诉较多的技术分支。进一步对台积电涉诉专利进行分析发现，台积电涉诉案件器件类型分布较广，有MOS器件、存储器、二极管等，并没有特别突出地存在于某一特定的器件结构领域。

表5-2-4　台积电涉诉专利技术分布及法律状态

公开号	技术分支	法律状态
US6194128B1	薄膜制备	有效
US6350662B1	薄膜制备	有效
US6399522B1	薄膜制备	有效
US6235653B1	薄膜制备	有效
US6121091A	薄膜制备	有效

续表

公开号	技术分支	法律状态
US6274514B1	薄膜制备	有效
US6268274B1	薄膜制备	有效
US5679591A	掺杂	无效
US5751043A	掺杂	有效
US6011288A	掺杂	有效
US6174797B1	互连	有效
US6287172B1	减薄	有效
US6171896B1	刻蚀	有效
US6350694B1	刻蚀	有效
US6107206A	刻蚀	有效

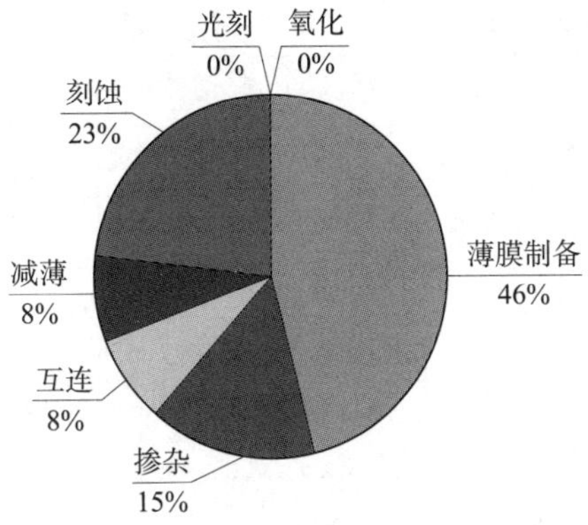

图 5-2-2　台积电涉诉专利技术分布情况

5.3　集成电路封装领域涉诉专利分析

5.3.1　涉诉专利专利权人分析

通过统计可以发现，集成电路封装领域涉及专利诉讼的专利数量为 109 件，分别归属于 79 个专利权人，专利权分布比较分散，这是由于集成电路封装领域相对于集成电路设计与集成电路制造来说，技术难度相对较低，所需生产研发成本相对较低，门槛较低，因而集成电路封装市场并未被大型企业垄断。表 5-3-1 给出了集成电路封装领域诉讼专利权人排名靠前的企业列表，可见该领域诉讼专利权人中美国本土企业占大多数，包括泰塞拉等专注于集成电路封装技术研发的企业，也包括 Round Rock Research 等专门致力于高新技术投资与专利运营许可的企业。通过表 5－3－1 可以看出，像得州仪器、IBM 等集成电路领域大型跨国公司在集成电路封装领域存在涉诉专利。

表 5－3－1　集成电路封装领域诉讼专利权人排名分布

专利权人	涉诉专利数量/件
Round Rock Research，LLC	5
泰塞拉	5
Xilinx，Inc.	5
Invensas Corporation	4
Entorian Gp LLC	3
Rudolph Technologies，Inc.	3
美光科技	3
Avago Technologies General Ip（Singapore）Pte. Ltd.	2
Intergraph Hardware Technologies Company	2
Amkor Technology，Inc.	2
Chip Packaging Solutions LLC	2
Stratedge Corporation	2
飞思卡尔半导体	2
得州仪器	2
North Star Innovations Inc.	2
IBM	2
Acer Inc.	2

5.3.2　涉诉专利技术领域分析

图 5－3－1 给出了半导体封装领域诉讼专利技术分布。可以看出，集成电路封装领域涉诉专利在该领域 5 个一级技术分支中都有涉及。其中，单芯片封装占 42%，封装测试占 25%，封装基板占 16%，多芯片封装占 13%，而散热仅占 4%。单芯片封装占比虽然占比比较高，但主要涉及芯片键合、引脚互连、封装形式、封装结构、电磁屏蔽等多个二级技术分支，具体涉及的技术分支比较分散。值得注意的是，在封装测试部分的涉诉专利，涉诉专利全部是测试设备与相关方法有关的专利，技术分布相当集中，可见封装设备相关的专利是专利诉讼的高发区。封装基板部分所涉及的专利分布在基板材料、基板结构、引线框架等多个技术分支。

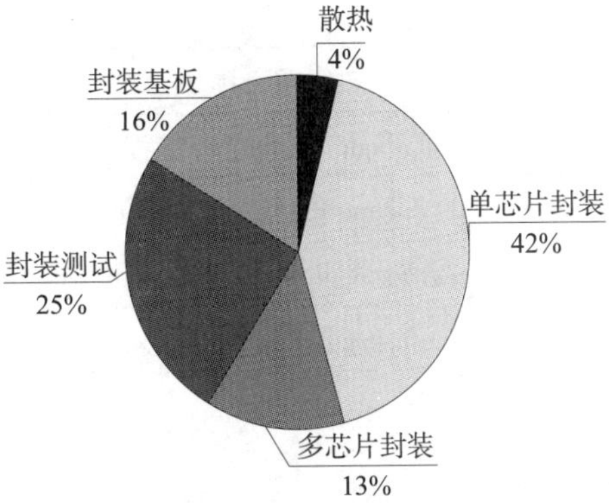

图 5-3-1　半导体封装领域诉讼专利技术分布

5.3.3　涉诉专利核心性分析

通过统计可以发现，集成电路封装领域的涉诉专利被引用频次较高，其中被引用次数超过 20 次的专利占 66%。表 5-3-2 给出了引用频次在 50 次以上的专利，其主要分布在封测设备、多芯片叠层封装、引脚互连、球栅阵列、引线框架等技术分支。

其中，被引用次数最高的专利为飞思卡尔半导体公司申请的专利 US5216278，其涉及封装体的焊盘阵列，引用次数高达 725 次，反映出该公司在集成电路封装领域的领先地位。专利 US5739585 涉及球栅阵列芯片的封装，被引用次数达到 490 次；专利 US6013948 涉及叠层型多芯片封装，引用次数为 409 次。上述 2 件专利都为从事高新技术投资与专利运营许可的 Round Rock Research 所拥有，该公司所涉及的技术领域涵盖半导体制造、封装以及系统设计等领域，致力于美国、欧洲、亚洲等多个国家和地区的专利申请与专利运营。EPIC Technologies 是美国本土的集成电路封装企业，其所申请的专利 US5841193 引用次数达到 470 次，涉及叠层型多芯片封装，可见其在先进半导体封装领域具有一定的竞争力。

表 5-3-2　涉诉核心专利及被引频次

公开号	发明名称	被引频次
US5216278A	Semiconductor device having a pad array carrier package	725
US5739585A	Single piece package for semiconductor die	490
US5841193A	Single chip modules, repairable multichip modules, and methods of fabrication thereof	470
US6013948A	Stackable chip scale semiconductor package with mating contacts on opposed surfaces	409
US5677566A	Semiconductor chip package	386
US5172214A	Leadless semiconductor device and method for making the same	355

续表

公开号	发明名称	被引频次
US5581498A	Stack of IC chips in lieu of single IC chip	339
US5977626A	Thermally and electrically enhanced PBGA package	338
US5926690A	Run-to-run control process for controlling critical dimensions	285
US5045921A	Pad array carrier IC device using flexible tape	246
US5581122A	Packaging assembly with consolidated common voltage connections for integrated circuits	223
US5977613A	Electronic component, method for making the same, and lead frame and mold assembly for use therein	202
US5484959A	High density lead-on-package fabrication method and apparatus	178
US6265766B1	Flip chip adaptor package for bare die	162
US5663106A	Method of encapsulating die and chip carrier	150
US5661677A	Circuit and method for on-board programming of PRD Serial EEPROMS	140
US4918374A	Method and apparatus for inspecting integrated circuit probe cards	138
US5952726A	Flip chip bump distribution on die	137
US4757256A	High density probe card	136
US4992849A	Directly bonded board multiple integrated circuit module	126
US5952843A	Variable contact pressure probe	124
US5838551A	Electronic package carrying an electronic component and assembly of mother board and electronic package	115
US6284563B1	Method of making compliant microelectronic assemblies	110
US6054337A	Method of making a compliant multichippackage	108
US5784797A	Carrierless centrifugal semiconductor processing system	101
US5895229A	Microelectronic package including a polymer encapsulated die, and method for forming same	86
US6093972A	Microelectronic package including a polymer encapsulated die	84
US5393701A	Layout design to eliminate process antenna effect	84
US5446620A	Ultra high density integrated circuit packages	82
US6268649B1	Stackable ball grid array package	70
US6526653B1	Method of assembling a snap lid image sensor package	69
US5307309A	Memory module having on-chip surge capacitors	63
US5692298A	Method of making ceramic microwave electronic package	61

续表

公开号	发明名称	被引频次
US6403388B1	Nanomachining method for integrated circuits	60
US6049123A	Ultra high density integrated circuit packages	58
US5717701A	Apparatus and method for testing interconnections between semiconductor devices	58
US4884631A	Forced air heat sink apparatus	58
US4895486A	Wafer monitoring device	57
US4495376A	Carrier for integrated circuit	57
US6408937B1	Active cold plate/heat sink	56
US4599559A	Test probe assembly for IC chips	56
US6324042B1	Electronic load for the testing of electrochemical energy conversion devices	55
US6249052B1	Substrate on chip (SOC) multiple-chip module (MCM) with chip-size-package (CSP) ready configuration	54
US6133627A	Semiconductor chip package with center contacts	53
US6025642A	Ultra high density integrated circuit packages	52
US7126218B1	Embedded heat spreader ball grid array	51
US6885106B1	Stacked microelectronic assemblies and methods of making same	50
US6061239A	Cam-type retainer clip for heat sinks for electronic integrated circuits	50
US4806852A	Automatic test system with enhanced performance of timing generators	50
US4296456A	Electronic package for high density integrated circuits	50

5.4 小　　结

通过对集成电路领域美国诉讼专利的专利权人、技术领域以及专利核心性进行分析研究，得出以下结论。

从诉讼专利的专利权人分布来看，集成电路设计领域涉诉专利权人较为集中，且多为国际知名企业或者国际性的跨国公司。这主要是由于在集成电路设计领域，大型跨国公司更重视专利战略布局并且拥有更多的的核心技术。而在中国，虽然华为等国内集成电路设计企业在美国也申请或收购了大量专利，在某些技术领域拥有一定数量的核心专利，但是从总体质量上仍和欧美、日韩同类企业有较大的差距。在集成电路制造领域，涉诉专利权人分布相对较为分散，但主要专利权人依然以大型跨国公司为主，集成电路制造领域涉诉专利数量相对于集成电路设计领域较少。在集成电路封装领域，涉诉专利权人分布相对更为分散，这是由于集成电路封装领域相对于集成电路设计与集成电路制造来说，技术难度相对较低，所需生产研发成本相对较低，门槛较低，市场并未被大型企业垄断。

从诉讼专利技术分布来看，在集成电路设计领域，涉诉专利主要集中在存储器领域，在集成电路制造领域，涉诉专利分布较为分散，主要集中在刻蚀、掺杂、薄膜制备，在集成电路封装领域，涉诉专利主要集中在封装测试等领域。值得注意的是，日、韩企业在美涉诉专利具有一定的规模，说明在涉诉专利技术领域上其避免了与欧美企业的直接碰撞，转而在欧美企业相对忽视的外围相关的核心技术领域或交叉领域积极进行专利布局，在这些领域所涉及的专利数量上具有较强的优势。日、韩企业通过专利诉讼，构建成套的专利包等主动的专利战略手段，可以迫使美本土企业进行合作，以相对较低的代价获得技术许可或交叉许可。反观中国企业，虽然在美国有一定数量的专利布局，但在专利战略方面相对保守，积累专利只是用来被动防范他人的专利诉讼。日、韩企业实施积极进攻性专利战略的经验值得中国企业借鉴和学习。

第 6 章　措施与建议

6.1　产业方面

6.1.1　政府层面

（1）积极推动集成电路制造和封装环节的发展，促进集成电路产业链各环节相互支撑、协调发展

近年来，广东省已初步形成包括设计、制造、封装集成电路产业链，广东省集成电路申请总量全国排名第四。其中，集成电路设计方面申请总量全国排名第一；集成电路制造方面申请总量全国排名第五；集成电路封装方面申请总量全国排名第三。

广东省在各产业环节的发展程度不尽相同，在集成电路设计领域发展较有优势，例如设计方面专利申请量占全省集成电路专利申请总量的 59%，涌现了如华为、中兴通讯等一大批优秀企业；而在集成电路制造和封装领域相对薄弱，产业还有待升级、更新。在集成电路制造领域，广东省目前还缺乏技术领先的企业，在广东省申请量排名第一的深圳方正微电子的专利申请量（356 件）相对于国内主要申请人（例如中芯国际，专利申请量 5113 件）而言，仍然具有较大差距，其技术水平仍不能满足省内优秀设计企业的需求。例如，华为的麒麟芯片虽然是华为设计，但其制造、封装需要由台积电来完成，广东省目前仍没有能够满足高端芯片制造要求的企业。在集成电路封装领域，广东省专利申请量虽然仅次于台湾省和江苏省，但在数量上还具有一定差距；省内封装以中小企业为主，规模小、专利申请数量少，且较为分散，掌握的核心技术少，技术实力上还存在较大的差距。

集成电路领域发展的不平衡不仅会造成竞争力的下降，也不利于产业聚集、技术更新换代和对领域人才的吸引力。因此，在政府层面，除了要继续保持省内集成电路设计的整体优势外，还需要积极推动集成电路制造和封装领域的发展，促进集成电路产业链各环节相互支撑、协调发展，形成良性发展的集成电路产业链。

政府层面上统一制定发展总方向，统一调配资源，促进产业中各个相关方积极参与并相互协调，通过推动产业集聚来促进集成电路产业的分工与合作，在纵向上促进上中下游企业之间的紧密合作，在横向上形成设计 - 制造 - 封装集聚企业集群，打破省内零碎化、小型化的现状，使企业能够更有效率地得到配套的相关服务，及时了解

本行业所需要的各方面信息。产业集聚能够提供集中的就业机会，可以对省内外相关人才产生磁场效应，吸引高素质人才，提高企业效率。

（2）根据产业链设计、制造和封装三个环节不同的发展程度，制定相应的发展策略

当前集成电路设计领域集中华为、中兴通讯等一大批优秀企业。其中，广东省在存储器、通用处理器、多媒体等领域的申请量占比较多，随着互联网技术、5G 通信以及传感器技术的发展，在大数据时代，用户对数据的依赖程度越来越高，数据的价值会越来越突出，因而上述领域具有较好的发展前景，可以加大投入，重点发展上述技术领域以保持优势。

在集成电路制造领域，图形转移是集成电路制造工艺的重点，其成本超过整个制造工艺的 1/3，而双重图形光刻是比较先进和主流的光刻工艺。目前，粤芯 12 英寸芯片制造项目已经在广州中新知识城破土动工，未来在集成电路制造领域可加强对重点技术的基础研究，抓住全球对重复 SADP 技术相关专利申请较少且具有应用前景的特点，战略性地加强对重复 SADP 技术的专利布局，争取未来在双重（多重）图形光刻技术领域占据一席之地。

在集成电路封装领域，广东省技术较为落后，多数企业仍以 TO/SOP 等技术为主，封装密度小，集成度不高。未来对广东省的封装产业升级，可考虑 BGA 技术，其应用广泛，且工艺已经相对成熟，结构基本定型，技术升级难度不大，而国外专利布局较早，部分专利已经处于专利权失效状态，专利侵权风险相对较低。另外，可在 BGA 技术的基础上考虑 WLCSP 技术。一方面，WLCSP 是实现高密度、高性能封装的重要技术，可实现较小的封装体积；另一方面，国内在 WLCSP 技术中的布局总体而言相比于国外来华申请的布局更有优势。国内的晶方半导体、长电科技、通富微电等企业在该领域都具有一定数量的专利积累，广东省企业在发展 WLCSP 技术时，可以加强与国内领先企业的技术合作，或者通过技术转让，提高自身的技术竞争力。

（3）加强企业之间在知识产权管理方面的合作，建立知识产权共享平台

政府可以以本课题研究数据为基础，建立集成电路产业专题专利数据库，为企业提供信息服务和保障，动态跟踪研究国外重点企业的专利信息。对集成电路设计领域，广东省有一些知识产权储备处于国际先进水平的企业，比如中兴通讯、华为等，但也有一些中小企业在知识产权保护和专利管理能力上较为薄弱。

当前广东省集成电路设计领域专利申请量在 50 件以上的企业有 25 家，其中华为、中兴通讯和富士康的专利申请量分别为 1714 件、1270 件和 338 件，位居全广东省前 3 位。同时，广东省行业内一些知名企业的申请量较低，比如国民技术申请量为 54 件、炬力集成电路设计有限公司申请量为 44 件、珠海全志科技申请量为 32 件、深圳市汇顶科技申请量为 22 件。可见，一些企业在知识产权保护和专利管理能力上较为薄弱，需要政府在知识产权方面加强引导。

在集成电路制造领域，广东省专利申请量在 50 件以上的企业只有 2 家，深圳方正微电子申请量为 356 件，比亚迪申请量为 92 件。而在集成电路封装领域，广东省专利

申请量在50件以上的企业只有4家。其中，富士康的申请量为150件，华为申请量为92件，杰群电子申请量为89件，气派科技申请量为75件。这进一步说明了广东省在集成电路制造和封装领域多数企业规模较小，专利申请数量较少，而省内虽然也存在一些大型合资企业例如深圳赛意法微电子等，但其主要以产品代工为主，依托外资企业已有的成熟技术进行生产制造，并不注重新技术新产品的研发。在这种情况下，政府可以出台相应的政策，鼓励企业之间积极建立专利联盟，加强知识产权合作，共享专利技术信息，共同避免专利风险。同时，在企业之间进行专利许可和技术转移，帮助企业提高知识产权运用和管理水平。

（4）引导企业通过产学研合作，加快提升技术水平

集成电路产业的发展需要通过技术创新来推动，技术创新需要研发的投入。广东省政府应当围绕产业链部署创新链，围绕创新链配置资源链，加强核心技术攻关，加快科技成果产业化，提高关键环节和重点领域的创新能力。

企业如果仅靠自身发展难免有局限性，只有借助多方力量才能快速提高技术水平。省内有华南理工、中山大学、中科院深圳先进技术研究院、工业与信息化部电子五所、北京大学深圳研究院等多所高校和科研机构，政府、企业应注重产学研结合。一方面，政府应加大引导资源配置和支持产学研结合的力度，以市场需求拉动科研院所的技术创新，使科研做到有的放矢，促进产业中面临的高难度技术的攻克；另一方面，企业应加强和科研院所进行有效结合的引导，使科研院所的研究成果在产业中进行转化的途径更加畅通。

现在广东省集结了以中山大学、华南理工大学、中科院深圳先进技术研究院等为核心的一批科研院所。其中，中山大学在集成电路设计领域的申请量位居全省第五、在集成电路制造领域的申请量位居全省第二，华南理工大学在集成电路设计领域的申请量位居全省第八、集成电路制造领域的申请量位居全省第四、集成电路封装领域的申请量位居全省第七，中科院深圳先进技术研究院在集成电路设计领域的申请量位居全省第13位，可见广东省在集成电路设计方面拥有较多的资源。目前，在集成电路领域科研院所的专利转让率仍较低，目前所查到的专利转让的登记记录中，北京大学深圳研究生院在该领域有11件，华南理工大学12件，广东工业大学3件，深圳大学2件，清华大学深圳研究生院2件，中科院深圳先进技术研究院2件。在专利许可方面，广东省清华大学深圳研究院在集成电路领域有1件专利许可，中山大学有2件专利许可，其他科研院所在该领域没有发现专利许可记录。

企业和高校科研机构之间在技术创新方面的相互合作和信息交流存在一定的脱节，广东省可以在促进企业与高校科研机构对接方面采取一些措施。例如，建立产学研合作信息平台，及时提供企业技术研发需求和高校科研机构信息，促进产业内企业与科研机构的信息对接；对企业与科研院所合作进行的技术研发项目，政府给予一定项目资金支持，在审批研发项目时明确技术成果和成果转化指标，将科研项目成果用于产业实际运用。对中小企业技术创新提供帮扶，引导省内部分重点高校科研院所，与具有发展潜力的中小企业进行科研合作。另外，广东省已建成3个集

成电路设计基地，国家集成电路设计深圳产业化基地、珠海南方集成电路设计服务中心和广州集成电路基地。3个集成电路基地已聚集华为、中兴通讯、汇顶科技、润芯科技、珠海全志以及炬力等众多国内知名集成电路设计公司。广东省可以引导省内重点高校和科研院所进入基地，与基地中的企业共建研发中心，为企业提供技术支撑，整合基地的研发资源。

6.1.2 企业层面

（1）可以通过合作、并购，整合产业技术，以快速提高企业技术实力

通过合作、并购，企业可以迅速提高技术实力，如省内集成电路设计领域龙头企业华为，早期通过与赛门铁克等公司的合作，提高自己在开发存储和安全产品方面的技术实力，并于2011年直接收购和赛门铁克公司合资的华赛，继续巩固自己在信息安全和存储领域产品技术实力；中国台湾封装领域的龙头企业日月光同样通过并购摩托罗拉以及日本NEC的封装厂，使自己在封装测试领域迅速成长，成为全球第一大IC封测公司；国内封测领域龙头长电科技通过收购全球排名第四的星科金朋，跻身全球前三，且使得业务互补，在高端封装产能方面实现全面的自主可控。在广东省集成电路产业整体水平低于国外企业甚至国内其他省市整体发展水平的情形下，省内企业可以借鉴上述企业的迅速成长经验，通过合作和并购的方式整合产业技术，以快速提高省内企业的技术实力，为赶超国内发达区域发展水平提供可能性。

（2）关注集成电路诉讼高发领域和主要诉讼专利权人，防范专利侵权风险

通过对美国的集成电路领域涉诉专利技进行分析可以发现，在集成电路设计领域，涉诉专利主要集中在诉讼高发领域的有存储器、RF、多媒体等技术分支，主要的诉讼发起者是亚德诺、美光科技和硅实验室。其中，AD-DA模数转换领域超过一半的诉讼由亚德诺发起，说明该公司在AD-DA方面有比较全面的专利布局，国内的相关企业需要重视。在集成电路制造领域，涉诉专利分布较为分散，主要发生在刻蚀、掺杂、薄膜制备等分支上，主要的诉讼发起者是台积电、Monterey Research，LLC和Round Rock Research，LLC。其中，台积电诉讼数量位居榜首，也与其制造代工龙头企业的地位相符，其提起诉讼的领域主要在薄膜制备和刻蚀；而Monterey Research，LLC和Round Rock Research，LLC是两家非专利实施实体（Non－practicing Entities，NPE）企业，它们拥有专利但并不利用专利进行生产，而是以发起专利诉讼、专利交易、许可等专利运营方式获得利润。在集成电路封装领域，诉讼高发领域有单芯片、封装测试、封装基板，虽然单芯片占比较高，但具体涉及的二级技术分支比较分散。值得注意的是，在封装测试部分，涉诉专利全部是测试设备及相关方法的专利，技术分布相对集中。可见，封装设备相关的专利是专利诉讼的高发区。跟设计、制造的情况不同的是，几个诉讼发起者的涉诉专利数量都只有几件，比较分散，说明未形成技术垄断。在上述技术领域中，广东省除了在存储器、多媒体等领域具有一定专利布局外，在其他领域较为薄弱，应避免与国外大型企业的正面碰撞，可以尝试在其相对忽视的外围相关核心技术领域或交叉领域积极进行专利布局，

构建自主研发的成套专利包，从而提升自己的话语权，促成与国外企业的交叉许可，或者以相对较低的代价获得技术许可。

6.2 技术方面

（1）国内企业和科研院所可密切关注主流技术发展趋势，准确制定发展方向

虽然广东省申请量增长迅速，但设计、制造、封装发展速度不一致，省内的大多数企业和科研院所在研发能力和资金实力上都不能与外国大型老牌半导体企业、国内半导体龙头企业、科研院所相比，省内企业可以通过专利信息来密切关注产业发展动态，找准研发切入点，集中有限的人力、物力和才来资源有重点地进行投入。

表6-2-1给出的是各领域热门技术方向及相关企业的信息。

表6-2-1 各领域热门技术方向及相关企业

领域	技术分支	热点/重点技术方向	可关注的相关企业
设计	多媒体芯片设计	多视点图像和立体视频编码	松下、三星
	电源管理IC	非隔离型电感式DC-DC转换技术	英特赛尔、精工电子、矽力杰
	通用处理器	电源/功耗管理、多线程、协处理器	ARM、英特尔
制造	图形光刻	双重（多重）图形光刻	海力士、IBM
		EUV光刻技术	住友化学、卡尔蔡司
封装	BGA	布线/端子	长电科技、三星
	WLCSP	凸点	南通富士通、台积电

在集成电路设计领域，欧洲、日本传统申请人的专利数量有缓慢减少的迹象，美国则相对稳定，而中国专利权人的数量在逐年提高。虽然传统申请人的专利数量缓慢减少，但是传统申请人的实力仍然不容小觑。在亚洲范围内，松下、三星、NEC以及索尼等一批传统的日、韩企业在技术以及知识产权方面仍然十分强大；在欧美范围内，飞利浦、IBM、英特尔、高通等老牌公司也占据着很大的市场份额。广东省在设计领域的专利数量一直处于国内领先水平，这主要得益于中兴通讯、华为等一大批设计类技术企业的兴起。而且中兴通讯、华为等中国企业无论在技术上还是在知识产权储备上都有从国际先进到国际领先的趋势，这两家公司连续数年蝉联PCT申请量的前三甲。经过多年的发展，广东省内集成电路设计产业虽已具有较大的规模，我们还应该看到本土企业与外资企业相比掌握的核心技术少，技术实力上还存在较大的差距，因此技术创新成为产业升级和可持续发展的重中之重。对于多媒体芯片设计领域，专利技术主要集中在多视点图像和立体视频编码技术上，可持

续关注松下、三星等国外企业的研发动向。对于电源管理 IC 技术领域，专利技术主要集中在非隔离型电感式 DC－DC 转换技术等技术上，可持续跟踪美国的英特赛尔、日本的精工电子和中国的矽力杰等国内外企业的研发动向。对于通用处理器技术领域，技术发展的热点集中在电源/功耗管理、多线程、协处理器等技术上，可持续关注 ARM 和英特尔的研发动向。

在集成电路制造领域，其发展主要局限于图形光刻技术，而在图形光刻技术领域，专利技术主要集中在双重（多重）图形光刻和 EUV 光刻技术上，在 EUV 光刻技术仍然处于研究、试产阶段，特别集中在双重（多重）图形光刻中的单次 SADP 技术以及重复 SADP 技术中，省内企业可持续关注韩国的海力士、美国的 IBM、日本的住友化学等国外企业的研发动向。

在集成电路封装领域，BGA 技术和 WLCSP 技术作为现阶段封装领域的主流技术以及热点技术而被广泛关注，对于 BGA 技术领域，专利技术主要集中在基板的布线/端子技术上。对于 BGA 技术领域中的基板布线/端子技术，省内企业如有想发展 BGA 技术领域中基板布线/端子技术的，可以持续关注国内的长电科技以及韩国的三星在相关领域的研发动向。对于 WLCSP 技术领域，专利技术主要集中在凸点技术，而在 WLCSP 凸点技术上国内企业也具有较强的实力，特别是南通富士通与台积电十分重视在此技术中的布局，国内企业可以持续跟进这两家公司的发展方向。省内企业一方面可以寻求技术合作，依靠其原有的丰富资源进行开发；另一方面，可以适当避开其专利布局的重点方向，寻求可以继续发展的其他方向，或者进行外围布局。

（2）国内企业和科研院所可根据各技术方向的风险程度高低采取针对性的技术发展策略

表 6－2－2 为根据技术领域方向风险程度给出的技术发展策略建议。

表 6－2－2　根据技术领域/方向风险程度给出的技术发展策略建议

领域	风险情况	涉及技术领域/方向	技术发展策略建议
设计	高	通用处理器指令集架构设计； 电源管理 IC 控制 PWM 模式与 PFM 模式切换、降低检测输出电感损耗、降低反向恢复损耗	引进技术和设备/进行自主研发进行外围布局，以突破国外技术垄断
	较高	多媒体芯片领域多视点图像和立体视频编码	跟进研发和集中力量进行突破并进的策略
	中/较低	电源管理 IC 利用开关元件降低损耗、循环利用能量降低损耗；根据负载情况选择电源	进一步加强研发投入，以争取在该方向上形成规模研究效应

续表

领域	风险情况	涉及技术领域/方向	技术发展策略建议
制造	较低	EUV分子玻璃体系光刻胶、新型多层反射膜掩模	进一步加强研发投入，以争取在该方向上形成规模研究效应
	较高	双重图形光刻SADP芯轴材料、侧墙材料；双重图形光刻LELE硬掩模材料/方法/光刻胶处理；EUV光化学放大光刻胶、掩模的吸收层	跟进研发和集中力量进行突破并进的策略
	高	双重图形光刻SADP芯轴方法、侧墙方法和具体器件应用方向	引进技术和设备进行自主研发，并进行外围布局，以突破国外技术垄断
封装	高	WLCSP凸点	引进技术，加强投入，争取突破
	低	BGA窗口式载板、凹槽式载板	积极利用早期的重点专利

首先，对于国外来华专利中有较多重要或者基础性的有效发明专利形成一定局面的专利布局、我国集成电路产业界主要企事业单位专利申请空白或仅有少量外围有效发明专利的认定为存在重大风险的方向，比如通用处理器领域指令集架构设计、电源管理IC领域控制PWM模式与PFM模式之间的切换、降低检测输出电感电流的损耗、降低反向恢复损耗等方向，双重（多重）图形光刻SADP技术中的芯轴方法、侧墙方法和具体器件应用方向，WLCSP技术中的凸点技术方向等。此类方向一般短期内难以获得较大的技术突破，在此情况下，是继续引进技术和设备还是进行自主研发进行外围布局以突破国外技术垄断，或者两条路并进，国内企业需权衡后进行选择。

其次，对于国外来华专利中有较少重要或者基础性的有效发明专利、我国集成电路制造工艺产业界主要企事业单位有少量外围有效发明专利但核心专利申请空白的认定为存在较大风险的方向，比如多媒体芯片领域多视点图像和立体视频编码，双重（多重）图形光刻SADP技术中的芯轴材料、侧墙材料方向，LELE技术中的硬掩模材料及其方法以及光刻胶处理方向，EUV光刻中用于掩模的吸收层、化学放大光刻胶方向。此类方向可以考虑采用跟进研发和集中力量进行突破并进的策略，一方面，重点围绕关键技术在其外围继续进行适当的专利布局；另一方面，集中研发力量针对其在华布局中的薄弱环节或空白点进行突破。

最后，对于国外来华专利中仅有个别重要有效发明专利、我国集成电路制造工艺产业界主要企事业单位拥有较多重要有效发明专利或者少量核心专利的认为存在较小风险的方向，比如电源管理IC利用开关元件降低损耗、循环利用能量降低损耗，根据负载情况选择电源方向，EUV光刻中分子玻璃体系光刻胶、用于掩模的新型多层反射膜方向，BGA窗口式载板技术、凹槽式载板技术方向。此类方向可以考虑进一步加强研发投入，争取形成规模研究效应，以提高突破专利壁垒的可能性。

值得特别注意的是，对于存在专利转让可能的技术可通过技术转让或企业并购进行技术引进来突破国外专利壁垒。可以特别关注近年来专利申请量减少明显的企业，这种申请活跃度下降的现象在一定程度上说明该企业对某领域或市场的重视程度降低，因而存在让渡专利的可能性。

（3）企业应当通过合作、并购，整合产业技术，以快速提高企业技术实力

通过合作、并购可以帮助企业迅速提高企业技术实力，如省内设计领域龙头企业华为技术股份有限公司，早期通过与赛门铁克等公司的合作，提高自己再开发存储和安全产品方面的技术实力，并于2011年直接收购自己和赛门铁克公司合资的华赛，继续巩固自己在信息安全和存储领域产品技术实力；如中国台湾封装领域的龙头企业日月光集团，同样通过并购摩托罗拉以及日本NEC的封装厂，从而帮助自己在封装测试领域迅速成长，从而成为全球第一大IC封测公司，再如国内封测领域龙头长电科技，则通过收购全球排名第四的星科金朋，收购星科金朋后，长电科技能够跻身全球前三，且使得业务互补，在高端封装产能方面实现全面的自主可控。在省内集成电路产业整体水平低于国外企业甚至国内其他省市的整体发展水平的情形下，省内企业可以借鉴上述企业的迅速成长经验，通过合作和并购的方式整合产业技术，以快速提高省内企业技术实力，为赶超国内发达区域发展水平提供可能性。

（4）企业应当密切关注那些可能影响和制约国内企业发展的外国企业在华专利，积极采取有效应对措施，将可能的知识产权风险降到最小

本报告建议广东省相关企业应当密切关注那些可能影响和制约国内企业发展的外国公司在华专利，积极采取有效应对措施，将可能的知识产权风险降到最小。比如，针对尚未授权且可能构成风险的专利，企业应予以重点关注。根据目前的研究，对以下专利，企业应当予以关注。在集成电路制造领域，省内企业、科研院所应关注CN201010578450（海力士，在半导体器件中形成接触孔的方法）、CN201080056224（圣戈班，树脂黏结的磨料）、CN201080055356（圣戈班，树脂黏结的磨料）、CN201110216992（3M公司，层压体以及用该层压体制造超薄基片的方法和设备）、CN201280059387（应用材料，用于铜阻挡层应用的掺杂氮化钽）、CN201310181024（IBM，铜互连结构及其形成方法）、CN201310611892（格罗方德，在铜基导电结构上形成石墨衬垫/顶盖层的方法）等专利；在集成电路封装领域，企业和科研院所应关注CN201110176823（美信，具有包含势垒金属凸块组合件的晶片级封装（WLP）装置）、CN201310126561（拉碧斯半导体，半导体装置的制造方法）、CN201510093046（美信，提高板级可靠性的晶片级封装装置）、CN201410504259（美信，具有构造用于提供吸震功能的隆起组件的晶片级芯片尺寸封装装置）、CN201410229821（长电科技，一种晶圆级铜柱凸块结构的金属帽的形成方法）、CN201310308953（LG，焊球凸块结构及其形成方法）、CN201510255996（南通富士通，晶圆级芯片封装结构）、CN201510941387（华进半导体，无模板法的晶圆植球工艺）、CN201410858126（毅宝力科技有限公司，制造腔向下制作载体的系统和方法）等专利。

（5）结合图形光刻技术发展路线分析、具体的未来技术发展方向预测以及广东省

的现状，进行研发策略的调整

本报告给出的是对图形光刻技术领域未来技术发展方向的预测，并给出了相关技术方向中处于领先地位的相关企业和科研院所。

在双重（多重）图形光刻技术方面，近年来，侧墙的形成技术中主要集中于对侧墙材料的选择和对形成方法的改进，以提高侧墙的稳定性和良率。分析行业内大企业的近年研究重点可以得出，未来几年，SADP技术中备受关注的重点技术之一将是新型侧墙形成技术，在该方面研究中处于较为领先地位的企业有道康宁、应用材料、IBM以及万国半导体，如图6－2－1所示。另一重点技术是采用新型侧墙材料（如聚合物或氮化硼等材料而非氮化硅等材料）形成侧墙，这一重点技术处于领先地位的企业主要为朗姆研究公司和应用材料。另外，当一项技术发展趋向于成熟时，被关注的重点往往会转移至横向领域的扩展以及实际器件生产中的应用。SADP技术中受关注的重点技术之三是可以形成不同宽度或特定形状图形的SADP技术（即在实际器件形成工艺中的应用），在该技术方向中处于较为领先的企业分别为三星、英特尔、东芝以及IBM公司。

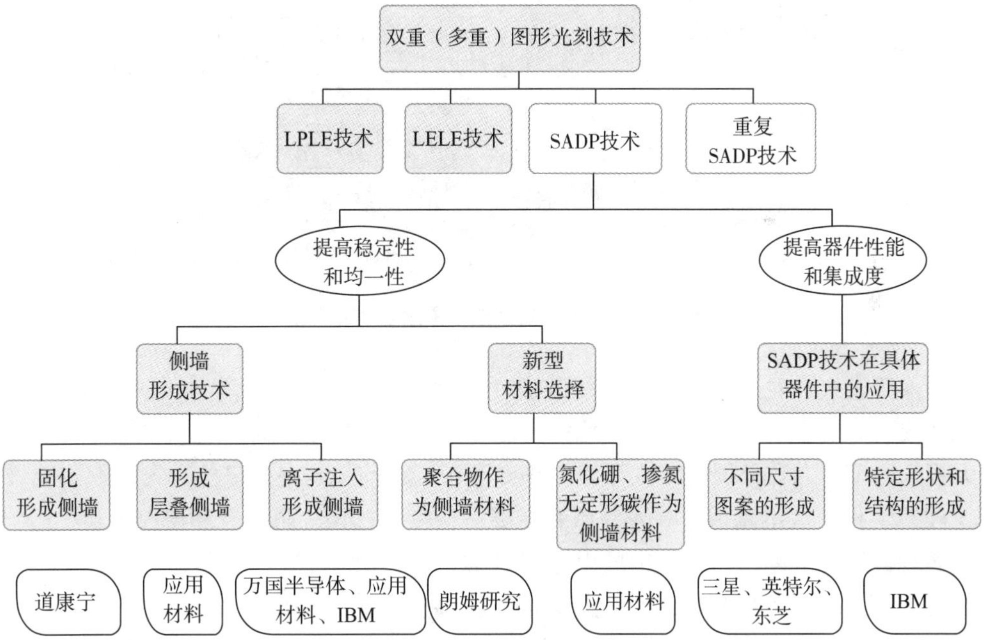

图6－2－1 双重（多重）图形光刻技术未来发展方向预测

如图6－2－2所示，在EUV光刻技术方面，未来几年，EUV掩模技术的一个重点技术之一为多层反射膜形成相关的EUV掩模技术，在此方面研究中处于较为领先地位的企业有旭硝子、卡尔蔡司以及康宁等企业。另一重点重点技术之一为采用新型材料吸收层或特定结构和尺寸吸收层应用的EUV掩模技术，这一重点技术处于领先地位的企业主要有旭硝子和ASML。同时，形成新型材料或特定结构的EUV掩模衬底的EUV

掩模技术或对衬底进行处理的EUV掩模技术也是重点技术，而在该技术方向中较为领先的企业分别为ASML、旭硝子以及信越化学。

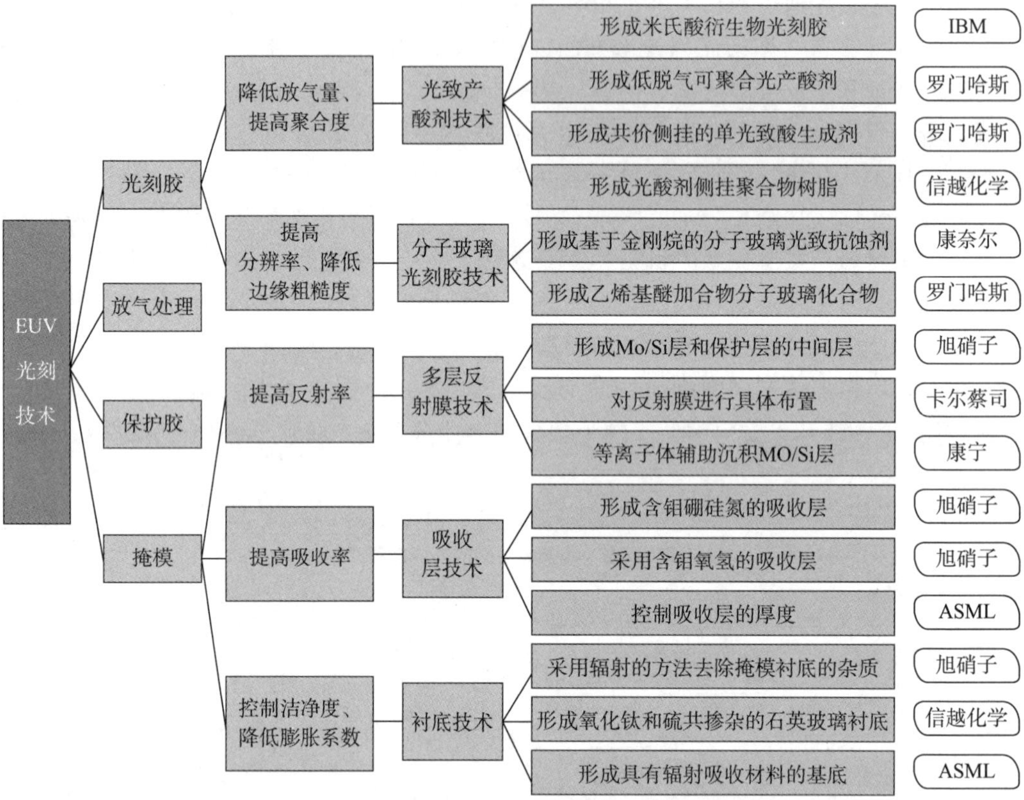

图6-2-2 EUV光刻技术未来发展方向预测

建议研发人员对这些企业和科研院所予以密切关注。一方面，可以避免进行重复研究造成研究资金和时间的浪费；另一方面，可以对未来技术发展方向进行跟踪研究，加大投入力度，以在外国申请人形成在华专利布局之前找到突破口抢占先机取得突破。

（6）关注集成电路诉讼高发领域和主要诉讼专利权人，防范专利侵权风险

通过报告分析可知，美国集成电路设计领域的主要诉讼专利权人包括亚德诺半导体、美光科技、硅实验室等，诉讼主要集中在存储器，占整个集成电路设计诉讼的比例为43.13%，具体涉及非易失性存储器、动态随机存储器、可编程存储器等，在易失性存储器涉诉专利中，主要涉及功耗、操作效率、可靠性等方面的技术改进。AD/DA的专利诉讼亚德诺半导体的占比达到52.4%，AD/DA领域的企事业单位需要重点关注该企业的相关专利。

制造领域的主要诉讼专利权人为台积电、Monterey Research，LLC、Round Rock Research，LLC等，刻蚀、掺杂、薄膜这三个分支分别占据27%、22%、21%。台积电涉诉专利数量位居所有企业之首，目前绝大部分专利仍然处于有效状态，仅有两篇涉及掺杂的专利被无效，台积电涉诉专利分别在刻蚀、掺杂以及薄膜制备，其中薄膜制

备技术占比为 46%，其次是刻蚀 23%。需要着重注意台积电的相关专利，特别是涉及薄膜制备以及刻蚀的专利。

封装领域的诉讼专利权人较为分散，主要为泰塞拉、Round Rock Research，LLC 等企业；涉及分支主要包括单芯片封装和封装测试，单芯片封装占比虽然比较高，但具体涉及的技术分支比较分散，而封装测试部分的涉诉专利全部是测试设备与相关方法有关的专利，技术分布相当集中，可见封装设备相关的专利是专利诉讼的高发区，需要着重注意。

附录1　集成电路制造子课题技术分解表

一级分支	二级分支	三级分支	四级分支	五级分支	六级分支	七级分支	八级分支
集成电路制造	氧化工艺	热氧化	干氧（Si + O_2 = SiO_2）	温度	—	—	—
			用于高质量薄层氧化	压力	—	—	—
				辅助材料	掺卤素	无水 Hcl	—
						三氯乙烯	—
						三氯乙烷	—
						氯气	—
						其他	—
					掺氮	—	—
			湿氧 Si + H_2O + O_2 → SiO_2 + H_2	温度	—	—	—
			厚层氧化	辅助材料或工艺	掺卤素	—	—
					掺氮	—	—
					氢氧合成（点燃 H_2 + O_2 形成水雾替代纯水）	—	—
					其他		
			水汽	温度	—	—	—
				压力	—	—	—
				辅助材料	掺卤素	—	—
					氢氧合成	—	—
		低温（相对于热氧化）氧化	掺氟法	—	—	—	—
			臭氧法	紫外线	—	—	—
				臭氧水	—	—	—
				其他	—	—	—

续表

一级分支	二级分支	三级分支	四级分支	五级分支	六级分支	七级分支	八级分支
集成电路制造	氧化工艺	低温（相对于热氧化）氧化	等离子氧化法（热）	阳极氧化（热）	气压	—	—
					放电方式	直流	—
						交流	—
						射频	—
						微波	—
				磁控管等离子	—	—	—
				负氧离子氧化	—	—	—
				微波等离子氧化（热）	氧气比例	—	—
					压力	—	—
					微波产生方式	—	—
				其他	—	—	—
	图形转移	光刻工艺	双重图形工艺	两次 Litho	LLE	—	—
					LPLE	正胶－正胶	—
						正胶－负胶	—
						固胶	化学冷冻
							Heat/Lon /UV 固胶
					LELE	硬掩模材料选择和形成	—
							—
						光刻胶处理	—
							—
						其他	—
							—
					Line and Cut	—	—
				单次 Litho	SADP	芯轴	材料选择
							形成及处理方法
							其他
						间隔	材料选择
							形成及处理方法
							其他
						具体器件应用	不同尺寸器件集成
							接触孔
							其他
				其他	—	—	—

续表

一级分支	二级分支	三级分支	四级分支	五级分支	六级分支	七级分支	八级分支
集成电路制造	图形转移	光刻工艺	多重图形工艺	重复 LELE	—	—	—
				重复 SADP	—	—	—
				混合工艺	LELE 和 SADP	—	—
					其他	—	—
			极紫外工艺	掩模	反射层	材料选择	Mo/Si
							其他材料
						形成方法	—
							—
					吸收层	材料选择	—
						形成方法	—
					衬底	材料选择	石英
							其他
						形成方法	
							—
					其他	—	—
				光刻胶	化学放大型光刻胶	材料选择	—
						形成方法	—
					非化学放大型光刻胶	材料选择	—
						形成方法	—
					分子玻璃体系光刻胶	材料选择	—
						形成方法	—
					光致产酸剂	材料选择	—
						形成方法	—
					其他	—	—
				保护胶	—	—	—
				放气、污染处理	—	—	—
				其他	—	—	—
			纳米压印工艺	紫外压印	模板	石英	—
						其他	—
					光刻胶	材料	—
						涂布工艺	—
						紫外固化处理参数	—
						其他	—
					其他	—	—
				热压印	模板	—	—
					光刻胶	材料	—
						涂布工艺	—

续表

一级分支	二级分支	三级分支	四级分支	五级分支	六级分支	七级分支	八级分支
集成电路制造	图形转移	光刻工艺	纳米压印工艺	热压印	光刻胶	加热软化处理参数	—
						其他	—
					其他	—	—
				微接触纳米压印	模板	聚二甲基硅氧烷	—
						其他	—
					泡液	硫醇液	—
						其他	—
					待图形层	衬底	—
						自组装参数	—
						其他	—
					其他	—	—
				毛细管模板法	模板	—	—
					液态聚合物	材料	—
						填充方式及固化	—
						其他	—
				其他	—	—	—
			DSA 定向自组装工艺	图形外延	刷层	材料	聚苯乙烯
							其他
						涂布方法	—
						其他	—
					光刻胶	—	—
					共聚物	材料	—
						涂布方法	—
						自组装方法	—烘烤
							其他方法
						其他	—
					其他	—	—
				化学外延	刷层	材料	—
						涂布方法	—
						刷层处理方法	—氧化
							其他方法
						其他	—
					光刻胶	—	—
					共聚物	材料	—
						涂布方法	—
						自组装方法	烘烤
							其他方法

续表

一级分支	二级分支	三级分支	四级分支	五级分支	六级分支	七级分支	八级分支
集成电路制造	图形转移	光刻工艺	DSA 定向自组装工艺	—	—	其他	—
					其他	—	—
				其他	—	—	—
			电子束光刻工艺	电子束直写工艺	电子束	束斑大小	—
						种类	单束
							多束
						其他	—
					光刻胶	聚甲基丙烯酸甲酯	—
						化学放大胶	—
						HSQ	—
						ZEP	—
						其他	—
					其他	—	—
				电子束投影工艺	电子束	束斑大小	—
						种类	单束
							多束
						其他	—
					光刻胶	聚甲基丙烯酸甲酯	—
						化学放大胶	—
						HSQ	—
						ZEP	—
						其他	—
					其他	—	—
				其他	—	—	—
			离子束光刻工艺	直写式	—	—	—
				投影式	—	—	—
				其他	—	—	—
			X 射线光刻工艺	掩模	—	—	—
				光刻胶	—	—	—
				其他	—	—	—
			其他		—	—	—
		刻蚀工艺	湿法刻蚀	清洗	有机	—	—
					无机	—	—
				腐蚀	—	—	—
					—	—	—
			干法刻蚀	硅基板刻蚀	—	—	—

续表

一级分支	二级分支	三级分支	四级分支	五级分支	六级分支	七级分支	八级分支
集成电路制造	图形转移	刻蚀工艺	干法刻蚀	介质膜刻蚀	—	—	—
				多晶硅刻蚀	—	—	—
				金属刻蚀	—	—	—
				其他	—	—	—
	薄膜制备	物理气相沉积	蒸发	电子束加热	—	—	—
					—	—	—
				激光束加热	—	—	—
				电阻加热	—	—	—
				辐射加热蒸发源	—	—	—
				高频感应加热	—	—	—
			溅射	直流	—	—	—
					—	—	—
				射频	磁控溅射	—	—
		化学气相沉积	按压力分	常压 CVD	—	—	—
				低压（LP）CVD	—	—	—
				亚常压CVD，SACVD	—	—	—
				超高真空CVD，UHCVD	—	—	—
		外延	气相外延VPE	分子束外延C：1766	—	—	—
							—
							—
				MOCVD	—	—	—
							—
							—
				液相外延LPE	—	—	—
				固相外延SPE	—	—	—

续表

一级分支	二级分支	三级分支	四级分支	五级分支	六级分支	七级分支	八级分支
集成电路制造	掺杂与退火	扩散掺杂	气态源扩散	硼扩散	—	—	—
				磷扩散	—	—	—
				其他	—	—	—
			液态源扩散	硼的扩散	—	—	—
				磷扩散	—	—	—
				其他	—	—	—
			固态源扩散	硼扩散	—	—	—
				磷扩散	—	—	—
				其他	—	—	—
		离子注入掺杂	离子注入	束线离子注入	P/N 阱注入	—	—
					源漏注入	—	—
					隔离注入	—	—
					埋层注入	—	—
					其他	—	—
				等离子体浸没离子注入	—	—	—
		退火再分布	传统退火	管式炉热退火	—	—	—
			射束退火	激光退火	可见光	—	—
					红外光	—	—
					紫外光	—	—
					其他	—	—
				电子束退火	—	—	—
			快速热退火	红外辐射	—	—	—
				脉冲 X－射线	—	—	—
				石墨条发热体	—	—	—
				卤钨灯	—	—	—
				弧光灯	—	—	—
	晶圆减薄技术	机械法	研磨法	研磨	所用装置和材料	保护结构	—
						研磨剂	—
						其他	—
					工艺参数	—	—
					其他	—	—
				研磨后的清洗	—	—	—
				其他	—	—	—

续表

一级分支	二级分支	三级分支	四级分支	五级分支	六级分支	七级分支	八级分支
集成电路制造	晶圆减薄技术	机械法	磨削法	磨削	所用装置和材料	保护结构	—
						砂轮	—
						真空夹持吸盘	—
						其他	—
					工艺技术	分阶段磨削	—
						Taiko 工艺	—
						其他	—
					工艺参数	—	—
				磨削后的清洗	—	—	—
					—	—	—
				其他		—	—
			干式抛光	抛光	所用装置和材料	抛光轮/磨轮	—
						其他	—
					其他	—	—
				清洗	—	—	—
				其他	—	—	—
		化学法	湿式腐蚀	腐蚀	所用装置和材料	腐蚀液	—
						其他	—
					工艺技术	沉浸法	—
						晶圆旋转法	—
						其他	—
					工艺参数	—	—
					其他	—	—
				清洗	—	—	—
				其他	—	—	—
			电化学腐蚀	腐蚀	所用装置和材料	腐蚀液	—
						其他	—
					工艺技术	—	—
					工艺参数	—	—
					其他	—	—
				清洗	—	—	—
				其他	—	—	—
			等离子腐蚀	检测	—	—	—
				腐蚀	所用装置和材料	—	—
						—	—
					工艺参数	—	—
					其他	—	—
				清洗	—	—	—
				其他	—	—	—

续表

一级分支	二级分支	三级分支	四级分支	五级分支	六级分支	七级分支	八级分支
集成电路制造	晶圆减薄技术	机械 + 化学	化学机械抛光	抛光	所用装置和材料	抛光机	—
						抛光垫	—
						抛光液	—
						其他	—
					工艺参数	温度	—
						压力	—
						抛光垫速度和晶片速度	—
						其他	—
					工艺技术	固结磨料化学机械抛光	—
						无磨料化学机械抛光技术	—
						无抛光垫化学机械抛光技术	—
						其他	—
					其他	—	
				在线检测	—	—	—
				后 CMP 清洗	—	—	—
				其他	—	—	—
		技术组合使用	磨削 + 研磨	—	—	—	—
			磨削 + CMP	—	—	—	—
			磨削 + 干法抛光	—	—	—	—
			磨削 + 湿式腐蚀	—	—	—	—
			磨削 + ADPE	—	—	—	—
			磨削 + PACE	—	—	—	—
			智能剥离 + CMP	—	—	—	—
			其他	—	—	—	—
		其他	智能剥离技术	—	—	—	—
			其他	—	—	—	—

续表

一级分支	二级分支	三级分支	四级分支	五级分支	六级分支	七级分支	八级分支
集成电路制造	集成电路互连	铜互连	铜互连线	材料	铜	—	—
					铜合金	—	—
					铜/铜合金	—	—
				形成工艺	化学气相沉积	—	—
					物理气相沉积	真空蒸镀	—
						溅射镀膜	—
							—
						其他	—
					电化学沉积	—	—
					无电镀沉积	—	—
					其他	—	—
				平坦化	化学机械研磨	研磨液	—
						研磨设备	—
						其他	—
					电化学抛光	电解液	—
						电解设备	—
						其他	—
					蚀刻	干法	—
						湿法	—
				退火	—	—	—
				研磨后修复	—	—	—
				后处理去残留物	气相	—	—
					液相	—	—
				前处理去污染物	气相	—	—
					液相	—	—
				去自然氧化物	气相	—	—
					液相	—	—
				掺杂	—	—	—
				硅化	—	—	—
				激光切割	—	—	—
				其他	—	—	—
			籽晶层	材料	含钌	—	—
					含钴	—	—
					含钨	—	—
					含铜	—	—
					其余合金	—	—
					其他	—	—

续表

一级分支	二级分支	三级分支	四级分支	五级分支	六级分支	七级分支	八级分支
集成电路制造	集成电路互连	铜互连	籽晶层	形成工艺	化学气相沉积	原子层沉积	—
						其他	—
					物理气相沉积	溅射	—
						蒸发	—
						其他	—
					电化学沉积	—	—
					无电镀沉积	—	—
					其他	—	—
				退火	—	—	—
				表面处理	—	—	—
				其他	—	—	—
			扩散阻挡层	材料	CoWP	—	—
					含钌	—	—
					含钴	—	—
					含钨	—	—
					含锰	—	—
					含钛	氮化钛	—
					含钽	氮化钽	—
					含铜	—	—
					介电材料	SiC	—
						其他	—
					金属/介质复合材料	—	—
					其他	三元材料	—
				形成工艺	化学气相沉积	原子层沉积	—
						其他	—
					物理气相沉积	溅射	—
						其他	—
					电化学沉积	—	—
					无电镀沉积	—	—
					其他	选择性沉积	—
				平坦化	化学机械研磨	研磨液	—
						研磨设备	—
						其他	—
					电化学抛光	抛光液	—
						抛光液	—
						其他	—
					蚀刻	干法	—
						湿法	—

续表

一级分支	二级分支	三级分支	四级分支	五级分支	六级分支	七级分支	八级分支
集成电路制造	集成电路互连	铜互连	扩散阻挡层	退火	—	—	—
				表面处理	—	—	—
				清洗	—	—	—
				其他	—	—	—
			盖帽层	材料	CoWP	—	—
					材料	—	—
					含钴	—	—
					含钨	—	—
					含铝	—	—
					含钛	—	—
					含钽	—	—
					含铜	—	—
					介电材料	SiNC	—
						SiC	—
						SiN	—
						SiO_2	—
						其他	—
					其他	三元材料	—
				形成工艺	化学气相沉积	原子层沉积	—
						其他	—
					物理气相沉积	溅射	—
						其他	—
					电化学沉积	—	—
					无电镀沉积	—	—
					其他	选择性沉积	—
				平坦化	化学机械研磨 P	研磨液	—
						研磨设备	—
						其他	—
					电化学抛光	抛光液	—
						抛光液	—
						其他	—
					蚀刻	干法	—
						湿法	—
				退火	—	—	—
				表面处理	—	—	—
				清洗	—	—	—
				其他	—	—	—

续表

一级分支	二级分支	三级分支	四级分支	五级分支	六级分支	七级分支	八级分支
集成电路制造	集成电路互连	铜互连	粘结层	材料	金属	含钌	—
						含钛	—
						含铜	—
						其他	—
					介电材料	—	—
					其他	—	—
				形成工艺	化学气相沉积	—	—
					物理气相沉积	—	—
					其他	—	—
				表面处理	—	—	—
				其他	—	—	—
			层间介质层	材料	多孔材料	—	—
					低 K 材料	氢掺杂氧化硅	—
						碳掺杂氧化硅	—
						有机分子团掺杂氧化硅	—
						有机聚合物	—
						其他	—
					氧化硅	—	—
					其他	—	—
				形成工艺	化学气相沉积	—	—
					物理气相沉积	—	—
					旋涂	—	—
					其他	—	—
				平坦化	化学机械研磨	研磨液	—
						研磨设备	—
						其他	—
					电化学抛光	抛光液	—
						抛光液	—
						其他	—
					蚀刻	干法	—
						湿法	—

续表

一级分支	二级分支	三级分支	四级分支	五级分支	六级分支	七级分支	八级分支
集成电路制造	集成电路互连	铜互连	层间介质层	后处理修复介电常数	—	—	—
				后处理去残留物	—	—	—
				其他表面处理	—	—	—
				掺杂	—	—	—
				其他	—	—	—
			刻蚀停止层	材料	NDC	—	—
					SiNC	—	—
					SiC	—	—
					SiN	—	—
					SiO_2	—	—
					金属	—	—
					其他	—	—
				形成工艺	化学气相沉积	—	—
					物理气相沉积	—	—
					旋涂	—	—
					其他	—	—
				表面处理	—	—	—
				其他	—	—	—
			孔/沟槽	形状	锥形	—	—
					圆形	—	—
					其他异型	—	—
					直角型	—	—
				形成工艺	压印	单大马士革	—
						双大马士革	—
					牺牲层	单大马士革	—
						双大马士革	—
					常规光刻	单大马士革	—
						双大马士革	—
					其他	—	—
				清洗	—	—	—
				其他	—	—	—
			空气隙		—	—	—
			缓冲层	材料	氧化物	—	—
					氮化物	—	—
					其他	—	—

续表

一级分支	二级分支	三级分支	四级分支	五级分支	六级分支	七级分支	八级分支
集成电路制造	集成电路互连	铜互连	缓冲层	形成工艺	化学气相沉积	—	—
					物理气相沉积	—	—
					其他	—	—
				其他	—	—	—
			研磨停止层	材料	氮化物	—	—
					氧化物	—	—
					其他	—	—
				形成工艺	化学气相沉积	—	—
					物理气相沉积	—	—
					其他	—	—
				其他	—	—	—
			硬掩模层	材料	金属硬掩模层	—	—
					介电材料	SiC	—
						其他	—
					金属/介质复合材料	—	—
					其他	—	—
				形成工艺	化学气相沉积	—	—
					物理气相沉积	—	—
					其他	—	—
				平坦化	化学机械研磨	—	—
					刻蚀	—	—
				其他	—	—	—
			抗反射层	材料	—	—	—
				形成工艺	—	—	—
				其他	—	—	—
			其他	—	—	—	—

附录2 检索主要分类号和主要关键词

表2-1 分类号及含义

技术领域	分类号类型	分类号	分类号含义
氧化工艺	IPC	H01L21/316	由氧化物或玻璃状氧化物或以氧化物为基础的玻璃组成的无机层
		H01L21/76	组件间隔区的制作
		H01L21/473	由氧化物或玻璃状氧化物或以氧化物为基础的玻璃组成的无机层
	FT/FI	5F003/BP46	氧化
		5F033/SS27	用热氧化法进行转换
		5F038/EZ16	氧化
		5F058/BF14	氧化
		5F058/BF73	氧化
		5F082/EA32	氧化
		5F083/PR12	热氧化
		5F083/PR13	快速热氧化
		5F083/PR14	利用不同的氧化速率
		5F101/BH03	热氧化
		5F110/FF22	氧化
		5F110/NN37	氧化
	CPC	H01L21/31654	有关半导体材料，比如半导体本身
		H01L21/76202	运用硅的局部氧化，例如，LOCOS、SWAMI、SILO
		H01L21/76235	沟槽的形状通过硅的局部氧化工艺步骤被改变的，例如沟槽拐角通过LOCOS被圆整
		H01L21/76264	绝缘体上生长半导体（SOI）与横向隔离结合，例如，运用硅或者电介质或者多晶材料的局部氧化对沟槽或空气隙隔离区进行再填充，如完全隔离的半导体孤岛

续表

技术领域	分类号类型	分类号	分类号具体含义
图形光刻	IPC	H01L21/311	绝缘层的刻蚀
		H01L21/306	化学或电处理，例如电解腐蚀
		H01L21/3063	电解腐蚀
		H01L21/3065	等离子腐蚀；活性离子腐蚀
		H01L21/308	应用掩模
		H01L21/3213	对该层进行物理的或化学的腐蚀，例如由预沉积的外延层产生一个形成图形的层
	EC	H01L21/033F6	适用于改进掩模分辨率的工艺
		H01L21/033F4	按形成掩模的工艺进行区分，例如举升掩模、侧壁，或修复掩模，例如预处理、后处理
	UC	257/E21.039	适用于改进掩模分辨率的工艺
	FI/FT	5F046/AA13	图形的微细化
		5F043	湿法刻蚀
		5F004	半导体干法刻蚀
		H01L21/30&514A	二次曝光
	CPC	H01L21/0338	适用于改进掩模分辨率的工艺
		H01L21/0337	按形成掩模的工艺进行区分，例如举升掩模、侧壁，或修复掩模，例如预处理、后处理
薄膜制备	IPC	C23C14/24	真空蒸发
		C23C14/26	电阻加热蒸发源法或感应加热蒸发源法
		C23C14/28	波能法或离子辐射法
		C23C14/30	电子轰击法
		C23C14/32	爆炸法
		C23C14/34	溅射
		C23C14/35	利用磁场，例如磁控溅射
		C23C14/36	二极溅射
		C23C14/38	直流辉光放电法
		C23C14/40	用交流放电，例如高频放电
		C23C14/42	三极溅射
		C23C14/44	施加高频及附加直流电压法

续表

技术领域	分类号类型	分类号	分类号具体含义
掺杂与退火	CPC	C23C14/46	用外部离子源产生的离子束法
		C23C16/44	以镀覆方法为特征
		C23C16/52	镀覆工艺的控制或调整
		C23C16/50	借助放电
		C30B19/00	液相外延层生长
		C30B23/00	冷凝气化物或材料挥发法的单晶生长
		C30B25/00	反应气体化学反应法的单晶生长，例如化学气相沉积生长
		H01L21/0257	沉积过程中掺杂
		H01L21/02623	液相沉积
		H01L21/02631	低压物理沉积，例如 MBE 法、溅射法、蒸发法
		H01L21/02636	选择性沉积，比如同时沉积单晶和非晶的半导体材料
	FI/FT	H01L21/20	半导体材料在基片上的沉积
		H01L21/3141	使用原子层沉积技术沉积
		H01L21/3145	通过气体或沉积的沉积形成的
		H01L21/3147	外延沉积绝缘材料
		5F053	组成半导体器件物质的液相沉积
		5F045	气相生长（不包括金属层）
		5F083PR22	物理气相沉积
		5F083PR25	外延生长
		5F102/HC11	气相沉积或溅射
		5F110/EE42	沉积
		5F110/FF27	沉积
	IPC	H01L21/265	产生离子注入
		H01L21/266	应用掩模
晶圆减薄	CPC	H01L21/22	杂质材料的扩散，例如在半导体或半导体交界区掺入或析出掺杂材料，电极材料；杂质材料的再分配，例如，不引入或去除过多的掺杂剂
		H01L21/425	产生离子注入
		H01J37/317	用于改变物体的特性或在其上加上薄层，如离子注入
		H01L21/0257	沉积过程中掺杂

续表

技术领域	分类号类型	分类号	分类号具体含义
晶圆减薄	CPC	H01L21/041	制造N型或者P型掺杂区
		H01L21/0455	作N型或P掺杂区域或层，例如采用扩散
		H01L21/046	使用离子注入
		H01L21/222	锂漂移
		H01L21/225	应用从固相向固体或从固体向固相的扩散法，例如：掺杂氧化层
		H01L21/2822	衬底掺杂，例如绝缘体形成前的氮、锗、碳的注入
		5F003BP01	扩散
		5F003BP21	离子注入
		5F032AA48	掺杂杂质的硅
		5F101/BH07	扩散
		5F101/BH09	离子注入
		5F110GG51	引入杂质
	FI/FT	H01L 21/461	改变半导体材料的表面物理特性或形状，例如腐蚀、抛光、切割
		H01L 21/463	机械处理，例如研磨、超声处理
		H01L 21/465	化学或电处理，例如电解腐蚀
		H01L 21/302	改变半导体材料的表面物理特性或形状，例如腐蚀、抛光、切割
		H01L 21/304	机械处理，例如研磨、抛光、切割
		H01L 21/306	化学或电处理，例如电解腐蚀
	IPC	H01L 21/3063	电解腐蚀
		H01L 21/3065	等离子腐蚀；活性离子腐蚀
	EC	H01L21/762D8B	智能剥离
	FI/FT CPC	5F057	半导体的机械处理
		5F057/CA14	薄化制造工艺
		H01L2221/68327	用于切割和磨削
		H01L21/6836	晶圆保护带
	MC	U11 - C06A1A	半导体表面的磨削、研磨、抛光等机械处理
		L04 - B04A	化学机械抛光
	UC	257/E21.237	磨削、抛光等机械处理
		438/459	半导体的薄化
		438/692	化学机械抛光

续表

技术领域	分类号类型	分类号	分类号具体含义
集成电路互连	IPC	H01L21/768	利用互连在器件中的分离元件间传输电流
	EC	H01L21/768	利用包含导体和电介质体的互连传输器件中分离元件的电流
		H01L21/768B	按电介质体的形成和后处理进行区分的，例如平滑
		H01L21/768C	按导体的形成和后处理进行区分
	FI/FT	H01L21/88	利用引线或其他传导构件传输电流
		H01L21/90	在器件内部的元件之间传输电流
		5F033	半导体集成电路的内部电路
	CPC	H01L21/768	利用互连在器件中的分离元件间传输电流

表2-2 主要关键词

技术领域	主要关键词	中文	英文
氧化工艺	氧化	氧化 or 形成 or 生成 or 生长 or 处理	Oxidat + or oxidizat + or dioxid + or oxid +
	硅	硅	silic +
	高温	高温，热	heat or hot or hyperthermia ortherm + or fever
	干氧	干 4w 氧化	(Oxidat + or oxidizat +) s (dry +)
	湿氧	湿 4w 氧化	(Oxidat + or oxidizat +) s (damp or moisture or wet or moist)
	水汽	(水汽 or 水蒸气 or 水气) s 氧化 s 硅	(water or vapour or aqueous or steam +) s (Oxidat + or oxidizat +)
图形光刻	双图形	(双 W (图案/图形/图像/图象/构图/图样化/曝光/暴光))	((double/dual/twice) W (patterning/exposure +))
	低温氧化	(低温 or (low 2w temperature)) p (氧化 or (Oxidat + or oxidizat +)) p (硅 or (silic + or" Si"))	((fluorin + or " F") s (silic + or " Si") s (Oxidat + or oxidizat +)) or (氟 4w 氧化 4w 硅)) or ((臭氧 or O3 or ozon +) p (氧化 or (Oxidat + or oxidizat +)) p (硅 or (silic + or " Si")))or ((等离子 or plasma) 2d (氧化 or (Oxidat + or oxidizat +)) 2d (硅 or (silic + or " Si"))

续表

技术领域	主要关键词	中文	英文
图形光刻	双重图形	(双 W (重/次) W (图案/图形/图像/图象/构图/图样化/曝光/暴光))	double - patterning, double - exposur + , dual - patterning, dual - exposur + , twice - patterning, twice - exposur + , SADP, self - align + double patterning, SaDPT, secondary exposur + , twice exposur + , dual imaging, secondary resist pattern, double graphics exposing, secondary pattern, double photoresist?, double - photo - resist?, self - aligned bipolar pattern, (self - align + 1W double), (side wall translocation), (secondly pattern +), LELE, LPLE, LFLE
	侧墙图形转移	((侧墙/侧壁/间隔/间隙) 1W (图形/图像/图象) 1W (转移/转印/变换/传送/传递))	((sidewall? /side - wall? /side wall? /spacer?) 1W transfer +), spacer patterning techn + , sidewall? image transfer + , sidewall? - image - transfer + , spacer? imag + transfer + , spacer litho +
	多重图形	((多重/多次) 1W (图案/图形/图像/图象/构图/图样化/曝光/暴光))	((multi +/triple/quart +) W (patterning/exposure +))
	三重图形、四重图形	((三重/三次/四重/四次) 1W (图案/图形/图像/图象/构图/图样化/曝光/暴光))	multiple - patterning, multi - patterning, multiple - exposur + , multi - exposur + , triple - patterning, triple - exposur + , tri - patterning, tri - exposur + , quart + - patterning, quart + - exposur +
	侧墙,第一图形,第二图形,刻蚀	((侧墙/侧壁/间隔/间隙) S (第一 3W (图案/图形/图像/图象/构图/图样/掩模/掩模/光刻胶/光阻/光致抗蚀剂)) S (第二 3W (图案/图形/图像/图象/构图/图样/掩模/掩模/光刻胶/光阻/光致抗蚀剂)) S (移除/去除/除去/刻/蚀刻))	(auxiliary pattern +) AND (side wall? /sidewall? /side - wall? /spacer?), ((multi + 1W mask?) AND ((side wall?) / (side - wall?) /sidewall? /space??)), ((self - align +) AND mask? AND (photo - resist? /photoresist +)), (((multiple pattern +) / (multiple - pattern +)) AND (side wall? /sidewall? /side - wall? /space??))
	线条 - 切线	(线条 S (刻线/切线))	(line - " and" - cut +), (line? " and" cut +)

续表

技术领域	主要关键词	中文	英文
图形光刻	精密图形	（精密图案/细图案/微图案/微小图案）/TI	((fine pattern +)/(fined pattern +)/(fine - pattern +)/(fined - pattern +)/(micro pattern +)/(micro - pattern +)) AND (tsmc/(taiwan integrated circuit)/(taiwan semiconductor)/hynix/hynx/smsu/samsung/smic/(semiconductor mfg int)/smci)/PA
	海力士，台积电，第一图形，第二图形	（第一 3W（图案/图形/图像/图象/构图/图样/掩模/掩模/光刻胶/光致抗蚀剂/光阻/有机膜/间隔/间隙））AND（第二 3W（图案/图形/图像/图象/构图/图样/掩模/掩模/光刻胶/光致抗蚀剂/光阻/有机膜/间隔/间隙））AND（hynix?/TSMC?/海力士/积体电路/台积电）/PA，（节距 AND（海力士/PA））	(pitch? AND ((hynix?/HYNX)/PA)), (pitch? AND pattern + AND resolution?), ((photoresist +/photo - resist +/resist +) AND (etch +/remov +) AND (space??/pattern +) AND (side wall?/side - wall?)), ((first 1W (hard mask?/mask?)) AND (second + 1W (hard mask?/mask?)) AND (side wall?/side - wall?/sidewall?/space??))
	硅烷化	（光阻/光刻胶/光致抗蚀剂）AND（etch +/remov +）AND（硅烷/（（space?? AND pattern + AND (side wall?)/(side - wall?)）））	(((core? AND pattern +)/mandrel?) AND (side wall?/side - wall?/sidewall?/space??)), ((photoresist +/photo - resist +/resist +) AND (etch +/remov +) AND silylat +)
	极紫外	极紫外，极紫光，超紫外	EUV, extrem + ultraviolet +, extrem + - ultraviolet +, extrem + - ultra - violet +, extrem + - ultra violet +, extrem + ultra violet +, extrem + ultra - violet +
	掩模	掩模，掩模	mask?
	清洁	清洁，干净	clean +, pure +
	光刻胶	光刻胶，光阻，光罩，光致抗蚀剂	photosensitive, photo - resist?, resist?, photoreisit?, polymer?
	保护层	保护，盖层，帽层	protect +, cap +
	刻蚀	刻蚀 腐蚀 蚀刻，干法 湿法 掩模 光刻胶	etch +

续表

技术领域	主要关键词	中文	英文
薄膜制备	蒸发	蒸发 升华	evaporat + or sublimat +
	溅射	溅射	Sputter +
	物理气相沉积	物理 3d 沉积	PVD or physical vapor deposition or (physical 1w vapor 1w deposition)
	化学气相沉积	化学气相沉积	+ CVD or chemical vapor deposition or (chemical 1w vapor 1w deposition)
	外延	外延，金属 10d 有机 10d 化学气相	expitaxy or (MBE or (molecular 1w beam 1w epitaxy), VPE or (vapor 1w phase 1w expitaxy), MOCVD, LPE or (liquid 1w phase 1w epitaxy), SPE or (solid 1w phase 1w epitaxy), metal 10d + organic + 10d (CVD or (chemical 1w vapor 1w deposition))
掺杂与退火	扩散	扩散（半导体 集成电路 微电子）	diffuse + and (IC orsemiconduct +)
	离子注入	离子注入	ion 1w implant +
	掺杂	掺杂，（互连 通孔）（掺杂多晶硅 掺杂玻璃 掺杂介电层）	dop + , (interconnect + or hole) and (doped polysilicon or doped glass)
晶圆减薄	晶圆	晶圆，晶片，圆晶，硅片，圆片，晶元，矽片，Si 片	wafer?
	硅	硅，矽	silicon
	硅屑	硅屑，研磨屑，磨削屑，磨屑	
	减薄	减薄，削薄，薄化，磨削，背磨，打薄，磨薄，变薄，减小厚度，（减少，减小，降）5d（（晶圆，晶片，圆晶，硅片，圆片，晶元，矽片，Si 片，基片，wafer?，芯片，裸片，板状工件）3w 厚度）	((thinning, thinned, thined, grind + , lap????, (back 1w grind +), backgrind +), ((decreas + , cut + , reduc +) s thickness??))
	背面研磨	研削，背面研磨，背部研磨	(back 1w grind +), backgrind +

续表

技术领域	主要关键词	中文	英文
晶圆减薄	技术效果	翘，曲，变形，损伤，破，碎，应力，均匀，一致，粗糙，痕，效率，缺陷，剥离，平整，快速，洁净，清洁，干净，残余，残留，超薄	
	3D 封装	(" 3D"，3 维，三维，三 D) 5w (封装)	((" 3D"," 3－D"," 3 D"，((" 3"，three) 1w dimension?)) 15w packag＋)
	背面发光/影像感测	BSI，CIS，(影像 1w (感应，感测，感知，传感))，((背面，背部) 3w (感光，照射，照明))，背照	BSI，CIS，(back 6w illuminat＋)，(image 1w sensor?)
	taiko 工艺	taiko，taikio，大晃，研磨，磨削，工艺	taiko，taikio，process
	化学机械抛光	化学机械研磨、化学机械抛光，化学机械平坦化	Chemical Mechanical Polishing，CMP
	智能剥离	(智能 s (切割，剥离，分割，减薄，薄化))，((切割，剥离，分割，减薄，薄化，cut＋，thining，thinned，peel????，strip????) s (implant＋，inject＋，注入，布植))	(smart 1w cut＋)，((implant＋，inject＋) s (cut＋，thining，thinned，peel????，strip????))
集成电路互连	互连	互连，互联，内连，内联	interconnect
	大马士革	大马士革，双大马士，单大马士，镶嵌，嵌刻法，嵌刻工艺	damascene，damascus，mosaic，dual inlay，single inlay
	金属	金属，铜	metal，copper，cu，cuprum
	阻挡	阻挡，阻障，势垒，阻碍，障碍，阻隔，扩散阻挡	barrier，diffusion，diffuse
	层间介质	层间介质，层间绝缘，中间绝缘，中间介质	Interlevel dielectric，interlayer dielectric，Intermediate metal dielectric
	低介电	低介电，低电介，低介质，低 K	low k，low dielectric，low constant，low－k，low_ k

续表

技术领域	主要关键词	中文	英文
集成电路互连	籽晶	籽晶，晶籽，晶种，种晶，种子，种籽，籽铜，铜籽，籽层	seed，crystallon
	沟槽	沟槽，通孔	via，trench，groove，opening，recess，aperture，hole
	盖帽	盖帽，帽盖，盖层，帽层	cap，capping
	原子层沉积	原子层沉积，原子层淀积，原子层外延	atomic layer epitaxy，atomic layer deposition，ALD
	铜迁移	铜迁移，电迁移，RC 延迟，RC 常数，RC 时间常数，时间延迟，延迟时间	electro migrate，copper migrate，RC delay，resistance capacitance delay

附录3　相关约定和说明

表3-1　集成电路制造国内主要申请人中英文名称及机构代码

简称	全称及子公司	机构代码
台积电	台湾积体电路制造股份有限公司 TAIWAN SEMICONDUCTOR MFG CO. LTD. TAIWAN INTEGRATED CIRCUIT MFG CORP.	TSMC、TICM
中芯国际	中芯国际集成电路制造（上海）有限公司 中芯国际集成电路制造（北京）有限公司 SEMICONDUCTOR MFG INT SHANGHAI CORP. SEMICONDUCTOR MFG INT BEIJING CORP.	SMCI
华力微电子	上海华力微电子有限公司 SHANGHAI HUALI MICRO-ELECTRONICS CO. LTD. SHANGHAI HUALI MICROELECTRONICS CORP.	SHAN-N
旺宏电子	旺宏电子股份有限公司 MACRONIX INT CO. LTD. WANGHONG ELECTRONICS CO. LTD.	MCRX、WGEL
南亚科技	南亚科技股份有限公司 NANYA TECHNOLOGY CO. LTD. NANYA TECHNOLOGY CORP. NANYA SCI&TECHNOLOGY CO. LTD.	NYAN、NANY-N
同济大学	同济大学 UNIV TONGJI	UYTJ
清华大学	清华大学 UNIV QINGHUA	UYQI
世界先进积体电路	世界先进积体电路股份有限公司 WORLD ADVANCED INTEGRATED CIRCUIT CO. LTD.	WORL-N
中科院微电子所	中国科学院微电子研究所 INST MICROELECTRONICS CHINESE ACAD SCI	MICR-N

续表

简称	全称及子公司	机构代码
力晶科技	力晶半导体股份有限公司	LIJI - N
	力晶科技股份有限公司	
	LIJING SEMICONDUCTOR CO. LTD.	
	LIJING TECHNOLOGY CO. LTD.	
上海集成电路研发中心	上海集成电路研发中心有限公司	SHAN - N
	SHANGHAI IC R&D CENT CO. LTD.	
	SHANGHAI INTEGRATE CIRCUIT RES & DEV CEN	
长春光机所	中国科学院长春光学精密机械与物理研究所	CHAN - N
	CHANGCHUN INST OPTICS FINE MECHANICS&P	
南京航空航天大学	南京航空航天大学	UNUA
	UNIVNANJING AERONAUTICS & ASTRONAUTICS	
	UNUAUNIV NANJING AERONAUTICS&ASTRON	
中科院化学所	中国科学院化学研究所	CSCI
	CHINESE ACAD SCI CHEM INST	
北京师范大学	北京师范大学	UYBJ
	UNIV BEIJING NORMAL	
中科院理化所	中国科学院理化技术研究所	CHSC - N
	CHINESE ACAD SCI TECH INST PHYSICS & CHE	
联华电子	联华电子股份有限公司	UMEC
	UNITED MICROELECTRONICS CORP.	
上海华虹	上海华虹宏力半导体制造有限公司	SHHN、GRAC - N、HONG - N、SHAN - N
	上海华虹 NEC 电子有限公司	
	上海宏力半导体制造有限公司	
	SHANGHAI HUAHONG GRACE SEMICONDUCTOR MFG CO. LTD.	
	SHANGHAI HUAHONG NEC ELECTRONICS CO. LTD.	
	SHANGHAI HONGLI SEMICONDUCTOR MFR CO. LTD.	
	SHANGHAI GRACE SEMICONDUCTOR MFG CORP.	
	HONGLI SEMICONDUCTOR MFG CO LTDSHANGHAI	
	GRACE SEMICONDUCTOR MFG CORP.	

续表

简称	全称及子公司	机构代码
安集微电子	安集微电子（上海）有限公司	ANJI - N
	安集微电子科技（上海）有限公司	
	ANJI MICROELECTRONICS CO. LTD.	
复旦大学	复旦大学	UYFU
	UNIV FUDAN	
深圳方正	深圳方正微电子有限公司	BFEB
	SHENZHEN FOUNDER MICROELECTRONICS CO. LTD.	
中山大学	中山大学	UYSY
	UNIV SUN YAT - SEN	
比亚迪	比亚迪股份有限公司	BYDB
	BYD CO. LTD.	
华南理工大学	华南理工大学	UYSC
	UNIVSOUTH CHINA TECHNOLOGY	
	SOUTH CHINA UNIVERSITY OF TECHNOLOGY	

表 3 - 2　集成电路制造国外主要申请人中英文名称及机构代码

简称	全称及子公司	机构代码
卡尔蔡司	卡尔蔡司 SMT 有限责任公司	ZEIS
	卡尔蔡司 SMS 有限责任公司	
	ZEISS SMT GMBH CARL	
	ZEISS SMT AG CARL	
	ZEISS CARL	
	ZEISS STIFTUNG CAR	
	ZEISS STIFTUNG T/A CARL ZEISS	
	ZEISS SMS GMBH CARL	
	ZEISS SMS LTD CARL	
	ZEISS SEMICONDUCTOR MFG CARL	
	ZEISS SEMICONDUCTOR MFG TECHNOLOGIES AG	

续表

简称	全称及子公司	机构代码
ASML	ASML 荷兰有限公司	ASML
	ASML 蒙片工具有限公司	
	ASML 控股有限公司	
	ASML 控股股份有限公司	
	ASM JAPAN CO. LTD.	
	ASML NETHERLANDS BV	
	ASML HOLDING NV	
	ASML US INC.	
	ASM LITHOGRAPHY BV	
	ASML NETHERLANDS	
	ASML MASKTOOLS BV	
英特尔	英特尔公司	ITLC
	INTEL CORP	
海力士	海力士半导体有限公司	HYNX、AISI－N、HALI－N
	爱思开海力士有限公司	
	HYNIX SEMICONDUCTOR INC.	
	HYNIX SEMICONDUCTOR CO. LTD.	
	HYNIX SEMICONDUCTOR	
	HYUNDAI ELECTRONICS IND CO. LTD.	
	SK HYNIX INC.	
	AISI HYNIX CO. LTD.	
	HALISH SEMI CONDUCTOR CO. LTD.	
东芝	株式会社东芝	TOKE、TOSF、TOSI、COVA－N
	COVALENT MATERIAL KK	
	TOSHIBA CORP.	
	TOSHIBA KK	
	TOSHIBA CERAMICS CO.	
	TOSHIBA KIKAI KK	
	TOSHIBA MACHINE CO. LTD.	
	TOSHIBA INFORMATION SYSTEMS TECHNOLOGY	
	TOSHIBA IT SOLUTION KK	

续表

简称	全称及子公司	机构代码
IBM	国际商业机器公司 IBM CORP. IBM UK LTD. INT BUSINESS MACHINES CORP.	IBMC
美光科技	美光科技公司 MICRON TECHNOLOGY INC.	MCRN、MICR – N
信越	信越化学工业株式会社 SHINETSU HANDOTAI CO. LTD. SHIN – ETSU HANDOTAI CO. LTD. SHINETSU HANDOTAI KK SHINETSU CHEM CO. LTD. SHINETSU CHEM IND CO. LTD. SHINETSU POLYMER CO. SHINETSU POLYMER KK SHINETSU SEKIEI KK	SHHA、SHIE、SHPL、SHTU
住友	住友化学株式会社 SUMITOMO SITIX CO. LTD. SUMITOMO BAKELITE CO. LTD. SUMITOMO BAKELITE CORP. SUMITOMO CEMENT CO. LTD. SUMITOMO ELECTRIC CO. SUMITOMO ELECTRIC IND CO. SUMITOMO ELECTRIC IND LTD. SUMITOMO HEAVY IND LTD. SUMITOMO METAL MINING CO. SUMITOMO CHEM CO. LTD. SUMITOMO PRECISION PROD CO. SUMITOMO METAL IND LTD.	SMCP、SUMB、SUMD、SUME、SUMH、SUMM、SUMO、SUMP、SUMQ

续表

简称	全称及子公司	机构代码
富士	富士胶片株式会社	FJIC、FJIE、FUJF、FUJI－N、FUJN
	FUJI ELECTROCHEMICAL CO. LTD.	
	FUJI DENKI DEVICE TECHNOLOGY KK	
	FUJI DENKI TECHNO ENG KK	
	FUJI ELECTRIC CO. LTD.	
	FUJI ELECTRIC MFG CO. LTD.	
	FUJI FILM CO. LTD.	
	FUJI FILM CORP.	
	FUJI FILM MICRO DEVICE KK	
	FUJI DENKI DEVICE TECHNOLOGY KK	
	FUJI HANTO ELECTRONICS TECHNOLOGY KK	
	FUJI MFG CO. LTD.	
	FUJI SPINNING CO. LTD.	
	FUJI PHOTO FILM CO. LTD.	
	FUJIFILM ELECTRONIC MATERIALS CO. LTD.	
三菱	三菱瓦斯化学株式会社	MISD、MITN、MITO、MITQ、MITS－N、MITU、MITV、SMCP、ASAG、MITS
	旭硝子株式会社	
	ASAHI GLASS CO. LTD.	
	MITSUBISHI CORP.	
	MITSUBISHI PLASTICS IND LTD.	
	MITSUBISHI GAS CHEM CO INC.	
	MITSUBISHI HEAVY IND CO. LTD.	
	MITSUBISHI JUKOGYO KK	
	MITSUBISHI DENKI KK	
	MITSUBISHI ELECTRIC CORP.	
	MITSUBISHI GUM KK	
	MITSUBISHI SUMITOMO SILICON KK	
	MITSUBISHI CHEM CORP.	
	MITSUBISHI KAGAKU POLYESTER FILM KK	
	MITSUBISHI MATERIAL KK	
	MITSUBISHI MATERIALS CORP.	
	MITSUBISHI SUMITOMO SILICON CORP.	
	MITSUBISHI SUMITOMO SILICON KK	
	MITSUBISHI MATERIAL SILICON KK	

续表

简称	全称及子公司	机构代码
尼康	株式会社尼康	NIKR
	NIKON CORP.	
大日本印刷	DAINIPPON PRINTING CO. LTD.	NIPQ
凸版印刷	凸版印刷株式会社	TOPP
	TOPPAN PRINTING CO. LTD.	
锦湖石油化学	锦湖石油化学株式会社	KKPT、KUMH－N
	KUMHO PETRO CHEM CO. LTD.	
	KUMHO PETROCHEM CO. LTD.	
	KUMHO CHEM INC.	
	KOREA KUMHO PETROCHEMICAL CO. LTD.	
日产化学	日产化学工业株式会社	NISC
	NISSAN CHEM IND LTD.	
应用材料	应用材料公司	APMA
	APPLIED MATERIALS INC.	
	APPLIED MATERIALS ISRAEL LTD.	
斯班逊	斯班逊有限公司	SPNS
	SPANSION LLC	
罗门哈斯	罗门哈斯电子材料有限公司	ROHM
	ROHM&HAAS ELECTRONIC MATERIALS	
	ROHM&HAAS	
	ROHM&HAAS ELECTRONIC MATERIALS LLC	
瓦里安半导体	瓦里安半导体设备公司	VARI
	VARIAN SEMICONDUCTOR EQUIP	
	VARIAN SEMICONDUCTOR EQUIP ASSOC INC.	
布鲁尔科技	布鲁尔科技公司	BREW－N
	BREWER SCI INC.	
闪迪	桑迪士克3D公司	SNDK
	桑迪士克3D有限责任公司	
	SANDISK 3D LLC	
	SANDISK TECHNOLOGIES INC.	
	SANDISK CORP.	

续表

简称	全称及子公司	机构代码
松下	松下电器产业株式会社	MATU
	PANASONIC CORP.	
	MATSUSHITA DENKI SANGYO KK	
	MATSUSHITA ELECTRIC IND CO. LTD.	
肖特	肖特股份有限公司	ZEIS
	肖特公开股份有限公司	
	肖特·格拉斯公司	
	肖特玻璃制造厂	
	SCHOTT AG	
	SCHOTT GLAS	
	SCHOTT GLASWERKE	
豪雅光学	HOYA 株式会社	HOYA
	HOYA CORP.	
	HOYA CO LTD.	
富士通	富士通株式会社	FUIT
	FUJITSU LTD.	
中央硝子	中央硝子株式会社	CENG
	CENTRAL GLASS CO. LTD.	
AZ 电子材料	AZ 电子材料美国公司	AZEL－N
	AZ ELECTRONIC MATERIALS	
	AZ ELECTRONIC MATERIALS USA CORP.	
	AZ ELECTRONIC MATERIALS CO. LTD.	
	AZ ELECTRONIC MATERIALS IP	
	AZ ELECTRONIC MATERIALS IP JAPAN CORP.	
康宁	康宁股份有限公司	CORG
	CORNING INC.	
道康宁	道康宁公司	DOWO
	DOW CORNING CORP.	

续表

简称	全称及子公司	机构代码
万国半导体	万国半导体股份有限公司	ALPH－N
	ALPHA&OMEGA SEMICONDUCTOR INC.	
	ALPHA&OMEGA SEMICONDUCTOR	
	ALPHA&OMEGA SEMICONDUCTOR INC.	
海力士	海力士半导体有限公司	HYNX、AISI－N、HALI－N
	海力士半导体股份有限公司	
	爱思开海力士有限公司	
	HYNIX SEMICONDUCTOR INC.	
	HYNIX SEMICONDUCTOR CO. LTD.	
	HYNIX SEMICONDUCTOR	
	SK HYNIX INC.	
应用材料	应用材料公司	APMA、MATE－N
	APPLIED MATERIALS INC.	
先进微装置公司	先进微装置公司	ADMI
	ADVANCED MICRO DEVICE INC.	
	ADVANCED MICRO DEVICES INC.	
	AMD ADVANCED MICRO DEVICES INC.	
三星	三星电子株式会社	SMSU
	三星 SDI 株式会社	
	三星康宁株式会社	
	SAMSUNGAUSTIN SEMICONDUCTOR	
	SAMSUNG DISPLAY CO. LTD.	
	SAMSUNG DISPLAY DEVICES CO. LTD.	
	SAMSUNG ELECTRICS CO. LTD.	
	SAMSUNG ELECTRO－MECHANICS CO.	
	SAMSUNG ELECTRONIC CO. LTD.	
	SAMSUNG ELECTRONICS CO INC.	
	SAMSUNG ELECTRONICS CO. LTD.	
	SAMSUNG MOBILE DISPLAY CO. LTD.	
东部高科	东部高科股份有限公司	DGBU、ANMS、DONG－N
	东部电子股份有限公司	

续表

简称	全称及子公司	机构代码
东部高科	东部电子有限公司	DGBU、ANMS、DONG－N
	东部亚南半导体株式会社	
	DONGBU HITEK CO. LTD.	
	DONGBU HAITEK CO. LTD.	
	DONGBU ELECTRONICS CO. LTD.	
	DONGBU ELECTRONICS	
	ANAM SEMICONDUCTOR INC.	
	ANAM SEMICONDUCTOR LTD.	
	DONGBU ANAM SEMICONDUCTOR INC.	
	DONGBU ANAM SEMICONDUCTOR INC.	
	DONGBUANAM SEMICONDUCTOR INC.	
东京电子	东京电子公司	TKEL
	东京电子株式会社	
	东京毅力科创株式会社	
	东京毅力科创尼克斯公司	
	TOKYO ELECTRON LTD.	
	TOKYO ELECTRON CO. LTD.	
	TOKYO ELECTRON AMERICA INC.	
	TOKYO ELECTRON ARIZONA INC.	
富士通	富士通株式会社	FUIT、FUMI
	富士通半导体股份有限公司	
	富士通微电子株式会社	
	南通富士通微电子股份有限公司	
	FUJITSU CO.	
	FUJITSU LTD.	
	FUJITSU SEMICONDUCTOR CO. LTD.	
	FUJITSU SEMICONDUCTOR LTD.	
	FUJITSU MICROELECTRONICS CO. LTD.	
	FUJITSU MICROELECTRONICS LTD.	

续表

简称	全称及子公司	机构代码
NEC	恩益禧电子股份有限公司	NIDE、KYUN
	NEC 液晶技术株式会社	
	NEC 化合物半导体器件株式会社	
	NEC CORP.	
	NEC ELECTRONICS CORP.	
	NEC ELECTRONICS KK	
	NEC EKISHO TECHNOLOGY KK	
	NEC IC MICROCOMPUTER SYSTEMS LTD.	
	NEC YAMAGATA LTD.	
	NEC KYUSHU LTD.	
	NEC KAGOSHIMA LTD.	
瑞萨	瑞萨电子株式会社	RENE
	株式会社瑞萨科技	
	RENESAS ELECTRONICS CORP.	
	RENESAS TECHNOLOGY CORP.	
	RENESAS TECHNOLOGY KK	
	RENESAS ELECTRONICS AMERICA INC.	
松下	松下电器产业株式会社	MATU、MATE、MATW
	MATSUSHITA DENKI SANGYO KK	
	MATSUSHITA ELECTRONICS CORP.	
	MATSUSHITA ELECTRIC IND CO. LTD.	
	MATSUSHITA ELECTRIC WORKS LTD.	
朗姆研究公司	朗姆研究公司	LRES
	兰姆研究有限公司	
	兰姆研究公司	
	莱姆研究公司	
	拉姆研究公司	
	蓝姆研究公司	
	LAM RES CORP.	
索尼	索尼公司	SONY
	索尼株式会社	
	SONY CORP.	

续表

简称	全称及子公司	机构代码
格罗方德	格罗方德半导体公司	CSEM、GLOB－N、GLOB－I
	新加坡商格罗方德半导体私人有限公司	
	CHARTERED SEMICONDUCTOR MFG LTD PTE	
	CHARTERED SEMICONDUCTOR MFG LTD.	
	CHARTERED SEMICONDUCTOR MANUFACTUING PTE	
	CHARTERED SEMICONDUCTOR MFG CO. LTD.	
	CHARTERED SEMICONDUCTOR MFG INC.	
	GLOBALFOUNDRIES INC.	
	GLOBALFOUNDRIES SINGAPORE PTE LTD.	
	GLOBALFOUNDRIES DRESDEN MODULE ONE&CO.	
	GLOBALFOUNDRIES	
胜高	胜高股份有限公司	SMCP、MITV、MITS－N
	三菱住友硅晶株式会社	
	株式会社 SUMCO	
	MITSUBISHI SUMITOMO SILICON KK	
	SUMCO CORP.	
	SUMCO TECHXIV CORP.	
	MITSUBISHI SUMITOMO SILICON CORP.	
	SUMITOMO MITSUBISHI SILICON CORP.	
迪思科	株式会社迪斯科	DISC
	株式会社迪思科	
	DISCO ABRASIVE SYSTEMS LTD.	
	DISCO CO. LTD.	
	DISCO CORP.	
	DISCO KK	
琳得科	琳得科株式会社	LTEC
	LINTEC CO. LTD.	
	LINTEC CORP.	

续表

<table>
<tr><th>简称</th><th>全称及子公司</th><th>机构代码</th></tr>
<tr><td rowspan="12">SOITEC</td><td>S. O. I. TEC 绝缘体上硅技术公司</td><td rowspan="12">SSIT、SOIT－N</td></tr>
<tr><td>硅绝缘体技术有限公司</td></tr>
<tr><td>匹克吉佳国际公司</td></tr>
<tr><td>S. O. I. 探测硅绝缘技术公司</td></tr>
<tr><td>S. O. I. 泰克绝缘体硅技术公司</td></tr>
<tr><td>SOITEC 公司</td></tr>
<tr><td>索泰克公司</td></tr>
<tr><td>SOI TEC SILICON INSULATOR TECHNOLOGIES</td></tr>
<tr><td>SOITEC</td></tr>
<tr><td>SOITEC SA</td></tr>
<tr><td>SOITEC SILICON ON INSULATOR</td></tr>
<tr><td>SOITEC SILICON ON INSULATOR TECHNOLOGIES</td></tr>
<tr><td rowspan="3">日东电工</td><td>日东电工株式会社</td><td rowspan="3">NITL</td></tr>
<tr><td>NITTO DENKO CORP.</td></tr>
<tr><td>NITTO ELECTRIC IND CO.</td></tr>
<tr><td rowspan="3">半导体
能源研究所</td><td>株式会社半导体能源研究所</td><td rowspan="3">SEME</td></tr>
<tr><td>SEMICONDUCTOR ENERGY</td></tr>
<tr><td>SEMICONDUCTOR ENERGY LAB</td></tr>
<tr><td rowspan="3">东京精密</td><td>株式会社东京精密</td><td rowspan="3">TYSM</td></tr>
<tr><td>TOKYO SEIMITSU CO. LTD.</td></tr>
<tr><td>TOKYO SEIMITSU KK</td></tr>
<tr><td rowspan="10">日立</td><td>株式会社日立制作所</td><td rowspan="10">HDIS、HGST、
HITA、HITB、
HITD、HITF、
HITM、HITN、
HITS、HITW、
HITZ、HTCM</td></tr>
<tr><td>日立麦克赛尔株式会社</td></tr>
<tr><td>日立制作所</td></tr>
<tr><td>日立化成工业株式会社</td></tr>
<tr><td>HITACHI DISPLAYS KK</td></tr>
<tr><td>HITACHI GLOBAL STORAGE TECHNOLOGIES NETH</td></tr>
<tr><td>HITACHI LTD.</td></tr>
<tr><td>HITACHI CHEM CO. LTD.</td></tr>
<tr><td>HITACHI CABLE LTD.</td></tr>
<tr><td>HITACHI ZOSEN CORP.</td></tr>
</table>

续表

<table>
<tr><th>简称</th><th>全称及子公司</th><th>机构代码</th></tr>
<tr><td rowspan="6">日立</td><td>HITACHI MAXELL KK</td><td rowspan="6">HDIS、HGST、HITA、HITB、HITD、HITF、HITM、HITN、HITS、HITW、HITZ、HTCM</td></tr>
<tr><td>HITACHI DENSHI KK</td></tr>
<tr><td>HITACHI SEIKO KK</td></tr>
<tr><td>HITACHI HOKKAI SEMICONDUCTOR</td></tr>
<tr><td>HITACHI HARAMACHI DENSHI KOGYO KK</td></tr>
<tr><td>HITACHI MICON SYSTEM KK</td></tr>
<tr><td rowspan="5">冈本</td><td>冈本株式会社</td><td rowspan="5">OKAM - N</td></tr>
<tr><td>冈本工业株式会社</td></tr>
<tr><td>冈本国际株式会社</td></tr>
<tr><td>OKAMOTO KOSAKU KIKAI SEISAKUSHO</td></tr>
<tr><td>OKAMOTO KOSAKU KIKAI SEISAKUSHO KK</td></tr>
<tr><td rowspan="3">原子能委员会</td><td>法国原子能委员会</td><td rowspan="3">COMS</td></tr>
<tr><td>原子能委员会</td></tr>
<tr><td>COMMISSARIAT ENERGIE ATOMIQUE</td></tr>
<tr><td rowspan="4">积水化工</td><td>积水化学工业株式会社</td><td rowspan="4">SEKI</td></tr>
<tr><td>积水化学株式会社</td></tr>
<tr><td>SEKISUI CHEM CO LTD.</td></tr>
<tr><td>SEKISUI CHEM IND CO. LTD.</td></tr>
</table>

表 3-3 国家/地区/国际组织代码对照表

代码	国家/地区/组织
CN	中国
AU	澳大利亚
JP	日本
US	美国
DE	德国
EP	欧洲专利局
KR	韩国
FR	法国
GB	英国
TW	中国台湾
CA	加拿大
ES	西班牙
IT	意大利
WO	世界知识产权组织